譯註
古樂譜
3

역주 고악보 3

역자 강명관·김성혜·정서은

머리말

　이 책은 국립국악원에서 영인, 출판한 한국음악학자료총서에 실린 고악보 18종을 번역한 것이다. 지난 2021년 『역주 고악보』 1·2와 『역주 가보』 1·2를 출간했으니, 4년 만에 속편을 내는 것이다. 2021년 책의 서문에서 국악에 관한 아무런 공부가 없는 내가 1998년 번역에 손을 대게 된 내력에 대해 언급해 두었다. 1998년에 시작한 작업이 2021년에 끝을 맺었으니, 무려 23년이 걸린 것이다. 그런데 이 기간 동안 고악보 자료가 더 발굴되어 국립국악원의 한국음악학자료총서에 실리게 되었다. 이게 마음에 걸렸다. 하지만 번역에 착수할 생각은 전혀 없었다. 『역주 고악보』와 『역주 가보』를 번역하는 과정에서 워낙 애를 먹었기 때문이었다.

　2021년 7월 어느 날 김성혜 선생과 정서은 선생이 출판을 축하한다며 나를 찾아왔다. 기억이 분명하지 않은데, 김성혜 선생은 이날 내가 새로 나온 자료를 가지고 『역주 고악보』 3을 출간하자고 제안했다고 한다. 아마도 이것은 사실이 아닐 것이다. 이유는 위에서 말한 바와 같다. 그 고역을 왜 다시 떠맡는단 말인가! 곧이곧대로 말하자면 이 『역주 고악보』 3을 번역, 출간하는 것은 순전히 김성혜 선생 때문이다. 김성혜 선생은 나에게 고악보의 번역이 필요함을 수시로, 수도 없이 말했다. 시간이 흐르자 어느새 내가 고악보를 번역해야만 하는 것으로, 또 그 일을 이내 착수하는 것처럼 되어 있었다. 어름어름 나는 고악보 번역을 하기 위한 역사적 사명을 띠고 이 땅에 태어난 사람이 되고 말았던 것이다. 유능하고 바지런하고 빈틈없는 연구자를 친구로 두면 절대 안 된다는 진리(?)를 그때 나는 왜 몰랐던 것인가! 이런 흐릿한 과정을 거쳐 억지춘향격으로 다시 번역에 손을 대는 어리석음을 범하게 된 것이다.

번역을 하면서 문제가 간단치 않다는 생각이 수시로 들었다. 사정은 2021년에 출간한 악보들보다 더 좋지 않았다. 『역주 고악보』 3의 번역 대상이 된 악보들은 훨씬 더 정제되지 않은 것들이었다. 악보 가운데는 또박또박 정서한 최종 원고가 아니라 개인적 필요로 자신이 알아보기 손쉽게 만든 것들이 적지 않았다. 오자낙서誤字落書가 많은 것은 물론이었고 내용을 이해할 수 없는 경우도 다수 있었다. 게다가 중국 악보를 맥락 없이 베낀 것도 있었다. 국립국악원에서 악보를 영인하고 디지털 파일을 제공하고 있지만, 판독이 어려운 경우도 드문드문 나왔다.

작업이 어려웠노라고 일부러 말하는 것이 아니다. 이게 한두 사람이 맡아서 해낼 수 있는 일이 아니라는 뜻이다. 한국음악은 전승된 연주와 문헌(악보) 두 가지로 구성된다. 무엇보다 중요한 것은 전자고 당연히 관심도 높다. 후자에 대해서는 별로 관심을 기울이지 않는다. 하지만 후자는 과거의 음악을 고정된 형태로 보존하고 있다. 이것은 음악사 연구에 더할 수 없이 중요한 자료가 된다. 이뿐만 아니라 악보는 음악사상, 음악의 연행演行, 음악인 나아가 전근대 음악문화 전반에 관한 풍부한 정보를 제공한다. 문제는 악보나 가보에 대한 관심이 희박하다는 것이다. 그 중요성이야 누구나 납득하지만, 텍스트 자체가 접근이 어렵기 때문일 것이다.

할 일은 분명하다. 일단 악보와 가보를 모아 문헌비평과 함께 번역을 해야 할 것이다. 이어 치밀한 연구가 이루어져야 할 것이다. 이것을 기초로 삼아 보다 쉬운 말로 텍스트를 가공하여 관심 있는 사람이라면 누구나 쉽게 이용할 수 있도록 하는 작업이 있어야 함은 물론이다. 이 일은 관심 있는 두세 사람이 모여서 할 일이 아니다. 나는 『역주 고악보』 3의 출간으로 이 일에서 손을 떼지만, 앞으로 국악계에서 이 일을 정색을 하고 맡아줄 것을 바란다. 『역주 고악보』 1·2·3은 악보 본문을 싣지 못했지만, 새로 이루어지는 작업은 악보까지 모두 깔끔하게 현대식 활자와 표기법으로 옮겨 실어야 할 것이다.

『역주 고악보』 3은 강명관·김성혜·정서은 세 사람의 공동 작업 결과물이다. 자료의 초벌 번역은 내가 맡았다. 원문의 입력, 초벌 번역에 대한 전문적 지식에 입각한 교열, 교정은 김성혜·정서은 두 분이 맡았다. 그 외 번역과 출간에 따른 온갖 상그라운 일들도 모두 두 분이 맡았다. 다만 이 책의 모든 오류는 나의 몫이고 두 분의 책임은 없다.

　원래 이 서문은 국악 문외한인 내가 쓸 것이 아니다. 김성혜 선생이 쓸 것을 간곡히 부탁했지만, 도리어 내게 강청強請하여 실랑이 끝에 하는 수 없이 이렇게 쓰는 것이다. 끝으로 이 책에 실린 자료의 서지사항에 대해서는 경북대학교 남권희 명예교수님의 도움을 받았다. 또 강릉대학교 박은옥 교수님은 중국 자료나 중국 악기 해설에 대해 도움을 주셨다. 초서草書의 난해자難解字 판독은 솔거미술관의 학예사 최두헌 박사가 도와주었다. 이 자리를 빌어 세 분 선생님께 감사드린다.

2025년 4월
강명관

차례

머리말 ⋯5
일러두기 ⋯9

금보琴譜(이택李澤 지음) ⋯13
금보琴譜(국립중앙도서관國立中央圖書館 소장) ⋯29
금보琴譜(이종악李宗岳 지음) ⋯63
우조 초삭대엽羽調初數大葉 ⋯75
금보琴譜(이승무李升懋 지음) ⋯89
현학금보玄鶴琴譜(정경태鄭坰兌 구장) ⋯141
우헌금보愚軒琴譜 ⋯217
금학절요琴學切要 ⋯247
금보琴譜(이혜구李惠求 구장) ⋯259
현학금보玄鶴琴譜(고려대高麗大 소장) ⋯269
금보琴譜 : 아양고운峨洋古韻 ⋯343
금헌악보琴軒樂譜 ⋯351
성학십도 부예악비고聖學十圖 附禮樂比攷 ⋯377
악서정해樂書正解 ⋯399
초학금서初學琴書 ⋯495
양금보洋琴譜(성낙범成樂範 소장) ⋯517
양금 가곡음보洋琴 歌曲音譜 ⋯537
창하유필蒼下遺筆 ⋯559

고악보 책명 규칙의 모색 ⋯591
참고문헌 ⋯661
찾아보기 ⋯664

일러두기

1. 수록 내용과 고악보 명칭

■ 이 책은 국립국악원에서 간행한 『한국음악학자료총서』 29~58집 중 고악보 속에 악보 이외 서문이나 발문 혹은 음악 이론에 관한 내용을 역주한 것이다. 여기서 『악서정해』처럼 악서 속에 악보가 있는 경우도 역주 대상에 넣었으나, 악보만 있는 고악보는 범위에서 제외하였다. 이 책에 수록한 고악보와 악서는 모두 18건이며, 『금조』과 『성호금보』는 같은 자료이므로 1건으로 셈하였다. 해당 자료는 아래와 같다.

- 31집 : 『금학절요』
- 32집 : 『운몽금보』·『금보(양금보)』·『우헌금보』·『금헌악보』
- 33집 : 『삼죽금보』
- 34집 : 『금조』·『현학금보』·『금보(만당소장본)』
- 39집 : 『허주금보』·『오희상금보』·『아양고운』·『창하유필』
- 40집 : 『악서정해』·『성학십도부예악비고』·『초학금서』
- 54집 : 『성호금보』·『양금 가곡음보』
- 55집 : 『금보전(황병기 소장본)』

■ 이 책에서 고악보의 명칭은 가능한 한 『한국음악학자료총서』를 따랐다. 다만 몇 건은 명칭을 변경하였다. 변칭한 사유는 다른 문헌과 중복되거나, 기존 명칭에서 자료의 성격이 불분명한 경우, 자료의 권수제(卷首題)를 따르지 않은 경우 등이다. 좀 더 자세한 내용은 이 책 부록의 논문을 참고하기 바란다.

<표 1> 고악보 명칭의 변경과 사유

『한국음악학자료총서』		변칭한 고악보	변칭 사유
권	표지 이름		
32	금보(양금보)	『양금보』(성낙범 소장)	권수제가 양금보, 15집, 18집의 양금보와 중복, 소장자 이름 부여
33	삼죽금보	『금보』(이승무 지음)	표제가 중복되어 지은이 이름을 부여

34	현학금보	『현학금보』(정경태 구장)	권수제를 따르고 옛 소장자 이름을 부여
34	금보(만당소장본)	『금보』(이혜구 구장)	다른 금보와 중복되어 옛 소장자 이름을 부여
34	금조	『우조 초삭대엽』	문헌의 권수제가 '우조초삭대엽'인 점
54	성호금보		
39	허주금보	『금보』(이종악 지음)	표제의 중복으로 지은이 이름을 부여
39	아양고운	『금보 : 아양고운』	표제가 중복되어 표지제를 부여
39	오희상금보	『현학금보』(고려대 소장)	권수제를 따르고 소장처 이름을 부여
55	금보전(황병기 소장본)	『금보』(국립중앙도서관 소장)	다른 금보와 중복되어 소장처 이름을 부여

2. 번역

■ 고악보에 수록된 서문과 발문 및 음악 이론 그리고 악보 중간에 기록된 내용까지 모두 번역하였다.
■ 독자의 이해를 돕기 위해 원문에 표점(, ; .)을 표시하였고, 띄어쓰기했다.
■ 원문의 간단한 한자는 번역하지 않고 그대로 사용하였다.
　　예) 거문고의 대현을 '大'로, 유현을 '方'으로 표기하였다.
■ 내용상 한자를 그대로 제시해야 할 경우 한자를 쓰고 괄호 안에 한자음을 넣었다.
■ 원문에서 판독이 어려운 글자는 □□로 표기하였고, 번역도 □□로 표기하였다.
■ 원문에서 빠트린 글자는 (　) 속에 넣어 바로잡았고, 원문에서 틀린 글자는 바른 글자를 수록하고 이를 각주에 밝혔다.
■ 원문에 고자(古字)를 사용한 경우 요즘 사용하는 일반 글자로 바꿔서 수록하고 이를 각주에 밝혔다.
　　예) 聲주)
　　　　주) 聲: 원전에는 古字인 '聲'이나, 이 책에서는 일반 글자인 '聲'으로 바꿔서 수록하였다.
■ 원문의 악곡명은 원문의 표기 내용을 그대로 살려서 명시하였다.
　　예) '羽調長多辭音'-'우조 장다사음'
■ 시조나 가곡 등 가사가 수록된 경우 번역문에서 현대 맞춤법으로 전환하여 수록하였다.
■ 자료에 그림이 있는 경우 원본을 그대로 수록하였고, 한자가 있는 경우 한글로 변환하여 번역문에 제시하였다.
■ 번역한 내용 중 다소 어려운 용어는 『표준국어대사전』(국립국어연구원, 1999)의 정의를 각주에 제시하였고 출판정보는 생략하였다.
■ '세종 7년' 등 왕의 재위 기간이 제시된 경우, 이해를 돕기 위해 괄호 속에 서기를 넣었다.
■ 자료의 내용 중 낙서나 음악과 관련이 없는 부분은 해제에서 이를 밝혔고, 본문에서는 생략하였다.

3. 편집 및 기타

- 고악보의 차례는 편찬 연대순으로 배열하였다. 고악보에 편찬 연대에 대한 정보가 없는 경우는 연구자가 추정한 연대를 따랐다.
- 악보마다 해제를 앞부분에 제시하였고, 그다음 번역문, 원문 순서로 수록하였다.
- 문헌의 소장자 및 소장처는 2023년을 기준으로 나타냈고, 현 소장자나 소장처를 파악하기 어려운 경우는 이전의 정보를 밝혔다.
- 각 고악보의 논저 목록은 송방송, 『한국음악학논저해제』 Ⅰ·Ⅱ·Ⅲ·Ⅳ 및 인터넷 정보를 활용하였고, 정보는 2023년까지의 연구 성과를 반영하였다. 관련 자료 목록은 연구 내력을 살피기 위해 연대순으로 정리하였다.
- 원문의 분량은 '장(張)'을 기준으로 셈하였고, 표지(앞·뒤)는 분량에서 제외하였다. 단, 표지가 결락된 경우에는 첫 장을 분량에 포함시켰으며, 뒤표지 역시 마찬가지이다. 그런데 영인할 때 원본을 그대로 수록하지 않고 원본의 지면을 가감하여 편집한 경우는 '면(面)'을 기준으로 셈하였다. 예를 들면 『창하유필』이 이에 해당한다.
- 수록 곡 수는 장르별로 구분하여 셈하였고, 미완성의 악곡도 1곡으로 셈하였다.
- 악곡명과 춤명의 경우 〈 〉 부호로 구분하였다.
  - 예) 〈여민락〉 〈춘앵무〉
- 원본에서 강조한 용어의 경우 「 」 부호를 사용했으나, 이 책에서는 ' ' 부호로 고쳐서 수록하였다.
  - 예) 「개소」 → '개소'
- 원본에 곡명과 함께 악보가 있는 경우 곡명과 악보의 출판정보를 제시하고 악보는 생략하였다.
  - 예) 〈영산회상〉

    악보 32.109~110

    〈영산회상〉의 악보는 『한국음악학자료총서』 32집 109~110쪽에 나타난다는 뜻이다.
- 원본의 상단 여백이나 하단 여백에 내용을 추가한 사례가 있다. 이런 경우 자료에서 내용이 위치하는 정보를 별도로 명시하여 본문과 구분하였다. '비고' 부분 역시 마찬가지다.
  - 예) [상단: 34.83] ‐ 이 내용이 『한국음악학자료총서』 34집 83쪽 상단에 있음을 나타낸다.
    [비고: 40.190] ‐ 이 내용이 『한국음악학자료총서』 40집 190쪽 비고임을 나타낸다.
- 원본에 제시된 책명의 경우 『 』 부호를 부여하였다.
  - 예) 한립보 → 『한립보』   양금보 → 『양금보』
- 원 자료의 출판정보는 먼저 장수를 나타내고 앞면은 'a', 뒷면은 'b'로 표기하였다.
  - 예) 1a → '첫 장 앞면'을 뜻함
    2b → '두 번째 장 뒷면'을 뜻함
- 악보 중간에 설명이 있는 경우에 내용을 번역하고 내용의 위치를 각주에 명시하였다.

예) 4지(四指)는 초삭대엽과 같다.^{주)}
　　四指與初數大葉同
　　주) 이 내용은 중여와 5지 사이에 있다.

- 이 책에서 참고한 고악보 및 기타 자료 17건의 원문을 현재 국립국악원에서 온라인으로 제공하고 있다.(단, 1건인 『양금 가곡음보』만 예외 임)

금보(이택 지음)
琴譜(李澤 纂)

이택 지음, 편찬 연대 미상(1707년으로 추정)
한국음악학자료총서 32

금보(이택 지음) 해제

가곡을 담은 거문고 악보. 원본 표지가 낙장落張된 상태이다. 이 자료 권말卷末에 보면, '운몽거사雲夢居士'가 글을 쓰고 자료를 편찬한 것으로 기록되어 있다. 그래서 『한국음악학자료총서』 32집에는 『운몽금보』라 이름하였다.[1] 한편, 경기도박물관[2] 측에서는 이 자료의 첫 장 상단에 '調音(조음)'이라 기록되어 있기에 이 악보를 '조음'이라 부르고 있다. 하지만 이 책에서는 이 악보가 거문고 악보이며, 운몽의 이름이 이택李澤(1651~1719)이므로[3] 편찬자의 이름을 넣어서 '『금보』(이택 지음)'라 이름하였다.

원본 소장처는 경기도박물관이다. 필사본 1책으로 42장이며, 세로 29cm, 가로 16.5cm이다. 악보에 정간은 없으며, 거문고 합자보를 먼저 적고 그 왼편에 거문고 한글 구음이 병기되어 있다. 수록된 악곡 수는 모두 31곡이다.

1. 편찬 경위와 시기

자료 끝부분에 편자가 쓴 권말卷末이 있는데, 이로써 편찬자와 편찬 경위 및 편찬 시기에 대한 정보를 알 수 있다.

편찬자는 운몽雲夢 이택인데, 그는 젊었을 때 거문고를 배우려 했으나 여유가

---

1 송혜진, 「『운몽금보』해제」, 『한국음악학자료총서』 32, 국립국악원, 1997, 6쪽.
2 경기도박물관: 1996년에 '경기도립박물관'으로 개관하였는데, 2008년 소속이 경기문화재단으로 변경되면서 '경기도박물관'으로 개칭되었다.
3 전지영, 『조선시대 악론선집』, 민속원, 2008, 101~102쪽.

없어서 배우지 못했고, 늘그막에 일을 접고 시골에 살던 중 젊었을 때 배우지 못한 거문고를 익히게 되었다고 한다. 당시 동생이 빌려둔 『금보』가 있었기에 이것을 보고 악기를 익혔으며, 동생이 빌려둔 『금보』는 전전 악사樂師 한립韓立이 정리한 것인데, 이 악보에 빠진 내용을 양덕수梁德壽와 홍봉원洪鳳遠 등 다른 사람의 악보를 보고 내용을 보충하여 편찬한 것이 이 악보라고 밝혔다.

편찬 시기에 관해서는 권말의 말미에 '歲强圉大淵獻(세강어대연헌) 黃鍾月(황종월)'이라 적혀 있는데, 이것이 이 악보의 편찬 시기를 나타낸다. 곧 '강어强圉'는 천간天干 '정丁'의 별칭이며, '대연헌大淵獻'은 '해亥'를 뜻한다.[4] 따라서 '강어대연헌'은 '정해' 곧 '정해년'을 나타내며, '황종월'은 11월을 나타낸다. 그러므로 이 자료가 '정해년 11월'에 작성한 것임을 알 수 있다. '정해년'을 송혜진이 1707년으로 추정한 바 있기에 해제자 역시 이에 따른다.

2. 악곡

이 악보에 수록된 곡은 〈조음 평조〉·〈우조 조음〉·〈평조 반조음〉·〈우조 반조음〉·〈만대엽〉·〈북전 평조〉·〈북전 평조 계면조〉·〈북전 우조〉·〈북전 우조 계면조〉·〈중대엽 평조〉 1~3·〈중대엽 평조 계면조〉 1~3·〈중대엽 우조〉 1~3·〈중대엽 우조 계면조〉 1~3·〈삭대엽 평조〉 1~3·〈삭대엽 평조 계면조〉 1·〈삭대엽 우조〉 1~3·〈삭대엽 우조 계면조〉 1·〈회입조〉 등 모두 30곡이다.

이 악보에서 특이한 점은 〈평조 반조음〉과 〈우조 반조음〉에서 '반조음'이 등장하는 점이다. 또 〈북전〉과 〈중대엽〉 및 〈삭대엽〉이 모두 평조·평조계면조·우조·우조계면조 이상 4조로 나타나는데, 〈북전〉이 4조로 분화되는 현상은 1680년 신성申晟이 펴낸 『신증금보』[5]와 같은 맥락이다. 여기서 〈중대엽〉과 〈삭대엽〉은 4조에서 다시

---

4 이현종 편저, 「古甲子(歲陰歲陽表)」, 『동양연표』, 탐구당, 1971, 149쪽.
5 『신증금보』: 『금보신증가령』으로 널리 알려진 악보다. 하지만 자료 5a에 권수제가 '신증금보'이며, 또 이 자료 발문에 편찬자가 "신증금보라 이름을 붙였다"는 기록이 있기에, 『신증금보』라 이름

각각 1·2·3의 가락으로 분화되어 나타난다. 예컨대 중대엽 평조에서 '제1, 제2, 제3'으로 분화되고 평조 계면조와 우조 및 우조 계면조 역시 같은 방식으로 분화 현상이 나타난다.

편찬자가 쓴 권말로 인하여 편찬자와 편찬 경위 및 편찬 시기를 알 수 있는 점에서 이 자료는 가치가 있다.

3. 관련 자료와 논저

1) 『금보』(이택 지음) 영인본 자료
『한국음악학자료총서』 32, 국립국악원, 1997, 15~100쪽.

2) 『금보』(이택 지음) 해제
송혜진, 「『운몽금보』 해제」, 『한국음악학자료총서』 32, 국립국악원, 1997, 6~13쪽.

3) 『금보』(이택 지음) 관련 논저
전지영, 「18세기 삭대엽의 변화와 그 의미」, 『國樂院論文集』 제15집, 국립국악원, 2003, 271~294쪽.
최 헌, 「삭대엽의 변천과정 연구」, 『한국음악연구』 34집, 한국국악학회, 2003, 89~120쪽.
전지영, 『조선시대 악론선집』, 민속원, 2008.
신혜선, 「17세기 중대엽의 분화 양상」, 『한국음악연구』 58집, 한국국악학회, 2015, 255~279쪽.
김해진, 「가곡 선율의 변화 양상 연구: 삭대엽 제1, 제2, 제3, 제4, 초수대엽, 이수대엽, 삼수대엽을 중심으로」, 부산대대학원 석사학위논문, 2018.

해제 : 김성혜

하는 것이 바람직하다.

금보(이택 지음)
琴譜(李澤 纂)

〈조음 평조〉

『한립보韓立譜』⁶

초학初學⁷

調音 平調

韓立譜

初學

 32.15~17

〈우조 조음〉

이 조음은 『한립보』에 빠져 있어 『양금보梁琴譜』⁸로 대신 채워 넣는데, 또한 반조음半調音이다.

羽調調音

---

6 『한립보(韓立譜)』: '한립(韓立)'은 조선 후기 악사 '한립(韓笠)'을 뜻한다. 『한립보(韓立譜)』는 한립(韓笠)이 지은 악보이거나, 한립(韓笠)의 음악을 담은 『한금신보(韓琴新譜)』를 지칭하는 것으로 볼 수 있다. 『한금신보』는 1724년 응천후인(凝川後人)이 편찬하였고, 이 악보의 영인본은 『한국음악학자료총서』 18, 국립국악원, 1985, 41~68쪽에 수록되어 있다.

7 초학(初學): 이하 내용은 원본의 손상으로 인하여 판독이 어렵다.

8 『양금보(梁琴譜)』: 『양금신보』를 뜻한다. 이하 같다.

此調音韓立譜缺, 以梁琴譜補入, 而亦半調音.

 32.18

〈평조 반조음〉 평조 반다사림 『한립보』

平調 半調音 평됴 반다스림 韓立譜

 32.19

〈우조 반조음〉 우조 반다사림 『한립보』

羽調 半調音 우됴 반다스림 韓立譜

 32.19~20

〈조음〉과 〈만대엽〉은 그을 때 먼저 문현文絃을 찍고 소리를 낸 뒤에 그대로 짚고 있는 현을 그으면 현의 소리를 늦출 수 있다. 위는 『양금보』에 나오는 것이다.

調音及慢大葉, 畫之之時, 先點文絃, 聲出然後, 仍畫所按之絃, 聲可緩也. 右出梁琴譜.

〈만대엽〉 낙시조 늦은 한잎 『양금보』

慢大葉 樂時調 느즌한닙 梁琴譜

 32.21~28

식지로 대현 제3괘를 짚고, 모지로 제5괘를 짚으면 장지로 같은 줄의 제2괘를 밀어서 짚는다. 유현은 무명지로 다른 괘를 밀어서 짚는 것이 모두 그러하다. 모지는 손톱 옆으로 뉘어서 짚는다.

　食指按大絃第三棵, 母指按第五棵, 則以長指推按同絃第二棵. 遊絃則以名指推按他棵皆然. 母指爪傍[9]臥按.

〈북전〉 뒤전[10]

평조	평조 계면조
이 다음부터는 『한립보』다. 평조 계면조·우조·우조 계면조 등의 〈북전〉은 괘를 바꿀 뿐이다.	계법界法 대엽계大葉界 아래에 상세히 보인다.

平調	平調界面調
北殿 뒤뎐 此以下, 韓立譜. 平調界面調·羽調·羽調界面調等北殿, 易棵而已.	界法詳見大葉界下.

 32.29~37

〈북전〉

우조	우조 계면조
32.37~45	32.37~45

9　傍: 『양금신보』에는 '旁'으로 되어 있다. 『양금신보』, 『한국음악학자료총서』 14, 국립국악원, 1984, 80쪽.
10　원문에 '평조'와 '평조계면조'를 상·하 2단으로 구분하여 기록했기에 이 부분을 고려하여 편집한 것이다. 이하 같다.

北殿

羽調	羽調界面調
악보 32.37~45	악보 32.37~45

〈중대엽〉 중한잎 심방곡

평조

제1	제2	제3
	2지 이하는 초엽과 같다.	4지 이하는 초엽과 같다.

中大葉 듕한닙 心方曲

平調

第一	第二	第三
	二旨以下, 同初葉.	四旨以下, 同初葉.

악보 32.46~53

〈중대엽 평조 계면조〉

  이 곡曲의 지법指法은 아주 어려워 초학자들은 단계를 무시하고 뛰어넘어 배울 수가 없다. 계조界調가 평조와 다른 것은 단지 식지食指를 3괘와 5괘 사이에 쓰는 것일 뿐이다. 또 평조에서 대현 6괘를 쓰는 곳은 유현 3괘로 바꾸어 쓰고, 유현 2괘를 쓰는 곳은 또한 유현 3괘로 바꾸어 쓰며, 유현 6괘를 쓰는 곳은 유현 7괘로 쓰고, 유현 7괘를 쓰는 곳은 유현 8괘로 바꾸어 쓴다. 이 외에는 다른 것이 조금도 없다.

제1	제2	제3
	2지 이하는 초엽과 같다.	4지 이하는 초엽과 같다.

---

11 계조(界調): 계면조를 뜻함. 이하 같다.

中大葉 平調界面調

此曲指法甚難, 初學不可躐等而學耳. 界調與平調有異者, 只用食指於三五之間而已. 且平調大六用處, 易以方三用之; 方二用處, 亦以方三易之; 方六用處, 易以方七; 方七用處, 易以方八. 此外則少無異耳.

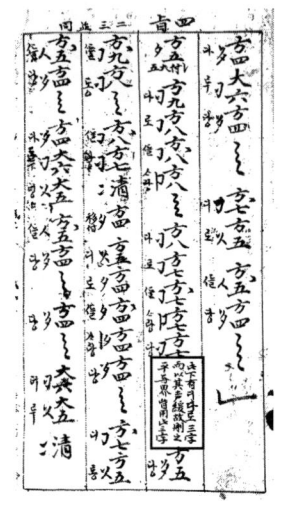

32.68

第一	第二	第三
	二旨以下, 同初葉.	四旨以下, 同初葉.

 32.54~62

〈중대엽 우조〉

제1	제2	제3
	2지 이하는 초엽과 같다	4지 이하는 초엽과 같다.

中大葉 羽調

第一	第二	第三
	二旨以下, 同初葉.	四旨以下, 同初葉.

 32.63~72

이 아래 '디라로' 3자字가 있는데, 그 소리가 완만하기 때문에 삭제한다. 평조와 계면조는 모두 이 3자를 쓴다.[12]

此下有더라로三字, 而以其聲緩, 故刪之. 平與界皆用此三字.

〈중대엽 우조 계면조〉

제1	제2	제3
	2지 이하는 초엽과 같다. 1지·2지 혹 명지를 유현7괘에 붙이고 차차 1괘를 내린다.	4·5지는 초엽과 같다.

中大葉 羽調界面調

第一	第二	第三
	二旨以下同初葉. 一二旨, 或以名指付方七, 次次下一棵.	四五指同初葉

 32.72~81

〈삭대엽 평조〉 자즌한잎

제1	제2	제3
	2지 이하는 초엽과 같다.	4지 이하는 위와 같다.

數大葉 平調 ㅈ즌합닙

第一	第二	第三
	二旨以下, 同初葉.	四旨以下, 上同.

 32.81~85

12 이것은 〈중대엽 우조〉 4지 하단에 있는 내용이다.

〈삭대엽 평조 계면조〉 제1

이 곡은 『한립보』에 빠져 있으므로 『양금보』에 있는 일엽一葉을 채워 넣는데, 제2·제3은 『양금보』에도 역시 빠져 있다. 옛날과 지금이 아주 다르다.

數大葉 平調界面調 第一

此曲, 韓立譜缺, 故梁琴譜所在一葉入錄. 而第二·第三, 梁譜亦缺耳. 古今懸殊.

 32.85~87

〈삭대엽 우조〉

제1	제2	제3
	2지 이하는 초엽과 같다.	4지 이하는 초엽과 같다.

數大葉 羽調

第一	第二	第三
	二旨以下, 同初葉.	四旨以下, 同初葉.

 32.88~91

〈삭대엽 우조 계면조〉

제1   제2·제3은 빠졌다.

數大葉 羽調界面調

第一   第二·第三缺.

 32.91~93

〈회입조 도드림〉

이것은 곧 춤을 출 때 쓰는 비리鄙俚한 곡이다. 높고 낮음, 느리고 급한 것을 헤아리고 그것을 따라 임의로 회입回入한다. 이생李生 한방漢昉의 『구음보口音譜』다.

回入調 도드림
此乃舞時行用鄙俚之曲也. 隨打量高低緩急而任意回入. 李生漢昉口譜.

 32.94

나는 젊어서 음률을 이해하지 못했으나 도원량陶元亮[13]이 무현금無絃琴에 자신의 생각을 깃들인 것을 일찍이 사모한 나머지 금琴을 배우기를 바랐으나 그럴 만한 겨를을 내지 못했다.

늘그막에 하던 일을 접고 시골에 내려와 살던 중 눈이 어두워져 책을 읽을 수가 없고, 농사를 짓는 데도 힘이 부치게 되어, 낮과 밤의 길고 긴 시간을 보낼 방도가 없게 되었다. 그러던 중 문득 생각이 떠올랐다.

'젊어서 금을 배우려 했으나 겨를을 내지 못했던 것은 오늘을 기다린 것이 아니었던가?'

집에는 오래된 거문고 하나가 먼지를 덮어쓴 갑匣 속에 버려져 있었다. 이에 떨어져 나간 휘徽[14]를 순서대로 붙이고, 풀려 있는 현絃을 차례로 죄어 시험 삼아 한번 타보려 했으나 타는 법을 알지 못했다. 그런데 다행하게도 사제舍弟[15]가 이른바 『금보琴譜』라는 것을 빌려두고 있었기에 마침내 그것을 가져다 따라서 타보았다.

그 소리는 처음에는 마치 무딘 칼로 장작을 쪼개는 것 같아 단지 귀를 어지럽힐 뿐이라 나도 몰래 헛웃음이 나왔다. 몇 달이 지난 뒤 비로소 한두 손가락으로 소리

---

13 도원량(陶元亮): 365~427년 중국 동진~송(육조)대의 시인. 구강시(九江市, 지금의 장시성) 출신이다. 본명은 잠(潛)이고 원량은 자(字)이며 또 다른 자로 연명이 있다. 현재는 거의 도연명(陶淵明)으로 칭한다. 임종욱, 『중국역대인명사전』, 이화문화사, 2010, 327쪽.
14 휘(徽): 원래 7현금에 박혀 있는 13개의 자개인데, 여기서는 거문고의 '괘'를 나타낸다.
15 사제(舍弟): 자기의 아우를 남에게 겸손하게 이르는 말.

비슷한 것을 낼 수 있었다. 점점 그 방법을 따라 하자 소리의 높고 낮음과 느리고 빠름은 절주節奏에 맞출 수가 없어, 지음자知音者가 듣기에는 부족했으나, 또한 궁박하고 우울하게 홀로 지내는 데는 스스로 즐길 만하였다.

아, 도원량의 금琴은 현絃이 없는 것을 현이 있는 것처럼 생각했으니, 악보가 있고 없고는 따질 만한 것이 아니다. 그런데 나의 금은 현이 있고 악보가 있으니, 비록 고수의 뜻에는 견줄 수가 없지만, 근심을 잊고 자적自適하는 것으로 말하자면, 매한가지인 것이다.

이 악보는 곧 전 악사樂師 한립韓立[16]이 정리한 것이다. 한립은 비파로 세상에 이름을 날렸고, 금률琴律에 정통하여 초학자를 가르치는 일로 말하자면, 옛날의 사양師襄[17]이라 할지라도 스스로 생각하기에 많이 양보할 것은 없다고 생각할 것이다. 십여 년 전에 선군자先君子[18]께서 장악원 부정副正[19]으로 계실 적에 한립과 한 번 만난 적이 있는데, 그 뒤에 곧 늙었다는 이유로 진산晉山의 옛집으로 물러나 살았으니, 북쪽 창 아래 한 번 불러 마주보고 연주하며 그의 지법指法의 열에 하나라도 배울 수 없는 것이 유감스럽다.

그러나 그의 악보를 통해 그의 뜻을 배울 수 있으니, 이 악보를 어찌 없을 수 있겠는가. 그래서 거문고 줄을 튕기는 겨를에 손수 잘 베껴두고 잊어버리는 데 대비하는데, 그래도 갖추어지지 않는 내용이 있는 것이 아쉬워, 옛 악사樂師 양덕수梁德壽[20]·홍봉원洪鳳遠[21] 등 몇 사람의 악보를 구해다 그 빠진 부분을 채워 넣어 한 권의

16 한립(韓立): 조선 숙종 때 장악원 전악(典樂)을 역임한 인물로 한립(韓笠)과 동일 인물로 보인다. 한립은 『한금신보』를 지은 응천후인(凝川後人)의 스승이었으며, 거문고와 비파 연주에 뛰어난 음악가였다. 한편, 허경진은 '한립'의 성은 한(韓) 씨나 '립(笠)'은 김병연(金炳淵)을 달리 김립(金笠) 곧 김삿갓이라고 부른 것처럼 본명으로 여기지 않는다. 허경진 편역, 『악인열전』, 한길사, 2005, 512쪽.
17 사양(師襄): 춘추(春秋) 시기 노(魯)나라에서 음악을 담당하던 관리로, 경쇠[磬] 연주에 뛰어나서 '경양(磬襄)'이라고도 불린다. 그는 또 금(琴) 연주에도 뛰어나서 공자가 그에게 금(琴) 연주를 배웠다고도 알려져 있다. 장사훈, 『국악대사전』, 세광음악출판사, 1984, 362쪽.
18 선군자(先君子): '선고(先考)'와 같은 말이며, 돌아가신 아버지를 뜻함.
19 부정(副正): 조선 시대에 종친부·돈령부·봉상시·사복시·군기시와 그 밖의 여러 관아에 둔 종3품 벼슬.
20 양덕수(梁德壽): 조선 선조와 광해군 때 거문고와 비파 연주로 유명한 음악가. 장악원 악사를 역임

책을 이루었다. 옛것과 지금의 것이 같지 않은 것이 흠이 되겠다.

정해년丁亥年[22] 11월 운몽거사雲夢居士[23]는 쓴다.

余少不解音律, 而嘗慕陶元亮寓意於無絃之琴, 願學而未遑焉. 及至年老廢業, 流落鄕村. 寂寞之濱眼暗而不能看書, 力衰不能服田, 至於永日長夜, 無以消遣焉.

忽悠然自思曰: "少之時, 欲學琴而未遑者, 無亦有待於今歟!"

家有一古桐, 在廢塵匣. 於是徽之剝落者, 序而膠之; 絃之弛解者, 次而張之, 欲試之而不知其法. 幸舍弟曾借於人得所謂琴譜者. 故遂取以來, 按而鼓之.

其聲初若以頑刀劈楕柮者然, 只亂耳而予不覺失笑焉. 數月之後, 始有一二指仿佛影響者. 稍稍移其法而高低緩促, 不能中節, 雖不堪入於知音者之聽而, 亦足以自娛於窮愁幽獨之中焉.

噫, 陶之琴, 以無絃爲有絃, 譜有無, 無可論. 而余之琴, 有絃而有譜, 雖不敢比擬於高人意趣而, 其忘憂自適則一也.

是譜也, 卽前樂師韓立之所條理者也. 立也, 以琵琶名於世而精曉琴律, 指授初學則雖古之師襄, 自以爲無多讓焉. 十數年前, 先君子爲樂院副正時, 立也與之一見, 而其後卽以老自放於晉山故居. 恨不得邀置北窓下, 相對手語, 學其指法之十一也.

然因其譜而猶得其意, 卽是譜也惡可無也. 遂於拊絃之暇, 手自繕寫以備遺忘, 而惜其猶有未備者, 乃求古樂師梁德壽·洪鳳遠數人之譜, 補其闕以成一部, 而古今不類是可欠也.

歲强圉大淵獻, 黃鍾之月, 雲夢居士職.

한 바 있고, 임진왜란이 일어나자 남원으로 피신하였다. 이때 지인이 거문고 악보를 편찬할 것을 권유하여 응하였고, 악보가 새롭게 완성되자 그의 성씨인 '양(梁)'을 드러내어 『양금신보(梁琴新譜)』라 하였다.

21 홍봉원(洪鳳遠): 미상의 인물이나 조선 중기 때 활동한 음악가로 짐작되며, 양덕수처럼 악보를 편찬한 경험이 있는 인물로 보인다.
22 정해년(丁亥年): 고갑자(古甲子)에서 '강이(强圉)'는 12간지 중 '丁'에 해당하며, '대연헌(大淵獻)'은 '亥'에 해당한다. 따라서 '歲强圉大淵獻'은 '정해년'을 나타낸다. 이현종 편저, 『東洋年表』, 탐구당, 1971), 149쪽. 이 책 뒤에 있는 『창하유필』, 565쪽을 참고.
23 운몽거사(雲夢居士): 조선 중기 서산 출신의 무신 이택(李澤, 1651~1719)의 자. 이택은 정종의 넷째 아들인 선성군(宣城君)의 후손으로 이진백(李震白)의 아들이다.

금보(국립중앙도서관 소장)
琴譜(國立中央圖書館 所藏)

편찬자 미상, 1713년으로 추정
한국음악학자료총서 55

금보(국립중앙도서관 소장) 해제

가곡과 〈영산회상〉 등 풍류방 음악을 담은 거문고 악보. 황병기黃秉翼(1936~2018) 명인이 소장했던 편자 미상의 고악보로 원 소장자인 황병기가 작고한 후 국립중앙도서관에 기증하여 고문헌실에 보관되어 있다. 2020년 국립국악원에서 이를 영인하여 『한국음악학자료총서』 55집에 수록하였다. 이 악보는 표지에 '琴譜 全'이라고 표기되어 있어서 국립국악원에서는 표제를 『금보 전』이라 하였고, 이전 소장자의 이름을 부기하여 『금보 전(황병기 소장본)』이라고 하였다. 이 책에서는 권수제인 '금보'를 표제로 삼고, 현 소장처인 '국립중앙도서관'을 부기하여 『금보』(국립중앙도서관 소장)라 명명하였다.

필사본 1책 63장이며, 세로 28cm 가로 18.52cm이다. 악곡의 기보법은 정간 없이 거문고 합자보 아래 한글 육보를 병기하거나 합자보로만 나타냈다. 합자와 관련된 주해는 『양금신보』를 따르고 구음에 대한 주해는 제시하지 않았다. 수록된 악곡은 모두 63곡이다.

1. 해설

『금보』(국립중앙도서관 소장)의 편찬자에 대한 정보는 알 수 없으며, 편찬 연대는 악보의 뒷표지 안쪽에 있는 '癸巳二月初五日 畢書于山西屋'이라는 내용을 바탕으로 계사년癸巳年이라는 것을 알 수 있다. 또한 이 악보는 『양금신보』와 『신보新譜』, 『시보時譜』, 『청송보聽松譜』 등을 참고하여 필사한 것을 알 수 있는데 그렇다면 해당 악보의 연대는 위 악보들의 편찬 연대 이후로 추정해 볼 수 있다. 특히 『금보』(국립중앙도서관 소장)의 금론琴論 곧 금아부, 현금 향부, 집시법, 조현법, 안현법, 타량법 등은 『양금신보』(1610)의 내용을 거의 그대로 가져왔다. 수록 악곡의 종류와 구음 등이 『신증금보』(신성 지음) 및 17세기 『금보』(연세대 소장)와 유사하여 그 연대를 1713년 계사년으로 추정하고 있다.[1] 또한 수록된 금론 및 악곡, 특히 가장 최신의 음악을 싣고 있는 『시보』의 〈평조 북전〉이 김성기의 악보를 넘지 않기 때문에 편찬 연대인 계사년을 1713년으로 보는 것이 합리적이라 한다.[2]

악보는 『양금신보』의 '금아부琴雅部'와 '현금 향부玄琴鄕部', '집시법', '조현법', '안현법', '타량법' 등의 내용을 담고 있는 '금론' 부분과 〈중대엽〉, 〈북전〉, 〈삭대엽〉, 〈조음〉, 〈감군은〉, 〈여민락〉, 〈보허자〉, 〈영산회상〉 등의 악보 부분으로 나뉜다. 금론에 해당하는 내용 중에서 『양금신보』와 다른 부분이 일부 있는데, 그것은 '현금 산형'이 가장 먼저 제시된 점과 거문고 줄의 두께가 대현 → 문·무현 → 괘상청·괘하청 → 유현의 순으로 얇아진다는 내용이 추가된 점이다. 이는 편찬자가 『양금신보』를 바탕으로 순서 및 내용을 수정, 보완하여 재구성한 것으로 보인다. 악보 또한 당대 참고할 수 있는 악곡을 다양하게 배치하여 수록하였는데, 이를 통해 18세기 초반 유행되던 악보 및 음악적 내용을 총망라하고자 했던 것으로 추정된다.

2. 악곡

이 자료에는 편찬 당시 전해지고 있는 여러 종류의 악보가 수록되어 있다. 먼저 『양금신보』의 4가지 조로 된 〈중대엽〉과 〈삭대엽〉, 〈북전〉을 중심으로 하여 일명 『신보新譜』, 『시보時譜』, 『청송보聽松譜』라 불리는 악보들에서 수집한 다수의 악곡들과 출처 미상의 악보들을 필사했다. 『신보』는 당시 새로운 악보라는 뜻이며, 『시보』는 지금의 악보라는 것인데 이 『신보』와 『시보』의 음악적 내용이 『청송보』의 그것과 거의 유사한 것을 확인할 수 있다. 따라서 필사자가 악보를 편찬하던 시기에

---

1 최선아, 「『금보전(황병기 소장본)』」, 『한국음악학자료총서』 55, 국립국악원, 2020, 13쪽.
2 최선아, 「『금보전』(황병기 소장본) 편찬 연도 재론」, 『한국음악연구』 72집, 한국국악학회, 2022, 169~195쪽.

『신보』, 『시보』, 『청송보』 등의 악보들이 유통되고 있었을 것이며, 이를 종합하여 엮어낸 것으로 추정된다.

　수록된 악곡은 『신보新譜』에 의거한 것으로 〈평조 중대엽〉 제1·제2·제3, 〈평조 삭대엽〉 제1·제2·제3이 있고, 『시보』에 의거한 것으로 〈평조 북전〉이 있다. 다시 『신보』를 참고하거나 출처를 밝히지 않은 악곡으로 〈평조 계면조 중대엽〉 제1·제2·제3, 〈우조 중대엽〉 제1·제2·제3, 〈우조 삭대엽〉 제1·제2·제3, 〈우조 북전〉, 〈우조 계면조 중대엽〉 제1·제2·제3, 〈우조 계면조 삭대엽〉 제1·제2, 〈평조 조음〉이 있다. 또 『양금신보』나 『청송보』를 참고하거나 출처를 밝히지 않은 악곡으로 〈우조 조음〉, 〈평조 중대엽〉 제1·제2·제3, 〈평조 북전〉, 〈평조 삭대엽〉 제1·제2·제3, 〈우조 중대엽〉 제1·제2·제3, 〈우조 북전〉, 〈우조 삭대엽〉 제1·제2·제3, 〈평계 중대엽〉 제1·제2·제3, 〈평계 북전〉, 〈우계 중대엽〉 제1·제2·제3, 〈우계 북전〉, 〈평계 삭대엽〉 제1·제2, 〈우계 삭대엽〉 제1·제2·제3, 〈평조 조음〉, 〈우조 조음〉, 〈평단 조음〉, 〈평조 조음〉, 〈우단 조음〉, 〈감군은〉(평조 4편), 〈여민락 우조〉 7장, 〈보허자〉(8편 우음 8장), 〈영산회상〉(우음), 〈영산회상〉, 〈우조 중대엽〉, 〈평조 중대엽〉 등이 있다. 모두 63곡이다.

3. 관련 자료와 논저

1) 『금보』(국립중앙도서관 소장) 영인본 자료
『한국음악학자료총서』 55, 국립국악원, 2020, 29~158쪽.

2) 『금보』(국립중앙도서관 소장) 해제
최선아, 「『금보전(황병기 소장본)』」, 『한국음악학자료총서』 55, 국립국악원, 2020, 8~25쪽.

3) 『금보』(국립중앙도서관 소장) 관련 논저
최선아, 「파강 김두남과 『양금신보』」, 『한국음악사학보』 47집, 한국음악사학회, 2011, 295~324쪽.
최선아, 「조선후기 금론연구」, 서울대대학원 박사학위논문, 2012 및 『조선후기 금론연구』, 민속원, 2017에 복간.

최선아, 「『금보전』(황병기 소장본) 편찬 연도 재론」, 『한국음악연구』 72집, 한국국악학회, 2022, 169~195쪽.

이혜정, 「17~18세기 원곡〈영산회상〉의 변이 고찰: 『금보전(황병기 소장본)』을 중심으로」, 『한국음악연구』 74집, 한국국악학회, 2023, 327~342쪽.

해제 : 정서은

금보(국립중앙도서관 소장)
琴譜(國立中央圖書館 所藏)

덩두루 더루덩 징둥더루 둥더루둥 둥더루둥 당다루지다루 당다루당둥 당루동당 당둥당 징덩다루 징동당 징스렁[3]

금보 목록
평 중대엽平中大葉 3장
평 삭대엽平數大葉 3장
평 북전平北殿
평계 중대엽平界中大葉 3장
우 중대엽羽中大葉 3장
우 삭대엽羽數大葉 3장
우 북전羽北殿
우계 중대엽羽界中大葉 3장
우계 삭대엽羽界數大葉 2장
평조 조음平調調音
우조 조음羽調調音
『청송보聽松譜』
평 중대엽平中大葉 3장

3   악보 첫 장에 이와 같은 구음이 기록되어 있다.

평 북전平北殿

평 삭대엽平數大葉 3장

우 중대엽羽中大葉 3장

우 북전羽北殿

우 삭대엽羽數大葉 3장

평계 중대엽平界中大葉 3장

평계 북전平界北殿

우계 중대엽羽界中大葉 3장

우계 북전羽界北殿

평계 삭대엽平界數大葉 2장

우계 삭대엽羽界數大葉 3장

평조 조음平調調音

평조 조음平調調音

우조 조음羽調調音

평단 조음平短調音

우단 조음羽短調音

감군은感君恩

여민락與民樂 7장

보허자步虛子 8장

영산회상靈山會上 2건件[4]

琴譜目錄

平中大葉 三章

平數大葉 三章

平北殿

---

[4] 목록에는 없으나 실제 악보에는 〈영산회상〉 다음에 〈우조 중대엽〉과 〈평조 중대엽〉이 추가되어 있다.

平界中大葉 三章

羽中大葉 三章

羽數大葉 三章

羽北殿

羽界中大葉 三章

羽界數大葉 二章[5]

平調調音

羽調調音

聽松譜

平中大葉 三章

平北殿

平數大葉 三章

羽中大葉 三章

羽北殿

羽數大葉 三章

平界中大葉 三章

平界北殿

羽界中大葉 三章

羽界北殿

平界數大葉 二章[6]

羽界數大葉 三章

平調調音

平調調音

羽調調音

平短調音

---

[5] 원문에 '3장'으로 되어 있으나 본문에 〈우계 삭대엽〉 제1과 2만 있기에 2장의 오류이므로 바로 잡았다.

[6] 원문에 '3장'으로 되어 있으나 본문에 〈평계 삭대엽〉 제1과 제2만 있기에 2장의 오류이므로 바로 잡았다.

羽短調音
感君恩
與民樂 七章
步虛子 八章
靈山會上 二件

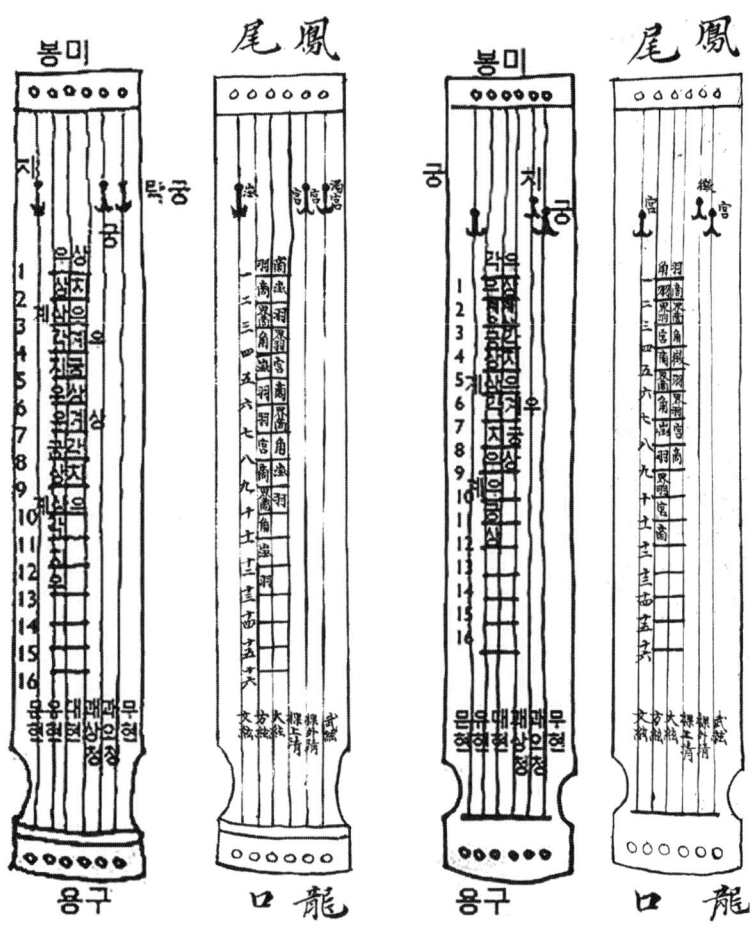

대현大絃이 가장 크고, 문현文絃과 무현武絃은 대현에 비해 조금 줄어든다. 청현淸絃[7]은 문현과 무현에 비해 2분의 1로 줄어든다. 유현遊絃은 청현에 비해 아주 조금

줄어든다.

大絃最大, 文武絃差減於大絃. 淸絃二差減於文武絃, 遊絃微減於淸絃.

현금도玄琴圖[8] 평조 산형散形. 5조五調 중에 각조角調와 치조徵調다.

玄琴圖. 平調散形.[9] 五調內角徵調.

금보琴譜

『양금신보』 양아보梁雅譜

『악기樂記』에 "복희씨가 금琴을 만들고, 신농씨가 오동나무를 깎아 금을 만들었다." 하였다.

'금琴'은 금지하는 것이다. 사악함을 금지하여 사람의 마음을 바로잡는 것이다.

금琴은 악기 중 으뜸이다. 그러므로 군자는 마땅히 금을 타야 할 것이다.

금의 길이가 3척 6촌 6푼인 것은 1년 366일을 본뜨고, 허리 너비가 4촌인 것은 사시四時를 본뜬 것이다. 앞이 넓고 뒤가 좁은 것은 존비尊卑를 본뜨고, 위가 둥글고 아래가 모난 것은 천지天地를 본뜨고, 줄이 다섯인 것은 오행五行을 본뜨고, 휘徽가 열 셋인 것은 12율을 본뜬 것이다. 나머지 하나는 윤달을 본뜬 것이다. 대현大絃은 임금, 소현小絃은 신하다. 문왕文王과 무왕武王이 각각 한 줄씩을 더하니, 이것을 7현금이라 한다.

琴譜
梁琴新譜 梁雅譜

---

7   청현(淸絃): 괘상청(卦上淸) 즉 괘상현(卦上絃)과 괘하청(卦下淸) 즉 괘하현(卦下絃). 이하 같다.
8   현금도(玄琴圖): 원문에는 우조 산형 다음에 평소 산형이 있으나, 「양금신보」에 평조 산형 다음에 우조 산형이 있으므로 순서를 바로 잡았다.
9   散形: 원문의 '發形'은 '散形'의 오기이므로 바로잡았다.

樂記云: "伏羲作琴, 神農削桐爲琴."

琴者禁也, 禁止於邪以正人心也.

琴者, 樂之統也, 故君子所當御也.

琴三尺六寸六分, 象期之日也; 腰廣四寸, 象四時也; 前廣後狹, 象尊卑也; 上圓下方, 象天地也; 絃有五, 象五行; 徽有十三 象十二律也, 餘一閏也. 大絃爲君, 小絃爲臣. 文王武王各加一絃, 是謂七絃.

거문고는 향부의 악기다 玄琴鄕部

처음에 진晉나라 사람이 7현금七絃琴을 고구려에 보냈는데, 고구려 사람들은 그것을 연주하는 방법을 몰랐다. 이때 제2상第二相 왕산악王山岳이 그 법제法制를 고치고 겸하여 곡을 지어 연주하였더니 이에 검은 학이 와서 춤을 추었으므로 마침내 이름을 '현학금玄鶴琴'이라 하였고, 뒤에는 단지 '현금玄琴'이라 불렀다.

또 옥보고玉寶高라는 사람이 있었는데, 지리산智異山에 들어가 50년 동안 거문고를 배우고 속명득續命得에게 전수하였다. 속명득은 귀금貴金에게 전수했는데, 귀금 역시 지리산에 들어가 나오지 않았다. 왕은 금도琴道가 전해지지 않을까 두려워하여 이찬伊湌 윤흥允興을 남원수南原守로 삼아 그 기예를 전수 받게 하였다. 윤흥은 안장安長·청장淸長을 지리산으로 보내 거문고를 배우게 하였고, 비장의 〈표풍飄風〉 등 3곡을 전수하였다. 안장은 자신의 아들 극종克宗에게 전수했다. 극종이 지은 곡에는 평조와 우조가 있다.

고려 의종毅宗(1146~1170) 때 낭중郎中 정서鄭叙가 동래東來로 귀양을 갔는데 소명召命이 오랫동안 이르지 않았다. 정서는 이에 금琴을 타면서 노래를 지었는데, 가사가 지극히 처량하고 슬펐다. 뒷날 사람들이 그 곡을 〈정과정鄭瓜亭〉이라 불렀다. 과정瓜亭은 정서鄭叙의 자호이다.

玄琴鄕部

初, 晉人以七絃琴送高麗,[10] 麗人不知鼓之之法. 時第二相王山岳, 改易其法制, 兼製[11]曲以奏之. 於是玄鶴來舞, 遂名曰玄鶴琴, 後但云玄琴.

又有玉寶高者入智異山 學琴五十年, 傳續命得,[12] 續命得傳貴金, 貴金亦入智異山不出. 王恐琴道不傳, 以伊湌允興爲南原守, 俾傳其業. 允興遣安·淸長,[13] 諧山中學之, 傳其所秘飄風等三曲. 安淸傳其子克宗, 克宗所製音曲 有平調羽調.

　高麗毅宗朝, 郎中鄭叙謫東來, 召命久不至. 叙乃撫琴作謌, 詞極悽惋. 後人名其曲曰鄭瓜亭. 瓜亭 鄭敍自號.

　'계계'자는 계면조를 말한다.
　젓가락 크기만 한 산죽山竹[14]으로 양끝에 마디가 있는 것을 가지고 술대를 만든다. 오른손 식지食指와 장지長指 사이에 끼우고 모지母指와 식지로 술대를 잡고 나머지 세 손가락은 말아 쥔다. 술대를 잡고 힘을 쓰면 점點[15]과 획畫[16] 역시 바르게 된다. 또 술대가 가로누우면 줄을 따라 바로 탈 수 없다. 이상은 술대를 잡는 방법이다.

　界字 界面調也.
　以山竹爲匙, 開如筋子大, 兩端有節者也. 挾于右手食指·長指之間, 以母指·食指執之, 餘三指拳之. 執匙用力, 點畫亦正. 且橫則不可從絃直彈. 右執匙法.

　○평조平調. 먼저 청현淸絃 소리의 높낮이를 정하고, 그다음 모지로 대현大絃 제6괘를 가볍게 짚고 청현과 음音을 같게 한다. 그다음 무명지無名指로 유현遊絃 제2괘를 가볍게 짚고 청현과 음을 같게 한다. 그다음 문현文絃의 안족雁足을 올리거나 내려 대현 제3괘와 음을 같게 한다.
　○우조羽調. 대현과 청현은 평조와 같다.[17] 다만 무현武絃의 안족을 괘외청의 안족

10　高麗: '고구려'를 뜻한다.
11　製: 원문의 '制'는 '製'의 오기이므로 바로잡았다.
12　得: 원문의 '淂'은 '得'의 오기이므로 바로잡았다.
13　安·淸長: 원문에는 '長·安淸'으로 되어 있으나 이는 안장과 청장의 오기이다. 이하 같다.
14　산죽(山竹): 『악학궤범』 7권, 19b에서는 "해죽(海竹)을 쓴다."고 했다.
15　점(點): 한 줄을 타거나 뜯는 것. 『양금신보』의 「합자」에 우점(右點)과 좌점(左點)에 대한 설명이 보인다.
16　획(畫): 여러 줄을 한꺼번에 긋는 것.
17　대현과 청현은 평조와 같다: 「우조 산형」에 의하면 우조(羽調)는 평조(平調)와 같은 음으로 조율하는 것이 아니다. '청(淸)' 줄의 음이 대현(大絃) 제6괘·유현(遊絃) 제2괘와 같다는 점에서 우조

앞에 내세워 대현 제2괘의 음과 같게 한다. 문현의 안족은 봉미鳳尾 가까이로 내려 세워 무현과 음을 같게 한다.

옛날의 안현按絃은 매 괘마다 모두 가볍게 짚어서 다만 그 (괘의) 소리를 낼 뿐이었다. 지금의 안현은 매 괘마다 모두 힘껏 누르니, 제2괘를 눌러 제3괘의 소리가 나게 한다. 다른 괘도 모두 그렇다. 그러므로 대현과 유현은 각각 한 소리씩 물려서 조현調絃하니, 옛날과 지금의 다름이 이와 같다. 이상은 줄을 조율하는 방법이다.

平調. 先定清絃聲之高低, 次以母指輕按大絃第六棵, 與清絃音同. 次以名指輕按遊絃第二棵, 而與清絃音同. 次以文絃歧棵進退, 與大絃第三棵音同.
○羽調. 大絃清絃與平調同. 只武絃歧棵進立於棵外清歧棵之前, 與大絃第二棵音同. 文絃歧棵退立於鳳尾之近, 與武絃音同.
古之按絃, 每棵皆輕按, 只出其聲. 今之按絃, 每棵皆力按, 第二棵按之, 出第三棵之聲也. 他棵皆然. 故大絃遊絃各退一聲而調, 其古今之異者如是哉. 右, 調絃法.

왼손으로 안현按絃을 하는데, 모지는 대현 제5괘에 붙이고, 장지는 (대현) 제3괘에 붙이고, 무명지는 유현 제3괘에 붙이고, 소지小指는 문현에 붙인 후, 술대로 문현부터 무현까지 모두 긋는 것을 '청淸'[18]이라 한다. 문현을 타고자 한다면 소지를 들고 소리가 난 후 다시 (소지를 문현에) 얹는 것이 묘법妙法이다. 줄을 짚는 것이 비뚜로 되면 안 된다. 반드시 큰 괘(제1괘)를 향해 줄을 따라 바로 짚어야 한다. 이상은 줄을 짚는 방법이다.

左手按絃, 以母指付大絃第五棵, 長指付第三棵, 名指付遊絃第三棵, 小指付文絃然後, 以匙自文絃至武絃盡畫謂之清也. 欲打文絃, 則擧小指, 聲發後, 還掩爲妙. 凡按絃橫則不可. 須向大棵從絃直按. 右按絃法.

18 와 평조가 같다. 평조에서는 이들을 '궁(宮)'으로 조율하고 우조에서는 그 보다 5도 높게 조율한다. 청(淸):『양금신보』의 '청'을 『금보』(안상 지음)에서는 '사라랭', 『악학궤범』에서는 '사랭'이라고 했다. 『금보』(안상 지음)에서 '청'은 왼손이 괘를 바꾸어 움직일 때 소리가 끊어지는 것을 막기 위해 괘상청을 연주하는 것이다.

세로 줄은 항행이고 가로 줄은 강강이다. '강'이라는 것은 오늘날 악절樂節에 따라 부채를 치는 것과 같다. 각각의 강 아래에 글자 수가 많기도 하고 적기도 한데, 글자가 많으면 소리가 급하고 글자가 적으면 소리가 느리다. 육성肉聲으로 타량打量을 할 경우, 다만 그 강강 아래 한 글자에 점할 뿐이다. 무릇 음악의 느리고 빠름에는 각각의 법法이 있으니, 오그라들거나[19] 급촉促急하다면 음악이 아니다. 이상은 타량법打量法이다.

○縱畫曰行, 橫畫曰腔. 腔者, 今之隨樂節打扇是也. 各腔下字有多少,[20] 字多則聲急, 字小則聲緩. 以肉聲打量, 只點其下一字而已. 凡樂之慢數[21]各有其法, 隱而急促, 非樂也.[22] 右, 打量法.

'大'는 대현大絃이다.[23] '方'은 유현遊絃이다. '二·三·四·五'는 괘의 차례이다. 'ㅗ'는 모지母指다. 'ㅅ'는 식지食指다. 'V'는 장지長指다. 'ㄗ'는 무명지無名指다. 'ᐳ' 오른쪽 점은 줄을 뜯는 것이다. 'V' 왼쪽 점은 줄을 타는 것이다. 'ㅣ'는 문현文絃부터 짚고 있는 줄까지 차례로 긋는 것이다. 'ㄴ'는 문현부터 무현武絃까지 모두 긋는 것이다. 점이나 획이 없는 것은 (왼손으로) 짚기만 하고 (오른손으로) 치지는 않아서 그 소리가 저절로 나게 하는 것이다. 'ㅈ'는 경안輕按[24]이다. 'ㄹ'는 요현搖絃[25]이다. 'ㅿ'는 그 줄을 갈고리처럼 당기는 것이니, 그 소리가 앞에는 평이하고 뒤에는 높아진다. 이미 (소리가) 나면 즉시 원래대로 다시 짚는다.

---

19 오그라들거나: '은(隱)'을 번역한 것인데, '은'은 원래 음(音)이 퍼지지 않는 것을 말한다. "은(隱)은 음(音)이 퍼지지 않는 것이다[隱, 音不宣也]." 김승룡 편역주, 『악기집석(樂記集釋)』(1), 청계, 2002, 517쪽.
20 少: 원문의 '小'는 '少'의 오기이므로 바로잡았다.
21 數: 원문의 '緩'은 '數'의 오기이므로 바로잡았다.
22 非樂也: 원문의 '非樂'은 '非樂也'의 오기이므로 바로잡았다.
23 『양금신보』에는 '합자'라는 제목이 있으나, 이 자료에서는 이것이 생략되었다.
24 경안(輕按): 왼손으로 줄을 가볍게 짚는 것.
25 요현(搖絃): 왼손으로 줄을 흔드는 것.

大, 大絃也. 方, 遊絃也. 二三四五, 棵之次第也. ㄱ, 母指也. 人, 食指也. , 長指也. 夕, 名指也. ▶右點, 擧絃也. ✓左點, 打絃也. ㅣ, 自文至絃所按之絃順畫也. ㄴ, 自文絃至武絃盡畫也. 無點畫者, 只按而無彈自出其聲也. ス, 輕按也. , 搖絃也. ム, 鈎引其絃, 則其聲先平後高, 旣出則還例按.

〈평조 중대엽平調中大葉〉 제1 새 악보

新譜

 55.38~40

〈평조 중대엽平調中大葉〉 같은 악보 제2

仝譜第二

악보 55.41

2지 이하부터 반여半余 · 대여大余는 처음과 같다.[26]

二旨以下及半余大余同初.

〈평조 중대엽平調中大葉〉 같은 악보 제3

仝譜第三

 55.41~42

26   이것은 〈평조 중대엽〉 신보 제2의 끝부분에 있는 내용이다.

이 지지는 북전 2지의 앞부분과 같다.[27]

此旨與北殿二旨頭仝.

4·5지부터 반여·대여까지는 처음과 같다.[28]

四五旨及半余大余同初.

〈평조 삭대엽平調數大葉〉 같은 악보

仝譜

계면조는 다만 식지만 사용하고 괘만 바꿔서 탈 뿐이다.

界面調, 只用食指, 易棵而已.

 55.42~44

〈평조 삭대엽平調數大葉〉 같은 악보 제2

仝譜第二
 55.44

2지 이하는 여음이 처음과 같다.[29]

二旨以下, 余音同初.

---

27 이것은 2지와 3지 사이에 있다.
28 이것은 〈평조 중대엽〉 신보 제3의 끝부분에 있는 내용이다.
29 이것은 〈평조 삭대엽〉 신보 제2의 끝부분에 있는 내용이다.

〈평조 삭대엽平調數大葉〉 같은 악보 제3

仝譜第三

 55.44~45

4지 이하는 여음이 처음과 같다.[30]

四旨以下, 餘音同初.

〈평조 북전平調北殿〉 현재의 악보

時譜

 55.45~47

〈평조 계면조 중대엽平調界面調中大葉〉 새 악보 제1

新譜 第一

 55.48~51

〈평조 계면조 중대엽平調界面調中大葉〉 제2

 55.51

2지 이하는 반여음半餘音 대여음大餘音이 처음과 같다.[31]

30 이것은 〈평조 삭대엽〉 신보 제3의 끝부분에 있는 내용이다.
31 이것은 〈평조 계면조 중대엽〉 신보 제2의 끝부분에 있는 내용이다.

二旨以下, 半余音·大余音仝初.

〈평조 계면조 중대엽平調界面調中大葉〉 같은 악보 제3

仝譜 第三

 55.52~53

이 지指는 북전 2지와 앞부분이 같다.[32]

此旨與北殿二旨頭仝.

4·5지는 여음이 처음과 같다.[33]

四五旨, 余音仝初.

계면조 〈북전〉과 〈삭대엽〉은 다만 식지를 대현 3괘와 5괘 사이를 사용할 뿐이다. 괘를 바꿀 때 상세히 살펴보라.

界北殿·數大, 只用食指於大絃三五棵之間而已. 詳之易棵.

〈우조 중대엽羽調中大葉〉 새 악보 제1

新譜 第一

 55.53~57

---

32 이것은 2지와 3지 사이에 있다.
33 이것은 〈평조 계면조 중대엽〉 신보 제3의 끝부분에 있는 내용이다.

〈우조 중대엽羽調中大葉〉 같은 악보 제2

소보 第二

2지 이하는 여음이 처음과 같다.[34]

二旨以下, 余音仝初.

 55.57

〈우조 중대엽羽調中大葉〉 같은 악보 제3

소보 第三

 55.58~59

4지 이하는 여음이 처음과 같다.[35]

四旨以下, 余音仝初.

〈우조 삭대엽羽調數大葉〉 같은 악보 제1

소보 第一

 55.59~60

34 이것은 〈우조 중대엽〉 신보 제2의 첫 부분에 있는 내용이다.
35 이것은 〈우조 중대엽〉 신보 제3의 끝부분에 있는 내용이다.

〈우조 삭대엽羽調數大葉〉 같은 악보 제2

仝譜 第二

 55.60~61

4지 이하는 반여음半余音이 처음과 같다.[36]

四旨以下, 半余音仝初.

〈우조 삭대엽羽調數大葉〉 같은 악보 제3

仝譜 第三

 55.62

4지 이하는 여음余音이 처음과 같다.[37]

四旨以下, 余音仝初.

〈우조 북전羽調北殿〉

 55.63~65

〈우조 계면조 중대엽羽調界面調中大葉〉 같은 악보 제1

仝譜 第一

---

36 이것은 3지와 대여음 사이에 있다.
37 이것은 〈우조 삭대엽〉 신보 제2의 끝부분에 있는 내용이다.

악보 55.66~69

〈우계 중대엽羽界中大葉〉 같은 악보 제2

소보 第二

악보 55.70

3지 이하는 여음余音이 처음과 같다.[38]

三旨以下, 余音仝初.

〈우계 중대엽羽界中大葉〉 제3

1·2지는 혹 무명지를 유현 7괘 다음에 붙이고 그 다음 하나를 내린다.

一·二旨, 或以名旨付方七次, 次下一.

악보 55.71~72

4지 이하 여음余音은 처음과 같다.[39]

四旨以下, 余音仝初.

〈우계 삭대엽羽界數大葉〉 같은 악보 제1

소보 第一

---

38 이것은 〈우계 중대엽〉 신보 제2의 끝부분에 있는 내용이다.
39 이것은 〈우계 중대엽〉 신보 제3의 끝부분에 있는 내용이다.

 55.72~74

〈우계 삭대엽羽界數大葉〉 제2

 55.74~75

4지 이하는 여음余音이 처음과 같다. 〈삼엽〉은 〈우조 삼엽〉을 보고 괘를 바꾼다.[40]

四旨以下, 余音全初. 三葉則看其羽調三葉, 易棵.

〈평조 조음〉 다사림

平調調音 다스림

 55.75~76

〈우조 조음羽調調音〉『양보梁譜』

 55.76~77

〈평조 중대엽平調中大葉〉『청송보聽松譜』 제1

 55.77~80

---

40   이것은 〈우계 삭대엽〉 신보 제2의 끝부분에 있는 내용이다.

〈평조 중대엽平調中大葉〉 제2

 55.80~81

2·3·4·5지가 제1과 같고, 대여의 앞부분은 제1과 같아도 괜찮다.[41]

二三四五旨與第一仝. 大余頭與第一仝, 亦可.

유현 4괘 이하는 제1과 같다.[42]

方四以下, 與第一仝.

〈평조 중대엽平調中大葉〉 제3

 55.81~82

이 지旨는 북전 2지와 앞부분이 같다.[43]

此旨與北殿二旨頭仝.

4지 이하는 제1과 같다.[44]

四旨以下與第一同.

〈평조 북전平調北殿〉

 55.82~85

41 이것은 1지와 여음 사이에 있다.
42 이것은 〈평조 중대엽〉 신보 제2의 끝부분에 있는 내용이다.
43 이것은 2지와 3지 사이에 있다.
44 이것은 〈평조 중대엽〉 신보 제3의 끝부분에 있는 내용이다.

〈평조 삭대엽平調數大葉〉 제1

 55.85~86

제3지와 같다.[45]

與第三旨仝.

〈평조 삭대엽平調數大葉〉 제2

 55.87

이 지늡는 제1과 같다.[46]

此旨與第一仝.

〈평조 삭대엽平調數大葉〉 제3

 55.87~89

제1의 4지와 같다.[47]

與第一四旨同.

제1의 4지와 같고, 2지와 같다.[48]

第一四旨同 二旨同.

45 이것은 4지와 5지 사이에 있다.
46 이것은 1지와 여음 사이에 있다.
47 이것은 2지와 3지 사이에 있다.
48 이것은 4지 악보 대신 기록되어 있다.

〈우조 중대엽羽調中大葉〉 제1

무명지로 유현을 누를 때 장지는 겸하여 대현에 붙인다.

名旨方絃按時 ↘旨兼付大絃.

 55.89~93

〈우조 중대엽羽調中大葉〉 제2

 55.93~94

2지 이하는 제1과 같다.[49]

二旨以下與第一仝.

유현 4괘 이하는 제1과 같다.[50]

方四以下與第一仝.

〈우조 중대엽羽調中大葉〉 제3

 55.94~95

이 아래는 제1과 같다.[51]

此下與第一同.

---

49 이것은 1지와 여음 사이에 있다.
50 이것은 〈우조 중대엽〉 신보 제2의 끝부분에 있는 내용이다.
51 이것은 〈우조 중대엽〉 신보 제3의 끝부분에 있는 내용이다.

〈우조 북전羽調北殿〉

 55.96~98

〈우조 삭대엽羽調數大葉〉 제1

 55.99~100

4지는 2지와 같다.[52]

四與二旨同.

〈우조 삭대엽羽調數大葉〉 제2

 55.100~101

이 아래는 위와 같다.[53]

此下上仝.

〈우조 삭대엽羽調數大葉〉 제3

 55.102~103

4지는 제1과 같다.[54]

四與第一同.

---

52 이것은 4지 악보 대신 기록되어 있다.
53 이것은 〈우조 삭대엽〉 신보 제2의 끝부분에 있는 내용이다.
54 이것은 4지 악보 대신 기록되어 있다.

처음은 5지와 같고, 반종半終[55]은 제1의 여음과 같다.[56]

始初與五旨同, 半終與第一余音同.

⟨평계 중대엽平界中大葉⟩ 제1

 55.103~106

⟨평계 중대엽平界中大葉⟩ 제2

 55.107

이 아래는 제1과 같다.[57]

此下與第一同.

유현 3괘 이하는 제1과 같다.[58]

方三以下與第一仝.

⟨평계 중대엽平界中大葉⟩ 제3

 55.107~109

---

55 반종(半終): 정확한 뜻은 미상이다.
56 이것은 ⟨우조 삭대엽⟩ 신보 제3의 끝부분에 있는 내용이다.
57 이것은 1지와 여음 사이에 있다.
58 이것은 ⟨평계 중대엽⟩ 신보 제2의 끝부분에 있는 내용이다.

이 아래는 제1과 같다.[59]

此下與第一同.

대현 3괘 이하는 제1과 같다.[60]

大三以下與第一仝.

⟨평계 북전平界北殿⟩

55.109~112

⟨우계 중대엽羽界中大葉⟩ 제1

55.112~115

⟨우계 중대엽羽界中大葉⟩ 제2

55.116

2지 이하는 제1과 같다.[61]

二旨以下與第一仝.

유현 4괘 이하는 제1과 같다.[62]

59 이것은 중여음과 여음 사이에 있다.
60 이것은 ⟨평계 중대엽⟩ 신보 제3의 끝부분에 있는 내용이다.
61 이것은 1지와 여음 사이에 있다.

方四以下與第一仝.

⟨우계 중대엽羽界中大葉⟩ 제3

`악보` 55.117~118

4지 이하는 처음과 같다.[63]

四旨以下同初.

⟨우계 북전羽界北殿⟩

`악보` 55.118~121

⟨평계 삭대엽平界數大葉⟩ 제1

`악보` 55.121~122

⟨평계 삭대엽平界數大葉⟩ 제2

`악보` 55.123

2지 이하는 제1과 같다.[64]

二旨以下與第一同.

---

62 이것은 ⟨우계 중대엽⟩ 신보 제2의 끝부분에 있는 내용이다.
63 이것은 ⟨우계 중대엽⟩ 신보 제3의 끝부분에 있다.
64 이것은 ⟨평계 삭대엽⟩ 제2의 끝부분에 있는 내용이다.

〈평계 삭대엽平界數大葉〉 제3

 55.123~124

중여음 이하는 제1과 같다.[65]

中餘音以下與第一同.

〈우계 삭대엽羽界數大葉〉 제1

 55.124~126

〈우계 삭대엽羽界數大葉〉 제2

 55.126~127

2지는 제1의 2지와 같다.[66]

二同第一二旨.

중여음·4지·5지는 제1과 같다.[67]

中余音四五旨與第一仝.

대현 5괘 이하는 제1과 같다.[68]

大五以下與第一同.

65 이것은 〈평계 삭대엽〉 제2의 끝부분에 있는 내용이다.
66 이것은 2지 악보 대신 기록되어 있다.
67 이것은 3지와 여음 사이에 있는 내용이다.
68 이것은 〈우계 삭대엽〉 제2의 끝부분에 있는 내용이다.

〈우계 삭대엽羽界數大葉〉 제3

 55.127

2지 이하는 제1과 같다.[69]

二旨以下與第一仝.

〈평조 조음平調調音〉

 55.128~129

〈평조 조음〉 이것 역시 쓸 수 있다.

平調調音. 用此亦可.

 55.129~130

〈우조 조음羽調調音〉

 55.130~132

〈평단 조음平短調音〉

 55.132~133

---

69 이것은 1지와 여음 사이에 있다.

〈우단 조음羽短調音〉

 55.133

〈감군은感君恩〉 평조 4편平調四篇 『양보梁譜』

 55.133~135

〈여민락〉 우조 가락을 사용

與民樂 以羽調旨用

 55.135~143

〈보허자步虛子〉 8편 우음八篇羽音

 55.143~150

〈영산회상靈山會上〉 우음羽音 『청송보廳松譜』

 55.150

〈영산회상靈山會上〉

 55.151

〈우조 중대엽羽調中大葉〉

 55.151

〈평조 중대엽平調中大葉〉

 55.152

금보(이종악 지음)
琴譜(李宗岳 纂)

이종악(李宗岳) 지음(추정), 1763년 전후(18세기 후반)
한국음악학자료총서 39

금보(이종악 지음) 해제

1763년 전후 허주虛舟 이종악李宗岳(1726~1773)이 편찬한 것으로 4곡의 〈조음〉과 2곡의 〈단장〉, 1곡의 〈조음 여음〉 등이 수록된 거문고 악보. 권수제가 '琴譜'인데, 표제가 중복되므로, 편찬자인 이종악의 이름을 따서 『금보』(이종악 지음)라 이름하였다. 악보의 전 소장처는 경북 안동시 임청각臨淸閣[1]이며, 1972년 임청각의 장서가 고려대학교에 기증될 때 이 악보도 함께 이관移管되었다. 현재 고려대학교 중앙도서관 석주문고石洲文庫[2]에 소장되어 있다. 2004년 국립국악원에서 이를 영인하여 『한국음악학자료총서』 39집에 수록하였다. 필사본 1책으로 13장이고, 1장의 별지가 악보 뒤편에 추가되어 있다. 세로 31.5cm, 가로 19.8cm이다. 기보법은 거문고 합자보를 주로 사용하였고 합자의 오른쪽에 거문고 한글 육보를 병기하는 형태이다. 수록 악곡의 수는 총 9곡이다.

1. 해설

이 악보의 전 소장처인 임청각은 조선 중종 10년(1515)에 건립된 것으로 조선 세종世宗(재위 1418~1450) 때 좌의정을 지낸 이원李原(1368~1429)의 여섯째 아들 영산현감 이증李增(1419~1480)이 안동 산수의 아름다움을 좋아하여 정착하였는데, 그의

---

[1] 임청각(臨淸閣): 1515년에 건립된 고성 이씨의 종가에 있는 정자. 보물 제182호.
[2] 석주문고(石洲文庫): 허주 이종악의 후손인 석주(石洲) 이상룡(李相龍, 1858~1932)의 호를 딴 문고. 이상룡은 일제강점기에 서로군정서 독판, 임시정부 국무령 등을 역임한 독립운동가이다. 『한국민족문화대백과사전』 17권, 한국정신문화연구원, 1991, 889쪽.

셋째 아들 형조좌랑 이명李洺이 세운 별당형 정자이다. 허주 이종악은 이 집안의 11대 종손이며, 당대 고서古書와 탄금彈琴 등의 취미를 즐겼던 것으로 유명하였으므로 임청각에서 소장하고 있던 이 악보의 주인을 허주 이종악으로 추정하였다.

허주 이종악은 안동시 임청각에서 평생을 보내며 다양한 취미활동을 즐겼는데, 그의 절친한 벗이자 사돈이었던 류도원柳道源(1721~1791)은 그에게 고서벽古書癖, 탄금벽彈琴癖, 화훼벽花卉癖, 서화벽書畫癖, 주유벽舟遊癖 등 오벽五癖이 있다고 했다.[3] 또한 그가 남긴 시詩와 각종 관련 글들을 모아 편찬한 『허주유고』에는 그의 거문고 연주를 비롯한 다양한 예술 활동과 음악적 소양이 담겨 있다.

이종악의 생몰 연대가 1726~1773년이므로 악보는 그가 생존해 있을 당시 편찬되었으며, 편찬 시기에 대한 정확한 기록은 없고, 김우진에 의해 조현법 및 괘법, 악곡의 분화 방식에 비추어 1763년 전후로 추정되었다.[4] 다만 악보에 보이는 필체의 다양성이나 별지의 활용 등을 근거로 얼마간의 시간 차를 두고 작성되었음을 짐작할 수 있다. 따라서 『금보』(이종악 지음)의 편찬 연대는 18세기 후반으로 보는 것이 합리적일 것이다.

표지의 내면에는 희미하게 적힌 한시漢詩가 보이는데 음악과는 관련이 없는 것이다. 따라서 본문에서는 생략하였다. 악보의 앞부분에는 금법琴法과 조현법, 현을 치는 법, 자법字法, 성음법成音法 등이 기록되어 있다. 중간에는 악보가 있고, 악보 중간 중간에 다양한 필체로 적은 '석봉청묘초려시서石峰淸妙草廬詩序'[5]와 '취옹정기醉翁亭記'[6] 등이 삽입되어 있다. 석봉청묘초려시서는 조선의 명필인 석봉 한호韓濩(1543~1605)가 직접 행초서行草書로 쓴 글을 목판木板에 새겨서 간행한 서법서書法書이며, 취옹정기는 송대 구양수歐陽脩(1007~1072)가 지은 것으로 선인들의 글씨본이다. 이종악의 취미 중 서화벽書畫癖이 그의 악보 편찬과 구성에 드러난 것으로 보인다. 그러나

3 서수용 역, 『국역 허주유고』, 임청각, 2008, 18쪽.
4 김우진, 「『허주금보』」, 『한국음악학자료총서』 39, 국립국악원, 2004, 76~77쪽.
5 「허주금보」, 『한국음악학자료총서』 39, 국립국악원, 2004, 99~104쪽.
6 「허주금보」, 『한국음악학자료총서』 39, 국립국악원, 2004, 106~109쪽.

'석봉청묘초려시서石峰淸妙草廬詩序'와 '취옹정기醉翁亭記' 등은 음악과 관계없는 내용이므로 앞표지 내지의 한시와 마찬가지로 본문에서 생략하였다.

『금보』(이종악 지음)는 악보의 편찬자인 이종악이 안동 지역에서 거주하며 기록한 것이므로 18세기 후반 안동 지역의 풍류 문화를 알 수 있는 데 의미가 있다.

2. 악곡

이 자료는 거문고 악보이며, 〈우조 조음〉, 〈평조 조음〉, 〈우조 단장〉, 〈계면조 단장〉, 〈조음 여음〉, 〈우계면조 조음〉, 〈평계면조 조음〉, 〈우조 삭대엽〉, 〈우조 조음〉으로 총 9곡이 수록되어 있다. 6곡의 〈조음〉과 2곡의 〈단장〉, 1곡의 〈우조 삭대엽〉이 수록되어 있는 것이다.

수록된 〈우조 조음〉은 영조 이전의 것으로 추정되는 『신작금보』의 그것과 유사하며 현행 가곡 〈우조〉를 부르기 전에 연주하는 〈우조 조음〉과 같은 유형이다. 또한 〈우조 단장〉과 〈계면조 단장〉은 현행 〈우락〉과 〈계락〉에 해당한다. 특히 〈우조 단장〉은 우조 악곡임에도 불구하고 거문고 유현 5괘가 단 한 번도 출현하지 않고, 유현 6괘와 유현 7괘를 밀어서 낸다는 점에서 계면조의 변화를 보여주는 악곡임이 확인된다.[7] 〈계면조 단장〉 역시 〈우조 단장〉과 마찬가지로 계면조로의 변화를 보여주고 있다. 〈우조 단장〉과 〈계면조 단장〉의 경우 〈우조 삭대엽〉에 비해서 짧은 노래라는 뜻으로 현행 〈우락〉과 〈계락〉에 해당하는 악곡을 〈우조 단장〉과 〈계면조 단장〉이라 기록한 것으로 보인다.

---

[7] 최선아, 「『허주금보』의 우조 계면조 조음 및 단장(短章) 연구」, 『한국음악연구』 69집, 한국국악학회, 2021, 309~329쪽.

3. 관련 자료와 논저

1) 『금보』(이종악 지음) 영인본 자료

『한국음악학자료총서』 39, 국립국악원, 2004, 83~112쪽.

2) 『금보』(이종악 지음) 해제

김우진, 「『허주금보』」, 『한국음악학자료총서』 39, 국립국악원, 2004, 73~79쪽.

3) 『금보』(이종악 지음) 관련 논저

서수용 역, 『국역 허주유고』, 임청각, 2008.
권혜은, 「조선후기 船遊풍조와 虛舟 李宗岳의〈虛舟府君山水遺帖〉」, 『고인쇄문화』 16집, 淸州古印刷博物館, 2009, 107~139쪽.
최은주, 「허주(虛舟) 이종악(李宗岳)의 한시를 통해 본 18세기 영남 선비의 여가생활과 가치지향」, 『어문론총』 62집, 한국문학어문학회, 2014, 303~328쪽.
김우진, 『거문고 육보체계에 관한 통시적 고찰』, 민속원, 2015.
김학수, 『허주 이종악의 삶과 풍류』, 한국학중앙연구원 출판부, 2017.
최선아, 「『창랑보』를 통해 본 18세기 안동 풍류의 내용과 성격」, 『동양음악』 49집, 서울대학교 동양음악연구소, 2021, 157~185쪽.
최선아, 「『허주금보』의 우조 계면조 조음 및 단장(短章) 연구」, 『한국음악연구』 69집, 한국국악학회, 2021, 309~329쪽.

해제 : 정서은

금보(이종악 지음)
琴譜(李宗岳 纂)

금보琴譜

금琴은 금하는 것이다. 그 사심邪心을 금하는 것이다.

무릇 금을 타는 사람은 낯빛을 바로 하고 단정히 앉아, 여유 있고 온화한 태도를 갖도록 힘써야 한다. 지법指法은 다음과 같다. 항상 모지母指와 장지長指를 대현大絃에, 식지食指를 괘상청卦上淸에,[8] 명지名指[9]를 유현遊絃에 걸친다. 소지小指를 문현文絃에 걸어, 그 소리가 나지 않게 해야 한다. 소리를 취하고 싶으면 뗀다.

평조平調는 웅심雄深하고 화평和平하다. 황종黃鍾이 한 번 울리매 만물이 모두 봄이 되는 것과 같다.

우조羽調는 청장淸壯[10]하고 소창疎暢[11]하다. 옥 술잔이 부딪쳐 깨어져 날리는 조각들이 맑게 울리는 것과 같다.

계면조界面調는 슬피 원망함이 격렬하다. 충성스러운 사람의 혼이 강에 빠져 그 남은 한恨이 초楚나라에 가득한 것 같다.

중대엽中大葉은 머나먼 곳에서 배회하는 것 같아서 한 번 노래하면 세 번 탄식하는 맛이 있다.

삭대엽數大葉은 완전婉轉[12]하고 꾀꼬리 소리 같다. 풍류를 드날리는 듯한 뜻이 있다.

---

8 식지를 괘상청에: 오늘날 가곡을 반주할 때 식지로 괘상청을 치는 주법이 나타난다.
9 명지(名指): 무명지(無名指)를 줄여서 쓴 것임. 이하 같다.
10 청장(淸壯): 맑고 굳셈.
11 소창(疎暢): 막힘없이 트여 있음.

후정화後庭花는 내려갔다 올라갔다 서로 빙빙 도는 것과 같아서 변풍變風[13]의 태도가 있다.

琴譜

琴者, 禁也. 禁其邪心.

凡彈琴者, 正容端坐, 務令舒遲和緩. 指法, 常以母指·長指據大絃, 食指據卦上淸, 名指據遊絃. 小指揭文絃, 俾碍其聲. 欲取聲, 去之.

平調. 雄深和平. 黃鍾一動, 萬物皆春.

羽調. 淸壯疎暢. 玉斗撞破, 飛雪鏗鳴.

界面調 哀怨激烈. 忠魂沈江, 餘恨滿楚.

中大葉. 徘徊行遠. 有一唱三嘆之味.

數大葉. 宛轉流麗[14]. 有風流軒擧之意.

後庭花. 低仰回互. 有變風之態.

조현법調絃法

괘상청卦上淸과 괘외청卦外淸은 같다. ○무현武絃과 괘외청은 모두 긋는다. 무현에 봉성蜂聲[15]이 있으면 그친다. ○대현大絃 6괘를 누르면 괘상청과 같다. 그런 뒤에 또 대현 2괘를 누르면 문현文絃과 같다. ○유현遊絃 2괘를 누르면 괘상청과 음이 같다.

調絃法

卦上淸·卦外淸同 ○武絃·卦外淸皆畫. 武絃有蜂聲, 止之. ○壓大絃六卦, 與卦上淸同. 然後又壓大絃二卦, 與文絃同. ○壓遊絃二卦, 與卦上淸同音.

12 완전(婉轉): 소리에 억양과 기복(起伏)이 있는 것을 형용하는 말.
13 변풍(變風): 『시경』의 국풍(國風) 가운데 패풍(邶風)에서 빈풍(豳風)에 이르는 열세 나라의 노래를 이르는 말.
14 流麗: 원문의 '流鶯'은 '流麗'의 오기이므로 바로잡았다.
15 봉성(蜂聲): 벌이 나는 소리.

현絃을 치는 법

짚고 있는 현을 치는 경우는 오른쪽에는 ▼라 쓰고 왼쪽에는 ▶라 쓴다. ○문현을 치고 괘상청에 이르러 그치는 경우는 ㅣ라 쓴다. ○문현에서 무현에 이르기까지 남김 없이 치는 경우는 ㄴ라 쓴다. ○무현에서 문현까지 치는 경우는 ㄴ라 쓴다. ○괘상청에서 무현까지 치는 경우는 ㅡ라 쓴다. ○괘상청에서 무현에 이르는 것이 단지 문현이고 오른쪽이면 ♭라 쓴다.[16]

憂絃法

憂所按絃, 右者作▼, 左者作▶. ○憂文絃, 至卦上淸而止者, 作 ㅣ. ○自文絃至武絃盡憂者, 作 ㄴ. ○自武絃憂至文絃者, 作 ㄴ. ○自卦上淸至武絃者, 作 ㅡ. ○自卦上淸至武絃者, 獨文絃而右者作♭.

자법字法

'大'는 대현大絃, '方'은 유현遊絃, '文'은 문현文絃, '武'는 무현武絃, '上'은 괘상청卦上淸, '下'는 괘하청卦下淸이다. ○'ㄱ'는 모지母指, '人'은 식지食指, '夕'은 명지名指, 'V'는 장지長指다. ○'艮'은 조금 물러나 앞으로 가는 것이고, '入'은 가볍고 부드럽게 현絃을 누르는 것이다. '山'은 자출로서 현이 스스로 소리를 내게 하는 것이고, '力'은 현을 힘껏 누르는 것이고, '丁'은 '停'으로 현을 꼬집었다가 잠시 멈추는 것이다.

字法

大謂大絃, 方謂遊絃, 文謂文絃, 武謂武絃, 上謂卦上淸, 下謂卦下淸. ○ㄱ謂母指, 人謂食指, 夕謂名指, V謂長指. ○艮謂退小退前, 入謂輕軟壓絃, 山謂出使絃自出聲, 力謂力壓絃, 丁謂停所拈絃暫停.

---

16 원문 "自卦上淸至武絃者, 獨文絃而右者作♭."에 대한 의미가 명확하지 않다.

성음법成音法

높고 낮음, 느리고 촉급함, 장단의 구절

은 '딩'이며, ∨은 '당'이다. 자출自出은 '루', 은 현을 흔드는 것이다. '사'는 '사랑'이며, 문현에서 유현까지를 말한다. '스'는 스렁이며, 문현에서 대현까지를 말한다. 은 미상이다.[17]

【대현은 3가닥을 14번 꼬고, 문현은 3가닥을 11번 꼬고, 무현은 3가닥을 9번 꼬고, 유현은 3가닥을 7번 꼬고 한 가닥을 덜어낸 뒤 또 한 번 꼰다. 괘상청은 3가닥을 6번 꼬고, 괘외청은 두 가닥을 더한다.】

成音法

高低漫促長短句絶

作딩, ∨作당, 自出루, 搖絃 ㅅ謂ㅅ랑, 自文絃至遊絃 ㅅ謂ㅅ렁, 自文絃至大絃 始終高中, 則重□.

【大絃, 以三條十四廻. 文絃, 以三條十一廻. 武絃, 以三條九廻. 遊絃以三條七廻, 除一條, 又一廻. 卦上淸, 以三條六廻. 卦外淸, 加二條.】

〈우조 조음羽調調音〉

악보 39.88~90

〈평조 조음平調調音〉

악보 39.90~91

17 이 기호 뒤에 원문 '始終高中, 則重'이 이어지는데, '重' 다음 글자가 판독이 되지 않는다. 글자가 없는 것으로도 보인다. 의미를 알 수 없어 번역하지 않는다.

〈우조 단장羽調短章〉

 39.91~93

〈계면조 단장界面調短章〉

 39.93~95

〈조음 여음調音餘音〉

 39.95~96

〈우계면조 조음羽界面調調音〉

 39.96~97

〈평계면조 조음平界面調調音〉

 39.97~98

〈우조 삭대엽羽調數大葉〉

 39.104~106

〈우조 조음羽調調音〉

 39.110

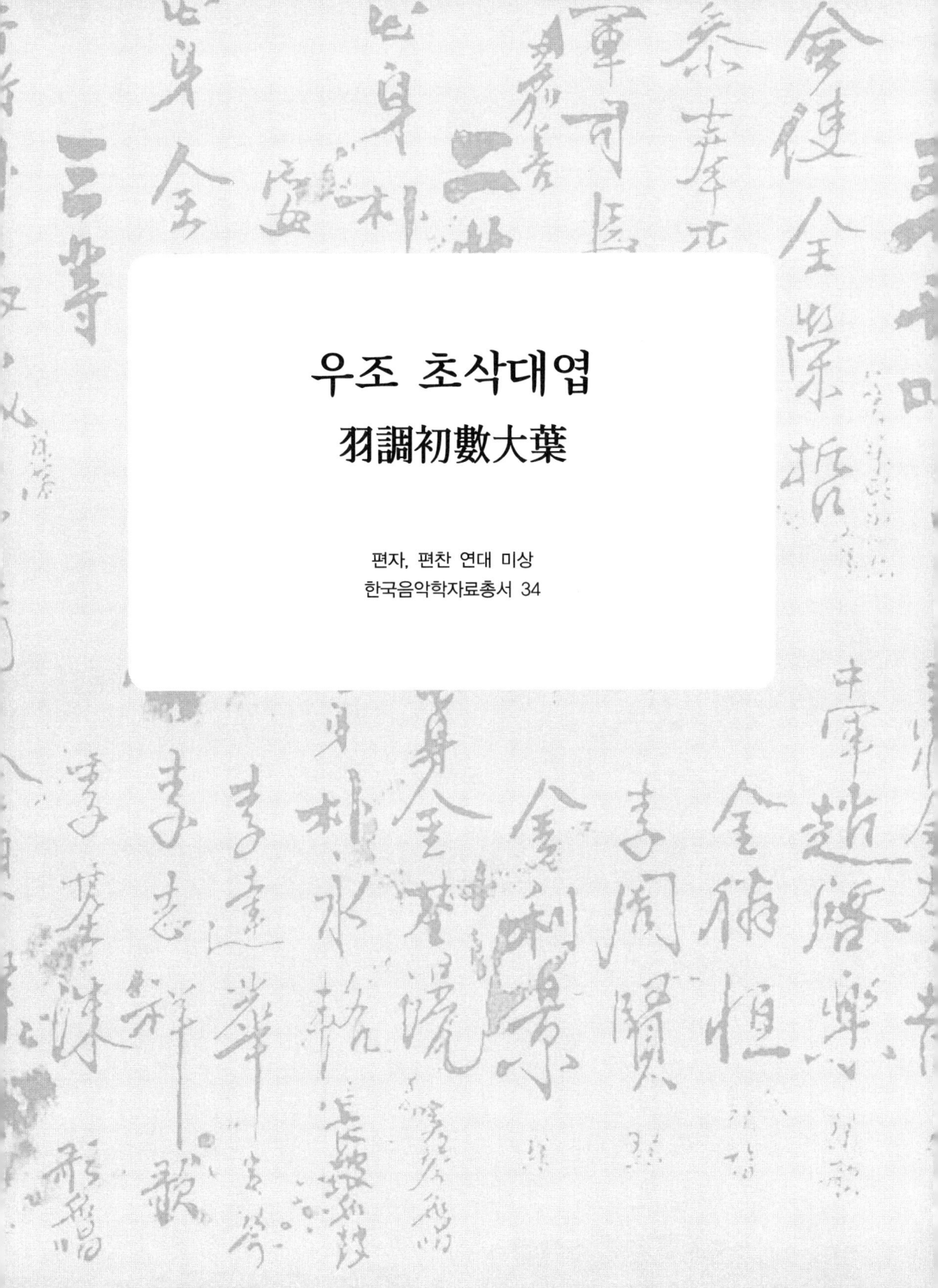

우조 초삭대엽
羽調初數大葉

편자, 편찬 연대 미상
한국음악학자료총서 34

우조 초삭대엽 해제

　가곡을 반주하기 위한 거문고 악보. 책을 장정裝幀한 방법은 병풍처럼 접어서 만든 첩장帖裝이다. 자료가 한 묶음이므로 1첩帖이며, 표지를 포함하여 15회 접혀 있으므로 1회 접은 것을 '1절折'로 보면 15절이 된다. 이것을 면 수로 셈하면 1회를 접으면 2면이 되므로 모두 30면이다. 내용이 앞면과 뒷면에 모두 기록된 상태이므로 앞뒤 내용을 합하면, 총 60면이 된다. 필사본이며, 규격은 한 면을 기준으로 했을 때 세로 20cm, 가로 9cm이다. 첩장의 전체 가로 길이는 209.8cm이다. 악보에 정간이 없으며, 거문고 합자보를 먼저 적은 후 그 아래에 거문고 한글 구음을 적었다. 악곡 수는 가곡 7곡, 시조 8수로 모두 15곡이다.
　이 자료는 이익李瀷(호 星湖)의 둘째 형인 이잠李潛(1660~1706)의 종손, 이돈형李暾衡이 소장하고 있었는데, 그는 1994년에 소장한 다른 자료와 함께 성호박물관에 모두 기증하였다. 그런데 이 기증 유물 중 문집류는 국립중앙도서관에 다시 기증되었다. 그래서 이 악보는 현재 국립중앙도서관에 소장되어 있다. 이돈형 집에는 이잠의 바로 아래 동생이고 이익의 셋째 형인 이서李漵(호 玉洞, 1662~1723)가 타던 거문고가 있었다. 이 거문고와 함께 전해온 것이 바로 이 악보라고 한다.[1] 현재 이서의 거문고는 '성호박물관'에 악보 복제품과 함께 전시되고 있다.
　국립국악원에서는 1999년에 이 자료를 영인하여 1차로 『한국음악학자료총서』 제34집에 수록하였다. 그리고 2017년에 연구의 편의성과 악보의 가독성을 높이기 위해 컬러판으로 다시 영인하여 『한국음악학자료총서』 제54집에 재수록하였다.

1　서인화, 「『금조』 해제」, 『한국음악학자료총서』 34, 국립국악원, 1999, 18~19쪽.

이 자료는 앞면과 뒷면의 서체가 서로 다르다. 앞면의 1면을 보면 표제表題처럼 '羽調初數大葉(우조 초삭대엽)'이라 크게 적혀 있다. 뒷면의 1면을 보면 여기 역시 표제처럼 큰 글씨로 '琴調(금조)'라 적혀 있다. 이렇듯 앞·뒷면에 표제가 다르기에 기관마다 이 자료의 이름을 다르게 지칭하고 있다. 국립중앙도서관 측에서는 첩장의 앞면 표지제와 권수제에 의거하여 '羽調初數大葉'이라 칭하고 있다.[2] 1999년 국립국악원 측 서인화는 자료의 뒷면 표지제에 의거하여 '琴調'라고 이름하였고, 2017년 2차 영인할 때 김경희는 이 자료가 성호 집안에 전해 내려오는 거문고보라는 의미로 『성호금보』라 이름하였다.[3] 결과적으로 이 자료의 이름이 3가지다.

고악보의 책명에 관하여 최근에 연구된 결과도 있으며,[4] 자료의 권수제와 표지제에 의거한 사례는 『대악후보』를 비롯하여 『속악원보』『협률대성』『구라철사금자보』 등 그 사례가 많다. 따라서 이 책에서는 국립중앙도서관 측처럼 권수제와 표지제에 의거하여 '우조초삭대엽羽調初數大葉'이라 이름하였음을 밝힌다.

1. 해설

편찬자 미상이며, 편찬 연대 역시 미상이다. 서인화는 악보에 수록된 내용이『한금신보』(1724년)와 『금보』(고려대 소장A)[5]와 같고, 이 악보의 편자가 한글을 많이 쓴 점과 탈락 부분이 있는 것으로 봐서 1791년 이후에 만들어졌을 가능성이 있으나 정확한 연대는 알 수 없다는 입장을 밝혔다.[6] 한편, 김경희는 이 악보의 편찬 시기가 미상이나, 17세기 말~18세기 초로 시기를 당겨서 추정하였다.[7] 이 책에서는 서인화

---

2 국립중앙도서관(홈페이지 2023년 1월 2일 기준)의 경우 앞면 표제에 의거하여 이 악보를 '羽詔初數大葉'이라 이름했는데, 여기서 '詔'는 '調'의 오기이므로 향후 수정이 필요하다.
3 김경희, 「『성호금보』」, 『한국음악학자료총서』 54, 국립국악원, 2017, 145쪽.
4 김성혜, 「고악보 명칭의 문제점과 개선 방안(1)」, 『음악과 현실』 61호, 민족음악학회, 2021, 241~280쪽 및 『역주 고악보』 1, 민속원, 2021, 618~619쪽에 복간. 이 책 부록으로 수록한 김성혜, 「고악보 책명 규칙의 모색」을 참고.
5 1791년, 일명 『고대금보A』.
6 서인화, 「『금조』 해제」, 『한국음악학자료총서』 34, 국립국악원, 1999, 23쪽.

의 견해에 의거하여 '1791년 이후'로 보고자 한다.

이 자료는 앞면과 뒷면의 서체가 서로 다르기에 수록된 내용을 구분해서 볼 필요가 있다. 먼저 앞면의 경우 제1면에 표지제表紙題처럼 '우조 초삭대엽羽調初數大葉'을 크게 적었고, 이어서 제2면부터 〈우조 초삭대엽〉 이하 〈중대엽〉 3장까지 가곡 6곡을 거문고 악보로 적었다.

뒷면의 경우 역시 1면에 '금조琴調'를 표지제처럼 크게 적었고, 이어서 '우조 별삭대엽羽調別數大葉' 단장單章이라 적고 '초지' 곧 1장만 수록하였다. 역시 악보에 정간이 없고, 거문고 합자보를 기록한 다음 그 아래에 한글 구음을 적었다. 그러므로 뒷면은 악보의 경우 가곡 〈우조 별삭대엽〉 1장만 수록된 것이 전부이다. 이어서 시조 8수를 한글로 적었다. 그다음에 '니도'라는 제목으로 이두를 열거하였는데, 예를 들어 첫 번째 줄을 보면, "如白內等 ᄒᆞ올꼴등 侤音다짐 白等솖등"으로 적혀 있다. 이것은 '如白內等'은 '하올꼴등'으로, '侤音'은 '다짐'으로, '白等'은 '솖등'으로 읽는다는 것이다. 이런 어휘가 약 94개 실려 있는데,[8] 이것은 음악과 전혀 상관이 없기에 이 책에서는 내용을 생략하였다. 이러한 내용은 아마도 편자가 이 자료의 뒷면에 자신의 생활에 필요하여 내용을 베껴 둔 것으로 보인다. 이 내용 다음부터 마지막까지는 한시漢詩를 구절로 쓴 낙서가 13면 분량에 걸쳐 이어지고, 맨 마지막 면에는 거문고 6현의 실 가닥 수에 관한 내용이 덧붙여져 있다.

결국 앞면과 뒷면의 내용을 종합해보면, 앞면은 가곡 6곡을 연주하기 위한 거문고 악보가 처음부터 끝까지 체계적이고 일관되게 수록되어 있다. 그러나 뒷면은 전반부에는 가곡 1곡의 초장과 시조 8수를 수록하였고, 중반부에는 '니도'라는 제목 아래 음악과 무관한 이두관련 내용을 기록했으며, 후반부에는 낙서처럼 쓴 한시와 거문고 현의 실 가닥 수를 기록하는 등 내용이 일관되지 않고 체계도 없는 편이다. 따라서 이 자료는 처음에 앞면을 위해 만든 첩장이었고, 나중에 누군가 첩장의 뒷면 여백에 내용을 추기한 것으로 보인다.

7 　김경희, 「『성호금보』」, 『한국음악학자료총서』 54, 국립국악원, 2017, 144쪽.
8 　『금보』, 『한국음악학자료총서』 34, 국립국악원, 1999, 46~56쪽.

2. 악곡

첩장의 앞면에는 가곡 6곡이 있는데, 〈우조 초삭대엽〉, 〈우조 이삭대엽〉, 〈우조 삼삭대엽〉, 〈평조 중대엽〉 제1~3장이다. 전반부 3곡은 〈우조 삭대엽〉이 초·2·3으로 분화된 것이고, 후반부 3곡은 〈중대엽〉이 1·2·3장으로 분화된 것이다. 여기서 흥미로운 점은 〈우조 삭대엽〉 초·2·3 및 뒷장의 〈우조 별삭대엽〉 이상 4종의 관계이다. 삭대엽 4종의 관계를 표로 나타내면 다음과 같다.

[표 1] 〈우조 삭대엽〉 4종의 상관관계

삭대엽 4종	1지	2지	3지	반여음	4지	5지	대여음	비고
우조 초삭대엽	초	초	초	초	초	초	초	
우조 이삭대엽	이	이	초	초	초	초	이	3~5지는 초삭과 동일
우조 삼삭대엽	삼	삼	초	초	초	초	이	
우조 별삭대엽	별	이	초	초	초	초	초	

〈우조 초삭대엽〉의 악보는 1지부터 대여음까지 수록되어 있다.[9] 다음 〈우조 이삭대엽〉은 1지와 2지, 대여음의 악보만 수록되어 있고, "3지·반여음·4지·5지는 초삭대엽과 같다"고 언급하고 악보를 생략하였다. 〈우조 삼삭대엽〉 역시 1지와 2지의 악보만 있고, "제3지·반여음·4지·5지 대여음은 이삭대엽과 같다"고 명시하고 악보를 생략하였다. 그러므로 〈우조 삼삭대엽〉의 3지~5지는 〈우조 초삭대엽〉과 같고 대여음은 〈우조 이삭대엽〉과 같다. 〈우조 별삭대엽〉은 1지의 악보만 있고, "2지·3지·반여음과 4지·5지는 〈우조 이삭대엽〉과 같다. 대여음은 우조 제1삭대엽과 같다"고 명시하고 악보를 생략하였다. 곧 〈우조 별삭대엽〉은 1지만 가락이 새로운 것이며, 2지는 〈우조 이삭대엽〉과 같고 3지~대여음까지는 〈우조 초삭대엽〉과 같다.

결국 삭대엽 4종의 관계를 보면, 첫 가락인 '1지'의 가락만 모두 다르고 2지와 대여음은 새로운 가락이나 기존의 가락을 사용하였다. 하지만 3지~5지 가락은 모두 〈우조 초삭대엽〉을 그대로 반복하고 있다. 이러한 현상은 〈삭대엽〉 1·2·3·별곡의

9　『한국음악학자료총서』 34, 국립국악원, 1999, 28~31쪽.

상관 관계성 및 〈삭대엽〉에서 다른 곡으로 파생된 방식을 나타내고 있기에 의미 있는 사료로 평가된다. 아울러 〈우조 별삭대엽〉은 이 악보에만 출현하고 있어 이 자료의 가치를 높여준다.

3. 관련 자료와 논저

1) 『우조 초삭대엽』 영인본 자료

『한국음악학자료총서』 34, 국립국악원, 1999, 27~56쪽.
『한국음악학자료총서』 54, 국립국악원, 2017, 154~187쪽.

2) 『우조 초삭대엽』 해제

서인화, 「『금조』 해제」, 『한국음악학자료총서』 34, 국립국악원, 1999, 18~24쪽.
김경희, 「『성호금보』」, 『한국음악학자료총서』 54, 국립국악원, 2017, 143~153쪽.

3) 『우조 초삭대엽』 관련 논저

최헌, 「삭대엽의 변천과정 연구」, 『한국음악연구』 34집, 한국국악학회, 2003, 89~120쪽.
손수린, 「『한금신보』 우조삭대엽 해독의 재검토: 〈제2〉와 〈제4〉를 중심으로」, 『한국음악문화연구』 제9집, 한국음악문화학회, 2016, 237~268쪽.

해제 : 김성혜

우조 초삭대엽
羽調初數大葉

 10

우조 초삭대엽羽調初數大葉

〈우조 초삭대엽羽調初數大葉〉

 34.28~31

〈우조 이삭대엽羽調二數大葉〉

 34.31~33

3지旨 반여음半餘音과 4·5지는 〈초삭대엽〉과 같다.

三旨半餘音·四五旨與初數大葉同.[11]

〈우조 삼삭대엽羽調三數大葉〉

 34.33~34

---

10 이 자료는 '첩장(帖裝)'으로 이루어졌는데, 내용이 앞면과 뒷면에 모두 있는 관계로 이를 구분하기 위해 이 책에서 임의로 '앞면'과 '뒷면'을 넣었다.
11 제2지와 대여음 사이에 있다.

제3지 반여음과 4·5지 대여음은 〈이삭대엽〉과 같다.

第三旨半餘音·四五旨大餘音與二數大葉同.[12]

〈평조 중대엽平調中大葉〉

1장 1지

오른쪽 점은 현絃을 들고 왼쪽 점은 현을 친다.

一章 一旨

右點擧絃 左點打絃

 34.34~39

제2장 1지

2·3·4·5지는 〈초대엽〉과 같다.[13]

第二章 一旨

二三四五旨與 初大葉同.

 34.39~40

제3장 1지

第三章 一旨

 34.41~42

12 제2지 다음에 있다.
13 제1지와 대여음 사이에 있다.

반여음 4·5지 대여음은 모두 〈이대엽〉과 같다.[14]

半餘音四五旨大餘音皆與二大葉同

> 뒷면

금조琴調

〈우조 별삭대엽〉 단장

羽調 別數大葉 單章

초지初旨

 34.43

2지·3지·반여음과 4지·5지. 이 5지[15]는 〈우조 이삭대엽〉과 같다. 대여음은 〈우조 제1 삭대엽〉[16]과 같다.

二指·三旨·半餘音·四旨·五旨. 此五旨與羽調第二數大葉同. 大餘音與羽調第一數大葉同.

순순舜이 남순南巡하사 창오야蒼梧野에 붕崩하시니
오현지금五絃之琴 일성一聲을 뉘 손에 전전傳하신고
금일에 문차성聞此聲하니 수현인가 하노라

14 3지 끝에 있다.
15 5지: 여기서 '5지'는 앞의 '2지·3지·반여음과 4지·5지' 다섯 개의 지(旨)를 뜻한다.
16 우조 제1 삭대엽: '우조 초삭대엽'의 다른 이름. 이 악보에 처음 등장하는 이름으로 보인다.

청산靑山 자고송自孤松아 네 어이 누웠난다
광풍狂風을 못 이기어 뿌리 젖혀 누웠노라
가다가 양공良工을 만나거든 날 있더라 일러라

늙은이 불사약不死藥과 젊은이 불로초不老草를
삼신산三神山 가면 얻어는 오련마는
아마도 익수삼천리溺水三千里를 건널 길이 없어라

백천百川이 동도해東到海하니 하시何時에 부서귀復西歸요
고왕금래古往今來에 역류수逆流水 없건마는
어찌타 간장肝腸 썩은 물이 눈으로서 솟나니

암반설중岩畔雪中 고죽孤竹 반갑고 반가워라
묻노라 고죽아 고죽군孤竹君의 자손인다
아마도 수양산하首陽山下의 이제夷齊 본 듯 하여라

아이는 약 캐러 가고 초당草堂은 비었는데
흩뿌린 바둑을 뉘 주어 담을 손가
강호江湖에 봄 간다 하니 못내 설워 하노라

수양垂楊 천만사千萬絲인들
탐화봉접探花蜂蝶인들 지는 꽃을 어이 하리
세상의 부귀공명이 다 이러한가 하노라

임술지추壬戌之秋 칠월 기망旣望에 배를 타고 금릉金陵에 내려
손수 고기 낚아 고기 주고 술을 사니
아이야 주가酒家 하처何處오 전의典衣 고주沽酒 하리라

슌이 남슌ᄒ사 창오야의 붕ᄒ시니
오현지금 일성을 뉘손의 전ᄒ신고
금일의 문ᄎ셩ᄒ니 수현인가 ᄒ노라

쳥산 ᄌ고숑아 네 어이 누엇ᄂ다
狂風을 못 이긔여 불희 져자 누엇노라
가다가 양공을 맛나거든 날잇더라 일너라

늘그의 불ᄉ약과 졀문의 불로초을
숨신산 가면 어더논 오런마논
아마도 익수숨졀리을 건뎔길이 없세라

百川이 東도海ᄒ니 하시예 부셔귀요
古往今來예 역류슈 업것마논
엇지타 간쟝 서근 물이 눈으로셔 솟ᄂ니

岩畔셜中 고쥭 반갑고 반가왜라
문노라 고쥭아 고쥭군의 ᄌ손인다
아마도 首陽山下의 夷齊본둧 ᄒ여라

아희논 약 키라 가고 초당은 뷔엿ᄂ듸
훗버린 바독을 뉘 주어 담을손고
강호의 봄 간다ᄒ니 못내 슬허ᄒ노라

슈양 젼만지들
탐花봉졉인들 지논 꼿즐 어이ᄒ리
世上의 부귀공명이 다 이러ᄒᆫ가 ᄒ노라

壬戌之秋 七月旣望의 비을 트고 금능의 느러
손조 고기 낙가 고기 주고 술을 사니

兒희야 酒家 何處오 典衣沽酒ᄒ리라

　당사唐絲를 쓸 때 대현은 궁宮으로 81가닥, 문현은 상商으로 72가닥, 무현은 각角으로 64가닥, 괘상청은 치徵로 54가닥, 자현慈絃[17]은 41가닥, 괘외청은 우羽로 48가닥을 쓴다.

　향사鄕絲는 올이 가는 것을 쓸 때, 문현은 102가닥, 대현은 120가닥, 무현은 90가닥, 나머지는 모두 42가닥을 쓴다.

　唐絲則 大絃宮 八十一絲, 文絃商 七十二絲, 武絃角 六十四絲, 罫上淸徵 五十四絲, 慈絃 四十一絲, 罫外淸羽 四十八絲
　鄕絲細品則 文絃百二絲, 大絃百二十絲, 武絃九十絲, 餘並四十二絲.

17　자현(慈絃): 유현을 지칭하는 것으로 '子絃'이라고도 한다. 『창하유필』을 보면 유현을 자현이라 하였다. 이 책 566쪽 참고.

금보(이승무 지음)
琴譜(李升懋 纂)

이승무(李升懋, 1777~1844) 지음, 1841년
한국음악학자료총서 2집, 33집

금보(이승무 지음) 해제

〈보허사〉,〈여민락〉,〈영산회상〉 및 가곡·가사·시조의 거문고 악보. 광복 전에 가람嘉藍 이병기李秉岐(1891~1968) 선생이 서울 안국동의 한 지물포에서 찾아냈다고 하며, 1963년 학계에 소개했다. 1981년 국립국악원에서 이를 영인하여 다른 악보와 함께『한국음악학자료총서』2집에 수록하였으나, 원본의 크기를 축소하고 여러 색이 표기된 것을 흑백으로 처리하는 등 가독성이 낮았다. 크기와 색을 보완하여 다시 영인한 것이『한국음악학자료총서』33집이다. 현재 소장처는 국립국악원이다. 이 악보는 표지에 '琴譜'라는 표지명이 있으며 표지 오른쪽 상단에 '三竹先生 撰'이라고 병기되어 있어서 이를 근거로 지금까지 '삼죽금보'라 칭했다. 그러나 악보의 서문에 편찬자가 이승무李升懋(1777~1844)임이 기록되어 있으므로 편찬자의 이름을 넣어서 『금보』(이승무 지음)라 칭하고자 한다. 자료의 내용은 크게 서문과 범례, 악보로 구성되어 있다.

필사본 1책 114장이며, 세로 31cm 가로 21cm이다. 악보는 1행 16정간을 목판으로 찍어 그 안에 거문고 한글 구음을 직접 적어 넣었으며, 먹색 이외에 붉은색·노란색·파란색·녹색 등 4가지 다른 색을 더하여 선율을 표기하였다. 수록된 악곡은 모두 68곡이다.

1. 해설

『금보』(이승무 지음)의 편찬 연대에 대해서는 지금까지 몇 가지 견해가 있었다. 이는 서문 말미에 적힌 "聖上卽祖元年辛丑仲冬 完山人李升懋序" 즉 "성상聖上 즉위 원년 신축辛丑 중동仲冬 완산인完山人 이승무李升懋는 서문을 쓴다."라는 기록에 의한 것이며, 세 가지 정도로 정리된다. 먼저 경종 원년인 1721년 이승무라는 이가 편찬했다는 견해[1]와, 악보의 수록 내용에 따라 1841년에 이승무가 편찬했다는 견해,[2] 1721년 이승무가 기록한 악보를 1901년 삼죽 선생이 새로 엮었을 것이라는 견해가 그것이다.[3] 이와 같이 여러 의견이 있었으나 악보가 담고 있는 〈영산회상〉 및 가곡의 수록 악곡과 내용이 19세기 중반이라는 점과 편자로 추정되는 이승무[4]의 생몰 연대가 1777년에서 1844년이라는 점, 서문과 범례 및 악보가 서로 일관성이 있다는 점[5] 등을 고려하여 『금보』(이승무 지음)의 편찬 연대는 1841년이라는 데 의견이 모아졌다.

자료의 첫 부분인 서序에는 편찬자 이승무가 거문고를 배우게 된 동기와 과정이 드러난다. 이승무는 자신이 어렸을 때 집에 오래된 거문고가 하나 있어 배우고자 하였으나 선생이 없었고, 스무 살이 되었을 때는 학업에 몰두하느라 이를 익힐 겨를이 없었다고 한다. 이후 서울 사람으로 거문고에 이름이 난 홍기후洪基厚가 거문고 배우기를 권하여 몇 달에 걸쳐 그에게서 거문고를 배웠다. 이때 잠시도 거문고를 떠나지 않고 가곡과 〈보허자〉, 〈여민락〉, 〈영산회상〉 등의 곡을 전수받았으며 이후에도 거문고를 계속 연주하였다. 자신이 평소 듣고 기록해 두었던 음악을 모으고 범례를 뽑아 엮으니 이에 금보가 편찬된 것이다.

다음으로 범례 부분에는 술대 잡는 법을 비롯하여, 율을 맞추는 법, 줄 누르는 법, 농현 등의 수법, 구음, 괘표, 수법표, 장단, 초학자를 위한 지침 등이 상세히 기록되어 있다.

---

1 성경린, 「한국의 악보」, 『한국음악논고』, 동화출판사, 1976, 334쪽.
2 이혜구, 「현존 거문고보의 연대고」, 『국악원논문집』, 창간호, 국립국악원, 1989, 7~35쪽; 김종수, 「『삼죽금보』 서와 범례」, 『민족음악학』, 제19집, 동양음악연구소, 1997, 126쪽.
3 송석하, 「현존조선악보」, 『한국민속고』, 일신사, 1957, 481~482쪽; 최종민, 「삼죽금보해제」, 『음대학보』, 제19집, 서울대학교음악대학학생회, 1968, 49~54쪽; 장사훈, 「금보해제」, 『한국음악학자료총서』 2집, 국립국악원, 1981, 3~5쪽.
4 19세기 중반 완산인 이승무(李升懋)의 흔적은 전주 이씨 무림군파보(茂林君派譜)에서 찾아볼 수 있다. 인제대학교 인터넷 족보도서관 https://genealogy.inje.ac.kr/list/?u=9&u2=57&u3=227&u4=1199
5 김종수, 「『삼죽금보』 서와 범례」, 『민족음악학』, 제19집, 동양음악연구소, 1997, 123~137쪽.

『금보』(이승무 지음)는 기보상 다른 악보와 차별화되는 부분이 있는데, 구음 앞뒤에 점을 찍어 선율의 단락을 표시한 점과 원가락을 변주한 별도의 가락을 병기하여 여러 가지 색으로 표시한 점, 홍색 동그라미나 청색 동그라미를 사용하여 선율의 반복과 장章 구분, 다른 곡으로 연결하는 방법 등을 표시한 점 등이 그것이다. 여러 가지 색과 점, 동그라미 등을 이용해 선율의 구조와 진행, 다양성 등을 구체적으로 드러내고자 한 편자의 세심함과 노력이 돋보이는 악보이다.

2. 악곡

이 자료에는 〈조현〉, 〈보허사〉, 〈여민락〉, 〈영산회상〉 및 가곡·가사·시조의 거문고 악곡이 모두 68곡 수록되어 있다. 악곡의 수록 순서는 〈조현〉, 〈보허사〉가 가장 먼저 나오고 이어 〈여민락〉이 나오는데, 이때 〈보허사〉와 〈여민락〉 모두 우조곡임을 제시하였다.

다음으로 〈영산회상〉은 현행 〈상영산〉에 해당하는 가락으로부터 〈중영산〉, 〈소영산〉, 〈가락덜이〉, 〈환입〉, 〈염불〉, 〈타령〉, 〈군악〉으로 구성되어 있다. 이어 나오는 〈평조 영산회상〉은 〈상영산〉의 악보만 있고 나머지는 없으며 〈중영산〉 이하의 곡은 모두 5괘로 탄다는 기록만 있다. 이외에 〈우조 타령〉, 〈우조 가락제이〉, 〈계면 가락제이〉, 〈군중 취타〉, 〈노군악〉, 〈가군악〉, 〈소보허사〉, 〈양청 환입〉이 나온다.

이어 가곡에 해당하는 악곡인 〈우조 초삭대엽〉, 〈우조 이삭대엽〉, 〈우조 조림〉, 〈우조 삼삭대엽〉, 〈우조 소이〉, 〈우조 소용〉, 〈우롱〉, 〈계면조 초삭대엽〉, 〈계면 이삭대엽〉, 〈계면 조림〉, 〈계면 삼삭대엽〉, 〈계면 소이〉, 〈계면 소용〉, 〈농-계면조〉, 〈언롱〉, 〈계면 낙시조〉, 〈우조 낙시조〉, 〈언락〉, 〈편락〉, 〈편삭대엽〉, 〈청성 삭대엽〉, 〈평계면조 삭대엽〉, 〈장진주〉, 〈우조 초중대엽〉, 〈우조 이중대엽〉, 〈우조 삼중대엽〉, 〈계면 초중대엽〉, 〈계면 이중대엽〉, 〈계면 삼중대엽〉, 〈우조 후정화〉, 〈계면 후정화〉가 수록되어 있다. 가사와 시조의 거문고 악보도 수록되어 있는데, 〈상사별곡相思別曲〉, 〈춘면곡春眠曲〉, 〈행로곡行路曲〉, 〈매화곡梅花曲〉, 〈황계곡黃鷄曲〉 등의 가사와 시조, 소이 시조騷耳時調가 있다.

이외에 혜적嵇笛 〈조현(평조)〉 〈무녀시조巫女時調〉 〈월곡月曲〉 〈평우조 조현〉 〈평계면조 조현〉 〈사언환입詞言還入〉 〈권주가〉 등이 수록되어 있다.

3. 관련 자료와 논저

1) 『금보』(이승무 지음)의 영인본 자료
『한국음악학자료총서』 2집, 국립국악원, 1980, 48~106쪽.
『한국음악학자료총서』 33집, 국립국악원, 1998, 15~246쪽.

2) 『금보』(이승무 지음) 해제
장사훈, 「『삼죽금보』」, 『한국음악학자료총서』 2집, 국립국악원, 1980, 3~5쪽.
서인화, 「『삼죽금보』 해제」, 『한국음악학자료총서』 33집, 국립국악원, 1998, 5~12쪽.

3) 『금보』(이승무 지음) 관련 논저
권오성, 「春眠曲의 樂曲形式:『三竹琴譜』와『面琴譜』에 基하여」, 서울대대학원 석사학위논문, 1965.
최종민, 「삼죽금보해제」, 『음대학보』 제19집, 서울대학교 음악대학학생회, 1968, 49~54쪽.
성경린, 「한국의 악보」, 『한국음악논고』, 동화출판사, 1976, 257~368쪽.
신대철, 「『삼죽금보』 가사: 춘면곡·상사별곡·황계사에 기하여」, 서울대대학원 석사학위논문, 1981.
최 헌, 「현행 가곡의 선율구조 분석: 삼죽금보 삭대엽의 초두 이두식 악구에 기하여」, 서울대대학원 석사학위논문, 1989.
손태룡, 「『三竹琴譜』의 小還入과 兩淸還入의 比較 硏究: 旋律을 中心으로」, 영남대대학원 석사학위논문, 1990 및 『한국음악학논집』 1집, 한국음악사학회, 1990, 454-512쪽에 재수록.
이혜구, 「『三竹琴譜』 中大葉의 時價解析」, 『국악원논문집』 4집, 국립국악원, 1992, 79~101쪽.
김종수, 「『삼죽금보(三竹琴譜)』 서와 범례」, 『민족음악학』 19집, 서울대학교 동양음악연구소, 1997, 123~137쪽.
조영배, 「삼현환입, 하현환입, 염불, 타령의 음악구조에 관한 소고:『삼죽금보』·『아금고보』·『향률양금보』 현행의 비교를 중심으로」, 『제주교대논문집』 26호, 제주교대, 1997, 227~251쪽.

윤화중, 「『三竹琴譜』의 變奏가락에 관한 硏究: 還入에 基하여」, 서울대대학원 석사학위논문, 1998.

이혜구, 『三竹琴譜의 譯譜 및 註釋』, 한국정신문화연구원, 1998.

남화정, 「현행 편락의 선율 형성 고: 『삼죽금보』의 언락, 우락 및 편삭대엽과의 거문고 선율 비교를 중심으로」, 용인대대학원 석사학위논문, 2000.

강희진, 「현행 현악영산회상 중 삼현환입·하현환입의 거문고 선율·리듬 변화에 대한 연구: 『삼죽금보』와 비교를 중심으로」, 수원대대학원 석사학위논문, 2002.

김선정, 「삼죽금보의 군중 취타와 현행 거문고보의 취타 선율 비교」, 이화여대대학원 석사학위논문, 2004.

송은도, 「『삼죽금보』 노군악과 민간전승 길군악」, 서울대대학원 석사학위논문, 2004.

마현진, 「『삼죽금보』 영산회상과 현행 가야금 상령산의 선율비교」, 목원대대학원 석사학위논문, 2009.

임병옥, 「『東大琴譜』 평조 타령과 『三竹琴譜』 타령의 비교연구」, 『국악교육』 29집, 한국국악교육학회, 2010, 171~198쪽.

정현주, 「『삼죽금보』 기보 체계에 관한 연구: 「타령」을 중심으로」, 한국예술종합학교 전통예술원 예술전문사학위논문, 2010.

권율화, 「步虛詞의 旋律 比較硏究: 『三竹琴譜』와 『玄琴正樂譜』를 中心으로」, 경북대대학원 석사학위논문, 2011.

김보라, 「『삼죽금보』 소재 영산회상과 현행 영산회상의 상령산 비교연구: 거문고보를 중심으로」, 단국대대학원 석사학위논문, 2013.

신원철, 「『삼죽금보』와 현행 거문고보의 이수대엽 비교연구: 우조 이수대엽을 중심으로」, 경북대대학원 석사학위논문, 2014.

임미선, 「『三竹琴譜』 소재 변주선율의 성격」, 『동양음악』 36집, 서울대학교 부설 동양음악연구소, 2014, 53~89쪽.

문주석, 「혜적(嵇笛)에 관한 고찰」, 『한국음악사학보』 58집, 한국음악사학회, 2017, 33~60쪽.

손수림, 「『삼죽금보』 중 '매화곡'과 현행 '매화가' 1마루의 선율 비교 분석」, 이화여대대학원 석사학위논문, 2018.

신혜선, 「『삼죽금보 각(脚)』을 통해 본 가곡 농·낙의 특징」, 한양대대학원 박사학위논문, 2019.

해제: 정서은

금보(이승무 지음)
琴譜(李升懋 纂)

서문

내 어린 시절에 집에 오래된 거문고 하나가 있어 배우고 싶었지만 가르쳐줄 선생이 없었다. 간혹 혼자 타보려 할 때가 있기는 했지만, 성률聲律과 완촉緩促의 절도에 완전히 캄캄한지라 말 그림을 보고서 천리마를 찾으려 하고, 신발을 사이에 두고 가려운 곳을 긁는 것과 같았다. 약관弱冠의 나이가 되자 과거 공부를 하느라 현가絃歌의 기예에는 짬을 낼 수가 없었다. 하지만 여전히 돌아보곤 하면서 내버리지 못하고 있었다. 대개 거문고를 몹시 사랑했기 때문이었다.

서울사람 홍기후洪基厚 사규士逵[6]는 거문고로 유명한 사람인데, 나와는 오랜 친분이 있었다. 그는 나더러 거문고를 배우라고 권했다. 내가 "배우는 자는 공자의 뜻에 미치지 못하는데, 가르치는 사람은 오히려 사양師襄[7]의 법을 가지고 있으니, 때로 말하자면 가능할 것이나, 형편으로 보자면 어렵겠구려."라고 하자, 그는 이런 말로 답하였다. "배우지 않으려면 그만이지만, 만약 거문고에 뜻이 있다면 어찌 못하도록 막을 그런 걱정거리가 있겠는가?" 이어 그는 나에게 부지런히 권했다.

나는 그 말에 그해 늦가을부터 이듬해 늦은 봄까지 몇 달을 배우면서 잠시도 거문고를 떠나지 않았으니, 『대기戴記』에서 이른바 "군자는 까닭 없이는 금슬琴瑟을 폐

---

[6] 홍기후(洪基厚) 사규(士逵): 홍기후의 자(字)는 사규다. 1943년 송석하의 「현존조선악보」를 보면, '기후보' 혹은 '홍기후보'가 당시 실존하였기에 홍기후가 악보를 편찬해낸 사실을 알 수 있다. 하지만 1950년 한국전쟁 이후 '홍기후보'를 유실하며 현전하지 않는다. 송석하, 「현존조선악보」, 『田邊先生還曆記念 東亞音樂論叢』, 山一書房, 1943, 387~432面. 송석하, 「현존한국악보」, 『한국민속고』, 일신사, 1960, 443~491쪽에 복간됨.

[7] 사양(師襄): 춘추시대의 노(魯)나라 악관(樂官). 공자에게 금(琴)을 가르친 사람이다.

하지 않는다"⁸는 말과 『노론魯論』에서 이른바 "소악韶樂을 듣고 고기 맛을 몰랐다"⁹고 하는 말은 바로 이런 경우를 두고 한 말이었던 것이다.

수세手勢는 절로 서투르지 않게 되고 성률이 자연스레 원활圓滑하게 변하자, 세속에서 이른바 우조羽調와 계면조界面調의 가곡歌曲, 〈보허사步虛詞〉, 〈여민락與民樂〉, 〈영산회상靈山會像〉 등과 저 민요[謳謠]의 번거로운 음률과 촉급한 가락까지 배우지 않은 것이 없었으니, 비록 입실入室은 하지 못했지만, 거의 승당升堂한 데 가까웠다고 하겠다.¹⁰

2년 뒤 사규士達가 세상을 떴다. 그 뒤로 거문고를 그만두려 했지만, 그만둘 수가 없었다. 거문고의 명인이 있다는 말을 들으면 아는 사람이건 모르는 사람이건 곧장 찾아가 만났다. 그 신기한 가락을 듣고 그 정미精微한 연주법을 완상玩賞하면, 마음을 차분히 하여 속으로 헤아려 두었다. 비록 말로 전수해 주지는 않았지만 몰래 내 마음속에 새겨 두었던 것이다. 그런즉 저 먼저 깨친 여러 사람들은 모두 나의 스승이었다. 이른바 "어디선들 배우지 않으셨겠는가만은 일정한 스승이 있었겠는가?"¹¹라는 말이 진정 이런 경우라 할 것이다.

저 영륜伶倫¹²·사연師涓¹³·사광師曠¹⁴처럼 음악에 정통한 사람은 말할 것조차 없

---

8 『대기(戴記)』는 『예기(禮記)』를 말한다. "군자는 까닭 없이는 금슬(琴瑟)을 폐하지 않는다"는 말의 원문은 "君子無故, 不廢琴瑟"인데, 이것은 『예기』에 나오지 않는다. 같은 의미의 문장으로 『예기』「악기(樂記)」에 실린 학경(郝敬)의 주석에 "사(士)는 까닭없이 금슬을 버리지 않는다"(士無故, 不去琴瑟)는 말이 나오는데, 이것을 가져다 변형한 것이 아닌가 한다.

9 『노론(魯論)』은 『논어(論語)』를 말한다. 『논어』「술이(述而)」에 다음과 같은 말이 있다. "공자가 제(齊)나라에 있을 때 소악(韶樂)을 듣고는 석 달 동안 고기 맛을 모르고 '음악을 만든 것이 이런 경지에 이를 줄 생각지 못했다'라고 하였다."(子在齊聞韶, 三月不知肉味, 曰: "不圖爲樂之至於斯也.") 소악은 순(舜)임금 시대의 음악이라고 한다.

10 입실(入室)과 승당(升堂)은 배워서 깨달은 경지를 두고 한 말이다. 『논어(論語)』「선진(先進)」에서 공자가 자로(子路)를 두고 "당에는 올랐지만 아직 실에는 들어가지 못하였다."(升堂矣, 未入於室也)라고 한 데서 가져온 말이다. 입실은 높은 경지, 승당은 그 아래의 경지를 말한다.

11 『논어』「자장(子張)」에 나오는 말. 위(衛)나라 공손조(公孫朝)가 자공(子貢)에게 "중니(仲尼)는 어디서 배웠는가?"라고 묻자, 자공이 "선생님께서 어디선들 배우지 않으셨겠는가만은 일정한 스승이 있었겠는가?"라고 대답했다.(夫子焉不學, 而亦何常師之有?)

12 영륜(伶倫): 중국 고대 황제(黃帝) 때 악관(樂官). 황제의 명을 받들어 해계(嶰溪) 골짜기의 대나무로 열두 개의 율관을 만들고 십이율(十二律)을 정했다고 한다.

고, 백아伯牙가 금琴을 타자 여섯 마리 말이 먹이를 먹다가 고개를 쳐들고 들었다는 이야기나, 호파瓠巴가 슬瑟을 연주하자 물속에서 노닐던 물고기가 나와서 들었다는 이야기[15]는, 곧 이치를 정밀히 연구하여 신묘한 경지에 들어가서[16] 하나로 합쳐져서 조화를 이룬 경우를 두고 한 말일 터이다. 그런데 내가 타는 거문고로 말하자면 단지 거친 자취일 뿐이니, 혈맥을 흘러 통하게 하고 삿되고 더러운 곳을 말끔히 씻어내는 것에 견줄 수가 없으니, 어찌 능하다고 할 수 있으리오?

비록 그렇기는 하나 거친 자취 가운데서도 음절音節이 하나만이 아니고, 정신은 한계가 있으니, 쉬이 잊어버리기 마련이다. 그러므로 나의 고루함을 잊고서 평상시에 듣고 기록해 둔 것을 모아 범례를 만들고 그것을 책에 써서 참고에 대비하려 하는 것이다.

성상聖上 즉위 원년 신축辛丑[17] 중동仲冬 완산인完山人 이승무李升懋는 서문을 쓴다.

序
余幼時, 家有一古琴. 欲學之而無其師. 雖或有獨自操縵之時, 而全昧於聲律緩促之

---

13 사연(師涓): 은(殷)나라 악관(樂官). 주왕(紂王)을 위해 〈미미지악(靡靡之樂)〉을 지었다. 주(周)나라 무왕(武王)이 주왕(紂王)을 치자, 달아나 복수(濮水)에 빠져 죽었다고 함.

14 사광(師曠): 춘추시대 진(晉)나라의 악사(樂師). 음(音)을 구분하는 탁월한 능력을 갖고 있었다고 함. 『맹자』 「이루상(離婁上)」에 "사광의 뛰어난 청력(聽力)으로도 육률(六律)이 아니면 오음(五音)을 바로잡을 수 없다(師曠之聰, 不以六律, 不能正五音)" 하였다.

15 백아(伯牙)와 호파(瓠巴)는 모두 음악의 명인이다. 『순자(荀子)』 「권학(勸學)」에 "옛날에 호파가 금(琴)을 타자, 물속에서 놀던 물고기가 물에서 나와서 들었고, 백아가 금을 타자 여섯 마리 말이 먹이를 먹다가 고개를 쳐들고 들었다."고 하였다. 여섯 마리 말은 천자(天子)의 수레를 끄는 말이다.

16 『주역』「계사전하(繫辭傳下)」에 나오는 말이다. "자벌레가 몸을 굽히는 것은 펴기 위해서이고, 용과 뱀이 땅속에 들어앉은 것은 몸을 보존하기 위해서이고, 이치를 정밀히 연구하여 신묘한 경지에 들어가는 것은 극진히 쓰기 위해서이고, 잘 써서 몸을 편안하게 하는 것은, 덕(德)을 높이기 위해서다.(尺蠖之屈, 以求信也; 龍蛇之蟄, 以存身也; 精義入神, 以致用也; 利用安身, 以崇德也)"라고 하였다.

17 성상(聖上) 즉위 원년 신축(辛丑): 이에 대해 두 가지 번역이 있다. 하나는 신축년에 즉위한 임금이 경종(景宗)이므로 '신축'을 1721년으로 보는 견해이다.(성경린, 『한국음악논고』, 동화출판공사, 1976, 334쪽) 다른 하나는 악보에 실린 악곡과 헌종이 친정한 연대를 고려하여 성상께서 친히 정사를 보시게 된 원년인 신축년 곧 1841년을 보는 견해이다.(김종수, 「『삼죽금보』 서와 범례」, 『민족음악학』 19집, 서울대학교 동양음악연구소, 1997, 126쪽)

節, 無異於按圖而索驥, 隔靴而疤痒. 及夫弱冠, 從事於功令之業, 不遑於絃歌之藝. 然猶自顧諟不能舍置, 盖癖於琴也.

洛陽人洪基厚士逵以琴鳴者也而與余有舊, 勸余學琴. 余言曰: "學之者不及於孔聖之志, 而教之者猶存於乎師襄之法. 時則可矣, 勢則難矣." 答曰: "不欲則已, 苟志於斯, 寧有扞格之患也?" 仍爲勸之勤.

余於是自是季秋至翌季春, 學之屢月, 未嘗須更離之, 戴記所謂不廢琴瑟, 魯論所謂聞韶忘味者, 正此之謂也.

手勢自不艱澁, 聲律馴致圓滑, 世俗所謂羽界歌曲也步虛也民樂也會像也與夫謳謠之繁音促節, 無不受之. 雖未入室, 庶乎升堂矣.

越二年, 士逵卒焉. 自是厥後, 欲罷不能. 聞有琴名之人, 則無論知與不知, 輒往見之. 聽其新奇之調, 玩其精微之法, 則潛心默識. 雖不口授言傳, 暗自誌之於心. 然則彼先覺之諸人, 皆是吾師. 而所謂焉不學何常師者, 豈其然乎!

原夫伶倫·涓·曠之精通于音者, 尙矣無論. 至於伯牙鼓琴六馬仰秣, 瓠也鼓瑟游魚出聽, 是則精義入神, 合同而和者矣. 若余之彈琴, 只是粗迹而已. 不可擬議於流通血脈蕩滌邪穢, 則豈曰能之云乎哉! 雖然, 粗迹之中, 音節非一而精神有限, 則忘却易矣. 故忘其固陋, 裒輯其常所記聞者, 發凡起例而筆之於書以備參考焉.

聖上卽祖元年辛丑仲冬, 完山人李升懋序.

범례凡例

집시법執匙法

왼손으로 줄을 짚고 오른손으로 술대를 쥔다.【가는 대를 3~4촌 가량 잘라 그 끝을 뾰족하게 만들어 줄을 탄다.】모지母指와 식지食指로 쥐면, 술대의 끝이 식지와 장지長指 사이로 나온다. 그 나머지 세 손가락을 약간 굽히면 술대를 쥔 손이 '自' 자 모양과 같아진다.

執匙

以左手按絃, 右手執匙【截細竹三四寸許, 尖其末而彈絃.】以母指食指執之, 匙之端出於食指長指之間. 而其餘三指微屈之, 則執匙之手如自字形耳.

협률법協律法[18]

자현子絃[19]과 두 청현淸絃[20]의 소리는 모두 맑지만, 그 안에도 전청全淸과 미청微淸의 구분이 있다. 대현大絃과 문현文絃·무현武絃의 소리는 모두 탁하지만 그 안에도 전탁全濁과 미탁微濁의 구분이 있다. 그러나 자연의 성률은 청·탁을 따질 것 없이 모두 서로 꼭 들어맞는다. 그러므로 조율하는 법은 먼저 하청현下淸絃[21]의 안족을 아래로 혹은 위로 옮겨 그 소리를 높지도 낮지도 않게 만들어 그 중간의 적당한 음을 얻는다. 그런 뒤 다음으로 상청현上淸絃[22]을 거기에 맞춘다. 만약 상청현의 소리가 하청현의 소리보다 맑으면, 상청현을 느슨하게 한다. 만약 상청현의 소리가 하청현의 소리보다 낮을 경우 상청현을 죄어 그 소리를 하청현의 율률에 어울리게 하면, 두 현은 비록 본디 전청·미청의 구분은 있지만, 서로 상응하는 운韻은 자연스럽게 꼭 들어맞고 서로 어긋나는 소리가 없게 될 것이다.【다른 것도 이와 같이 한다.】

상청의 율률을 맞춘 뒤에 차례로 왼손 장지로 자현子絃의 제2괘를 눌러 그 소리가 상청에 어울리게 만든다. 자현을 맞춘 다음 차례로 장지로 대현大絃 제6괘를 눌러 그 소리가 상청에 어울리게 만든다. 또 문현의 안족을 또 위나 아래로 움직여 그 소리를 대현 제2괘의 소리에 어울리게 만든다. 또 무현을 하청성의 율률에 맞춘다. 이와 같이 하면 청성과 탁성은 비록 각각 다름이 있지만, 자웅성雌雄聲은 서로 조화를 이루어 응하게 된다.

協[23]律

子絃及兩淸絃之聲俱是淸矣. 而其中有全淸·微淸之分. 大絃及文武絃之聲俱是濁矣. 而其中有全濁·微濁之別. 然其自然之律聲, 無論淸濁, 而皆有相符. 故協律之法, 先以下淸絃之歧棵 或上或下, 使其聲不高不低而得其中適之音. 然後次以上淸絃協之.

---

18 협률법(協律法): 조현법과 같은 말이다.
19 자현(子絃): 유현을 말한다. 이하도 같다.
20 청현(淸絃): 괘상청과 괘하청을 뜻한다.
21 하청현(下淸絃): 괘하청을 뜻한다.
22 상청현(上淸絃): 괘상청을 뜻한다.
23 協: 원문에는 '叶'으로 되어 있으나, 고자(古字)이므로 '協'으로 바꾸었다. 이하도 같다.

若上淸絃之聲高於下淸之聲 則緩其上淸之絃. 若上淸於絃聲低於下淸之聲, 則緊其上淸之絃, 使其聲協之於下淸之律, 則兩絃雖固有全淸·微淸之分, 而其相應之韻自然契合而無相左之聲【他放此】[24]. 旣協上淸之律, 然後次以左手長指按子絃第二棵, 使其聲協之於上淸. 旣協子絃, 然後次以長指按大絃第六棵, 而使其聲協於上淸. 又以文絃歧棵亦或上或下, 使其聲協於大絃第二棵之聲 又以武絃協於下淸之律. 如是則淸濁之聲, 雖各有異, 而雌雄之律自相和應.

안현법按絃法

명지名指와 장지. 오직 이 두 손가락이 현絃을 짚는 주체가 된다. 그러므로 먼저 이 두 손가락으로 짚은 뒤에야 비로소 식지와 모지로 번갈아 짚을 뿐이다. 어떤 괘이든 왼손의 명지로 자현子絃을, 장지로 대현을 짚고,【두 손가락으로 나란히 같은 괘를 짚는 것이다.】 명지로 자현을 짚은 채 조금 밀어 대현에 가까이 가게 하면, 장지가 대현을 짚는 것이 비로소 편안하고 쉽게 된다.

그러나 무릇 현을 짚을 때는 손가락의 끝부분을 약간 물려 괘 뒤에서 짚는다. 만약 손가락 끝부분을 괘의 꼭대기 부분에 붙게 만든다면, 현을 짚는 것이 힘이 없을 뿐만 아니라, 또한 농현弄絃하기도 어렵게 된다. 그러므로 약간 물려 괘 뒤에서 짚는 것이다.【모지와 식지도 또한 그렇게 한다.】

按絃

名指與長指. 惟此兩指爲按絃之主. 故先以兩指按之, 然後始以食指母指遞相按之耳. 無論某棵, 以左手名指按子絃, 以長指按大絃,【兩指並按同棵耳.】 而名指按子絃而少推之, 使近於大絃, 則長指之按大絃, 始得便易矣.

然凡按絃, 使指之尖端微退, 棵後按之. 若使指端貼在棵之頂上, 則非但按絃之無力, 亦難於弄絃. 故微退, 棵後按之.【母指食指無然.】

---

24 '他放此'의 '放'은 일반적으로 '倣'이라 쓴다. 이 『금보』(이승무 지음)의 글쓴이는 자료 전체에 걸쳐 '倣'을 모두 '放'으로 쓰고 있다.

수법手法

두 손가락으로 현을 짚고 나아갔다 물러났다 하여 그치지 않는 것을 요현搖絃이라고 한다. 혹 앞으로 밀고, 혹 뒤로 물러나고, 혹 현에 부닥치고, 혹 살짝 부닥치면서 또 밀고, 혹 가볍게 밀면서 또 물러나고, 혹 은은하게 활동하는 것은 모두 이른바 농현이다. 농현과 요현을 싸잡아 수법이라고 한다. 그러나 수법은 모두 두 손가락에서 비롯되는 것이고, 식지와 모지는 현을 짚을 뿐이니, 따질 만한 수법이 없다. 그러므로 모지로 현을 짚었다고 하더라도, 두 손가락에 농현하는 수법이 있다면, 모지가 짚은 것도 또한 따라서 응해야 한다. 만약 모지가 농현을 한다면, 소리가 어긋나고 율률을 어기게 된다. 식지도 또한 그렇다.

手法

兩指按絃而進退不已者 謂之搖絃也. 或前推 或後退 或衝絃 或微衝而又推之 或輕推而又退之 或隱隱然活動者 皆所謂弄絃.[25] 而搖絃·弄絃通, 謂之手法也. 然手法皆由於兩指, 而食指·母指則按之而已, 無手法之可議. 故雖母指按絃, 而兩指旣有弄絃之手法, 則母指之所按亦隨而應矣. 若以母指弄絃, 則聲左而違律矣. 食指亦然.

명목名目

6현六絃의 소리는 각각 같지 않다. 그러므로 그 소리에 서로 가까운 글자를 가져다 이름으로 삼는다. 언문으로 쓰면 다음과 같다.

사랭. 손가락이 짚고 있는 괘가 어떤 괘이든 상관하지 말고, 먼저 문현文絃을 치고 그대로 그어 자현子絃에 이르러 문현의 소리가 먼저 나게 하고, 자현의 소리가 이어서 나오게 하면, 그 소리가 잠깐 나뉜다. 그러므로 이름을 '사랭'이라 한다. 그러나 문현의 소리가 이미 나오고, 자현의 소리가 막 나오려 할 즈음에, 소지小指를 문현에

---

25 "皆所謂弄絃" 뒤에 페이지가 바뀌고 본문 위에 '絃弄'이란 작은 제목이 나온다. 작은 제목 '현농' 위에 붉은 줄로 동그라미를 그려놓았는데, 이것은 이 필사본을 베낀 사람이 잘못 쓴 것임을 밝힌 것이다. 따라서 빼버려야 마땅하다.

붙여 그 소리를 그치게 만들면, 자현의 소리가 분명해지고, 두 소리가 서로 뒤섞이는 폐단이 없다. 이것이 이른바 금지禁指다.

스렝. 문현에서 자현·대현 두 현을 한꺼번에 같이 그을 때의 이름. 역시 금지를 쓴다.

흥. 단지 문현만 탄다.

당. 명지로 자현을 짚었을 때의 이름.【어떤 괘이든 상관하지 않고 명지로 단지 자현만 짚을 뿐이다.】

동. 식지로 자현을 짚었을 때의 이름.【어떤 괘이든 상관하지 않는다.】

징. 모지로 자현을 짚었을 때의 이름.【어떤 괘이든 상관하지 않는다. 다른 경우도 같다.】

덩. 장지로 대현을 짚었을 때의 이름.【장지는 주로 대현을 짚을 뿐인데, 명지로 단지 자현을 짚은 것과 같다.】

둥. 식지로 대현을 짚었을 때의 이름.

大징·ㄱ덩. 모지로 자현을 짚은 소리를 '징'이라 하였으니, 대현을 짚을 경우 또 '징'이라 할 수는 없을 것 같다. 장지로 대현을 짚은 소리를 '덩'이라 했으니, 모지로 대현을 짚을 경우 다시 '덩'이라 할 수는 없다. 그렇다면 모지로 대현을 짚을 경우 붙일 이름이 없다. 비록 그렇기는 하지만 쓰지 않을 수는 없을 것이다. 그러므로 혹은 '징'으로, 혹은 '덩'으로 쓰되, '징'이라고 쓰는 곳에는 그 옆에 '大' 자로 별도의 표시를 해서 자현의 '징'과 다르다는 것을 보이고, '덩'이라고 쓰는 곳에는 그 옆에 따로 'ㄱ' 자로 별도의 표시를 해서 장지의 '덩'과 다르다는 것을 보인다.

다로, 다롱. 자출성自出聲【술대를 쓰지 않고 저절로 나오는 소리다】이다. 만약 명지로 (유현) 제4괘를 짚고【제4괘는 예로 들어 보인 것이다】 탈 때, '당' 소리가 끊어지기 전에 식지로 (유현) 제5괘를 짚으면【명지로 4괘를 짚으면 식지는 반드시 명지가 짚은 괘의 다음 괘만 짚고, 넘어서 다른 괘를 짚을 수가 없기 때문에 제5괘라고 한 것이다】, 명지의 '당' 소리는 식지 5괘에서 변하여 나오게 된다. 이것을 '다로' 또는 '다롱'이라고 한다.

다링. 명지의 '당' 소리가 끊어지기 전에 모지로 (유현) 제6괘를 짚거나 혹 7괘를 짚으면【모지는 식지처럼 단 하나의 괘만 짚는 것이 아니고, 혹 6·7·8괘를 짚어 본디 정해진 괘가 없다】, '당' 소리가 모지로 짚은 괘에서 변하여 나온다. 이것을 '다링'이라 한다.

도랑. 식지의 '동' 소리가 난 뒤 즉시 식지를 들면, 처음 난 '동' 소리가 명지로 깊은 곳에서 변하여 나온다. 이것을 '도랑'이라 한다.

도링. '동' 소리가 끊어지지 않았을 때 모지로 아무 괘나 짚으면 【혹은 6·8괘, 혹은 7괘】, 소리가 변하여 나온다. 이것을 '도링'이라 한다.

지랑. 모지로 아무 괘나 짚고 타면서 구현鉤絃 【모지로 줄 각친다[26]는 말이다】 하면, '징' 소리가 명지로 깊은 곳에서 바뀌어 나오기 때문에 '지랑'이라고 한다.

지로. '징' 소리가 나고 모지를 들어 식지를 짚으면 【한 번 짚고 한 번 드는 모습은 방아 찧는 것과 같다】, 지로와 같은 소리가 저절로 나온다.

지잉. 만약 모지로 (유현) 제6괘를 짚어 소리가 난 뒤에 현을 거슬러 위로 올라가 제7괘에 이르면, 소리가 6괘에서 시작되어 끝에는 7괘로 돌아간다. 그러므로 이름을 '지잉'이라 한 것이다. 제7괘에서 6괘로 물처럼 흘러내려가도 또한 같은 이름을 쓴다.

대현 자출성의 경우 수법手法이 또한 자현의 수법과 비슷하기 때문에 단지 대현 자출성의 이름만 쓰고, 다시 수법을 말하지 않는다.

더루. 자현의 '다로'와 같다.

더링. 자현의 '다링'과 서로 비슷하다.

두랑. '도랑'과 같은 부류다.

두링. '도링'과 같다.

지렁. '지랑'과 같다.

지루. '지로'와 같다.

다루. 두 손가락으로 제4괘를 누른 채 살짝 자현을 타고, 곧 모지로 대현 제6괘를 누르고 또 살짝 타면, 대현의 소리는 비록 자출성은 아니지만 자출성에 가깝다. 만약 힘껏 두 현을 짚으면 그 소리는 '당덩'이 되기 때문에 '다루'를 내고자 한다면, 살짝 타는 것이 중요하다.

도루. '다루'와 같으나 다만 식지로 현絃을 짚는다.

덩지덩. 장지로 현을 짚고 살짝 타고, 즉시 상청현上淸絃을 타고, 또 다시 대현을

---

26 모지로 줄 각친다: 모지로 현을 강하게 짚는다는 의미로 읽힌다.

타서 계속 이어져 끊기지 않으면, 그 소리가 합하여 하나의 소리가 된다【상청현에서 소리가 난 뒤 식지로 그 소리를 그치게 하되, 문현의 금지禁指처럼 한다】. 비록 모지가 짚는다 해도 또한 동일하다.

지덩. 곧 '덩지덩'에서 위쪽 첫 번째의 '덩'을 덜어낸 것이다.

뜰. 무릇 현을 탈 때는, 안에서 밖을 향해 치는데, 오직 '뜰'만은 바깥에서 안쪽을 향해 현을 뜬다.

청. 상청현과 하청현 및 무현의 소리를 아울러 '청'이라 한다.

만청滿淸. 문현에서 하청현까지 일시에 같이 긋는 것이다.

名目

六絃之聲, 各自不同. 故取其聲相近之字以爲名. 以諺文書之如左.

스렁. 無論其指之按某棵, 先打文絃而畫到子絃, 使文絃聲先出而子絃聲繼出, 則其聲乍分, 故名曰스렁. 然文絃之聲已出而子絃之聲方出之際, 以小指傅於文絃, 使止其聲, 則子絃之聲分明, 而無双聲相混之弊. 此所謂禁指也.

스렝. 自文絃並劃子·大, 兩絃之名, 亦用禁指也.

홍. 只彈文絃.

당. 名指按子絃之名無【論某棵而名指只按子絃而已】.

동. 食指按子絃之名【無論某棵】.

징. 母指按子絃之名【無論某棵, 他放此】.

덩. 長指按大絃之名【長指主按大絃而已 如名指之只按子絃】.

등. 食指按大絃.

大징·ㄱ덩. 母指旣[27]於子絃名曰징 則於大絃似不可又謂之징矣. 長指旣於大絃名曰덩, 則於母指之按大絃, 無不可復謂之덩矣. 然則母指之按大絃, 無可名之名矣. 雖然不得不書之. 故或書以징, 或書以덩, 而書以징處, 則其傍以標以大字, 以示別於子絃之징; 書以덩處, 則其傍標以ㄱ字, 以示別於長指之덩.

다로, 다롱. 自出聲【不用匙而自出】. 如名指按第四棵【擧第四棵以例其餘】而彈之, 及

---

27 旣: 원문의 '旣'를 '짚는다'는 의미로 번역했는데, 원래 '旣'에는 '짚는다'는 뜻이 없다. '旣'는 오자가 아닌가 한다. 우선 '짚는다'로 번역해 두고, 뒷날 정확한 번역이 있기를 바란다.

其당聲未絶之前, 以食指按第五棵, 則【如名指按四棵 則食指必按名指所按之次棵, 而不得越按他棵, 故謂第五棵】名指之당聲, 變出於食指之五棵. 是曰다로, 又曰다롱.

다링. 名指당聲 未絶之前 以母指按第六棵 或七棵則【母指非如食指之只按一棵, 而或六·七·八, 本無定】, 당聲變出於母指之所按. 是謂다링.

도랑. 食指之동聲旣出, 而旋擧食指, 則始出之동聲, 轉出名指之所按. 是曰도랑.

도링. 동聲未絶而以母指按某棵【或六·八, 或七】, 則聲亦變出. 是曰도링.

지랑. 母指按某棵彈之而鉤絃母指로 쥴각친단 말이라, 則징聲轉出於名指之所按, 故曰지랑.

지로. 징聲之出而擧母指按食指, 則【一擧一按形如舂杵】如是自出.

지잉. 如母指按第六棵而聲出後, 溯絃而上至第七棵, 則聲始於六棵而終歸於七棵, 故名지잉. 如自第七棵流下第六棵, 亦同此名.

至於大絃自出之聲, 手法亦類於子絃之手法, 故只書大絃自出聲之名而不復言手法.

더루. 如子絃之다로.

더링. 與子絃다링相類.

두렁. 如도랑之類.

두링. 如도링.

지렁. 如지랑.

지루. 如지로.

다루. 如兩指按第四棵而微彈子絃, 卽以母指按大絃第六棵而又微彈, 則大絃之聲雖非自出而近於自出之聲. 若力打兩絃, 則其聲爲당덩, 故欲爲다루者, 貴乎微彈.

도루. 如다루而但食指按絃.

덩지덩. 長指按絃而微彈之, 卽彈上淸絃, 又旋彈大絃, 而連續不絶, 則其聲合爲一聲【上淸絃聲出後, 以食指禁止其聲, 如文絃之禁指】. 雖母指之所按, 亦同.

지덩. 卽덩지덩之除却上一덩者也.

쓸. 凡彈絃自內向外打之, 而惟쓸則自外向內擧絃也.

쳥. 上下淸絃及武絃之聲, 並謂之쳥也.

滿淸. 自文絃至下淸絃一時並劃也.

괘표棵標

두 손가락이 짚은 괘는 '당' '동' 등의 명목 위쪽 면에 그 괘의 차례를 크게 쓰는데, 2·4·5·7과 같은 것이 그것이다.[28] 모지가 짚은 괘는 명목 왼쪽 옆에 작은 글씨로 그 괘의 차례를 쓰는데, 6·7·8·9·10과 같은 것이 그것이다. 그러나 '징' 혹은 표시가 없는 경우는 앞의 표시를 그대로 썼기 때문이다.

'당'이 표시가 없는 것은, '당'이 명지의 명목이고, 명지는 이미 짚고 있는 표시로서 2·4·5·7과 같은 것이니, 다시 '당'에 표시할 필요가 없기 때문이다【다른 경우도 이와 같다】.

'동'에 표시가 없는 것은 대개 식지가 단지 명지가 짚은 괘의 다음 괘를 짚고, 넘어서 다른 괘를 짚을 수 없기 때문에, 단지 그 명지가 짚은 것을 따라 '동'에 표시를 하지 않기 때문이다【만약 명지가 제4괘를 짚는다면, 식지는 반드시 제5괘를 짚고, 제6괘를 짚을 수 없으니, 수세가 본디 그러한 것이다】.

'뜰'의 경우, 자현·대현을 따질 것도 없이 그 짚는 괘를 따라 곧 안쪽을 향해 현을 뜯기 때문에 또한 위의 표시를 그대로 따라 쓰고 다시 표시할 필요가 없다. 그러나 혹 앞서 '뜰' 표시를 해 놓은 곳이 있다면, 특별히 그 괘를 표시한다.

'다루'의 경우, 그 두 손가락이 짚은 괘를 따르되, 우조와 계면조에 각각 대현에 일정한 괘가 있다. 만약 두 손가락이 제4괘를 짚으면 우조 '다루'의 '루'는 반드시 제6괘의 대현을 짚고, 계면조의 '다루'의 '루'는 반드시 대현 제7괘를 짚는다.

대개 우조는 두 손가락이 짚은 괘에서 1괘를 넘어서 짚고, 계면조는 두 손가락이 짚은 괘에서 2괘를 넘어 짚는다. 비록 두 손가락이 번갈아 다른 괘를 짚는다 하더라도, '다루'는 또한 이 예를 따르기 때문에 다루에 대해 표시를 하지 않는다.

'사랭'이 명지로 짚는 곳에 있으면 'ㅇ'으로 표시하고, 식지로 짚는 곳에 있으면 'ㅅ'으로 표시한다. 모지로 짚는 곳에 있으면 그 괘를 따라 표시한다【6·7·8·9·10 같은 것이다】. 대현의 '스렝'도 또한 이 예와 같다.

상청上淸은 '上' 자로 표시하고, 하청下淸은 '下' 자로 표시한다. 무현은 '武' 자로

---

28 이 내용은 2괘법·4괘법·5괘법·7괘법 등 괘법의 표기를 말하고 있다.

표시하고, 그 뒤에는 다시 표시하지 않는다.

술대로 문현을 타지 않고 단지 왼손으로 혹 문현을 살짝 탈 때는 특별히 '文' 자로 표시하거나 혹은 'ㅇ'으로 표시한다. 대개 그 음이 지속하는 것을 채울 뿐이다.

棵標.
兩指所按之棵, 則於당동等名目上面, 大書其棵之次第, 如二四五七之類是也. 母指所按之棵, 則於名目左傍, 細書其棵之次第, 如六七八九十之類是也. 然징或無標者, 蒙上標故也. 당之無標者 당是名指之目, 而名指旣有所按之標二四五七之類, 則不必更標於당矣【他放此】. 동之無標者, 盖食指只按名指所按之次棵而 不得越按他棵 故只隨其名指之所按而不標於동矣【如名指按第四棵, 則食指必按第五棵, 不能按第六棵, 手勢固然矣】. 至於쯥 則無論子絃·大絃, 因其所按之棵而旋爲向內擧絃, 故亦蒙上標而不必更標矣. 然或先有쯥處, 則特標其棵耳. 至如다루, 則隨其兩指之所按, 而羽調·界面調各有大絃一定之棵. 如兩指按第四棵, 則羽調다루之루, 必按第六棵之大絃; 界面다루之루, 必按大絃第七棵. 盖羽調則比兩指所按, 越一棵按之; 界面調則比兩指所按, 越二棵按之. 雖兩指遞按他棵, 其다루則亦依此例, 故不標於다루矣. ○스렝在於名指所按, 則標以ㅇ; 在於食指所按, 則標以ㅅ. 在於母指所按, 則隨其棵而標之【如六七九十之類】. 至於大絃之스렝, 亦同此例. ○上清則標以上字, 下清則標以下字. 武絃則標以武字, 而其後則不復標矣. ○不以匙彈文絃而只以左手 或有徵彈文絃之時 則特標以文字 亦或標ㅇ. 盖充其留之限而已.

수법표手法標
수법은 모두 이름의 오른쪽에 표시하였다.

요현의 표는 ⻍, 추현推絃의 표는 ⼻, 퇴현退絃의 표는 ⼸, 충현衝絃의 표는 ⼂, 물렀다 미는 표는 ⼂, 밀었다 물러나는 표는 ⼂이다. 만약 그 표로 그 형태를 나타내기 어려우면, 곧바로 글자를 썼다.

手法標.
手法皆標於名目之右傍. 而搖絃則標⻍, 推絃則標以⼻, 退絃則標以⼸, 衝絃則標以⼂, 退而推則標以⼂, 推而退則標以⼂. 若難以標形之, 則直書之耳.

장단長短

팔음八音의 절조絶調에는 모두 장단이 있는데, 장단은 형용하기 어려우나 부缶를 쳐서 형용하는 것만한 것이 없다【대개 '부缶'는 도기陶器로서 세속에서 장고를 또한 '부'라고 이른다. 그래서 '부' 자를 빌어 장고라고 이른다】. 대개 장고를 치는 데는 느리고 빠르고 느슨하고 촉박한 절주가 있다. 한 번 치고 머물렀다가 치는 것을 '장長'이라 하고, 살짝 치고 또 연속으로 치는 것을 '단短'이라고 한다. 이 장·단으로 말미암아 대점大點·소점小點이라는 이름이 있다. 대점은 곧 이른바 한 번 치고 머무르는 것이고, 소점은 곧 이른바 살짝 치고 또 연속으로 치는 것이다. 대점은 머무르기 때문에 ○표를 하고 칸을 넘어 쓰고, 소점은 연속하기 때문에 o표를 하고 칸을 이어 쓴다. 대개「투호편投壺篇」의 원광圓匡·방광方匡[29] 같은 것을 본뜬 것이다. 또 대점을 혹은 흰 동그라미(○), 혹은 검은 동그라미(●), 혹은 반은 희고 반은 검은 동그라미(◐)로 하는 것은, 장고의 형태를 따른 것이다. 장고의 왼쪽은 소리가 탁하고, 오른쪽은 소리가 맑은데, 왼손으로 장고의 왼쪽을 칠 경우 검은 동그라미로 표시하고, 오른손에 대나무 채를 잡고 장고의 오른쪽을 치는 경우, 흰 동그라미로 표시하며, 왼쪽, 오른쪽의 손으로 일시에 각각 치는 경우, 반은 희고 반은 검은 동그라미로 표시한다. 이것은 장고 치는 것을 취했기에 그런 것이다. 그러나 만약 장고를 치지 않고 단지 한 손으로 장단을 칠 뿐이라면, 검고 흰 표시를 할 필요가 없으므로 모두 흰 동그라미를 아래에 쓴다. 대저 '당동' 등의 이름은 모두 대점·소점의 정간井間을 따라 써서, 거문고를 타는 것의 느리고 빠른 한도도 또한 대점·소점의 머무름과 연속됨을 따르게 하였으니, 어찌 장단에 차이와 오류가 있을 수 있겠는가?

長短

八音之節調皆有長短 而長短難以形容, 莫如以擊缶形容之【缶是陶器, 而俗以杖鼓亦謂之缶, 故借缶字, 以名杖鼓】. 盖擊缶有遲速緩促之節. 一擊而留而擊者謂之長, 微擊而又

---

29 『예기(禮記)』「투호편(投壺篇)」에 일반적인 북으로 내는 소리를 □로 표시하고, 말 위에서 치는 작은 북으로 내는 소리를 ○로 표시한 부분이 있는데,『금보』(이승무 지음)의 저자는 □를 방광(方匡), ○를 원광(圓匡)이라고 부르고 있다. '방광'은 네모난 테두리, 원광은 '둥근 테두리'란 뜻이다.

連擊者謂之短. 因是長·短而有大小點之名矣. 大點卽所謂一擊而留之者也. 小點卽所謂微擊而又連者也. 大點則留之, 故標以○而越間書之. 小點則連之, 故標以o而連間書之. 盖倣投壺篇圓匡·方匡之類也. 且大點之或白圈或黑圈或半白半黑者, 因缶之爲器. 左邊聲濁, 右邊聲淸. 而以左手擊缶之左邊者, 標以黑圈; 以右手執竹鞭而擊缶之右邊者, 標以白圈; 左右手一時各擊者, 標以半白半黑. 是取擊缶而然也. 然若不擊缶而只以一手擊節而已, 則不必標以黑白, 故皆以白圈書於下. 夫당동等名目, 悉依大小點井間而書之, 使彈琴之遲速之限亦依此大小點之留與連, 則寧有長短之差謬乎!

초학初學

대저 거문고를 탈 때 우조를 타는 사람은 먼저 우조 조현調絃을 타고, 계면조를 타는 사람은 먼저 계면조 조현을 탄다. 그러므로 두 가지 조현을 첫머리에 얹었다. 그러나 처음 배우는 사람이 손이 서툴러 소리를 연달아내지 못하는데도 곧장 지레 조현을 배우고자 한다면, 그 성률聲律의 장단長短에 범을 그리려다가 개를 그리고마는 것과 같은 병폐가 있게 될 것이다. 만약 장단이 늦고 느슨한 것과 성음聲音이 어렵지 않은 것을 배우려면,〈우조 초삭대엽羽調初數大葉〉같은 것이 바로 그런 것이다.〈초삭대엽〉을 배운 사람이 손이 조금 익숙해진 뒤에 또〈본환입本還入〉을 익혀, 익히고 또 익히면, 수법手法이 쉬워지고 계면조의 음畜도 저절로 생겨날 것이다.

初學

凡彈琴, 彈羽調者, 先彈羽調調絃; 彈界面調者, 先彈界面調絃, 故以二個絃弁之於首. 然初學之人, 手澁而不能連音, 直欲徑學調絃, 則其聲律長短有似畵虎類狗之病. 若如就長短之遲緩 聲音之非難者學之, 羽調初二數大葉是也. 旣習數者手稍熟, 然後又習本還入, 習而又習, 則手法便易, 而界面之音自有以生矣.

규구規矩

금보琴譜는 단지 입문하는 거친 법일 뿐이다. 수법의 편리함, 성음聲音의 정묘精妙

함은 배우는 사람이 원리를 알고 응용하는 데 달린 것이고, 글이나 말로 전수할 수 있는 것이 아니다.

規矩

琴譜只是入頭之粗法而已. 至於手法之便利, 聲音之精妙, 存乎其人之引伸觸類而非可以筆授言傳者也.

문현文絃, 150갑甲, 길이 3간 반, 7회回 반.
유현遊絃, 110갑, 5회 반.
대현大絃, 300갑, 15회.
상청현上淸絃, 120갑, 이상은 같다. 6회.
하청현下淸絃, 80갑, 길이는 3간, 4회.
무현武絃, 180갑, 길이는 2간, 9회.
당백사唐白絲 10갑, 무게 2냥.【유현 3行出】[30]
다회多繪[31] 3간 반을 양쪽에 두고, 한 번 가고 한 번 오는 것을 1회라고 하는데, 줄을 반 간으로 묶는 것을 한도로 삼는다.

文絃　一百五十甲　長則三間半　七回半
才絃　一百十甲　　　　　　　　五回半
大絃　三百甲　　　　　　　　　十五回
上淸　一百二十甲　已上同　　　六回
下淸　八十甲　　長則三間　　　四回
武絃　一百八十甲　長則二間　　九回
唐白絲, 十甲, 二兩重.【才絃 三行出】
多繪, 三間半相置, 一往一來, 謂之一回, 繩編半間爲限.

30　3行出: 이 부분의 초서를 전문가에게 판독을 의뢰한 결과 '三行出'로 나타났다. 하지만 이런 경우 의미가 통하지 않는다. 이 부분은 뒷날 정확한 번역이 있기를 기다린다.
31　다회(多繪): 끈목. 여러 올의 실로 짠 끈. 대님, 허리띠, 주머니 끈, 망건당줄 따위가 있다.

<조현調絃>

【우조羽調 다슬음

매 1정간井間을 1점點으로 한다. 초두初頭의 '사랭'처럼 (사랭 다음에) 빈 정간이 있는 것은, 1점이 더 연장되기 때문이다. 다른 것도 이와 같다. ○명목 아래 푸른색 작은 점은, 그 구句가 끊어지는 곳에 점을 찍은 것이다.】

【羽調 다슬음

每一井間爲一點. 而有空間者如初頭ᄉ렝, 留遲一點故也. 他放此. ○名目下靑小點, 點其句絶者也.】

 33.35~36

<조현調絃>

【계면조界面調 다스음】

【界面調 다스음】

 33.36~37

<보허사步虛詞>

【우조 장단과 절조絶調가 〈여민락與民樂〉과 서로 비슷하다.】

【羽調 長短節調與與民樂相類.】

 33.39~45

초장初章

【붉은 동그라미 이하는 2장과 같다.】[32]

【紅圈以下同二章.】

112

2장二章

【붉은 동그라미 이하는 초장初章과 같다.】

【紅圈以下同初章.】

3장三章

【붉은 동그라미 이하는 2장과 같다.】

【紅圈以下同二章.】

4장四章

【붉은 동그라미 이하는 모두 2장과 같다.】[33]

【紅圈以下並同二章.】

5장五章

【붉은 동그라미 이하는 모두 〈여민락〉 3장 끝의 장단과 같다. 다른 것도 이와 같다.】[34]

【紅圈以下, 並同與民樂三章末長短. 而下放此.】

〈여민락與民樂〉

【우조羽調】

 33.47~65

32 이 내용은 초장 끄트머리에 있는 것이다.
33 이 내용은 초장 끄트머리에 있는 것이다.
34 이 내용은 5장 끄트머리에 있는 것이다.

〈본환입本還入〉

【밑도드리 우조】

【밋도드리 羽調】

 33.66~70

〈소환입小還入〉

【잔도드리 우조羽調】

 33.70~74

【〈본환입〉은 〈소환입〉과 동일하게 7장이다. 그런데 〈소환입〉 7장 이하는 〈소환입〉 초장과 접속한다. 〈소환입〉 7장 가운데 푸른 동그라미 이하에 다른 것이 있는 것은, 〈본환입〉과 접속해 들어가기 때문이다. 그렇다면 두 환입還入은 순환하는 것이다. ○〈소환입〉으로부터 〈영산환입靈山還入〉으로 나가려면, 7장 붉은 동그라미 아래에서 곧 '동당·당둥·당당·둥다앙'으로 하고, 〈영상 환입〉 가운데서 〈소환입〉을 쓰려고 하면, 〈영산 환입〉의 붉은 동그라미 아래서 〈소환입〉의 첫머리와 접속한다.】

【本還入與小還入同一七章，而本還入七章以下接小還入初章矣．小還入七章中靑圈以下之有異者，因接本還入去故也．然則兩還入循環．○自小還入將出靈山還入，則於七章紅圈下，便以동당·당둥·당당·둥다앙，欲於靈山還入中用小還入，則於靈還入紅圈下接小還入初頭．】

 33.74

【〈영산 환입〉 제2두를 보라.】

【見靈山還入第二頭．】

<영산회상>

【계면조

1정간 안에 두 글자가 하나는 위에, 하나는 아래에 있고, 중간에 빈틈이 있는 경우는, 조금 머무르는 곳이기 때문이다. 또한 이른바 장단인 것이다. 다른 경우도 모두 그렇다. ○한 줄 안에 나란히 붙여 쓴 것은, 다르면서도 같은 경우다. ○첫 줄에 장고의 장단을 치는 대점·소점을 표시하여 나머지 부분에 대해 예를 보인다.】

靈山會上
【界面調

一井間內兩字之一上一下而中有空隙者, 以其少留故也. 亦所謂長短耳 他皆然 ○一行內双 書者異而同者也. ○初行標以擊長鼓之大少點, 以例其餘.】

 33.75~77

<중영산中靈山>

【매 1정간마다 1점으로 친다. 초두와 2두는 모두 40점이다.】

【每一井間爲一點. 而初頭與二頭皆四十點.】

 33.77~79

<소영산小靈山>

【잔영산

<소영산>의 장단은 머무르는 한도[留限][35]가 많고 고르지 않다. <중영산> 끝에서 곧바로 <소영산> 초두와 접속하면, 그 장단에는 반드시 꺾어지는 모퉁이가 있다. 그래서 다시 <중영산>의 초두로 변통하여 <소영산> 2두와 접속하면 장단이 크게 꺾이는 폐단이 없게 된다. 이 때문에

---

35 머무르는 한도[留限]: 정확한 의미는 미상이다.

〈소영산〉의 초두는 4두 뒤에서 변통하는 법이다.】

小靈山
【잔녕산

小靈山長短多留限而不平均. 若於中靈山之末直接小靈山初頭, 則其長短必有折隅, 故復以中靈山初頭變通, 而接於小靈山二頭之上, 則無長短懸折之弊矣. 是以小靈山初頭在於四頭之後是變通法.】

 33.80~82

<가락덜이>
【〈소영산〉의 2두를 이어받는다. 매 5정간마다 제1각脚이 된다.】

가락더리
【承小靈山二頭. 每五井間, 第一脚.】

 33.83

<환입還入>
【〈도드리〉. 매 3정간마다 1각이 된다.】

【도드리. 每三間爲一脚.】

 33.83~88

<염불念佛>
【〈영산 환입〉의 아무 붉은 동그라미 아래나 이어받는다. 매 3정간마다 1각이 된다.】

【承靈山還入某紅圈下. 每三間爲一脚.】

 33.88~90

<타령打鈴>

【매 8정간마다 1각이 된다.】

【每八間爲一脚.】

 33.90~92

<군악軍樂>

【우조羽調. 매 8정간마다 1각이 된다.】

【羽調. 每八間爲一脚.】

 33.92~96

【계면조 〈가락덜이〉와 접속하려면, 붉은 동그라미 아래 동·징·청·청 1각과 접속한 뒤 위로 7괘를 버린다.】

【欲接界面加樂除耳, 則於紅圈下接동·징·청·청一脚, 然後上去七棵.】

<평조 영산회상平調靈山會像>

【〈중영산〉 이하는 모두 제5괘를 사용한다.】

【中靈山以下俱用第五棵.】

 33.96~97

중영산 이하는 모두 5괘를 사용한다.

中靈山以下並用五棵.

＜우조 타령＞

【〈계면조 타령〉을 이어받아 접속하고 다시 〈계타면界打面 타령〉[36]을 내고 그대로 〈군악〉에 접속한다.】

【〈계면 타령〉은 8정간이 1각이 되지만, 이 경우는 4정간이 1각이다. 이쪽의 1정간은 저쪽의 2정간에 해당한다. 이것은 임의로 쓴 데서 말미암은 것이다. 다른 것도 이와 같다.】

羽調打鈴
【承接界面打鈴, 而還出界打面打鈴, 仍接軍樂.】
【界面打鈴則八井間爲一脚. 此則四井間爲一脚. 此之一間當彼之二間, 是由於任意書之故也. 他放此.】

 33.97~98

【이 이하는 〈계타界打〉와 같다. 다만 괘는 5괘이고 7괘가 아니다.】

【此以下與界打同, 而但棵是五而非七也.】

＜우조 가락제이＞

【가락덜이. 〈양청 환입兩淸還入〉의 붉은 동그라미 아래에서 이어받아 접속한다. 위의 주註를 보라. 절조絶調와 장단長短은 〈우타羽打〉와 같지만, 단지 조금 촉급하다. 이것은 〈소환입〉과 서로 일치하나 이 1각은 〈소환입〉의 4각에 해당한다.】

36 〈계타면(界打面) 타령〉: 〈계면 타령〉의 오기로 보인다.

羽調加樂除耳

【가락더리. 承接兩淸還入紅圈下. 見上註. 節調長短與羽打同而但少促耳 此與小還入相符而此一脚 畵小還入四脚.】

 33.99

【다시 초장初章을 쓴다. 붉은 동그라미 이상은 〈양청 환입〉을 보라. 이 이하 또한 〈계면 가락덜이〉와 접속할 수 있다.】

【復用初章. 紅圈以上, 見兩淸還入. 此下亦可接界面加樂더리.】

〈계면 가락제이〉

【가락덜이. 속칭 〈사언 환입詞焉還入〉이다. 또 〈굿거리〉라고 일컫는다. 〈군악〉의 붉은 동그라미 아래 동·징·청·청을 이어받아 접속한다. 뒤의 절조는 〈타령〉과 같으나, 다만 촉급할 뿐이다.】

界面加樂除耳.

【가락더리. 俗稱詞焉還入. 又稱굿거리. 承接軍樂紅圈下동·징·쳥·쳥. 後節調與打鈴同而但促耳.】

 33.100~101

【다시 반복한다. 붉은 동그라미 아래 제4괘의 곡과 접속한다. 아래 □를 보라.】

【復回. 紅圈下, 或接以第四棵之曲 見下所手□.】

【붉은 동그라미 아래 동·흥·도랑을 1차례하는 것 대신 이 두 정간에 머무른다.】

【紅圈下동·흥·도랑 一次代留此二間.】

【다시 반복한다. 이후 〈외줄 환입〉으로 이어진다.】

【復回. 此後承接외줄還入.】

〈군중 취타軍中吹打〉
【혹 7괘로 하면, 6괘는 마땅히 제8괘로 바꾸어야 한다.】

【或以七棵, 則六棵當遞以第八棵.】

 33.101~103

〈노군악路軍樂〉
【〈취타〉를 반복한 뒤 붉은 동그라미 아래에서 이어받아 접속하는데, 먼저 이 줄에서 쓴 곡인 '당·도랑·징·도랑·지잉·도랑·당·둥둥·당·지로·징·지로'로써 먼저 연주한다. 그리고 〈가락덜이〉의 첫머리를 〈취타〉가 만약 5괘로 한다면, 이것은 제6괘로 한다. 〈취타〉가 만약 제7괘로 한다면, 이것은 제8괘로 한다.】

路軍樂
【吹打復回, 後承接於吹打中紅圈下, 而先以此行所書之曲당·도랑·징·도랑·지잉·도랑·당·둥둥·당·지로·징·지로云云. 而除却初頭吹打, 若以第五棵, 則此以第六棵矣. 吹打若以第七棵, 則此以第八棵耳.】

 33.103~104

〈가군악家軍樂〉
【〈노군악〉을 이어받아 접속한다. 만약 〈노군악〉이 7괘로 하면, 이것은 8괘로 한다.】

【承接於路軍樂. 若路軍樂以七棵, 則此以八棵.】

 33.104

이 이하는 다시 첫머리로 돌아간다.

此下復回初頭.

<소보허사小步虛詞>
【〈굿보허사.〉 우조羽調다. 〈영산 환입〉에 쓰고자 한다면, 〈영산 환입〉 중 붉은 동그라미 아래서 이어받아 접속한다.】

小步虛詞
【굿보허스. 羽調. 欲用於靈山還入, 則承接於靈山還入中紅圈下.】

 33.105~107

<양청 환입兩淸還入>
【이것은 곧 〈소환입小還入〉인데, 매 각脚마다 모두 '살랭'·'뜰' '슬랭'·'뜰'을 쓴다. 단지 '살랭' '슬랭'만 있고 '뜰'이 없으면, 〈양청 환입〉이라 한다. '뜰'이 있으면 〈글게 도드리〉라고 한다. 만약 '사랭' '스렝'을 두 번씩 바삐 긁으면 〈외줄 도드리〉라고 한다. 만약 '홍'이 없고 두 번씩 겹쳐 '동·동' '징·징'처럼 친다면, 〈쥐눈이콩 도드리〉라고 한다.】

兩淸還入
【此卽小還入而每脚皆以술링뜰스랭뜰書之也. 只有술링슬랭無뜰, 則謂之兩淸還入也. 有뜰, 則謂之글게도드리矣. 若스링, 스렝을 皆是 두 번식 밧비 글근, 則謂之외둘도드리矣. 若無홍而두번식 疊打如동동징징之類, 則謂뒤눈이콩도드리.】

【매 정간 안에는 단지 괘표棵標를 한 글자, 한 글자 쓴다. 〈소환입〉은 매 3점마다 1각이다. 이미 괘표가 있으면, 절로 '살랭·슬렝'인 줄 알게 된다.】

【每間內只書楾標一字而一字. 小還入, 每三點之一脚矣. 旣有楾標, 則自知爲슬링·슬렝.】

악보 33.108~109

【나가서 〈우조 가락제이〉로 가고자 한다면, 이 이하에서 쓴 것으로 붉은 동그라미 아래에서 이어받는다.】

【欲出去羽調加樂除耳, 則[37]以此下所書者承紅圈下】

【이 아래에서 또 〈가락제이〉의 푸르고 붉은 동그라미 아래 4각과 접속하면, 합하여 〈소환입〉의 34각이 되고, 이 붉은 동그라미 이하 각의 수와 일제히 같다. 그런 뒤에 비로소 〈가락제이〉의 초장初章과 접속한다.】

【此下又接加樂除耳靑紅圈下四脚, 則合爲小還入之三十四脚, 而與此紅圈以下之脚數齊同也. 然後始接加樂除耳之初章也.】

〈우조 초삭대엽羽調初數大葉〉

악보 33.111~115

【초장과 2장의 첫 7점은 초두初頭가 되고, 제8점은 2두가 된다. 다른 것도 이와 같다.】[38]

【初章與二章首七點 爲初頭, 第八點爲二頭. 他放此.】

【다루의 '루'는 모두 대현 6괘이기 때문에 다시는 괘의 표시를 하지 않는다.】[39]

【다루之루, 皆大六. 故不復標楾.】

37 '則'자 뒤에 또 '則'자가 있는데, 衍文으로 보인다. 그래서 뺐다.
38 이 내용은 초장 끝에 있는 것이다.
39 이 내용은 2장 끝에 있는 것이다.

【3장과 5장, 대음大音⁴⁰의 머리 10점은 1각이 되고, 제11점은 2두頭가 된다. 다른 것도 또한 같다.】⁴¹

【三章與五章與大音首十點爲一脚. 第十一點爲二頭. 他亦同.】

<우조 이삭대엽羽調二數大葉>

 33.116~120

4장은 〈초대엽初大葉〉 4장과 같다.⁴²

四章與初大葉四章同.

<우조 조림羽調調臨>

【속칭 〈조은자즌한입〉으로 곧 〈이엽二葉〉의 절주節奏가 점차 촉급해진 것이다. 〈이대엽〉의 장단과 절주는 늦고 느슨하기 때문에 빈칸이 많지만, 〈조림調臨〉의 경우 장단이 급촉하므로 연속된 곳이 많다.】

【俗稱조은자즌한입, 卽二葉之節奏漸促者也. 二大葉長短節奏遲緩, 故多有空間. 而至於調臨, 則長短促, 故多連續】

 33.120~125

【이 이하는 3장의 머리에서 마땅히 '청·청·지동·사랭·둥·징·스렝'으로 해야 하는데, 이것은 흥이 난 김에 장난삼아 타는 것이지, 바른 가락이 아니다. 뒤에도 또한 이와 같다.】⁴³

40 대음(大音): 대여음을 뜻한다.
41 이 내용은 3장과 4장 사이에 있는 것이다.
42 이 내용은 중여음과 5장 사이에 있는 것이다.
43 이 내용은 2장 끝에 있는 것이다.

【此下則三章頭當以쳥·쳥·지동·ᄉ렁·둥·징·스렝云云, 是不過乘興戲撥, 非正調也. 後亦放此.】

【쌍성雙聲은 '덩' 소리가 바야흐로 나올 즈음에 명지名指를 자현子絃에서 벗어나게 하면 자현의 소리가 대현大絃의 소리와 함께 나는 것이다.】[44]

【双聲者, 덩聲方出之際, 使名指脫子絃, 則子絃聲而與大絃聲並出.】

3·5 양장兩章은 대여음大餘音과 대동소이하다.[45]

三五兩章與大餘音, 大同小異.

<우조 삼삭대엽羽調三數大葉>

악보 33.126~129

【이 이상은 〈조림〉 3장과 같다. 중여음 4장·5장도 모두 〈조림〉과 같다.】

【此以上同調臨三章, 中餘音四章·五章, 並同調臨.】

【모두 〈조림〉 대음大音을 보라.】

【並見調臨大音.】

---

44 이 내용은 3장 끝에 있는 것이다.
45 이 내용은 대여음 앞에 있는 것이다.

〈우조 소이羽調騷耳〉

초장·2장은 혹 〈조림調臨〉을 사용하고, 초·2장은 혹 〈삼삭대엽〉을 사용하며, 3장 16점부터 〈소이〉를 시작한다.

初章·二章或用調臨, 初二章或用三數大葉, 而自三章十六點始騷耳.

 33.129~132

〈우조 소용羽調騷聳〉

 33.133~137

우롱羽弄

【속칭 〈밤엿자즌한입〉이다.】

【俗稱, 밤엿자즌ᄒᆞᆫ닙】

 33.137~142

【3장에서 나가서 〈계면 이대엽二大葉〉으로 가려면, 곧장 계면곡조界面曲調를 사용하고 다시는 중음中音[46] 이하를 사용하지 않는다. ○나가서 계면의 곡곡으로 가려면 아래를 보라.】[47]

【自三章出去 界面二大葉 則直用界面曲調 而更不用中音以下 ○出去界面之曲, 見下.】

【3장 11점에서 곧장 〈계 이엽界二葉〉으로 가려면, 10점 아래에서 곧 '스렝·뜰·당·당·징·지징·징·징·다링·다루·둥·당·스렝·뜰'로 해야 하니, 니랴쥬[48] 3장의 끝이다.】

46　중음(中音): 중여음을 뜻한다. 이하도 같다.
47　이 내용은 3장 끝에 있는 것이다.

【自三章十一點徑出界二葉, 則於十點下, 便以스렝·쓸·당·당·징·지징·징·징·다링·다루·둥·당·스렝·쓸·쳥云云, 니락쥬三章末.】

【〈계면조 이엽二葉〉 중음中音. 만약 3장 끝에서 나와 계면조로 가고자 한다면, 3장의 붉은 동그라미 표시 1줄 아래에서, 곧장 〈계면조 이엽〉 중음인 '당·둥·당·징·징·둥·당·사랭·지잉·쳥·쳥·사랭·당·당·도링' 4장과 접속한다.】[49]

【界, 二葉, 中音. 若於三章末出去界面, 則於三章紅圈標一行下, 便接界二葉中音당·둥·당·징·징·징·둥·당·스링·지잉·쳥·쳥·스링·당·당·도링四章.】

〈계면조 초삭대엽界面調初數大葉〉

 33.143~147

4장은 2장과 같다.[50]

四章與二章同.

〈계면 이삭대엽界面二數大葉〉

 33.147~151

〈계면 조림界面調臨〉

 33.152~158

---

48 니략쥬: 뜻은 미상이다.
49 이 내용은 대여음 끝에 있는 것이다.
50 이 내용은 중여음과 5장 사이에 있다.

【이하 3장 머리는 마땅히 '쳥·쳥·다링·사랭'으로 시작해야 한다. 〈우조 조림〉 3장을 보라.】[51]

【以下三章頭, 當以쳥·쳥·다링·ᄉ렁起之. 見羽調調臨三章.】

〈계면 삼삭대엽界面三數大葉〉

 33.158~161

【2장·3장은 본래 〈조림〉과 같은데, 지금 여기서 다른 것은 그 노랫소리의 높고 낮음을 따르기 때문이고, 2·3장에 곡곡이 있기 때문이 아니다.】[52]

【二章·三章本同調臨, 而今此所異者, 隨其歌聲之高低故也, 不是二三章之有曲也.】

중여음과 4·5장은 모두 〈조림〉과 같다.

中餘音與四五章並同調臨.

〈계면 소이界面騷耳〉

【초장初章과 2장은 〈조림조臨〉을 사용한다. 혹은 〈삼대엽〉을 사용한다. 이미 〈우조 소이羽調騷耳〉에 나왔다.】

界面騷耳

【初章與二章用調臨. 或用三大葉. 已見羽調騷(耳).[53]】

 33.162~165

51 이 내용은 2장 끝에 있는 것이다.
52 이 내용은 3장 끝에 있는 것이다.
53 이 내용은 〈계면 소이〉 제목 아래 있는 것인데, 문자 끝부분이 '소'에서 잘려나간 상태이다. '耳'가 잘려나간 것으로 짐작되어 (耳)로 나타냈다.

<계면 소용界面騷聳>

 33.166~169

<농弄>

【계면조界面調】

 33.170~176

【매 5점마다 반각半脚이 된다. 가로로 그은 검은 격자格子 위의 5점點이 바로 그것이다. 격자 아래의 5점을 합하면 1각이 된다.】[54]

【每五點爲半脚. 橫畫格上五點是也. 合格下五點, 則爲一脚.】

【5장 머리는 1각마다 10점이니, 3장의 머리도 1각마다 10점이다. 그러므로 단지 노래소리에 따라 그 각을 사용하는 것이다.】[55]

【五章之頭, 每一脚十點, 則三章之頭, 每脚十點也. 故只隨歌聲而用其脚.】

<엇롱旕弄>

【초장初章은 곧 〈삼삭대엽〉 초장이다. 다만 절조絶調는 〈농弄〉이다. 2장 이하는 곧 〈농〉이다.】

【初章卽界面三數大葉初章. 而但節調是弄也. 二章以下卽弄也.】

 33.176~177

---

54 이 내용은 3장 상단 여백에 있는 것이다.
55 이 내용은 5장 시작 부분에 있는 것이다.

<계면 낙시조界面樂時調>

 33.177~182

10점 이상은 3장과 같다.[56]

十點以上同三章.

<우조 낙시조羽調樂時調>

 33.182~188

이 밖의 것은 모두 2장과 같다.[57]

此外皆與二章同.

<엇락旕樂>

【초장初章은 <우조 삼삭대엽>과 같다. 다만 절조絶調가 <우락羽樂>이다. <엇롱旕弄>과 서로 비슷하다. 2장에서 대음大音에 이르기까지 모두 <우락>이다. 만약 <편락編樂>으로 가고자 한다면, 5장 제19점에서 <우조 소이騷耳> 5장과 같이 하고, 그 다음으로 <청편락請編樂> 대여음大餘音을 탄다.】

旕樂

【初章與羽調三數大葉同, 而但節調羽樂也. 與旕弄相類耳. 自二章至大音皆是羽樂. 而若欲向去編樂, 則於五章第十九點如羽調騷耳五章同, 而其次彈請編樂大餘音.】

 33.189~191

56 이 내용은 5장 시작 부분에 있는 것이다.
57 이 내용은 4장 끝에 있는 것이다.

〈편락編樂〉

〈삭대엽〉과 〈농弄〉, 〈낙樂〉은 대점大點·소점小點이 모두 장단의 정간井間이 있다. 하지만 오직 〈편락〉과 〈편삭대엽編數大葉〉은 곧 가락이 고르기 때문에 대점·소점이 정간을 넘는 일이 없고, 대점·소점이 역시 모두 고르다.

編樂
數大葉與弄樂, 大小點皆有長短之間. 而惟編樂與編數大葉, 卽調俱是平均, 故無大小點之越間, 而大點·小點亦是平均耳.

 33.191~193

【3장에서부터 〈편삭대엽〉으로 향해 가기 때문에 중여음中餘音 이하는 〈편삭대엽〉이다. 동·징·흥·징·뜰의 반각半脚이 많은 것은, 그 각脚이 많은 노랫소리를 따르기 때문이다.[58]
이 반각은 이미 계면에서 나왔다.
이 줄의 2각은 이미 계면에서 나왔다.
이것 이상은 '대천大川바다'인데, 이하 여러 각脚은 소리를 따른다. 이것 이하는 '인간이별'인데, 이하는 소리를 따른다. 그 밖의 것 역시 이 여러 각 중에서 소리를 따라서 사용한다.[59]

自三章向去編數大葉 故中餘音以下, 編數大葉也. 동·징·흥·징·뜰之半脚多者, 隨其多脚之歌聲故耳.
此半脚已出界面.
此行二脚已出界面.
此以上是大川바다, 以下諸脚隨聲. 此以下是人間니별, 以下隨聲也. 其他亦於此諸脚中, 隨聲而用之.】

---

58 이 내용은 3장 하단 첫부분에 있는 것이다.
59 이 내용은 〈편락〉 3장의 악보 하단에 있는 것이다.

〈편삭대엽編數大葉〉

【계면조界面調】

 33.193~197

이것 외에는 모두 2장과 같다.[60]

此外皆與二章同.

〈청성 삭대엽淸聲數大葉〉

【속칭 〈삼현 삭대엽三絃數大葉〉이니 곧 계면조이다. 〈우조 중대엽〉에서 〈편삭대엽〉까지가 곧 가곡歌曲 1결闋이다. 〈편삭대엽〉이 끝나고 난 뒤에 남자와 여자가 〈계면 이삭대엽〉을 병창竝唱하는 것을 〈청성 삭대엽〉이라 하는데, 그 소리가 높고 맑기 때문이다.】

淸聲數大葉
【俗稱三絃數大葉, 是界面調也. 自羽調中大葉至編數大葉, 乃歌曲之一闋也. 而編數大葉已畢, 然後男女竝唱界面二數大葉, 謂之淸聲數大葉, 以其聲之高淸故也.】

 33.199~202

중여음 및 4장은 〈계면 이삭대엽〉과 같다.[61]

中餘音及四章與界面二數大葉同.

〈평계면조 삭대엽平界面調數大葉〉

 33.202~205

---

60 이 내용은 4장과 5장 사이에 있는 것이다.
61 이 내용은 3장 끝에 있는 것이다.

<장진주將進酒>

【<조림조臨>의 장단과 같고, 초장·2장은 계면조이다. 3장은 여러 각脚 중에서 혹 계면조이기도 하고, 혹 우조이기도 하다.】

【與調臨長短同 而初二章界面也. 三章則諸脚中, 或界面, 或羽調也.】

 33.205~208

중여음 및 4장은 <계면 조림>과 같다.[62]

中餘音及四章與界面調臨同.

<우조 초중대엽羽調初中大葉>

【<중대엽>은 <삭대엽>에 대점·소점과 장단의 한도가 있는 것과 같지 않아 의거하기 어려움이 있다. 게다가 여러 설說이 같지 않기 때문에 그 설을 겸하여 남겨두어 참고에 대비한다.】

【中大葉非如數大葉之有大小點, 長短之限. 有難依據. 而且衆說不同, 故兼存其說, 以備參考.】

 33.209~215

<우조 이중대엽羽調二中大葉>

 33.215~216

중여음과 4·5장은 모두 <초중대엽>과 같다.[63]

中餘音與四·五章並同初中大葉.

62 이 내용은 3장 끝에 있는 것이다.
63 이 내용은 3장 다음에 있다.

<우조 삼중대엽羽調三中大葉>

 33.217~219

<계면 초중대엽界面初中大葉>

【계면조일 때 '다루'는 모두 대현 7괘이다.】

【界面다루皆大七.】

 33.219~221

<계면 이중대엽界面二中大葉>

 33.221~224

본조本調 2지旨 이하는 모두 〈초중대엽〉과 같으므로, 단지 교敎[64]의 가락만 실어 참고에 대비한다.[65]

本調二旨以下, 並同初中大葉, 故只載敎之調, 以備參考.

<계면 삼중대엽界面三中大葉>

 33.224~225

---

64 교(敎): 뜻은 미상이다.
65 이 내용은 초지(初旨) 끝에 있는 것이다.

<우조 후정화羽調後庭花>

【일명 <북전北殿>이다.】

【一名北殿.】

 33.226~228

<계면 후정화界面後庭花>

 33.228~230

<상사별곡相思別曲>

【매 24점마다 가사歌詞 1곡에 어울린다. '다루'의 '루'는 모두 대현 7괘이다.】

【每二十四點協歌詞每一曲. 다루之루皆大七也.】

 33.231~233

이것은 맨마지막의 여음餘音이다.

此是終末餘音也.

<춘면곡春眠曲>

【매 24점마다 가사歌詞 1구에 어울린다.】

每二十四點協歌詞每一句.

 33.233~235

또한 위의 48점 1두와 같다.[66]

又如上四十八點一頭.

대개 이 몇 각은 그 노랫소리를 따라 임의로 어울리게 한다. 다른 것도 이와 같다.

盖以此數脚隨其歌聲 而任意協之. 他放此.

〈행로곡行路曲〉
【속칭〈길군악〉이다.】

【俗稱길군악】

 33.235~236

〈매화곡梅花曲〉

 33.236~237

이하는 소리를 따라 여러 각脚에 접속한다.

以下隨聲而接諸脚.

〈황계곡黃鷄曲〉

 33.237~238

이와 같이 돈다.

如是輪回

66 이 내용은 〈춘면곡〉 악보 4행에 있는 것이다.

<시조時調>

 33.238~239

<소이 시조騷耳時調>

 33.239~240

3장 이하는 위와 같다.

三章以下上同.

혜적嵇笛[67] <조현調絃>

【평조平調】

 33.240

<무녀 시조巫女時調>

 33.240~241

<월곡月曲>

 33.241

---

67 혜적(嵇笛): 18~20세기 문헌에 등장하는 '혜적' 관련 내용을 검토한 결과 해금과 피리의 의미로 사용되었다는 문주석의 연구 결과가 있다. 여기서 '혜적'은 '조현'이므로 해금일 가능성이 커 보인다. 문주석, 「혜적에 관한 고찰」, 『한국음악사학보』 58집, 한국음악사학회, 2017, 33~60쪽.

<평우조 조현平羽調調絃>

 33.242

<평계면조 조현平界面調調絃>

 33.242~243

<사언 환입詞言還入>

【속명은 <굿도드리>이다. <영산 환입靈山還入>과 서로 비슷하지만, 박자가 촉급하다.】

【俗名 굿도드리. 與靈山還入相似, 而但節促.】

 33. 243

【이하는 곧 <영산 환입>인데, '동·지로·사랭의 사랭'은 곧 <군악軍樂>의 사랭이다.】

【以下卽靈山還入, 而동·지로·ᄉ렁之ᄉ렁. 卽軍樂ᄉ렁也.】

<권주가勸酒詞>

 33.243~244

간밤에 부던 바람 만정도화滿廷桃花 다 지운다
아이는 비를 들고 쓸려 하는구나
낙환들 꽃이 아니랴 쓸어 무삼하리요   정민교鄭敏僑

광풍狂風에 떨친 이화梨花 가며 오며 날다가
가지에 못 오르고 거미줄에 걸리것다

저 거미 낙화落花인 줄 모르고 나비 잡듯 하여라 　　　　　　　　이정보李鼎輔

꽃이 진다 하고 새들아 슬퍼 마라
바람에 흩날리니 꽃의 탓 아니로다
가노라 희짓는 봄을 새와 무삼하리오

동창東窓이 밝았느냐 노고지리 우지진다
소 치는 아이놈은 상기床起 아니 일었느냐
재 너머 사래 긴 밭을 언제 갈려 하느냐 　　　　　　　　남구만南九萬

샛별 지자 종다리 떴다 호미 메고 사립 나니
긴 수풀 찬 이슬에 베잠방이 다 젖는다
아이야 시절이 좋을손 옷이 젖다 관계하랴 　　　　　　　　이재李在

오늘도 다 새거다 호미 메고 가자스라
내 논 다 매거든 네 논 좀 매어 주마
올 길에 뽕 따다가 누에 먹여 보자스라 　　　　　　　　정철鄭澈

간밤에 부던 바람 만정도화滿廷桃花 다 지운다
아이는 비을 들고 쓸어려 하는고야
낙화落花ㄴ들 꽃이 아니랴 쓸어 무삼 하리요 　　　　　　　　鄭敏橋

광풍狂風에 떨친 이화梨花 가며 오며 날다가
가지에 못 오르고 거미줄에 걸리것다
저 거미 낙화落花인 줄 모르고 나비 잡듯 하여라 　　　　　　　　李鼎輔

꽃이 진다 하고 새들아 슬퍼 마라
바람에 훗날리이 꽃의 탓 아이로다

가노라 희짓는 봄을 새워 무삼 하리오

동창東窓이 밝았느냐 노고지리 우지진다
소 치는 아히놈은 상기床起 아이 일어났냐
지 너머 사리 긴 밭을 언제 갈여 하느냐　　　　　　　　　　南九万

샛별 지자 종달이 떳다 호미 메고 사립 나이
긴 수풀 찬 이슬에 베잠방이 다 젓는다
아히야 시절리 좋을손 옷이 젓다 관게 하랴　　　　　　　　李在

오늘도 다 시거다 호미 메 가자스라
내 논 다 미여든 네 논 좀 미여 주마
올 길에 뽕 따닥아 누에 먹여 보자스라　　　　　　　　　　鄭澈

현학금보(정경태 구장)
玄鶴琴譜(鄭坰兌 舊藏)

오희상(吳熙常) 지음, 1792년(이후 1831년까지 추기한 것으로 추정)
한국음악학자료총서 34

현학금보(정경태 구장) 해제

1792~1831년 사이 오희상吳熙常(1763~1833)이 편찬한 〈여민락〉, 〈보허자〉, 〈영산회상〉 및 가곡의 거문고 악보. 세분화된 구음과 정확한 괘 표시 등을 통해 거문고 합자보의 기능을 하는 구음보로 평가된다. 이 악보는 내지內紙에 '玄鶴琴譜 上下'라고 표기되어 있고, 옛 소장자의 이름을 따서 『현학금보』(정경태 구장)라 칭하고자 한다. 상편上篇에는 악樂에 대한 편자의 사상과 〈여민락〉, 〈보허자〉, 〈영산회상〉 등의 기악곡 악보를, 하편下篇에는 가곡의 악보를 수록하였다. 장사훈의 『국악대사전』에 '오희상 吳熙常' 항에서 순조純祖 때 악인 오희상이 편찬한 악보의 존재를 알렸고,[1] 이후 석암石菴 정경태鄭坰兌(1916~2003)가 관련 악보를 소장하고 있다는 사실이 확인되었다.[2] 이외에도 이본에 대해 알려진 바 있는데, 『현학금보』(고려대 소장), 『금보상해琴譜詳解』와 『휘어徽語』가 그것이다.[3] 1999년 국립국악원에서 정경태 구장본을 영인하여 『한국음악학자료총서』 34집에 『현학금보』라는 이름으로 수록하였다.

필사본 1책으로 45장이고, 세로 21cm 가로 21cm이다. 정경태가 작고한 후 현재 소장처는 미상이다. 그래서 '정경태 구장舊藏'이라 이름한 것이다. 악보의 기보 방식은 거문고 한글 구음을 주로 썼으며, 구음 좌우에 거문고 괘를 불규칙적으로 병기하

---

1 장사훈, 『국악대사전』, 세광음악출판사, 1991, 540쪽.
2 다만 정경태 구장본의 필체가 노주 오희상의 필체와 다르므로 해당 악보는 오희상이 편찬한 악보의 전사본으로 판단된다. 오희상의 필체는 오희상이 남긴 자필 기록인 『유자고(孺子稿)』를 통해 확인할 수 있다. 오희상 저, 『유자고(孺子稿)』, 한국학중앙연구원 소장.
3 『금보상해(琴譜詳解)』에 대한 정보는 권오성의 해제에 소개되어 있으며, 『휘어(徽語)』는 북한 역사박물관에 소장되어 있는 것으로 목판본으로 알려져 있다. 권오성, 「『현학금보』 해제」, 『한국음악학자료총서』 34, 60~68쪽.

였다. 악보에 정간은 사용하지 않았다. 수록 악곡 수는 총 54곡이다.

1. 해설

악보의 편찬자는 악보의 상편上篇 서문에 해당하는 '진악해進樂解'에 '봉산초부 오희상제蓬山樵夫吳熹常題'라고 밝히고 있으며, 하편下篇의 서문에 해당하는 '현학금보'에는 '봉래초부 오희상제蓬萊樵夫吳熹常題'라 하여 찬자가 오희상임을 알 수 있다.[4] 악보가 편찬된 연대에 대해서는 크게 두 가지 견해가 있다. 권오성權五聖(1941~2020)은 첫째, 서문에 해당하는「진악해」부분에 해당 내용을 임자壬子년에 썼다고 기록되어 있고, 둘째, 1841년으로 추정되는『금보』(이승무 지음)와 비교했을 때『현학금보』(정경태 구장)에는 〈영산회상〉 중 〈삼현환입〉과 〈하현환입〉이 독립되어 있는 점 등에 기하여 악보의 편찬 연대를 1852년으로 추정하였다.[5]『현학금보』(고려대 소장)를 해제한 김우진도 악보에 수록된 기보법 등을『유예지 권제6 방중악보』나『금보』(이승무 지음)와 비교하면서 편찬 연대를 1852년으로 추정하였다.[6] 반면 최선아는 편찬자 오희상이『노주집老洲集』[7]의 주인공 노주老洲 오희상吳熙常(1763~1833)임을 밝혀내고「진악해」에 기록된 임자년이 1792년일 가능성에 대해 언급하였다.[8] 지금까지 학계에서는 악보에 기록된 임자년을 기준으로 1792년과 1852년 두 가지 가능성을 제기한 셈이다. 두 가지 학설 중에서『현학금보』(정경태 구장)의 체제 및 그에 대한 설명이 노주 오희상의 글을 담은 노주집과 동일한 것을 근거로 노주 오희상이 생존해 있었던 1792년 임자년을 편찬 연대로 추정한 최선아의 주장에 무게가 실린다. 다만 기보법이나 수록 악곡의 성격이 1800년대 중반의 내용으로 파악됨에 따라 노주 오희상이 시간차를 두고 악보를 작성했을 가능성을 배제할 수 없다. 특히 악보 상단에

---

4 악보에는 吳熹常으로 기록되어 있으나 편찬자의 실제 이름은 吳熙常이다.
5 권오성,「『현학금보』해제」,『한국음악학자료총서』34, 60~68쪽.
6 김우진,「『오희상금보』」,『한국음악학자료총서』39, 115~123쪽.
7 『노주집(老洲集)』: 조선 후기의 문신·학자 오희상(吳熙常)의 문집.
8 최선아,『지음을 기다리며』, 민속원, 2021, 286쪽.

기록된 일부 소악부小樂府의 출처가 1828~1831년의 것이므로 이 시기까지 악보가 작성되고 있었음을 확인할 수 있다.[9]

자료의 첫 부분에는 서문에 해당하는 「진악해」가 있는데, 이것은 제목과 글의 형식 등이 당송팔대가唐宋八大家의 한 사람인 한유韓愈(768~824)가 쓴 「진학해進學解」와 매우 유사하다. 「진학해」는 가상의 인물을 내세워 글쓴이가 자신의 의견을 투영한 작품으로 「진악해」에서도 이러한 내용이 패러디되어 오희상 자신의 음악관을 표현하고 있다.[10] 또한 『현학금보』(정경태 구장)에는 수파형水波型 악보[11]로 된 〈우조 초중대엽〉, 〈우조 삼중대엽〉, 〈계면조 이중대엽〉, 〈북전〉 4곡이 수록되어 있으며, 오희상의 작품인 7언 절구 형식의 소악부小樂府[12]가 기록되어 있다. 그 밖에 거문고 연주의 범례, 거문고 규식, 각종 표, 노래의 절주와 완촉의 법, 호흡으로 템포를 정하는 양식척量息尺 등이 기록되어 있다. 또한 본문 상단에 72문門이 있는데,[13] 이는 음악과 무관하여 생략하였다.

2. 악곡

이 자료는 거문고 악보와 거문고 반주가 따르는 가곡 계통의 노래 등 총 54곡이 수록되어 있다. 악보는 상편과 하편으로 나뉘는데 상편에는 민간의 풍류방에서 연주되는 〈여민락〉과 〈보허자〉, 〈영산회상〉 계통의 악곡을 수록하고 있으며, 하편에는 가곡을 수록하였다.

---

9 악보에 기록된 소악부의 작자 중 한 사람인 자하(紫霞) 신위(申緯, 1769~1847)가 해당 소악부를 창작한 시기가 1828에서 1831년 사이라고 한다. 이현일, 「신위 소악부의 재론」, 『한국한시연구』 제16집, 한국한시학회, 2008, 136쪽.
10 최선아, 『지음을 기다리며』, 민속원, 2021, 250~256쪽.
11 수파형(水波型) 악보: 음의 고저(高低)와 시김새 등을 가로 선으로 표현하여 음악의 흐름을 인지할 수 있도록 만든 악보. 옥소(玉所) 권섭(權燮, 1671~1759)의 『가보』에 〈평조 중대엽〉의 선율이 수파형 악보로 기록되어 있는데, 이것이 현존 최고(最古)로 알려져 있다.
12 소악부(小樂府): 우리나라의 가요나 시조를 한시로 번안한 것으로 기본적으로 5자나 7자로 이루어져 있다.
13 『한국음악학자료총서』 34, 국립국악원, 125~127쪽.

악보의 내용 중 하편에 '고아가결차서古雅歌闋次序'는 옛 노래를 악보화한 것이며, '시속가결차제時俗歌闋次第'는 편찬 당시의 노래를 수록한 것이다. 옛 노래에 해당하는 악곡은 〈평조 제1 만대엽〉, 〈우평조 이삭대엽〉, 〈계평조 삭대엽〉, 〈우 초중대엽〉, 〈우조 초삭엽〉, 〈우 삼중대엽〉, 〈우조 삼삭엽〉, 〈계 이중엽〉, 〈계면 삼중대엽〉, 〈계면 삼삭대엽〉(대가), 〈계면 중거삭엽〉(대가)이며, 편찬 당시 노래는 〈우조 초삭대엽〉,[14] 〈우조 이삭대엽 남창〉, 〈기2(우조 이삭대엽)〉, 〈기3 중거 삭대엽(우조 이삭대엽)〉, 〈기4 여창 이자두(우조 이삭대엽)〉, 〈우조 이삭대엽〉, 〈우조 삼뇌(소용)〉, 〈계면 초삭엽 남창〉, 〈계면 이삭대엽 남창〉, 〈기2 여창(계면 이삭대엽)〉, 〈기3 남창 중거대엽(계면 이삭대엽)〉, 〈기4 여창(계면 이삭대엽)〉, 〈기5 남창 혹 여창(계면 이삭대엽)〉이다.

3. 관련 자료와 논저

1) 『현학금보』(정경태 구장) 영인본 자료
『한국음악학자료총서』 34, 국립국악원, 1999, 72~166쪽.

2) 『현학금보』(정경태 구장) 해제
권오성, 「『현학금보』 해제」, 『한국음악학자료총서』 34, 국립국악원, 1999, 60~68쪽.

3) 『현학금보』(정경태 구장) 관련 논저
문성렵, 『조선음악사』 2, 과학백과사전종합출판사, 1990.
권오성, 「『오희상금보』의 보허자고」, 한국정신문화연구원 한국학대학원 박사학위논문, 1994.
_____, 「북한 소재 고악보와 그에 대한 인식」, 『북한음악의 이모저모』, 민속원, 2001, 9~18쪽.
고광민, 「한유 〈진학해〉의 패러디 연구」, 『중국어문학지』 17집, 중국어문학회, 2005, 247~274쪽.
김명순, 「吳熹常의 『현학금보』 소재 '樂府'에 대하여」, 『한문학보』 19집, 우리한문학회,

---

14 〈우조 초삭대엽〉: 곡명만 제시되어 있고 실제 악보는 없다.

2008, 786~787쪽.

신경숙, 「권섭『가보』의 악보사적 의의」, 『우리어문연구』 30집, 우리어문학회, 2008, 145~175쪽.

장정수, 「『樂府 高大本』 소재 〈樂府〉와 『현학금보』 〈歌曲〉의 관련 양상」, 『시조학논총』 31집, 시조학회, 2009, 176~200쪽.

최선아, 「〈중대엽〉과 〈삭대엽〉의 연창방식에 관한 연구」, 『한국음악연구』 45집, 한국국악학회, 2009, 433~460쪽.

김영호, 『노주 오희상의 가학 연구』, 심산, 2010.

조천래, 「老洲 吳熙常의 『老洲集』 '雜誌(一)' 譯註」, 고려대대학원 석사학위논문, 2011.

송지원, 『한국음악의 거장들』, 태학사, 2012.

고보석, 「6박 계통의 보허자 파생곡 연구: 〈소보호사〉·〈귀보허사〉·〈굿보허사〉·〈도드리〉를 중심으로」, 『국악원논문집』 27집, 국립국악원, 2013, 1~35쪽.

최선아, 「노주 오희상의 음악적 배경과 음악관」, 『한국음악사학보』 53집, 한국음악사학회, 2014, 373~415쪽 및 「노주 오희상과 『오희상금보』: 유가 악론의 내면화」란 제목으로 『지음을 기다리며』, 민속원, 2021, 260~299쪽에 복간함.

_____, 「『오희상금보』의 〈진악해(進樂解)〉 연구」, 『한국음악연구』 55집, 한국국악학회, 2014, 243~268쪽 및 「『오희상금보』의 진악해: 악보에 스토리텔링과 패러디 기법을」이란 제목으로 『지음을 기다리며』, 민속원, 2021, 230~258쪽에 복간함.

김우진, 『거문고 육보체계에 관한 통시적 고찰』, 민속원, 2015.

주재근, 「북한 소재 고악보와 고악보 인식 연구」, 『국악교육』 42집, 한국국악교육학회, 2016, 241~269쪽.

이수진, 「『소영집성』 소재 우조와 평조 〈보허자〉 비교 연구」, 『한국음악연구』 61집, 한국국악학회, 2017, 205~231쪽.

_____, 「고악보 소재 〈평조 보허자〉 비교 연구」, 『한국음악연구』 64집, 한국국악학회, 2018, 99~130쪽.

김소연, 「19~20세기 영산회상 거문고선율 변천 연구」, 이화여대대학원 박사학위논문, 2020.

조은숙, 「조선 후기 수파형 악보의 전승 양상과 음악 교육적 효용성」, 『국악교육연구』 15집, 한국국악교육연구학회, 2021, 255~289쪽.

박희정, 「금보 소재 영산회상 중 타령계 악곡에 관한 연구」, 『민족문화』 62집, 한국고전번역원, 2022, 215~259쪽.

해제 : 정서은

현학금보(정경태 구장)
玄鶴琴譜(鄭坰兌 舊藏)

금보琴譜

진악해進樂解

봉산초부蓬山樵夫[15]가 임자년壬子年[16]에 영남과 호남 사이를 떠돌면서 아름다운 산, 맑은 물을 만나면 곧 금琴을 타고 시를 읊조리며 돌아갈 생각을 잊은 것이 여러 달이었다. 그러다 동래의 북쪽 양산의 동쪽에 있는 주인 이상사李上舍 경순敬淳의 집에 머무르게 되었는데, 대개 그는 세상에 숨어 사는 박학하고 호고好古하는 선비였다.

몇 달을 같이 지내던 중 그는 나에게 이렇게 말했다.

"내가 녹기綠綺[17]를 가지고서 지음知音을 기다린 지 십여 년이라오. 궁벽한 땅에 사는 터라, 좋은 스승을 만나지 못했는데, 이제 다행히도 좋은 스승을 만나게 되었으니, 모쪼록 몇 말씀 해주신다면, 엮어 악보로 만들어 영원히 전하고 싶습니다. 괜찮은지요?"

"그러지요!"

이에 과거에 들었던 몇 결闋 수천 마디 말을 책으로 엮되 두 편으로 나누었다. 유儒·불佛·선仙 3가家의 음악을 상편으로 하여 몸통으로 삼고, 평조·우조·계면조의 삼한三韓의 음악을 하편으로 하여 응용편으로 삼았다. 범례규식凡例規式과 정은 정은停磴의 표標[18]를 책머리에 얹었고, 끝에는 가요歌謠의 절주節奏와 완급의 정도를 붙

---

15 봉산초부(蓬山樵夫): 노주(老州) 오희상(吳熙常, 1763~1833)의 호.
16 임자년(壬子年): 1792년.
17 녹기(綠綺): 좋은 거문고를 일컫는 말.

이되, 숨을 세는 것과 획의 소리까지 다루었다. 가까운 데서 취하되 먼 경지를 생각하며, 정확하게 하는 데 힘썼는데, 등불을 밝히고 주묵朱墨을 갈며 음식 맛도 잊고 몸조차 저버린 끝에 한 달을 넘겨서야 완성하였다.

정사精舍를 지나던 어떤 손이 집 안을 엿보고는 내가 하는 일을 나무랐다.

"사람이 이 세상에 태어나 백 년을 살기 어렵지 아니한가. 삶에 기한이 있어 한이 없다는 것을 아는 터라, 위로는 희헌曦軒[19]과 요사姚姒[20]의 전칙典則[21]을 엿보고, 아래로는 술수術數·공리功利의 학문을 연구해도 너무나 넓고도 커서 오히려 시간이 모자랄까 걱정하는데, 선생은 썩은 줄과 문드러진 나무에 파묻혀 조잘거리고 웅얼대면서 세월을 보내고, 피폐한 정신으로 늙어가는 줄도 모르고 있으니, 도대체 어찌된 일인가?

또 고금古琴의 길이는 3척尺 6촌寸 남짓으로 12월과 윤달에 대응하오. 요腰에는 선仙이니 주姝니 하는 칭호가 있고, 현絃에는 5현과 7현의 규식規式이 있소. 용지龍池[22]·봉소鳳沼[23]로 팔풍八風에 통하고, 선요琁瑤[24]·옥휘玉徽[25]로 오음五音을 조화롭게 만들기 때문에 소소簫韶[26]를 아홉 번 연주하자, 봉황이 와서 춤을 추었던 것이오. 슬을 연주하자 고기가 물 밖으로 나와서 들었던 것이오. 동방의 금으로 말하자면, 제도가 옛 음성音聲에 부합하지 않고, 율률에도 맞지 않다오. 6현六絃의 규식은 언제 처음 만들어졌는가? 삼가三家의 곡조는 명명한 사람이 누구인가? 그런데 지금 모아서 악보를 엮기까지 하니, 아雅·속俗을 가리지 않고 횡설수설하는 것이로다. 이른바

---

18 정은(停磤)의 표(標): 안법(按法)에 사용되는 여러 가지 표. 165쪽 참고.
19 희헌(曦軒): '태양'을 달리 이르는 말.
20 요사(姚姒): 중국의 순임금과 우임금을 아울러 이르는 말.
21 전칙(典則): 반드시 지켜야만 하는 규범.
22 용지(龍池): 금(琴)의 뒷면 중앙에 뚫린 긴 구멍. 이 책의 466쪽 이기태의 『악서정해』 중 '금 뒷면의 여러 명칭' 참고. 아래 '봉소'도 같다.
23 봉소(鳳沼): 금(琴)의 뒷면 꼬리 부분에 뚫린 긴 구멍.
24 선요(琁瑤): 옥으로 만든 돌괘.
25 옥휘(玉徽): 옥(玉)으로 만든 휘(徽). 칠현금의 겉면에 옥으로 만들어 붙인 13개 음절(音節)의 표시.
26 소소(簫韶): 순(舜)임금의 음악 이름. 『서경(書經)』 「익직(益稷)」에 "소소를 아홉 번 연주하자 봉황이 와서 춤을 추었다(簫韶九成 鳳凰來儀)" 하였다.

'벽돌을 갈아 거울을 만드는 것'²⁷같아 비록 수고로운 일이기는 하지만, 쇠바늘이 되지 않을 것이니,²⁸ 그것이 공교하기는 하지만 무용한 것이기 때문이오."

초부는 두 다리를 뻗고 앉아 하늘의 해를 바라보고 한참 잠자코 있다가 말했다.
"고루하구나, 그대의 학문함이여! 이것은 우물에 빠져 북해北海를 비웃고, 느릅나무와 박달나무에 부닥쳐 남쪽으로 날아가는 것을 비웃는 격이 아니겠는가? 사람이 몸을 갖고 태어나면 감정이 없을 수 없소. 슬픈 일과 즐거운 일이 눈앞에서 뒤섞여 일어나면 마음속에 변화가 일어나오. 성인의 학문은 성명性命을 순하게 만드는 것보다 앞서는 것이 없고, 성명의 요체는 사심邪心을 금하는 것보다 앞서는 것이 없소. 나는 사심을 막고, 사욕을 이기는 방법으로 금琴에 앞서는 것이 없다고 생각하오. 공자孔子 문하의 70명의 문도 중에 현송絃誦을 하지 못하는 사람은 아무도 없었지. 대개 군자가 잠시라도 음악을 멀리할 수 없는 것은 이 때문인 것이로다! 대저 하도河圖²⁹의 순수順數³⁰와 낙서洛書³¹의 역수逆數³²는 생생·극극이 비록 다르지만, 이리·기기는 한 가지요. 희황羲皇³³이 획을 긋고³⁴ 주周나라 문왕文王이 그것을 겹쳤는

---

27 '벽돌을 갈아 거울을 만드는 것': 원문은 '마전작경(磨磚作鏡)'이다. 당(唐)나라 마조(馬祖) 스님이 좌선만 하고 있는 것을 보고, 회양(懷讓) 스님이 앉아서 좌선만 하는 것은 마치 벽돌을 갈아 거울을 만드는 것과 같은 행위라고 지적한 데서 나온 고사.

28 '쇠바늘이 되지 않을 것': '마부작침(磨斧作針)'에서 나온 말. 당의 시인 이백(李白)이 젊었을 때 광산(匡山)에서 공부를 하다가 집으로 돌아가는 길에서 어떤 노파가 쇠 절굿공이를 가는 것을 보고, 무엇을 하느냐고 묻자, '바늘을 만들려고 한다' 하였다. 이백은 깨우친 바가 있어 돌아가 공부를 마쳤다고 한다. 『잠화유서(潛確類書)』 등 여러 문헌에 나온다.

29 하도(河圖): 중국 복희씨(伏羲氏) 때에, 황허강(黃河江)에서 용마(龍馬)가 지고 나왔다는 쉰다섯 점으로 된 그림. 동서남북 중앙으로 일정한 수로 나뉘어 배열되어 있으며, 낙서(洛書)와 함께 주역(周易)의 기본 이치가 되었다.

30 순수(順數): 차례로 셈.

31 낙서(洛書): 중국 하나라의 우왕(禹王)이 홍수를 다스릴 때에, 낙수강(洛水江)에서 나온 거북의 등에 씌어 있었다는 마흔다섯 개의 점으로 된 아홉 개의 무늬. 팔괘와 홍범구주가 여기에서 비롯한 것이라고 한다.

32 역수(逆數): 미래의 운수를 미리 눈치로 아는 일.

33 희황(羲皇): '복희씨(伏羲氏)'를 말함. 복희씨는 중국 고대 삼황오제(三皇五帝)의 한 사람이다. 수인씨(燧人氏)를 대신하여 왕이 되었고, 성은 풍(風)씨다. 도상으로는 뱀의 몸뚱이에 사람의 머리 형상을 가지고 있다. 처음 팔괘(八卦)를 그리고 서계(書契)를 만들었으며, 그물 엮는 방법을 사람들에게 가르쳐 어업과 수렵, 목축에 종사하도록 했다. 임종욱 편저, 『중국역대인명사전』, 이화문화

데,³⁵ 선천先天과 후천後天³⁶이 비록 다르기는 하지만, 소장消長³⁷의 이치는 동일한 것이오. 그런데 그대는 도리어 오늘날의 음악이 옛 음악과 같다는 것을 듣지 못했다는 것인가? 금은 비록 여섯 개의 현이 있으나, 실은 다섯인 것이니, 어째서인가? 사시四時가 서로 변할 때 습토濕土가 그 중간에 위치하고, 오장五臟은 맡은 바가 다르나 상화相火가 보좌 되오. 그러므로 대大는 궁宮이 되고 소少는 치徵가 되니, 이것은 화火와 토土를 둘로 하되 임금은 편안하고 신하는 수고하는 상이지. 각角이 안쪽이 되고 우羽가 바깥쪽이 되니, 이것은 위엄과 덕德을 겸하되, 문文을 앞세우고 무武를 뒤로 하는 뜻이오. 건乾·곤坤이 한가로운 곳에 퇴위하고, 감坎·이離가 당도當道에서 용사用事하니, 봄우레가 잠자던 벌레를 깨우는 것은, 각角이 흥기시키는 방법이고, 가을 기운이 거두어들이는 것은, 상商이 맑게 만드는 방법이지. 여기에 천지와 군신君臣과 민물民物의 자리가 갖추어졌고, 날고, 물속에 잠겨 있고, 뛰어오르고, 나타나고, 두려워하고, 끝까지 이르는 상象³⁸이 깃들어 있소.

우순虞舜은 5현五絃을 연주했고 문왕과 무왕은 현 둘을 더하였소. 도잠陶潛³⁹은 무현금無絃琴을 탔고 손등孫登⁴⁰은 현 하나만을 썼다오. 대슬大瑟은 50현, 소슬小瑟은 25현, 비파는 4현, 공후는 2현이니, 고금의 규식을 적절하게 더하고 뺀 것이지, 어찌 반드시 5·7이란 숫자에 집착하여 교주고슬膠柱鼓瑟 격으로 변통할 수 없다는 것인가?

사, 2010, 600쪽.
34 '희황(羲皇)이 획을 긋고': 복희씨가 『주역』의 팔괘(八卦)를 처음 그렸던 것을 말함.
35 '문왕(文王)이 그것을 겹쳤으니': 복희씨가 만든 팔괘를 문왕이 둘씩 겹쳐서 64괘를 만든 것을 말함.
36 선천(先天)과 후천(後天): 선천은 복희씨가 만든 선천팔괘(先天八卦)를, 후천은 문왕이 만든 후천팔괘(後天八卦)를 말한다.
37 소장(消長): 쇠하여 사라짐과 성하여 자라남.
38 『주역』「건괘(乾卦)」에 대한 한 주해에 "육효의 상을 모두 용에서 취한 것은 양(陽)의 체(體)가 굳세기 때문이다. 그 물에 잠기고, 드러나고, 두려워하고, 뛰어오르고, 날고, 끝까지 이른 것은, 처음과 끝의 순서이며, 변화의 자취이다"(六爻之象, 皆取于龍者, 陽體之健. 其潛見惕躍飛亢者, 初終之序而變化之迹也.)라고 한 데서 인용한 것으로 보인다.
39 도잠(陶潛): 도연명(陶淵明, 364~427). 중국 동진(東晉)의 자연 시인. 25쪽 참고.
40 손등(孫登): 중국 삼국시대 오나라의 초대 왕인 손권의 장남. 209년 오군 부춘현에서 오나라의 왕 손권(孫權)의 장자로 출생하였으며 자는 자고(子高)이다. 영민하고 총명하였으며 제갈각, 장휴 등과 막역한 사이였다. 장자로서 태자로 책봉되어 부친 손권을 보좌하며 후계자로 지목되었으나 33세에 사망하였다. 임종욱, 『중국역대인명사전』, 이회문화사, 2010, 788쪽.

게다가 삼대三代 성왕聖王이 규풍規風할 적에는 위로는 조정 군신君臣의 음악으로부터 아래로는 여항閭巷 사녀士女들의 시까지 채집하여 성정性情의 삿됨과 올바름을 살펴 정치·교화의 치란治亂을 알지 않음이 없었소. 그런데 지금 반드시 아송雅誦을 지으려 하면서 국풍國風을 버린단 말인가? 내가 이 책을 엮는 것은 체體와 용用을 겸하자는 뜻으로서 정鄭·위衛에 이남二南을 열거하고, 「설괘전說卦傳」[41]·「잡괘전雜卦傳」[42]에 『십익十翼』[43]을 붙이는 것에 견주려는 것이라오."

이에 손님이 이렇게 말했다.

"지금 선생의 가르침을 들어보건대, 좋은 말주변으로 말을 꾸미는 실수가 있는 것이 아니면, 성인의 지혜에 자신을 망령되게 견주는 과실을 면하지 못하는 것이 아니겠소이까?"

초부는 빙긋 웃고 돌아보지 않았다. 금을 당겨 조현調絃한 뒤 궁상宮商의 오묘한 소리를 내고 산수의 아름다운 곡조를 싫은 줄 모르고 마냥 연주하였다.

봉산초부蓬山樵夫 오희상吳熹常은 쓴다.

進樂解
蓬山樵夫以幹壬枝子歲放浪嶺湖間, 每遇佳山麗水, 輒鼓琴詠詩優遊忘歸者, 累月. 暨于萊之北梁之東, 主人李上舍敬淳, 盖隱於世而博學好古之士也.

相處數旬, 語于樵夫曰: "我有綠綺以待知音者, 十有餘年矣. 居地遠僻, 未遇良師. 今幸見良師, 請譜緝微語, 以爲不朽之傳, 可乎?"

曰: "諾!"

於是, 編帙舊聞數関數千言, 分爲兩篇, 以儒·仙·釋三家之樂爲上爲體, 平·羽·界三韓之操爲下爲用. 弁之以凡例規式. 停磜之標; 尾之以歌謠節奏, 緩促之度. 以至數息畵聲之類, 近取遠模, 務歸精覈. 焚膏研硃忘味遺形者, 經月乃成.

---

41 「설괘전(說卦傳)」: 『주역』에 대한 열 가지 해석인 십익(十翼)의 괘(卦)를 개괄적으로 설명한 부분.
42 「잡괘전(雜卦傳)」: 『주역』의 십익(十翼) 중 하나. 괘(卦)와 괘 사이의 복잡한 관계를 섞어서 설명한 부분.
43 『십익(十翼)』: 중국의 공자가 지었다고 전하는, 역(易)의 뜻을 알기 쉽게 설명한 책. 상하(上下)의 단전(彖傳), 상하의 상전(象傳), 상하의 계사전(繫辭傳), 문언전(文言傳), 서괘전(序卦傳), 설괘전(說卦傳), 잡괘전(雜卦傳)의 10편으로 이루어져 있다.

客有過精舍者, 窺戶而誚之曰: "人生斯世, 壽難期百. 生有涯而知無窮. 上窺羲軒姚姒之典, 下究術數功利之學, 渾渾漫漫, 尙恐不暇, 而夫子汨汨於朽索爛材之上, 悠悠於嘈唽咿唔之間, 疲神擾精不知老之將至者, 抑何歟? 且古琴之長, 三尺六寸有奇, 以應一十二月有閏. 腰有仙與姝之稱. 絃有五與七之式. 龍池·鳳沼而通八風, 琔耀·玉徽而調五音, 故韶成, 則鳳來儀, 瑟和而魚出聽矣. 至於東方之琴, 制度不合古聲音, 不叶律. 六絃之式, 創於何時? 三家之調, 名之者誰? 而況今也彙而譜之, 不擇雅俗, 橫說竪說. 所謂磨磚作鏡, 雖勞, 不成鏤刺, 爲彼巧而無用者也."

樵夫箕踞仰白, 默然良久曰: "固哉! 子之爲學也 此非落井甃而笑北海, 搶楡枋而誹圖南者耶? 人受其形, 不能無情. 哀樂交前, 其中卽遷. 聖人之學, 莫先乎順性命; 性命之要, 莫先乎 禁邪心. 余謂閑邪克己之方, 莫要乎琴. 仲尼之門, 七十于之徒莫不絃誦. 盖君子不可斯須去樂者以此歟. 夫河圖順數, 洛書逆數, 生克雖殊, 理氣則一也. 羲皇劃卦, 周文重之. 先後天雖異, 消長之理同也. 而子獨不聞今之樂猶古之樂歟! 盖常論之, 琴絃雖六, 其實該五, 何則? 四時相代, 濕土居中. 五藏異司, 相火爲佐. 故大爲宮而少爲微, 是二火土而君逸臣勞之象. 角爲內而羽爲外, 是兼威德而先文後武之義也. 乾坤退位於間地, 坎离用事於當途. 春雷振蟄, 角之所以爲興也; 秋氣收斂, 商之所以爲淸也. 天地·君臣·民物之位具焉, 飛潛·躍見·惕亢之象寓焉. 虞舜彈五絃而文武添二, 陶潛按無絃而孫登用一. 大瑟五十, 小瑟廿五. 琵琶四絃, 箜篌二絃. 古今之規, 隨宜損益. 何必泥五七之數而膠柱不通哉! 且三代聖王之規風也, 上自朝廷君臣之樂, 下至閭巷士女之詩, 無不陳而采之. 以察性情之邪正, 以知政敎之治亂. 今何必撰雅頌而遺國風也哉! 余之爲此篇兼體用之意, 竊比於鄭衛之列二南, 說雜之附十翼."

客曰: "今聞夫子之敎, 不有好辯飾辭之失, 抑未免妄比聖智之過乎?"

樵夫哂而不顧, 方將援琴調絃, 發宮商之妙音, 奏山水之雅操, 亹亹不撤.

蓬山樵夫吳熹常題.

오금사吳琴師에게 주는 글

금琴의 오묘함은 신神에 있는 것이지 소리에 있는 것이 아니다. '신'은 마음이 손과 하나가 되어 움직이되 자신은 그것을 알지 못하는 것이다. 소리는 음을 구분하고 율律에 어울리게 하는 것으로 말단적인 절주節奏에 집착하는 것이다.

아, 저 머나먼 옛날 희황羲皇은 5현금五絃琴을 처음 만들어 신명神明을 통하자,

우순虞舜은 그것을 그대로 따랐으며, 문왕과 무왕이 2현을 더하고, 선니宣尼⁴⁴는 그것을 얻었던 것이니, 그 전하는 것이란 '신'일 뿐이었다.

그런데 채백개蔡伯喈⁴⁵의 초미금焦尾琴과 혜중산嵇中散⁴⁶의 〈광릉廣陵〉⁴⁷은 비록 '신'을 전수한 것이라고는 하지만, 모두 장단長短·질서疾舒를 '소리'에 깃들인 것이니, 거의 옛날에 이른바 신화神化가 아닌 것이다. 오직 도정절陶靖節⁴⁸은 음률에 익숙하지는 않았지만, 금을 어루만지고 사랑하여 뜻을 붙여 이르기를, "단지 금의 취미만을 알 뿐이니, 어찌 현에서 수고롭게 소리를 내리오."라고 하였으니, 이 경지는 금의 신묘함을 얻을 수 있어 자신을 희황상인羲皇上人⁴⁹이라 부른 것이 틀림없다.

우리나라의 금⁵⁰은 그 제도가 중국과 다르고 소리의 청탁淸濁·고하高下가 또 중국과 같지 않으니, 제도와 소리가 또 옛것이 아닌 것이다. 어떻게 '신神'을 논하는 일에 끼어들 수 있겠는가? 그래서 시속에서 금을 만지는 사람들은 단지 손가락 끝에서 궁성宮聲을 머금고 각음角音을 토하고⁵¹ "격렬한 우성羽聲에 흐르는 물에 술잔을 띄운다"⁵²는 말을 따졌을 뿐이고 마음에서 얻은 것에 대해서는 대개 알려진 것이 없었던 것이다.

근래에 김사명金士明이란 이가 자못 속기를 벗어던지고 성음聲音 바깥의 경지로 나가 왕왕 신오神悟한 것이 있었으나, 그 역시 죽어버려 금의 계보가 끊어졌다. 지금

---

44 선니(宣尼): 공자(孔子)를 이르는 말.
45 채백개(蔡伯喈): 중국 후한의 채옹(蔡邕, 133~192)이다. 백개는 그의 자이다. 학문과 글씨에 뛰어난 재주를 가져 명성이 높았다. 임종욱, 『중국역대인명사전』, 이회문화사, 2010, 1885쪽.
46 혜중산(嵇中散): 진(晉)나라 죽림칠현 중 한 사람인 혜강(嵇康)을 말함. 혜강이 중산대부(中散大夫)를 지냈기 때문에 '혜중산'이라고도 부름.
47 광릉(廣陵): 혜강이 작곡한 금곡(琴曲)인 〈광릉산(廣陵散)〉을 말함.
48 도정절(陶靖節): 동진(東晉)의 고사(高士) 도잠(陶潛) 곧 도연명(陶淵明). 그의 사시(私諡)가 정절징사(靖節徵士)였기에 흔히 '도정절'로 부르기도 함.
49 희황상인(羲皇上人): 복희씨 이전의 오랜 옛적의 사람이라는 뜻으로, 세상일을 잊고 한가하고 태평하게 숨어 사는 사람을 이르는 말.
50 우리나라의 금: 거문고를 뜻한다.
51 '궁성(宮聲)을 …… 토하고': 원문은 '함궁토각(含商吐角)'인데, 한(漢)나라 유철(劉徹)의 〈천지(天地)〉라는 시의 "궁성을 머금고 각성을 토하매 격렬한 치성(徵聲)이 맑다.(函宮吐角激徵淸.)"라는 구절에서 인용한 것이다.
52 "격렬한 …… 띄운다": 원문은 '격우유상(激羽流觴)'인데, 정확한 뜻은 미상이다.

오사吳師[53]는 금으로 세상에 이름을 떨치고 있다. 내가 한번 오사에게 금을 타게 하자, 오사는 넉넉한 옷에 넓은 띠를 띠고, 즐겁고 편안한 표정으로 금을 안고 앞으로 나아왔다. 연주를 처음 시작할 때는 느릿느릿하여 음이 성글고 가락이 드물어 마치 쪼개지 않은 옥돌 같더니, 연주의 중간쯤 가서는 눈썹을 들고 눈을 치뜨는가 하면, 어깨는 솟구치고 손가락은 춤을 추어 털 하나 머리털 한 올까지 모두 화창하고 흘러 움직이는 기운이 있었다. 몸과 마음이 모두 무르녹아 성음聲音 사이에서 피어 드러났기 때문에 궁宮으로 우羽·치徵의 소리를 거느리고, 각角으로 궁·상商의 음音을 머금었다. 율려律呂를 바꾸어 가며 연주하니, 조리가 어지럽지 않았다. 듣는 사람들은 자신도 모르게 손으로 춤을 추고 발을 구르게 되었다. 연주가 마지막에 이르자, 막힘없이 흐르는 것이 마치 고향을 찾아 날아가는 기러기와 같고, 가늘게 이어지는 것은 흡사 물속을 노니는 곤어鯤魚가 홀로 우는 것 같았으며, 배회하는 듯, 드날리는 듯, 조용하고 한가하여 사람의 마음이 넓어지고 정신을 맑아지게 만들되, 어찌하여 그런지 이유를 알지 못하였다. 오사가 그제야 태연히 용모를 가다듬고 일어나 구석에 앉았다.

내가 물었다.

"기이하구려. 오사의 금이여! 율律에 구속되지 않고, 절로 율에 합치되다니, 금으로 연주하는 것이 아니라, 마음으로 연주하는 것이고, 소리로 어울리게 하는 것이 아니라, 신神과 어울리게 하는 것이구려. 오사의 금은 오래된 것이어서 아마도 속된 선비의 부류가 아니겠군요. 혹 김사명에게서 배운 것이 있는지요?"

오사가 말하기를,

"아닙니다."

나는 이에 이렇게 말했다.

"옛날 백아伯牙가 금을 배울 때 바다와 산이 아득히 먼 것을 보고 마침내 오묘한 곡조를 얻었다고 하더이다. 지금 들으니 오사는 부안扶安의 변산邊山에서 객지살이를 한다고 하던데, 변산 역시 바닷가니, 부안의 변산이 오사의 바다와 산인 줄을 비로소 알게 되었소."

---

53 오사(吳師): 오희상을 뜻한다.

어떤 이는 "오사의 금이 정말 좋기는 하나, 자기 뜻이 가는 대로 연주하여 가락에 맞지 않는 것이 많다. 이것은 속음俗音에 구속된 것이다."라고 하지만, 정말 터무니없는 소리다.

【사교四教[54]는 쓴다.】

與吳琴師說

琴之妙在乎神, 不在於聲. 神者心與手化, 動盪而不自知也. 聲者, 辨音諧律, 規規乎節奏之末也. 粤昔羲皇制爲五絃, 以通神明而虞舜因之, 文武增其二絃而宣尼得之. 其所以傳之者, 神而已.

若夫蔡伯喈之焦尾, 嵇中散之廣陵, 雖稱神授, 而皆以短長疾舒, 寓之於聲, 則殆非古所謂神化也. 唯陶靖節不閒音律, 而撫弄寄意曰: "但識琴中趣, 何勞絃上聲. 是可得琴之神妙而自謂羲皇上人也, 不誣矣.

東之琴, 其制與中國差殊. 聲之淸濁高下, 又與中國不侔, 則制與聲又非古矣. 夫何與論於神乎! 所以俗之操琴者, 只以函宮吐角·激羽流觸辨於指端, 而其得之於心則盖無聞焉.

近有金士明者, 頗能脫俗於聲音之外, 往往有神悟處, 而金又歿焉, 琴之譜絶矣. 今吳師以琴名於世. 余試使鼓之, 師寬衣偉帶, 愉愉然抱琴而前. 其始作也, 緩緩焉, 徐徐焉, 疎音希節, 有若大璞之未剖. 方其中操也, 眉軒目瞤, 肩聳指舞, 以至一毛一髮, 皆有澹宕流動之氣. 身心俱灑, 發越乎聲音之間, 故宮而統羽徵之響, 角而含宮商之音. 律呂迭奏, 條理不紊. 聽之者, 不知手舞而足蹈. 及其將亂也, 瀏瀏若歸鴻高翔, 嫋嫋如遊鯤獨鳴, 徘徊悠揚, 從容閒雅, 使人心曠神澹而不知其所以然. 師乃油然斂容起而隅坐.

余問之曰: "異哉 師之琴也. 無拘乎律, 而自合於律, 可謂不以琴鼓之而以心鼓之, 不以聲諧之而與神諧之者也. 古之師尙矣, 殆非俗士流也. 抑或有得於士明者歟?"

師曰: "未也."

余乃曰: "昔伯牙學琴, 見海山渺冥. 遂得妙調. 今聞師僑居于扶安之邊山, 邊亦海曲也. 始知扶安之邊爲師之海山也."

夫或曰: "師之琴固善矣. 唯意所適, 多不中節. 此局於俗音者也." 云, 誠妄矣.【四教書.】

---

[54] 사교(四教): 글쓴이의 정보인 듯 보이나, 정확한 내용은 알 수 없다.

현학금보玄鶴琴譜
상편上篇

왕산악王山岳 고조古調[55]

【진晉 나라 사람이 동방東邦에 금琴을 보냈는데 그것을 연주하는 방법을 알지 못했다. 왕산악王山岳은 고려[56] 사람이다. 그 제도를 조금 고쳐서 그것을 연주하니 쌍현학雙玄鶴[57]이 와서 춤을 추었다. 그러므로 현학금玄鶴琴이라고 이름한 것이다. 평조平調와 우조羽調가 있어 세상에 전해진다고 한다.】

해주후인 봉산 오초부는 쓴다.

玄鶴琴譜
上篇

王山岳 古調

【晉人遣東邦以琴, 不知鼓之之法. 王山岳, 高麗人也. 稍改其制鼓之, 有雙玄鶴來舞, 故名. 有平調·羽調傳于世云云.】

海州后人蓬山吳樵夫述.

현금규식玄琴規式

【1. 금은 무릇 6현이다. ○왼쪽의 첫 번째가 문현文絃이고, ○두 번째가 유현遊絃이며, ○세 번째는 대현, ○네 번째는 괘상청卦上淸, ○다섯 번째는 괘하청卦下淸, ○여섯 번째는 무현武絃이다. ○옛날에는 궁宮·상商·각角·치徵·우羽로 순서를 삼다가 지금은 목木·화火·2토二土·금金·수水를 차례로 삼는 것은 대개 사시四時의 뜻을 취한 것이다.】

---

55 왕산악(王山岳) 고조(古調): 이 제목은 원문의 상단 우측 끝에 있는데, 별지에 적어서 나중에 붙인 것으로 보인다. 이 자료의 상단에 검은색 용지에 적힌 제목은 대부분 나중에 붙인 것으로 짐작된다.
56 고려: 고구려를 뜻한다. 『현학금보』(고려대 소장)에는 '고구려'로 되어 있다.
57 『삼국사기』에는 '현학(玄鶴)'으로 되어 있다.

玄琴規式

【一. 琴凡六絃. ○左第一, 文絃, ○第二, 游絃, ○第三, 大絃, ○第四, 卦上淸, ○第五, 卦下淸, ○第六, 武絃. ○古以宮·商·角·徵·羽爲叙, 今以木·火·二土·金·水爲例(者) 蓋取四時之義也.】

1. 줄이 굵고 가는 것은 거문고의 재목材木이 두껍고 얇음을 따른다.

【대현이 가장 탁하고, 그다음이 무현이고, 그다음이 문현이다. 괘하청이 가장 맑고, 그다음은 유현이고, 그다음은 괘상청이다. 또 괘상청은 문현에 견주어 보면 반은 문文이고 아래는 무武이다. 세 줄은 모두 안족 위에 있고, 유현·대현·괘상청의 세 줄은 모두 괘 위에 있다. 괘는 16개다.】

一. 絃之巨細隨琴材厚薄.

【大絃最濁, 其次武絃, 又其次文絃. 卦下淸最淸, 其次游絃, 又其次卦上淸. 又卦上淸比文絃又其半文下武, 三絃皆歧柱, 游大上三絃皆徽卦, 卦十六.】

【[상단: 34.83] 도산陶山[58]이 시를 지어 증거로 삼았다.

선왕이 음악을 지은 그 뜻이 더욱 깊었으니,

천지의 중화中和가 자신의 마음에서 피어난다네.

봉鳳이 남훈전南薰殿에 내려와 원래의 아름다움을 다하였고

학이 동국에 날아들어 따로 소리를 이루었네.

평생 나는 스승을 두고 배우지 못했으니,

오늘 그대가 옛 악보를 찾아줄 수 있을는지.

내년에 산에 달이 뜨는 밤을 기다렸다가

무현금과 유현금을 연주해 봅시다.】

【陶山有詩爲証. 先王作樂意尤深, 天地中和發自心. 鳳下南薰元盡美. 鶴來東國別成音. 平生我

---

58 도산(陶山): 퇴계(退溪) 이황(李滉, 1501~1570)을 뜻한다. 그의 학문과 덕행을 추모하기 위해 경북 안동시 도산면 퇴계리에 1574년 도산 서원을 세웠다.

未專師學, 此日君能古譜尋. 好待明年山月夜, 無絃琴和有絃琴.】

금을 연주하는 범례

【왼손으로 반드시 괘卦와 현絃을 짚고 오른손으로 술대를 잡는다. 칠요七曜[59]는 왼쪽 무릎 위에 걸치고, 봉미鳳尾[60]·횡지橫地[61]를 앞으로 한다.】

鼓琴凡例

【左手按必在卦絃, 右手執撥, 七曜踞右膝, 仙腰依左膝, 前鳳尾·橫地.】

1. 거문고에는 위·아래, 안·밖, 왼쪽·오른쪽의 구별이 있다

【금의 재목은 다음과 같다. 가지를 위로 삼으니 봉미가 그것이고, 뿌리로 아래를 삼으니, 용구龍口[62]가 그것이다. 음률은 변궁變宮[63]을 하한下限으로 삼으니 괘卦가 그것이고, 청태주淸大簇로 위를 삼으니 현침絃枕[64]이 그것이다. 용두龍頭는 오른쪽에 있고, 선요仙腰는 왼쪽에 바싹 붙어 있으니, 문현文絃은 왼쪽 안에, 무현武絃은 바깥쪽에 있어 안쪽은 왼쪽이 되고 바깥쪽은 오른쪽이 된다. 왼쪽 손의 무명지와 장지의 끝으로 유현遊絃과 대현大絃을 짚되 옥근玉根처럼 가늘고 곧게 하고, 괘를 번갈아 움직이는 것 외에는 꺾이고 굽게 해서는 안 된다.

식지食指와 모지母指는 왕래하면서 율律을 따라 짚되, 식지는 굽히고 모지는 가로로 눕혀야 하고, 멀리 미쳐서는 안 된다. 그러므로 단지 대현·소현[65]의 명지[66]·장지의 다음 괘만 맡는다.

---

59 칠요(七曜): 7개의 돌괘. 사실 거문고에는 돌괘가 6개 있기에 '육요'라 하는 것이 바람직하다. 7요는 중국 7현금에서 차용했기에 '7요'라 한 것으로 이해된다.
60 봉미(鳳尾): 거문고의 줄을 고정하는 꼬리 부분. 이 책 38쪽 참고.
61 횡지(橫地): 거문고의 어느 부위를 지칭하는 용어인데, 자세한 것은 미상.
62 용구(龍口): 거문고의 머리 쪽에 뚫린 긴 구멍.
63 변궁(變宮): 중국계 아악(雅樂)의 칠성(七聲)의 하나. 황종(黃鍾)을 궁(宮)으로 할 때 태주(太簇)는 상(商), 고선(姑洗)은 각(角), 유빈(蕤賓)은 변치(變徵), 임종(林鍾)은 치(徵), 남려(南呂)는 우(羽), 응종(應鍾)이 변궁이다. 송방송, 『한겨레음악대사전』상, 보고사, 2012, 776쪽.
64 현침(絃枕): 현악기에서, 줄의 머리를 걸치는 침목(枕木)이라는 뜻이다.
65 소현(少絃): 유현을 뜻한다. 이하 같다.
66 명지(名指): 무명지를 뜻한다.

그 음⁶⁷은 동동이다.

무지拇指⁶⁸는 멀리 갈 수 있고 가까이 둘 수는 없다. 그러므로 대현·소현의 식지 이상 3·4·5·6괘를 맡아, 율에 따라 발한다. 그 구음은 가까우면 '징'이 되고, 멀면 '딩'이 된다. '동동' 소리와는 관계하지 않는다.

소지小指는 무명지 옆에 붙여 항상 그 힘이 없는 것을 돕는다. 문현을 타거나 문현을 멈추게 하는 것 외에는 절대 해안蟹眼⁶⁹·접시蝶翅⁷⁰의 모습을 만들어서는 안 된다. 손등의 형세는 옥경을 매단 것〔옥경玉磬이다〕⁷¹처럼 꺾여 있고, 팔뚝의 형세는 평평하고 낮게 가지고 진퇴進退가 우렁차되 금정金晶〔금정金晶은 팔꿈치맥肘脈이다〕으로 움직이고 멈춘 연후에야 화평和平하고 청아淸雅한 운韻이 있는 것이다. 절대 손가락 끝으로 단지 흔들고 뜯고 떨어서 지나치게 슬프거나 살벌한 소리를 내서는 안 된다.

오른손은 술대를 잡고 타되 가죽을 밀어서는 안 된다. 왼쪽에서 오른쪽으로 긋는 것을 '획劃'이라 하고, 위에서 아래로 내려치는 것을 '타打'라고 한다. 오른쪽 아래에서 왼쪽 위로 향하는 것을 '부浮'라고 하며, 그 구음은 '쁠'이다.】

1. 오른손으로 술대를 잡는데 모지母指는 술대 끝에서 2촌 되는 부분을 누르고, 식지食指는 술대 허리를 감고, 나머지 손가락은 말아 쥐고 펴지 않는다. 그리고 술대의 위로 절반이 되는 부분은 장지長指와 식지 사이에 있고, 술대 끝은 모지와 식지의 끝에 끼워져 있다.⁷²

一. 琴有上下內外左右之別.

---

67 음: 거문고 구음을 뜻한다. 이하 같다.
68 무지(拇指): 모지를 뜻한다.
69 해안(蟹眼): 게의 눈이다. 소지(少指)를 게의 눈처럼 만들어서는 안 된다는 뜻인데, 구체적으로 어떤 모양인지 미상. 게의 눈은 딱지 안으로 들락날락하는데, 그렇게 하지 말라는 것으로 추정할 수도 있다. 아니면 게의 눈처럼 벌리는 것을 뜻할 수도 있다.
70 접시(蝶翅): 나비의 날개. 나비 날개처럼 가볍게 펼치는 것을 뜻하는 것으로 보인다.
71 옥경이다: 『현학금보』(고려대 소장)에는 "구(球)는 옥경(玉磬)이다"라고 하였으므로 이 자료에서 '구(球)'를 생략 혹은 탈락한 것으로 보인다. 이 내용은 세주 안에 또 세주 형태로 있는 것이다.
72 而【匙之上半節居長指與食指之間, 匙之尾挾於拇指食指之端.】: 원문에 '而'까지만 본문이고, 그 다음 내용은 세주처럼 글자 크기가 작다. 한편 『현학금보』(고려대 소장)를 보면 모두 본문 형태이므로 이에 준하여 번역문을 본문으로 간주하여 편집하였다.

【琴材則以枝爲上, 鳳尾是也; 以根爲下, 龍口是也. 音律則以變宮爲下限, 卦是也.; 淸大簇爲上, 絃枕是也. 龍頭居右, 仙腰迫左, 則文絃左內, 武絃在外, 內爲左而外爲右也. 以左手之無名指與長指之端, 按遊絃與大絃, 細直如玉筯, 遞卦運動之外, 不爲屈曲.

食指與母指, 往來隨律而按, 食指曲而拇指橫曲, 不可遠及, 故只管大少絃之名長指之次卦, 其音爲동동.

拇指則可遠而不及近, 故管大少絃之食指以上三四五六卦隨律而發. 其音近則징, 遠則딩. 不涉於동동之音矣.

小指[73]則附於無名之指側, 常助其無力. 彈文禁文之外, 切不可作蟹眼蝶翅之狀. 手脊之勢, 折如懸球〔玉磬也〕. 腕勢平低, 進退磝磝, 停運之以金晶〔金晶, 肘脈〕, 然後乃有和平淸雅之韻. 切不可徒以指末搖跳戰栗, 以發淫哀殺伐之聲.

右手執匙彈不推革, 自左曁右, 曰畵; 自上抵下, 曰打; 自右之下而向左之上, 曰浮. 其音曰씰也.】

一. 右手執匙, 拇指鎭銳上二寸, 食指匣匙腰, 餘指拳而不伸, 而【匙之上半節居長指與食指之間, 匙之尾挾於拇指食指之端.】

안법按法

【무명지·장지·식지는 모두 손톱을 깎고 손가락 끝으로 가장 뾰족한 곳을 짚되, 기울여 짚지 않도록 조심해야 한다. 장지와 명지가 짚는 곳은 체괘體卦이고, 모지와 식지가 짚는 곳은 모두 괘에 표시를 한다〔아래 문장을 보라〕. 무릇 무지拇指가 짚는 현은, 끌어당기고, 들고, 스치고, 칠 때 모두 소상小商으로 한다. 소상혈小商穴은 손톱의 부추 잎 크기만한 혈의 이름이다.】

1. 왼손 무명지로 유현遊絃을 짚는다.【현의 표시는 '方'이다. 손가락의 표시는 '夕'이다. 음은 '당'이다. 반反[74]은 '다多'다. 절切은 '랑'이다. 진進[75]은 '앙'이다. 은磤[76]은 '딩'이다. 아래의

73　小指: 원문의 '少指'는 오기이므로 바로잡았다.
74　반(反)·절(切): 거문고 주법의 하나로 오늘날 자출(自出)과 관련이 있는 듯하다. 다음에 나오는 절(切) 역시 거문고 주법과 관련된 용어나 상세한 것은 미상이다.
75　진(進): 뒤편에 나오는 '좌수법'에서 진은 "왼쪽에서 오른쪽으로 나아가는 뜻이다"로 설명하고 있다. 165쪽 참고. 또한 가벼운 데서 힘 있는 데로 향하는 것을 진이라 한다. 168쪽 참고.
76　은(磤): 뒤편에 나오는 '좌수법'에서 은을 "격렬한 것이다"로 설명하고 있다. 165쪽 참고.

은격은 진進과 같다.】

왼손의 장지는 대현大絃을 짚는다.【현의 표시는 '大'다. 손가락의 표시는 ✔다. 음은 '덩'이다. 반은 '더'다. 절은 '랑'이다. 은은 '엉'이다.】

왼손의 식지는 대·소현을 짚는다.【현의 표시는 위에 보인다. 손가락의 표시는 '人'이다. 대현의 음은 '둥'이다. 반은 '더'다. 절은 '룽'이다. 은은 '웅'이다. 유현의 음은 '동'이다. 반은 '도'다. 절은 '로'다. 은은 '옹'이다. 나머지는 위를 보라.】

1. 왼손 무지로 대·소현을 짚는다.【현의 표시는 위에 보인다. 손가락의 표시는 ⌒다. 대현의 음은 '징'이다. 반은 '지'다. 절은 '루'다. 은은 '지웅'이다. 유현의 음은 '징'이다. 반은 '지'다. 절은 '링'이다. 은은 '지잉'이다.】

왼손 금지禁指[77]는 펴고 짚지 않는다.【손가락 표시는 '示'다. 문현을 움직이면 소리는 '홍'이다. 문현을 그치게 하면, 소리는 '쌀'이 되고, '쓸'이 된다.】

16괘 풀이는 앞의 규식을 보라.
【『주서朱書』[78]에 이르기를, "음률은 뾰족한 탑의 모양이다. 뾰족한 것은 맑고 넓은 것은 탁하다." 하였다. 지금 살펴보건대, 16괘는 한괘限卦[79]에서 차차 아래로 줄어들어 16괘에 이르러 뚜렷하게 탑의 모양을 이룬다. 12율 외에 또 약간의 괘를 더하는 것은, 방향方響[80]에 16개의 철편鐵片이 있는 것과 꼭 같다. 방향은 원래 12율인데, 바깥에 4개의 청성淸聲을 더한 것이니, 곧 청황淸黃·청려淸呂 등속을 더해 소리가 넉넉하지 못한 것에 대비한 것이다.】

문현을 손가락과 술대로 타면 모두 소리가 나는데, 그 소리는 '홍'이다.

싸랭.【문현과 유현을 순하게 그을 때 나는 소리다. 소리가 난 뒤 소지小指로 문현을 즉시 막고 유현의 소리만 길게 한다. 혹 '쌀갱'이라 부르는 것은, 혹은 괘의 급촉함 때문이고, 혹은 절주節奏가 성글기 때문이다. 이 외에 너무 느리면 모두 '홍당응동응징' 등속이 된다.】

77 금지(禁指): 새끼손가락을 말한다.
78 주서(朱書): 『주자어류』 권 92.
79 한괘(限卦): 16괘 중 첫 번째 괘를 뜻함.
80 방향(方響): 당악기(唐樂器)에 속하는 타악기의 하나. 16개의 철편(鐵片)을 틀의 상단과 하단에 8개씩 매어 놓고 망치 모양의 각퇴(角槌)로 쳐서 소리를 낸다.

쓰렝.【문현과 대현을 순하게 그을 때 나는 소리다. 소현小絃을 넘게는 하면서 나오지는 못하게 하는 것이다. 소리가 나온 뒤에는 또한 소지로 즉시 문현을 막아서 대현의 소리만 길게 한다. 대개 떠들썩하게 하고 싶지 않는 것이다. 혹 '쓸겡'이 되기도 하는데, 혹은 괘의 촉급함 때문이고 혹은 절주가 성글기 때문에 분별하는 것이다. 나머지는 '흥둥흥덩흥징' 등속이 되고, 다시는 '쓸겡쓰렝'이 되지 않는다. '싸랭'의 예와 상호 참작해 보아야 한다.】

다루.【술대로 먼저 유현의 무명지 음을 타고, 연달아 대현의 모지 음을 타는 것이다. 계면과 우조의 '다루'는 같지 않다. 가령 (계면조는) 무명지와 장지로 4괘를 짚어서 먼저 무명지의 유현을 타고, 연달아 모지의 대현 7괘를 탄다. 우조는 먼저 무명지를 취하고 연달아 모지로 대현 6괘를 취한다. 계면조는 돌소리처럼 맑고, 우조는 부드럽지만 탁하다. 그 취하는 것이 높은 곳에서 낮은 곳으로 나아가는 뜻은 동일하다. 대개 연주連珠[81]하는 사이는 계음階音[82]이다. 이 외에 격절擊節[83]이 지나치게 늦으면 모두 '당딩당' 등속이 되어 연주하는 체재가 아니다.】

다링.【먼저 유현을 무명지로 타고 소리가 끝나기 전에 이어서 모지로 맹렬히 유현의 6·7·8괘 등을 짚는 것이다. 그러면 '징' '딩'의 자출음을 낸다. '당'의 반反과 '징'과 '딩'의 절切이 된다. 이 외에 또 '도랭'이 있는데, 곧 식지의 반이고, 모지의 절이다. '지딩'은 곧 모지의 반이고 모지의 절이다. '더롱'은 곧 대현 장지의 반이고 모지의 절이다. 모두 먼저 치고 뒤에 짚어 자출 소리를 내되 아래에서 위로 나아가는 계단이 된다. 그 표시는 '山'이다. 배우는 사람은 마땅히 상호 참작해서 보아야 하고, 대충 보아서는 안 될 것이다.】

지라.【먼저 유현의 모지음을 타고, 이어 그 손가락으로 맹렬하게 끊고 들면, 절로 무명지음을 자출한다. 대개 모지의 반이고 무명지의 절이다. 이에 또 '도랑'은 식지의 반이고, 무명지의 절이다. '지로'는 모지의 반이고 식지의 절이다. '디잉'은 모지의 반이고 모지의 절이다. '지루'는 대현 모지의 반이고 식지의 절이다. '지렁'은 대현 모지의 반이고 장지의 절이다. 대개 위에서 아래로 나아가는 소리다. 표시는 역시 '山'이다.】

징도랑.【곧 음을 연속해서 내는 것이다. 먼저 모지음을 탄다. 모지와 식지의 손가락을 짚었다가 즉시 들면, 끝에는 무명지로 돌아가니, 또한 촉급한 데서 느슨한 데로 나아가는 뜻이다.

---

81 연주(連珠): 연속해서 냄.
82 계음(階音): 정확한 뜻은 미상이다.
83 격절(擊節): 정확한 뜻은 미상이다.

이 외에 대현 또한 이와 같은 예로서 '지더루'·'징다루'·'지더렁' 같은 것들이 있다.】

다로딩.【먼저 무명지 음을 타고 다음은 식지, 그 다음은 모지를 타는데, 한층한층 더 맹렬하게 짚으면 3음이 하나로 펜 듯 위로 나아간다. 대개 느슨한 데서 촉급한 데로 나아가는 음이다. 이 외에 또 대현의 '더로징'이 있으니, 곧 식지와 장지, 모지를 연달아 짚는 것이다. 또 소현의 '지딩뜰'이 있으니, 하나의 장지로 한 꿰미로 위로 올라가는 소리다. 역시 세 글자가 절로 소리를 낸다. 그 표시 역시 '山'이다.】

덩지덩.【무릇 이상의 구음口音은 모두 유현·대현으로 말한 것이다. 이것은 단지 대현과 괘상청의 작용이기 때문에 수법이 조금 다르다. 술대로 먼저 대현을 타고, 괘상청과 대현은 술대 끝으로 오른쪽에서 왼쪽을 향해 연속해서 그어 소리를 낸다. 뒤에 그대로 왼손 식지로 괘상청을 눌러 소리를 그치고, 대현의 소리가 홀로 나게 하면, 역시 3개 연속된 소리가 된다. 이 외에 또 '지더루'가 있는데, 단지 오른쪽으로 괘상청과 대현의 모지 음을 긋고, 그대로 식지로 괘상청을 덮어 괘상청을 그치게 하고, 이어 모지로 식지의 소리를 내는 것이다. 대개 오른쪽에서 자세를 잡는 데 그 예는 하나다. ○대개 우계면의 '당다루'는 곧 평조의 '지루'다. 우계면의 '당동'은 평조의 '지덩'이다. 비록 음률과 자세를 잡는 것은 같지 않지만, 그 예는 하나다. 배우는 사람들은 마땅히 마음속으로 헤아려 스스로 깨우쳐야 할 것이다.】

1. 괘상청【대현大絃과 연속해서 내는 것은 이미 '덩지덩'의 예에 보인다. 단독으로 타는 것은 청淸이다. 괘하청과 무현은 모두 '청'이다.】

1. 좌수법左手法에는 각각 안표眼標가 있다.

경輕.【힘없이 괘의 꼭대기를 살짝 짚어 자연스러운 소리를 내는 것이다. 조현調絃할 때 쓰면 좋다.】

역力.【힘 있게 짚어 유현을 밀어 대현의 자리에 머물게 하고, 대현을 밀어 괘상청 안에 머무르게 해라. 그러면 유현에서 3괘를 경안했을 때의 음을 내고, 대현에서 2괘를 경안했을 때의 음을 낸다. 무릇 금을 타는 사람들의 상법常法인 것이다. 진·퇴는 이것을 표준으로 삼는다.】

진進.【왼쪽에서 오른쪽으로 나아가는 뜻이다. 소리가 촉급하면 할수록 힘을 넘는 것이다.】

퇴退.【오른쪽에서 왼쪽으로 물러나는 뜻이다. 소리가 느슨할수록 힘에 미치지 못한다.】

동動.【진·퇴와 비교하면 촘촘하고, 요搖와 비교하면 성글다.】

요搖.【동동에 이르는 것과 비교하면 더욱 촘촘하지만, 몹시 떠는 데는 이르지 않게 하는

것이다.】

정정停.【고요한 것이다. 나아가지도 물러나지도 않는다는 뜻이다.】

은磤.【격렬한 것이다. 현을 탄 뒤에 맹렬히 움직여, 여음이 솟구쳐 나오게 하는 것이다.】

전電.【위, 아래로 갔다가 왔다가 하면서 번개처럼 빠르게 하는 것이다.】

1. 표시는 모두 자획을 생략한다.

ㅈ.【경輕이다. 털끝만큼도 나아가지 않는다는 뜻이다.】

力.【반은 나아가고 반은 물러나 탄법彈法에 머무르는 것이다.】

隹.【앞으로 밀어 힘이 과科를 지남이다.】[84]

艮.【물러나는 것이다. 힘이 미치지 못하는 것이다.】

乚.【움직이는 것이다. 조금 흔드는 것이다.】

🔾.【흔드는 것이다. 자주 움직이는 것이다.】

丁.【우렛소리다. 격심하게 소리를 내는 것이다.】

甩.【번개다.】

山.【내는 것이다. 술대로 치지 않고 모지와 식지로 자출하는 것이다.】

ᄋ.【먼저 멈추고 중간에 우렛소리처럼 치고 뒤에 멈추는 것이다.】

ᄋ.【먼저 멈추고 뒤에 우렛소리처럼 치는 것이다.】

표가 없는 것.【멈추고 움직이지 않는 것이다.】

여러 차례 나아가고, 여러 차례 물러나고, 여러 차례 우렛소리처럼 치고, 여러 차례 흔드는 데 이르러서는 모두 미는 것이다.

( ).[85]【오른쪽 점은 '뜰浮'로서 바깥에서 안으로 긋는 것이다.】

按法

【無名指·長指·食指皆剪爪甲, 按(之)以指端最尖處, 愼勿偏倚. 長·名指所按爲體卦, 拇·食指

84　"앞으로 밀어 …… 지남이다": 왼손으로 안현(按絃)할 때 힘껏 밀어 다음 줄을 지나게 하는 것이다. 유현(遊絃)을 힘껏 밀어 대현(大絃)을 지나게 역안(力按)하고, 대현은 괘상청(卦上淸)을 지나도록 힘껏 미는 것이다.

85　( ):『현학금보』(정경태 구장)에 빠진 것을 『현학금보』(고려대 소장)를 보고 보충하였다.

所按皆爲用卦標〔見下文〕. 凡拇指之按絃, 及鉤之擧之掠之打之, 皆以小商. 少商穴在爪甲角韮葉大之穴名也.】

一. 左手無名指按遊絃.【絃標爲方. ○指標爲夕. ○音爲당. ○反爲다. ○切爲랑. ○進爲앙. ○礚爲덩. ○下礚進同.】

左手長指按大絃.【絃標爲大○指標爲ㄣ○音爲덩○反爲더○切爲랑○礚爲엉.】

左手食指按大小絃, 則【絃標見上. 指標人 大絃, 音爲둥, (反)爲더, 切爲룽, 礚爲웅. 方絃, 音爲동, 反爲도, 切爲로, 礚爲옹. 餘見上.】

左手拇指按大小絃, 則【絃標見上. 指標ㄱ, 大絃音爲징, 反爲지, 切爲루, 礚爲지잉, 方絃音爲징, 反爲지, 切爲링, 礚爲지잉.】

左手禁指伸而不按.【指標爲示 動文絃音爲홍 止文絃則爲쓸爲씀.】

十六卦解見上規式.【朱書曰: "音律如尖塔樣, 尖者淸, 濶者濁." 今考之, 十六卦自限卦次次降殺, 止於十六, 儼[86]一箇倒塔樣. 十二律之外, 又加若干卦者, 正如方響鐵, 有十六片, 乃是十二律. 外添四淸聲, 乃淸黃淸呂之屬以備音之不瞻者也.】

文絃[87]指與匕彈, 皆有音爲홍.

쓰렁.【文絃與方絃順畫之音也. 聲出後, 以小指卽禁文絃, 使方絃之音獨長也. 或稱쓸킹者, 或因卦之促, 或因節之疎. 其外太緩則皆爲흥당응동웅징之屬.】

쓰렝.【文絃與大絃順畫之音也. 使小絃越而不發, 音聲出後, 亦以小指卽禁文絃, 使大絃音獨長. 盖不欲聒也. 或爲쓸겡. 或因卦之促, 或因節之疎而分別. 餘則爲흥둥응덩웅징之屬, 而不復爲쓸겡쓰렝也. 與쓰렁例互看也.】

다루.【以匕先彈方絃之夕音, 連彈大絃之ㄱ音也. ○界羽調之다루不同. 假令(界面調)[88]夕與ㄣ指, 按四卦, 則先彈夕指之方而連彈ㄱ指之大七. 羽調則先取夕, 連取ㄱ指之大六. 界調砭而淸, 羽調柔而濁. 其取自高就低之義則一也. 盖連珠之間, 階音也. 其外擊節太緩, 則皆爲당딩당之屬, 非連珠之體也.】

다링.【先彈方絃之夕, 聲未了而繼以ㄱ指猛按方絃之六七八卦之屬, 則징딩之自出音而당之反징與딩之切也. 其外又有도링, 卽人之反ㄱ之切也. 지딩卽ㄱ之反而ㄱ之切也. 더룽卽大絃ㄣ之反而

---

86 儼: '嚴然'에서 '然' 자가 누락된 것으로 짐작된다.
87 文絃: 원문의 '大絃'은 '文絃'의 오기이므로 바로잡았다.
88 (界面調): 문맥상 '계면조'가 생략되어 이를 보충하였다.

┐之切也. 皆先打後按自出餘聲而自下進上之階也. 其標爲山. 學者當參互, 勿爲泛看.】

지라.【先彈方絃之┐音, 仍以其指猛切擧之, 自夕音自出. 盖┐之反而夕之切也. 其外又도랑, 人之反夕之切也. 지로之反而人之切也. 디잉, ┐之反┐之切也. 지루, 大絃┐之反人之切也 지렁, 大絃┐之反レ之切也. 盖自上就下之聲. 標亦山也.】

징도랑.【卽三字連珠也. 先彈┐之音. ┐與人指旋按旋擧, 終歸於夕之音, 則亦自促就緩之意也. 其外大絃亦有此例지더루·징다루·지더렁之類也.】

다로딩.【先彈夕音, 次人次┐, 層層猛按, 則三音一貫串上進. 盖自緩就促之音也. 其外又有大絃之더로징, 卽レ人┐[89]之連按. 又有小絃之지딩뜰, 一┐指之一串上進音也. 亦三字自出聲. 其標亦爲山.】

덩지덩.【凡以上口音, 皆在方大上說. 此獨大絃之與卦上淸作用, 故手法小異. 以匙先彈大絃而卦上淸與大絃, 以匙尖自右向左連畫而作聲. 後因以左人指掩淸止音, 使大絃音獨發, 則亦三連珠聲也. 其餘又有지더루. 但右畫卦上淸與大絃之┐音, 因人指捭止上淸, 仍動┐指出人聲也. 盖自右作勢其例一也. ○盖羽界面之당다루卽平調之지루也. 羽界面之당둥卽平調之지덩. 雖音律與作勢不同, 其例則一也. 學者當默識而自悟焉.】

一. 卦上淸
【與大絃連珠, 已見於덩지덩例. 其單發爲淸. 卦下淸及武絃皆爲쳥耳.】

一. 左手法各有眼標. 輕.【按之無力, 纔之於卦之頂, 出天然之音. 調絃時用之, 可也.】

力.【按之有力, 使方絃進止於大絃之位, 使大絃進止於卦上淸之內, 則方絃出輕按三卦之律, 大絃出輕按二卦之律, 凡彈家之常法也. 進退照此爲準焉.】進.【自左進右之意, 聲促而過於力也.】退.【自右退左之意, 聲愈緩而不及於力也.】動.【比之進退則數矣, 比之搖則疎矣.】搖.【比至動愈數毋至於戰慄.】停.【靜也. 不進不退之意.】磔.【激也. 彈[90]後猛動, 使餘音聳出也.】電.【上下往來, 捷疾如電也.】

一. 標皆省字畫. ㅈ.【輕也. 毫髮不進之意.】力.【半進半退止於彈法.】隹.【進也. 力之過

---

89 レ人┐: 원문의 '人レ┐'는 문맥상 'レ人┐'의 오기이므로 바로잡았다. 『현학금보』(고려대 소장)에는 바로 잡혀있다. 이 책의 296쪽 참고.
90 彈: 원문의 '歎'은 '彈'의 오기이므로 바로잡았다.

科.】艮.【退也. 力之不及.】乁.【動也. 搖之少也.】ㄇ.【搖也. 動之頻也.】丁.【礛也. 激發也.】
屯.【電也.】山.【出也. 不打匙而ㄣ人自出.】卜.【先停, 中礛而後停也.】止.【先停而後礛也.】
無標.【停而不動也.】至於累進累退累礛累搖幷皆推焉【右點爲浮, 自外畵內】.

[상단: 34.86~87]

상하청上下清

가벼움에는 치우침과 올바름의 구별이 있고, 힘에는 크고 작은 구별이 있다.

일一·이二

2·3이라는 것은 본체로부터 괘를 짚을 때 쓰는 것으로, 짚은 괘의 수를 말하는 것이다. 가벼운 데서 힘 있는 데로 향하는 것을 '진進'이라 하고, 힘 있는 데서 가벼운 데로 향하는 것을 '퇴退'라고 한다.

정停은 가벼울 때에도 '정'이 있고, 힘이 있을 때도 '정'이 있다.

上下清
輕有偏正之別, 力有大小之別.

一二
二三云者, 自體按卦之用. 按卦之數. 自輕向力曰進, 自力向輕曰退.
停者, 輕亦有停. 力亦有停.

[상단: 34.87]

모지로 곧게 누르면 자출로써 'ㄣ山'이 되며, 식지로 곧게 누르면 자출로써 '亼'이 되는데 곧 '다링다롱' 같은 종류다. 식지를 들어 자출을 하면 '卍'이 된다. 모지로 바깥을 향하고 들면, 나와서 또한 '卍'이 된다. 안을 향하면, 자출로써 '句山'이 된다. 모지를 바깥에서 안을 향하게 하고, 현을 스치면 '才山'이 된다. 다만 모지를 그대로 올렸다가 내렸다가 하면 절로 나와 곧 '山'이 되는데, 바로 '지잉다이'와 같은 종류다.

以ㄣ直壓, 自出爲ㄣ山; 以人直壓, 自出爲亼, 乃다링다롱之類. 以食指擧而自出爲卍, 以ㄣ旨向外擧, 出亦爲卍. 向內, 自出爲句·山. 以ㄣ旨自外向內掠絃爲才山. 但ㄣ旨仍上仍下, 自出爲乃

山乃지딩다이之類.】

一. 양식척量息尺

【양식척은 오직 4식척만 사용하면 자연히 매화점梅花點[91]에 맞게 된다. 보는 사람들은 그것을 상세히 익혀야 될 것이다. 매화점이라는 것은 정음의 장단이다. '●, ♪, ♩, ♪'는 한 바퀴 돌고 다시 순환하여 어긋나지 않는 것이다.

대저 노래와 춤은 모두 음향音響·절주節奏의 도수度數가 없을 수 없다. 그러므로 이제 양척量尺으로 숨을 세어 악부樂府[92]의 정례定例로 삼아야 너무 느리고 너무 촉급한 병통이 없게 된다. 그러나 뭇 음악이 요란하게 울리는 때, 가곡歌曲을 서로 번갈아 부르는 자리에서 어느 겨를에 정말 숨을 셀 수 있겠는가? 처음 배우는 사람이 아담함과 속됨, 느림과 촉급함의 정해진 바탕을 알지 못하고, 한갓 금곡琴曲의 구음口音만 아는지라, 더디고 빠름에 과하거나 미치지 못하는 폐단이 있다. 그러므로 이것으로 먼저 한두 구句의 점수點數를 정한다면, 처음에는 성글고 끝에는 길게 이어져, 긴 것으로부터 짧은 것에 이르기까지 음악의 형세를 따라 저절로 문채를 이룰 것이니, 다시 숨을 셀 필요는 없을 것이다. 후세의 군자는 유의하기 바란다.】

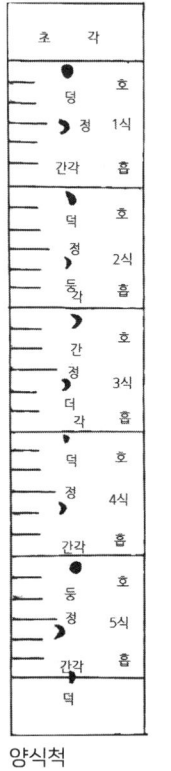

양식척   量息尺: 34.87

---

91 매화점(梅花點): 매화점장단. 가곡이나 시조의 장단을 장구로 칠 때 나타낸 기본형. 음점(陰點)인 '●' 셋과 양점(陽點)인 '○' 둘을 선으로 연결하여 나타낸다.
92 악부(樂府): 악부에 대한 사전적 의미는 다음 두 가지이다. 첫째, 한시(漢詩) 형식의 하나로 인정이나 풍속을 읊은 것으로 글귀에 장단이 있다. 둘째, 조선 초기에 발생한 시가 형태의 하나로 나라의 제전(祭典)이나 연례(宴禮)와 같은 공식 행사 때 궁중 음악에 맞추어 불렀으며, 주로 조선 왕조의 개국과 번영을 송축하였다. 〈용비어천가〉, 〈문덕곡〉 따위가 여기에 속한다. 그러나 이 글에 나오는 '악부'는 위 두 가지 의미와 다르며, 일종의 음악의 계통이나 부류를 의미하는 듯 하나 정확한 내용은 알 수 없다.

1. 지금 양척으로 숨을 세면, 〈우계면 제2삭대엽羽界面第二數大葉〉이 기준이 된다. 【가령 초장의 덩 점點이 처음 1식息의 초각初刻에서 시작된다면, 간점間點은 정각正刻에 있게 된다. 덕 점이 제2식 1각으로 들어가고, 궁 점이 정각 아래에 있으면, 간점은 또 3식의 2각에 있다. 더 점이 또 정각에 있고, 덕 점이 4식의 3각에 들어가면, 간점은 또 정각에 있다. 궁 점이 이에 5식의 4각 아래에 있으면 간점은 또 정각에 있다. 덕 점은 6식의 5각에 끝나는데, 6식 5각은 1식의 초각이다. 1식의 정각은 다시 덩 점이 된다.

그렇다면 〈여민락〉의 2·3장과 〈보허자〉의 제2장, 〈영산회상〉의 상·중·하 3편은 모두 이것을 기준으로 삼는다. 그 밖의 〈초삭엽初數葉〉·〈삼삭엽〉·〈삼뢰三雷〉·〈농롱〉·〈낙樂〉 등은 모두 한 번 내쉬고 한 번 들이쉬고 하는 것의 반을 도수로 삼고, 〈편삭엽編數葉〉과 속악의 〈타령〉 등은 모두 분수分數를 도수로 삼으니, 비록 적은 차이가 있다 하더라도 아주 멀어지는 잘못은 없을 것이다. 〈영산회상〉, 〈보허자〉, 〈여민락〉의 초장은 모두 3·4식을 비율로 삼는데 이것은 이 논의에 들지 않는다. 의서醫書에서는 기구맥氣口脈 여섯을 1식으로 삼는데, 대개 기氣가 완전한 장부丈夫로 말한 것이지, 부인이나 어린이로 말한 것이 아니다.】

1. 아악雅樂. 【〈여민락〉은 우羽에, 〈보허자〉는 우羽에, 〈영산회상〉은 상商에 속한다. 영언永言·정음正音은 모두 궁宮·상商·우羽가 있다.】

속악俗樂. 【〈환입〉은 우羽에, 〈팔난八難〉은 치徵·각角에, 〈파진악破陣樂〉은 각角에, 〈귀보허歸步虛〉는 우羽에, 〈상사곡相思曲〉은 궁宮에 〈처사가處士歌〉는 각角에, 〈춘면곡春眠曲〉은 궁宮·상商에, 〈매화영梅花咏〉은 상商에, 〈시절가時節歌〉는 계면界面 상商에 속한다.】

1. 평조平調. 소리에 있어서 궁이 되기 때문에 매 곡은 모두 변화할 수 있다.
1. 평조의 체體. 【우계조羽界調의 수법과 조금 다르니, 품격이 같지 않기 때문이다.】
10체. 【구비한 뒤에야 평조에 들어갈 수 있다.】
단봉하소丹鳳下宵. 【대현 2괘의 '더지덩덩더롱'의 종류다.】
창룡분해蒼龍奔海. 【'덩덩지루'의 종류로 3괘 대현에 속한다.】
맹수포물猛獸抱物. 【대현 3괘의 '덩더로지더로'의 종류다.】
백로규어白鷺窺魚. 【유현·대현의 '다롱더롱'의 종류다.】
학무경풍鶴舞輕風. 【우계조의 '다루'의 종류다.】
앵천세류鶯遷細柳. 【우계羽界의 '둥당도랑'의 종류다.】

유어상탄游魚上灘.【우계의 '동지딩지딩징'의 종류다.】

비연약수飛燕掠水.【3조調 중의 '당자랑뜰지랑'의 종류다.】

협접투화蛺蝶偸花.【무지拇指와 식지食指로 고리를 만들어 청청을 끼우는 종류다.】

원앙욕랑鴛鴦浴浪.【'동지동딩지로'의 종류다.】

무릇 이 10체는【3조에 모두 있는 것으로 소리의 형세를 잘 형용한 것이다. 배우는 사람들은 말의 표현 사이에 있는 뜻을 이해하고 깨우친 뒤에야 참다운 경지에 들어갈 수 있을 것이다.】[93]

1. 떵●   덕▶[94]   궁(더레))   꿍●
    태극太極   소양少陽   소음少陰   중양重陽   중음重陰

무릇 양두고兩頭鼓[95]를 치는 법은 다음과 같다. 채는 양陽이 되고 손은 음陰이 된다.【왼쪽으로는 손을, 오른쪽으로는 채를 쓴다. 채로 청청을 치고 손으로 탁濁을 두드려 함께 '덩' 소리를 낸다. 채는 '덕', 손은 '궁'이 된다.】

量息尺【只用四息尺, 則自然合於梅花點. 覽者詳之. 梅花點者, 正音長短也. ●)) 周而復如循環不錯.

夫咏歌舞蹈皆不能無音響節奏之度數, 故今以量尺數息以爲樂府之定例, 庶無太緩太促之病. 然衆樂喧騰之際, 歌曲迭唱之席, 奚暇豈眞數息哉? 初學之士不識雅俗緩促之定體, 徒解琴曲之口音有遲速過不及之弊, 故以此先定一二句之點數, 則始希終繹, 自長至短, 隨樂之勢, 自然成章, 不必更事數息矣. 後之君子留意.】

---

93 "무릇 …… 있을 것이다": 원문에 '凡此十體'만 본문이고, 그다음 내용은 세주처럼 글자 크기가 작다. 역주자는 원문의 형태에 준하여 편집하였으나, 실제 내용은 세주가 아니다. 아래의 "무릇 앞두고 …… 된다" 역시 마찬가지이다.

94 『현학금보』(정경태 구장)에 표기된 장단 기호가 명확하지 않아 『현학금보』(고려대 소장)의 것으로 대체했다.

95 양두고(兩頭鼓): 장구를 말한다.

一. 今以量尺數息則羽界面第二數大葉爲準.【假令初章之엉點起於初一息之初刻, 則間點存於正刻. 떵點入於第二息之一刻, 당點下於正刻, 間點又存於三息之二刻. 더點又存於正刻, 덕點入於四息之三刻. 間點又存於正. 당點乃下於五息之四刻. 間點又存於正. 떵點終於六息五刻. 六息之五刻則一息之初刻也. 一息之正更爲엉點矣. 然則與民樂之二三章·步虛子之第二章·靈山會上之上中下三篇, 皆以此爲準. 其他初數葉·三數葉·三雷弄樂半葉之屬, 皆以一呼一吸之半爲度. 至於編數葉及俗樂打咏之類, 皆以分數爲度, 則雖有少差之殊而無涯角之誤耳. 至於靈山·步虛·與民樂之初章皆以三四息爲率, 不在此論也. 醫書以氣口脈六至爲一息, 盖以氣完丈夫論[96], 非婦人小兒論.】

一. 雅樂.【與民樂屬羽, 步虛子屬羽, 靈山會上屬商, 永言·正音皆有宮·商·羽.】
　俗樂.【還入屬羽, 八難屬徵角, 破陣樂屬角, 歸步虛屬羽, 相思曲屬宮, 處士歌屬角, 春眠曲屬宮·商, 梅花咏屬商, 勸酒屬徵, 時節歌屬界面商也.】
　平調. 其於聲爲宮, 故每曲皆可以變化也.
　平調之體.【與羽界調之手法少異, 品格不同故也.】
　十體【具備, 然後可入平調.】
　丹鳳下霄.【大絃二卦더지덩덩더롱之類.】
　蒼龍奔海.【덩딩지루之類, 屬三卦大絃.】
　猛獸抱物.【大絃三卦덩더로지더로之類】
　白鷺窺魚.【方大絃다롱더롱之類.】
　鶴舞輕風.【羽界調다루之類.】
　鶯遷細柳.【羽界둥당도랑之類.】
　游魚上灘.【羽界동지딩지딩쩡之類.】
　飛燕掠水.【三調中당자랑쓸지랑之類.】
　蛺蝶偸花.【拇食作環, 夾淸之類也.】
　鴛鴦[97]浴浪.【동지동딩지로之類.】
　凡此十體【三調皆有之, 聲勢之善爲形容者也. 學者解悟辭意之間, 然後方可入眞矣.】

96　論: 원문의 '淪'은 '論'의 오기이므로 바로잡았다.
97　鴛鴦: 원문의 '元央'은 '鴛鴦'의 오기이므로 바로잡았다.

一.	쩡●	덕)	궁(	더레❚❚	쭝❚
	태극太極	少陽	少陰	重陽	重陰

凡擊兩頭鼓之法, 策爲陽手爲陰.【左以手而右以桴. 桴擊淸, 手拊濁. 幷發爲쩡, 策爲덕, 手爲쭝.】

[상단: 34.87]
【편삭編數의 경우, 분수分數를 도수로 삼는다고 하는 것은, 맥脈이 한 번 이르러 1직直 1분分이 되면 수는 버리고 간점을 사용하지 않는 것이다.[98]
〈중대엽〉·〈북전〉 종류는 모두 〈여민락〉과 〈보허자〉의 초장初章을 기준으로 삼는다.

編數, 以分數爲度云者, 脈一至爲一直一, 分數去, 不用間点.
中大葉北殿之類, 皆以與民·步虛初章爲準.】

【[상단: 34.88]
부桴는 채인데, 대나무 쪽으로 만든다.

桴卽策. 以竹簡爲之.】

조현법調絃法【곧 우상음(羽商音)의 법이다.】
무릇 조현하는 법은 먼저 괘상청을 바로 하고, 평범한 사람의 기쁨과 슬픔이 없는 보통 상태의 소리를 기준으로 삼으면, 율律에서는 고선姑洗이, 소簫·관管에서는 '노'가, 오장五臟에서는 비장脾臟이 된다. 성聲은 한 해로 따지면 계季【'계'는 곧 춘삼월의 머리이고, 계춘季春의 토土다.】이고, 오행五行으로는 토土【곧 남자가 옆에 있는 사람과 묻고 답할 때 응대應對하는 보통 소리다.】다. 지나치면 오른쪽 제4요曜【'요'는 곧 용두龍頭 뒤의 현絃을 지나는 요괘曜卦[99]다.】를 돌리고, 미치지 못하면 왼쪽으로 돌아 탄다.

---

98 '편삭(編數)의 경우 …… 않는 것이다': 무슨 뜻인지 알 수 없다.

다음으로는 괘하청을 바로잡고, 기족岐足【'기岐'는 안족雁足이다.】을 올리고 내려, 상청上淸[100]과 음을 조금의 차이도 없이 같게 만든다. 그런 뒤에 장지長指로 가볍게 유현 제2괘를 짚고, 식지로 상청을 긁고, 무지拇指로 유현을 스쳐, 두 소리가 고르지 않은 것을 살펴서 같도록 만든다.

그다음은 장지로 대현 제4괘를 가볍게 짚고, 모지로 제6괘를 가볍게 짚어 상청과 율을 고르게 하도록 한다. 급촉하면 구鉤하고【'구鉤'는 끌어당겨 소리를 느리게 하는 것이다】, 느리면 찾아서 현을 팽팽하게 죄어 같도록 만든다.

다음으로 문현과 대현 2괘의 음을 같게 하면 곧 황종黃鍾【황종은 12월의 율이다. 변궁變宮은 윤달의 율이다】이다. 무현과 대현의 한괘限卦[101]는 같으니 곧 변궁이다. 괘상청·괘하청과 대현大絃·소현小絃【대현의 촉급함과 소현의 느림은 그 율이 서로 어울린다】의 음은 장단과 청탁이 같지 않으나, 그 느리고 촉급한 율은 동일한 종류다. 조현이 잘되지 않으면 현을 풀어 다시 조인다.

調絃法【卽羽商音之法也.】

凡調絃之法, 先正卦上淸, 與平人無喜怒之尋常中聲爲準. 於律爲姑洗, 於簫管者爲ㄴ, 於藏爲脾, 聲於歲爲季【季卽春三月斗, 季春之土.】, 於行爲土【卽丈夫與在傍人問答應對之平音也】. 過則右旋第四曜【曜卽龍頭後經絃之曜卦也】, 不及則左旋而彈[102]之.

次正卦下淸, 以岐足【岐, 雁足也.】升降, 與上淸音同律, 無毫髮之差, 然後以長指輕按游絃之第二卦, 食指括上淸, 拇指掠方絃. 察兩聲之不齊, 期趨於同.

次以長指輕按大絃之第四卦, 拇指輕按第六卦, 與上淸齊律. 急則鉤【鉤者, 挽引, 使緩也】, 而緩之. 緩則索而弦之急也, 期趨於同.

次則文絃與大絃之二卦律同, 卽黃鍾也【黃鍾爲十二月律, 變宮爲閏月律】. 武絃與大絃之限卦同, 卽變宮也. 上下卦之淸大小絃【大絃之促, 小絃之緩, 其律相叶】之音, 長短淸濁不齊, 其於緩促之律, 同一科也. 至於不調之甚者, 解絃而更張之矣.

99 요괘(曜卦): 돌괘를 말한다.
100 상청(上淸): 괘상청을 말한다.
101 한괘(限卦): 거문고 제1괘로 보인다.
102 彈: 원문의 '弦'은 '彈'의 오기이므로 바로잡았다.

〈우조 장다사음羽調長多辭音〉/〈우조 장음〉[103]

【옛날에는 〈감군은感君恩〉이라 일컬었고, 가사가 있다. 속칭 〈다스름〉이다. 장지와 명지로 짚는 것이 바탕이 되는데, 모두 글자 머리에 표標를 하고, 그 외의 괘표卦標는 대현은 오른쪽에, 유현은 왼쪽 옆에 쓴다.】

羽調長多辭音.
【古稱感君恩, 有辭[104]焉. 俗號다스름. 長名所按爲體, 皆標於字頭以外, 卦標則大絃書右, 方絃書左傍.】

 34.90~91

【[상단: 34.90~91]
규어窺魚, 학무鶴舞, 약수掠水, 풍소風宵, 욕랑浴浪, 상탄上灘, 앵천鶯遷, 풍소風宵[105]

窺魚, 鶴舞, 掠水, 風宵, 浴浪, 上灘, 鶯遷, 風宵】

〈계면 다사음界面多辭音〉/〈계면 사음界面辭音〉[106]

 34.91~92

우조는 위아래로 오르내리며 언뜻 드날렸다가 언뜻 숨어 흐르는 물과 같은 태도가 있다. 계음界音은 순수하게 강하고 또 맑아, 금석金石의 모습과 같으니, 배우는 사람들은 뜻을 이해하고 보아야 할 것이다.

103 〈우조 장음〉: [상단: 34.90]에 있는 제목이다.
104 辭: 『현학금보』(고려대 소장)에는 '詞'로 되어 있다.
105 규어(窺魚), 학무(鶴舞), 약수(掠水), 풍소(風宵), 욕랑(浴浪), 상탄(上灘), 앵천(鶯遷), 풍소(風宵): 상단에 기록된 용어의 의미는 미상.
106 〈계면 사음〉: [상단: 34.91]에 있는 제목이다.

羽音, 上下升降, 乍揚乍伏, 有流水之態. 界音純剛且淸, 類擊金石之狀, 學者會意而看之焉.

【상단: 34.91~92】
어탄, 연량, 봉하, 규어, 연량, 어탄, 욕랑, 앵천[107]

魚灘, 燕悢, 鳳下, 窺魚, 燕悢, 魚灘, 浴浪, 鶯遷】

〈여민락與民樂〉

【모두 10장이다. 초장은 성근 마디라서 많이 타지 않는다. 지금 이원梨園[108]에는 7편이 있을 뿐이다. 합쳐서 224구의 시다.】

【凡十章. 初章則疎節, 多不彈. 今梨園有七篇耳. 合二百二[109]十四句詩.】

악보 34.92~100

【이하는 〈본환입本還入〉 초장으로 계속해서 탄다.】

【以下以本還入初章繼彈耳.】

【상단: 34.92】
오른쪽 괘는 대현을, 왼쪽 괘는 유현을 표시한다.

右卦標大絃, 左卦標方絃.】

---

107 어탄, 연량, 봉하, 규어, 연량, 어탄, 욕랑, 앵천: 상단에 기록된 용어의 의미는 미상.
108 이원(梨園): 장악원을 말한다.
109 二: 처음에 '四'를 썼다가 나중에 그 위에 '二'를 써서 고친 흔적이 있다.

【[상단: 34.93~100]
(제1장 32구)[110]

해동海東에 여섯 용이 나니

하늘의 뜻과 맞지 않은 것이 없고

옛 성인과 일치하였다

모경毛經 잡창雜唱

제2장 32구

뿌리 깊은 나무는

바람에 움직이지 않고

그 꽃 빛이 선명하고

열매가 많으리라

(제3장 32구)[111]

빈풍邠風 아송雅頌

제4장 32구

옛날 주周의 태왕太王이

빈邠 땅에 가서 사셨네

빈 땅에 사시면서

큰 기업基業을 여셨도다

빈풍 아송

제5장 32구

---

110 (제1장 32구): 원문에 없는 것을 이해를 돕기 위해 역자가 임의로 넣었다.

111 (제3장 32구): 원문에 '제3장 32구'가 누락되었기에 『현학금보』(고려대 소장)를 참고하여 제목만 넣었다.

이제 우리 시조께서

경흥慶興에 터를 잡으셨네

경흥에 터를 잡아

큰 기업을 처음 여셨도다

빈풍 아송

제6장 32구

적인狄人과 함께 사시매

적인이 침범하거늘

기산岐山으로 옮겨 사셨으니

실로 천심天心이 있었도다

동방東邦 아송

제7장 32구 끝

야인野人과 함께 지내시되,

야인이 예의가 없거늘

덕원德原으로 옮기시니

실로 하늘이 열어주신 것이로다】

【海東六龍飛, 莫非天所扶, 古聖同符.

毛經 雜唱

第二章 三十二句

根深之木, 風亦不扤. 有灼其華, 有蕡其實.

邠風 雅頌

第四章 三十二句

昔周太王, 于邠斯依.[112] 于邠斯依. 造肇丕基.[113]】

178

邠風 雅頌

第五章 三十二句

今我始祖, 慶興是宅. 慶興是宅, 肇開鴻業.

邠風 雅頌

第六章 三十二句

狄人與處, 狄人于侵. 岐山之遷, 實有天心.

東邦 雅頌

第七章 三十二句 終

野人與處, 野人不禮. 德源之徙, 實有天啓.[114]

〈보허자〉/〈보허신사〉[115] 고운[116]선생 作作. 옛 글이다.

【'미일소微一笑'[117] 이하는 환입還入할 때 사용한다. (가사 한 자가)[118] 혹 4강이나 혹은 8강인 것은 (악)절에 의한 것이다. 모두 8장, 도합 144구로서 72문인門人에 8문인이 있는 것[119]을 본뜬 것이다.】

步虛子/步虛神詞 孤雲先生作 古文

【微一笑以下, 則還入時用之, 或四腔, 或八腔, 依節點之. 凡八章, 合一百四十四句, 以象七十二門人之有八門.】

112 于邠斯依: 『악학궤범』에는 于豳斯依라 함. 이혜구, 『신역 악학궤범』, 314쪽.
113 造肇丕基: 『악학궤범』에는 肇造丕基라 함. 이혜구, 『신역 악학궤범』, 314쪽.
114 實有天啓: 『악학궤범』에는 實是天啓라 함. 이혜구, 『신역 악학궤범』, 315쪽.
115 〈보허신사〉: [상단: 34.100]에 있는 제목이다.
116 고운: 최치원(崔致遠)의 호이다.
117 미일소(微一笑): 〈보허자〉의 가사 "宛然共指嘉禾瑞, 微一笑破朱顔"의 일부다.
118 (가사 한 자가): 이 내용은 문맥의 이해를 돕기 위해 역자가 임의로 넣은 것이다.
119 '72문인(門人)에 8문인이 있는 것': 미상. 만약 72문인을 공자 문하의 72현인으로 여긴다면, 이어지는 말은 10문인 곧 이른바 10철(十哲)이 되어야 한다. 그런데 8문인이라 했으니, 일치하지 않는다.

푸른 연기 바다에 가득하매, 새벽 물결 잔잔하고
강가의 몇몇 산봉우리 차갑도다
패옥佩玉 소리에 기이한 향기 인간 세상에 흩날리매
붉은 의장儀仗 멈추고 오색구름 상서롭네【미尾】
또렷이 모두 아름다운 벼의 상서를 가리키자
한 번 미소 짓고 붉은 얼굴 크게 웃네
구중궁궐 높은 곳에 멀리 요천堯天을 보고 축원하노니
만만세 남산처럼 오래 사시기를
【초장은 16구, 2·6장은 16구, 3·7장은 24구, 4·8장은 16구, 5장은 16구다.】

碧烟籠海曉波閒. 江上數峯寒. 佩環聲裏異香飄落人間. 弭絳節五雲端【尾】. 宛然共指嘉禾瑞. 微一笑破朱顔. 九重嶢闕望中三祝堯天. 萬萬載對南山.
【初章, 十六句. 二六章, 十六句. 三七章, 二十四句. 四八章, 十六句. 五章, 十六句.】

 34.100~103

〈보허사〉/〈보허신사〉[120]
【모두 144자다.】 고운 선생이 지은 것이다.

구름은 산마다 있고
청산은 천리, 만리에 펼쳐져 있네
달은 이 골짝, 저 골짝에 가득하고
맑은 시내 앞뒤 들판에 흐른다
골짝과 달과 산과 구름 홀연 자취 없어지니

120 〈보허신사〉: [상단: 34.103]에 있는 제목이다.

쓸쓸하여라 다시 마주할 사람 없구나
쓸쓸하고 또 쓸쓸한데
회오리바람 동정호를 스쳐 지나가네
동정호의 악양루라
악양루 빈 숲, 대나무에 가을이 들었구나
동쪽에 뜬 해 서쪽에 지는데
한쪽에서는 차가운 비 내리네
저 허공의 슬瑟이 있어
낭랑한 소리 듣고 읊조리며 지나노라
인간은 알지 못하나니
하늘이 계수나무 꽃 피울 때를
어지러이 세 걸음을 걷고
다섯 걸음에 고개를 돌리노라
한 마리 우는 난새
바람을 찬 쪽의 짝이로다
세간에서 머리 돌리니 길은 아득하고
푸른 구름과 흰 머리 둘 다 순식간에 변하네
아침에 다섯 성의 꽃과 버들과 하직하고
저녁에 세 산의 구름과 이별했네
지금은 오직 구름과 달만이 있고
천년 화표주華表柱에 날아오네

步虛詞
【凡一百四十四字.】孤雲先生 著

碧雲在山雲, 在山靑山. 千里萬里, 月滿溪月.
江滿溪淸溪, 前野後野. 溪月山雲, 忽無跡怊.
佩悵無人更, 相對怊悵. 兮復怊悵, 璇風吹過.
洞湖庭洞, 庭湖岳陽, 弭樓岳陽樓 空叢竹秋.

東邊日西, 邊兩泠泠, 宛宝瑟空中 聞朗吟過.
人不識天, 花桂子時, 微紛紛三步 回頭五步.
坐一聲鸞, 佩風邊儔, 九世間回首, 路茫茫靑.
雲白髮兩, 須更朝辭. 五城花柳, 暮別三山.
雲烟至今, 惟有雲與. 月華表千, 年鶴飛來.[121]

〈보허자步虛子〉

【요즘 글이다. 원문은 88각.〈환입〉6·7·8장은 144각이다.】

【今文. 元文, 八十八脚. 還入六·七·八章, 則爲一百四十四脚.】

 34.104~107

이 아래는 곧 2·3·4장의 〈본환입〉이다.

此下卽二·三·四章本還入也.

---

121 위의 〈보허사〉는 다음과 같이 표점을 해야 의미를 갖는다.
　　雲在山雲在山, 靑山千里萬里.
　　月滿溪月滿溪, 淸溪前野後野.
　　溪月山雲忽無跡, 怊悵無人更相對.
　　怊悵兮復怊悵, 璇風吹過洞庭湖.
　　洞庭湖岳陽樓, 岳陽樓空叢竹秋.
　　東邊日西, 邊兩泠泠.
　　寶瑟空中, 聞朗吟過.
　　人不識天, 花桂子時.
　　紛紛三步, 回頭五步.
　　坐一聲鸞, 佩風邊儔.
　　世間回首路茫茫, 靑雲白髮兩須更.
　　朝辭五城花柳, 暮別三山雲烟.
　　至今惟有雲與月, 華表千年鶴飛來.

182

〈본환입本還入〉

【무릇 72구다. 〈보허자〉 5장은 〈여민락〉 7장의 마지막 구를 탄다. 대개 〈보허사〉로부터 이어서 타는 것이다.】

【凡七十二句. 步虛子五章, 繼與民樂七章末句彈, 盖自步虛詞繼出者也.】

 34.107~109

〈소환입小還入〉

【무릇 72구다. 마땅히 〈본환입〉 마지막 구를 이어서 타는 것이다. 혹은 〈상환입上還入〉이라고 한다. 나머지는 같다.】

【凡七十二句. 當繼本還入末句彈耳. 或稱上還入. 餘同.】

 34.109~111

【이하는 마땅히 〈본환입〉 초장으로 이어서 탄다. 그러므로 〈환입곡還入曲〉이라 이름하는 것이다. 만약 〈삼현환입三絃還入〉으로 들어가면 제7장 5구를 변주해서 탄다. 〈변입 삼현가락〉으로 들어가는 것은 아래를 보라.】

【以下當以本還入初章繼彈, 故名還入曲耳. 若欲入三絃還入, 則變彈第七章五句. (變)[122]入三絃加樂, 見下.】

〈변입 삼현가락變入三絃加樂〉

 34.111

---

122 (變)入: 원문에 '變'자가 누락된 것으로 보여 보충하였다.

【[상단: 34.111~112]

몸체[123]에서 7괘를 짚으면 10괘의 '징多'이고, 몸체에서 8괘를 짚으면 11괘의 '징'이다. 다다多多의 경우, 다ою는 표를 하지 않는다. 몸체에서 7괘를 짚으면 대현 9괘의 '징'과 '루다칭둥'이 되는데, 구음口音의 편리함을 좇는다.

體按七卦則十卦之징多, 體按八卦則十一卦之징. 多多者, 多不標. 體按七椊, 則大絃九卦之징 與루다稱둥, 從口音之便也.】

〈위무팔난곡魏武八難曲.〉

【속칭 〈취타 가락〉이다. 세상에서는 위무魏武가 지은 것이라고 전한다.】

【俗稱吹打加樂. 世傳魏武所作.】

악보 34.111~112

【[상단: 34.112]

임금이 되기 어렵다 어렵고도 어렵다
신하가 되기 어렵다 어렵고도 어렵다
창업은 어렵다 어렵고도 어렵다
수성守城은 어렵다 어렵고도 어렵다

爲君難, 難又難. 爲臣難, 難又難. 創業難, 難又難. 守城難, 難又難.】

---

123 몸체: 금체(琴體)를 뜻함.

〈취타 환입두취打還入頭〉/〈취타 환입〉[124]

 34.112

이하는 〈파진악〉으로 들어간다.

以下入破陳樂

〈진왕파진악〉/〈파진악〉[125]

【속칭 〈길군악〉이다. 〈팔난〉과 이어서 타면, 왼쪽에 쓴 수구首句부터 시작한다. 단탄單彈과 회입回入은 오른쪽에 쓴 수구부터이다. 당唐 태종太宗이 지은 것이다.】

秦王破陳樂.
【俗號路軍樂. 與八難繼彈, 則從左書首句而作. 單彈及回入, 則從右書首句也. 唐太宗所作.】

 34.113

〈가군악家軍樂〉

 34.113

〈영산회상〉/〈상영산上靈山〉[126]

【본래 4장 28구다. 한 글자가 각각 4구 4강腔을 맡는다. 본게本偈에 "영산회상불보살"이라 하였다.

---

124 〈취타 환입〉: [상단: 34.112]에 있는 제목이다.
125 〈파진악〉: [상단: 34.113]에 있는 제목이다.
126 〈상영산〉: [상단: 34.114]에 있는 제목이다.

다라문陀羅門이 열리매 진여眞如가 나오고
영산회상이 진언眞言을 설하노라
원각圓覺의 바다에는 빛과 지혜의 해가 뜨고
혀에 가득한 연꽃은 고문古文의 부처로다】

上靈山 靈山會上
【本四章二十八句, 一字各管, 四句四腔. 本偈曰: "靈山會上佛菩薩." 陀羅門啓眞如出, 靈山會上說眞言. 圓覺海中光慧日, 滿舌蓮花古文佛.】

 34.114

〈중영산中靈山〉

 34.114~115

【[상단: 34.114]
10괘의 징은 많고, 11괘의 징은 적으므로 적은 경우 모두 표를 하고, 많은 경우 더러 표를 하지 않는다고 한다.

十卦之징多, 十一卦之징少, 故少者皆標, 多者多不標云.】

〈세영산細靈山〉

 34.115~116

〈제지除指〉
【〈세영산〉에 이어 탄다.】

186

【繼細靈山彈.】

 34.116

〈삼현 환입三絃還入〉

【〈제지〉의 마지막 구에 이어서 탄다.】

【繼除指末句彈.】

 34.116~117

〈하현 환입下絃還入〉

【〈삼현〉에 이어서 탄다.】

【繼三絃彈.】

 34.117~118

〈인노선引老禪〉

【속칭 〈염불 타령〉이다. 〈하현 환입〉에 이어서 탄다.】

【俗稱念佛打詠, 繼下絃還入彈.】

 34.118~119

〈농소수弄素袖〉

【속칭 〈타령〉이다. 상편에 이어서 탄다.】

【俗稱打詠, 繼上篇彈.】

악보 34.119

【[상단: 34.119]

제12구 가락加樂. (거문고 구음 생략) 이하는 제17구로 들어간다.

평조는 4괘에서 탄다. 그러므로 이 가락 5구로 타고, 다시는 본本 4괘 제12구로 하지 않고, 아래 5구로 한다.

第十二句加樂. (거문고 구음 생략) 以下入第十七句.

平調則彈於四卦, 故以此加樂五句彈之. 不復以本四卦之第十二句, 以下五句也.】

〈연풍대軟風帶〉

【속칭 〈군악〉이다. 아래로 〈완구宛邱〉[127] 2편에 이르러 모두 〈검무劍舞〉로 들어가 〈타령〉에 이어서 탄다.】

【俗稱軍樂. 下至宛邱二篇, 皆入劍舞, 繼打詠彈.】

악보 34.120~121

【[상단: 34.120]

〈군악〉은 5괘에서 짚으면 8괘의 '징象'이므로 많아서 표시하지 않는다. 9괘의 '징'은 적으므

127 완구(宛邱): 뒤에 〈계면 완구〉가 나오는데, 〈계면 가락덜이〉를 뜻한다.

로 모두 표시한다고 한다. 몸체에서 8괘에 짚으면 11괘의 '징'이 많으므로 유독 12·13괘의 '딩'에는 상세하다고 한다.

軍樂, 按於五卦, 則八卦之징象, 故多不標; 九卦之징小, 故悉標之云. 體按於八卦, 則十一卦之징多, 故獨詳於十二·十三卦之딩云.】

〈계면 완구界面宛丘〉/〈계면 가락界面加樂〉[128]

【속칭 〈계면 가락제이〉[129]로서, 〈군악〉에 이어 탄다.】

【俗稱界面加樂除伊, 繼軍樂彈.】

 34.121

〈양청 환입兩淸還入〉

【〈완구〉에 이어 탄다. 대개 〈소환입小還入〉이 조금 변하여 이루어진 것이다. 그 종류에 셋이 있는데, 첫째는 〈양청兩淸〉, 둘째는 〈괄거括去〉, 셋째 〈일현 환입一絃還入〉이다. 세 표는 모두 율律은 같고 법은 다르기 때문에 왼쪽과 같다고 한다.】

【繼宛邱彈. 盖小還入之小[130]變而成者也. 其類有三, 小變成有三. 一曰兩淸, 二曰括去, 三曰一絃還入. 三標皆同律異法, 故如左云.】

 34.122

128 〈계면가락(界面加樂)〉: [상단: 34.121]에 있는 제목이다.
129 〈계면 가락제이〉: 〈계면 가락딜이〉를 뜻한다. 이하 같다.
130 小: 원문의 '所'는 '小'의 오기이므로 바로잡았다.

【[상단: 34.122]
〈삼환입〉은 따로 수구首句의 시작에 있다. 시작하는 법은 '흥지흥동흥징흥동'으로써 하는 것과 같으니, 27구 반은 모두 이 예에 비추어 한다. 이것이 〈양청 환입〉이다. '싸갱싸갱싸갱싸갱'으로써 하면 27구 반은 모두 이 예에 비추어서 한다. 이것이 〈거환입去還入〉이다. '징징동동딩딩동동'이 시작이 되면, 27구 반은 모두 이 예에 의한다. 이것이 〈일현 환입一絃還入〉이다. 혹 손이 익숙해지면, 간간이 섞어서 타는 것도 무방하다.

三還入之別存乎首句始作. 始作之法, 如以흥지흥동흥징흥동, 則二十七句半, 皆照此例, 是爲兩淸還入. 싸깅쓰ᇰ싸깅쓰ᇰ싸깅쓰ᇰ싸깅쓰ᇰ, 則二十七句半, 皆照此例, 是爲去還入. 징징동동딩딩동동爲始, 則二十七句半, 皆依此例, 是爲一絃還入. 或手熟, 則間間雜彈, 亦是無妨也.】

【[상단: 34.122]
이계양청[131]
신이 오는 길
물과 구름 아득한 곳 신이 오는 길
슬瑟로 다리 만들어 큰물을 건너시네
열두 줄 열두 기둥
어느 줄 어느 기둥
어디에 내리실지   자하紫霞

伊繼兩淸
神來路. 水雲渺渺神來路 瑟作橋樑濟大川. 十二瑟絃十二柱, 不知何柱降神絃. 紫霞】

---

131 이계양청: 원문의 '伊繼兩淸'은 다음에 수록된 〈우조 완구〉의 세주에 〈우조 가락제이〉 양청에 이어 탄다(羽調加樂除伊繼兩淸彈)는 부분을 맥락없이 적은 것이다.

〈우조 완구羽調宛邱〉

【속칭 〈우조 가락제이〉. 〈양청〉에 이어 탄다.】

【俗稱, 羽調加樂除伊. 繼兩淸彈.】

 34.122~123

평조 조현법/평조 조현[132]

【아악雅樂의 정음正音과 잡가雜歌가 모두 같다.】

　이상은 우계조羽界調의 율律로서 대현 제6괘를 가볍게 짚는다. 율은 상하청上下淸과 같다. 평조는 대현 제5괘를 가볍게 짚는다. 율은 상하청과 같다. 문현과 대현 2괘는 같고, 무현과 한괘限卦는 같다. 유현은 곧 2괘인데, 양청兩淸[133]의 율과 같다.

　【대개 우계조의 유현 4·5괘의 연주는 대현 2·3괘에서 타니, 유현 7·8괘의 조를 4·5괘에서 되풀이하기 때문이다. 11·12·13괘는 7·8·9괘로 옮긴다. 나머지 예는 미룬다.】

　平調 調絃法.【雅樂正音及雜歌皆同.】
　已上羽界調之律, 以大絃第六卦輕按. 律比上下淸. 平調則以大絃第五卦輕按, 律比上下淸. 文絃與大絃二卦同, 武絃與限卦同. 方絃則二卦仍與兩淸律同.
　【盖羽界調之方絃四五卦之操, 彈於大絃之二三卦. 方絃七八卦之操, 繙於四五卦之故也. 十一二三卦移於七八九, 餘例推也.】

〈평우조 조음平羽調調音〉

【대현은 오른쪽에 표를 하고 괘상청을 붙인다. 유현은 왼쪽에 표를 하고 문현을 붙인다.】
괘하청은 중간에 속하게 하고, 무현은 점점點點이다.

132　평조 조현: [상단: 34.123]에 있는 제목이다.
133　양청(兩淸): 괘상청과 괘하청을 뜻한다.

【大絃標之右, 卦上淸附焉. 方絃標之左. 文絃附焉.】卦下淸屬之中, 武絃[134]點點.

 34.123~124

〈평계 조음平界調音〉

 34.124

대저 우조는 구불구불 굽어 있고 화평하고 웅장한 뜻이 있다. 계면조는 격렬하고 맑고 청아하고 유원한 모습이 있다. 금을 타는 인사들은 마땅히 문자를 벗어난 곳에서 그 뜻을 거꾸로 헤아려야 할 것이다.

大抵羽調逶迤屈曲, 有和平確壯之意. 界面激厲瀏亮, 有淸雅幽遠之狀. 爲琴之士當審於文字之外, 以意逆志云爾.

〈평조 보허자〉【무릇 8장이다.】
平調 步虛子 【凡八章】

 34.125~127

〈귀보허사歸步虛詞〉/〈보허자〉[135]
【이 1편은 〈환입곡還入曲〉과 같고 원래의 〈보허자〉 아래에 이어 탄다. 혹은 〈삼현환입〉 아래로 들어간다.】

134 武絃: 원문에는 '弌絃'으로 적혀 있으나 이해를 돕기 위해 '武絃'으로 고쳤다.
135 〈보허자(步虛子)〉: [상단: 34.128]에 있는 제목이다.

【此一篇似還入曲, 繼彈於元步虛子之下. 或入於三絃還入下.】

 34.128~129

〈평조 영산회상平調靈山會上〉/〈평조 영산〉[136]

 34.129~130

〈중영산中靈山〉/〈중영산 평조〉[137]

 34.130

이하는 본래의 〈중영산〉 제2장으로 4괘에 이어 〈삼현〉에 이른다.

以下以本中靈山第二章繼於四卦以至三絃.

〈평조 하현平調下絃〉

【옛날에는 〈영산靈山〉 1편이 〈군악軍樂〉에 이를 수 있었으나, 단지 〈하현〉이 부족하였다. 그러므로 이제 자신의 뜻으로 그 빠지고 부족한 것을 보충했다고 한다.】

【古有靈山一篇, 可達于軍樂, 而只欠下絃, 故今以已意補其闕署云耳.】

 34.130

---

136 〈평조 영산〉: [상단: 34.129]에 있는 제목이다.
137 〈중영산 평조〉: [상단: 34.130]에 있는 제목이다.

【이하는 마땅히 본래의 〈하현〉 제15구로 〈삼현〉의 예와 같이 4괘에 타서, 〈인로선引老禪〉·〈농소수弄素袖〉에 이르러야 할 것이다.】

【以下[138]當以本下絃第十五句, 彈於四卦. 如三絃例, 以至引老禪·弄素袖.】

〈우조 농소수羽調弄素袖[139]〉/〈우조 농수〉[140]

【속칭 〈우조 타령〉이다. 늘 〈농소수弄素袖〉 아래, 〈군악〉 위로 들어가 장단을 서로 어울리게 맞춘다. 그러므로 혹 〈평조 군악〉 위로 들어가면, 음악의 형세가 순하게 되리로다!】

【俗稱羽調打詠. 每入於素袖之下·軍樂之上, 以長短相稱, 故或入平調軍樂上, 則樂勢其順也哉!】

악보 34.131

상편 끝

上篇終

138 以下: 원문의 已下는 以下의 오기이므로 바로잡았다.
139 弄素袖: 원문의 '弄袖'는 '弄素袖'의 오기이므로 바로잡았다.
140 〈우조 농수〉: [상단: 34.130]에 있는 제목이다.

하편下篇[141]

금보서琴譜序[142]

우서虞書에 이르기를, "국자國子를 가르치되, 곧으면서도 따스하게, 넓으면서도 엄하게, 강하면서도 포악하지 않게, 간이하면서도 오만하지 않게 하거라. 시는 뜻을 읊는 것이오, 노래는 말을 길게 늘인 것이오, 악기 소리는 긴 목소리를 따라 맞추는 것이오, 음률은 악기 소리를 어울리게 하는 것이다. 팔음八音이 서로 잘 어울려서 박자가 서로 정해진 차례를 빼앗지 않는다면, 신과 사람이 기뻐할 것이고, 온갖 짐승이 함께 춤을 춘다."[143] 하였고, 공자 역시 말하기를, "시에서 흥기興起되고 음악에서 덕성이 완성된다."[144] 하였다.

음악은 대개 사특하고 더러운 것을 씻어내고, 충족된 상태를 짐작하고, 혈맥을 힘차게 움직이게 하고, 정신을 유통시켜 그 중화中和의 덕을 길러 기질氣質이 치우친 것을 고치는 것이다. 뜻이 있으면 그것은 말에 드러나고, 반드시 장長·단短의 절주가 있게 된다. 장·단의 절주가 있게 되면 반드시 청淸·탁濁의 다름이 있게 되고, 청·탁의 다름이 있게 되면, 높고 낮은 율률이 없을 수가 없게 되는 것이다.

나는 이 책을 저술하면서 성률聲律을 조목條目으로 삼았으니, 구음口音이 그것이다.[145] 상편을 쓰고 이제 하편을 쓰는 이유는 이러하다. 곧 정음正音을 대아大雅에 견주니 화성畫聲이 바로 그것이고, 한 번 변하여 소아小雅가 되니, 〈삭엽數葉〉이

---

141 하편(下篇): 원전에서 '하편'의 위치가 '금보서'가 있는 面의 상단 좌측에 있는데, 역주자가 임의로 '금보서' 앞으로 옮겼다.
142 금보서(琴譜序): 『현학금보』(고려대 소장)에는 '玄鶴琴譜'라 되어 있다. 이 책의 323쪽 참고.
143 '국자(國子)를 가르치되' 이하는 『서경(書經)』 우서(虞書) 「순전(舜典)」에서 인용된 것이다. 맨 끝의 "온갖 짐승이 춤을 춘다"는 부분은 「익직(益稷)」에서 잘못 옮겨온 것이다. 과거 죽간(竹簡)에 글을 썼기 때문에 일어난 일이다.
144 『논어』 「태백(泰伯)」에서 인용된 것이다. 원문은 "시에서 흥기(興起)되고 예(禮)에서 서며, 음악에서 덕성이 완성된다"(興於詩, 立於禮, 成於樂)이다.
145 『현학금보』(고려대 소장)에는 이 뒤에 "장단을 강령(綱領)으로 삼았으니, 맥식(脈息, 맥박)이 그것이며, 정성(正聲)을 몸으로 삼았으니 삼교(三教)의 음악이 그것이다"(長短爲綱領, 脈息是也; 正聲爲體, 三教之樂是也)라는 부분이 더 있다.

그것이고, 다시 변하여 국풍國風이 되니, 〈농롱〉, 〈낙악〉이 그것이기 때문이다. 〈편삭엽編數葉〉과 〈속평조俗平調〉의 종류로 말하자면, 모두 변풍變風[146] 정위鄭衛의 소리에 견주어지나, 그 조목과 강령은 갖추어지지 않음이 없으니, 곧 이른바 음악의 용用인 것이다. 이것은 성인이 음악을 만들고, 사람을 가르치고, 성정을 기르고, 인재를 키웠던 체용體用의 공효功效[147]에서 본뜻을 절취竊取한 것이다.

봉래초부 오희상吳熹常은 쓴다.

琴譜序

虞書曰: "教胄子, 直而[148]溫, 寬而[149]栗, 剛而無虐, 簡而無傲. 詩言志, 歌永言, 聲依永, 律和聲, 八音克諧, 無相奪倫, 神人以和. 百獸率舞." 孔子亦曰: "興於詩, 成於樂."

樂盖所以蕩滌邪穢, 斟酌飽滿, 動盪血脈, 流通精神, 養其中和之德, 而救其氣質之偏者也. 志旣形於言, 必有長短之節. 旣有長短, 則必有淸濁之殊. 旣有淸濁, 則高下之律所不能無者也.

余之述此書, 以聲律爲條目, 口音是也. 旣爲之上篇, 今下篇者, 則以正音比之大雅, 晝聲是也; 一變爲小雅, 數葉是也; 再變爲國風, 弄樂也. 至於編數葉俗平調之類, 皆比諸變風鄭衛之音. 然其於條目綱領則無不備焉. 乃所謂樂之用者也. 竊取於聖人作樂教人, 養性情育人材, 體用功效之本旨云. 蓬萊樵夫吳熹常題.

창탄선후변唱彈先后辨/선후창탄先後唱彈[150]

【노래하는 이가 말했다. "노래는 금琴을 따른다."

금을 연주하는 이가 말했다. "금을 타는 것이 노래를 뒤따르는 법이지."

어떤 이는 또 이렇게 말했다. "노래와 금을 같이 연주해 꼭 들어맞아야지."

---

146 변풍(變風): 『시경』의 국풍(國風) 가운데 패풍(邶風)에서 빈풍(豳風)에 이르는 열세 나라의 노래를 이르는 말.
147 공효(功效): 공을 들인 보람이나 효과.
148 而: 원문의 '以'는 '而'의 오기이므로 바로잡았다.
149 而: 원문의 '以'는 '而'의 오기이므로 바로잡았다.
150 선후창탄(先後唱彈): [상단: 34.134]에 있는 제목이다.

이렇게 서로 싸움이 그치지 않았다. 그래서 이 글을 지어 문제를 풀어보려 한다.】

어떤 이가 금琴과 노래의 선후에 대해 물었다. "금이 노래에 앞서는가, 노래가 금에 앞서는가?"

나의 답은 이러했다. "조현調絃할 때는 금이 노래에 앞서고, 노래가 금의 뒤라네."

"노래를 이미 부를 때라면 누가 앞이고 누가 뒤인가?"

"노래가 금에 앞서고, 금이 노래의 뒤라네. 그러므로 탄법彈法은 머리의 3점點을 없애고, 제4점에서부터 타기 시작한다네."

그이가 또 이런 말을 하였다. "그렇다면 부르고 화답하며 끊이지 않고 이어지는 즈음에도 한결같이 노래가 먼저이고 금이 뒤라는 말인가?"

"그렇다네. 내가 한번 따져 보겠네. 음악이 시작될 때 금이 노래에 앞서는 것은, 요컨대 노래하는 사람이 5조五調의 소속에 대해 알고 구분하기를 원해서라네. 소리가 입에서 나와 노래를 부른 뒤 노래가 금에 앞선다는 것은, 요컨대 화답하는 사람이 6율六律이 맡는 바를 분변하기를 바라서라네. 음률을 분변한 뒤라면, 노래하는 사람은 청·탁으로 노래를 부르고, 화답하는 사람은 청·탁으로 응하며, 높고 낮음으로 부르고, 높고 낮음으로 화답하는 것이라네. 금이 어떻게 감히 노래에 앞설 수가 있는 것이겠는가? 이것은 곧 양陽이 음陰에 앞서고 지아비가 지어미를 앞서는 것과 같은 것이네. 비록 그렇기는 하지만, 노래에 장·단이 있고, 화답에 느리고 빠름이 있는 것은 어째서인가? 〈중대엽中大葉〉, 〈북전北殿〉 등은 강자腔子가 느리기 때문에 꼬리가 따르지만, 그 차이는 일분一分에 지나지 않네【맥脈의 분分이다】. 〈삭대엽數大葉〉, 〈농弄〉, 〈낙樂〉 등은 강자가 평평하기 때문에 차이를 반분半分으로 비교한다네. 〈편삭엽編數葉〉과 〈잡평조雜平調〉 등은 강자가 촉급하기 때문에 털끝만한 차이를 다투어, 멀고 가까움, 느리고 빠름이 마치 계곡에 울리는 메아리 같아서, 문란하거나 순서를 빼앗을 수가 없다네. 『서경書經』에 "악기 소리는 긴 목소리에 맞춘다."고 했는데, 대개 '따라 맞춘다[依]'고 한 것은, 또한 "너무 과하여 발돋움을 해도 미치지 못한다"는 뜻이라네. 『중용中庸』에 "군자는 중용에 의지한다."는 것이 곧 이 뜻이라네."

唱彈先后辨
【歌者曰:"唱隨琴." 琴者曰:"彈隨歌." 或又曰:"唱彈幷作胮合." 相爭不止, 故作此辨解之.】

或問絃誦之先后, 曰: "絃先乎誦耶? 誦先乎絃耶?"

余應之曰: "調絃時, 琴先乎歌, 歌後乎琴."

又問曰: "誦旣作時, 孰先孰后?"

曰: "誦先于絃, 絃后乎誦. 故彈法皆去頭三點, 自第四點始撥也."

或又曰: "然則唱和繹如之際, 一直誦先而絃后耶?"

曰: "然. 請嘗論之."

樂之始作也, 絃之所以先乎誦者, 要使唱者知別乎五調之所屬也. 聲旣發口而誦之, 所以先乎琴者, 要使和者分辨乎六律之所管也. 旣辨音律矣, 則歌者唱之以清濁而和之者應之以清濁. 唱之以高下而和之以高下者也. 絃之者安敢先乎誦之者乎? 此乃陽先乎陰, 夫唱乎婦者也. 雖然, 唱有長短和有緩速., 何也? 中大葉·北殿之屬, 腔子緩, 故尾隨之, 差不過一分【脈之分也】[151] 數大葉·弄樂之屬, 腔子平, 故尾隨之, 差較之以半分. 編數葉·雜平調之類, 腔子促, 故爭之以毫忽, 遠近遲疾如山谷之應響, 不可絭絃[152] 奪倫也. 書曰: "聲依永." 盖依者, 亦抑太過跋不及之意也. 中庸所謂君子依乎中庸者卽此旨也.

고아가결古雅歌闋의 차례/삼뢰엇三雷旕[153]

【〈삼중대엽三中大葉〉, 〈후우계면後羽界面〉은 모두 〈삼뢰三雷〉가 있다. 〈삼뢰〉 뒤에 〈반엇삭엽半旕數葉〉이 있는데, 〈속계면俗界面〉과 같으나 '엇旕'이 없고 〈엇롱旕弄〉의 만횡謾橫으로 들어가는 종류다.】

〈평조 제1 만대엽〉, 〈우조 제2 초중대엽〉, 〈우조 제3 이중대엽〉, 〈우조 삼중대엽〉, 〈제4 계면 초중대엽〉, 〈이중대엽〉, 〈삼중대엽〉, 〈북전〉, 〈장진주將進酒〉는 모두 대가臺歌가 있다.

---

151 『현학금보』(고려대 소장)에는 "차이는 일분(一分)에 지나지 않는다[곧 이른바 맥지(脈至)의 분(分)이다]"(差不過一分【卽所謂脈至之分也】)으로 되어 있다.

152 絃: 『현학금보』(고려대 소장)를 볼 때 '倫'은 '絃'의 오기이므로 바로잡았다.

153 삼뢰엇(三雷旕): [상단: 34.135]에 있는 제목이다.

古雅歌関次序

【三中大葉·後羽界面皆有三雷. 三雷後, 有半旕數葉, 同俗界面, 無旕而入旕弄謾橫之屬.】

平調 第一慢大葉, 羽調 第二初中大葉. 羽調 第三二中大葉, 羽調 三中大葉, 第四界面 初大中葉·二中大葉·三中大葉, 北殿, 將進酒[154]皆有臺歌.

4괘를 짚었을 때의 그림 體按四卦例圖

안쪽	왼쪽	오른쪽	바깥쪽
문현	유현	대현	괘상청 혹은 지
응	명지	장지	
쓸 싸 우계	랑 당 랑	다 덩 다	스렁세 덩 어 ――― (4괘)[155]
싸	앵 동 롱	동 응 우	스엉우 등 두
싸	앵 징 징	지 계	스검 혹은 둥 우징 루 덩
싸 쌀	징 딩 링 찡 딩 디	리 우 계 들	스겡 혹은 덩 계 딩 루 딩

體按四卦例圖

內	左		右	外
文絃 응	方絃 名指	體按 四卦	大絃 長指	卦上淸 或云지

154 將進酒: 원문의 '長進酒'는 '將進酒'의 오기이므로 바로잡았다.
155 (4괘): 가로로 그어진 '선'이 거문고 4괘로 짐작되어 원본에는 없으나 '4괘'를 임의로 표기하였다.

쓸 쏜	랑 다	스렁세
羽界	당 덩	덩
	랑 다	어
쏜	앵 동	스엉우
	동 응	둥
	롱 羽	두
쏜	앵 지	스검 或稱 둥
	징 界	羽징
	징	루 둥덩
쏜	징 리	스겡 或稱 덩
	딩 羽	界 딩
	링 界	루
쓸	찡 들	찡
	찡	
	찌	

가령 몸체에서 7괘·8괘를 짚는다면, 모두 이 예에 의한다. 보는 사람들은 자세히 알아두기 바란다.

假如體按在七卦·八卦, 皆依此例也. 覽者詳之.

(곡명미상)

 34.135~138

〈우평조 이삭대엽羽平調二數大葉〉

 34.138~139

【[상단: 34.138]

백행원百行源/효자창孝子唱[156]

왕상王祥의 이어鯉魚 낚고 맹종孟宗의 죽순竹筍 꺾어

감든 머리 희도록 노래자老萊子의 옷을 입고

평생平生에 양지효성養志孝誠을 증자曾子 같이[157]   초부樵夫[158]

百行源
氷裡捉來王子鯉, 雪中折取孟宗筍. 皤皤猶作斑衣舞, 眷眷不忘養志訓. 樵夫.】

〈계평조 삭대엽界平調數大葉〉

 34.139

【[상단: 34.139]

장상사長相思/망부사望夫詞[159]

은하銀河에 물이 지니 오작교烏鵲橋 뜨단 말가

소 이끈 선랑仙郞이 못 건너 오리로다

직녀織女의 촌寸 만언 간장肝腸이 봄 눈 스듯 하리라[160]   초부樵夫

長相思
聞道銀河秋水漲, 鵲橋中斷兩迢迢. 牽牛仙子無消息, 織女肝腸寸寸銷. 樵夫】

156 효자창(孝子唱): [상단: 34.138]에 있는 제목이다. 한역시로 번역하기 이전 시조시의 제목.
157 李基用 編, 鄭在皓·金興圭·田耕旭 註解, 『註解 樂府』, 고려대 민족문화연구소, 1992, 600쪽. 이 책의 600~605쪽에 시조가 漢譯과 함께 실려 있는데, 漢譯者를 樵夫, 紫霞 등으로 밝히고 있다. 앞으로 시조는 가능한 한 『註解 樂府』에서 인용한다.
158 초부(樵夫)는 악보의 편찬자 오희상의 호이며, 이 악부시는 오희상이 직접 창작한 것이다. 이하 같음.
159 망부사(望夫詞): [상단: 34.139]에 있는 제목이다.
160 李基用 編, 鄭在皓·金興圭·田耕旭 註解, 『註解 樂府』, 고려대 민족문화연구소, 1992, 600쪽.

성득현송聖得賢訟/현신송賢臣頌[161]
황하수黃河水 맑다더니 성인聖人이 나시도다
초야군현草野群賢이 다 일어나단 말가
강산풍월江山風月을 뉘를 주고 가겠네[162]　　　　　　　　초부

聖得賢頌
聞說黃河淸一千, 聖人初降海東天. 草野群賢次第起, 江山風月屬誰邊. 樵夫

〈우 초중대엽羽初中大葉〉
【우초삭羽初數을 대여음大餘音으로 삼는다.】
【以羽初數爲大餘音.】

 34.140~142

【상단: 34.140】
별상사別相思

〈이대중엽〉은 〈초중엽〉과 대동소이하다.

二大中葉, 與初中葉, 大同小異

송림松林에 눈이 오니 가지柯枝마다 꽃이로다
한 가지 꺾어 내여 님 계신 데 보내고져
님께서 보오신 후에 녹아진들 관계할랴

161 현신송(賢臣頌): [상단: 34.139]에 있는 제목이다.
162 李基用 編, 鄭在皓·金興圭·田耕旭 註解, 『註解 樂府』, 고려대 민족문화연구소, 1992, 600쪽.

松林에 눈이 오니 柯枝마다 곳치로다
한 가지 것쩌 너여 님 계신 데 보니고져
님께셔 보오신 후에 녹아진들 관계할랴

[상단: 34.141]
옥호빙玉壺氷/별상사別相思[163]
송림松林에 눈이 오니 가지柯枝마다 꽃이로다
한 가지 꺾어 내여 님 계신 데 보내고져
님께서 보오신 후에 녹아진들 관계할랴   초부

玉壺氷
雪積松林樹樹花, 貞姿堅質與誰賞, 折寄伊人倘一看, 這時消化也無妨. 樵夫】

〈우 초중대엽羽初中大葉〉 기2其二[164]

【[상단: 34.141]
별상사別相思
공산空山이 적막寂寞한데 슬피 우는 저 두견杜鵑아
촉국흥망蜀國興亡이 어제 오늘 아니여든
지금至今에 피나게 울어 남의 애를 끊나니[165]

別相思
空山寂寞月蒼涼, 杜宇聲聲怨恨長, 蜀國興亡幾千古, 恁般啼血斷人腸.】

163 별상사(別相思): [상단: 34.141]에 있는 제목이다.
164 4장 위에 추기된 듯 기록되어 있다.
165 沈載完 編, 『歷代時調全書』, 시조간행회, 2015, 263쪽.

현학금보(정경태 구장)   203

〈우조 초삭엽羽調初數葉〉

 34.142

【[상단: 34.142]
강구음康衢吟/격양사擊壤詞[166]
천황씨天皇氏 지으신 집 요순堯舜에 와 쇄소灑掃러니
한당송漢唐宋 풍우風雨에 기울은지 오래거다
우리도 성주聖主 뫼옵고 중수重修하려 하노라　　　　　　　　　초부樵夫

康衢吟
天皇堂構正綢繆, 堯舜方周灑掃獻. 頼久漢唐宋風雨, 如今願戴好重修. 樵夫】

〈우 삼중대엽羽三中大葉〉

 34.143~144

【[상단: 34.142~143]
양보음梁父吟/융중곡隆中曲
삼동三冬 베옷 입고 암혈巖穴에 눈비 맞아
구름 낀 볕 뉘도 쬔 적이 없건마는
서산西山에 해 진다 하니 눈물 겨워 하노라[167]　　　　　　　　초부樵夫

梁父吟
三冬衣褐栖岩穴, 曾未向陽曬雨雪. 聞說西山日已昏, 不禁涕淚空嗚咽. 樵夫.】

166　격양사(擊壤詞): [상단: 34.142]에 있는 제목이다.
167　李基用 編, 鄭在皓·金興圭·田耕旭 註解,『註解 樂府』, 고려대 민족문화연구소, 1992, 601쪽.

〈우조 삼삭엽羽調三數葉〉

 34.145

【[상단: 34.145]
창랑조滄浪調/초당사楚唐詞
굴원屈原 충혼忠魂 배에 든 고기 채석강采石江에 긴 고래 되어
이적선李謫仙 등에 얹고 하늘 위에 올랐으니
이후伊後에 새로 난 고기 낚아 삶은 들 관계하랴[168]   초부樵夫

滄浪調
湘潭魚作彩江鯨, 背負謫仙上玉京. 新魚無復忠魂肚, 不妨捕漁不妨烹. 樵夫.】

【왕손곡王孫曲
바닷가 모래톱 가없는 물결 해마다 이르고
적막한 봄날풀만 가득 우거졌네
한번 떠나신 왕손 다시 돌아오지 않거늘[169]

나라 사람들이 능창대군을 불쌍히 여겨 지은 것이다.『조야집요朝野輯要』[170]에 나온다.〈계초중대엽界初中大葉〉은〈이중엽二中葉〉과 대동소이하다.

王孫曲
海之沱沙, 渺瀰,年年. 春漠漠, 草萋萋. 王孫一去, 不復歸.
國人憐綾昌作, 出朝野輯要. 界初中大葉與二中葉, 大同小異.】

---

168 李基用 編, 鄭在皓·金興圭·田耕旭 註解,『註解 樂府』, 고려대 민족문화연구소, 1992, 601쪽.
169 許穆,「綾昌大君碑」所載.
170 『조야집요(朝野輯要)』: 조선 건국으로부터 순조 초기까지를 편년체(編年體)로 기록한 역사책.

〈계 이중엽界二中葉〉

 34.146~148

【[상단: 34.146~147]
별영산別靈山
잘 새는 날아들고 새 달이 돋아온다
외나무 다리로 홀로 가는 저 선사야
네 절이 얼마나 하는데 원종성이 들리는가[171]   초부

別靈山
宿鳥投林初月輝, 溪邊約畧一僧歸. 伽藍從此路多少, 風送遠鍾聲轉微. 樵夫
잘 시난 나라들고 시 달이 도다온다
외나무 다리로 홀노 가난 저遣 선사禪師야
네 졀리 얼마나 ᄒ관더 원종성遠鍾聲이 들니는다   초부樵夫】

【[상단: 34.147~148]
만월대사滿月臺詞/고국사故國詞
방초芳草 우거진 골에 시내는 울어낸다
가대무전歌臺舞殿이 어디어디 어디메요
석양夕陽에 물 차는 제비야 네 다 알가 하노라[172]   초부樵夫

滿月臺詞
芳草芊芊溪㶁㶁, 故宮風景使人悲. 歌臺舞殿云云處, 掠水斜陽燕子知. 樵夫.】

171 李基用 編, 鄭在皓·金興圭·田耕旭 註解, 『註解 樂府』, 고려대 민족문화연구소, 1992, 601쪽.
172 李基用 編, 鄭在皓·金興圭·田耕旭 註解, 『註解 樂府』, 고려대 민족문화연구소, 1992, 601쪽.

〈계면 삼중대엽界面三中大葉〉

 34.148

초은곡招隱曲[173]
청량산 육륙봉을 아는 이 나와 백구
백구야 훤사하랴 마는 못 믿을 손 도화로다
도화야 떠나지마라 어부 알까 하노라

招隱曲
淸凉山 六六峯을 아는 니 나와 白鷗
白鷗야 喧辭ᄒᆞ랴 마는 못 미들 쏜 桃花ㅣ로다
桃花야 쩌지지마라 漁子ㅣ 알가 ᄒᆞ노라

【[상단: 34.148~149]
도화인桃花引
청량산 육륙봉을 아는 이 나와 백구
백구야 훤사하랴 마는 못 믿을 손 도화로다
도화야 떠나지마라 어부 알까 하노라[174]

桃花引
淸凉六六春消息, 知者自家與白鷗. 鷗爾肯從人走洩, 桃花或恐引漁舟.】

173　초은곡(招隱曲): [상단: 34.148]에 있는 제목이다.
174　李基用 編, 鄭在皓·金興圭·田耕旭 註解, 『註解 樂府』, 고려대 민족문화연구소, 1992, 602쪽.

〈계면 삼중대엽界面三中大葉〉

 34.149

〈계면 삼삭대엽界面三數大葉〉 대가臺歌/옥수가玉樹歌

석양에 취흥을 겨워 나귀 등에 실렸으니[175]

夕陽에 醉興을 게워 어 나귀 등의 실녀시니

〈북전北殿〉

 34.150~152

나머지는 모두 위와 같다.

餘皆上同

【[상단: 34.150]
후정화後庭花
누운들 잠이 오며 기다린들 임이 오랴
이제 누웠은들 어느 잠이 하마 오리
차라리 앉은 곳에서 긴 밤이나 새우자[176]　　　　　　　　　　　　초부樵夫

後庭花
苦待郎時郎不至, 正要睡處睡難成. 睡亦難成郎不至, 爭如蹲坐到天明. 樵夫.】

175　이하 내용은 생략되어 있다.
176　李基用 編, 鄭在皓·金興圭·田耕旭 註解,『註解 樂府』, 고려대 민족문화연구소, 1992, 602쪽.

〈대가 계면 중거 삭엽臺歌界面中擧數葉〉

악보 34.152~153

【[상단: 34.152]
후정화/이후정화
진회秦淮에 배를 매고 주가酒家를 찾아가니
격강상녀隔江商女는 망국한亡國恨을 모르고서
연농한월롱사烟籠寒月弄沙헌데 후정화만 부르더라[177]

後庭花/二後庭花
烟籠寒樹月弄沙, 夜泊秦淮近酒家. 商女不知亡國恨, 隔江猶唱後庭花.】

이상의 〈중대엽中大葉〉·〈만엽慢葉〉·〈북전北殿〉 등은 세상에 전하지 않아 부르거나 연주하는 경우가 많지 않다. 나는 이것들이 아주 맑은 것을 안타깝게 여겨 단지 몇 편만을 기록해 세상에 전하고자 한다.

已上中大葉·慢葉·北殿之屬, 不傳於世, 多不詠彈. 余惜其淸絶, 只錄數篇, 以傳於世.

시속가결時俗歌関의 차례

時俗歌関次序

〈우조 초삭대엽羽調 初數大葉〉
【위의 〈중대엽〉 아래를 보라. 지금은 다시 군더더기로 덧붙이지 않는다. 남창男唱.】

【見上中大葉下, 今不復贅之, 男唱.】

---

177 李基用 編, 鄭在皓·金興圭·田耕旭 註解, 『註解 樂府』, 고려대 민족문화연구소, 1992, 602쪽.

〈우조 이삭대엽羽調二數大葉〉 남창男唱

 34.153~154

【[상단:34.153]

답군은答君恩/강호사江湖詞

강호江湖에 기약期約을 두고 십년十年을 분주奔走하니

그 모르는 백구白鷗는 더디 온다 하려니와

성은聖恩이 지중至重하심에 갚고 가려 하노라[178]

答君恩
曾在江湖曾後約, 十年奔走在朱門. 白鷗休怪歸來晚, 且待一分答聖恩..】

〈기2其二〉 여창女唱

 34.154

【[상단: 34.154]

만정방滿庭芳/도강사悼紅詞

간밤에 부던 바람 만정滿庭 도화桃花 다 지겠다

아이는 비를 들고 쓸려고 하는구나

낙화落花인들 꽃이 아니랴 쓸어 무엇 하리오[179]   자하紫霞

滿庭芳
昨夜桃花風盡吹, 縛箒山童凝何思. 落花顔色亦花也, 何必苦庭勒掃之. 紫霞】

178 李基用 編, 鄭在皓·金興圭·田耕旭 註解, 『註解 樂府』, 고려대 민족문화연구소, 1992, 602쪽.
179 李基用 編, 鄭在皓·金興圭·田耕旭 註解, 『註解 樂府』, 고려대 민족문화연구소, 1992, 602쪽.

〈기3〉

【중거 삭대엽. '중重'은 거성去聲이다.】

其三【重擧 數大葉. 重, 去聲.】

 34.155

【[상단: 34.155]
〈삭대엽〉 장단법
　초장初章은, 초두初頭는 7점點, 중두中頭는 13점이다. 2장은 17점이다. 3장은 청한淸限까지 아울러 23점이고, 중여음中餘音은 11점이다. 4장은 17점이다. 5장은 청한까지 아울러 30점이고, 대여음은 31점이다. 나머지 절節은 2점이니, 합쳐서 1백 50점이 되면 다시 시작한다. 다음 노래를 부르면, 초장은 대여음의 제34점에서 시작해 끝없이 순환한다.

　　數大葉 長短法
　初章, 初頭七點 中頭十三點. 二章, 十七點. 三章幷淸限二十三點, 中餘音一十點. 四章, 十七點. 五章, 幷淸限三十點, 大餘音三十一點. 餘節爲二點, 則合爲一百五十點, 而復起唱亞也 初章起於大餘音之第三十四點, 循環無端.】

〈기4其四〉【여창 2자 머리女唱二字頭】

 34.155~156

【[상단: 34.155~156]
금리침綿裡針/몽중사夢中思
이 몸 죽어져서 접동새 넋이 되어
이화梨花 피운 가지 싸여다가
밤중만 살아서 우리 님의 귀에 들리리라[180]　　　　　　　　　　　초부紫霞

綿裡針

此身化作巴禽魂, 藏在梨花密處遷. 夜深啼近君家月, 願得聲聲到耳邊. 樵夫】

〈우조 삼삭대엽羽調三數大葉〉

【남창男唱〈삼삭엽〉은 이미〈삼중대엽〉아래에 보였으므로 지금 거듭 싣지는 않고, 단지 여창 곡조만 싣는데, 속칭〈삼뢰곡三雷曲〉이라 한다.】

【男唱三數葉已見於三中大葉下, 故今不重疊, 而只錄女唱関, 俗稱三雷曲耳.】

 34.156~157

【[상단: 34.156~157]
취공자醉公子/별상사별상사別相思
한숨은 바람이 되고 눈물은 세우細雨 되어
임任 자는 창窓 밖에 불며 뿌리고자
나를 잊고 깊이 든 잠을 깨워 볼까 하노라[181]

醉公子
嘆成一陳風悽悽, 淚作千行兩惻惻. 風吹雨灑綺窓前, 半夜教君眠不得.】

〈우조 삼뢰羽調三雷〉

【속칭〈소용〉이다.】

【俗稱 소용이라】

180 沈載完 編, 『歷代時調全書』, 시조간행회, 2015, 822쪽.
181 李基用 編, 鄭在皓·金興圭·田耕旭 註解, 『註解 樂府』, 고려대 민족문화연구소, 1992, 605쪽.

 34.157~158

【이미 아창亞唱이 없다. 〈반엇半旕〉을 청하고자 하면, 〈우롱羽弄〉의 대음大音으로 바꾸어 쓰되, 이것 이하의 〈농弄〉, 〈낙樂〉, 〈편뢰編雷〉, 〈편삭編數〉 4편은 없다.】

【旣無亞唱. 欲請半旕, 則以羽弄大音換用, 而無此以下弄·樂·編雷·編數四篇.】

【[상단: 34.157]
격양가/강구음康衢吟】

〈계면 초삭엽界面初數葉〉 남창男唱

 34.158~159

【[상단: 34.158]
사귀사思歸詞 효종대왕 어제御製

思歸詞 孝宗大王御製】

〈계면 이삭대엽界面二數大葉〉 남창男唱

 34.159~160

【[상단: 34.159]
아송雅訟/춘풍사春風詞
운담풍경근오천雲淡風輕近午天에 소거小車에 술을 싣고
방화수류訪花隨柳하여 전천前川을 지나가니
모르는 벗님네는 학소년學少年을 한다노[182]   정명도程明道[183]

雅頌

雲淡風輕近午天. 訪花隨柳過前川. 傍人不識余心樂. 將謂偸閒學少年. 程明道.】

〈기2其二〉【여창女唱】

 34.160

【[상단: 34.160]

갑을창甲乙唱

황하원상백운간黃河遠上白雲間하니 일척고성만인산一斥孤城萬仞山을

춘광春光이 예로부터 못 넘는 이 옥문관玉門關을

어찌 일성강적一聲羌笛이 원양류怨楊柳를 하는고[184]　　　　　　　　　왕지환王之渙

甲乙唱

黃河遠上白雲間. 一斥孤城萬仞山. 羌笛何須怨楊柳. 春光不到玉門關. 王之渙.】

〈기3其三〉【남창男唱〈중거대엽中擧大葉〉】

 34.160~161

【[상단: 34.161]

영파影波/어부사漁父詞

추산秋山이 석양夕陽을 띠고 강심江心에 잠겼는데

일간죽一竿竹 들러메고 소정小艇에 지나시니

천공天公이 한가閒暇히 여기서 달을 조차 보내시다[185]　　　　　　　　자하紫霞

182　沈載完 編,『歷代時調全書』, 시조간행회, 2015, 780쪽.
183　정명도(程明道):『현학금보』(고려대 소장)에는 '정자명도(程子明道)'로 되어 있다.
184　沈載完 編,『歷代時調全書』, 시조간행회, 2015, 1211~1212쪽.

影波

秋山夕照蘸江心, 釣罷孤憑小艇吟. 漸見水光迎棹立, 半彎新月一條金. 紫霞】

〈기4其四〉【여창女唱】

 34.161~162

【[상단: 34.161~162]
어부사漁父辭

서새산전백로비西塞山前白鷺飛하고 도화류수궐어비桃花流水鱖魚肥라

청약립녹사의靑蒻笠綠蓑衣도 사풍세우불수귀斜風細雨不須歸라

그곳 장지화張志和 없으니 놀 이 적어 하노라[186]　　　　　　　　　　장지화

漁父辭

西塞山前白鷺飛, 桃花流水鱖魚肥. 靑蒻笠綠蓑衣, 斜風細雨不須歸. 張志和】

〈기5其五〉【남창男唱 혹或 여창女唱】

 34.162~163

【[상단: 34.162~163]
십주가처十洲佳處/백구사白鷗詞

묻노라 저 선사禪師야 관동풍경關東風景 어떻더냐

명사십리明沙十里에 해당화海棠花 피었는데

양양백구비소우兩兩白鷗飛小雨하더라[187]　　　　　　　　　　자하紫霞

---

185 李基用 編, 鄭在皓·金興圭·田耕旭 註解, 『註解 樂府』, 고려대 민족문화연구소, 1992, 605쪽.
186 沈載完 編, 『歷代時調全書』, 시조간행회, 2015, 553~554쪽.

十洲佳處

釋子相逢無別語, 閑東風景也如許. 明沙十里海棠花, 兩兩白鷗飛小雨. 紫霞】

금보 끝

琴譜終

---

187 沈載完 編,『歷代時調全書』, 시조간행회, 2015, 392~393쪽.

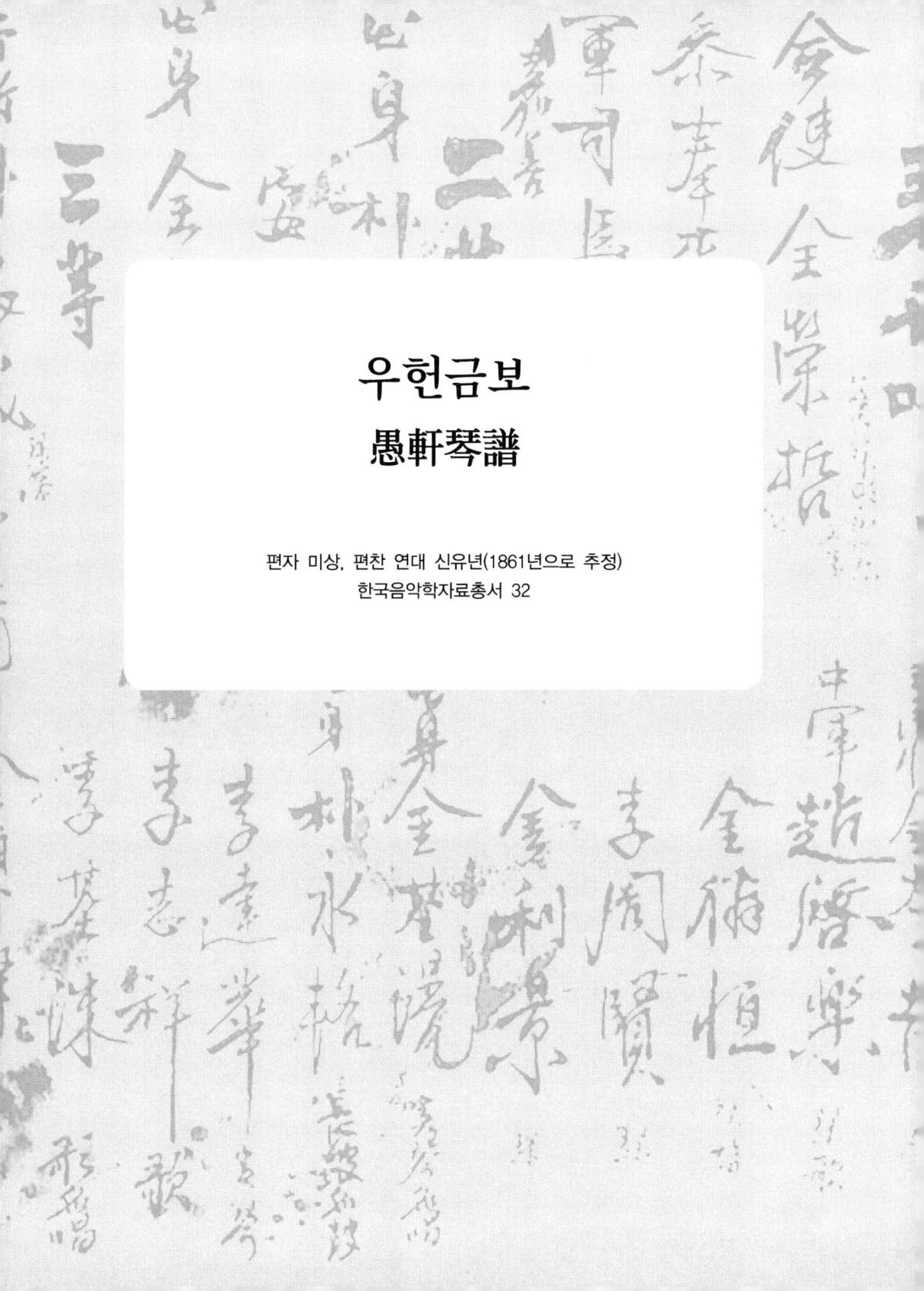

우헌금보

愚軒琴譜

편자 미상, 편찬 연대 신유년(1861년으로 추정)
한국음악학자료총서 32

우헌금보 해제

가곡과 정악을 담은 거문고 악보. 자료의 현 표지에 '우헌금보'라 적혀 있다. 이 자료의 표제에 관하여 장사훈張師勛(1916~1991)은 자료 뒷부분에 적힌 '愚軒琴墅(우헌금서)'에서 '우헌'을 따고, 수록된 내용이 거문고 악보이기에 '우헌금보愚軒琴譜'라 이름하였다.[1] 그러므로 자료의 현 표지는 장사훈이 새로 만들고 표제 역시 그가 썼음을 시사한다.

필사본 1책으로 32장이며 끝부분에 별지가 1장 붙어 있다. 책의 장정裝幀은 포배장包背裝이다. 곧 책장 절단면의 가까운 곳을 끈으로 묶은 다음에 한 장의 종이를 풀로 붙여서 만든 것이다.[2] 이 포배장은 장사훈이 표지를 새로 만들 때 이루어졌을 것이다. 책 규격은 세로 26.9cm 가로 26.7cm이며, 별지 규격은 세로 23.5cm 가로 43.7cm이다. 거문고 구음을 한자로 기록하였고, 악보에 정간井間은 사용하지 않았다.

이 자료에 서문이나 발문이 없지만 자료 마지막 면에 "신유년辛酉年 정월正月 목동牧洞에서 다 썼다. □□랑郞 박근성朴根成"[3]이라고 적힌 데서 장사훈은 박근성이 신유년(1861)에 편찬한 것으로 추정하였다.[4] 하지만 이 내용은 후대에 추가로 기록했을

---

1 장사훈,「우헌금보」,『국악사론』, 대광문화사, 1983, 308~309쪽 및 『국악문헌』, 국악교육연구회, 1990, 175쪽. 이것을 국립국악원에서 영인본을 간행할 때 그대로 따랐다. 국립국악원,『한국음악학자료총서』32, 국립국악원, 1997, 182쪽.
2 이러한 과정으로 인하여 이 자료는 접힌 부분의 내용을 판독하는 데 어려움이 있다.
3 辛酉 正月 一 畢書于牧洞 □□郞 朴根成. 국립국악원,『우헌금보』,『한국음악학자료총서』32, 국립국악원, 1997, 259쪽.
한편, 이 자료 34b에 '금명창'이란 제목에 당대 명인 명창 24인을 소개했는데, 여기 3등 첫 번째 인물이 '절충(折衝) 박근성(朴根成)'이다. 박근성은 현악기 금(琴) 곧 거문고와 관악기 소(簫)의 명인으로 기록되어 있다.

가능성이 있고, 앞서 '우헌금서'란 기록에서 편자가 '우헌'일 가능성이 있기에 이 자료의 편자에 대한 문제는 향후 세밀한 연구가 필요하다. 이 자료를 장사훈이 생전에 소장했다가 1991년 4월에 청주대학교에 기증하여 현 소장처는 청주대학교 중앙도서관이며, 지금은 청주대학교 박물관에 전시되어 있다. 수록된 악곡 수는 가곡 25곡,[5] 정악 5곡, 시조 4수이다. 아울러 원본의 접힌 용지가 떨어지면서 생긴 여백에 〈본영산〉 일부와 가사 4편이 적혀 있다.

1. 해설

수록된 내용은 가곡, 정악, 시조와 기타로 구분되는데, 자료 속지에 〈본영산〉 일부와 가사 4편이 있다. 자료의 첫 면에 낙서한 내용이 있는데,[6] 이 부분은 음악과 상관없는 내용이므로 생략하였다. 자료의 처음부터 중·후반까지 가곡 반주를 위한 거문고 악보가 75% 이상의 분량을 차지한다. 그다음에 〈계면 가락덜이〉와 〈여민락〉 등 정악 5곡의 거문고 악보가 있다. 말미에 시조 4수가 수록되어 있으며, 이어서 "琴家之大寶, 此世之無雙(거문고 연주자의 가장 큰 보배요, 이 세상에 짝을 찾을 수 없는 것이로다)"이라는 글씨가 악보의 한 면을 모두 차지할 정도로 크게 적혀 있다. 또 '금명창'이란 제목 아래 박근성을 포함하여 당대 명인과 명창 24인의 명단이 수록되어 있다. 이 명단은 악보 편찬 당시에 활동했던 음악가들로서 한국음악 인물사 연구에 소중한 자료라 할 수 있다. 하지만 국립국악원에서 이 자료를 영인하는 과정에서 명단의 끝부분이 누락되어 아래에 제시한다.

---

4   장사훈, 「우헌금보」, 『국악사론』, 대광문화사, 1983, 308~312쪽 및 『국악문헌』, 국악교육연구회, 1990, 174쪽; 최헌, 「『우헌금보』 해제」 『한국음악학자료총서』 32, 국립국악원, 1997, 182쪽.
5   자료 첫 장에 수록된 가보의 실체는 미상인데, 이를 포함하여 25곡으로 셈하였다.
6   『우헌금보』, 『한국음악학자료총서』 32, 국립국악원, 1997, 189쪽.

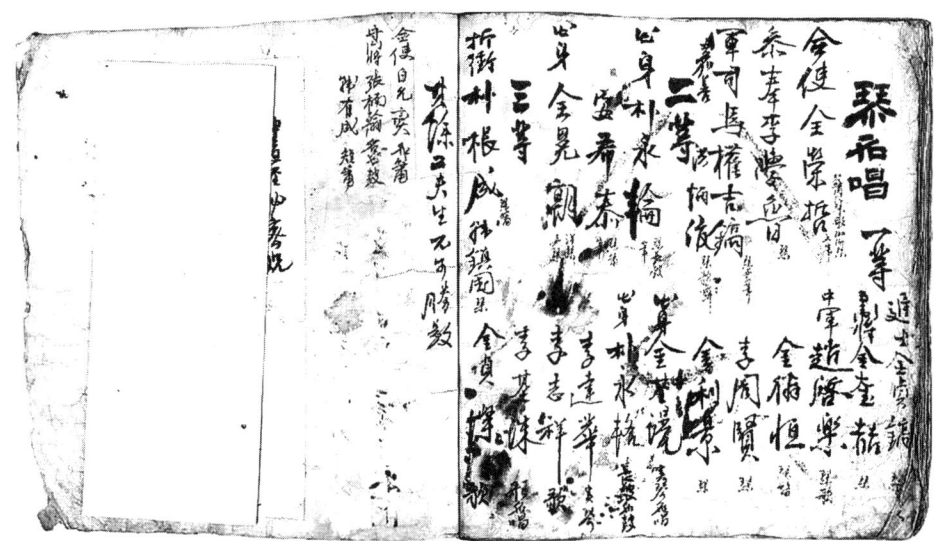

<그림 1> 『우헌금보』의 '금명창' 부분

이어서 별지가 1장 있는데, 별지에는 『신도태을경神道太乙經』의 일부분이 수록되어 있다.[7] 『신도태을경』은 무속 경전의 일종으로 모든 악귀로부터 일신을 보호하는 경문이다. 이 경문은 "신성대제神聖大帝 태을현수太乙玄搜 어아강설於我降說 ······"로 시작된다. 이 별지는 자료 소장자가 개인적으로 필요하여 악보 뒷부분에 부착한 것으로 짐작된다. 이 내용은 음악과 무관하여 번역하지 않았고, 내용을 생략하였다.

원본의 접힌 용지가 떨어지면서 생긴 여백 6군데에 〈본영산〉 1~3장과 〈관산융마〉, 〈편락〉, 〈상사별곡〉, 〈양양가〉, 〈어부사〉가 수록되어 있다. 별지와 여백의 내용은 후대에 추가된 것으로 짐작된다.

2. 악곡

수록된 악곡은 가곡과 정악 및 시조로 구분된다. 그리고 자료 이면지에 수록된

---

7 『우헌금보』, 『한국음악학자료총서』 32, 국립국악원, 1997, 257~258쪽.

〈본영산〉 일부와 가사도 있다.

　가곡의 경우 가곡 반주를 위한 거문고 악보가 수록되어 있는데, 이 자료에서 특이한 점은 악보를 기록한 방식이다. 예전 사람들은 일반적으로 세로로 글씨를 쓰듯이 악보도 세로로 기록하였다. 그런데 이 책의 편자는 악보를 가로로 기록하였다. 악보의 시작점을 좌측면 하단 끝으로 잡아서 글씨를 좌측에서 우측으로 기보하였고, 하단에서 상단 방향으로 옮기면서 기록하였다. 이해하기 쉽게 원본과 함께 악보 구조를 그림으로 나타내면 다음과 같다.

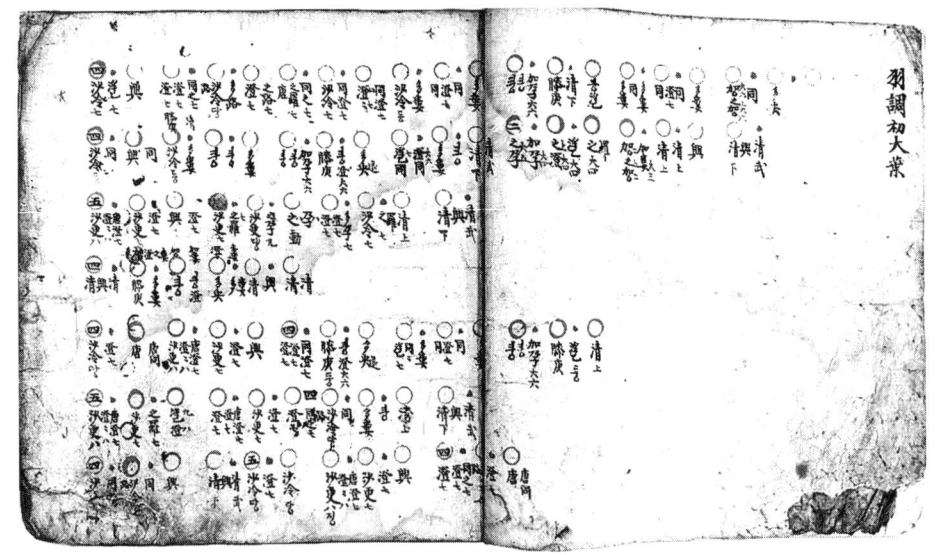

<그림 2> 『우헌금보』의 악보 구조

이러한 기보 형태는 『금가琴歌』에도 나타난다.[8] 또 『현학금보』(정경태 구장)에도 나타나는데[9] 여기에는 악보 구음을 적는 대신 수파水波를 그림으로 나타낸 점이 다르다. 수파를 그림으로 나타낸 것이란 노래 선율을 물결 모양으로 그려서 나타낸 것을 말한다.[10]

이 자료에 수록된 가곡은 모두 25곡이다. 현행 가곡과 비교했을 때 몇 가지 차이점이 발견된다. 첫째는 〈이삭대엽〉과 〈삼삭대엽〉 사이에 〈삭삭대엽數數大葉〉이 출현하는 점이다. 이 곡은 우조와 계면조에 모두 나타난다. 둘째는 〈삼삭대엽〉과 〈소용이〉 사이에 우조의 경우 〈우조 쇠삼대엽羽調衰三大葉〉이, 계면조의 경우 〈계면 쇠삭삭대엽界面衰數數大葉〉이 나타나는 현상이다. 셋째는 오늘날 〈반엽〉이 이 자료에는 〈율당대엽〉과 〈율당〉으로 나타나는 점이다. 넷째는 오늘날 〈중거〉〈평거〉〈두거〉 위치에 우조의 경우 〈우조 삭삭대엽〉이란 곡명이 3회 나타나며, 계면조의 경우 〈계면 삭삭대엽〉이 1회 나타나는 점이다. 다섯째는 현행 〈태평가〉는 이 자료에 출현하지 않은 점이다. 이러한 차이점은 향후 연구하여 자세히 규명할 필요가 있다. 특히 〈삭삭대엽〉이 출현하는 고악보로는 『금가』가 있는데, 『우헌금보』와 『금가』의 관계 역시 연구할 필요가 있다.

그다음에 수록된 곡은 〈계면 가락덜이〉〈양청도드리〉〈여민락〉〈군악〉〈양청도드리〉로 모두 5곡이다. 〈계면 가락덜이〉는 초장~7장까지 있고, 이어서 초회初回·2회·3회로 이어져서 〈양청도드리〉까지 있다.

〈여민락〉과 〈군악〉은 서체와 먹의 농도가 같은데, 이것은 앞부분의 〈계면 가락덜이〉와 〈양청도드리〉의 서체 및 먹의 농도와 차이가 있다. 이것은 시기를 달리하여 기록한 것이거나, 다른 사람의 기록을 중간에 끼워 넣었을 가능성이 있다. 이 내용 역시 무정간無井間에 거문고 구음을 한자로 표기하였다. 〈영산회상〉 9곡 중 〈군

---

8 국립국악원, 『금가』, 『한국음악학자료총서』 31, 국립국악원, 1995, 57~89쪽.
9 국립국악원, 『현학금보』, 『한국음악학자료총서』 34, 국립국악원, 1999, 140쪽, 143쪽, 146쪽, 150쪽.
10 수파형 악보에 관한 연구 성과로 2건이 있다. 임미선, 「『가조별람』 소재 수파형 곡선보에 나타난 18세기 가곡창 선율」, 『한국음악사학보』 35집, 한국음악사학회, 2005, 71~98쪽. 신경숙, 「권섭 『가보』의 악보사적 의의」, 『우리어문연구』 30집, 우리어문연구회, 2008, 146~175쪽.

악)만 수록된 점 역시 특이하다.

가사는 4편이 수록되어 있는데, 앞서 언급했듯이 원본의 접힌 용지가 떨어지면서 생긴 여백에 추가된 형태이다. 떨어진 여백에 기록된 내용과 위치는 아래와 같다.

① 〈본영산〉 초장과 2장 : 〈우조 이삭대엽〉과 〈우조 삭삭대엽〉 사이
② 3장 : 〈우조 삭삭대엽〉과 〈우조 삼삭대엽〉 사이
③ 〈관산융마〉 : 〈율당〉과 〈계면 초대엽〉 사이
④ 〈편락〉 : 〈계면 초대엽〉과 〈계면 이삭대엽〉 사이
⑤ 〈상사별곡〉·〈양양가〉 : 〈계면 평롱〉과 〈농각〉 사이
⑥ 〈어부사〉 : 〈우락각〉과 〈계락〉 사이

가사는 가곡과 달리 거문고 반주 악보는 없고, 노랫말만 수록되어 있다. 〈본영산〉 초장~3장은 정간 없이 거문고 한글 구음이 적혀 있다. 〈관산융마〉와 〈양양가〉는 한자로 기록하였고, 〈편락〉과 〈상사별곡〉〈어부사〉는 한글로 기록하였다. 〈상사별곡〉과 〈어부사〉는 『협률대성』에 수록된 바 있으나, 〈관산융마〉와 〈양양가〉는 이 악보에만 나타나기에 이 자료의 가치를 높여준다. 이 악보를 19세기 후반기 가곡의 변천, 특히 중거와 평거 및 농·낙·편의 파생 과정을 살필 수 있는 중요한 악보로 평가하는 견해도 있다.[11]

이 자료는 특이하게도 원본의 접힌 용지가 떨어지면서 생긴 여백에 내용이 추가된 것이 여러 군데 있다. 그런데 『한국음악학자료총서』 32집에 수록된 『우헌금보』의 영인본을 보면 여백에 수록된 내용 일부가 누락 되었으며, '금명창'의 끝부분 내용 역시 누락 되었다. 또 별지는 서로 순서가 뒤바뀌어 수록되어 있다. 그러므로 향후 이 자료는 영인을 다시 할 필요가 있다.

---

11 최헌, 「우헌금보 해제」, 『한국음악학자료총서』 32, 국립국악원, 1997, 184쪽.

3. 관련 자료와 논저

1) 『우헌금보』 영인본 자료
『한국음악학자료총서』 32, 국립국악원, 1997, 187~260쪽.

2) 『우헌금보』 해제
장사훈, 「우헌금보」, 『국악사론』, 대광문화사, 1983, 308~312쪽 및 『국악문헌』, 국악교육연구회, 1990, 174~178쪽.
최헌, 「『우헌금보』 해제」, 『한국음악학자료총서』 32, 국립국악원, 1997, 182~184쪽.

3) 『우헌금보』 관련 논저
김영운, 「여창가곡의 발전과정에 대한 고찰: 19세기 악보의 여창가곡을 중심으로」, 『한국음악연구』 제29집, 한국국악학회, 2001, 121~170쪽.
신지현, 「가곡장단 기보법의 역사적 변천: 19세기부터 현재까지를 중심으로」, 이화여대 대학원 석사학위논문, 2008.
김소연, 「여민락의 거문고선율 비교연구: 장인식·임석윤과 고악보를 중심으로」, 이화여대대학원 석사학위논문, 2012.
김우진, 『거문고 육보체계에 관한 통시적 고찰』, 민속원, 2015.
김화복, 「19~20세기 남창 우조가곡 거문고 선율의 변화 양상」, 한양대대학원 박사학위논문, 2016.
이동희, 「환계락의 변천 연구」, 한국학중앙연구원 한국학대학원 석사학위논문, 2016.
신혜선, 「『삼죽금보』 각(脚)을 통해 본 가곡 농·낙의 특징」, 한양대대학원 박사학위논문, 2019.
김화복, 「가곡 편(編)계통 악곡의 '각(刻)' 선율 연구」, 『국악원논문집』 41집, 국립국악원 2020.
이동희, 「고악보에 수록된 '낙(樂)' 계열 가곡의 변천 양상 연구」, 한국학중앙연구원 한국학대학원 박사학위논문, 2022.
＿＿＿, 「19세기 '농(弄)' 계열 가곡의 변천」, 『한국문학과 예술』 47집, 한국문학과예술연구소, 2023, 45~73쪽.

해제 : 김성혜

우헌금보
愚軒琴譜

계녀창界女唱 삼삭三數 초·2장
삼만육천일三萬六千日 2·3장
청석령靑石嶺 3·5장
청편락請編樂 대여음大餘音
우 소용이羽騷聾伊 중여음中餘音
우락羽樂 여창女唱 4장
우락 3장. 중요변계락성中腰變界樂聲

界女唱三數, 初·二章.
三萬六千日, 二·三.章
靑石嶺, 三·五章
請編樂, 大餘音
羽騷聾伊, 中餘音.
羽樂, 女唱, 四章.
羽樂三章, 中腰変界樂聲.

(제목 미상)[12]

  32.190~191

---

12 제목 미상: 원문에 제목은 없고, 악보만 제시되어 있어 임의로 (제목 미상)이라 넣었다.

〈우조 초대엽羽調初大葉〉

 32.192~193

〈우조 이삭대엽羽調二數大葉〉

 32.194~195

【이면】[13]〈본영산〉 초장~이장[14]

〈우조 삭삭대엽羽調數數大葉〉

 32.196~197

【이면】삼장[15]

〈우조 삼삭대엽〉

굴원屈原 충혼忠魂 어디 자고

2장·3장은 위층에 따로 써 놓았다.[16]

---

13 【이면】: 이 자료는 원본의 접힌 용지가 떨어지면서 자연히 여백이 생기게 되었고, 이 여백에 기록된 내용을 원문과 구분하기 위해 '【이면】'이라 표기하였다. 이하 같다.
14 『우헌금보』 영인본에 누락된 부분임.
15 『우헌금보』 영인본에 누락된 부분임.

羽調 三數大葉

굴원 츙혼 어듸 자고

二章·三章, 別書上層.

 32.198~199

〈우조 쇠삼대엽羽調衰三大葉〉

 32.200~201

〈우조 소용이羽調騷聳伊〉

 32.202~203

〈율당대엽栗糖大葉〉[17]

 32.204~205

〈율당〉

흐리나 맑으나 즁에

栗糖

흐리나 말그나 즁에

 32.206~207

16 위층에 따로 써 놓았다: 원문을 보면, 위층에 따로 쓴 내용이 없기에 의문이다. 이하 같다.
17 율당대엽(栗糖大葉): '반엽(半葉)'의 다른 이름. 『현금오음통론』에 '율당'으로 나타난다. 장사훈, 『국악대사전』, 579쪽.

【이면】〈관산융마關山戎馬〉[18]

신광수

가을 강 적막하니 어룡魚龍[19]조차 서늘한데
서풍 맞으며 한 사람 중선루仲宣樓[20]에 있노라
매화가 나라에 가득한데 저녁 피리 소리 들려오고
도죽桃竹[21] 지팡이 짚는 남은 생애 백구白鷗만 따르노라
오랑캐 땅 해 저물 녘에 난간에 기대어 한탄하니
"저 북쪽 전쟁은 어느 날에나 그칠까?"
봄꽃 핀 고향 땅 눈물 뿌리고 떠난 뒤
어느 강산인들 나의 수심愁心이 아니랴
새로 난 부들과 가는 버들은 곡강曲江[22]의 누각이요
이슬 내리고 맑은 바람 부는 기주夔州[23] 땅이로다
청포靑袍 입고 한 번 만리 갈 배에 오르니
하늘 같은 동정호에 가을 물결 일어나네
끝없이 드넓은 칠백리 초나라 땅에
예부터 높은 누각들 물 위에 떠 있구나
가을 소리 들으며 낙엽 지는 하늘 아래 서성이고
눈으로는 방초芳草 우거진 물가를 한 없이 바라본다
바람과 안개 눈에 가득 불어오는데
불행한 신세 동남 땅을 이리저리 떠도놋다

---

18 『우헌금보』 영인본에 누락된 부분임. 〈관산융마〉는 신광수(申光洙)가 두보(杜甫)의 시에서 구절과 시상을 따와서 다시 구성하여 지은 과시(科試)다. 조선시대 서북 지방의 기생들이 창(唱)으로 많이 불렀다.
19 어룡(魚龍): 물고기와 용. 대체로 물속에 사는 것들을 가리킨다.
20 중선루(仲宣樓): 지금의 호북성(湖北省) 당양현(當陽縣)의 성루(城樓).
21 도죽(桃竹): 대나무의 일종. 아주 단단하여 화살이나 지팡이 자리를 만드는 재료로 쓰인다.
22 곡강(曲江): 두보가 한 때 살던 곳. 두보는 〈곡강〉이란 제목의 시를 남기고 있는데, 거기서 자신의 토지가 있다고 하였다.
23 기주(夔州): 두보가 55세 이후에 살던 곳. 사천성 삼협(三峽) 부근에 있다.

중원 곳곳에 전고戰鼓 울리니

신臣 두보杜甫는 먼저 천하를 걱정했지요

산 푸르고 물 맑은 곳에서 과부가 통곡하고

거여목과 포도 심은 마을에는 호마胡馬가 울고 있네

개원開元 때의 꽃과 새는 수령궁繡嶺宮[24]에 갇혀 있으니

강남江南 홍두구紅豆謳[25] 흐느끼며 듣노라

서쪽 담 오동과 대는 예전 습유拾遺, 杜甫의 것인데

초나라 다듬이 소리를 듣는 지금 백두白頭로 늙어가네

쓸쓸하고 외로운 배 한 척 백만百蠻[26] 땅에 들어가노니

늙마의 생애를 삼협三峽의 배에 맡겼노라

풍진風塵에 아우와 누이들 그리노라 눈물조차 말라붙는데

강처럼 바다처럼 넓은 천지에 벗들은 기별조차 없구나

천지를 떠도는 부평초 같은 신세 이 높은 누각을

난세에 올라서서 초수楚囚[27]와 같은 이네 몸을 애닯아하네

關山戎馬

　　　　　　　　　　申光洙

秋江寂寞魚龍冷하니 人在西風仲宣樓을

梅花萬國聽暮笛이요 桃竹殘年의 隨白鷗을

烏蠻落照倚檻恨은 直北兵塵何日休오

春花故國濺淚後 何處江山이 非我愁오

24　수령궁(繡嶺宮): 당나라의 궁전 화청궁(華淸宮)을 말함. 당나라 현종과 양귀비가 만나 즐기던 곳이다.
25　홍두구(紅豆謳): 홍두는 홍두수(紅豆樹)의 열매. 진홍색이어서 흔히 남녀 간 사랑의 상징으로 쓰인다. 홍두구는 곧 남녀간의 연애감정을 노래한 연가(戀歌).
26　백만(百蠻): 중국 남쪽 지방에 많은 소수민족이 살았으므로 흔히 '백만(百蠻)'이라고 함.
27　초수(楚囚): 초나라의 죄수. 진(晉)나라 사람으로 초나라에 포로로 잡혀가자 초나라 음악을 연주하며 고향을 그리워했던 종의(鍾儀)의 고사에서 유래한 말. 곧 나라가 어지러워져 곤란한 상황에 있는 사람을 의미함.

新浦細柳曲江樓[28]오 玉露淸風虁子州을
靑袍로 一上萬里船ᄒᆞ니 洞庭如天波始秋을
無邊楚[29]色七百里의 自古高樓湖上浮을
秋聲은 徒倚[30]落木天인ᄃᆡ 眼力은 初窮芳草洲을
風烟은 非不滿目來ᄒᆞ니 不幸東南飄泊遊라
中原幾處의 戰鼓多ᄒᆞ니 臣甫先爲天下憂을
靑山白水의 寡婦哭이오 苜蓿葡萄胡馬啾을
開元花鳥鎖繡嶺ᄒᆞ니 泣聽江南의 紅豆謳을
西垣梧竹旧拾遺요 楚石霜砧은 餘白頭을
蕭蕭孤棹은 泛百蠻이오 暮年生涯三峽舟을
風塵弟[31]妹淚欲枯요 湖海親朋은 書不投을
如[32]萍天地의 此樓高ᄒᆞ니 亂代登臨悲楚囚을

〈계면 초대엽〉

앞못에 원서元書

청석령靑石嶺 3장·5장은 윗층에 따로 써 놓았다.

界面 初大葉

압못셰 元書

靑石嶺, 三章·五章, 別書上層.

 32.208~209

---

28 樓: 원문의 '路'는 '樓'의 오자이므로 바로잡았다.
29 楚: 원문의 '草'는 '楚'의 오자이므로 바로잡았다.
30 倚: 원문의 '移'는 '倚'의 오자이므로 바로잡았다.
31 弟: 원문의 '娣'는 '弟'의 오자이므로 바로잡았다.
32 如: 원문의 '浮'는 '如'의 오자이므로 바로잡았다.

【이면】³³ 〈편락〉 남창

나무도 바위 돌도 없는 산에 매에게 휘쫓긴 까투리의 안과

대천大川바다 한가운데 일천一千 석 실은 배에 노도 잃고 닻도 꺾고 용총³⁴도 끊코 키도 부러지고 바람 불어 물결치고 안개도 섞여 잦아진 날에 갈 길은 천리만리 남고 사면四面은 검어 어둑 천지 적막 까치노을 떴는데 수적水賊 만난 도사공都沙工의 마음과

엊그제 임 여읜 나의 안이사 얻다가 가을 할꼬

편낙 남창

나무도 바이 돌도 업는 뫼의 미이계 휘좃친 가토리 안과 틱쳔 바다 한가온더 일쳔 석 실은 비의 노도 일고 닷도 쓴고 농쳥도 겻고 치도 부러지고 바람 부러 물결 치고 안기 두 셧계 자자든 날의 갈 길은 쳘니말니 남고 사면은 거머 어둑 천지적막 가치노을 쌋난더 수젹 만는 도스공의 안과 엇그제 님 어인 너의 안이스 엇다가나 가을 헐고

〈계면 이삭대엽界面二數大葉〉

 32.210~211

〈계면 삭삭대엽界面數數大葉〉

 32.212~213

〈계면 삭삭대엽界面數數大葉〉

 32.214~215

---

33 『우헌금보』 영인본에 누락된 부분임.
34 용총: 돛대에 매어 놓은 줄. 돛을 올리거나 내리는 데 쓴다.

〈계면 삭삭대엽界面數數大葉〉

 32.216~217

〈계면 삼삭대엽界面三數大葉〉

 32.218~219

〈계면 쇠삭삭대엽界面衰數數大葉〉

 32.220~221

〈계면 소용이界面騷聾伊〉

 32.222~223

〈계면 반농언농界面半弄言弄〉

 32.224~225

〈계면 평롱〉

이 대여음은 계락 대여음과 서로 바꾸어 연주하는 것으로 풀이된다. 잘 살펴서 해야 한다.

界面平弄
此大餘音與界樂大餘音相換, 諒爲之.

 32.226~227

【이면】〈상사별곡〉

인간 이별 만사萬事 중에 독수공방獨守空房 더욱 섧다
상사불견相思不見 이내 진정 제 뉘 알리
맺힌 설움 이렁저렁이라 흐트러진 근심
다 후루쳐 던져두고 자나 깨나 깨나 자나
님을 못 보니 가슴이 답답 어린 양자樣子 고운 소리
눈에 암암暗暗하고 귀에 쟁쟁錚錚
보고지고 보고지고 님의 얼굴
듣고지고 듣고지고 님의 말씀
비나이다 하느님께 님을 이제 보게 비나이다
전생차생前生此生이라 무슨 죄로 우리 둘이 생겨나서
그린 상사相思 한 데[35] 만나 이별 맞이하고
처음 맹세 천금주옥千金珠玉도 귀 밖이오
세상 일빈이 관여하랴[36]
일조一朝 낭군 이별 후에 소식조차 돈절頓絶하다
나며 들며 빈방 안의 다만 한숨이 내 벗이라
만첩청산萬疊靑山으로 들어가니 어디 우리 낭군이 날 찾으리
산은 첩첩疊疊하여 고개 되고 물은 충충 흘러 소沼이로다
나래 돋힌 학鶴이 되면 날아가서 보련마는
오동추야梧桐秋夜 밝은 달에 님 생각이 새로워라

상사별곡
　인간 니별 만사중의 독수공방 더욱 셜다 상사불견 이내 진정 제 뉘 알니 밋친 시름 이렁져렁이라 훗트러진 근심 다 후루쳐 더져두고 자나씨나[37] 씨나자나 님을

35　그린 상사(相思): '서로 그리워하는' 뜻으로 보인다.
36　세상 일빈이 관여하랴: 『협률대성』에는 "세사(世事) 일관(一貫) 관계(關係)하랴"로 되어 있다. 강명관 외 4인, 『역주 고악보』 2, 493쪽.
37　자나씨나: 원문에 '가나씨나'로 오기된 것을 바로잡았다.

못 보니 가슴이 답답 어린 양자 고은 소리 눈의 암암하고 뒤의 쟁쟁 보고지고 보고지고 님의 어울 듯고지고 듯고지고 님의 말슴 비나이다 하느님계 님을 인져 보계 비나이다 젼생차생에서 무슴 죄로 우리 두리 삼계나셔 그린 상사 한 데 만나 니별 마즈하고 쳐음 밍셔 쳔금주옥도 귀 밧기요 세샹 일빈이 관여ᄒᆞ랴 일조낭군 니별 후의 소식조차 돈졀하랴 나며 들며 빈방안의 다만 한숨이 내벗이랴 만쳡쳥산으로 드러가니 어디 우리 낭군이 날 차즐리 산은 쳡쳡ᄒᆞ여 고기되고 물은 층층 흘어 소이로다 나래 도친 학이 되면 나라가셔 보련마는 오동추야 발근 달의 님생각이 새로 와라

【이면】〈양양가襄陽歌〉[38]

해가 현산峴山 서쪽으로 넘어가려는데
흰 두건 거꾸로 쓰고 꽃 아래서 길을 잃네
양양襄陽의 아이들 모두 손뼉 치며
길 막고 다투어 백동저白銅鞮[39] 부른다
옆에 있는 사람에게 무슨 일로 웃는지 물어보자
취한 산옹山翁 이충泥蟲[40] 같아 우습다 하네
가마우지 목처럼 생긴 술 국자와 앵무조개 술잔으로
인생 백년이면 삼만 육천 날이라
하루에 모름지기 삼백 잔을 기울여야 하리
멀리 한수漢水 바라보니 청둥오리 머리처럼 푸르르니
흡사 포도주가 막 익을 때 같구나
이 강물 만약 봄 술로 변한다면
누룩을 쌓아올려 조구糟丘의 누대[41]를 지으리라

---

38 〈양양가(襄陽歌)〉: 이백의 장편시. 이백은 양양에서 잠시 머물렀을 때 이 시를 썼다. 양양의 유적에서 모든 것이 속절없이 변하고 소멸되는 것을 보고, 짧은 인생 술을 마시고 즐겁게 지내자고 하는 내용이다.
39 백동저(白銅鞮): 악부(樂府)의 하나인 〈백동저곡(白銅鞮曲)〉.
40 이충(泥蟲): 전설상의 남해의 뼈 없는 바다 생물. 물속에서는 활발하게 움직이지만, 물이 없으면 술에 취한 듯 진흙처럼 가만히 있다고 한다.

천금千金 나가는 준마駿馬를 소첩小妾과 바꾸고[42]
화려한 안장에 앉아 웃으며 낙매가落梅歌[43]를 부르노라
수레 옆에 술 한 병 비스듬히 걸어두고
봉황 무늬 생황笙簧과 용 그림 피리 연주하며 길을 재촉하네
함양咸陽의 시장에서 누런 개를 생각하며 한탄했던 신세와[44]
달빛 아래서 금 술잔을 기울이는 것을 견주어보면 어떠할까
그대여 보지 못했던가
진晉나라 양공羊公이 남긴 한 조각 비석[45]이
용머리 거북좌대 깎이고 떨어지고 이끼까지 끼어 있네
눈물도 이제 그를 위해 떨굴 수 없고
마음도 이제 그를 위해 슬퍼할 수 없게 되었네
맑은 바람 밝은 달을 사는 데는 돈 한 푼도 들지 않고
옥산玉山은 저 혼자 무너졌지 남이 민 것이 아니라오[46]
서주舒州의 술 국자와 역사力士의 술 양푼이여[47]

41 조구(糟丘)의 누대: 술지게미를 언덕처럼 쌓아놓은 것을 두고 한 말임. 술지게미가 하도 많이 쌓여서 언덕이나 누대처럼 된 것을 이른다. 『한시외전(韓詩外傳)』에 하(夏)나라 걸왕(桀王)은 술로 못을 만들어 배를 몰 만했고, 술지게미는 언덕을 이루어 올라서면 10리를 바라볼 만하였다고 하였다.

42 후위(後魏)의 조창(曹彰)은 준마를 좋아하여 말이 있으면 자신의 애첩(愛妾)과 바꾸었다는 고사에서 나온 말이다.

43 낙매가(落梅歌): 고악부(古樂府)의 〈매화락(梅花落)〉이다.

44 진(秦)나라 정치가 이사(李斯)가 조고(趙高)의 모함으로 함양의 저자에서 사형에 처해질 때 "어떻게 하면 다시 누런 개를 끌고 동문(東門)에서 놀며 토끼 사냥을 할 수 있을까?"라고 한탄했다는 고사에서 따온 말이다.

45 양공(羊公)이 남긴 한 조각 비석: 진(晉)나라 양호(羊祜)는 형주제군사도독(荊州諸軍事都督)으로 양양(襄陽)에 주둔하면서 백성에게 많은 은혜를 베풀었으므로, 백성들이 그가 죽은 뒤 비석과 사당을 세워 해마다 제사를 지냈다. 한 조각 비석은 그 비석이 부수어졌다는 것, 곧 세월이 속절없이 흘러갔다는 것을 의미한다.

46 술을 마시고 쓰러지는 것을 멋있게 표현한 말. 죽림칠현의 한 사람인 진(晉)나라 혜강(嵇康)이 술에 취하여 쓰러지면 사람들은 "옥산(玉山)이 무너지려는 것 같다."고 한 데서 나온 말.

47 서주(舒州) 동안군(同安郡)에서 생산되는 술 국자와 발에 역사(力士)의 얼굴을 새긴 가마솥 모양의 그릇.

나는 이것들과 생사生死를 같이 하리

양왕襄王의 운우雲雨[48]는 지금 어디에 있는가

장강의 물 동쪽으로 흘러가고 원숭이 밤에 우는데

襄陽歌[49]

落日欲沒峴山西, 倒著接䍦花下迷. 襄陽小兒齊拍手, 攔街爭唱白銅鞮. 傍人借問笑何事, 笑殺山翁醉似泥. 鸕鶿杓鸚鵡杯, 百年三萬六千日, 一日須傾三百杯. 遙看漢水鴨頭綠, 恰似葡萄初醱醅. 此江若變作春酒, 壘麴便築糟丘臺. 金鞍駿馬換小妾, 笑坐金鞍歌落梅. 車傍側掛一壺酒, 鳳笙龍管行相催. 咸陽市上嘆黃犬, 何如月下傾金罍. 君不見, 晉朝羊公一片石, 龜龍剝落生苺苔. 淚亦不能爲之墮, 心亦不能爲之哀. 清風明月不用一錢買, 玉山自倒非人推. 舒州杓力士鐺, 李白與爾同死生. 襄王雲雨今安在, 江水東流猿夜聲.

48 양왕(襄王)의 운우(雲雨): 초(楚)나라 양왕(襄王)이 운몽택(雲夢澤)에서 사냥을 하다가 고당(高唐)이란 누관(樓觀)을 바라보니, 그 위에 이상한 구름이 있었다. 송옥(宋玉)에게 물어보니 "옛날 선왕이신 회왕(懷王)께서 고당에서 낮잠을 자는데, 꿈에 어떤 여인이 나타나 '저는 무산(巫山)의 여자로 왕께서 여기에 계신다는 말을 듣고 왔습니다' 하고 회왕과 잠자리를 같이 했습니다. 여인은 '아침이면 구름이 되고 저녁에는 비가 되는데, 아침이면 양대(陽臺)로 내려옵니다.' 하고 떠났는데, 다음 날 아침 그 여자가 말처럼 다시 나타났고 다시 동침하였습니다." 하였다. 흔히 남녀간의 정사(情事)를 뜻하는 고사로 쓰인다. 그런데 여자를 만난 것은 회왕인데, 〈양양가〉는 양왕(襄王)으로 말하고 있다.

49 『우헌금보』에 필사된 〈양양가〉의 원문에 오자가 너무 많아서 각주에 제시하였고, 정확한 원문을 본문에 제시하였다. 오자의 경우 밑줄을 그었다.
攘陽歌
落日欲沒峴山西, 倒著接䍦花下迷. 襄(攘)陽小兒諸百手, 攔街爭唱拍銅鋧. 傍人借問笑何事, 笑殺山翁醉似泥. 鸕鶿酌, 鸚鵡盃, 百年三萬六千日, 一日須傾三百盃. 遙看漢水鴨頭綠, 恰似葡萄初醱醅. 此江若變作春酒, 壘麴片築糟丘臺. 千金駿馬換少妾, 笑坐金鞍皆落梅. 車傍側掛一壺酒, 鳳笙龍管行相催. 咸陽市上嘆黃犬, 何如月下傾金醪. 君不見晉朝羊公一片石, 龜龍剝落生苺苔. 淚亦不能爲之惰, 心亦不能爲之哀. 清風明月不用一錢買, 玉山自倒非人頹. 舒酒杓力士鐺, 李白與爾同死生. 襄王雲雨今安在, 江水東流猿夜聲.

〈농각弄刻〉

 32.230

〈우락각羽樂刻〉

 32.231

【이면】〈어부사〉
설빈어옹雪鬢漁翁이 주포간住浦間하니
자언거수승거산自言居水勝居山을
배 띄어라 배 띄어라 조조재락만조재早潮纔落晚潮來라
지국총 지국총 어사와至菊叢 至菊叢 於斯臥허니
의선어부일견고依船漁父一肩高라

청고엽상량풍기靑菰葉上涼風起하고
홍요화변백로한紅蓼花邊白鷺閑을
닻 들어라 닻 들어라, 동정호리가귀풍洞庭湖裏駕歸風을
지국총 지국총 어사와 하니
범급전산홀후산帆急前山忽後山을

진일범주연리거盡日泛舟煙裏去하니
유시요도월중환有時搖棹月中還을
돛 달아라 돛 달아라 아심수처자망기我心隨處自忘機라
만사무심일도간萬事無心一釣竿으로
삼공불환차강산三公不換此江山을

아 어기아 어기야싸 산우계풍권조사山雨溪風捲釣絲를
동풍서일초강심東風西日楚江深하니 일편태기만류음一片苔磯萬柳陰을

배 저어라 배 저어라 녹평신세백구심綠萍身世白鷗心
배 대어라 배 대어라 야박진회근주가夜泊秦淮近酒家라
돗 대어라 돗 대어라 어이야차 도화유수궐어비桃花流水鱖魚肥라
지국총 지국총 어사와 하니
관내일생산수록款乃一生山水綠을
야정수한어불식夜靜水寒魚不食하니 만선공재월명귀滿船空載月明歸라

어부사
셜빈어옹이 두포간ᄒ니 자언거수승거산을 빗ᄶ여라 빗ᄶ여라 조도자락 만조니라 지국총 지국총 어스화 ᄒ니 으션여부 일견고라 쳥고업상의 낭풍긔ᄒ고 홍노안벼 빅노한을 닷드러라 닷드러라 동덩호리 가거풍을 지국총 지국총 어스화 ᄒ니 범급전산 호루산을 진일범주 연이거ᄒ니 우시뇨도 월중환을 돗다라아 돗다라아 야심수쳐 자밍기라 만사무심 일도간으로 삼공을 불환차강산을 아어기아 어기야쏫 산위게풍 권도사을 동풍셔우 초강심ᄒ니 일편태기만뉴음을 비저어라 비저어라 녹평신세 빅구심을 빗디여라 빗디여라 야빅진회 근쥬가라 돗디여라 돗디여라 어기야쏫 도화누수 궐어비라 지국총 지국총 어스화 하니 광하일셩 산슈녹을 야졍수한 어불식ᄒ니 만선공재 월명기라.

〈계락界樂〉

32.234~235

〈우락 언락羽樂言樂〉

32.236~237

〈편락編樂〉 나무도 바이

 32.238~239

〈편각編刻〉

 32.240~241

〈계면 가락뜰이界面끼樂밀伊〉 7장七章

 32.242~243

〈양청 도돌이兩淸道乭伊〉

 32.243

〈여민락與民樂〉 2장二章

 32.244~251

〈여민락〉이 끝남.
民樂[50]畢.

50 　민락(民樂): 여민락을 뜻함.

〈군악軍樂〉

 32.252~253

〈양청 도돌이兩淸道乭伊〉

 32.253

사마천司馬遷[51]의 명만고문장鳴萬古文章 왕일소王逸少의 소천인필법掃千人筆法 유령劉伶의 기주嗜酒와 두목杜牧[52]의 호색好色은 백년을 종사從事하려니와 생전에 어려울 손 대순大舜[53]·증자曾子[54] 효孝와 용봉龍逢·비간比干 충忠을[55]

녹양綠楊 춘삼월春三月을 잡아매어 둘 량이면
센 머리 뽑아내어 찬찬 동여 두련마는
해마다 맺지는 못하고 늙기 설워

51 사마천(司馬遷): 기원전 145~기원전 86?. 자는 자장(子張)이고, 사마담(司馬談)의 아들이다. 기원전 110년 아버지가 죽으면서 『사기』의 완성을 부탁했고, 기원전 90년에 책을 완성했다. 임종욱 편저, 『중국역대인명사전』, 이회문화사, 2010, 641쪽.

52 두목(杜牧): 803~852. 자는 목지(木之)고, 호는 번천(樊川)이며, 두우(杜佑)의 손자다. 문장과 시에 능했다. 임종욱 편저, 『중국역대인명사전』, 이회문화사, 2010, 356~357쪽.

53 대순(大舜): ?~?. 전설상 제왕으로 5제(帝)의 한 사람. 성은 우(虞) 또는 유우씨(有虞氏)고, 이름은 중화(重華)다. 여러 가지 방법으로 살해당할 뻔한 사건들을 슬기롭게 극복하여 효행을 한 인물로 꼽힌다. 임종욱 편저, 『중국역대인명사전』, 이회문화사, 2010, 294쪽.

54 증자(曾子): 기원전 505~기원전 436. 노(魯)나라 남무성(南武城) 사람. 이름은 삼(參)이고, 자는 자여(子輿)다. 공자의 수제자로 효심이 두텁고, 내성궁행(內省躬行)에 힘썼으며, 노나라 제자들의 교육에 주력했다. 임종욱 편저, 『중국역대인명사전』, 이회문화사, 2010, 1791쪽.

55 이 내용은 "사마천(司馬遷)의 명만고문장(鳴萬古文章) 왕일소(王逸少)의 소천인필법(掃千人筆法) 유령(劉伶)의 기주(嗜酒)와 두목지호색(杜牧之好色)은 백년종사(百年從事)하면 일신겸비(一身兼備) 하려니와 아마도 쌍전(雙全)키 어려울 손 대순증삼효(大舜曾參孝)와 용봉비간충(龍逢比干忠)인가 ᄒ노라."를 적은 것인데, 중후반부 '일신겸비(一身兼備) 하려니와 아마도 쌍전(雙全)키' 내용이 결락되었다. 심재완 편저, 『교본 역대시조전서』, 세종문화사, 1972, 506쪽.

어우와 날 속였나 추월秋月·춘풍春風이 날 속이고
절절節節 돌아오매 유신有信히 여겼더니
백발白髮은 날 맛지고 소년少年 따라

설월雪月이 만창滿窓한데 바람아 부지 마라
예리성曳履聲 아닌 줄은 번연히 알것마는
아슷고[56]

스마쳔의 명만고문쟝 왕일쇼의 소쳔인필법 뉴령의 긔쥬어 두목지 호식은 일신 편안하여 빅년을 춍스할 연이와 샹젼에 어려울손 디손 증즈 호와 용방 비간 츙을

녹양 츈삼월을 즈바미여 둘양이면 셴 마리 쏘바니여 찬찬 동여 둘연만은 희마다[57] 밋지는 못하고 늘기 슬여

어우화 날 속엿는가 츄월 츈풍이 날 속엿고 결졀 도라오미 유신히 넉엿드니 빅발은 날 다마기고 소년 짜라

셜월이 만창혼데 바람아 부지 마라
열리셩 아인 쥴을 번연히 알것만은
아슷고

거문고 연주하는 사람의 가장 큰 보배요, 이 세상에 짝을 찾을 수 없는 것이로다.
우헌금셔

琴家之大寶, 此世之無雙
愚軒琴壄

---

56 아슷고: 이하는 용지가 결락되어 판독이 어렵다.
57 희마다: 원문의 '희마당'은 '희마다'의 오기이므로 바로잡았다.

금琴[58] 명창

1등

첨사僉使[59] 전영철全榮哲 【금, 소簫,[60] 양금洋琴, 노래,[61] 가야금, 문필文筆】

참봉參奉[62] 이학로李學魯 【금】

군사마軍司馬[63] 권길호權吉鎬 【금, 문필】

가선嘉善[64] 홍병준洪炳俊 【금, 노래, 춤】

2등

출신出身[65] 박영륜朴永輪 【금, 장고, 글씨】

안희태安希泰 【금, 소, 글씨】

출신出身 김황조金晃朝 【양금, 금】

3등

절충折衝[66] 박근성朴根成 【금, 소】

한진국韓鎭國 【금】

진사進士[67] 김정호金貞鎬 【금】

---

58 금(琴): 거문고를 뜻함. 사실 거문고 외에 단소·양금·가곡·춤·장고·해금·대금 등 다양한 분야의 명인과 명창의 이름을 수록하였다.

59 첨사(僉使): 조선 시대에 각 진영에 둔 종3품 무관 벼슬. 절도사의 아래로 병마첨절제사, 수군첨절제사가 있으며, 목·부 소재지에는 목사나 부사가 겸임하였다.

60 소(簫): 단소로 해석됨. 장사훈 역시 단소로 해석하였다. 장사훈, 『국악대사전』, 654쪽.

61 노래: 주로 가곡을 뜻한다. 장사훈, 『국악대사전』, 654쪽.

62 참봉(參奉): 조선 시대 각 능(陵)·원(園)·종친부·돈령부·봉상시·사옹원·내의원·군기시 등과 기타 여러 기관에 속했던 종9품 벼슬.

63 군사마(軍司馬): 친군영(親軍營) 벼슬의 한 가지.

64 가선(嘉善): 가선대부(嘉善大夫)의 준말. 조선 시대에 둔 종2품 문무관의 품계.

65 출신(出身): 조선 시대 때 과거의 무과에 급제하고 아직 벼슬에 나서지 못한 사람.

66 절충(折衝): 적의 창끝을 꺾고 막는다는 뜻으로, 이해 관계가 서로 다른 상대와 교섭하거나 담판함을 이르는 말.

67 진사(進士): 조선 시대에 과거의 예비 시험인 소과(小科)의 복시에 합격한 사람.

오위장五衛將[68] 김규철金奎喆【금】

중군中軍[69] 조계락趙啓樂【금, 노래】

김초항金稍恒[70]【금, 적笛】

이주현李周賢【금】

김이경金利景【금】

출신 김기황金基滉【해금奚琴, 명창】

출신 박영로朴永輅[71]【장고, 명고名鼓】

이달화李達華【해금】

이지상李志祥【노래】

이기수李基洙【노래 명창】

김정찬金貞燦【노래】

그 나머지 공부하는 사람은 이루 다 셀 수가 없다.

첨사僉事 백윤섭白允燮【소簫 명인】

수문장守門將 장남한張楠翰【장고 명인】

한유성韓有成【단소短簫】

琴名唱

一等

僉使 全榮哲【琴 簫 洋琴 歌 伽倻琴 文筆】

參奉 李學魯【琴】

軍司馬 權吉鎬【琴與文筆】

嘉善 洪炳俊【琴 歌 舞】

68　오위장(五衛將): 조선 시대 오위(五衛)의 군사를 거느리던 장수.
69　중군(中軍): 전군(全軍)의 한 가운데에 자리 잡고 있던 중심 부대.
70　김초항(金稍恒): 장사훈은 '김도항'으로 판독한 바 있다. 장사훈, 『국악대사전』, 176쪽.
71　박영로(朴永輅): 장사훈은 '박영락'으로 판독한 바 있다. 장사훈, 『국악대사전』, 308쪽.

二等
出身 朴永輪【琴 長鼓 筆】
安希泰【琴 簫 筆】
出身 金晃朝【洋琴與琴】
三等
折衝 朴根成【琴 簫】
韓鎭國【琴】
進士 金貞鎬【琴】
五衛將 金奎喆【琴】
中軍 趙啓樂【琴 歌】
金稍恒【琴 笛】
李周賢【琴】
金利景【琴】
出身 金基滉【奚琴 名唱】
出身 朴永輅【長鼓 名鼓】
李達華【奚琴】
李志祥【歌】
李基洙【歌 名唱】
金貞燦【歌】
其餘工夫生, 不可勝數.
僉使 白允變【名簫】
守門將 張楠翰【名長鼓】
韓有成【短簫】

금보
우조 중간에 대여음을 노래한다.
낙편絡編
살깽동동 …… 동당동당
이문동 금희 네 집이라

신유년辛酉年[72] 정월 일 목동牧洞에서 다 썼다.
□□랑□□郎 박근성朴根成

琴譜
羽調中端 歌大餘音.
絡編
살씽동동 …… 동당동당[73]
니문동 금희네 집이라
辛酉 正月 日 畢書于牧洞.
□□郎 朴根成

---

72 신유년(辛酉年): 1861년 혹은 1921년.
73 살깽동동 …… 동당동당: 3줄의 구음이 이어진다.

금학절요
琴學切要

편자, 편찬 연대 미상
한국음악학자료총서 31

금학절요 해제

　가곡과 〈영산회상〉 등 풍류방 음악을 담은 거문고 악보. 이 악보의 권수제卷首題 곧 책 첫머리 제목이 '琴學切要(금학절요)'이며, 판심版心에 기록된 제목 역시 '琴學切要'이므로 이를 악보 이름으로 삼았다. 1973년 장사훈이 학계에 처음 소개하여 알려지게 되었고,[1] 원본 소장자는 미상이다. 이동복 소장의 복사본을 영인하여 1995년 국립국악원에서 『한국음악학자료총서』 31집에 수록하였다.

　필사본 1책으로 16장이고, 세로 18cm, 가로 13cm이다. 자료의 한 면을 10행으로 구분하였고, 악보에 정간井間은 사용하지 않았으며, 거문고 합자보 아래 한글 구음을 나란히 기록하였다. 수록된 악곡 수는 가곡 10곡과 정악 3곡으로 모두 13곡이다.

1. 해설

　이 자료에는 서문이나 발문이 없어서 편찬자를 알 수 없고, 편찬 시기 역시 분명하지 않다. 이 자료의 원본을 직접 보고 조사한 사람은 장사훈張師勛이 유일한데, 그가 이 자료의 이면을 조사했을 때 조선조 역대 임금의 재위년이 철종哲宗 다음에 '금상今上'으로 끝났고, 이 자료 끄트머리에 적혀 있는 '동국 역대 역년東國歷代歷年'에서 "본조 조선은 만만세를 누리는데, 도읍은 한양이다.本朝 朝鮮 萬萬歲 都漢陽"로 끝난 점에 주목하여 장사훈은 이 악보의 편찬 연대를 '고종高宗(재위 1863~1907) 시대'로 확신하였다.[2] 즉 철종 다음 왕이 고종이며, 원문에 '조선'으로 표기한 데서 대한제국

1　장사훈, 「고악보에 쓰인 부호해설」, 『음대학보』, 서울대학교 음악대학 학생회, 1973 및 『전통음악의 연구』, 보진재, 1975, 361~363쪽.

시절은 아니라고 본 것이다. 해제자는 장사훈의 견해를 따른다.

자료의 앞부분에는 거문고의 '탄금범례彈琴凡例'와 조현법이 있고, 중간에 악보가 있으며, 말미에는 '동국 역대 역년'을 간략하게 기록하였다. '탄금범례'에는 거문고 관련 사항을 일러두기처럼 기록하였다. 곧 거문고 6현의 이름과 손가락 5개의 이름, 괘 16개, 유현과 대현 및 괘상청의 약자略字 표기와 거문고 연주법에 관한 여러 가지 부호를 설명하였으며, 손가락 모지·식지·장지·무명지의 약자를 표시하였다. '조현법'에서는 거문고 현을 조율하는 방법을 나타냈다. 이 자료의 조현법은 오늘날 거문고 조율법과 거의 같은데, '대현 6괘와 괘상청을 같게 하는 것'만 다르다. 요즘은 대현 2괘와 문현을 같게 하고 있다.

자료 뒷부분에 악보를 모두 수록한 다음에 1장 분량의 여백지가 있는데, 여백지 2행에는 제목을 썼다가 지운 흔적이 있고, 3~4행에 "吁, 此爲病人應爲醫藥. 應克此, 應生此. 吉此克應, 此生應, 醫先看家宅衰旺, 次察六親興亡."라는 내용이 있다. 이 부분은 글자 판독도 어렵고 의미도 알 수 없다. 그래서 이 부분은 본문에서 생략하였음을 밝힌다.

그다음에는 '동국 역대 역년'이란 제목에 단군 조선부터 삼국시대를 거쳐 고려, 조선까지 각 시대별 시조왕과 도읍지 및 존속 기간을 기록하였다. 뒤표지의 안쪽 면으로 짐작되는 면에 낙서처럼 이름의 획수를 8로 나누고 남은 획수로 길흉을 점치는 법[3]이 수록되어 있으나, 이 내용은 음악과 관계없는 내용이기에 번역에서 생략하였다.

2. 악곡

이 자료에 수록된 곡은 모두 13곡이다. 앞부분부터 중간까지 가곡을 수록했고, 중반 이후에는 〈영산회상〉 등 풍류방 음악을 담고 있다.

---

2   장사훈,「금학절요」『국악사론』, 대광문화사, 1983, 314쪽 및 『국악문헌』, 국악교육연구회, 1990, 180쪽.
3   『금학절요』,『한국음악학자료총서』 31, 국립국악원, 1995, 45쪽.

다스름의 하나인 〈우단羽短 조음〉을 짧게 기록한 후 〈우조 조음〉을 길게 수록했다. 여기서 '우단 조음'은 우조 조음이 짧다는 것을 뜻한다. 그다음에 가곡 〈초삭대엽〉 〈이삭대엽〉 〈삼삭대엽〉 이상 3곡이 있다. 〈초삭대엽〉 앞에 〈우조 조음〉이 있고, 〈삼삭대엽〉 다음에 계면조가 등장하므로 〈초삭대엽〉을 포함한 3곡은 모두 우조임을 암시한다. 이어서 '계면조'의 〈초삭대엽〉, 〈이삭대엽〉, 〈삼삭대엽〉 이상 3곡이 있는데, 〈삼삭대엽〉의 경우, 1지旨만 수록하였고, 나머지 2지 이하는 〈이삭대엽〉과 같아서 생략되었다. 〈우조 낙시조〉와 〈계면조 낙시조〉는 가곡처럼 1지·2지·3지·중여음·4지·5지·대여음으로 구성되어 있다. 여기서 '낙시조'가 악조가 아닌 곡명으로 쓰인 점이 주목된다.

다음은 풍류 음악으로 〈영산회상〉, 〈계면조 조음〉, 〈보허사〉 3곡이 있다. 여기서 〈영산회상〉은 한 곡으로 이루어졌는데, 이것은 현재 〈상영산〉에 해당한다고 장사훈이 밝힌 바 있다.[4] 그다음 곡인 〈보허사〉는 1~8편으로 구성되어 있다.

이 자료는 분량이 소량이며, 안타깝게도 원본 소장자에 대한 정보를 전혀 알 수 없다. 수록된 곡 가운데 우조와 계면조의 〈낙시조〉 곡은 『금보』(이승무 지음)에 나타나는 곡이며, 수록된 악곡 대부분이 주로 풍류방에서 향유된 곡으로 구성되었다.

3. 관련 자료와 논저

1) 『금학절요』 영인본 자료

『한국음악학자료총서』 31, 국립국악원, 1995, 5~49쪽.

2) 『금학절요』 해제

이동복, 「고악보해제보유(Ⅰ)」, 『한국음악연구』 제8·9집 합병호, 한국국악학회, 1979, 218~220쪽.

장사훈, 「금학절요」, 『국악사론』, 대광문화사, 1983, 313~314쪽 및 『국악문헌』, 국악교

---

4 장사훈, 『국악사론』, 314쪽.

육연구회, 1990, 179~180쪽.
최헌, 「『금학절요』 해제」, 『한국음악학자료총서』 31, 국립국악원, 1995, 6~13쪽.

3) 『금학절요』 관련 논저
장사훈, 「고악보에 쓰인 부호 역해」, 『한국전통음악의 연구』, 보진재, 1975, 344~363쪽.
_____, 「거문고 조현법의 변천」, 『한국전통음악의 연구』, 보진재, 1975, 95~121쪽.
이연희, 「우조삭대엽과 우락의 상관관계에 관한 연구」, 서울대대학원 석사학위논문, 1982.
金宇振, 「歌曲 界面調의 弄과 樂에 관하여」, 서울대대학원 석사학위논문, 1984. 및 『동양음악』 6집, 서울대학교 동양음악연구소, 1984, 79~101쪽.
이혜구, 「현존 거문고보의 연대고」, 『국악원논문집』 창간호, 국립국악원, 1989, 7~35쪽.
서인화, 「현악 영산회상 상령산 구조의 형성과정: 현행 거문고선율의 장별과 관련하여」, 『韓國音樂硏究』 제23집, 한국국악학회, 1995, 207~244쪽.
조위민. 「거문고 산조의 전성법에 관한 고찰」, 『民松金溶鎭敎授頌壽記念獻呈論文集』, 민송김용진교수송수기념간행위원회, 1999, 79~117쪽.
강혜진, 「가사의 상실에 따른 영산회상 상령산의 형식 변화」, 『한국음악문화연구』 8집, 한국음악문화학회, 2016, 23~39쪽.

해제 : 김성혜

금학절요
琴學切要

탄금범례

　금琴은 현絃이 여섯이다. 첫째는 문현文絃, 둘째는 유현遊絃, 셋째는 대현大絃, 넷째는 괘상청棵上淸, 다섯째는 괘외청棵外淸, 여섯째는 무현武絃이다. 사람의 손가락이 다섯이 있는데, 첫째는 모지母指, 둘째는 식지食指, 셋째는 장지長指, 넷째는 무명지無名指, 다섯째는 소지小指다. 소지로 항상 눌러 긴 울림을 그치게 한다. 괘棵는 열여섯이 있다. '方'은 유현, '大'는 대현, '上'은 괘상청이다. '丁'은 정지하는 것이고, '●'는 급하게 거듭 누르는 것이고, '丿'는 안으로 뜯는 것이고, '⌒'는 바깥으로 뜯는 것이고, '⸨'는 농현을 하는 것이고, '力'는 현을 힘껏 미는 것이고, '电'은 번개니 급히 치는 것이고, '揚'은 치지 않고 술대로 뜯어 소리를 내는 것이고, '山'은 자출로서 왼손가락으로 소리를 내는 것이고, 'ㄴ'은 손으로 현을 모두 타는 것이다. '丁'은 모지이고, '人'은 식지이고, 'ㄴ'은 장지이고, '夕'은 무명지다.

琴學切要
彈琴凡例

　琴有六弦. 一曰文, 二曰游, 三曰大, 四曰棵上淸, 五曰棵外淸, 六曰武. 人有五指. 一曰母, 二曰食, 三曰長, 四曰無名, 五曰小. 小者常掩以定長響. 棵有十六. 方者, 游弦; 大者, 大弦; 上者, 棵上淸. 丁者, 停; ●者, 急重按; 丿者, 內挑; ⌒者, 外挑; ⸨者弄搖; 力者, 力推絃, 电者, 電也, 急; 揚者, 不擊而以是挑出聲[5]; 山者, 出也. 以指自出聲; ㄴ者, 手掩絃上盡彈. 丁者, 母指; 人者, 食指; ㄴ者, 長指; 夕者, 無名指.

5　聲: 원전에는 聲의 古字 䏩을 썼으나, 이 책에서는 현대 것으로 바꾸었다. 이하 같음.

조현법

두 청淸[6]이 같고, 대현 6괘와 괘상청이 같고,[7] 괘상청과 유현 2괘가 같으며, 문현과 대현 2괘가 같다. 무현은 지극히 탁하고 청은 지극히 맑으니, 맑고 탁한 것이 서로 배합되어 하늘과 땅을 본떠야 할 것이다.

調絃法
兩淸同, 大六·上淸同, 上淸·方二同, 文·大二同. 武至濁, 淸至淸, 宜以淸濁相合, 以象天地.

〈우단 조음羽短調音〉

 31.18

〈우조 조음羽調調音〉

 31.19~21

〈초삭대엽初數大葉〉

 31.21~23

〈이삭대엽二數大葉〉

 31.25

---

6 두 청(淸): 거문고 괘상청과 괘하청을 뜻함.
7 대현 6괘와 괘상청이 같고: 요즘은 대현 2괘와 문현을 같게 한다.

4지四指는 〈초삭대엽〉과 같다.[8]

四指與初數大葉同.

반여음半餘音은 〈초삭엽初數葉〉과 같다.[9]

半餘音與初數葉同.

〈삼삭대엽三數大葉〉

 31.26

2지二指 이하는 〈이삭대엽〉과 같다.

二指以下與二數大葉同.

계면조

〈초삭대엽初數大葉〉

 31.26~28

4지四指는 2지二指와 같다.[10]

四旨與二旨同.

---

8   이 내용은 중여와 5지 사이에 있다.
9   이 내용은 5지와 대여 사이에 있다.
10 이 내용은 중여와 5지 사이에 있다.

〈이삭대엽二數大葉〉

 31.28~30

반음半音은 초삭初數의 끝과 같다.[11]

半音與初數末同.

이하는 〈초삭대엽〉 대여大余의 끝과 같다.[12]

以下與初數大葉大余末同.

〈삼삭대엽三數大葉〉

 31.30~31

이하는 〈이삭대엽〉과 같다.[13]

以下與二數大葉同.

〈우조 낙시조羽調樂時調〉[14]

 31.31~33

---

11 이 내용은 5지 끝, 대여 앞에 있다.
12 이 내용은 대여 끝에 있다.
13 이 내용은 1지 끝에 있다.
14 우조 낙시조(羽調樂時調): 이때 '낙시조'는 악조의 의미가 아니라 곡명의 의미다. 『청구영언』과 『해동가요』에 나타난 〈낙시조〉 〈계면 낙시조〉 〈羽 낙시조〉 〈界 낙시조〉 〈편 낙시조〉 등과 관련이 있다. 강명관·이동찬·석현주·김혜경·김성혜, 『역주 가보』 1, 민속원, 2021, 69쪽, 122쪽, 124쪽, 297쪽.

4지는 2지와 같다.[15]

四旨與二旨同.

〈계면조 낙시조界面調樂時調〉

 31.33~35

〈영산회상靈山會相〉

 31.35~36

〈계면조 조음界面調調音〉

 31.36~38

〈보허사步虛詞〉

 31.38~44

「동국의 역대 역년歷年」

단군【이름은 왕검王儉】은 평양에 도읍을 정했고 뒤에는 문화文化 구월산九月山에 도읍을 정했다. 역년은 1212년이다.

기자箕子【성은 자씨子氏이고, 이름은 서여胥餘다.】는 평양에 도읍을 정했고, 역년은

---

15 이 내용은 중여 끝, 5지 앞에 있다.

929년이다.

　삼한三韓은 역년이 203년이다. 기자 이후 왕위를 전한 것을 합하면 1131년이다.

　신라는 경주에 도읍을 정했고【성은 박씨이고, 이름은 혁거세赫居世다.】, 모두 55대인데, 박씨가 10대, 석씨昔氏가 8대, 김씨가 37대이고, 여자 임금이 3명이다. 역년은 992년이다.

　고구려는 성천成川에 도읍을 정했고, 뒤에는 평양에 도읍을 정했다. 동명왕【이름은 주몽朱蒙이다.】은 본래 성은 해解이고, 스스로 고신高辛, 帝嚳의 후예라 일컬었으며 '고高'를 성으로 삼았다. 무릇 28대였고 역년은 705년이었다.

　백제는 처음에는 직산稷山에 도읍을 정했고 뒤에는 부여扶餘에 도읍을 정했다. 온조왕溫祚王【성은 고씨高氏다.】이래 무릇 30대로 역년은 678년이었다.

　고려는 송악松岳에 도읍을 정했다. 태조【성은 왕씨王氏이고, 이름은 건建이다.】이래 무릇 32대로 위주僞主가 2명이었고, 역년은 475년이었다.

　단군 원년인 무진년戊辰年으로부터 고려 공양왕恭讓王 말년인 임신년(1392)까지 역년을 모두 합하면 3725년이다.

　본조本朝 조선朝鮮은 만만세를 누리는데, 도읍은 한양이다.【성은 둘레가 9775보이다.】

東國歷代歷年

　檀君【名王儉】都平壤, 後都文化九月山. 歷年一千二百十二年. ○箕子【姓, 子氏. 名胥餘】都平壤, 歷年九百二十九年. ○三韓, 歷年二百三年. 箕子傳祚前後, 合一千一百三十一年. ○新羅都慶州【姓, 朴氏. 名, 赫居世】, 凡五十五世. 朴氏, 十世; 昔氏, 八世; 金氏, 三十七世. 女主, 三人. 歷年, 九百九十二年. ○高句麗都成川, 後都平壤. 東明王【名, 朱蒙】, 本姓解, 自稱高辛之後, 以高爲姓. 凡二十八世, 歷年七百五年. ○百濟初都稷山, 後都扶餘. 溫祚王【姓, 高氏】. 凡三十世, 歷年六百七十八年. ○高麗都松岳. 太祖【姓, 王氏. 名, 建】. 凡三十二世, 僞主二人. 歷年四百七十五年. ○自檀君元年戊辰至高麗恭讓王末年壬申, 歷年通共三千七百二十五年.

　本朝 朝鮮萬萬歲 都漢陽【城周九千九百七十五步】.

금보(이혜구 구장)
琴譜(李惠求 舊藏)

편자, 편찬 연대 미상(1880년으로 추정)
한국음악학자료총서 34

금보(이혜구 구장) 해제

〈영산회상〉을 수록한 거문고 악보. 표지에 '금보琴譜'라 적혀 있고, 1999년 이 자료를 영인할 당시에 만당晚堂 이혜구李惠求(1909~2010) 선생님이 소장하고 있었기에 국립국악원 측에서 이혜구의 호 '만당'을 부여하여 『琴譜(晚堂所藏本)』라 이름하였다. 하지만 이 책에서는 이혜구의 이름을 부여하고, 2010년에 그가 별세하였으므로 『금보』(이혜구 구장舊藏)라 이름하고자 한다.

필사본 1책으로 15장이며, 세로 27.5cm, 가로 16.5cm이다. 거문고 구음을 한글로 기록하였고, 악보에 정간은 사용하지 않았다. 2010년 이혜구의 작고 이후 이 자료의 현 소장처는 미상이다. 악곡 수는 〈현악 영산회상〉 9곡과 〈밑도드리〉에 해당하는 〈별곡도드리〉 1곡으로 모두 10곡이다.

1. 해설

전체 분량 중 전반부 70% 분량은 악보가 수록되어 있고, 후반부 30% 분량은 그림과 탁본 및 그림에 대한 글이 수록되어 있다. 이 자료는 표지부터 아래·위가 잘려나간 부분이 많다. 특히 그림과 관련된 내용과 화제畫題가 있는 부분[1]이 잘려나간 상태이므로 문리文理가 통하지 않는다. 이러한 그림과 내용은 음악과 관계가 없기에 본문에서 생략하였다.

첫 면에 기록된 "금琴은 금禁하는 것이다琴者 禁也" 이하의 내용은 1610년 양덕수

---

1 『금보(만당 소장본)』, 『한국음악학자료총서』 34, 국립국악원, 1999, 189쪽, 200~207쪽.

梁德壽가 쓴 『양금신보梁琴新譜』 중 '금아부琴雅部'의 내용이다. 편자는 금아부의 내용 일부를 가감하고, 순서를 바꿔서 수록하였다. 이로써 편자는 『양금신보』나 『양금신보』 계열의 악보를 접한 적이 있음을 시사한다.

〈상영산〉 악보 다음에 거문고 산형散形이 있는데, 이 산형은 기존의 『양금신보』 산형과 다르다. 곧 기존의 『양금신보』 산형은 괘 옆에 시용時用 궁상각치우宮商角徵羽를 기록했는데, 이 자료에는 각 괘 옆에 해당하는 율명을 표기하여 음고를 분명히 밝혔다.[2] 아울러 6현에 해당되는 각 현의 이름이 적혀 있다. 또 유현遊絃의 경우 4~12괘까지 각 괘에 해당되는 율명이 적혀 있고, 대현의 경우 1~9괘까지 각 괘에 해당되는 율명이 적혀 있다. 또 중국 역대 제왕인 '황제皇帝·요堯·순舜·우禹·성탕成湯·무왕武王'의 이름과 각 시대 곡명인 '운문雲門·함지咸池·대소大韶·대하大夏·대호大濩·대무大武'가 나란히 적혀 있다. 이렇듯 거문고 각 괘에 율명을 적거나, 중국의 여섯 황제의 이름과 음악을 기록한 것은 이 자료에만 나타나는 독특한 내용이다.

자료 후반부에 그림을 수록하기 전에 그림에 관해 쓴 편자의 글이 있다. 이 글 말미에 "경진년庚辰年 가을 7월 18일 아우 모某는 봉촌소옥에서 인형仁兄 모某를 위하여 그림을 그리고 아울러 제題를 붙였다"는 내용이 있다. 여기서 '아우 모'는 편자를 낮추어서 한 말이고, 편자 이름을 밝히지 않아 미상이다. '인형 모'는 편자의 벗을 높여서 한 말이고 편자의 벗 이름 역시 미상이다.

이 자료의 편찬 연대는 편자의 글 말미에 있는 '경진년庚辰年'에 주목하여 가늠하는데, 1999년 국립국악원 측에서 이 자료를 영인할 때 서인화는 자료를 직접 열람하면서 "동치同治 8년(1869)의 책력冊曆 1장을 반으로 접고 붙여서 연결하여 그 이면지를 악보로 활용하였다"[3]고 하면서 '경진년'을 1880년으로 보았다. 따라서 이 악보의 편자는 미상이며, 편찬 시기는 1880년으로 볼 수 있다.

---

2 이 문헌의 거문고 산형을 '청황종궁' 산형으로 보는 견해가 있다. 손수린, 「『악학궤범 속악 7조의 변천 과정에 관한 연구: 고문헌에 수록된 거문고 산형을 중심으로」『국악원논문집』 40집, 국립국악원, 2019, 31~32쪽.

3 서인화, 「『금보(만당소장본)』 해제」, 『한국음악학자료총서』 34, 국립국악원, 1999, 168쪽.

2. 악곡

수록 곡 10곡 중에서 9곡은 〈상영산上靈山〉, 〈중영산中靈山〉, 〈하영산下靈山〉, 〈가락 도도리加樂道道里〉, 〈삼현 도도리三絃道道里〉, 〈하현 도도리下絃道道里〉, 〈염불 도도리念佛道道里〉, 〈타령조打令條〉, 〈군악軍樂〉이며, 끄트머리에 〈별곡 도도리別曲道道里〉 1곡이 더 있다. 모든 곡이 장별 구분이 없는 상태이며, 〈상영산〉~〈별곡 도드리〉까지 10곡을 이어서 연주한 것으로 보인다.

3. 관련 자료와 논저

1) 『금보』(이혜구 구장)의 영인본 자료
『한국음악학자료총서』 34, 1999, 177~208쪽.

2) 『금보』(이혜구 구장) 해제
서인화, 「『금보(만당소장본)』 해제」, 『한국음악학자료총서』 34, 국립국악원, 1999, 168~175쪽.

3) 『금보』(이혜구 구장) 관련 논저
손수린, 「『악학궤범』 속악 7조의 변천 과정에 관한 연구」, 『국악원논문집』 40집, 국립국악원, 2019, 11~47쪽.

해제: 김성혜

금보(이혜구 구장)
琴譜(李惠求 舊藏)

금琴은 금禁하는 것이다. 사특한 것을 금지하여 사람의 마음을 바로잡는다는 뜻이다. 이 때문에 복희씨伏羲氏가 몸을 닦고 성성性을 다스려 그 천진天眞으로 돌아간 것과 신농씨神農氏가 오현五絃을 만들어 오행五行을 본뜨고 크고 작은 것으로 군신君臣의 관계를 정한 것과 문왕과 무왕이 현絃 둘을 더해 군신의 은혜에 맞게 한 것은 모두 여기에서 비롯된 것이다. 또 금은 음악을 통어統御[4]하는 것이니, 군자는 마땅히 금을 타야 할 것이로다![5]

琴者, 禁也. 禁止於邪以正人心之意. 是故伏羲氏之修身理性反其天眞, 神農氏之作五絃象五行以大少定君臣, 而文武之加二絃, 俾合君臣之恩者, 皆由於此也. 且琴爲樂之統也, 君子所當御也哉!

〈상영산上靈山〉

 34.180~181

금을 연주하여 문왕文王임을 깨달았고,[6] 금을 타자 어부漁父가 찾아왔다.[7] 앞이

---

4   통어(統御): 거느려서 제어하는 것.
5   이 내용은 『양금신보』첫 장에 수록된 '금아부(琴雅部)'의 내용을 일부분 가감하고, 순서를 바꿔서 수록한 것이다. 강명관·이동찬·석현주·김혜경·김성혜, 『역주 고악보』1, 민속원, 80~81쪽.
6   공자가 사양자(師襄子)에게 금(琴)을 배웠는데, 어떤 곡을 계속 연주한 끝에 그 곡에 담긴 사람이 문왕(文王)임을 깨닫게 되었다고 한다. 『사기(史記)』「공자세가(孔子世家)」에 나온다.
7   공자가 우거진 숲에서 금을 연주하자, 그 소리를 듣고 어부가 찾아와 제자들에게 공자에 대해

넓고 뒤가 좁으니 존尊·비卑를 본뜬 것이오, 위는 둥글고 아래는 네모지니, 천天
·지地를 본받은 것이로다. 신농씨가 처음 오동나무를 깎아 만들 적에 다섯 현絃은
오행五行을 상징했지. 문왕과 무왕이 현絃 둘을 더하여 군신의 은혜에 맞게 했지.
복희씨가 금을 만들어 몸을 닦고 성性을 다스렸으니, 큰 것이 있고 작은 것이 있었지.[8]

鼓琴淂[9]文王, 彈琴漁父來. 前廣後狹[10]象尊卑, 上圓下方法天地. 神農始削桐, 五絃象
五行. 文武加二絃, 以合君臣恩. 伏義作琴, 修身理性. 大者, 小者.

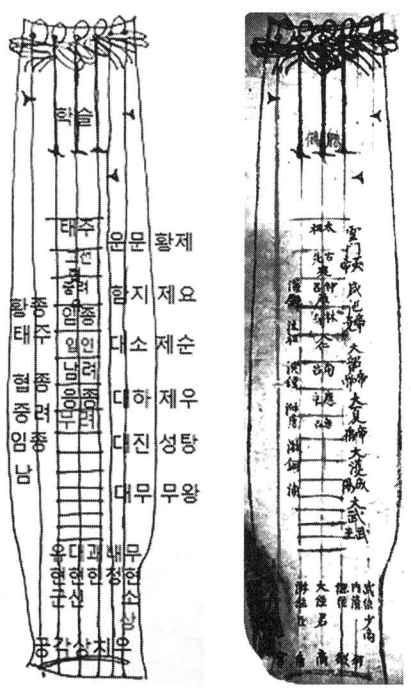

　　　물어보더니, 참된 도(道)에서 멀리 떨어진 사람이라고 하며 돌아갔다는 고사를 인용한 것이다.
　　　출처는 『장자(莊子)』「어부(漁父)」다.
8　　"앞이 넓고~작은 것이 있었지": 이 내용 역시 『양금신보』 첫 장에 수록된 '금아부(琴雅部)'의 내용
　　　인데, 앞뒤 순서를 바꿨고, 내용을 약간 가감한 것이다. 강명관·이동찬·석현주·김혜경·김성혜,
　　　『역주 고악보 1』, 민속원, 80~81쪽.
9　　淂: 得과 통용된다.
10　狹: 원문에 '挾'으로 오기된 것을 바로잡았다.

〈중영산中靈山〉

 34.182~183

〈하영산下靈山〉

 34.184~185

〈가락 도도리加樂道道里〉

 34.185

〈삼현 도도리三絃道道里〉

 34.186~187

〈하현 도도리下絃道道里〉

 34.188~189

〈염불 도도리念佛道道里〉

 34.190~191

〈타령조打靈條〉

 34.192~193

〈군악軍樂〉

 34.194~195

〈별곡 도도리別曲道道里〉

 34.196~197

현학금보(고려대 소장)
玄鶴琴譜(高麗大 所藏)

필사자 미상, 편찬 연대 1899년 이후
한국음악학자료총서 39

현학금보(고려대 소장) 해제

〈여민락〉, 〈보허자〉, 〈영산회상〉 및 가곡의 거문고 악보. 세분화된 구음과 정확한 괘 표시 등을 통해 합자보의 기능을 하는 구음보로 평가된다. 이 악보는 다섯째장 앞면에 '玄鶴琴譜'라 기재된 것을 권수제로 판단하여 『현학금보』라 칭하며, 정경태 구장舊藏의 동일한 현학금보와 구분을 위해 『현학금보』(고려대 소장)로 명명한다. 1999년 국립국악원에서 발간한 『한국음악학자료총서』 34집에 수록된 『현학금보』(정경태 구장)의 내용과 거의 동일하다. 삼괴당三槐堂이라는 호를 가진 사람이 소장하고 있다가 육당六堂 최남선崔南善(1890~1957)을 거쳐 현재는 고려대학교 중앙도서관 육당문고에 소장되어 있다. 2004년 국립국악원에서 이를 영인하여 『한국음악학자료총서』 39집에 『오희상 금보』라는 이름으로 수록하였다.

필사본 1책으로 62장이고, 세로 33.5cm, 가로 20.6cm이다. 악보의 기보 방식은 거문고 한글 구음을 주로 썼으며, 구음 좌우에 거문고 괘를 불규칙적으로 병기하였다. 악보에 정간은 사용하지 않았다. 수록 악곡 수는 총 54곡이다.

1. 해설

이 자료는 앞서 소개한 『현학금보』(정경태 구장)와 내용이 거의 유사하다. 악보로 사용된 용지를 살펴보면 용지에 먼저 붉은색의 판형을 찍은 후 붓으로 필사하였다. 자료의 어미 부분 상단에는 '옥구감리서沃溝監理署'라는 글자가 찍혀 있어 이 악보가 1899년부터 1906년 사이에 외교와 통상 사무를 전담했던 기관인 옥구감리서의 종이를 사용하여 필사되었음을 알 수 있다. 다만 옥구감리서의 설치 기간이 1899년부터 1906년이지만 이곳에서 찍어낸 한지는 그 이후에 사용되었을 가능성도 배제할 수 없으므로 이 악보의 필사 연대를 1899년에서 1906년 사이라고 한정하기는 어렵다.[1] 즉 1899년 이후로 보는 것이 합리적이다.

『현학금보』(고려대 소장본)의 저본격인 『현학금보』(정경태 구장)는 노주老洲 오희상吳熙常(1763~1833)이 찬한 것으로 지금까지 학계에서는 악보에 기록된 임자년壬子年을 기준으로 편찬 연대를 1792년과 1852년 두 가지로 해석하였다. 두 가지 학설 중에서 『현학금보』의 체제 및 그에 대한 설명이 노주 오희상의 글을 담은 『노주집老洲集』과 동일한 것을 근거로 노주 오희상이 생존해 있었던 1792년 임자년을 편찬 연대로 추정한 주장이 더욱 설득력 있다. 다만 기보법이나 수록 악곡, 소악부小樂府[2]의 성격이 1800년대 중반의 내용으로 파악됨에 따라 노주 오희상 또는 다른 이가 시간차를 두고 악보를 작성했을 가능성이 크다. 이에 대한 증거로 악보 상단의 추기된 내용을 보면 한 번에 작성된 것이 아님을 알 수 있다.

자료의 첫 부분에는 서문에 해당하는 「진악해」가 있는데, 이것은 제목과 글의 형식 등이 당송팔대가唐宋八大家의 한 사람인 한유韓愈(768~824)가 쓴 「진학해進學解」와 매우 유사하다. 「진학해」는 가상의 인물을 내세워 글쓴이가 자신의 의견을 투영한 작품으로 「진악해」에서도 이러한 내용이 패러디되어 오희상 자신의 음악관을 표현하고 있다. 또한 『현학금보』(정경태 구장)와 『현학금보』(고려대 소장)에는 수파형水波型 악보[3]로 된 〈우 초중대엽〉, 〈우 삼중대엽〉, 〈계 이중엽〉, 〈계면 삼삭대엽〉 4곡이 수록되어 있으며, 오희상의 작품인 7언 절구 형식의 소악부小樂府가 기록되어 있다. 그 밖에 거문고 연주의 범례, 거문고 규식, 각종 표, 노래의 절주와 완촉의 법, 호흡으로 템포를 정하는 양식척量息尺 등이 기록되어 있는데, 『현학금보』(정경태 구장)와 내용이 같다. 또한 본문 상단에 72문門이 있는데,[4] 이는 음악과 무관하여

---

1   고려대학교 도서 검색 자료에는 1894년과 1910년 사이에 편찬된 것으로 기록되어 있다.
2   소악부(小樂府): 우리나라의 가요나 시조를 한시로 번안한 것으로 기본적으로 5자나 7자로 이루어져 있다.
3   수파형(水波型) 악보: 음의 고저(高低)와 시김새 등을 가로 선으로 표현하여 음악의 흐름을 인지할 수 있도록 만든 악보. 옥소(玉所) 권섭(權燮, 1671~1759)의 『가보』에 〈평조 중대엽〉의 선율이 수파형 악보로 기록되어 있는데, 이것이 현존 최고(最古)로 알려져 있다.

생략하였다.

2. 악곡

이 자료는 거문고 악보와 거문고 반주가 따르는 가곡 계통의 노래 등 총 54곡이 수록되어 있다. 악보는 상편과 하편으로 나뉘는데 상편에는 민간의 풍류방에서 연주되는 〈여민락〉과 〈보허자〉, 〈영산회상〉 계통의 악곡을 수록하고 있으며, 하편에는 가곡을 수록하였다.

악보의 내용 중 하편에 있는 '고아가결차서古雅歌関次序'는 옛 노래를 악보화한 것이며, '시속가결차제時俗歌関次第'는 편찬 당시의 노래를 수록한 것이다. 옛 노래에 해당하는 악곡은 〈평조 제1 만대엽〉, 〈우평조 이삭대엽〉, 〈계평조 삭대엽〉, 〈우 초중대엽〉, 〈우조 초삭엽〉, 〈우 삼중대엽〉, 〈우조 삼삭엽〉, 〈계 이중엽〉, 〈계면 삼중대엽〉, 〈계면 삼삭대엽〉(대가), 〈계면 중거삭엽〉(대가)이며, 편찬 당시 노래는 〈우조 초삭대엽〉, 〈우조 이삭대엽〉 남창, 〈기2(우조 이삭대엽)〉 여창, 〈기3 중거 삭대엽(우조 이삭대엽)〉, 〈기4 이자두(우조 이삭대엽)〉 여창, 〈우조 이삭대엽〉, 〈우조 삼뇌(소용)〉, 〈계면 초삭엽〉 남창, 〈계면 이삭대엽〉 남창, 〈기2(계면 이삭대엽)〉 여창, 〈기3 중거대엽(계면 이삭대엽)〉 남창, 〈기4(계면 이삭대엽)〉 여창, 〈기5(계면 이삭대엽)〉 남창 혹 여창이다.

3. 관련 자료와 논저

1) 『현학금보』(고려대 소장) 영인본 자료
『한국음악학자료총서』 39, 국립국악원, 2004, 129~253쪽.

2) 『현학금보』(고려대 소장) 해제
김우진, 「『오희상 금보』 해제」, 『한국음악학자료총서』 39, 국립국악원, 2004, 115~123쪽.

---

4 『한국음악학자료총서』 39, 국립국악원, 203~205쪽.

3) 『현학금보』(고려대 소장) 관련 논저

문성렵, 『조선음악사』 2, 과학백과사전종합출판사, 1990.

권오성, 「『오희상금보』의 보허자고」, 한국정신문화연구원 한국학대학원 박사학위논문, 1994.

_____, 「북한 소재 고악보와 그에 대한 인식」『북한음악의 이모저모』, 민속원, 1999, 9~18쪽.

고광민, 「한유〈진학해〉의 패러디 연구」, 『중국어문학지』 17집, 중국어문학회, 2005, 247~274쪽.

김명순, 「吳熹常의 『현학금보』 소재 '樂府'에 대하여」, 『한문학보』 19집, 우리한문학회, 2008, 786~787쪽.

신경숙, 「권섭『가보』의 악보사적 의의」, 『우리어문연구』 30집, 우리어문학회, 2008, 145~175쪽.

장정수, 「『樂府 高大本』 소재〈樂府〉와 『현학금보』〈歌曲〉의 관련 양상」, 『시조학논총』 31집, 시조학회, 2009, 176~200쪽.

최선아, 「〈중대엽〉과〈삭대엽〉의 연창방식에 관한 연구」, 『한국음악연구』 45집, 한국국악학회, 2009, 433~460쪽.

김영호, 『노주 오희상의 가학 연구』, 심산, 2010.

조천래, 「老洲 吳熙常의 『老洲集』'雜誌(一)' 譯註」, 고려대학원 석사학위논문, 2011.

송지원, 『한국음악의 거장들』, 태학사, 2012.

고보석, 「6박 계통의 보허자 파생곡 연구: 〈소보호사〉·〈귀보허사〉·〈굿보허사〉·〈도드리〉를 중심으로」, 『국악원논문집』 27집, 국립국악원, 2013, 1~35쪽.

최선아, 「노주 오희상의 음악적 배경과 음악관」, 『한국음악사학보』 53집, 한국음악사학회, 2014, 373~415쪽 및 「노주 오희상과 『오희상금보』: 유가 악론의 내면화」란 제목으로 『지음을 기다리며』, 민속원, 2021, 260~299쪽에 복간함.

_____, 「『오희상금보』의〈진악해(進樂解)〉연구」, 『한국음악연구』 55집, 한국국악학회, 2014, 243~268쪽 및 「『오희상금보』의 진악해: 악보에 스토리텔링과 패러디 기법」이란 제목으로 『지음을 기다리며』, 민속원, 2021, 230~258쪽에 복간함.

김우진, 『거문고 육보체계에 관한 통시적 고찰』, 민속원, 2015.

주재근, 「북한 소재 고악보와 고악보 인식 연구」, 『국악교육』 42집, 한국국악교육학회, 2016, 241~269쪽.

이수진, 「『소영집성』 소재 우조와 평조 〈보허자〉 비교 연구」, 『한국음악연구』 61집, 한국국악학회, 2017, 205~231쪽.
_____, 「고악보 소재 〈평조 보허자〉 비교 연구」, 『한국음악연구』 64집, 한국국악학회, 2018, 99~130쪽.
김소연, 「19~20세기 영산회상 거문고선율 변천 연구」, 이화여대대학원 박사학위논문, 2020.
조은숙, 「조선 후기 수파형 악보의 전승 양상과 음악 교육적 효용성」, 『국악교육연구』 15집, 한국국악교육연구학회, 2021, 255~289쪽.
박희정, 「금보 소재 영산회상 중 타령계 악곡에 관한 연구」, 『민족문화』 62집, 한국고전번역원, 2022, 215~259쪽.

해제: 정서은

현학금보(고려대 소장)
玄鶴琴譜(高麗大 所藏)

금보琴譜

금보琴譜 전全

오초부吳樵夫 지음

琴譜 全

吳樵夫 作

진악해進樂解[5]

봉산초부蓬山樵夫[6]가 임자년壬子年[7]에 영남과 호남 사이를 떠돌면서 아름다운 산, 맑은 물을 만나면 곧 금琴을 타고 시를 읊조리며 돌아갈 생각을 잊은 것이 여러 달이었다. 그러다 동래의 북쪽 양산의 동쪽에 있는 주인 이상사李上舍 경순敬淳의 집에 머무르게 되었는데, 대개 그는 세상에 숨어 사는 박학하고 호고好古하는 선비였다.

몇 달을 같이 지내던 중 그는 나에게 이렇게 말했다.

"내가 녹기綠綺[8]를 가지고서 지음知音을 기다린 지 십여 년이라오. 궁벽한 땅에

---

5 진악해(進樂解): 『현학금보』(정경태 구장) '진악해' 이하 내용과 거의 동일하다.
6 봉산초부(蓬山樵夫): 노주(老洲) 오희상(吳熙常, 1763~1833)의 호.
7 임자년(壬子年): 1792년.
8 녹기(綠綺): 좋은 거문고를 일컫는 말.

사는 터라, 좋은 스승을 만나지 못했는데, 이제 다행히도 좋은 스승을 만나게 되었으니, 모쪼록 몇 말씀 해주신다면, 엮어 악보로 만들어 영원히 전하고 싶습니다. 괜찮은지요?"

"그러지요!"

이에 과거에 들었던 몇 결闋 수천 마디 말을 책으로 엮되 두 편으로 나누었다. 유儒·불佛·선仙 3가家의 음악을 상편으로 하여 몸통으로 삼고, 평조·우조·계면조의 삼한三韓의 음악을 하편으로 하여 응용편으로 삼았다. 범례규식凡例規式과 정은停磤의 표標[9]를 책머리에 얹었고, 끝에는 가요歌謠의 절주節奏와 완급의 정도를 붙이되, 숨을 세는 것과 획의 소리까지 다루었다. 가까운 데서 취하되 먼 경지를 생각하며, 정확하게 하는 데 힘썼는데, 등불을 밝히고 주묵朱墨을 갈며 음식 맛도 잊고 몸조차 저버린 끝에 한 달을 넘겨서야 완성하였다.

정사精舍를 지나던 어떤 손이 집 안을 엿보고는 내가 하는 일을 나무랐다.

"사람이 이 세상에 태어나 백 년을 살기 어렵지 아니한가. 삶에 기한이 있어 한이 없다는 것을 아는 터라, 위로는 희헌曦軒[10]과 요사姚姒[11]의 전칙典則[12]을 엿보고, 아래로는 술수術數·공리功利의 학문을 연구해도 너무나 넓고도 커서 오히려 시간이 모자랄까 걱정하는데, 선생은 썩은 줄과 문드러진 나무에 파묻혀 조잘거리고 웅얼대면서 세월을 보내고, 피폐한 정신으로 늙어가는 줄도 모르고 있으니, 도대체 어찌 된 일인가?

또 고금古琴[13]의 길이는 3척尺 6촌寸 남짓으로 12월과 윤달에 대응하오. 요腰에는 선仙이니 주姝니 하는 칭호가 있고, 현絃에는 5현과 7현의 규식規式이 있소. 용지龍池[14]·봉소鳳沼[15]로 팔풍八風에 통하고, 선요琁耀[16]·옥휘玉徽[17]로 오음五音을 조화롭

---

9 정은(停磤)의 표(標): 거문고 왼손 주법에 사용되는 여러 가지 표. 이 책 293쪽 참고.
10 희헌(曦軒): '태양'을 달리 이르는 말.
11 요사(姚姒): 중국의 순임금과 우임금을 아울러 이르는 말.
12 전칙(典則): 반드시 지켜야만 하는 규범.
13 고금(古琴): 중국의 금. 곧 휘금을 뜻한다.
14 용지(龍池): 금(琴)의 하단 중앙에 뚫린 긴 구멍.
15 봉소(鳳沼): 금(琴)의 하단 꼬리 부분에 뚫린 긴 구멍.

게 만들기 때문에 소소簫韶를 아홉 번 연주하자, 봉황이 와서 춤을 추었던 것이오.[18] 슬을 연주하자 고기가 물 밖으로 나와서 들었던 것이오. 동방의 금으로 말하자면, 제도가 옛 음성音聲에 부합하지 않고, 율률에도 맞지 않는다오. 6현六絃의 규식은 언제 처음 만들어졌는가? 삼가三家의 곡조는 명명한 사람이 누구인가? 그런데 지금 모아서 악보를 엮기까지 하니, 아雅・속俗을 가리지 않고 횡설수설하는 것이로다. 이른바 '벽돌을 갈아 거울을 만드는 것'[19]같아 비록 수고로운 일이기는 하지만, 쇠바늘이 되지 않을 것이니,[20] 그것이 공교하기는 하지만 무용한 것이기 때문이오."

초부는 두 다리를 뻗고 앉아 하늘의 해를 바라보고 한참 잠자코 있다가 말했다.
"고루하구나, 그대의 학문함이여! 이것은 우물에 빠져 북해北海를 비웃고, 느릅나무와 박달나무에 부닥쳐 남쪽으로 날아가는 것을 비웃는 격이 아니겠는가? 사람이 몸을 갖고 태어나면 감정이 없을 수 없소. 슬픈 일과 즐거운 일이 눈앞에서 뒤섞여 일어나면 마음속에 변화가 일어난다. 성인의 학문은 성명性命을 순하게 만드는 것보다 앞서는 것이 없고, 성명의 요체는 사심邪心을 금하는 것보다 앞서는 것이 없소. 나는 사심을 막고, 사욕을 이기는 방법으로 금琴에 앞서는 것이 없다고 생각하오. 공자孔子 문하의 70명의 문도 중에 현송絃誦을 하지 못하는 사람은 아무도 없었지. 대개 군자가 잠시라도 음악을 멀리할 수 없는 것은 이 때문인 것이로다! 대저 하도河圖[21]의 순수順數[22]와 낙서洛書[23]의 역수逆數[24]는 생생・극극이 비록 다르지만, 이理・

16 선요(琁耀): 옥으로 만든 돌괘.
17 옥휘(玉徽): 옥(玉)으로 만든 휘(徽). 칠현금의 겉면에 옥으로 만들어 붙인 13개 음절(音節)의 표시.
18 소소(簫韶)를 …… 추었던 것이다: 순임금의 음악으로 9곡으로 구성되어 있다.
19 '벽돌을 갈아 거울을 만드는 것': 원문은 '마전작경(磨磚作鏡)'이다. 당(唐)나라 마조(馬祖) 스님이 좌선만 하고 있는 것을 보고, 회양(懷讓) 스님이 앉아서 좌선만 하는 것은 마치 벽돌을 갈아 거울을 만드는 것과 같은 행위라고 지적한 데서 나온 고사.
20 '쇠바늘이 되지 않을 것': '마부작침(磨斧作針)'에서 나온 말. 당의 시인 이백(李白)이 젊었을 때 광산(匡山)에서 공부를 하다가 집으로 돌아가는 길에서 어떤 노파가 쇠 절굿공이를 가는 것을 보고, 무엇을 하느냐고 묻자, "바늘을 만들려고 한다" 하였다. 이백은 깨우친 바가 있어 돌아가 공부를 마쳤다고 한다. 『잠확유서(潛確類書)』 등 여러 문헌에 나온다.
21 하도(河圖): 중국 복희씨(伏羲氏) 때에, 황허강(黃河江)에서 용마(龍馬)가 지고 나왔다는 쉰다섯 점으로 된 그림. 동서남북 중앙으로 일정한 수로 나뉘어 배열되어 있으며, 낙서(洛書)와 함께 주역(周易)의 기본 이치가 되었다.

기氣는 한 가지요. 희황羲皇이 획을 긋고[25] 주周나라 문왕文王이 그것을 겹쳤는데,[26] 선천先天과 후천後天[27]이 비록 다르기는 하지만, 소장消長[28]의 이치는 동일한 것이오. 그런데 그대는 도리어 오늘날의 음악이 옛 음악과 같다는 것을 듣지 못했다는 것인가? 금은 비록 여섯 개의 현이 있으나, 실은 다섯인 것이니, 어째서인가? 사시四時가 서로 변할 때 습토濕土가 그 중간에 위치하고, 오장五臟은 맡은 바가 다르나 상화相火가 보좌 되오. 그러므로 대大는 궁宮이 되고 소小는 치徵가 되니, 이것은 화火와 토土를 둘로 하되 임금은 편안하고 신하는 수고하는 상이지. 각角이 안쪽이 되고 우羽가 바깥쪽이 되니, 이것은 위엄과 덕德을 겸하되, 문文을 앞세우고 무武를 뒤로 하는 뜻이다. 건乾·곤坤이 한가로운 곳에 퇴위하고, 감坎·이離가 당도當道에서 용사用事하니, 봄우레가 잠자던 벌레를 깨우는 것은, 각角이 흥기시키는 방법이고, 가을 기운이 거두어들이는 것은, 상商이 맑게 만드는 방법이지. 여기에 천지와 군신君臣과 민물民物의 자리가 갖추어졌고, 날고, 물속에 잠겨 있고, 뛰어오르고, 나타나고, 두려워하고, 끝까지 이르는 상象[29]이 깃들어 있소.

우순虞舜은 5현五絃을 연주했고 문왕과 무왕은 현 둘을 더하였지. 도잠陶潛[30]은 무현금無絃琴을 탔고 손등孫登[31]은 현 하나만을 썼소. 대슬大瑟은 50현, 소슬小瑟은

---

22 순수(順數): 차례로 셈.
23 낙서(洛書): 중국 하나라의 우왕(禹王)이 홍수를 다스릴 때에, 낙수강(洛水江)에서 나온 거북의 등에 씌어 있었다는 마흔다섯 개의 점으로 된 아홉 개의 무늬. 팔괘와 홍범구주가 여기에서 비롯한 것이라고 한다.
24 역수(逆數): 미래의 운수를 미리 눈치로 아는 일.
25 '희황(羲皇)이 획을 긋고': 희황은 '복희씨(伏羲氏)'를 말함. 복희씨가 『주역』의 팔괘(八卦)를 처음 그렸던 것을 말함.
26 '문왕(文王)이 그것을 겹쳤으니': 복희씨가 만든 팔괘를 문왕이 둘씩 겹쳐서 64괘를 만든 것을 말함.
27 선천(先天)과 후천(後天): 선천은 복희씨가 만든 선천팔괘(先天八卦)를, 후천은 문왕이 만든 후천팔괘(後天八卦)를 말한다.
28 소장(消長): 쇠하여 사라짐과 성하여 자라남.
29 『주역』「건괘(乾卦)」에 대한 한 주해에 "육효의 상을 모두 용에서 취한 것은 양(陽)의 체(體)가 굳세기 때문이다. 그 물에 잠기고, 드러나고, 두려워하고, 뛰어오르고, 날고, 끝까지 이른 것은, 처음과 끝의 순서이며, 변화의 자취이다"(六爻之象, 皆取于龍者, 陽體之健. 其潛見惕躍飛亢者, 初終之序而變化之迹也)"라고 한 데서 인용한 것으로 보인다.
30 도잠(陶潛): 도연명. 중국 동진(東晉)의 자연 시인.

25현, 비파는 4현, 공후는 2현이니, 고금의 규식을 적절하게 더하고 뺀 것이지, 어찌 반드시 5·7이란 숫자에 집착하여 교주고슬膠柱鼓瑟 격으로 변통할 수 없다는 것인가? 게다가 삼대三代 성왕聖王이 규풍規風할 적에는 위로는 조정 군신君臣의 음악으로부터 아래로는 여항閭巷 사녀士女들의 시까지 채집하여 성정性情의 삿됨과 올바름을 살펴 정치·교화의 치란治亂을 알지 않음이 없었소. 그런데 지금 반드시 아송雅誦을 지으려 하면서 국풍國風을 버린단 말인가? 내가 이 책을 엮는 것은 체體와 용用을 겸하자는 뜻으로서 정鄭·위衛에 이남二南을 열거하고,「설괘전說卦傳」[32]·「잡괘전雜卦傳」[33]에『십익十翼』[34]을 붙이는 것에 견주려는 것이라오."

이에 손님이 이렇게 말했다.

"지금 선생의 가르침을 들어보건대, 좋은 말주변으로 말을 꾸미는 실수가 있는 것이 아니면, 성인의 지혜에 자신을 망령되게 견주는 과실을 면하지 못하는 것이 아니겠소이까?"

초부는 빙긋 웃고 돌아보지 않았다. 금을 당겨 조현調絃한 뒤 궁상宮商의 오묘한 소리를 내고 산수의 아름다운 곡조를 싫은 줄 모르고 마냥 연주하였다.[35]

進樂解

31 손등(孫登): 중국 삼국시대 오나라의 초대 왕인 손권의 장남. 209년 오군 부춘현에서 오나라의 왕 손권(孫權)의 장자로 출생하였으며 자는 자고(子高)이다. 영민하고 총명하였으며 제갈각, 장휴 등과 막역한 사이였다. 장자로서 태자로 책봉되어 부친 손권을 보좌하며 후계자로 지목되었으나 33세에 사망하였다. 임종욱,『중국역대인명사전』, 이회문화사, 2010, 788쪽.
32 「설괘전(說卦傳)」:『주역』에 대한 열 가지 해석인 십익(十翼)의 괘(卦)를 개괄적으로 설명한 부분.
33 「잡괘전(雜卦傳)」:『주역』의 십익(十翼) 중 하나. 괘(卦)와 괘 사이의 복잡한 관계를 섞어서 설명한 부분.
34 『십익(十翼)』: 중국의 공자가 지었다고 전하는, 역(易)의 뜻을 알기 쉽게 설명한 책. 상하(上下)의 단전(彖傳), 상하의 상전(象傳), 상하의 계사전(繫辭傳), 문언전(文言傳), 서괘전(序卦傳), 설괘전(說卦傳), 잡괘전(雜卦傳)의 10편으로 이루어져 있다.
35 『현학금보』(정경태 구장)에서는 "봉산초부 오희상은 쓴다"라고 글쓴이를 밝혔으나, 여기에는 생략되었다.

蓬山樵夫以幹壬枝子歲放浪嶺湖間, 每遇佳山麗水, 輒鼓琴詠詩優遊忘歸者, 累月.
暨于萊之北梁之東, 主人李上舍敬淳, 盖隱於世而博學好古之士也.

相處數句, 語于樵夫曰:"我有綠綺以待知音者, 十有年矣. 居地遠僻, 未遇良師. 今幸見先生, 請譜緝微語, 以爲不朽之傳, 可乎?"

曰:"諾!"

於是, 編峡舊聞譜闋數千言, 分爲兩篇, 以儒·仙·釋三家之樂爲上爲體, 平·羽·界三韓之操爲下爲用. 弁之以凡例規式. 停破之節; 尾之以歌謠節奏, 緩促之度. 以至數息畵聲之類, 近取遠模, 務歸精覈. 焚膏研硃忘味遺形者, 經月乃成.

客有過精舍者, 窺戶而誚之曰:"人生斯世, 壽難期百. 生有涯而知無窮. 上窺羲軒姚姒之典, 下究術數功利之學, 渾渾漫漫, 尙恐不暇, 而夫子汨汨於朽索爛材之上, 悠悠於嘈唽咿唔之間, 疲神擾精不知老之將至者, 抑何歟? 且古琴之長, 三尺六寸有奇, 以應一十二月. 有閏腰有仙與姝之稱. 絃有五與七之式, 龍池·鳳沼而通八風, 琁耀·玉徽而調五音, 故韶成, 則鳳來儀, 琴[36]和而魚出聽矣. 至於東方之琴, 制度不合古聲音, 不叶律. 六絃之式, 創於何時? 三家之調, 名之者誰? 而況今也彙而譜之, 不擇雅俗, 橫說竪說, 所謂磨磚作鏡, 雖勞, 不成鏤刺, 爲猴巧而無用者也."

樵夫箕踞仰白, 默然良久曰:"固哉! 子之爲學也 此非落井甃而笑北海, 搶楡枋而誹圖南者耶? 人受其形, 不能無情. 哀樂交前, 其中卽遷. 聖人之學, 莫先乎順性命性命之要, 莫先乎 禁邪心. 余謂閑邪克己之方, 莫要乎琴. 仲尼之門, 七十子之徒莫不絃誦. 盖君子不可斯須去樂者以此歟. 夫河圖順數, 洛書逆數, 生克雖殊, 理氣則一也. 羲皇劃卦, 周文重之. 先後天雖異, 消長之理同也. 而子獨不聞今之樂猶古之樂歟! 盖常論之, 琴絃雖六, 其實該五, 何則? 四時相代, 濕土居中. 五藏異司, 相火爲佐. 故大爲宮而少爲徵, 是二火土而君逸臣勞之象. 角爲內而羽爲外, 是兼威德而先文後武之義也. 乾坤退位於閒地, 坎离用事於當途. 春雷振蟄, 角之所以爲興也; 秋氣收斂, 商之所以爲淸也. 天地君臣民物之位具焉, 飛潛躍見惕亢之象寓焉. 虞舜彈五絃而後世[37]添二, 陶潛按無絃而孫登用一. 大瑟五十, 小瑟廿五. 琵琶四絃, 箜篌二絃. 古今之規, 隨宜損益. 何必泥五七之數而膠柱[38]不通哉! 且三代聖王之規風也, 上自君臣朝廷之樂, 下至閭巷

---

36 琴: 『현학금보』(정경태 구장)에는 '瑟'로 되어 있다.
37 後世: 『현학금보』(정경태 구장)에는 '文武'로 되어 있다.
38 柱: 원문의 '珠'는 오기이므로 바로잡았다.

士女之詩, 無不陳而采之. 以察性情之邪正, 以知政教之治亂. 今何必撰雅頌而遺國風也哉! 余之爲此篇兼體用之意, 竊比於鄭衛之列二南, 說雜之附十翼."

客曰: "今聞夫子之敎, 不有好辯飾辭之失, 抑未免妄比聖智之過乎?"

樵夫哂而不顧, 方將援琴調絃, 發宮商之妙音, 奏山水之雅操, 疊疊不撤.

오금사吳琴師에게 주는 글

금琴의 오묘함은 신神에 있는 것이지 소리에 있는 것이 아니다. '신'은 마음이 손과 하나가 되어 움직이되 자신은 그것을 알지 못하는 것이다. 소리는 음을 구분하고 율律에 어울리게 하는 것으로 말단적인 절주節奏에 집착하는 것이다.

아, 저 머나먼 옛날 희황羲皇은 5현금五絃琴을 처음 만들어 신명神明을 통하자, 우순虞舜은 그것을 그대로 따랐으며, 문왕과 무왕이 2현을 더하고, 선니宣尼는 그것을 얻었던 것이니, 그 전하는 것이란 '신'일 뿐이었다.

그런데 채백개蔡伯喈[39]의 초미금焦尾琴과 혜중산嵇中散[40]의 〈광릉廣陵〉[41]은 비록 '신'을 전수한 것이라고는 하지만, 모두 장단長短·질서疾舒를 '소리'에 깃들인 것이니, 거의 옛날에 이른바 신화神化가 아닌 것이다. 오직 도정절陶靖節[42]은 음률에 익숙하지는 않았지만, 금을 어루만지고 사랑하여 뜻을 붙여 이르기를, "단지 금의 취미만을 알 뿐이니, 어찌 현에서 수고롭게 소리를 내리오."라고 하였으니, 이 경지는 금의 신묘함을 얻을 수 있어 자신을 희황상인羲皇上人[43]이라 부른 것이 틀림없다.

우리나라의 금[44]은 그 제도가 중국과 다르고 소리의 청탁淸濁·고하高下가 또 중

---

39 채백개(蔡伯喈): 중국 후한의 채옹(蔡邕, 133~192)이다. 백개는 그의 자이다. 학문과 글씨에 뛰어난 재주를 가져 명성이 높았다. 임종욱, 『중국역대인명사전』, 이회문화사, 2010, 1885쪽.
40 혜중산(嵇中散): 진(晉)나라 죽림칠현 중 한 사람인 혜강(嵇康)을 말함. 혜강이 중산대부(中散大夫)를 지냈기 때문에 '혜중산'이라고도 부름.
41 광릉(廣陵): 혜강이 작곡한 금곡(琴曲)인 〈광릉산(廣陵散)〉을 말함.
42 도정절(陶靖節): 동진(東晉)의 고사(高士) 도잠(陶潛) 곧 도연명(陶淵明). 그의 사시(私諡)가 정절징사(靖節徵士)였기에 흔히 '도정절'로 부르기도 함.
43 희황상인(羲皇上人): 복희씨 이전의 오랜 옛적의 사람이라는 뜻으로, 세상일을 잊고 한가하고 태평하게 숨어 사는 사람을 이르는 말.

국과 같지 않으니, 제도와 소리가 이미 옛것이 아닌 것이다. 어떻게 '신神'을 논하는 일에 끼어들 수 있겠는가? 그래서 시속에서 금을 만지는 사람들은 단지 손가락 끝에서 궁성宮聲을 머금고 각음角音을 토하고[45] "격렬한 우성羽聲에 흐르는 물에 술잔을 띄운다"는 말[46]을 따졌을 뿐이고 마음에서 얻은 것에 대해서는 대개 알려진 것이 없었던 것이다.

근래에 김사명金士明이란 이가 자못 속기를 벗어던지고 성음聲音 바깥의 경지로 나가 왕왕 신오神悟한 것이 있었으나, 그 역시 죽어버려 금의 계보가 끊어졌다. 지금 오사吳師[47]는 금으로 세상에 이름을 떨치고 있다. 내가 한 번 오사에게 금을 타게 하자, 오사는 넉넉한 옷에 특이한 갓[48]을 쓰고, 즐겁고 편안한 표정으로 금을 안고 앞으로 나아왔다. 연주를 처음 시작할 때는 느릿느릿하여 음이 성글고 가락이 드물어 마치 쪼개지 않은 옥돌 같더니, 연주의 중간쯤 가서는 눈썹을 들고 눈을 치뜨는가 하면, 어깨는 솟구치고 손가락은 춤을 추어 털 하나 머리털 한 올까지 모두 화창하고 흘러 움직이는 기운이 있었다. 몸과 마음이 모두 무르녹아 성음聲音 사이에서 피어 드러났기 때문에 궁宮으로 우羽·치徵의 소리를 거느리고, 각角으로 궁·상商의 음音을 머금었다. 율려律呂를 바꾸어 가며 연주하니, 조리가 어지럽지 않았다. 듣는 사람들은 자신도 모르게 손으로 춤을 추고 발을 구르게 되었다. 연주가 마지막에 이르자, 막힘없이 흐르는 것이 마치 고향을 찾아 날아가는 기러기와 같고, 가늘게 이어지는 것은 흡사 물속을 노니는 곤어鯤魚가 홀로 우는 것 같았으며, 배회하는 듯, 드날리는 듯, 조용하고 한가하여 사람의 마음이 넓어지고 정신을 맑아지게 만들되, 어찌하여 그런지 이유를 알지 못하였다. 오사가 그제야 태연히 용모를 가다듬고 일어나 구석에 앉았다.

---

44 우리나라의 금: 거문고를 뜻한다.
45 '궁성(宮聲)을 …… 토하고': 원문은 '함궁토각(含宮吐角)'인데, 한(漢)나라 유철(劉徹)의 〈천지(天地)〉라는 시의 "궁성을 머금고 각성을 토하매 격렬한 치성(徵聲)이 맑다(函宮吐角激徵淸)"라는 구절에서 인용한 것이다.
46 "격렬한 …… 띄운다": 원문은 '격우유상(激羽流觴)'인데, 정확한 뜻은 미상이다.
47 오사(吳師): 오희상을 뜻한다.
48 『현학금보』(정경태 구장)에는 '띠(帶)'로 되어 있다.

내가 물었다.

"기이하구려. 오사의 금이여! 율률에 구속되지 않고, 절로 율에 합치되다니, 금으로 연주하는 것이 아니라, 마음으로 연주하는 것이고, 소리로 어울리게 하는 것이 아니라, 신神과 어울리게 하는 것이구려. 오사의 금은 오래된 것이어서 아마도 속된 선비의 부류가 아니겠군요. 혹 김사명에게서 배운 것이 있는지요?"

오사가 조용히 미소지으며 말하기를,

"아닙니다."

나는 이에 이렇게 말했다.

"옛날 백아伯牙가 금을 배울 때 바다와 산이 아득히 먼 것을 보고 마침내 오묘한 곡조를 얻었다고 하더이다. 지금 들으니 일찍이 오사는 부안扶安의 변산邊山에서 객지살이를 한다고 하던데, 변산 역시 바닷가니, 부안의 변산이 오사의 바다와 산인 줄을 비로소 알게 되었소."

어떤 이는 "오사의 금이 정말 좋기는 하나, 자기 뜻이 가는 대로 연주하여 가락에 맞지 않는 것이 많다. 이것은 속음俗音에 구속된 것이다."라고 말한다.

【사교四敎[49]는 쓴다.】

與吳琴師說

琴之妙在乎神, 不在於聲. 神者心與手化, 動盪而不自知也. 聲者, 辨音諧律, 規規乎節奏之末也. 粤昔羲皇制爲五絃, 以通神明而虞舜因之, 文武增其二絃而宣尼得之. 其所以傳之者, 神而已.

若夫蔡伯喈之蕉尾, 嵇中散之廣陵, 雖稱神授, 而皆以短長疾舒, 寓之於聲, 則殆非古所謂神化也. 唯陶靖節不閑音律, 而撫[50]弄寄意曰: "但識琴中趣, 何勞絃上聲. 是可得琴之神妙而自謂羲皇上人也, 不誣矣.

東之琴, 其制與中國差殊. 聲之淸濁高下, 又與中國不侔, 則制與聲已[51]非古矣. 夫何與論於神乎! 所以俗之操琴者, 只以函宮吐角激羽流觸辨於指端, 而其得之於心與神

49　사교(四敎): 글쓴이로 보이나, 정확한 내용은 알 수 없다.
50　撫: 원문의 '無'는 '撫'의 오기이므로 바로잡았다.
51　已: 『현학금보』(정경태 구장)에는 '又'로 되어 있다.

則盖無聞焉.

　近有金士明者, 頗能脫俗[52]於聲音之外, 往往有神悟處, 而金又圽焉, 琴之譜絶矣. 今吳師以琴名於世. 余試使鼓之, 師寬衣偉冠, 愉愉然抱琴而前. 其始作也, 徐徐焉, 緩緩焉, 疎音希節, 有若大璞[53]之未剖. 方其中操也. 眉軒目瞯, 肩聳指舞, 以至一毛一髮, 皆有澹宕流動之氣. 身心俱瀜, 發越乎聲音之間, 故宮而統羽徵之響, 角而含宮商之音. 律呂迭奏, 條理不紊. 聽之者, 不知手舞而足蹈. 及其將亂也, 瀏瀏若歸鴻高翔, 嫋嫋如遊鯤[54]獨鳴, 徘徊悠揚, 從容閒雅, 使人心曠神澹而不知其所以然. 師乃油然斂容起而隅坐.

　余問之曰: "異哉 師之琴也. 無拘乎律, 而自合於律, 可謂不以琴鼓之而以心鼓之, 不以聲諧之而與神諧之者也. 古之師尙矣, 殆非俗士流也. 抑或有得於士明者歟?"

　師微哂曰: "未也."

　余乃曰: "昔伯牙學琴, 見海山渺冥. 遂得妙調. 今聞師嘗僑居于扶安之邊山, 邊亦海曲也. 始知扶安之邊爲師之海山也."

　夫或曰: "師之琴固善矣. 唯意所適, 多不中節. 此局於俗音者也." 又何足辨【四敎書】.

현학금보 玄鶴琴譜
상편 上篇[55]

【진晉 나라 사람이 동방東邦에 금琴을 보냈는데 그것을 연주하는 방법을 알지 못했다. 왕산악王山岳은 고구려 사람이다. 그 제도를 조금 고쳐서 그것을 연주하니 쌍현학雙玄鶴[56]이 와서 춤을 추었다. 그러므로 현학금玄鶴琴이라고 이름한 것이다. 평조平調와 우조羽調가 있어 세상에 전해진다고 한다.】

　　　　　　　　　　　　해주후인 봉산 오초부는 쓴다.

52　俗: 원문의 '略'은 '俗'의 오기이므로 바로잡았다.
53　璞: 원문의 '撲'은 '璞'의 오기이므로 바로잡았다.
54　鯤: 원문의 '鶤'은 '鯤'의 오기이므로 바로잡았다.
55　상편: 이 자료는 '상·하편'으로 이루어졌는데, 원문에는 구분 표기가 없다. 『현학금보』(정경태 구장)를 참고하여 '상편'과 '하편'을 임의로 넣었다.
56　『삼국사기』에는 '현학(玄鶴)'으로 되어 있다.

【晉人遺東邦以琴, 不知鼓之之法. 王山岳, 高句麗人也. 稍改其制鼓之, 有雙玄鶴來舞, 故名. 有平調‧羽調傳于世云.】海州后人蓬山吳樵夫 述.

현금규식玄琴規式

【1. 금은 무릇 6현이다. 왼쪽의 첫 번째가 문현文絃이고, 두 번째가 유현游絃이며, 세 번째는 대현, 네 번째는 괘상청卦上淸, 다섯 번째는 괘하청卦下淸, 여섯 번째는 무현武絃이다. 옛날에는 궁宮‧상商‧각角‧치徵‧우羽로 순서를 삼다가 지금은 목木‧화火‧2토二土‧금金‧수水를 차례로 삼는 것은 대개 사시四時의 뜻을 취한 것이다.】

○玄琴規式
【一. 琴凡六絃. ○左第一, 文絃, ○第二, 游絃, ○第三, 大絃, ○第四, 卦上淸, ○第五, 卦下淸, ○第六, 武絃. ○古以宮‧商‧角‧徵‧羽爲叙, 今以木‧火‧二土‧金‧水爲例(者), 盖取四時之義也.】

1. 줄이 굵고 가는 것은 거문고의 재목材木이 두껍고 얇음을 따른다.
【대현이 가장 탁하고, 그다음이 무현이고, 그다음이 문현이다. 괘하청이 가장 맑고, 그다음은 유현이고, 그다음은 괘상청이다. 또 괘상청은 문현에 견주어 보면 반은 문文이고 아래는 무武이다. 세 줄은 모두 안족 위에 있고, 유현‧대현‧괘상청의 세 줄은 모두 괘 위에 있다. 괘는 16개다.】

一. 絃之巨細隨琴材厚薄.
【大絃最濁, 其次武絃, 又其次文絃. 卦下淸最淸, 其次游絃, 又其次卦上淸. 又卦上淸比文絃又其半文下武, 三絃皆歧柱, 游大上三絃皆徽卦, 卦十六.】

【[상단: 39.138] 도산陶山[57]이 시를 지어 증거로 삼았다.

---

[57] 도산(陶山): 퇴계(退溪) 이황(李滉, 1501~1570)을 뜻한다. 그의 학문과 덕행을 추모하기 위해 경북 안동시 도산면 퇴계리에 1574년 도산 서원을 세웠다.

선왕이 음악을 지은 그 뜻이 더욱 깊었으니,

천지의 중화中和가 자신의 마음에서 피어난다네.

봉鳳이 남훈전南薰殿에 내려와 원래의 아름다움을 다하였고

학이 동국에 날아들어 따로 소리를 이루었네.

평생 나는 스승을 두고 배우지 못했으니,

오늘 그대가 옛 악보를 찾아줄 수 있을는지.

내년에 산에 달이 뜨는 밤을 기다렸다가

무현금과 유현금을 연주해 봅시다.】

【陶山有詩爲証. 先生作樂意尤深, 天地中和發自心. 鳳下南薰元盡美, 鶴來東國別成音. 平生我未專師學, 此日君能古譜尋. 好待明年山月夜, 無絃琴和有絃琴.】

금을 연주하는 범례

【왼손으로 반드시 괘卦와 현絃을 짚고 오른손으로 술대를 잡는다. 칠요七曜[58]는 왼쪽 무릎 위에 걸치고, 봉미鳳尾[59]·횡지橫地[60]를 앞으로 한다.】

鼓琴凡例

【左手按必在卦絃, 右手執撥, 七曜踞右膝, 仙腰依左膝, 前鳳尾·橫地.】

1. 거문고에는 위·아래, 안·밖, 왼쪽·오른쪽의 구별이 있다.

【금의 재목은 다음과 같다. 가지를 위로 삼으니 봉미가 그것이고, 뿌리로 아래를 삼으니, 용구龍口[61]가 그것이다. 음률은 변궁變宮[62]을 하한下限으로 삼으니 괘卦가 그것이고, 청태주淸

---

58 칠요(七曜): 7개의 돌괘. 사실 거문고에는 돌괘가 6개 있기에 '육요'라 하는 것이 바람직하다. 7요는 중국 7현금에서 차용했기에 '7요'라 한 것으로 이해된다.
59 봉미(鳳尾): 거문고의 줄을 고정하는 꼬리 부분. 이 책 38쪽 참고.
60 횡지(橫地): 거문고의 어느 부위를 지칭하는 용어인데, 자세한 것은 미상.
61 용구(龍口): 거문고의 머리 쪽에 뚫린 긴 구멍.

大簇로 위를 삼으니 현침絃枕⁶³이 그것이다. 용두龍頭는 오른쪽에 있고, 선요仙腰는 왼쪽에 바싹 붙어 있으니, 문현文絃은 왼쪽 안에, 무현武絃은 바깥쪽에 있어 안쪽은 왼쪽이 되고 오른쪽이 밖이 된다.⁶⁴ 왼쪽 손의 무명지와 장지의 끝으로 유현遊絃과 대현大絃을 짚되 옥근玉根처럼 가늘고 곧게 하고, 괘를 번갈아 움직이는 것 외에는 꺾이고 굽게 해서는 안 된다.

식지食指와 무지拇指⁶⁵는 왕래하면서 율률을 따라 짚되, 식지는 굽히고 모지는 가로로 눕혀야 하고, 멀리 미쳐서는 안 된다. 그러므로 단지 대현·소현의 명지⁶⁶·장지의 다음 괘만 맡는다. 그 음⁶⁷은 동동이다.

무지拇指는 멀리 갈 수 있고 가까이 둘 수는 없다. 그러므로 대현·소현의 식지 이상 3·4·5·6괘를 맡아, 율에 따라 발한다. 그 구음은 가까우면 '징'이 되고, 멀면 '딩'이 된다. '동동' 소리와는 관계하지 않는다.

소지小指는 무명지 옆에 붙여 항상 그 힘이 없는 것을 돕는다. 문현을 타거나 문현을 멈추게 하는 것 외에는 절대 해안蟹眼⁶⁸·접시蝶翅⁶⁹의 모습을 만들어서는 안 된다. 손등의 형세는 옥경을 매단 것〔구球는 옥경玉磬이다.〕⁷⁰처럼 꺾여 있고, 팔뚝의 형세는 평평하고 낮아 진퇴進退가 □□해야 금정金晶〔금정은 팔꿈치 맥이다〕⁷¹으로 움직이고 멈춘 연후에야 화평和平하고 청아淸雅한 운韻이 있는 것이다. 절대 손가락 끝으로 단지 흔들고 뜯고 떨어서 지나치게 슬프거나 살벌한 소리를 내서는 안 된다.

62　변궁(變宮): 중국계 아악(雅樂)의 칠성(七聲)의 하나. 황종(黃鍾)을 궁(宮)으로 할 때 태주(太簇)는 상(商), 고선(姑洗)은 각(角), 유빈(蕤賓)은 변치(變徵), 임종(林鍾)은 치(徵), 남려(南呂)는 우(羽), 응종(應鍾)이 변궁이다. 송방송, 『한겨레음악대사전』 상, 보고사, 2012, 776쪽.
63　현침(絃枕): 현악기에서, 줄의 머리를 걸치는 침목(枕木)이라는 뜻으로, '담괘'를 달리 이르는 말.
64　『현학금보』(정경태 구장)에는 "바깥쪽은 오른쪽이 된다(外爲右也)"로 되어있다.
65　무지(拇指): 『현학금보』(정경태 구장)에는 '모지(母指)'로 되어 있다. 뜻은 같다.
66　명지(名指): 무명지를 뜻한다.
67　음(音): 거문고의 구음을 뜻한다. 이하 같다.
68　해안(蟹眼): 게의 눈이다. 소지(小指)를 게의 눈처럼 만들어서는 안 된다는 뜻인데, 구체적으로 어떤 모양인지 미상. 게의 눈은 딱지 안으로 들락날락하는데, 그렇게 하지 말라는 것으로 추정할 수도 있다. 아니면 게의 눈처럼 벌리는 것을 뜻할 수도 있다.
69　접시(蝶翅): 나비의 날개.
70　구(球)는 옥경(玉磬)이다 : 이 내용은 세주 안에 또 세주 형태로 있는 것이다. 아래의 "금정은 팔꿈치 맥이다" 역시 같은 형태이다.
71　금정은 …… 맥이다.: 이 내용은 『현학금보』(정경태 구장)에 없는 것이다.

오른손은 술대를 잡고 타되 가죽을 밀어서는 안 된다. 왼쪽에서 오른쪽으로 긋는 것을 '획劃'이라 하고, 위에서 아래로 내려치는 것을 '타打'라고 한다. 오른쪽 아래에서 왼쪽 위로 향하는 것을 '부浮'라고 하며, 그 소리는 '뜰'이다.】

1. 오른손으로 술대를 잡는데 모지母指는 술대 끝에서 위로 2촌 되는 부분을 누르고, 식지食指는 술대 허리를 감고, 나머지 손가락은 말아 쥐고 펴지 않는다. 그리고 술대의 위로 절반이 되는 부분은 장지長指와 식지 사이에 있고, 술대 끝은 모지와 식지의 끝에 끼워져 있다.

一. 琴有上下內外左右之別

【琴材則以枝爲上, 鳳尾是也; 以根爲下, 龍口是也. 音律則以變宮爲下限, 卦是也.; 淸大簇爲上, 絃枕是也. 龍頭居右, 仙腰迫左, 則文絃左內, 武絃在外, 內爲左而右爲外也. 以左手之無名指與長指之端, 按遊絃與大絃, 細直如玉筋, 遞卦運動之外, 不爲屈曲.

食指與拇指, 往來隨律而按, 食指曲而拇指橫曲, 不可遠及, 故只管大小[72]絃之名長指之次卦, 其音爲동동.

拇指則可遠而不及近, 故管大小絃之食指以上三四五六卦隨律而發. 其音爲[73]近則징, 遠則딩. 不涉於동동之音矣.

小指[74]則附於無名之指側, 常助其無力. 彈文禁文之外, 切不可作蟹眼蝶翅之狀. 手脊之勢, 折如懸球〔球玉磬也〕. 腕勢平低, 進退磤磤, 停運之以金晶〔金晶, 肘脉〕, 然後乃有和平淸雅之韻. 切不可徒以指末搖跳戰栗, 以發淫哀殺伐之聲.

右手執匙彈不推[75]革, 自左曁右, 曰畵; 自上抵下, 曰打; 自右之下而向左之上, 曰浮. 其音曰쁠也.】

一. 右手執匙, 拇指鎭銳上二寸, 食指匣匙腰, 餘指拳而不伸, 而【匙之上半節居長指與食指之間, 匙之尾挾於拇指食指之端.】

72 小: 『현학금보』(정경태 구장)에는 少로 되어 있다.
73 爲: 『현학금보』(정경태 구장)에는 없는 글자가 추가되었다.
74 小指: 원문의 '少指'는 '小指'의 오기이므로 바로잡았다.
75 推: 원문의 '離'는 '推'의 오기이므로 바로잡았다.

○안법按法

【무명지·장지·식지는 모두 손톱을 깎고 손가락 끝으로 가장 뾰족한 곳을 짚되, 기울여 짚지 않도록 조심해야 한다. ○장지와 명지가 짚는 곳은 체괘體卦이고, 모지와 식지가 짚는 곳은 모두 괘에 표시를 한다[아래 문장을 보라]. ○무릇 무지拇指가 짚는 현은, 끌어당기고, 들고, 스치고, 칠 때 모두 소상小商으로 한다. 소상혈小商穴은 손톱의 부추 잎 크기만한 혈의 이름이다.】

1. 왼손 무명지로 유현游絃을 짚는다.【현의 표시는 '方'이다. ○손가락의 표시는 '夕'이다. ○음은 '당'이다. ○반反[76]은 '다'이다. ○절切은 '랑'이다. ○진進[77]은 '앙'이다. ○은礥[78]은 '덩'이다. ○아래의 은礥은 진進과 모두 같다.】

왼손의 장지는 대현大絃을 짚는다.【현의 표시는 '大'다. 손가락의 표시는 'レ'다. 음은 '덩'이다. 반은 '더'다. 절은 '랑'이다. 은은 '엉'이다.】

왼손의 식지는 대·소현을 짚는다.【현의 표시는 위에 보인다. ○손가락의 표시는 '人'이다. ○대현의 음은 '둥'이다. 반은 '더'다. ○절은 '룽'이다. ○은은 '웅'이다. ○유현의 음은 '동'이다. 반은 '도'다. 절은 '로'다. 은은 '옹'이다. 나머지는 위를 보라.】

왼손 무지로 대·소현을 짚는다.【현의 표시는 위에 보인다. ○손가락의 표시는 'ᄀ'다. ○대현의 음은 '징'이다. ○반은 '지'다. ○절은 '루'다. ○은은 '지웅'이다. ○유현의 음은 '징'이다. ○반은 '지'다. ○절은 '링'이다. ○은은 '지잉'이다.】

왼손 금지禁指[79]는 펴고 짚지 않는다.【손가락 표시는 '示'다. ○문현을 움직이면 소리는 '홍'이다. ○문현을 그치게 하면, 소리는 '쌀'이 되고, '쓸'이 된다.】

16괘 풀이는 앞의 규식을 보라.

【『주서朱書』[80]에 이르기를, "음률은 뾰족한 탑의 모양이다. 뾰족한 것은 맑고, 넓은 것은

---

76 반(反)·절(切): 거문고 주법의 하나로 오늘날 자출(自出)과 관련이 있는 듯하다. 다음에 나오는 절(切) 역시 거문고 주법과 관련된 용어나 상세한 것은 미상이다.

77 진(進): 뒤편에 나오는 '좌수법'에서 진은 "왼쪽에서 오른쪽으로 나아가는 뜻이다"로 설명하고 있다. 293쪽 참고. 또한 가벼운 데서 힘 있는 데로 향하는 것을 진이라 한다. 293쪽과 297쪽 참고.

78 은(礥): 뒤편에 나오는 '좌수법'에서 은을 "격렬한 것이다"로 설명하고 있다. 293쪽 참고.

79 금지(禁指): 새끼손가락을 말한다.

탁하다." 하였다. 지금 살펴보건대, 16괘는 한괘限卦[81]에서 차차 아래로 줄어들어 16괘에 이르러 뚜렷하게 탑의 모양을 이룬다. 12율 외에 또 약간의 괘를 더하는 것은, 방향方響[82]에 16개의 철편鐵片이 있는 것과 꼭 같다. 방향은 원래 12율인데, 바깥에 4개의 청성淸聲을 더한 것이니, 곧 청황淸黃·청려淸呂 등속을 더해 소리가 넉넉하지 못한 것에 대비한 것이다.】

1. 문현을 손가락과 술대로 타면 모두 소리가 나는데, 그 소리는 '흥'이다.

싸랭.【문현과 유현을 순하게 그을 때 나는 소리다. 소리가 난 뒤 소지小指로 문현을 즉시 막고 유현의 소리만 길게 한다. 혹 '쌀갱'이라 부르는 것은, 혹은 괘의 급촉함 때문이고, 혹은 절주節奏가 성글기 때문이다. 이 외에 너무 느리면 모두 '흥당응동응징' 등속이 된다.】

쓰렝.【문현과 대현을 순하게 그을 때 나는 소리다. 소현小絃을 넘게 하면서 나오지는 못하게 하는 것이다. 소리가 나온 뒤에는 또한 소지로 즉시 문현을 막아서 대현의 소리만 길게 한다. 대개 떠들썩하게 하고 싶지 않은 것이다. 혹 '쓸겡'이 되기도 하는데, 혹은 괘의 촉급함 때문이고 혹은 절주가 성글기 때문에 분별하는 것이다. 나머지는 '흥동응덩응징' 등속이 되고, 다시는 '쓸겡쓰렝'이 되지 않는다. 싸랭의 예와 상호 참작해 보아야 한다.】

다루.【술대로 먼저 유현을 무명지로 음을 내고, 연달아 대현을 장지로 음을 내는 것이다. 계면과 우조의 '다루'는 같지 않다. 가령 무명지와 장지로 4괘를 짚어서 계면조이면 먼저 무명지로 유현을 타고, 연달아 장지로 대현 7괘를 탄다. 우조는 먼저 무명지를 취하고 연달아 장지의 대현 6괘를 취한다. 계면조는 돌소리처럼 맑고, 우조는 부드럽지만 탁하다. 그 취하는 것이 높은 곳에서 낮은 곳으로 나아가는 뜻은 동일하다. 대개 연속해서 내는 사이는 계음階音[83]이다. 이 외에 격절擊節이 지나치게 늦으면 모두 '당딩당딩' 등속이 되어 연주하는 체재가 아니다.】

다링.【먼저 유현을 무명지로 타고 소리가 끝나기 전에 이어서 모지로 맹렬히 유현의 6·7·8괘 등을 짚는 것이다. 그러면 '징' '딩'의 자출음을 낸다. '당'의 반反과 '징'과 '딩'의 절切이

---

80 주서(朱書): 『주자어류』 권92.
81 한괘(限卦): 16괘 중 첫 번째 괘를 뜻하는 듯함.
82 방향(方響): 당악기(唐樂器)에 속하는 타악기의 하나. 16개의 철편(鐵片)을 틀의 상단과 하단에 8개씩 매어 놓고 망치 모양의 각퇴(角槌)로 쳐서 소리를 낸다.
83 계음(階音): 정확한 뜻은 미상이다.

된다. 이 외에 또 '도랑'이 있는데, 곧 식지의 반이고, 모지의 절이다. '지딩'은 곧 모지의 반이고 모지의 절이다. '더롱'은 곧 대현 장지의 반이고 식지의 절이다. '더렁'은 대현 장지의 반이고 모지의 절이다. 모두 먼저 치고 뒤에 짚어 자출 소리를 내되 아래에서 위로 나아가는 계단이 된다. 그 표시는 '凵'이다. 배우는 사람은 마땅히 상호 참작해서 보아야 하고, 대충 보아서는 안 될 것이다.】

지라.【먼저 유현을 모지로 음을 먼저 타고, 이어 그 손가락으로 맹렬하게 끊고 들면, 절로 무명지 음을 자출한다. 대개 모지의 반이고 무명지의 절이다. 이에 또 '도랑'은 식지의 반이고, 무명지의 절이다. '지로'는 모지의 반이고 식지의 절이다. '디잉'은 모지의 반이고 모지의 절이다. '지루'는 대현 모지의 반이고 식지의 절이다. '지렁'은 대현 모지의 반이고 장지의 절이다. 대개 위에서 아래로 나아가는 소리다. 표시는 역시 '凵'이다.】

징도랑.【곧 세 음을 연속해서 내는 것이다. 먼저 모지 음을 탄다. 모지와 식지의 손가락을 짚었다가 즉시 들면, 끝에는 무명지로 돌아가니, 또한 촉급한 데서 느슨한 데로 나아가는 뜻이다. 이 외에 대현 또한 이와 같은 예로서 지더루·징다루·지더렁 같은 것들이 있다.】

다로딩.【먼저 무명지로 음을 타고 다음은 식지, 그 다음은 모지로 타는데, 한층, 한층 더 맹렬하게 짚으면 3음이 하나로 꿴 듯 위로 나아간다. 대개 느슨한 데서 촉급한 데로 나아가는 음이다. 이 외에 또 대현의 '더로징'이 있으니, 곧 장지와 식지, 모지를 연달아 짚는 것이다. 또 소현의 '지딩뜰'이 있으니, 하나의 장지로 한 꿰미 위로 올라가는 소리다. 역시 세 글자가 절로 소리를 낸다. 그 표시 역시 '凵'이다.】

덩지덩.【무릇 이상의 구음口音은 모두 유현·대현으로 말한 것이다. 이것은 단지 대현과 괘상청의 작용이기 때문에 수법이 조금 다르다. 술대로 먼저 대현을 타고, 괘상청과 대현은 술대 끝으로 오른쪽에서 왼쪽을 향해 연속해서 그어 소리를 낸다. 뒤에 그대로 왼손 식지로 괘상청을 눌러 소리를 그치고, 대현의 소리가 홀로 나게 하면, 역시 3개 연속된 소리가 된다. 이 외에 또 '지더루'가 있는데, 단지 오른쪽으로 괘상청과 대현의 모지 음을 긋고, 그대로 식지로 괘상청을 덮어 괘상청을 그치게 하고, 이어 모지로 식지의 소리를 내는 것이다. 대개 오른쪽에서 자세를 잡는 데 그 예는 하나다. ○대개 우계면의 '다루'[84]는 곧 평조의 '지루'다. 우계면의

---

84 다루: 『현학금보』(정경태 구장)에는 '당다루'로 되어 있다. 이 책 164쪽 참고.

'당동'은 평조의 '지덩'이다. 비록 음률과 자세를 잡는 것은 같지 않지만, 그 예는 하나다. 배우는 사람들은 마땅히 마음속으로 헤아려 스스로 깨우쳐야 할 것이다.】

1. 괘상청.【대현大絃과 연속해서 내는 것은 이미 '덩지덩'의 예에 보인다. 단독으로 타는 것은 청淸이다. 괘하청과 무현도 모두 '청'이다.】
1. 좌수법左手法에는 각각 안표眼標가 있다.
경輕.【힘 없이 괘의 꼭대기를 살짝 짚어 자연스러운 소리를 내는 것이다. 조현調絃할 때 쓴다.】
역力.【힘 있게 짚어 유현을 밀어 대현의 자리에 머물게 하고, 대현을 밀어 괘상청 안으로 머무르게 해라. 유현에서 3괘를 경안했을 때의 음을 내고, 대현에서 2괘를 경안했을 때의 음을 낸다. 무릇 금을 타는 사람들의 상법常法인 것이다. 진과 퇴는 이것을 표준으로 삼는다.】
진進.【왼쪽에서 오른쪽으로 나아가는 뜻이다. 소리가 촉급하면 할수록 힘을 넘는 것이다.】
퇴退.【오른쪽에서 왼쪽으로 물러나는 뜻이다. 소리가 느슨할수록 힘에 미치지 못한다.】
동動.【진·퇴와 비교하면 촘촘하고, 요搖와 비교하면 성글다.】
요搖.【동動에 이르는 것과 비교하면 더욱 촘촘하지만, 몹시 떠는 데는 이르지 않게 하는 것이다.】
정停.【고요한 것이다. 나아가지도 물러나지도 않는다는 뜻이다.】
은磤.【격렬한 것이다. 현을 탄 뒤에 맹렬히 움직여, 여음이 솟구쳐 나오게 하는 것이다.】
전電.【위, 아래로 갔다가 왔다가 하면서 번개처럼 빠르게 하는 것이다.】

1. 표시는 모두 자획을 생략한다.
ス.【경輕이다. 털끝만큼도 나아가지 않는다는 뜻이다.】
力.【반은 나아가고 반은 물러나 탄법彈法에 머무르는 것이다.】
隹.【앞으로 밀어 힘이 과科를 지남이다.[85]】

---

85 앞으로 밀어 …… 지남이다: 왼손으로 안현(按絃)할 때 힘껏 밀어 다음 줄을 지나게 하는 것이다. 유현(遊絃)을 힘껏 밀어 대현(大絃)을 지나게 역안(力按)하고, 대현은 괘상청(卦上淸)을 지나도록 힘껏 미는 것이다.

艮.【물러나는 것이다. 힘이 미치지 못하는 것이다.】

ℓ.【움직이는 것이다. 조금 흔드는 것이다.】

ʓ.【흔드는 것이다. 자주 움직이는 것이다.】

丁.【우렛소리다. 격심하게 소리를 내는 것이다.】

电.【번개다.】

山.【내는 것이다. 술대로 치지 않고 모지나 식지로 자출하여 내는 것이다.】

ㆁ.【먼저 멈추고 뒤에 우렛소리처럼 치는 것이다.】

ᅌ.【먼저 멈추고 중간에 우렛소리처럼 치고 뒤에 멈추는 것이다.】

표가 없는 것.【멈추고 움직이지 않는 것이다.】

여러 차례 나아가고, 여러 차례 물러나고, 여러 차례 우렛소리처럼 치고, 여러 차례 흔드는 데 이르러서는 모두 미는 것이다.

〉.【오른쪽 점은 '뜰浮'로서 바깥에서 안으로 긋는 것이다】.

按法

【無名指・長指・食指皆剪爪甲, 按以指端最尖處, 愼勿偏倚. ○長・名指所按爲體卦, 拇・食指所按皆爲用卦標〔見下文〕. ○凡拇指之按絃, 及鉤之擧之掠之打之, 皆以小商. 少商穴在爪甲角韭葉大之穴名也.】

一. 左手無名指按游絃.【絃標爲方. ○指標爲夕. ○音爲당. ○反爲다. ○切爲랑. ○進爲앙. ○磣爲덩. ○下磣進皆同也.】

左手長指按大絃.【絃標爲大 ○指標爲ℓ ○音爲덩 ○反爲더 ○切爲랑 ○磣爲엉.】

左手食指按大小絃則【絃標見上. ○指標人, ○大絃 音爲둥, 反爲더, ○切爲룽, ○磣爲웅. ○方絃, ○音爲동, ○反爲도, ○切爲로, ○磣爲옹. 餘見上.】

左手拇指按大小絃, 則【絃標見上. ○指標↲, 大絃音爲징, ○反爲지, ○切爲루, ○磣爲지잉, ○方絃音爲징, ○反爲지, ○切爲링, ○磣爲지잉.】

左手禁指伸而不按.【指標爲示 ○動文絃音爲흥 ○止文絃則爲쏠爲쏠[86].】

---

86 쏠: 원문의 '쏠'은 '쏠'의 오기이므로 바로잡았다.

十六卦(觧見上)規式.【朱書曰:"音律如尖塔樣, 尖者淸, 濶者濁." 今考之, 十六卦自限卦次次降殺, 止於十六, 儼[87]一箇倒塔樣. 十二律之外, 又加若干卦者, 正如方響鐵, 有十六片, 乃是十二律. 外添四淸聲, 乃淸黃淸呂之屬以備音之不瞻者也.】

文絃[88]指與匙彈, 皆有音爲흥.

쓰렁

【文絃與方絃順畫之音也. 聲出後, 以小指卽禁文絃, 使方絃之音獨長也. 或稱쏠깅者, 或因卦之促, 或因節之疎也. 其外太緩則皆爲흥당응동응징之屬.】

쓰렝

【文絃與大絃順畫之音也. 使小絃越而不發, 音○聲出後, 亦以小指卽禁文絃, 使大絃音獨長也. 盖不欲舐也. 或爲쏠겡. 或因卦之促, 或因節之疎而分別. 餘則爲흥둥흥덩흥징之屬, 而不復爲쏠겡쓰렝也. 與쓰렁例互看.】

다루

【以匙先彈方絃之夕音, 連彈大絃之𠃌音也. ○界羽調之다루不同. 假令夕與𠃌指, 按四卦, 則界面先彈夕指之方而連彈𠃌指之大七. 羽調則先取夕, 連取𠃌指之大六. 界調硬而淸, 羽調柔而濁. 其取自高就低之義則一也. 盖連珠之間, 階音也. 其外擊節太緩, 則皆爲당딩당덩之屬, 非連珠之體也.】

다링

【先彈方絃之夕, 聲未了而繼以𠃌指猛按方絃之六七八卦之屬, 則징딩之自出音而당之反징與딩之切也. 其外又有도링, 卽人之反𠃌之切也. 지딩卽𠃌之反而𠃌之切也. 더롱卽大絃𠃌之反以人之切也. 더링大絃𠃌之反[89]而𠃌之切也. 皆先打後按自出餘聲而自下進上之階也. 其標爲山. 學者當參互, 勿爲泛看.】

지라

【先彈方絃之𠃌音, 仍以其指猛切擧之, 自夕音自出. 盖𠃌之反而夕之切也. 其外又도[90]랑, 人之反夕之切也. 지로𠃌之反而人之切也. 디잉, 𠃌之反𠃌之切也. 지루, 大絃𠃌之反人之切也 지렁, 大

87　儼: '嚴然'에서 '然' 자가 누락된 것으로 짐작된다.
88　文絃: 원문의 '大絃'은 '文絃'의 오기이므로 바로잡았다.
89　以人之切也. 더링大絃𠃌之反: 이 내용은 『현학금보』(정경태 구장)에 없는 것이다.
90　도: 원문의 '동'은 '도'의 오기이므로 바로잡았다.

絃ᄀ之反ᄂ之切也. 盖自上就下之聲. 標亦山.】

징도랑

【卽三字連珠也. 先彈ᄀ之音. ᄀ與人指旋按旋擧, 終歸於ᄼ之音, 則亦自促就緩之意也. 其外大絃亦有此例지더루·징다루·지더렁之類也.】

다로딩

【先彈ᄼ音, 次人次ᄀ, 層層猛按, 則三音一貫串上進. 盖自緩就促之音也. 其外又有大絃之더로징, 卽ᄂ人ᄀ之連按. 又有小絃之지딩쁠, 一ᄀ指之一串上進音也. 亦三字自出聲. 其標亦爲山.】

덩지덩

【凡以上口音, 皆在方大上說. 此獨大絃與卦上淸作用, 故手法小異. 以匙先彈大絃而棵上淸與大絃, 以匙尖自右向左連畫而作聲. 後因以左人指掩淸止聲, 使大絃音獨發, 則亦三連珠聲也. 其外又有지더루. 但右畫卦上淸與大絃之ᄀ音, 因人指揵止上淸, 仍動ᄀ指出人指聲也. 盖自右作勢其例一也. ○盖羽界面之다루卽平調之지루也. 羽界面之당둥卽平調之지덩. 雖音律與作勢不同, 其例則一也. 學者當默識而自悟焉.】

一. 卦上淸【與大絃連珠, 已見於덩지덩例. 其單發爲淸. 卦下淸及武絃皆爲쳥耳.】

一. 左手法各有眼標.

輕.【按之無力, 纔之於卦之頂, 出天然之音. 調絃時用之.】

力.【按之有力, 使方絃進止於大絃之位, 使大絃進止於卦上淸之內, 則方絃出輕按三卦之律, 大絃出輕按二卦之律, 凡彈家之常法也. 進與退照此爲準焉.】

進.【自左進右之意, 聲愈促而過於力也.】退.【自右退左之意, 聲愈緩而不及於力也.】動.【比之進退則數矣, 比之搖則疎矣.】搖.【比之[91]動愈數毋至於戰栗.】停.【靜也. 不進不退之意.】磔.【激也. 彈後猛動, 使餘音聳出也.】電.【上下往來, 捷疾如電也.】

一. 標皆省字畵.

ス.【輕也. 毫髮不進之意.】力.【半進半退止於彈法】隹.【進也. 力之過科.】艮.【退也. 力之不及.】ᄾ.【動也. 搖之少也.】ᄼ.【搖也. 動之頻也.】丁.【磔也. 激發也.】电.【電也.】山.

91 之: 『현학금보』(정경태 구장)에는 '至'로 되어 있다.

【出也. 不打匙而⼖人自出.】ㄣ.【先停而後磔也.】ㅇ.【先停, 中磔而後停也.】無標.【停而不動也.】至於累進累退累磔累搖幷皆推焉【右点爲浮, 自外畫內】.

【[상단: 39.144~146] 가벼움에는 치우침과 올바름의 구별이 있고, 힘에는 크고 작은 구별이 있다.
일一·이二
2·3이라는 것은 본체로부터 괘를 짚을 때 쓰는 것으로, 짚는 괘의 수를 말하는 것이다. 가벼운 데서 힘 있는 데로 향하는 것을 '진進'이라 하고, 힘 있는 데서 가벼운 데로 향하는 것을 '퇴退'라고 한다.
정정停은 가벼울 때에도 '정'이 있고, 힘이 있을 때도 '정'이 있다.

輕有偏正之別, 力有大小之別.
一二
二三云者, 自體按卦之用. 按卦之數. 自輕向力曰進, 自力向輕曰退.
停者, 輕亦有停. 力亦有停.

모지로 곧게 누르면 자출로써 '⼖山'이 되며, 식지로 곧게 누르면 자출로써 '仚'이 되는데 곧 '다링다롱' 같은 종류다. 식지를 들어 자출을 하면 '쓰'이 된다. 모지로 바깥을 향하고 들면, 나와서 또한 '쓰'이 된다. 안을 향하면, 자출로써 '句山'이 된다. 모지를 바깥에서 안을 향하게 하고, 현을 스치면 '才山'이 된다. 다만 모지를 그대로 올렸다가 내렸다가 하면 자출로써 곧 '山'이 되는데, 바로 '지잉다이'와 같은 종류다.

以⼖直壓, 自出爲⼖山; 以人直壓, 自出爲仚, 乃다링다롱之類. 以食指擧而自出爲쓰, 以⼖旨向外擧, 出亦爲쓰. 向內, 自出爲句·山. 以⼖旨自外向內掠絃爲才山. 但⼖旨仍上仍下, 自出爲乃山乃지딩다이之類.

편삭編數의 경우, 분수分數를 도수로 삼는다고 하는 것은, 맥脈이 한 번 이르러 1직直 1분分이 되면 수는 버리고 간점을 사용하지 않는 것이다.[92]
〈중대엽〉·〈북전北殿〉의 사례는 모두 〈여민락〉과 〈보허자〉의 초장初章을 기준으로 삼는다.

編數以分數爲度云者, 脈一至爲一直一分數去, 不用間点.
中大葉北殿之例⁹³, 皆以與民・步虛初章爲準.】

一. 양식척量息尺

【양식척은 오직 4식척만 사용하면 자연히 매화점梅花點⁹⁴에 맞게 된다. 보는 사람들은 그것을 상세히 익혀야 될 것이다. 매화점이라는 것은 정음의 장단이다. '●, ♪, \, ʡ'는 한 바퀴 돌고 다시 순환하여 어긋나지 않는 것이다.

대저 노래와 춤은 모두 음향音響과 절주節奏의 도수度數가 없을 수 없다. 그러므로 이제 양척量尺으로 숨을 세어 악부樂府⁹⁵의 정례定例로 삼아야 바라건대 너무 느리고 너무 촉급한 병통이 없게 된다. 그러나 뭇 음악이 요란하게 울리는 때, 가곡歌曲을 서로 번갈아 부르는 자리에서 어느 겨를에 정말 숨을 셀 수 있겠는가? 처음 배우는 사람이 아담함과 속됨, 느림과 촉급함의 정해진 바탕을 알지 못하고, 한갓 금곡琴曲의 구음口音만 아는지라, 더디고 빠름에 과하거나 미치지 못하는 폐단이 있다. 그러므로 이것으로 먼저 한두 구句의 점수點數를 정한다면, 처음에는 성글고 끝에는 길게 이어져, 긴 것으로부터 짧은 것에 이르기까지 음악의 형세를 따라 저절로 문채를 이룰 것이

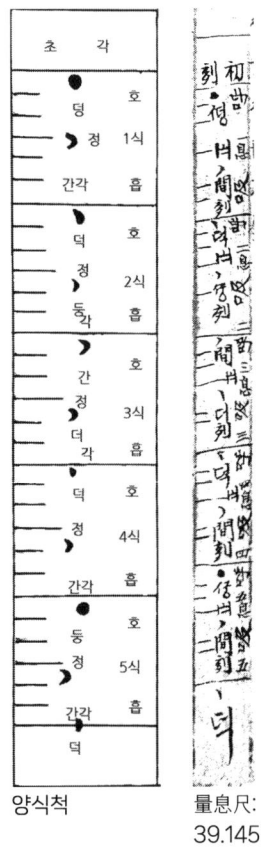

양식척 量息尺:
       39.145

---

92 '편삭(編數)의 경우 …… 않는 것이다': 무슨 뜻인지 알 수 없다.
93 例: 『현학금보』(정경태 구장)에는 '類'로 되어 있으나 의미는 같다.
94 매화점(梅花點): 매화점장단. 가곡이나 시조의 장단을 장구로 칠 때 나타낸 기본형. 음점(陰點)인 '●' 셋과 양점(陽點)인 '○' 둘을 선으로 연결하여 나타낸다.
95 악부(樂府): 악부에 대한 사전적 의미는 다음 두 가지이다. 첫째, 한시(漢詩) 형식의 하나로 인정이나 풍속을 읊은 것으로 글귀에 장단이 있다. 둘째, 조선 초기에 발생한 시가 형태의 하나로 나라의 제전(祭典)이나 연례(宴禮)와 같은 공식 행사 때 궁중 음악에 맞추어 불렀으며, 주로 조선 왕조의 개국과 번영을 송축하였다. 〈용비어천가〉,〈문덕곡〉 따위가 여기에 속한다. 그러나 이 글에 나오는 '악부'는 위 두 가지 의미와 다르며, 일종의 음악의 계통이나 부류를 의미하는 듯 하나 정확한 내용은 알 수 없다.

니, 다시 숨을 셀 필요는 없을 것이다. 후세의 군자는 유의하기 바란다.】

1. 지금 양척으로 숨을 세면, 〈우계면羽界面 제2삭대엽第二數大葉〉이 기준이 된다. 【가령 초장의 덩 점이 처음 제1식息의 초각初刻에서 시작된다면, 간점間點은 정각正刻에 있게 된다. 덕 점이 제2식 1각으로 들어가고, 궁 점이 정각 아래에 있으면, 간점은 또 3식의 2각에 있다. 더 점이 또 정각에 있고, 덕 점이 4식의 3각에 들어가면, 간점은 또 정각에 있다. 궁 점이 이에 5식의 4각 아래에 있으면 간점은 또 정각에 있다. 덕 점은 6식의 5각에 끝나는데, 6식 5각은 1식의 초각이다. 1식의 정각은 다시 덩 점이 된다.

그렇다면 〈여민락〉의 2·3장과 〈보허자〉의 제2장, 〈영산회상〉의 상·중·하 3편은 모두 이것을 기준으로 삼는다. 그 밖의 〈초삭엽初數葉〉, 〈삼삭엽〉, 〈삼뢰三雷〉, 〈농롱〉, 〈낙樂〉 등은 모두 한 번 내쉬고 한 번 들이쉬고 하는 것의 반을 도수로 삼고, 〈편삭엽編數葉〉과 속악의 〈타령〉 등은 모두 분수分數를 도수로 삼으니, 비록 적은 차이가 있다 하더라도 아주 멀어지는 잘못은 없을 것이다. 〈영산회상〉, 〈보허자〉, 〈여민락〉의 초장은 모두 3·4식을 비율로 삼는데 이것은 이 논의에 들지 않는다. 의서醫書에서는 기구맥氣口脈 여섯을 1식으로 삼는데, 대개 기氣가 완전한 장부丈夫를 말한 것이지, 부인이나 어린이를 말한 것이 아니다.】

1. 아악雅樂. 【〈여민락〉은 우우羽에, 〈보허자〉는 우羽에, 〈영산회상〉은 상상商에 속한다. 영언永言·정음正音은 모두 궁宮·상商·우羽가 있다.】

속악俗樂. 【〈환입〉은 우羽에, 〈팔난八難〉은 치徵·각角에, 〈파진破陣〉은 각角에, 〈귀보허歸步虛〉는 우羽에, 〈상사곡相思曲〉은 궁宮에 〈처사가處士歌〉는 각角에, 〈춘면곡春眠曲〉은 궁宮·상商에, 〈매화영梅花咏〉은 상商에, 〈시절가時節歌〉는 계면界面 상商에 속한다.】

1. 평조平調. 소리에 있어서 궁이 되기 때문에 매 곡은 모두 변화할 수 있다.

1. 평조의 체體. 【우계조羽界調의 수법과 조금 다르니, 품격이 같지 않기 때문이다.】

10체. 【구비한 뒤에야 평조에 들어갈 수 있다.】

단봉하소丹鳳下宵. 【대현 2괘의 '더지덩덩더룽'의 종류다.】

창용구해세체蒼龍舊海勢體. 【'덩덩지루'의 종류로 3괘 대현에 속한다.】

맹호포물세猛虎抱物勢. 【대현 3괘의 '덩더로지더로'의 종류다.】

백로규어세白鷺窺魚勢. 【유현·대현의 '다롱더롱'의 종류다.】

학무경풍세鶴舞輕風勢.【우계조의 '다루'의 종류다.】

앵천세류세鶯遷細柳勢.【우계羽界의 '둥당도랑'의 종류다.】

유어상탄세游魚上灘勢.【우계의 '동지딩지딩징'의 종류다.】

비연약수세飛燕掠水勢.【3조調 중의 '당자랑뜰지랑'의 종류다.】

협접투화세蛺蝶偸花勢.【무지와 식지로 고리를 만들어 청청을 끼우는 종류다.】

원앙욕랑세鴛鴦浴浪勢.【'동지동딩지로'의 종류다.】

무릇 이 10체는【3조에 모두 있는 것으로 소리의 형세를 잘 형용한 것이다. 배우는 사람들은 말의 표현 사이에 있는 뜻을 이해하고 깨우친 뒤에야 참다운 경지에 들어갈 수 있을 것이다.】[96]

1	떵●	덕❩	궁❪	더래❫❫	꿍●
	태극太極	소양少陽	소음少陰	중양重陽	중음重陰

무릇 양두고兩頭鼓[97]를 치는 법은 다음과 같다. 채는 양陽이 되고 손은 음陰이 된다.【왼쪽으로는 손을, 오른쪽으로는 채를 쓴다. 채로 청청을 치고 손으로 탁濁을 두드려 함께 '떵' 소리를 낸다. 채는 '덕', 손은 '궁'이 된다.】

量息尺

【只甭四息尺, 則自然合於梅花点. 覽者詳之. 梅花点者, 正音長短也. ●❩❫❫ 周而復始循環不錯.

夫詠歌舞蹈皆不能無音響節奏[98]之度數, 故今以量尺數息以爲樂府之定例, 庶無太緩太促之病. 然衆樂喧騰之際, 歌曲迭唱之席, 奚暇豈眞數息哉? 初學之士不識雅俗緩促之定體, 徒解琴曲之口音有遲速過不及之弊, 故以此先定一二句之点數, 則始希終繹, 自長至短, 隨樂之勢, 自然成章, 不必更事數息矣. 後之君子留意焉[99].】

---

96 "무릇 …… 있을 것이다": 원문에 '凡此十體'만 본문이고, 그다음 내용은 세주처럼 글자 크기가 작다. 역주자는 원문의 형태에 준하여 편집하였으나, 실제 내용은 세주가 아니다. 아래의 "무릇 앞두고 …… 된다" 역시 마찬가지이다.

97 양두고(兩頭鼓): 장구를 말한다.

98 節奏: 원문의 '節簇'는 '節奏'의 오기이므로 바로잡았다.

一. 今以量尺數息則羽界面第二數大葉爲準.【假令初章之떵点起於第一息之初刻, 則間点存於正刻. 떵点入於第二息之一刻, 즁点下於正刻, 間点又存於三息之二刻., 더点又存於正刻, 덕点入於四息之三刻. 間点又存於正. 즁点乃下於五息之四刻. 間点又存於正. 덕点終於六息五刻. 六息之五刻卽一息之初刻也. 一息之正更爲떵点矣. 然則與民樂之二三章・步虛子之第二章・靈山會上之上中下三篇, 皆以此爲準. 其他初數葉・三數葉・三雷弄樂半葉之屬, 皆以一呼一吸之半爲度. 至於編數葉及俗樂打咏之類, 皆以分數爲度, 則雖有小差之殊而無涯角之誤耳. 至於靈山・步虛・與民樂之初章皆以三四息爲率, 不在此論也. 醫書以氣口脈六至爲一息, 盖以氣完丈夫論, 非婦人小兒論.】

一. 雅樂.【與民樂屬羽, 步虛子屬羽, 靈山會上屬商, 永言・正音皆有宮・商・羽.】
俗樂.【還入屬羽, 八難屬徵角, 破陣屬角, 歸步虛屬羽, 相思曲屬宮, 處士歌屬角, 春眠曲屬宮・商, 梅花咏屬商, 勸酒屬徵, 時節歌屬界面商也.】
平調. 其於聲爲宮, 故每曲皆可以變化也.
平調之體.【與羽界調之手法少異, 品格不同故也.】
十體【具備, 然後可入平調.】
丹鳳下宵.【大絃二卦더지덩덩더롱之類.】
蒼龍舊海勢體,【덩딩지루之類, 屬三卦大絃.】
猛虎抱物勢,【大絃三卦덩더로지더로之類.】
白鷺窺魚勢,【方大絃다롱더롱之類.】
鶴舞輕風勢,【羽界調다루之類.】
鶯遷細柳勢,【羽界둥당도랑之類.】
游魚上灘勢,【羽界동지딩지딩떵之類.】
飛燕掠水勢,【三調中당자랑쓸지랑之類.】
蛺蝶儵花勢,【拇食作環, 夾淸之類也.】
鴛鴦浴浪勢,【동지동딩지로之類.】
凡此十體,【三調皆有之, 聲勢之善爲形容者也. 學者解悟辭意之間, 然後方可入眞矣.】

99 焉:『현학금보』(정경태 구장)에 없는 글자가 추기됨.

一.　　썡●　　　덕)　　　궁(　　　더래))　　　숭●
　　　　太極　　　少陽　　　少陰　　　重陽　　　　重陰

凡擊兩頭鼓之法, 策爲陽手爲陰.【左以手而右桴. 桴擊淸, 手拊濁. 幷發爲썡, 策爲덕, 手爲숭.】

조현법調絃法【곧 우상음羽商音의 법이다.】
　무릇 조현하는 법은 먼저 괘상청을 가지런히 하고, 평범한 사람의 기쁨과 슬픔이 없는 보통 상태의 소리를 기준으로 삼으면, 율律에서는 고선姑洗이, 소簫·관管에서는 '노'가, 오장五臟에서는 비장脾臟이 된다. 성聲은 한 해로 따지면 계季【'계'는 곧 춘삼월의 머리이고, 계춘季春의 토土다.】이고, 오행五行으로는 토土【곧 남자가 옆에 있는 사람과 묻고 답할 때 응대應對하는 보통 소리다.】다. 지나치면 오른쪽 제4요曜【'요'는 곧 용두龍頭 뒤의 현絃을 지나는 요괘曜卦[100]다.】를 돌려서 탄다. 미치지 못하면 왼쪽으로 돌아 탄다.
　다음으로는 괘하청을 가지런히 하고, 기족岐足【'기岐'는 혹 안족雁足이라 칭한다.】을 올리고 내려, 상청上淸[101]과 음을 조금의 차이도 없이 같게 만든다. 그런 뒤에 장지長指로 가볍게 유현 제2괘를 짚고, 식지로 상청을 긁고, 무지拇指로 유현을 스쳐, 두 소리가 고르지 않은 것을 살펴서 같도록 만든다.
　그 다음은 장지로 대현 제4괘를 가볍게 짚고, 무지로 제6괘를 가볍게 짚어 상청과 율을 고르게 하도록 한다. 급촉하면 구鉤하고【'구鉤'는 끌어당겨 소리를 느리게 하는 것이다.】, 느리면 찾아서 현을 팽팽하게 죄어 같도록 만든다.
　다음으로 문현과 대현 2괘의 음을 같게 하면 곧 황종黃鍾【황종은 12월의 율이다. 변궁變宮은 윤달의 율이다.】이다. 무현과 대현의 한괘限卦[102]는 같으니 곧 변궁이다. 괘

100　요괘(曜卦): 돌괘를 말한다.
101　상청(上淸): 괘상청을 말한다. 이하 같다.
102　한괘(限卦): 거문고 1괘로 보인다.

상청·괘하청과 대현大絃·소현小絃【대현의 촉급함과 소현의 느림은 그 율이 서로 어울린다.】의 음은 장단과 청탁이 비록 같지 않으나, 그 느리고 촉급한 율은 동일한 종류다. 조현이 잘되지 않으면 현을 풀어 다시 조인다.

調絃法【卽羽商音之法也.】
凡調絃之法, 先整卦上淸, 與平人無喜怒之尋常中聲爲準.
於律爲姑洗, 於簫管者爲ㄴ, 於藏爲脾, 聲於歲爲季【季卽春三月斗, 季春之土.】, 於行爲土【卽丈夫與在傍人問答應對之平音也.】. 過則右旋第四曜【曜卽龍頭後經絃之曜卦也.】, 而弛之. 不及則左旋而弦之.[103] 次整卦下淸, 以岐足【岐, 或稱 雁足也.】, 升降與上淸音同律, 無毫髮之差, 然後以長指輕按游絃之第二卦, 食指括上淸, 拇指掠方絃. 察兩聲之不齊, 期趨於同.
次以長指輕按大絃之第四卦, 拇指輕按第六卦, 與上淸齊律. 急則鉤【鉤者, 挽引, 使緩也】, 而緩之. 緩則索而弦之急也, 期趨於同.
次則文絃與大絃之二卦律同, 卽黃鍾也【黃鍾爲十二月律, 變爲宮閏月律】. 武絃與大絃之限卦同, 卽變宮也. 上下卦之淸大小絃【大絃之促, 小絃之緩, 其律相叶】之音, 長短淸濁雖爲不齊, 其於緩促之律, 同一科也. 至於不調之甚者, 解絃而更張之矣.

【[상단: 39.149] 이弛는 느슨한 것이고, 현弦은 급한 것이다.

弛, 緩也. 弦, 急也.】

〈우조 장다사음〉

【옛날에는 〈감군은感君恩〉이라 일컬었고, 가사가 있다. 속칭 〈다스름〉이다. 장지와 명지로 짚는 것이 바탕이 되는데, 모두 글자 머리에 표標를 하고, 그 외의 괘표卦標는 대현은 오른쪽에, 유현은 왼쪽 옆에 쓴다.】

103 『현학금보』(고려대 소장)를 전사하는 과정에서 문장을 잘못 끊었는데, 『현학금보』(정경태 구장)를 보고 바로잡았다.

羽調長多辭音.

【古稱感君恩, 有詞焉. 俗號다스름. 長名所按爲體, 皆標於字頭以外, 卦標則大絃書右, 方絃書左傍.】

〈우조 장다사음羽調長多辭音〉

 39.150~152

【[상단: 39.150]

규어窺魚, 학무鶴舞, 약수掠水, 풍소風宵, 욕랑浴浪】

【窺魚, 鶴舞, 掠水, 風宵, 浴浪】

【[상단: 39.151]

상탄上灘, 앵천鶯遷
上灘, 鶯遷】

【[상단: 39.152~153]
풍소風宵

風宵】

〈계면 다사음界面多辭音〉

 39.152~153

【[상단: 39.152]

어탄, 연량, 봉하, 규어, 연량, 어탄, 욕랑, 앵천[104]

魚灘, 燕掠, 鳳下, 窺魚, 燕掠, 魚灘, 浴浪, 鶯遷】

우음羽音은 위아래로 오르내리며 언뜻 드날렸다가 언뜻 숨어 흐르는 물과 같은 태도가 있다. 계음界音은 순수하게 강하고 또 맑아, 금석金石의 모습과 같으니, 배우는 사람들은 뜻을 이해해야 할 것이다.

羽音, 上下升降, 乍揚乍伏, 有流水之態. 界音純剛且淸, 類擊金石之狀, 學者會意焉.

〈여민락〉
【모두 10장이고, 초장은 성근 마디라서 세상에서 많이 타지 않는다. 지금 이원梨園[105]에는 7편이 있을 뿐이다. 합쳐서 224구의 시다.】
오른쪽 괘는 대현을, 왼쪽 괘는 유현을 표시한다.

與民樂
【凡十章, 而初章則疏節世, 多不彈. 今梨園有七篇耳. 合二百二十四句詩.】
右卦標大絃, 左卦標方絃.

 39.154~165

【이하는 〈본환입本還入〉 초장으로 이어서 탈뿐이다.】

【以下以本還入初章繼[106]彈耳.】

---

104 어탄 …… 앵철: 뜻은 미상.
105 이원(梨園): 장악원을 말한다.
106 繼: 원문을 판독하기 어려워 『현학금보』(정경태 구장)의 글자를 참고하였다.

【[상단: 39.154~164]
(제1장 32구)¹⁰⁷

해동海東에 여섯 용 나니
하늘의 뜻과 맞지 않은 것이 없고
옛 성인과 일치하였다

제2장 32구
뿌리 깊은 나무는
바람에 움직이지 않고
그 꽃 빛이 선명하고
열매가 많으리라

제3장 32구
근원이 깊은 물은
가뭄에도 마르지 않고
내를 이루어
반드시 바다에 이르리라

제4장 32구
옛날 주周의 태왕太王이
빈邠 땅에 가서 사셨네
빈 땅에 사시면서 큰 기업基業을 여셨도다

제5장 32구
이제 우리 시조께서
경흥慶興에 터를 잡으셨네

---

107 (제1장 32구): 원문에 없는 것을 이해를 돕기 위해 역자가 임의로 넣었다.

경흥에 터를 잡아

큰 기업을 처음 여셨도다

제6장 32구

적인狄人과 함께 사시매

적인이 침범하거늘

기산岐山으로 옮겨 사셨으니

실로 천심天心이 있었도다

제7장 32구 끝.

야인野人과 함께 지내시되

야인이 예의가 없거늘

덕원德原으로 옮기시니

실로 하늘이 열어주신 것이로다】

【(第一章 三十二句)

海東六龍飛, 莫非天所扶, 古聖同符.

第二章 三十二句

根深之木, 風亦不扤. 有灼其華, 有蕡其實.

第三章 三十二句

源遠之水, 旱亦不渴. 流斯爲川 于海必達.

第四章 三十二句

昔周太王, 于豳斯依. 于豳斯依, 造肇丕基.

第五章 三十二句

今我始祖, 慶興是宅. 慶興是宅, 肇開鴻業.

第六章 三十二句
狄人與處, 狄人于侵. 岐山之遷, 實有天心.

第七章 三十二句 終
野人與處, 野人不禮. 德源之徙, 實有天啓.

○〈보허자〉 고문古文

【'미일소微一笑'[108] 이하는 〈환입還入〉할 때 사용한다. (가사 한 자가)[109] 혹 4강이나 혹은 8강인 것은 (악)절에 따른 것이다. 모두 8장, 도합 144구로서 72문에 8문이 있는 것을 본뜬 것이다. 고운孤雲 선생[110]이 지은 것이다.】

○步虛子 古文,【微一笑以下, 則還入時用之, 或四腔, 或八腔, 依節點之. 凡八章, 合一百四十四句, 以象七十二門又有八門. 孤雲先生作.】

 39.166~169

푸른 연기 새벽에 가득 피자 바다 물결 잔잔하고
강가의 몇몇 산봉우리 차갑도다
패옥佩玉 소리에 기이한 향기 인간 세상에 흩날리매
붉은 의장儀仗 멈추고 오색 구름 상서롭네【미尾】
또렷이 모두 아름다운 벼의 상서를 가리키자
한 번 미소 짓고 붉은 얼굴 크게 웃네
구중궁궐 높은 곳에 멀리 요천堯天을 보고 축원하노니

108 미일소(微一笑): 〈보허자〉의 가사 "宛然共指嘉禾瑞, 微一笑破朱顔"의 일부다.
109 (가사 한 자가): 이 내용은 문맥의 이해를 돕기 위해 역자가 임의로 넣은 것이다.
110 고운(孤雲) 선생: 고운 최치원을 가리킨다.

만만세 남산처럼 오래 사시기를
【초장은 16구, 2·6장은 16구, 3·7장은 24구, 4·8장은 16구, 5장은 16구다.】

碧烟籠曉海波閒. 江上數峯寒. 佩環聲裏異香飄落人間. 弭絳節五雲端【尾】. 宛然共指嘉禾瑞. 微一笑破朱顔. 九重嶢闕望中三祝堯天. 萬萬載對南山.
【初章. 十六句. 二六章. 十六句. 三七章. 二十四句. 四八章. 十六句. 五章. 十六句.】

〈보허사〉
【모두 144자이다. 최고운 선생이 지었다.】

구름은 산마다 있고
청산은 천리만리에 펼쳐져 있네
달은 이 골짝 저 골짝에 가득하고
맑은 시내 앞 뒤 들판에 흐른다
골짝과 달과 산과 구름 홀연 자취 없어지니
쓸쓸하여라 다시 마주 할 사람 없구나
쓸쓸하고 또 쓸쓸한데
회오리바람 동정호를 스쳐 지나가네
동정호의 악양루라
악양루 빈숲 대나무에 가을이 들었구나
동쪽에 뜬 해 서쪽으로 지는데
한쪽에서는 차가운 비 내리네
저 허공의 슬瑟이 있어
낭랑한 소리 듣고 읊조리며 지나노라
인간은 알지 못하나니
하늘이 계수나무 꽃 피울 때를
어지러이 세 걸음을 걷고
다섯 걸음에 고개를 돌리노라

한 마리 우는 난새

바람을 찬 쪽의 짝이로다

세간에서 머리 돌리니 길은 아득하고

푸른 구름과 흰 머리 둘 다 순식간에 변하네

아침에 다섯 성의 꽃과 버들과 하직하고

저녁에 세 산의 구름과 이별했네

지금은 오직 구름과 달만이 있고

천년 화표주華表柱에 날아 오네

步虛詞

【凡一百四十四字. 崔孤雲先生 著】

(碧)雲在山雲, 在山靑山. 千里萬里, 月滿溪月.

(江)滿溪淸溪, 前野後野. 溪月山雲, 忽無跡悢.

(佩)悵無人更, 相對悢悵. 兮復悢悵, 琁風吹過.

洞庭湖洞, 庭湖岳陽, (弭)樓岳陽樓 空叢竹秋.

東邊日西, 邊兩泠泠, (宛)寶瑟空中 聞朗吟.過.

人不識天, 花桂子時, (微)紛紛三步 回頭五步.

坐一聲鸞, 佩風邊儔, (九)世間回首, 路茫茫靑.

雲白髮兩, 須更朝辭. 五城花柳, 暮別三山.

(萬)雲烟至今, 惟有雲與. 月華表千, 年鶴飛來.[111]

---

[111] 위의 〈보허사〉는 다음과 같이 표점을 해야 의미를 갖는다.
　　雲在山雲在山, 靑山千里萬里.
　　月滿溪月滿溪, 淸溪前野後野.
　　溪月山雲忽無跡, 悢悵無人更相對.
　　悢悵兮復悢悵, 琁風吹過洞庭湖.
　　洞庭湖岳陽樓, 岳陽樓空叢竹秋.
　　東邊日西, 邊兩泠泠.
　　寶瑟空中, 聞朗吟過.
　　人不識, 天花桂子時.
　　紛紛三步, 回頭五步.

○〈보허자步虛子〉

【요즘 글이다. 원문은 88각, 〈환입〉 6·7·8장은 144각이다.】

【今文. 元文, 八十八脚. 還入六·七·八章, 則爲一百四十四脚.】

 39.171~174

이 아래는 곧 2·3·4·5장의 〈본환입〉이다.

此下則二·三·四·五章本還入也.

○〈본환입本還入〉

【무릇 72구다. 〈보허자〉 5장은 〈여민락〉 7장의 마지막 구를 탄다. 대개 〈보허사〉로부터 이어서 타는 것이다.】

【凡七十二句. 步虛子五章, 繼與民樂七章末句彈, 盖自步虛詞繼出者也.】

 39.176~178

○〈소환입小還入〉

【무릇 72구다. 마땅히 〈본환입〉 마지막 구를 이어서 타는 것이다. 혹은 〈상환입上還入〉이라고 한다. 나머지는 같다.】

坐一聲鸞, 佩風邊倩.
世間回首路茫茫, 青雲白髮兩須更.
朝辭五城花柳, 暮別三山雲烟.
至今惟有雲與月, 華表千年鶴飛來.

【凡七十二句 當繼本還入末句彈耳. 或稱上還入. 餘同.】

악보 39.178~181

【이하는 마땅히 〈본환입〉 초장으로 이어서 탄다. 그러므로 〈환입곡還入曲〉이라 이름하는 것이다. 만약 〈삼현 환입三絃還入〉으로 들어가면 제7장 5구를 변주해서 탄다. 〈변입 삼현 가락〉으로 들어가는 것은 아래를 보라.】

【以下當以本還入初章繼彈, 故名還入曲耳. 若欲入三絃還入, 則變彈第七章五句. (變)入三絃加樂, 見下.】

○〈변입 삼현 가락變入三絃加樂〉

악보 39.181~182

○〈위무팔난곡魏武八難曲〉
【속칭 〈취타 가락〉이다. 세상에서는 위무魏武가 지은 것이라고 전한다.】

俗稱吹打加樂, 世傳魏武所作云.

악보 39.182~183

【[상단: 39.182]
몸체에서 7괘를 짚으면 10괘의 '징多'이고, 몸체에서 8괘를 짚으면 11괘의 '징'이다. '다多多'의 경우, '다多'는 표를 하지 않는다. 몸체에서 7괘를 짚으면 대현 9괘의 '징'과 '루다칭둥'이 되는데, 구음口音의 편리함을 좇는다.

體按七卦則十卦之징多, 體按八卦則十一卦之징. 多多者, 多不標. 體按七卦, 則大絃九卦之징
與루多稱둥, 從口音之便也.

[상단: 39.183]
임금이 되기 어렵다 어렵고도 어렵다
신하가 되기 어렵다 어렵고도 어렵다
창업은 어렵다 어렵고도 어렵다
수성守城은 어렵다 어렵고도 어렵다

爲君難, 難又難. 爲臣難, 難又難. 創業難, 難又難. 守城難, 難又難.】

○〈취타 환입두吹打還入頭〉

 39.183

이하는 〈파진악破陣樂〉으로 들어간다.

以下入破陳樂

○〈진왕파진악〉
【속칭 〈노군악路軍樂〉[112]이다. 〈팔난〉과 이어서 타면, 왼쪽에 쓴 수구首句부터 시작한다. 단탄單彈과 회입回入은 오른쪽에 쓴 수구부터다. 세상에 전하기를 당唐 태종太宗이 지은 것이라고 한다.】

秦王破陳樂
【俗號路軍樂, 與八難繼彈, 則從左書首句而作. 單彈及回入, 則從右書首句也. 世傳唐太宗之所

---

112 노군악(路軍樂): 〈길군악〉을 뜻한다.

作云.】

 39.184~185

〈가군악家軍樂〉[113]

 39.185

○〈영산회상〉

【본래 4장 28구다. 한 글자가 각각 4구 4강腔을 맡는다. 본게本偈에 "영산회상불보살"이라 하였다.

다라문陀羅門이 열리매 진여眞如가 나오고

영산회상이 진언眞言을 설하노라

원각圓覺의 바다에는 빛과 지혜의 해가 뜨고

혀에 가득한 연꽃은 고문古文의 부처로다】

靈山會上

【本四章二十八句. 一字各管, 本偈曰: "靈山會上佛菩薩." 四句四腔. 陀羅門啓眞如出, 靈山會上說眞言. 圓覺海中光慧日, 滿舌蓮花古文佛.】

 39.186~187

〈중영산中靈山〉

 39.187

---

113 가군악(家軍樂): 〈길군악〉을 뜻한다.

【[상단: 39.187]

10괘의 징은 많고, 11괘의 징은 적으므로 적은 경우 모두 표를 하고, 많은 경우 더러 표를 하지 않는다고 한다.

十卦之징[114]多, 十一之卦징少, 故少者皆標, 多者多不標云.】

〈세영산細靈山〉

 39.188

〈제지除指〉

【〈세영산〉에 이어 탄다.】

【繼細靈山彈.】

 39.189

〈삼현 환입三絃還入〉

【〈제지〉의 마지막 구를 이어서 탄다.】

【繼除指末句彈.】

 39.190

114 징: 원문의 '딩'은 '징'의 오기이므로 바로잡았다. 이하 같다.

〈하현 환입下絃還入〉

【〈삼현〉에 이어서 탄다.】

【繼三絃彈.】

 39.191

〈인노선引老禪〉

【속칭 〈염불 타령〉이다. 〈하현 환입〉에 이어서 탄다.】

【俗稱念佛打詠, 繼下絃還入彈.】

 39.192~193

〈농소수〉

【속칭 〈타령〉이다. 상편上篇에 이어서 탄다.】

弄素袖
【俗稱打詠, 繼上篇彈.】

 39.193~194

【[상단: 39.193~194]
　제12구 가락加樂. (거문고 구음 생략) 이하는 제17구로 들어간다.
　평조는 4괘에서 탄다. 그러므로 이 가락 5구로 타고, 다시는 본本 4괘 제12구로 하지 않고, 아래 5구로 한다.

第十二句加樂. (거문고 구음 생략) 以下入第十七句.
平調則彈於四卦, 故以此加樂五句彈之. 不復以本四卦之第十二句以下五句也.】

〈연풍대〉
【속칭 〈군악〉이다. 아래로 〈완구宛邱〉[115] 2편에 이르러 모두 〈검무劍舞〉로 들어가 〈타령〉에 이어서 탄다.】

軟風帶
【俗稱軍樂. 下至宛邱二篇, 皆入劍舞, 繼打詠彈.】

 39.194~195

【[상단: 39.194]
〈군악〉은 5괘에서 짚으면 8괘의 '징象'이므로 많아서 표시하지 않고, 9괘의 징은 적으므로 죄다 표시한다고 한다. 몸체에서 8괘에 짚으면 11괘의 '징'이 많으므로 유독 12·13괘의 '딩'에는 상세하다고 한다.

軍樂按於五卦, 則八卦之징象, 故多不標; 九卦之징小, 故悉標云. 體按於八卦, 則十一卦之징多, 故獨詳於十二·十三卦之딩云.】

〈계면 완구界面宛邱〉
【속칭 〈계면 가락제이〉[116]로서, 〈군악〉에 이어 탄다.】

【俗稱界面加樂除伊, 繼軍樂彈.】

---

115 완구(宛邱): 뒤에 〈계면 완구〉가 나오는데, 〈계면 가락덜이〉를 뜻한다.
116 〈계면 가락제이〉: 〈계면 가락덜이〉를 뜻한다. 이하 같다.

 39.196~197

〈양청 환입兩淸還入〉

【〈완구〉에 이어 탄다. 대개 〈소환입小還入〉이 조금 변하여 이루어진 것이다.[117] 그 종류에 셋이 있는데, 첫째는 〈양청兩淸〉, 둘째는 〈괄거括去〉, 셋째 〈일현 환입一絃還入〉이다. 세 표는 모두 율律은 같고 법은 다르기 때문에 왼쪽과 같이 표시하여 쓴다.】

【繼宛邱彈. 盖小還入小變而成者也. 其類有三, 一曰兩淸, 二曰括去, 三曰一絃還入. 三標皆同律異法, 故書標如左云.】

악보 39.197

【[상단: 39.197]

〈삼환입三還入〉은 따로 수구首句의 시작에 있다. 시작하는 법은 '흥지흥동흥징흥동'으로써 하는 것과 같으니, 27구 반은 모두 이 예에 비추어 한다. 이것이 〈양청 환입〉이다. '싸갱싸갱싸갱싸갱싸갱싸갱'으로써 하면 27구 반은 모두 이 예에 비추어서 한다. 이것이 〈괄거 환입括去還入〉이다. '징징동동딩딩동동'이 시작이 되면, 27구 반은 모두 이 예에 의한다. 이것이 〈일현 환입一絃還入〉이다. 혹 손이 익숙해지면, 간간이 뒤섞어 타는 것도 무방하다.

三還入之別存乎首句始作. 始作之法, 如以흥지흥동흥징흥동則二十七句半, 皆照此例, 是爲兩淸還入. 싸깅쏘즁쏘깅쏘즁쏘깅쏘즁, 則二十七句半, 皆照此例, 是爲括去還入. 징징동동딩딩동동爲始, 則二十七句半, 皆依此例, 是爲一絃還入. 或手熟, 則間間駁雜而彈, 亦是無妨

117 원문을 그대로 번역하면 "대개 〈소환입〉이 조금 변하여 이룬 것의 변하여 이룬 것이다"가 되어 이상하고 이해 불가능한 문장이 된다. 원문은 '盖小還入小變(成之所變)而成者也'인데, 아마도 (괄호) 속에 든 '成之所變'은 연문(衍文) 곧 군더더기 글귀일 것이다. 본문에서는 이 부분을 빼고 번역했다.

也.】

〈우조 완구羽調宛邱〉

【속칭 〈우조 가락제이〉. 〈양청兩淸〉에 이어서 탄다.】

【俗稱, 羽調加樂除伊.[118] 繼兩淸彈.】

 39.198~199

【[상단: 39.198]
신이 오는 길
물과 구름 아득한 곳 신이 오는 길
슬瑟로 다리 만들어 큰 물을 건너시네
열두 줄 열두 기둥
어느 줄 어느 기둥
어디에 내리실지   자하紫霞

神來路. 水雲渺渺神來路. 瑟作橋梁濟大川. 十二瑟絃十二柱, 不知何柱降神絃. 紫霞】

평조 조현법

【아악雅樂의 정음(正音)과 잡가雜歌가 모두 같다.】

　이상은 우계조羽界調의 율律로서 대현 제6괘를 가볍게 짚는다. 율은 상하청上下淸과 나란하다. 평조는 대현 제5괘를 가볍게 짚는다. 율은 상하청과 나란하다. 문현과 대현 2괘는 같고, 무현과 한괘限卦는 같다. 유현은 곧 2괘인데, 곧 양청兩淸[119]의 율

---

118 羽調加樂除伊: 원문의 '羽調樂加除伊'는 오기이므로 바로잡았다.

과 같다.

【대개 우계조의 유현 4·5괘의 조操는 대현 2·3괘에 타니, 유현 7·8괘의 조를 4·5괘에서 되풀이하기 때문이다. 11·12·13괘는 7·8·9괘로 옮긴다. 나머지 예는 미룬다.】

平調 調絃法【雅樂正音及雜歌皆同.】
已上羽界調之律, 以大絃第六卦輕按, 律比上下淸. 平調則以大絃第五卦輕按, 律比上下淸. 文絃與大絃二卦同, 武絃與限卦同, 方絃則二卦仍與兩淸律同.
【盖羽界調之方絃四五卦之操, 彈於大絃之二三卦; 方絃七八卦之操, 繙於四五卦之故也. 十一二三卦移於七八九餘例推.】

〈평우조 조음平羽調調音〉
【대현은 오른쪽에 표를 하고 괘상청을 붙인다. 유현은 왼쪽에 표를 하고 문현을 붙인다.】 괘하청은 중간에 속하게 하고, 무현은 점점点点이다.

【大絃標之右, 方絃標之左. 卦上淸附焉, 文絃附焉.】卦下淸屬之中, 武絃点点.

 39.200~201

〈평계 조음平界調音〉

 39.201~202

대저 우조는 구불구불 굽어 있고 화평하고 웅장한 뜻이 있다. 계면조는 격렬하고 맑고 청아하고 유원한 모습이 있다. 금을 타는 인사들은 마땅히 문자를 벗어난 곳에서 그 뜻을 거꾸로 헤아려야 할 것이다.

119 양청(兩淸): 괘상청과 괘하청을 뜻한다.

大抵羽調逶迤屈曲, 有和平確壯之意. 界面激[120]厲瀏亮, 有清雅幽遠之狀. 爲琴之士
當審於文字之外, 以意逆志云爾.

〈평조 보허자〉【무릇 8장이다.】
平調 步虛子【凡八章】

 39.202~206

〈귀보허사歸步虛詞〉
【이 1편은 〈환입곡還入曲〉과 같고 원래의 〈보허자〉 아래에 이어 탄다. 혹은 〈삼현 환입〉 아래로 들어간다.】

【此一篇似還入曲, 繼彈於元步虛子之下. 或入於三絃還入下.】

 39.206~208

〈평조 영산회상平調靈山會上〉

 39.208~209

〈중영산中靈山〉

 39.209

　　이하는 본래의 〈중영산〉 제2장으로 4괘에 이어 〈삼현〉에 이른다.

120 激: 원문의 '礉'은 '激'의 오기이므로 바로잡았다.

以下以本中靈山第二章繼於四卦以至三絃

〈평조 하현平調下絃〉

【옛날에는 〈영산靈山〉 1편이 〈군악軍樂〉에 이를 수 있었으나, 단지 〈하현〉이 부족하였다. 그러므로 이제 자신의 뜻으로 그 빠지고 부족한 것을 보충했다고 한다.】

【古有靈山一篇, 可達于軍樂, 而只欠下絃, 故今以已意補其闕畧云耳.】

 39.210

【이하는 마땅히 본래의 〈하현〉 제15구로 〈삼현〉의 예와 같이 4괘에 타서, 〈인노선引老禪〉[121]·〈농소수弄素袖〉[122]에 이르러야 할 것이다.】

【以下[123]當以本下絃第十五句, 彈於四卦. 如三絃例, 以至引老禪弄素袖耳.】

〈우조 농소수羽調弄素袖[124]〉

속칭 〈우조 타령〉이다. 늘 〈농소수弄素袖〉 아래, 〈군악〉 위로 들어가 장단을 서로 어울리게 맞춘다. 그러므로 혹 〈평조 군악〉 위로 들어가면, 음악의 형세가 순하게 되리로다!

俗稱羽調打詠. 每入於素袖之下·軍樂之上, 以長短相稱, 故或入平調軍樂上, 則樂勢其順也哉!

 39.210~211

121 〈인노선(引老禪)〉: 속칭 염불 타령이다.
122 〈농소수(弄素袖)〉: 속칭 타령이다.
123 以下: 원문에 '已下'로 된 것을 바로잡았다.
124 弄素袖: 원문에 '弄手'로 적혀있으나 '弄素袖'의 오기이므로 바로잡았다.

하편下篇[125]

현학금보玄鶴琴譜

우서虞書에 이르기를, "국자國子를 가르치되, 곧으면서도 따스하게, 넓으면서도 엄하게, 강하면서도 포악하지 않게, 간이하면서도 오만하지 않게 하거라. 시는 뜻을 읊는 것이오, 노래는 말을 길게 늘인 것이오, 악기 소리는 긴 목소리를 따라 맞추는 것이오, 음률은 악기 소리를 어울리게 하는 것이다. 팔음八音이 서로 잘 어울려서 박자가 서로 정해진 차례를 빼앗지 않는다면, 신과 사람이 기뻐할 것이고, 온갖 짐승이 함께 춤을 춘다."[126] 하였고, 공자 역시 말하기를, "시에서 마음을 일으키고, 음악에서 덕성이 완성된다."[127] 하였다.

음악은 대개 사특하고 더러운 것을 씻어내고, 충족된 상태를 짐작하고, 혈맥을 힘차게 움직이게 하고, 정신을 유통시켜 그 중화中和의 덕을 길러 기질氣質이 치우친 것을 고치는 것이다. 뜻이 있으면 그것은 말에 드러나고, 반드시 장長·단短의 절주가 있게 된다. 장·단의 절주가 있게 되면 반드시 청淸·탁濁의 다름이 있게 되고, 청·탁의 다름이 있게 되면, 높고 낮은 율律이 없을 수가 없게 되는 것이다.

나는 이 책을 저술하면서 성률聲律을 조목條目으로 삼았으니, 구음口音이 바로 그것이고, 장단을 강령綱領으로 삼았으니, 맥식脈息, 맥박이 그것이며, 정성正聲을 몸으로 삼았으니 삼교三敎의 음악이 그것이다. 상편을 쓰고 이제 하편을 쓰는 이유는 이러하다. 곧 정음正音을 대아大雅에 견주니 화성畵聲이 바로 그것이고, 한 번 변하여 소아小雅가 되니, 〈삭엽數葉〉이 그것이고, 다시 변하여 국풍國風이 되니, 〈농弄〉·〈낙樂〉이 그것이기 때문이다. 〈편삭엽編數葉〉과 〈속평조俗平調〉의 종류로 말하자면, 모두 변풍變風[128] 정위鄭衛의 소리에 견주어지나, 그 조목과 강령은 갖추어지

---

125 하편(下篇): 원문에는 없으나, 『현학금보』(정경태 구장)를 참고하여 임의로 넣었다.
126 '국자(國子)를 가르치되' 이하는 『서경(書經)』 우서(虞書) 「순전(舜典)」에서 인용된 것이다. 맨 끝의 "온갖 짐승이 춤을 춘다"는 부분은 「익직(益稷)」에서 잘못 옮겨온 것이다. 과거 죽간(竹簡)에 글을 썼기 때문에 일어난 일이다.
127 『논어』 「태백(泰伯)」에서 인용된 것이다. 원문은 "시에서 흥기(興起)되고 예(禮)에서 서며, 음악에서 덕성이 완성된다"(興於詩, 立於禮, 成於樂)이다.

지 않음이 없으니, 곧 이른바 음악의 용用인 것이다. 이것은 성인이 음악을 만들고, 사람을 가르치고, 성정을 기르고, 인재를 키웠던 체용體用의 공효功效[129]에서 본뜻을 절취竊取한 것이다.

봉래초부 오희상吳熹常은 쓴다.

玄鶴琴譜

虞書曰:"敎胄子, 直而溫, 寬而栗, 剛而無虐, 簡而無傲. 詩言志, 歌永言, 聲依永, 律和聲, 八音克諧, 無相奪倫, 神人以和. 百獸率舞." 孔子亦曰: "興於詩, 成於樂."

樂盖所以蕩滌邪穢, 斟酌飽滿, 動盪血脈, 流通精神, 養其中和之德, 而救其氣質之偏者也.. 志旣形於言, 必有長短之節. 旣有長短, 則必有淸濁之殊而. 旣有淸濁, 則高下之律所不能無者也. 余之述此書, 以聲律爲條目, 口音是也; 長短爲綱領, 脈息是也; 正聲爲體, 三敎之樂是也. 旣爲之上篇, 今下篇者, 則以正音比之大雅畫聲, 是也. 一變爲小雅數葉, 是也. 再變爲國風弄樂, 是也. 至於編數葉俗平調之類, 皆比諸變風鄭衛之音. 然其於條目綱領則無不備焉. 乃所謂樂之用者也. 竊取於聖人作樂敎人, 養性情育人材, 體用功效之本旨云. 蓬萊樵夫吳熹常題.

창탄선후변唱彈先後辨

【노래하는 이가 말했다. "노래는 금琴을 따른다."

금을 연주하는 이가 말했다. "금을 타는 것이 노래를 뒤따르는 법이지."

어떤 이는 또 이렇게 말했다. "노래와 금을 같이 연주해 꼭 들어맞아야지."

이렇게 서로 싸움이 그치지 않았다. 그래서 이 글을 지어 문제를 풀어보려 한다.】

어떤 이가 현絃과 노래의 선후에 대해 물었다. "현絃이 노래에 앞서는가, 노래가 현絃에 앞서는가?"

나의 답은 이러했다. "조현調絃할 때는 금琴이 노래에 앞서고, 노래가 금의 뒤라네."

"노래를 이미 부를 때라면 누가 앞이고 누가 뒤인가?"

---

128 변풍(變風): 『시경』의 국풍(國風) 가운데 패풍(邶風)에서 빈풍(豳風)에 이르는 열세 나라의 노래를 이르는 말.

129 공효(功效): 공을 들인 보람이나 효과.

"노래가 현絃에 앞서고, 현絃이 노래의 뒤라네. 그러므로 탄법彈法은 머리의 3점點을 없애고, 제4점에서부터 타기 시작한다네."

그이가 또 이런 말을 하였다. "그렇다면 부르고 화답하며 끊이지 않고 이어지는 즈음에도 한결같이 노래가 먼저이고 현이 뒤라는 말인가?"

"그렇다네. 내가 한번 따져 보겠네. 음악이 시작될 때 현이 노래에 앞서는 것은, 요컨대 노래하는 사람이 5조五調의 소속에 대해 알고 구분하기를 원해서라네. 소리가 입에서 나와 노래를 부른 뒤 노래가 금에 앞선다는 것은, 요컨대 화답하는 사람이 6율六律이 맡는 바를 분변하기를 바라서라네. 음률을 분변한 뒤라면, 노래하는 사람은 청·탁으로 노래를 부르고, 화답하는 사람은 청·탁으로 응하며, 높고 낮음으로 부르고, 높고 낮음으로 화답하는 것이라네. 금이 어떻게 감히 노래에 앞설 수가 있겠는가? 이것은 곧 양陽이 음陰에 앞서고 지아비가 지어미를 앞서는 것과 같은 뜻이네. 비록 그렇기는 하지만, 노래에 장·단이 있고, 화답에 느리고 빠름이 있는 것은 어째서인가? 〈중대엽中大葉〉·〈북전北殿〉 등은 강자腔子가 느리기 때문에 꼬리가 따르지만, 그 차이는 일분一分에 지나지 않네【곧 이른바 맥지 脈至의 분분이다】. 〈삭대엽數大葉〉, 〈농弄〉, 〈낙樂〉 등은 강자腔子가 평평하기 때문에 차이를 반분半分으로 비교한다네. 〈편삭엽編數葉〉과 〈잡평조雜平調〉 등은 강자가 촉급하기 때문에 털끝만한 차이를 다투어, 멀고 가까움, 느리고 빠름이 흡사 계곡에 울리는 메아리 같아서, 문란하거나 어지러운 순서를 빼앗을 수가 없다네. 『서경書經』에 '악기 소리는 긴 목소리에 맞춘다.'고 했는데, 대개 '따라 맞춘다[依]'고 한 것은, 또한 '너무 과하여 발돋움을 해도 미치지 못한다'는 뜻이라네. 『중용中庸』에 '군자는 중용에 의지한다.'는 것이 곧 이 뜻이라네."

唱彈先后辨. 歌者曰: "唱隨琴." 琴者曰: "彈隨歌." 或又曰: "唱彈幷作胳合." 相指不止, 故作此辨解之.

或問絃誦之先后, 曰: "絃先乎誦耶? 誦先乎絃耶?"

余應之曰: "調絃時, 琴先乎歌, 歌后乎琴."

又曰: "誦旣作時也, 孰先孰后?"

曰: "誦先乎絃, 絃后乎誦. 故彈法皆去頭三點, 自第四點始撥也."

或又曰: "然則唱和繹如之際, 一直誦先而絃后耶?"

曰:"然. 請嘗論之."
　樂之始作也, 絃之所以先乎誦者, 要使唱者知別乎五調之所屬也. 聲旣發口而誦之, 所以先乎琴者, 要使和者分辨乎六律之所管也. 旣辨音律矣, 則歌者唱之以淸濁而和之者應之以淸濁. 唱之以高下而和之以高下也. 絃之者安敢先乎誦之者乎? 此乃陽先乎陰, 夫唱乎婦之義也. 雖然, 唱有長短和有緩速., 何也? 中大葉・北殿之屬, 腔子緩, 故尾隨之, 差不過一分【卽所謂脈至之分也】. 數大葉・弄樂之屬, 腔子平, 故尾隨之, 差較之以半分. 編數葉雜平調之類, 腔子促, 故爭之毫忽, 遠近遲疾恰如山谷之應響, 不可紊紜奪倫也. 書曰:"聲依永." 盖依字, 亦抑太過跂不及之意也. 中庸所謂君子依乎中庸者卽此旨也. 夫樵夫爲之說.

○고아가결古雅歌関의 차례
【〈삼중대엽三中大葉〉・〈후우계면後羽界面〉은 모두 〈삼뢰三雷〉가 있다. 〈삼뢰〉 뒤에 〈반엇삭엽半旕數葉〉이 있는데, 속계면俗界面과 같으나 〈반엇半旕〉[130]이 없고 〈엇롱旕弄〉의 만횡謾橫으로 들어가는 종류다.】
〈평조〉 제1 만대엽〉, 〈【우조】 제2 초중대엽〉, 〈【우조】 제3 이중대엽〉, 〈【우조】 삼중대엽〉, 〈제4계면 초중대엽〉・〈이중대엽〉・〈삼중대엽〉, 〈북전〉, 〈장진주將進酒〉는 모두 대가臺歌가 있다.

○古雅歌関次序
　三中大葉・後羽界面皆有三雷. 三雷後, 有半旕數葉, 同俗界面, 無半旕而入旕弄謾橫之屬.
　平調 第一慢大葉 ○羽調 第二初中大葉. 羽調 第三二中大葉. 羽調 三中大葉. 第四界面初大中葉 二中大葉 三中大葉 北殿 將進酒皆有臺歌.

130　반엇(半旕):『현학금보』(정경태 구장)에는 '엇(旕)'으로 되어 있어 차이가 있다.

4괘를 짚었을 때의 그림

안쪽	왼쪽		오른쪽	바깥쪽
문현	유현		대현	괘상청 혹은 지
응	명지		장지	
쓸 싸	랑	다	스렁세	─────────── (4괘)¹³¹
우계	당	덩	덩	
	랑	다	어	
싸	앵	동	스엉우	
	동	응	둥	
	롱	우	두	
싸	앵	지	스검 혹은 둥	
	징	계	우징	
	징		루 덩	
싸	징	리	스겡 혹은 덩	
	딩	우계	계 딩	
	링	계	루	
쌀	찡	들	딩	
	딩			
	디			

體按四卦例圖

內	左		右	外
文絃	方絃	體按	大絃	卦上淸 或云 지
응	名指	四卦	長指	
쓸 쏘	랑	다	스렁세	
羽界	당	덩	덩	
	랑	다	어	
쏘	앵	동	스엉우	
	동	응	둥	
	롱	羽	두	
쏘	앵	지	스검 或稱 둥	
	징	界	羽징	

---

131 (4괘): 가로로 그어진 '선'이 거문고 4괘로 짐작되어 원본에는 없으나 '4괘'를 임의로 표기하였다.

	징	루 덩	
쓰	징 리	스겡 或稱 덩	
	딩 羽	界 딩	
	링 界	루	
쓸	찡 들	찡	
	찡		
	찌		

가령 몸체에서 7괘·8괘를 짚는다면, 모두 이 예에 의한다. 보는 사람들은 자세히 알아두기 바란다.

假如體按在七卦·八卦, 皆依此例也. 覽者詳之.

(곡명미상)

 39.216~220

〈우평조 이삭대엽羽平調二數大葉〉

 39.220~221

【[상단: 39.220]

백행원百行源

왕상王祥의 이어鯉魚 낚고 맹종孟宗의 죽순竹筍 꺾어

감든 머리 희도록 노래자老萊子의 옷을 입고

평생平生에 양지효성養志孝誠을 증자曾子 같이[132]   초부

---

132 李基用 編, 鄭在皓·金興圭·田耕旭 註解, 『註解 樂府』, 고려대 민족문화연구소, 1992, 600쪽.

百行源
氷裡捉來王子鯉, 雪中折取孟宗筍. 蹯蹯猶作斑衣舞, 眷眷不忘養志訓. 樵夫.】

〈계평조 삭대엽界平調數大葉〉

 39.221

【[상단: 39.221]
장상사長相思
은하에 물이 지니
오작교 뜨단 말가
소 이끈 선랑仙郎이 못 건너 오리로다
직녀織女의 촌寸 만언 간장肝腸이 봄 눈 스듯 허리라[133]   초부

長相思
聞道銀河秋水漲, 鵲橋中斷兩迢迢. 牽牛仙子無消息, 織女肝腸寸寸銷. 樵夫】

〈우 초중대엽羽初中大葉〉
【우 초삭羽初數을 대여음大餘音으로 삼는다.】

【以羽初數爲大餘音】

 39.222~224

---

[133] 李基用 編, 鄭在皓·金興圭·田耕旭 註解, 『註解 樂府』, 고려대 민족문화연구소, 1992, 600쪽.

【[상단: 39.222~224]

성득현숑聖得賢頌

황하수黃河水 맑다더니 성인聖人이 나시도다

초야군현草野群賢이 다 일어난단 말가

강산풍월江山風月을 누를 주고 가겠네[134]   초부

聖得賢頌

聞說黃河清一千, 聖人初降海東天. 草野群賢次第起, 江山風月屬誰邊. 樵夫

〈이중대엽〉은 〈초중엽〉과 대동소이하다.

二大中葉, 與初中葉, 大同小異.

옥호빙

송림松林에 눈이 오니 가지柯枝마다 꽃이로다

한 가지 꺾어 내어 님 계신데 보내고져

님께서 보오신 후에 녹아진들 관계하랴[135]   초부

玉壺氷

雪積松林樹樹花, 貞姿堅質與誰賞, 折寄伊人儻一看, 這時消化也無妨. 樵夫

공산空山이 적막寂寞한데 슬피 우는 저 두견杜鵑아

촉국흥망蜀國興亡이 어제 오날 아니여든

지금至今에 피나게 울어 남의 애를 끊나니[136]

空山寂寞月蒼凉, 杜宇聲聲怨恨長, 蜀國興亡幾千古, 恁般啼血斷人腸】

134 李基用 編, 鄭在皓·金興圭·田耕旭 註解, 『註解 樂府』, 고려대 민족문화연구소, 1992, 600쪽.
135 李基用 編, 鄭在皓·金興圭·田耕旭 註解, 『註解 樂府』, 고려대 민족문화연구소, 1992, 600쪽.
136 沈載完 編, 『歷代時調全書』, 시조간행회, 2015, 263쪽.

〈우조 초삭엽羽調初數葉〉

 39.225

【[상단: 39.225]

강구음康衢吟

천황씨天皇氏 지으신 집 요순堯舜에 와 쇄소灑掃러니

한당송漢唐宋 풍우風雨에 기운지 오래어라

우리도 성주聖主 뫼옵고 중수重修하려 하노라[137]　　　　　　　　　　초부

康衢吟

天皇堂構正綢繆, 堯舜方周灑掃獻. 頹久漢唐宋風雨, 如今願戴好重修. 樵夫】

〈우 삼중대엽羽三中大葉〉

 39.226~228

【[상단: 39.226]

양보음梁父吟

삼동三冬 뵈옷 입고 암혈巖穴에 눈비 맞아

구름 낀 볏 뉘도 쬔 적이 없건만은

서산西山에 해 진다 하니 눈물 겨워 하노라[138]　　　　　　　　　　초부

梁父吟

三冬衣褐栖岩穴, 曾未向陽曬雨雪. 聞說西山日已昏, 不禁涕淚空嗚咽. 樵夫.】

137　沈載完 編, 『歷代時調全書』, 시조간행회, 2015, 1029쪽.
138　李基用 編, 鄭在皓·金興圭·田耕旭 註解, 『註解 樂府』, 고려대 민족문화연구소, 1992, 601쪽.

〈우조 삼삭엽羽調三數葉〉

 39.228~229

【[상단: 39.229]
창랑조滄浪調
굴원屈原 충혼忠魂 배에 든 고기 채석강采石江에 긴 고래 되어
이적선李謫仙 등의 얹고 하늘 위에 올랐으니
이후에 새로 난 고기 낚아 삶은 들 관계하랴¹³⁹   초부

滄浪調
湘潭魚作彩江鯨. 背負謫仙上玉京. 新魚無復忠魂肚. 不妨捕漁不妨烹. 樵夫.】

〈계 이중엽界二中葉〉

【〈계 이삭엽界二數葉〉이 대음大音이 된다.】

【界二數葉爲大音.】

 39.230~233

【[상단: 39.230~233]
바닷가 모래톱 가없는 물결 해마다 이르고
적막한 봄날 풀만 가득 우거졌네
한번 떠나신 왕손 다시 돌아오지 않거늘¹⁴⁰

---

139 沈載完 編, 『歷代時調全書』, 시조간행회, 2015, 113쪽.
140 許穆, 「綾昌大君碑」 所載

나라 사람들이 능창대군을 불쌍히 여겨 지은 것이다. 『조야집요朝野輯要』[141]에 나온다. 〈계초중대엽界初中大葉〉은 〈이중엽二中葉〉과 대동소이하다.

海之沱沙, 渺瀰,年年. 春漠漠, 草萋萋. 王孫一去, 不復歸.
國人憐綾昌作, 出朝野輯要. 界初中大葉與二中葉, 大同小異.

잘 새는 날아들고 새 달이 돋아 온다
외나무다리로 홀로 가는 저 선사禪師야
네 절이 얼마나 하건데 원종성遠鍾聲이 들리는가[142]   초부

宿鳥投林初月輝, 溪邊約畧一僧歸. 伽藍從此路多少, 風送遠鍾聲轉微. 樵夫

만월대滿月臺
방초芳草 우거진 골에 시내는 울어낸다
가대무전歌臺舞殿이 어디어디 어디메요
석양夕陽에 물 차는 제비야 네 다 알가 하노라[143]   초부

滿月臺
芳草芊芊溪호호號, 故宮風景使人悲. 歌臺舞殿云云處, 掠水夕陽鷰子知. 樵夫】

〈계면 삼중대엽界面三中大葉〉
청량산 육륙봉을 아는 이 나와 백구
백구야 훤사하랴 마는 못 믿을 손 도화로다
도화야 떠나지마라 어부 알까 하노라

---

141 『조야집요(朝野輯要)』: 조선 건국으로부터 순조 초기까지를 편년체(編年體)로 기록한 역사책.
142 沈載完 編, 『歷代時調全書』, 시조간행회, 2015, 894쪽.
143 李基用 編, 鄭在皓·金興圭·田耕旭 註解, 『註解 樂府』, 고려대 민족문화연구소, 1992, 601쪽.

淸涼山 六六峯을 아는 니 나와 白鷗
白鷗야 喧辭ᄒ랴 마는 못 미들 쏜 桃花ㅣ로다
桃花야 ᄯᅥ지지마라 漁子ㅣ 알가 ᄒ노라

〈계면 삼중대엽界面三中大葉〉

 39.234~235

【[상단: 39.234]
도화인桃花引
청량산淸涼山 육륙봉六六峯을 아는 이 나와 백구白鷗
백구白鷗야 훤사喧辭하랴 마는 못 믿을 손 도화桃花로다
도화桃花야 떠들지마라 어자漁子 알까 하노라[144]

桃花引
淸涼六六春消息, 知者自家與白鷗. 鷗爾肯從人走洩, 桃花或恐引漁舟.】

○〈계면 삼삭대엽〉 대가臺歌

界面三數大葉 臺歌

석양夕陽에 이에 취흥醉興을 게워 나귀 등의 실터시니[145]

---

144 李基用 編, 鄭在皓·金興圭·田耕旭 註解, 『註解 樂府』, 고려대 민족문화연구소, 1992, 602쪽.
145 이하 내용은 생략되어 있다.

〈북전北殿〉

 39.236~238

【[상단: 39.236]
후정화後庭花

누운들 잠이 오며 기다린들 임이 오랴

이제 누웠은들 어느 잠이 하마 오리

차라리 앉은 곳에서 긴 밤이나 새우자[146]　　　　초부

後庭花
苦待郞時郞不至, 正要睡處睡難成. 睡亦難成郞不至, 爭如蹲坐到天明. 樵夫.】

〈대가 계면 중거 삭엽臺歌界面中擧數葉〉

 39.238~239

【[상단: 39.238]
진회秦淮에 배를 매고 주가酒家를 찾아가니

격강상녀隔江商女는 망국한亡國恨을 모르고서

연농한월롱사烟籠寒月弄沙헌데 후정화만 부르더라[147]

烟籠寒樹月籠沙, 夜泊秦淮近酒家. 商女不知亡國恨, 隔江猶唱後庭花.】

　　이상의 〈중대엽中大葉〉·〈만엽慢葉〉·〈북전北殿〉 등은 모두 고조古調로서 지금은 부르거나 연주하는 경우가 많지 않다. 나는 이것들이 아주 맑은 것을 안타깝게 여겨 단지 몇 편만을 기록해 후세에 전하고자 한다.

146　李基用 編, 鄭在皓·金興圭·田耕旭 註解, 『註解 樂府』, 고려대 민족문화연구소, 1992, 602쪽.
147　李基用 編, 鄭在皓·金興圭·田耕旭 註解, 『註解 樂府』, 고려대 민족문화연구소, 1992, 602쪽.

已上中大葉·慢葉·北殿之屬, 皆古調, 今多不詠彈. 余惜其淸絶, 只錄數篇, 以傳於後.

○시속가결時俗歌関의 차례

時俗歌関次序

○〈우조 초삭대엽羽調初數大葉〉
【위의 〈중대엽〉 아래를 보라. 지금은 다시 군더더기로 덧붙이지 않는다. 남창男唱】

【見上中大葉下, 今不復贅之, 男唱】

〈우조 이삭대엽羽調二數大葉〉【남창男唱】

악보 39.240

【[상단: 39.240]
답군은答君恩.
강호江湖에 기약期約을 두고 십년十年을 분주奔走하니
그 모르는 백구白鷗는 더디 온다 하려니와
성은聖恩이 지중至重키로 갚고 가려 하노라[148]

答君恩
曾在江湖曾後約, 十年奔走在朱門. 白鷗休怪歸來晩, 且待一分答聖恩.】

---

148 沈載完 編, 『歷代時調全書』, 시조간행회, 2015, 43~44쪽.

〈기2其二〉【여창女唱】

 39.241

【[상단: 39.241]

만정방滿庭芳

간밤에 부던 바람 만정滿庭 도화桃花 다 지겠다

아이는 비를 들고 쓸려고 하는구나

낙화落花인들 꽃이 아니랴 쓸어 무엇 하리오[149]   자하紫霞

滿庭芳

昨夜桃花風盡吹, 縛箒山童凝何思. 落花顏色亦花也, 何必苦庭勒掃之. 紫霞

[상단: 39.243~244]

〈삭대엽〉 장단법

　초장初章의 초두初頭는 7점點, 중두中頭는 13점이다. 2장은 17점이다. 3장은 청한淸限까지 아울러 23점이고, 중여음中餘音은 11점이다. 4장은 17점이다. 5장은 청한까지 아울러 30점이고, 대여음은 31점이다. 나머지 절節은 2점이니, 합쳐서 150점이 되면 다시 시작한다. 다음 노래를 부르면, 초장은 대여음의 제34점에서 시작해 끝없이 순환한다.

數大葉 長短法

　初章, 初頭七點 中頭十三點. 二章, 十七點. 三章幷淸限二十三點, 中餘音一十點. 四章, 十七點. 五章, 幷淸限三十點, 大餘音三十一點. 餘節爲二點, 則合爲一百五十點, 而復起. 唱亞也, 初章起於大餘音之第三十四點, 循環無端.】

〈기3 중거 삭대엽〉

【'중重'은 거성去聲이다.】

---

149 李基用 編, 鄭在皓·金興圭·田耕旭 註解, 『註解 樂府』, 고려대 민족문화연구소, 1992, 602쪽.

其三 重擧 數大葉

【重, 去聲.】

 39.244

〈기4〉【여창 2자 머리】

其四【女唱 二字 頭】

 39.245

【[상단: 39.245]

금리침綿裡針

이 몸 죽어져서 접동새 넋이 되어

이화梨花 피운 가지 싸여다가

밤중만 살아서 우리 님의 귀에 들리리라[150]　　　　　　　　　초부紫霞

綿裡針
此身化作巴禽魂, 藏在梨花密處遷. 夜深啼近君家月, 願得聲聲到耳邊. 樵夫】

○〈우조 삼삭대엽〉

【남창男唱〈삼삭엽〉은 이미〈삼중대엽〉아래에 보였으므로 지금 거듭 싣지는 않고, 단지 여창 곡조만 싣는데, 속칭〈삼뢰곡三雷曲〉이라 한다.】

羽調三數大葉

【男唱三數葉已見於三中大葉下, 故今不重疊, 而只錄女唱闋, 俗稱三雷曲耳.】

---

150 沈載完 編,『歷代時調全書』, 시조간행회, 2015, 822쪽.

악보 39.246

【이 청청은 삼뢰대음三雷大音이다. 삼삭의 원래 대음은 이미 〈삼중대엽〉의 대가臺歌 하편下篇에 보인다.

此請, 三雷大音也. 三數元大音已見三中大葉基歌下編.】

【[상단: 39.246]
취공자醉公子
한숨은 바람이 되고 눈물은 세우細雨 되어
임任 자는 창窓 밖에 불며 뿌리고자
나를 잊고 깊이 든 잠을 깨워 볼까 하노라[151]

醉公子
嘆成一陳風悽悽, 涙作千行兩惻惻. 風吹雨灑綺窓前, 半夜敎君眠不得.】

○〈우조 삼뢰羽調三雷〉
【속칭 〈소용〉이라.】

【俗稱 소용이라.】

악보 39.247

【이미 아창亞唱이 없다. 〈반엇半旕〉을 청하고자 하면, 〈우롱羽弄〉의 대음大音으로 바꾸어 쓰되, 이것 이하의 〈농롱〉, 〈낙락樂〉, 〈편뢰編雷〉, 〈편삭編數〉 4편이 없다.

旣無亞唱. 欲請半旕, 則以羽弄大音換用, 而無此以下弄·樂·編雷·編數四篇.】

---

[151] 李基用 編, 鄭在皓·金興圭·田耕旭 註解, 『註解 樂府』, 고려대 민족문화연구소, 1992, 605쪽.

○〈계면 초삭엽界面初數葉〉【남창男唱】

 39.248

【[상단: 39.248]
효종대왕이 지음

孝宗大王御製】

○〈계면 이삭대엽界面二數大葉〉【남창男唱】

 39.249

【[상단: 39.249]
아송雅訟
운담풍경근오천운運淡風輕近午天에 소거小車에 술을 싣고
방화수류訪花隨柳하여 전천前川을 지나가니
모르는 벗님네는 학소년學少年을 한다노[152]   정자명도[153]

雅頌
雲淡風輕近午天, 訪花隨柳過前川. 傍人不識余心樂, 將爲偸閑學少年. 程子明道】

〈기2其二〉【여창女唱】

 39.250

---

152 沈載完 編, 『歷代時調全書』, 시조간행회, 2015, 780쪽.
153 정자명도: 『현학금보』(정경태 구장)에는 '정명도(程明道)'로 되어 있다.

340

【[상단: 39.250]

황하원상백운간黃河遠上白雲間하니 일척고성만인산一斥孤城萬仞山을

춘광春光이 예로부터 못 넘는 이 옥문관玉門關을

어찌 일성강적一聲羌笛이 원양류怨楊柳를 하는고[154]　　　　　　　　　　왕지환王之渙

黃河遠上白雲間, 壹斥孤城萬仞山. 羌笛何須怨楊柳, 春光不到玉門關. (王)之渙.】

○〈기3其三〉【남창男唱 〈중거대엽中擧大葉〉】

 39.251

【[상단: 39.251]

영파影波

추산秋山이 석양夕陽을 띠고 강심江心에 잠겼는데

일간죽一竿竹 들러메고 소정小艇에 지나시니

천공天公이 한가閒暇히 여기서 달을 조차 보내시다[155]　　　　　　　　　　자하

影波

秋山夕照蘸江心, 釣罷孤憑小艇吟. 漸見水光迎棹立, 半彎新月一條金. 紫霞】

〈기4其四〉【여창女唱】

 39.252

154　沈載完 編, 『歷代時調全書』, 시조간행회, 2015, 1211~1212쪽.
155　李基用 編, 鄭在皓·金興圭·田耕旭 註解, 『註解 樂府』, 고려대 민족문화연구소, 1992, 605쪽.

【[상단: 39.252]

어부사漁父辭

서새산전백로비西塞山前白鷺飛하고 도화류수궐어비桃花流水鱖魚肥라

청약립녹사의靑篛笠綠蓑衣도 사풍세우불수귀斜風細雨不須歸라

그곳 장지화張志和 없으니 놀 이 적어 하노라[156]　　　　　　　　　　장지화

漁父辭

西塞山前白鷺飛, 桃花流水鱖魚肥. 靑篛笠綠蓑衣, 斜風細雨不須歸. 張志和】

〈기5其五〉【남창男唱 혹或 여창女唱】

악보 39.253

【[상단: 39.253]

십주가처十洲佳處

묻노라 저 선사禪師야 관동풍경關東風景 어떻더냐

명사십리明沙十里에 해당화海棠花 피었는데

원포遠浦에 양량백구비소우兩兩白鷗飛小雨하더라[157]　　　　　　　　　　자하

十洲佳處

釋子相逢無別語, 關東風景也如許. 明沙十里海棠花, 兩兩白鷗飛小雨. 紫霞】

156　沈載完 編,『歷代時調全書』, 시조간행회, 2015, 553~554쪽.
157　沈載完 編,『歷代時調全書』, 시조간행회, 2015, 392~393쪽.

금보: 아양고운
琴譜: 峨洋古韻

편자 미상, 편찬 연대 일제강점기로(추정)
한국음악학자료총서 39

금보: 아양고운 해제

일제강점기에 필사된 〈영산회상〉의 거문고 악보. 거문고 이두 육보에 한글을 혼용한 기보법을 사용하고 있다. 이 악보는 표지에 '아양고운峨洋古韻'이라고 표기되어 있으며, 수록 악곡의 악곡명도 병기되어 있다. 충남대학교 도서관에 소장되어 있는 것을 이동복李東福(1949년생)이 발견하여 그 존재를 알렸고, 2004년에 국립국악원에서 영인하여 『한국음악학자료총서』 39집에 『아양고운』이란 이름으로 수록하였다. 이 책에서는 이 자료의 권수제가 '금보'이므로 이것을 표제로 하며, 금보로 중복되는 표제가 여럿 되므로 이를 구분하기 위해 『금보: 아양고운』이라 하였다.

필사본 1책으로 7장이고, 세로 30.5cm, 가로 20.5cm이다. 현재 충남대학교 도서관에 소장되어 있다. 수록 악곡 수는 총 10곡이다.

1. 해설

이 악보에는 편찬자와 편찬 연대를 알 수 있을 만한 내용이 기록되어 있지 않다. 소장처인 충남대학교 도서관의 서지 정보에 의하면 악보의 편찬 연대를 조선 후기로 추정하고 있으나, 이동복의 해제에 의하면 이 악보를 적은 용지가 일제강점기에 사용하던 1면 10행의 세로로 적은 괘지罫紙이므로 일제강점기로 추정한다. 또한 이 악보의 기보법에 대해 연구한 김우진도 『금보: 아양고운』의 연대를 1919년에 편찬된 『금보: 해산일롱』[1]과 동시대 악보로 보았다.[2]

---

1 『금보: 해산일롱』: 일명 『해산유음(海山遺音)』. 1919년 김우권(金友權)이 쓰고, 임충호(任忠鎬)가 교정하여 펴낸 거문고와 양금의 악보.

이 악보에는 앞표지 뒷면의 제3행부터 7행까지 사람 인亻변이 붙은 한자들을 적어 놓았다.[3] 그러나 이것은 단순히 글자 연습을 위한 것으로 보이며 해당 악보와의 상관성은 낮다. 또한 악보의 뒷부분에는 학그림과 낙서가 있는데 이것도 해당 악보와 관련이 있는 것은 아니다.[4] 그래서 앞표지 뒷면의 내용과 학그림 및 낙서 부분은 본문에서 생략하였다. 악보의 마지막 장에는 한글로 적힌 시 한 수와 편찬자의 발문이 보이는데, 발문에는 정성正聲인 〈아양곡峨洋曲〉과 〈의봉곡儀鳳曲〉이 전하지 않음을 애석해하는 내용이 담겨 있다.

2. 악곡

이 자료는 〈영산회상靈山會上〉 10곡이 거문고 악보로 수록되어 있다. 수록된 악곡은 〈대〉, 〈중영산〉, 〈잔영산〉, 〈여음 가락덜이〉, 〈삼현 환입〉, 〈하현 환입〉, 〈환입〉, 〈염불 효령〉, 〈효령〉, 〈군악〉이며, 이와 같은 악곡 명칭은 기존의 고악보에서 나타나는 악곡 명칭과 다른 점이 있다. 즉 〈대〉는 〈대영산〉의 약칭으로 현행 중광지곡 중 〈상영산〉에 해당하는 악곡이며, 〈중영산〉과 〈잔영산〉은 현행 〈중영산〉과 〈세영산〉에 해당하는 악곡이다. 〈여음 가락덜이〉는 현행 〈가락제지〉, 〈삼현 환입〉은 현행 〈삼현 환입〉에 해당한다. 〈하현 환입〉은 현행 〈하현 환입〉의 초장과 2장에 해당하며, 〈환입〉은 현행 〈하현 환입〉의 3장과 4장에 해당한다. 〈염불 효령〉은 현행 〈염불 환입〉에 해당하며 효령은 현행 〈타령〉이다. 〈군악〉은 현행 〈군악〉이다.

기보법은 한자의 음을 빌려 기보한 거문고 이두 육보에 한글을 혼용하여서 주목할 만하다. 이처럼 악곡의 이칭과 기보법의 특이성이 있으며, 충청도 지방 민간 풍류 가락을 담고 있는 것으로 추정되기도 한다.[5]

---

2 김우진, 『거문고 육보체계에 관한 통시적 고찰』, 민속원, 2015, 285쪽.
3 「아양고운」, 『한국음악학자료총서』 39, 국립국악원, 2004, 272쪽.
4 「아양고운」, 『한국음악학자료총서』 39, 국립국악원, 2004, 285쪽.
5 이동복, 「『아양고운』」, 『한국음악학자료총서』 39, 국립국악원, 2004, 267쪽.

3. 관련 자료와 논저

1) 『금보: 아양고운』 영인본 자료

『한국음악학자료총서』 39, 국립국악원, 2004, 271~286쪽.

2) 『금보: 아양고운』 해제

이동복, 「『아양고운』」, 『한국음악학자료총서』 39, 국립국악원, 2004, 257~267쪽.

3) 『금보: 아양고운』 관련 논저

이동복, 『고악보 연구』, 민속원, 2009.
김우진, 『거문고 육보체계에 관한 통시적 고찰』, 민속원, 2015.

해제: 정서은

금보: 아양고운
琴譜: 峨洋古韻

금보琴譜

〈영산회상〉

靈山會像

〈대大〉

 39.273~274

〈중영산中靈山〉

 39.274~275

〈잔영산殘靈山〉

 39.276~277

〈제음除音(가락더리)〉

 39.277

〈삼현 환입三絃還入〉

 39.277~278

〈하현 환입下絃還入〉

 39.278~279

〈환입還入〉

 39.279

〈염불 효령念佛栲靈〉

 39.279~281

〈효령栲靈〉

 39.281~283

〈군악軍樂〉

 39.283~284

〈영산회상〉 끝
靈山會相 終

잡으시오, 이 술 한 잔 잡으시면 천만년이나 사오리다.
이 술이 술이 아니라 한무제漢武帝 승로반承露盤 든 것이오다.[6]

　자부시오 이 술 한 잔 자부시면 천만연이나 사오리다 이 술이 술이 아니라 한무전 승노반 든거시오다

6　"잡으시오 …… 것이오다": 이 내용은 서체가 본문의 것과 달라서 후대에 다른 사람이 낙서처럼 적은 것으로 보인다.

『아양보峨洋譜』의[7] 〈의봉곡儀鳳曲〉[8]은 제일가는 정성正聲인데 근세에 실전失傳하였다. 아깝도다! 나의 벗 선일禪逸[9]은 범속한 속세 사람이 아니다. 그가 스스로 말하기를, "젊어서 동해를 배를 타고 다니며 놀 적에 벽도탄碧濤灘에 이르러 신인神人을 우연히 만나 〈의봉곡〉을 배웠다."고 했는데, 지금은 또 선화仙化[10]하였다. 이로부터 정악이 세상에서 끊어지고 말았으니, 어찌 애석하지 않으랴!

峨洋譜儀鳳曲爲第一正聲, 而近世失其傳焉. 惜乎! 余友禪逸非凡俗塵人也. 自言: "年少時舟遊東海, 至碧濤灘, 遇神人而學儀鳳曲." 而今又仙化. 自此正樂絶世, 豈不惜哉!

7 『아양보(峨洋譜)』: '아양'이란 춘추전국시대 때 진(晉)나라의 금(琴) 명인인 백아(伯牙)와 그의 친구 종자기(鍾子期)에 얽힌 '백아절현(伯牙絶絃)' 고사에서 따온 말이다. 『아양보』는 악보로 추정되나 실체를 알 수 없다.
8 〈의봉곡(儀鳳曲)〉: 이름만 남은 악곡으로 그 실체를 알 수 없다.
9 선일(禪逸): 누구인지 미상. 이름과 속세 사람이 아니라는 말로 보아 승려가 아닌가 한다.
10 선화(仙化): 죽음.

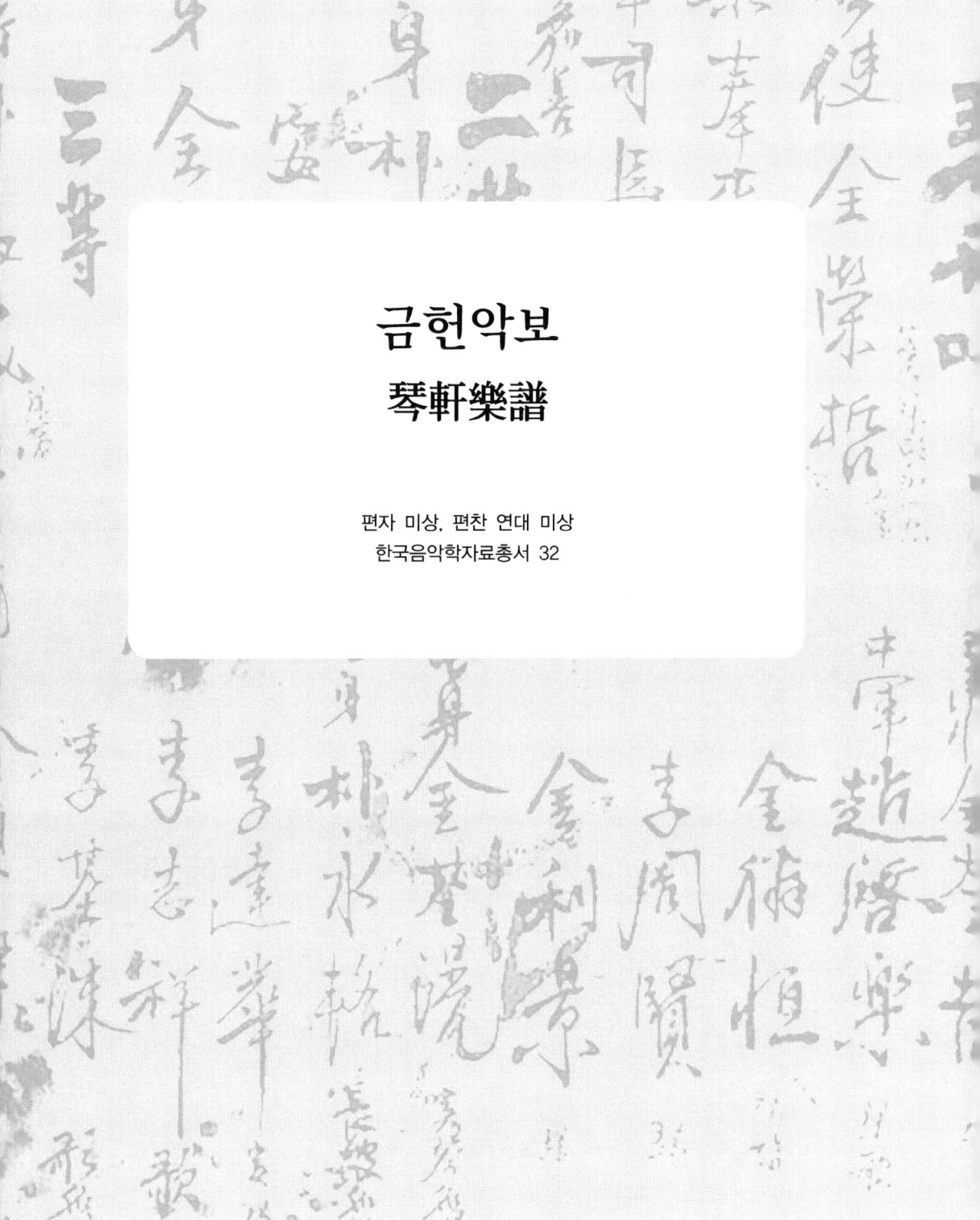

금헌악보
琴軒樂譜

편자 미상, 편찬 연대 미상
한국음악학자료총서 32

금헌악보 해제

정악과 가곡을 수록한 거문고와 휘금 악보. 악보는 정간 없이 거문고 구음을 한자로 기록하고, 휘금에 관한 이론과 〈득도가得道歌〉를 휘금 합자보로 나타냈으며, 양금 〈다스름〉의 구음을 한자로 짧게 나타낸 악보이다. 표지에 '금헌악보琴軒樂譜'라는 제목이 적혀 있고, 그 옆에 '거문고보譜 부附 휘금보徽琴譜'라 적혀 있어서 이 자료에 거문고와 휘금의 악보가 담겨 있음을 알 수 있다.

필사본 1책으로 44장이며, 세로 22.1cm, 가로 20cm이다.[1] 악보의 기보 방식은 거문고와 양금의 경우 한자로 악기 구음을 적은 육보肉譜이며, 휘금은 합자보合字譜이다. 장사훈이 생전에 소장했다가 1991년 4월에 청주대학교에 기증하여 현재 청주대학교 중앙도서관 민족음악자료실에 소장되어 있다. 수록된 악곡 수는 정악 15곡, 가곡 5곡, 휘금 1곡, 양금 1곡으로 모두 22곡이다.

1. 해설

편자 미상이며, 편찬 연대 역시 미상이다.[2] 이 자료는 원본의 표지부터 앞부분이 낙장된 상태였는데, 장사훈이 표지를 새로 만들고 표제를 직접 쓴 다음 자신의 낙관

---

1 2024년 1월 25일과 2월 1일 『금헌악보』를 열람하고 규격을 측정하였다.
2 이 악보의 편찬 연대가 미상이나, 최헌은 1922년 이후로 추정한 바 있다. 그는 이 자료에 수록된 〈영산회상〉의 선율을 다른 악보와 비교한 결과 『원객유운』 이후의 악보이며, 『원객유운』의 편찬 연대는 이혜구에 의해 1922년 전후로 밝혀진 바 있다. 최헌, 「금헌악보 해제」, 『한국음악학자료총서』 32, 국립국악원, 1997, 262~265쪽; 이혜구, 「현존 거문고보의 연대고」, 『국악원논문집』, 창간호, 국립국악원, 1989, 32쪽.

을 찍은 것으로 확인된다. 그 근거는 현재 자료의 표지 용지가 1966년 장사훈의 저서인 『국악논고』[3]의 표지를 재활용하여 만들어졌기 때문이다. 또 표지에 적힌 '거문고譜' 옆에 '금규琴圭'라는 장사훈의 낙관이 찍혀 있기 때문이다. 결국 현 표지는 장사훈이 새로 만들고, 표제 역시 그가 쓴 것으로 보인다. 따라서 이 자료의 원 표제는 미상이다.

수록된 내용은 정악 거문고보가 28장으로 전체 분량의 약 64%를 차지하며, 가곡의 거문고 반주 악보가 6장으로 14%를 차지한다. 결국 거문고보가 약 78%를 차지한다. 나머지는 휘금에 대한 이론과 합자보가 9장으로 약 20%를 차지하며, 자료 끝부분에 반장 분량도 안 되지만 양금 악보가 있다.

휘금에 대한 이론의 경우, 고금론古琴論부터 3불탄, 금의 9가지 덕德, 금의 7현에 대한 내용, 손가락의 약칭, 13휘의 음려와 성격, 왼손과 오른손의 지법, 상금법上琴法, 정현법定絃法, 조현입롱, 범음조롱까지 모두 휘금에 관한 이론으로 구성되어 있다.

이 악보에서 특이한 점은 〈상영산〉 5장과 〈중영산〉 초장 전반부의 악보는 종이가 우측 절반만 있고, 좌측 절반은 없는 상태이다.

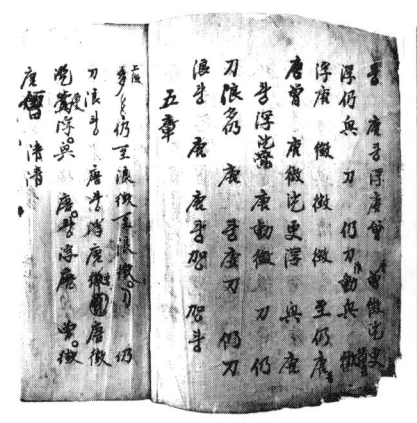
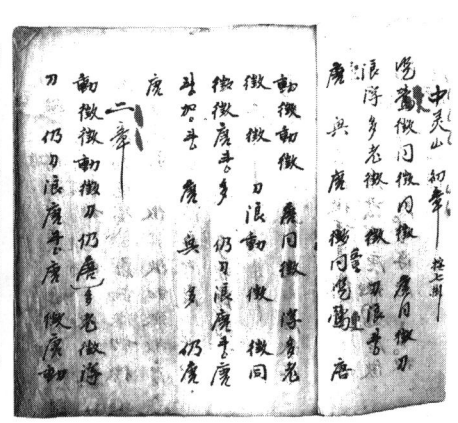

『금헌악보』 상영산 5장   『금헌악보』 중영산 초장

---

3   장사훈, 『국악논고』, 서울대학교출판부, 1966.

반절 용지의 내용으로 볼 때 낙장은 아니다. 어떤 사연인지는 알 수 없으나 매우 특이한 사례를 지녔다. 그런데 국립국악원 측에서 자료를 복사하거나 촬영하는 과정에서 이 부분을 세밀하게 다루지 않아 절반의 뒷장과 절반으로 가려진 다음장의 내용이 영인 자료에 공개되지 않은 상태이다. 따라서 이 자료는 향후 다시 영인하여 간행할 필요가 있다.

2. 악곡

수록된 악곡은 크게 4부분으로 구분되는데, 정악과 가곡 그리고 휘금의 〈득도가〉 및 양금 다스름이다.

정악의 경우 〈영산회상〉 〈천년만세〉 〈본환입〉은 앞 부분에 수록되어 있고, 계면 다스름에 해당하는 〈계면 장리음〉과 〈여민락〉 일부분은 뒷부분에 수록되어 있다. 〈영산회상〉의 경우 군악까지 수록되어 있으나, 앞 부분이 결락된 상태이므로 〈상영산〉 제목과 1장은 없고, 2~4장만 있으며, 〈중영산〉은 5장으로 이루어졌다. 〈세영산〉 역시 5장이며, 〈가락 환입〉은 3장으로 구성되었고, 〈상현〉은 단장이며 돌장에 해당하는 회입回入이 있다. 이어서 현행 〈세환입〉에 해당하는 〈세도드리〉가 7장으로 구성되었으며, 다음에 돌장에 해당하는 회장回章이 있다. 다음에 〈하현〉이 있는데, 〈하현〉 역시 회장을 거쳐 〈염불〉이 있고, 다음에 또 회장을 거쳐 〈타령〉이 있다. 이처럼 이 악보에는 〈상현〉부터 〈타령〉까지 매번 '회장'을 거쳐서 다음 곡으로 넘어가는 구조를 지녔다. 〈하현〉과 〈염불〉, 〈타령〉은 장 구분이 없는 상태이며, 다음의 〈군악〉은 4장으로 구성되었다. 따라서 여기까지 수록된 곡은 〈영산회상〉 전곡에서 〈상현 환입〉과 〈하현 환입〉 사이에 〈세환입〉이 추가된 별곡 형태임을 알 수 있다.

〈군악〉 다음에 〈천년만세〉 3곡이 이어진다. 그런데 첫 번째 곡의 경우 〈계면 가락 도드리〉를 '양청 혹은 계면'이라 한 점이 특이하며, 초장~3장까지 있다. 이어지는 〈양청 환입〉은 달리 '문해文蟹'라고 칭하였고, 5장으로 이루어졌다. 〈우조 가락 도드리〉를 〈우조〉라고 간명하게 명시하였고, 초장~7장으로 구성되었다. 그러므로 〈천년만세〉 3곡이 모두 나타나며, 악보 시작부분인 〈상영산〉부터 여기까지 이어서 연주했다면, 〈가즌회상〉류에 해당한다.

이어서 수록된 곡은 〈본환입〉이다. 초장~7장까지 있고, 7장 끄트머리에 "이하 세환입"이라 적힌 데서 〈본환입〉 다음에 또 〈세환입〉을 반복하여 연주한 것으로 보인다. 한편, 이 자료 끝부분에 거문고 악보로 〈계면 다스름〉에 해당하는 거문고 〈계면 장리음〉이 있고, 〈여민락〉은 앞부분 일부분만 적다가 말아서 미완 상태이다.

다음으로 가곡을 보면, 거문고 반주곡은 〈우락 다스름〉에 해당하는 〈우락 장리음〉과 〈우락〉, 〈편〉, 〈편락〉 그리고 〈한송정 편〉 이상 5곡이 있다.

〈득도가得道歌〉는 휘금 합자보로 기보되었는데, 노랫말 사이에 합자보를 수록하여 간주를 나타내는지 반주인지 의문이다. 〈득도가〉란 곡은 이 악보에 처음 출현하는 곡이며, 이 자료에만 있는 특별한 곡이다. 이어서 자료의 맨 마지막 장에 양금 다스름에 해당하는 〈다시음多時音〉이 양금 구음으로 3행 정도 짧게 수록되어 있다.

3. 관련 자료와 논저

1) 『금헌악보』의 영인본 자료

『한국음악학자료총서』 32, 국립국악원, 1997, 267~356쪽.

2) 『금헌악보』 해제

최헌, 「『琴軒琴譜』 해제」, 『한국음악학자료총서』 32, 국립국악원, 1997, 262~265쪽.

3) 『금헌악보』 관련 논저

최선아, 「조선시대 고악보에 나타난 『만보전서(萬寶全書)』의 금도론(琴道論)」, 『공연문화연구』 20집, 한국공연문화학회, 2010, 251~338쪽.

김우진, 『거문고 육보체계에 관한 통시적 고찰: 현금육보체계』, 민속원, 2015.

박재린, 「19~20세기 가락덜이의 경계 외 분장 변화 연구」 단국대대학원 석사학위논문, 2021.

해제: 김성혜

금헌악보
琴軒樂譜

〈상영산〉[4]

 32.268~271

〈중영산中靈山〉[5]

 32.271~275

〈세영산細靈山〉

 32.276~277

〈가락 환입加樂還入〉

 32.277~278

---

4   이 악보는 원본의 표지와 앞부분의 내용 일부가 결락된 상태이다. 이어서 나오는 곡이 〈중영산〉이 므로 낙장된 앞부분이 〈상영산〉 곡임을 짐작할 수 있다. 그래서 〈상영산〉이라 표기하였다.
5   〈중영산〉의 악보는 『한국음악학자료총서』 32의 271쪽을 보면, '중영산'이란 곡명이 없고 '二章'부 터 등장한다. 원본을 확인한 결과 271쪽의 우측 절반의 내용은 종이 반절에 기록된 내용이며, 이 반절 종이를 넘기면 뒷면에 '중영산'의 초장 악보가 나온다. 따라서 이것은 영인 과정의 오류이 므로 이 책에서는 바르게 수록하였다.

〈상현上絃〉

악보 32.279~280

〈세 도두리細道頭裡〉

악보 32.280~287

〈하현下絃〉

악보 32.287~288

〈염불念佛〉

악보 32.289~292

〈타령打鈴〉

악보 32.292~295

〈군악軍樂〉[6] (초장, 2장, 생략) 4장

악보 32.295~299

〈양청〉 혹은 〈계면〉

洋淸 或云 啓面

악보 32.299~302

〈양청 환입〉 또는 〈문해〉라고 한다.

---

6 〈군악〉: 초장과 2장에 대한 언급이 없는 상태이다.

兩淸還入. 又云 文蟹.

 32.302~306

〈우조羽調〉

 32.306~311

〈본환입本還入〉

 32.311~317

〈우락 장리음羽樂長理音〉

 32.319~321

〈우락羽樂〉 대여음大音餘[7]

 32.321~323

4장【2장과 같다】 여창女唱의 □은 혹 변조變調하여 탄다.[8]

四章【二章同】女唱扎或以變調彈之.

〈편編〉 대여음大餘音

 32.324~325

〈편락編樂〉 대여음大餘音

 32.326~328

7　大餘音: 원문에 '大音餘'로 오기된 것을 바로잡았다.
8　이 내용은 5장 앞에 있다.

중음·4장·5장은 〈편〉과 같다.⁹

中音 四章 五章 編同.

〈한송정 편寒松亭編〉

 32.328~329

「고금론古琴論」
　금은 고악古樂이고, 정성正聲이 출발하는 곳이다. 그러므로 배우는 자들은 모두 풍운風韻¹⁰이 범속하지 않기를 바란다면, 그것에 어울리게 하는 것이 있었다.
　금에는 9덕九德이 있다. 9덕은, 기奇·고古·투透·윤潤·정靜·균匀·원圓·청淸·방芳이다. 손가락을 짚을 때는 침착하고 조용하고 바싹 마르지 않아야 하고, 오직 가벼운 것을 귀하게 여기되 중도를 얻어야 한다. 무거우면 맑고 조화로운 소리를 잃게 되고, 가벼우면 참되고 온전한 운韻을 잃는다. 곡조가 아정雅正하여 편안하고 담박한 가운데에 진실한 감정을 합하게 되면, 어찌 세속의 귀에만 아름다움을 구할 뿐이겠는가?
　무릇 속된 연주는 모두 고인의 뜻에 맞지 않다. 어찌 족히 정신을 한데 모으고 사려思慮를 안정시켜 귀를 기울여 편안하고 담박한 맛을 분간할 수 있을 것인가? 그러므로 고인은 지음知音¹¹을 만나지 않으면 연주하지 않았다. 차라리 원숭이나 학鶴, 바람과 달을 마주하여 연주했던 것은 대개 이 때문이다.
　또 소리가 영탈映奪, 光輝奪目¹²이 없게 해야 한다. 무릇 누각樓閣을 굽어보고 우러러 보는 것, 나무 담장 주위를 도는 것, 마루 기둥을 좌우하는 것, 절박하고 시끄러운 것, 바람이 미친 듯 불고 비가 몰려와 쏟아지는 것, 누르는 것이 길고 면박面縛¹³하는

9　이 내용은 〈편락〉 대여음 끝부분에 있다.
10　풍운(風韻): 풍류와 운치를 아울러 이르는 말.
11　지음(知音): 마음이 서로 통하는 친한 벗을 비유적으로 이르는 말.
12　영탈(映奪, 光輝奪目): 눈이 부심.

같은 것, 손톱이 길고 손가락이 난폭한 것, 이러한 것들은 모두 올바른 소리를 빼앗는 것이다.

누각의 나무판과 벽 사이에 있으면 소리가 새 울음 같아 적실的實[14]하지 않고, 떠드는 데 가까우면 소리가 민멸泯滅[15]하고, 마루와 들보에 있으면 소리가 흩어져 모이지 않고, 바람이 건조하면 소리가 구슬프고, 비가 내려 습하면 소리가 탁하고, 누르는 것이 길면 지소池沼[16]가 막혀 소리가 밖으로 트이지 않고, 면박하면 판판의 소리를 일으켜 또한 새소리와 같고, 손톱이 길면 소리가 마르고, 손가락이 난폭하면 현絃이 너무 팽팽해져 소리가 진실하지도 온전하지도 못하게 된다.

오직 당실堂室[17]이 조용하고 치밀하며, 하늘이 밝고 기운이 맑아야 금을 연주할 수 있다. 무릇 지면指面으로 치되 소리를 내고 손톱을 붙이면, 소리가 곧 온전하고 참되게 된다. 금을 조용히 타는 것은, 또한 생각을 조용한 상태로 만들려고 하는 것으로, 고담古淡[18]한 맛을 분변하려는 것이다. 이목耳目으로 생각을 오직 한 곳에만 쓰는 것을 귀하게 여겨 외물外物에 현혹이 되지 않아야 한다.

또 타지 않아야 하는 경우가 셋이 있으니, 첫째는 상喪이 났다는 소리를 듣고 타지 않아야 하고, 의관衣冠이 격식에 맞게 갖추어지지 않았을 경우 타지 않아야 하고, 바람이 심하게 불거나 비가 많이 쏟아질 때도 타지 않아야 한다.

古琴論

琴者, 古樂也. 正聲之所自出也. 故學者, 皆欲風韻不凡 有以稱之. 琴有九德. 九德者, 奇・古・透・潤・靜・勻・圓・淸・芳也. 下指沈靜而不暴燥, 惟貴輕得中. 重則失淸韻之聲, 輕則無眞全之韻. 曲調雅正, 合眞情於恬淡之中, 豈求美於俗耳而已. 凡爲俗奏者, 俱不合古人之意, 豈足凝神靜慮, 傾耳以分恬淡之味哉! 故古人不遇知音不彈. 寧

---

13 면박(面縛): 두 손을 뒤로 묶고 얼굴만 내놓는 것.
14 적실(的實): 실제에 들어맞음.
15 민멸(泯滅): 자취나 흔적이 완전히 없어지는 것.
16 지소(池沼): 못과 늪을 아울러 이르는 말이나, 여기서는 거문고의 '용지(龍池)'와 '봉소(鳳沼)'를 일컫는다.
17 당실(堂室): 한 울타리 안에 있는 여러 채의 집과 방.
18 고담(古淡): 예스럽고 맑은 느낌이 있는 것.

對猿鶴風月而奏者, 盖綠於此.
　又欲使聲無映奪. 凡諸俯仰樓閣, 週廻板壁, 左右軒楹, 切迫喧嘩, 風狂雨驟, 按長面縛, 甲長指暴. 此皆奪正聲者也.
　在樓閣板壁間, 則聲關關然而不的實, 近喧嘩則聲泯滅, 在軒樑則聲散不聚, 風燥則聲噍, 雨濕則聲濁, 按長則池沼悶塞, 聲不發越. 面縛則引起板聲而亦關關然. 甲長則聲枯. 指暴則絃迫而聲不眞全.
　惟堂室靜密, 天朗氣淸, 可以奏琴. 凡打以指面而撫聲付甲, 則聲斯全眞矣. 靜琴, 亦欲靜慮者, 欲分古淡之味也. 貴乎耳目專一而不爲物所奪也. 又三不彈者, 一曰聞喪不彈, 二曰衣冠不正不彈, 三曰 大風大雨不彈也.

금쭉의 9가지 덕

　기奇. 경송輕鬆·취脆·활滑을 말한다. '경송'은 9년 된 재목이다. '취'는 고목으로서 소리가 맑고 오래 지속되어 늙은 모습을 이루는 재목이다. '활'은 몸은 기름지고 소리는 윤이 나는, 물에 가까운 재목이다. 또 "가볍게 들고, 헐겁게 치고, 매끄럽게 누르는 것이다."라고 한다.

　고古. 맑고 담박함을 말한다. 중간에 금석金石의 운韻이 있다. 대개 오동梧桐이 지기地氣를 얻어 나기 때문에 그런 것이다. 금석의 운이 없으면 탁濁한 데 가깝다. 맑고 담박함이 없다면 소리는 맑은 데 그치게 된다. 두 가지를 갖추면 곧 '고古'라고 한다.

　투透. 세월이 아득히 오래 흘러 아교 칠이 말라 없어지면, 맑은 소리가 펼쳐지고 엉기어 막히지 않는다.

　정靜. 바람소리를 내어 정성正聲을 어지럽히는 일이 없는 것을 말한다.

　윤潤. 소리가 건조하지 않고, 운韻이 길며 끊지 않은 것을 말한다.

　원圓. 자연스럽게 한 덩어리가 되어 깨트려 흩지 못하는 것을 말한다.

　청淸. 내는 소리가 바람 속에 탁鐸의 아름다움이 있는 것 같은 경우를 말한다.

　균勻. 칠현七絃이 모두 청청과 원圓을 갖추고, 삼실사허三實四虛[19]의 병통이 없는 것을 말한다.

　방芳. 타면 탈수록 소리가 더 나오고, 오래 타도 소리에 변화가 없는 것을 말한다.

琴有九德

奇, 謂輕·鬆·脆·滑. 輕鬆者九年之材也. 脆者, 古木聲淸久致老相之材也. 滑者, 身澤聲潤近水之材也. 又曰擧之輕, 擊之鬆, 打之脆, 撫之滑.

古, 謂淳淡, 中有金石韻. 盖緣桐之所産, 得地而然也. 無金石韻, 則近乎濁, 無淳淡, 聲止乎淸. 二者備, 乃謂之古.

透, 謂歲籥綿遠, 膠漆乾消, 發越響喨而不咽塞.

靜, 謂無發諷以亂正聲.

潤, 謂聲不燥, 韻長不絶[20]也.

圓, 謂渾然而不破散.

淸, 謂發聲猶風中鐸之美.

勻, 謂七絃俱有淸圓, 無三實四虛之病.

芳, 謂愈彈而聲愈出, 彈久而聲無變也.

7현

1현, 토土에 속하고 궁宮이 된다. 81사絲를 쓴다. 소리가 무겁고 높기 때문에 임금이 된다.

2현, 금金에 속하고 상商이 된다. 72사를 쓴다. 결단을 하기 때문에 신하라고 한다.

3현, 목木에 속하고 각角이 된다. 63사를 쓴다. 어디에 닿아서 나오기 때문에 백성이라 한다.

4현, 화火에 속하고 치徵가 된다. 54사를 쓴다. 만물이 몸을 이루기 때문에 일이라 한다.

5현, 수水에 속하고 우羽가 된다. 45사를 쓴다. 맑은 물물의 모습을 본뜨기 때문에 물물이라 한다.

6현, 문현의 소리는 소궁少宮을 주로 삼고 부드럽지만 강강한 것에 응한다.

7현, 무현의 소리는 소상少商을 주로 삼고, 강하지만 부드러운 것에 응한다.

19 삼실사허(三實四虛): 미상.
20 絶: 원문의 '純'은 '絶'의 오기이므로 바로잡았다.

七絃

一絃, 屬土爲宮. 用八十一絲. 聲重而尊, 故君.

二絃, 屬金爲商, 用七十二絲, 爲決斷 故曰臣.

三絃, 屬木爲角, 用六十三絲, 爲觸出, 故曰民.

四絃, 屬火爲徵, 用五十四絲, 萬物成體, 故曰事.

五絃, 屬水爲羽, 用四十五絲, 象淸物之相, 故曰物.

六絃, 文聲主少宮, 柔而應剛.

七絃, 武聲主少商, 剛而應柔.

손가락의 약칭

제1지는 대지大指[21]로서 '大'로 쓴다. 제2지는 식지食指로서 '人'으로 쓴다. 제3지는 중지中指로서 '中'으로 쓴다. 제4지는 무명지로서 '夕'으로 쓴다. 제5지는 금지禁指다.

手指諱號

第一, 大指, 大. 第二指, 食指, 人. 第三指, 中指, 中. 第四, 無名指, 夕. 第五指, 禁指.

13휘徽

1휘. 이름은 태주大簇다. 정월의 율律이다. 그 음音은 각角이다.

2휘. 이름은 협종夾鍾이다. 2월의 율이다. 그 음은 각角이다.

3휘. 이름은 고선姑洗이다. 3월의 율이다. 그 음은 궁宮이다.

4휘. 이름은 중려仲呂다. 4월의 율이다. 그 음은 치徵다.

5휘. 이름은 유빈蕤賓이다. 5월의 율이다. 그 음은 치徵다.

6휘. 이름은 임종林鍾이다. 6월의 율이다. 그 음은 궁宮이다.

7휘. 이름과 위치는 중간에 있고 윤달을 상징한다.

21 대지(大指): 큰 손가락 곧 모지를 뜻한다. 이하 같다.

8휘. 이름은 이칙夷則이다. 7월의 율이다. 그 음은 상商이다.

9휘. 이름은 남려南呂다. 8월의 율이다. 그 음은 상商이다.

10휘. 이름은 무역無射이다. 9월의 율이다. 그 음은 궁宮이다.

11휘. 이름은 응종應鍾이다. 10월의 율이다. 그 음은 우羽다.

12휘. 이름은 황종黃鍾이다. 11월의 율이다. 그 음은 우羽다.

13휘. 이름은 대려大呂다. 12월의 율이다. 그 음은 궁宮이다.

十三徽

一徽. 名, 大簇.　　正月律.　其音角

二徽. 名, 夾鍾.　　二月.　　角

三徽.　　姑洗.　　三月.　　宮

四徽.　　仲呂.　　四月.　　徵

五徽.　　蕤賓.²²　　五月.　　徵

六徽.　　林鍾.　　六月.　　宮

七徽. 名・位居中, 以象閏.

八徽.　　夷則.　　七月.　　商.

九徽.　　南呂.　　八月.　　商.

十徽.　　無射.　　九月,　　宮.

十一徽.　應鍾.　　十月.　　羽

十二徽.　黃鍾.　　十一月.　羽

十三徽.　大呂.　　十二月.　宮.

왼손 지법左手指法

음음吟, ㇠. 대지大指로 휘徽를 짚어 소리를 내고, 느리게 움직이고 길게 흔든다.

유猱, ㇁. 대지로 휘를 짚어 소리를 내고, 상휘上徽로 갔다가 또 아래로 내려온다.

작綽, 卜. 대지로 소리를 내는데, 급히 위로 올라간다.

22　蕤賓: 원문의 '林鍾'은 蕤賓의 오기이므로 바로잡았다.

주注, 氵. 여러 손가락으로 10휘에서 소리를 내고, 13휘로 내려간다.

당撞, 立. 대지로 휘를 짚어 소리를 내고, 급히 위로 갔다가 아래로 내려온다.

주走, 扌. 손가락으로 현絃을 짚어 소리를 낼 경우, 급히 위로 갔다가 아래로 내려온다.

비飛, 飞. 손가락으로 현을 짚어 소리를 낼 경우, 혹 위로 갔다가 혹 아래로 내려간다.

撒柵. 중지가 9휘에 있으면, 곧게 아래 13휘로 내려가 시작한다.

인引, 弓. 무명지로 13휘에서 소리를 내고 위의 10휘를 짚는다.

엄罨, 內. 무명지로 10휘를 짚고 대지를 아래 9휘에 놓는다.

범泛, 乏. 여러 손가락으로 현 위를 가볍게 뜨고, 현을 타서 움직여 소리에 응한다.

기범起泛, 乞. 실음實音을 타고 그치고 다시 범泛 음을 탄다.

범지泛止, 止. 범泛 음을 곡진하게 타는 것이다.

취就, 尤. 한 현을 갈고리처럼 당기고 휘를 짚어 다시 따라서 짚는 것이다.

□지䂳指, 角. 무명지로 4현의 휘를 짚으면, 중지로 3현의 휘를, 무명지로 또 3현의 휘를 짚는다.

대帶, 㐧. 무명지로 10휘를 짚어 소리를 내면 끌어 위로 올리는 것이다.

도기搯起, 㔾. 무명지로 10휘를 짚으면, 대지로 9휘를 파내듯 하여 소리를 내는 것이다.

대기對起, 苴. 무명지로 10휘를 짚으면 대지로 9휘를 채는 듯하여 소리를 내는 것이다.

허엄虛罨, 言. 무명지와 대지, 중지로 현을 짚고 타지 않은 채 앞의 소리를 이어받는 것이다.

내주來往, 彳. 손가락으로 현을 짚어 소리를 내면, 위 아래로 쉬지 않는 것이다.

종두從頭, 䇂. 손가락으로 현을 끝까지 짚고 있다가 또 전전의 소리를 일으키는 것이다.

퇴음退吟, 臱. 손가락으로 현을 짚어 소리를 내면, 머물러 아래로 내려가는 것이다.

합合, 人. 손가락으로 현을 짚어 소리를 내면, 뒤의 현이 소리에 응하는 것이다.

방합放合, 放. 손가락으로 3현 9휘를 짚어 소리를 내면, 4현에 이르러 소리가 같다.

左手指法

吟, ㇀. 用大指, 按徽得聲, 慢動長搖也.
猱, 犭. 用大指, 按徽得聲, 去上徽又下也.
綽, 卜. 用大指, 得聲, 急上也.
注, 氵. 用諸指, 在十徽得聲, 下十三徽也.
撞, 立. 用大指, 按徽得聲, 急上下也.
走, 亍. 如指按絃得聲, 急上下也.
飛, 飞. 如指按絃得聲, 或上或下也.
𤽃杣. 如中指在九徽, 直下十三徽而起也.
引, 弓. 用名指[23], 十三徽得聲, 按上十徽也.
罨, 內. 用名指, 按十徽, 大指放下九徽也.
泛, 乏. 用諸指, 輕浮絃上, 彈動絃應聲也.
起泛, 㔾. 如彈實音止起彈泛音也.
泛止, 㐜. 彈泛音曲盡也.
就, 尤. 如句一絃按徽, 再從按也.
複指, 角. 如名指按四絃徽, 中指按二, 名指又按三.
帶, 世. 如名指按十徽得聲, 引上起也.
搯起, 㔜. 如名指按十徽, 大指搯九 得聲也.
對起, 芏. 如名指按十徽, 大指桃九徽, 得聲也.
虛罨, 言. 如名指大, 中指按絃, 不彈, 承前聲也.
來往, 徒. 如指按徽得聲, 上下不息也.
從頭, 䇾. 如指按絃訖, 又起前聲也.
退吟, 孚. 如指按絃得聲, 往下也.
合, 人. 如指按絃得聲, 後絃聲應也.
放合, 犰. 如指按三絃九徽得聲, 至四絃同聲也.

23 名指: 무명지를 뜻한다. 이하 같다.

오른손 지법右手指法

벽劈, 尸. 대지로 입현入絃을 짚는 것을 '벽'이라 한다.

탁托, 乇. 대지로 현을 내는 것을 '탁'이라 한다.

말抹, 末. 식지로 현을 들이는 것이다.

도挑, 乙. 식지로 현을 내는 것이다.

구勾, 勹. 중지로 현을 들이는 것이다.

척踢, 易. 중지로 현을 내는 것이다.

적摘, 木. 무명지로 현을 들이는 것이다.

타打, 丁. 식지로 두 현을 뜯는 것이다.

찰촬擘撮, 早. 식지와 중지 두 손가락으로 일제히 현을 끼고 같은 소리를 내는 것이다.

윤輪, 侖. 무명지와 식지로 따고, 뜯고, 치는 것이다.

산散, 卄. 여러 손가락으로 현의 왼쪽을 타고, 짚지 않는 것이다.

곤袞, 六. 무명지로 7현에서 1현까지 급하게 타는 것이다.

불拂, 弗. 식지로 1현에서 7현까지 급하게 문지르는 것이다.

소쇄小鎖, 出. 식지로 급하게 문지르고 뜯는 것이다.

장쇄長鎖, 镸. 식지로 7현에서 9현까지 급하게 문지르고 뜯는 것이다.

배쇄背鎖, 伙. 중지와 식지로 갈고리처럼 당기고 치고 문지르고 뜯으며 연속적으로 4가지 소리를 내는 것이다.

단쇄短鎖, 忩. 식지로 3현에서 5현까지 문지르고 뜯어 차례로 소리를 내는 것이다.

구쇄摳鎖, 魚. 무명지로 치고 뜯고, 중지로 갈고리처럼 당기고 쳐서 차례로 3가지 소리를 내는 것이다.

타원打圓, 団. 중지로 갈고리처럼 당기고, 식지로 급하게 뜯어 연속적으로 3~4가지 소리를 내는 것이다.

소식少息, 省. 손가락으로 타고 누른 손가락에 느릿한 음이 안정되면, 다시 타는 것이다.

전부全扶, 全. 손가락으로 쌍으로 문지르고 쌍으로 뜯고, 중지로 일제히 2현을 뜯어 한 소리를 내는 것이다.

반부半扶, 半. 식지와 중지로 갈고리처럼 2현을 문질러 한 소리를 내는 것이다.

쌍탄雙彈, 𣪚. 중지와 식지 두 손가락으로 일제히 문지르고 갈고리처럼 뜯고, 일제히 뜯고 치는 것이다.

발지撥刺, 𣪝. 중지와 식지 두 손가락으로 일제히 나갔다가 일제히 들어오는 것이다.

삭령索鈴, 㚎. 대지로 7현을 눌러 일로一路의 음이 끊어지지 않는 것이다.

도륜到輪, 𠂤. 중지와 식지, 무명지로 문지르고 갈고리 모양으로 뜯어 3가지 소리를 내는 것이다.

상타上打, 丁. 무명지로 현을 내는 것이다.

右手指法
劈. 尸, 用大指按入絃, 曰劈也.
托. 乇, 用大指出絃, 曰托也.
抹. 末, 食指入絃.
挑. 乙, 食指出絃.
勾. 勹, 中指入絃.
踢. 易, 中指出絃.
摘. 丮, 名指入絃.
打. 丁, 食指, 挑兩絃也.
撮. 早, 食中二指齊挾絃, 同一聲也.
輪. 侖, 名指食摘挑踢也.
散. 卄, 諸指彈絃左, 不按也.
衮. 六, 名指摘七至一急也.
拂. 弗, 食指抹一至七急也.
小鎖. 㩴, 食指急抹挑也.
長鎖. 𠂢, 食指抹挑七九急也.
背鎖. 㪅, 中·食指勾踢抹挑, 連四聲也.
短鎖. 㐄 食指抹挑次第三五聲.
搯鎖. 𩵋, 名指打摘, 中指勾踢, 次第三聲也.
打圓. 团, 中指勾, 食指挑急, 連彈三四[24]聲也.
少息. 省, 用指彈, 按指, 慢音定, 再彈也.
全扶. 全, 用指雙抹雙挑, 中指齊彈二絃如一聲也.

半扶. 艾, 食·中指勾抹二絃如一聲也.
雙彈. 㕰, 中·食二指, 齊抹勾, 齊挑踢也.
撥剌. 𢬵, 中·食二指, 齊出齊入也.
索鈴. 㝱, 大指按七絃, 一路音不絶也.
到輪. 㒼, 中·食·名指抹勾, 打三聲也.
上打. 丁, 用名指出絃.

상금법上琴法

금琴 윗면의 여러 명칭.[25] 액額, 승로承露, 현안絃眼, 악산岳山, 견肩, 봉시鳳翅, 요腰, 관각冠角, 초미焦尾, 은근齦跟.

금 뒷면의 여러 명칭. 거혈居穴, 호진護軫, 금진琴軫, 융화絨和, 진지軫池, 탁진托軫, 용지龍池, 안족雁足, 봉소鳳沼, 탁미托尾.

단정히 앉아 오른쪽 다리는 앞으로 향하게 하고, 왼쪽 다리는 뒤로 향하게 하여, 금의 허리부분을 오른쪽 무릎 위에 놓는다. 악산은 뒤를 향하게 하고, 초미는 앞을 향하게 하여, 오른쪽 금지禁指로 현을 팽팽히 감아 주금註琴을 도협挑挾[26]한다. 왼쪽 대지大指로 도기搯起하는데 1현에 소리가 나면 즉시 주□注挑하고[27], 금지의 남은 현을 위쪽 안족에 감는다.

2현은 앞과 같다. 오른쪽 소지小指로 뒤를 감아 무릎에 기대어 팽팽하게 당긴다. 왼쪽 중지로 1현의 12휘를 짚고, 대지로 2현을 끌어당겨 선옹음仙翁音을 얻으면 충분하다.

3현은 앞에 의지한다. 좌우의 중지로 1현 10휘를 짚고, 대지로 또 3현을 흘고 끌어당겨 선옹음을 얻는다.

4현 좌우 2현 10휘를 짚고, 대지로 4현을 흘고 끌어당겨 선옹음을 얻는다.

---

24 曰: 원문의 '曰'은 '四'의 오기로 판단되어 바로 잡았다.
25 금(琴) 윗면의 여러 명칭: 이 내용은 뒤에 나오는 『악서정해』 중 '금 앞면의 여러 명칭'(이 책의 465쪽)을 참고하기 바람. 다음에 나오는 '금 뒷면의 여러 명칭' 역시 마찬가지다.
26 주금(註琴)을 도협(挑挾): 이 뜻은 미상.
27 즉시 주□(注挑)하고: 이 뜻 역시 미상.

5현 좌우 3현 10의 반을 짚고, 대지로 5현을 끌어당겨 뜯어 선옹음을 얻고 아래 안족을 감는다.

6현 좌우 4현 10휘를 짚고 앞의 방법을 따라 선옹음을 얻는다.

7현 좌우 5현 10휘를 짚고 앞의 방법대로 한다.

위에서 한 일이 끝나면 금을 탁자 위에 놓고 5휘 사이를 마주하여 앉는다. 오른손으로 금의 악산岳山을 찾아 진변軫邊에 가까이 붙이고, 3지를 밖으로 내면, 탄지彈指는 5휘에 지나지 않는다.

오전에는 대현의 1현에서 4현까지 팽팽하게 죄었다가 느슨하게 해야 하고, 5현에서 7현까지는 느슨하게 했다가 팽팽하게 죄어야 한다.

오후에는 대현 1현에서 4현까지 느슨하게 했다가 팽팽하게 죄어야 하고, 5현에서 7현까지는 팽팽하게 죄었다가 느슨하게 해야 마땅하다. 이것은 곧 여러 현의 팽팽함과 느슨함의 자연스러운 이치다. 또 비오는 날에는 느슨하게 해야 마땅하고, 맑은 날에는 팽팽하게 해야 마땅하다.

上琴法

琴面諸稱. 額, 承露, 絃脈, 岳山, 肩, 鳳翅, 腰, 冠角, 焦尾, 齦跟.

琴背諸稱. 居穴, 護軫, 琴軫, 絨和, 軫池, 托軫, 龍池, 雁足, 鳳沼, 托尾.

身端坐定, 右脚向前, 左脚向後, 以琴胯於右膝之上. 岳山向後, 焦尾向前. 用右禁指纏絃緊挑挾. 註, 琴用左大指搯起. 一絃有聲, 卽注弰, 纏禁指餘絃於上雁足也.

二絃照前, 右小指纏後, 靠膝緊扯, 左中指按一絃十二徽, 大指散搯二絃, 得仙翁音足也.

三絃依前, 左右中按一絃十徽, 大指又散搯三絃, 得仙翁音.

四絃左右, 按二絃十徽, 大指散搯四絃, 得仙翁音

五絃左右, 按三絃十徽半, 大指搯五絃, 得仙翁音, 纏下雁足也.

六絃左右, 按四絃十徽, 依前法, 得仙翁音

七絃左右, 按五絃十徽, 如前.

上訖, 以琴安卓上, 坐對五徽之間, 右手探琴岳山近軫邊, 三指出爲則彈指不過五徽也.

午前, 大一絃至四絃緊宜鬆, 五至七鬆宜緊

午後, 大一絃至四絃鬆宜緊, 五至七緊宜鬆. 此乃諸絃緊鬆自然之理. 又要雨天宜鬆, 晴天宜緊也.

정현법定絃法[28]

먼저 7현에서부터 오른쪽 식지로 7현을 산도散挑[29]하는 것을 선자仙字라고 한다. 왼쪽 오른쪽에서 5현 10휘를 짚고, 오른쪽 왼쪽에서 5현을 갈고리처럼 뜯는 것은 옹자翁字라 하는데, '응應'이 바로 그것이다.

만약 '응'하지 않아, 혹 휘 이하에 있다면, 응·옹자는 곧 5현이니, 죄는 것은 마땅히 5현에 있어야 한다. 진軫이 보융保絨[30]을 물려 몸을 향해 두드리고 다시 조절한 뒤 5현 10휘를 짚을 때 응·옹자가 그것이다. 만약 5현을 물리지 않는다면, 마땅히 7현 진軫 위의 융絨에서 몸 밖을 향해 두드리고, 팽팽하게 죄어 전처럼 다시 조절할 때 응을 얻는다. 이름은 소문구小問勾이다.

오른쪽 식지를 7현의 선자仙字 왼쪽에 흩어 배치하고, 대지로 4현 9휘 오른쪽을 짚고, 중지로 4현을 구勾하면 옹자의 음이 어울리는 것이 바로 그것이다. 만약 응하여 어울리지 않는다면 줄을 팽팽하게 죄고 그 줄을 전의 방법대로 물린다. 이름은 대문구大問勾이다.

무릇 여러 현이 9휘 아래 초미焦眉에 있어 여러 응 음이 모두 죄어 있다면, 마땅히 물려 느슨하게 해야 한다. 9휘 위 악산岳山에 있어 여러 휘가 응 음을 얻는 것이 모두 느슨하다면, 마땅히 줄을 팽팽하게 죄어야 한다.

定絃法

先從七絃右食散挑七絃曰仙字. 左右按五絃十徽, 右中勾五絃曰翁字, 應是也. 若不應, 或在徽已下, 應翁字乃是五絃, 緊宜在五絃. 軫退保絨, 扣向身邊再調, 按五絃十徽, 應翁字是也. 若不退五絃, 宜在七絃軫上絨, 扣向身外, 緊繰再調如前, 得應是也. 名爲小問勾

右食散排七絃仙字左, 大按四絃九徽右, 中勾四絃, 翁字音和是也. 若不應和則緊繰. 退繰如前法, 名爲大問勾. 凡諸絃在九徽下焦尾, 諸應音者皆緊, 宜退鬆. 在九徽上岳山, 諸徽得應音者皆鬆, 宜繰緊.

28 정현법: 조현법을 뜻한다.
29 산도(散挑): 원문에 '散搯'로 오기된 것을 바로잡았다. 현을 튕기는 것을 뜻한다.
30 보융(保絨): 미상

조현입롱調絃入弄

【□음을 맞추는 것이 끝나면, 다시 조용히 7현에서 순하게 두드리면, 성음이 차례로 진軫에서 나와 자연스럽게 오묘한 경지로 들어갈 것이다.】

득도得道한 선옹仙翁이여 득도한 선옹이여

득도한 선옹이여 득도한 진박陳搏이여[31]

調絃入弄

【音和畢, 再從容於七絃從順鼓撚, 聲音次第軫發揮, 自然入妙】

得道仙翁 得道仙翁[32]

得道仙翁 得道陳搏

 32.346

선옹이 득도했네 진박한 선옹이여

득도한 진박이여 선옹이 득도했네

仙翁得道 陳搏仙翁

得道陳搏 仙翁得道

 32.347

진박한 선옹 득도한 진박이여

선옹이여 진박하네 선옹이 득도했네

---

31 이것은 고대의 금곡(琴曲)으로 『금학관견(琴學管見)』에 실린 「得道歌」의 일부다. 원래 가사의 앞부분을 들면 다음과 같다. "得道仙翁, 得道陳搏. 得道陳搏翁, 仙翁仙翁, 得道陳搏, 得道陳仙翁." 이하 '得道' '仙翁' '陳搏'이란 세 어휘만 반복된다. 이상은 '바이두(百度)'에 의함. 진박(陳搏)은 송나라 사람으로 화산에 살면서 선도(仙道)를 닦았다고 함. 그는 기(氣)를 먹고 살았고, 한 번 자면 100일을 갔다고 한다.

32 원문은 '得道仙翁 得仙翁'인데 뒤의 '得仙翁'은 '得道仙翁'의 잘못이기에 '道' 자를 채워 넣었다.

陳搏仙翁 得道陳搏

仙翁陳搏 仙翁得道

 32.347

선옹이 득도했네 선옹이

仙翁得道 仙翁

 32.347

범음조롱泛音調弄

【현絃이 7현부터 시작하여 진軫에 좇아 치고 누르고, 아래의 9휘를 또한 순하게 누른다. 또 아래 10현·12현을 차례로 응하여 농弄한다.】

득도한 선옹仙翁이여 득도한 선옹이여

득도한 선옹이여 득도한 선옹이여

득도한 선옹이여 득도한 선옹이여

득도한 선옹이여 득도한 선옹이여

득도한 선옹이여 득도한 선옹이여

득도한 선옹이여 득도한 선옹이여

득도한 선옹이여 득도한 선옹이여

더위 가고 추위 오고 봄 되었다 다시 가을 되고

석양은 서녘으로 지고 물은 동쪽으로 흐른다

장군의 전마戰馬는 지금 어디 있는고

땅 가득한 들풀과 꽃 우울하기만 하구나

泛音調弄【絃從七徽起, 順軫鼓撫. 下九徽, 亦按順撫. 又下十十二次第和弄.】

得道仙翁, 得道得道.

得道仙翁, 得道仙翁.

得道仙翁, 得道仙翁.
得道仙翁, 得道仙翁.
得道仙翁, 得道仙翁.
得道仙翁, 得道仙翁.
得道仙翁, 得道仙翁.
暑往寒來春復秋, 夕陽西下水東流.
將軍戰馬今何在, 野草閑花滿地愁.

 32.348

여러 방법을 합했을 때의 오묘함【단지 우리나라 금(琴)[33]에 합치되는 글이다.】

금을 연주하는 오묘함은 반드시 수세手勢에 의지하는데, 벽劈·탁托·말抹·도挑·구句·척踢·적摘·타打가 가장 먼저 밝혀야 할 8가지 법이다.

諸法合妙【只所合於東琴之文.】
撫琴之妙必資手勢, 劈·托·抹·挑·句·踢·摘·打, 要先是爲初明之八法

〈계면 장리음界面長理音〉

 32.349~350

〈여민락與民樂〉 우조羽調[34]

 32.350~351

---

33 우리나라 금(琴): 거문고를 뜻한다.
34 악보는 4行만 수록된 상태이다.

양금洋琴 〈다시음多時音〉[35]

 32.352

조선정악단 악기 해설, 고악古樂 공연은 2장에 들어간다.

朝鮮正樂團 樂器解說 古樂公演 二張入.

35 악보는 3行만 수록된 상태이다.

성학십도 부예악비고
聖學十圖 附禮樂比攷

이영재(李寧齋) 편, 1932년
한국음악학자료총서 40

성학십도 부예악비고 해제

1932년 이영재李寧齋(1870~1944)가 퇴계退溪 이황李滉(1501~1570)의 상소문인 『성학십도』와 관혼상제 등의 예법 및 줄풍류 양금보와 문묘악의 악보를 담아 편찬한 책. 책의 표지에 '聖學十圖(성학십도)'라고 표기되어 있고 그 아래 부제로 '附禮樂比攷(부예악비고)'라고 하여, 자료명을 『성학십도 부예악비고』라 하였다. 이 자료는 중국 한구漢口[1]의 대동협회大同協會에서 발행하였다. 인쇄 방식은 금속 활자를 식자植字하여 조판한 금속 활자본으로 추정된다. 따라서 활자본으로 찍어낸 다수의 책이 유통되었을 것이다. 그 중 1책을 장사훈이 소장하고 있다가 청주대학교에 기증하여, 현재는 청주대학교 중앙도서관 민족음악자료실에 소장되어 있다. 2005년에 국립국악원에서 영인하여 『한국음악학자료총서』 40집에 수록하였다.

활자본 37장이며, 세로 25.5cm, 가로 18.1cm다. 별지가 1장 있는데 세로 49cm, 가로 21cm다. 악곡의 기보법은 한자식 양금 육보를 사용하며, 시가를 나타내기 위해 삼조표三條標를 활용하고 있다. 수록 악곡은 줄풍류 계통 악곡 총 11곡과 문묘악 1곡이다.

1. 해설

『성학십도 부예악비고』는 서문을 비롯하여 퇴계 이황의 방계傍系 후손인 이영재[2]

---

[1] 한구(漢口): 현재 중국 호북성(湖北省) 중심도시인 무한(武漢)의 옛 지명.
[2] 이영재의 이름은 강호(康浩)로 자는 순명(舜命)이며, 영재(寧齋)는 호이다. 족보에 따르면 이영재는 퇴계 이황(李滉)의 형님인 이해(李瀣)의 후손으로 진성(眞城)이씨 온계파(溫溪派) 18대손이다.

가 이황의 상소문인 『성학십도』와 한국 및 중국의 관혼상제冠婚喪祭 예법, 줄풍류 양금보와 문묘악보 등을 수록한 것으로 뒷부분에 수록된 줄풍류 양금보와 문묘악보로 인해 고악보의 일종으로 소개되고 있다.

『성학십도 부예악비고』는 크게 두 부분으로 나누어 살펴볼 수 있는데, '성학십도'와 '부예악비고'가 그것이다. 먼저 '성학십도'에는 이황이 1568년 12월 선조에게 올린 군왕의 도道와 관련된 학문의 요체를 수록하였다. 본래 이황의 글에는 도설과 본문이 함께 배치되어 있으나, 편자 이영재는 태극도太極圖 및 태극도설太極圖說[3]을 먼저 제시하고 본문을 뒤에 이어 나오게 편집하였다. 책의 규격을 고려하고 가독성을 높이기 위하여 구성을 다르게 한 것으로 보인다.

다음으로 '부예악비고'의 전반부에는 한국과 중국의 관혼상제를 각각 수록하고, 후반부에는 '여인고악麗人古樂'이라 하여 〈계면 다스름〉, 〈영산회상〉, 〈잔도드리〉 등의 악보를 수록하였다. 이어 문묘악보 및 '금학적요', '슬학론' 등 악보와 금과 슬의 이론이 포함되어 있다. 규격이 다른 별지에는 '향음주례의 도식鄕飮酒禮之圖式'을 추가하였다. 『성학십도 부예악비고』의 구성과 내용을 표로 제시하면 다음과 같다.

〈표 1〉 『성학십도 부예악비고』 구성과 내용

구분	내용		출판정보
머리말	성학십도 서(序)	여일민(黎一民)	1~2
		이영재(李寧齋)	3~4
성학십도	제1 태극도~제10 숙흥야매잠도 및 천명신도 도설		(6장)
	제1 태극도설~제10 숙흥야매잠 본문		5~19
	(여백)		20
화려예악비	여인(麗人) 관례·화인(華人) 관례 여인 혼례·화인 혼례 여인 상례·화인 상례·상복 총도 여인 제례·화인 제례·대성전 정위진설도		21~28
	여인(麗人) 고악	계면 다스름	29

최재목·안선희, 「退溪 後孫 李寧齋의 『聖學十圖附禮樂比攷』에 대하여」, 『퇴계학논집』 6집, 영남퇴계학연구원, 2010, 70쪽.

3 『성학십도 부예악비고』, 『한국음악학자료총서』 40, 국립국악원, 2005, 241~276쪽.

			운영산~군악	29~37
고			잔도도이	37~38
	화인(華人) 고금악		중국·고보7음, 금보7음	39
			문묘악보	40~51
			금학적요	52~53
			슬학론	53
별지	향음주례의 도식			(1장)

⟨표 1⟩에서 『성학십도』의 내용은 이미 번역되어 나온 책이 있고,[4] 우리나라와 중국의 관혼상제에 관한 내용은 음악과 무관하여 본문에서 생략하였다. 따라서 본문에는 머리말인 서문과 여인麗人고악과 화인華人 고금악만 번역하였음을 밝힌다.

이영재는 『성학십도』의 부록에서 악보를 수록한 이유를 적고 있는데, 당시 중학교의 음악 과목도 외국 음악에서 벗어나질 않고 전통 음악이 전해지지 않으니 이에 악보를 제공하여 음악을 배우려는 자가 볼 수 있도록 하고자 함이라 밝혔다.

2. 악곡

악보에는 양금보로 연주하는 ⟨줄풍류⟩와 ⟨문묘악⟩이 수록되어 있다. 양금보로 연주하는 ⟨줄풍류⟩에는 ⟨계면 다스름⟩, ⟨운영산⟩, ⟨중영산⟩, ⟨세영산⟩, ⟨가락 도도입⟩, ⟨삼현 도도입⟩, ⟨하현 도도입⟩, ⟨염불 도도입⟩, ⟨타령⟩, ⟨군악⟩, ⟨잔도도이⟩가 수록되어 있다. ⟨계면 다스름⟩은 현행 『정악 양금보』의 ⟨계면 다스름⟩과는 다른 악곡이며, ⟨운영산⟩은 ⟨상영산⟩에 해당하며 현행과 거의 유사하다. 그 외에 ⟨중영산⟩, ⟨가락 도도입⟩, ⟨하현 도도입⟩, ⟨염불 도도입⟩ 또한 현행의 선율과 유사하나 나머지 ⟨세영산⟩, ⟨삼현 도도입⟩, ⟨타령⟩, ⟨군악⟩, ⟨잔도도입⟩ 등은 현행과 비교하여 부분적으로 선율의 차이가 보인다.

⟨문묘악⟩은 총보 형식으로 이루어진 악보로 노래말 외에 ① 편종·편경·배소 ② 소·훈·지 ③ 적·생 ④ 금 ⑤ 슬 ⑥ 북 등 6개의 파트보로 구성되어 있다. 악기마다

---

4   이광호 역, 『성학십도』, 홍익출판미디어그룹, 2021.

각기 다른 기보법으로 기록되어 있는데, ①은 율자보와 궁상각치우가 병기되어 있고, ②③은 공척보이며, ④⑤는 합자보이다. 그리고 ⑥은 동그라미 부호로 나타냈다.

3. 관련 자료와 논저

1) 『성학십도 부예악비고』 영인본 자료
『한국음악학자료총서』 40, 국립국악원, 2005, 233~309쪽.

2) 『성학십도 부예악비고』 해제
장사훈, 「古樂譜解題」, 『國樂論考』, 서울대학교 출판부, 1966, 613~614쪽.
김영운, 「『성학십도부예악비고』」, 『한국음악학자료총서』 40, 국립국악원, 2005, 221~230쪽.

3) 『성학십도 부예악비고』 관련 논저
김영운, 「洋琴古樂譜의 三條標 解析에 關한 硏究: 上靈山·細靈山·念佛도드리·打令에 基하여」, 『한국음악연구』 26집, 한국국악학회, 1998, 115~148쪽.
최재목·안선희, 「退溪 後孫 李寧齋의 『聖學十圖附禮樂比攷』에 대하여」, 『퇴계학논집』 6집, 영남퇴계학연구원, 2010, 65~108쪽.
이주은, 「영산회상 양금선율의 변천」, 한양대대학원 박사학위논문, 2013.
유희정, 「줄풍류 양금선율의 형성과정 연구」, 한양대학원 박사학위논문, 2015.
정화순, 「『聖學十圖 附禮樂比攷』 중의 중국 고악 연구: 文廟樂譜를 중심으로」, 『한국음악연구』 60집, 한국국악학회, 2016, 235~260쪽.

해제: 정서은

성학십도 부예악비고
聖學十圖 附禮樂比攷

성학십도 서문

『예기禮記』에 이르기를, "예禮와 음악은 서로 따라서 답습하지 않는 것이다."라고 하였다. 당우唐虞 삼대三代[5]에 이미 서로 같지 않았거늘, 더욱이 차등이 져서 수준이 내려가 3천여 년이란 오랜 시간 뒤에 옛 예와 옛 음악을 가져다 구풍歐風[6]이 동점東漸[7]하고 군주를 폐하고 공화정을 하는 시대에 실행하려고 하면, 그것은 단연코 불가능할 것이다.

그러나 옛것을 좋아하는 마음은 동·서가 같은 법이어서 왕왕 금속이나 돌로 만든 옛 물건이 수천백 년 파묻혀 있다가 하루아침에 발견되면 오히려 수천만 원의 값을 치르기도 한다. 하물며 상고시대의 예와 음악으로 성인이 만들고 현인이 계술繼述하여 당대에 사람의 마음을 유한幽閒[8]하고 맑게 만들고 태평한 정치를 이룬 성전盛典이야 말해 무엇 하겠는가?

시대와 세상이 변천하고 전쟁이 망가뜨려 마침내 한 사람도 지나가면 무엇이냐고 묻지 않고, 도리어 반세盤洗[9] 하나, 정이鼎彝[10] 하나만도 못하게 되었으니, 어찌하여 경중이 이리도 뒤집혔단 말인가.

---

5 당우(唐虞) 삼대(三代): 당우는 요순(堯舜)이 통치했던 시대를 의미하며, 삼대는 하(夏)·은(殷)·주(周) 왕조를 말하는 것.
6 구풍(歐風): 서양식.
7 동점(東漸): 점점 세력을 넓혀 동쪽으로 옮기어 감.
8 유한(幽閒): 조용하고 한가함.
9 반세(盤洗): 깨끗한 소반.
10 정이(鼎彝): 고대 종묘(古代宗廟)의 제기(祭器) 중 하나.

이영재李寧齋 선생은 본디 고려[11]의 유민遺民으로 나라가 망하자 중국으로 왔다. 고려의 풍속과 정치, 교화가 중국에서 많이 나왔고 예와 음악이 서로 비슷하다는 것을 알고 이에 넓게 수집하여 고려의 예와 음악을 중국과 비교했더니, 예는 오히려 간략함을 따랐으나 음악은 조금 더 상세하였다. 그것은 예는 시대에 따라 서로 달라지는 법이고, 음악은 오음 육률五音六律의 근본을 뒷 시대 사람이 바꿀 수 없는 것이기 때문이었다.

이에 『성학십도』를 인쇄한 뒤에 옛 예와 악수樂數[12]를 부록으로 붙이고 곧 엮어서 나에게 보여주었다. 나는 중국 사람이지만 아직 이런 문제에 대해 마음을 기울이지 못하고 있었으니, 아주 부끄러웠다.

『좌전左傳』에 이르기를, "예禮가 없어지면 시골에서 찾는다." 하였거니와 아마도, 오랜 세월이 흘러 예와 음악이 모두 없어지면, 시골에서도 찾을 날이 없어진다면, 이것을 남겨두었다가 장래를 기다릴 것이니, 이 또한 국수國粹[13]를 보존할 뜻이 된다고 하였다. 나는 이 책을 펴내는 일에 깊이 찬성하고, 이런 말을 엮어 돌려보낸다.

여일민黎一民.[14]

聖學十圖序

記云: "禮樂不相沿襲." 唐虞三代, 已各不相同. 況等而下之至三千餘年之久, 欲取古禮古樂行之於歐風東漸廢君主爲共和之時代, 斷乎其不可能.

然好古之心, 東西人同具. 往往金石古物, 埋沒數千百年之久, 一旦發見, 猶費萬千元之代價. 況上古禮樂, 聖者作之, 賢者述之, 爲當代閑淑人心致治太平之盛典. 及時世變遷, 兵燹摧殘, 遂無人過而問焉. 反一盤一洗, 一鼎一彛之不若何輕重倒置乃爾.

李寧齋先生本爲高麗遺民, 國亡來華, 知高麗風俗政 · 敎多出於中華, 禮樂當然相仿. 乃旁搜博採, 以高麗禮樂與中國比附, 禮猶從略而樂較詳, 以禮因時異宜而樂則五

---

11 고려: 조선 혹은 대한제국을 뜻한다. 이하 같다.
12 악수(樂數): 문맥상 악보의 오류가 아닌가 한다.
13 국수(國粹): 한 나라 민족이 지닌 고유한 정신적 · 물질적인 장점.
14 여일민(黎一民): 중국인으로 현재까지 여일민에 대해 정확하게 밝혀진 바 없다.

音六律之原本後人莫之能易故也. 乃於印刷聖學十圖書後, 附錄古禮樂數, 則編成出示 於余. 余爲中國人, 尙未留心及此, 愧滋甚焉. 傳云: "禮失而求諸野." 恐歷世愈久, 禮樂 俱失, 幷野亦無可求之日, 留此以待將來, 是亦保存國粹之意云爾. 余深贊成是擧, 因綴 以斯言而還之. 黎一民.

대저 도道는 형상이 없고 하늘은 말이 없다. 『하도 낙서河圖洛書』[15]가 나타나고 부터 성인聖人이 이에 괘효卦爻[16]를 만들자 도道가 비로소 천하에 보이기 시작했다. 그러나 도체道體는 넓디 넓으니 어디에 손을 댈 것인가? 옛 가르침이 수천수만이니, 어디로 들어가야 할 것인가? 성학聖學에는 시작점이 있고, 심법心法에는 요령이 있어, 그것을 게시해 그림으로 보여주고, 그것을 지적해 설명을 하여, 사람들에게 도道로 들어가는 문門과 덕德을 세우는 바탕을 보여주었으니, 또한 후세 현인이 부득이 만든 것이다.

그러나 각 시대, 각 지방에 흩어져 있고 일관된 학문을 이룰 수 없었기에 11대 숙조叔祖 퇴계退溪 문순공文純公께서 이 『성학십도』를 지으시어, 위로 경연經筵[17]에 올려 임금을 보필하시고, 아래로는 후세에 전해 도통道統을 이으셨다.

앞쪽의 일곱 그림은 전현前賢의 저술 중에서 고른 것이다. 그 마음이 성정性情을 통어하는 것은, 정씨程氏의 그림[18]에 자신이 그린 작은 그림 두 가지를 붙인 것이다. 그 나머지 그림 셋으로 말하자면, 그림은 비록 자신이 그린 것이나, 그 글과 그 뜻은, 한결 같이 전현을 계술繼述한 것이다. 모두 합쳐 그림 열이 되는데, 그림마다 아래에 자신의 설명을 붙여 배우는 사람으로 하여금 막혀 통하지 않거나 모순이 되는 근심이 없게 하였으니, 비록 어리석은 사람이나 섬나라 오랑캐라 할지라도 모두 '동방의

---

15 『하도 낙서(河圖洛書)』: 고대 중국에서 예언이나 수리(數理)의 기본이 된 책.
16 괘효(卦爻): 역(易)의 괘(卦)와 효(爻)를 아울러 이르는 말.
17 경연(經筵): 국왕과 신하들이 유학 경전, 역사서 등을 강론하면서 학문과 시무를 논하던 일 또는 자리.
18 정씨(程氏)의 그림: 『성학십도』 중 심통성정도설(心統性情圖說)은 원래 정복심(程復心, 1257~1340)의 〈심통성정도〉를 가져와 상도(上圖)로 하고, 자신이 다시 중도와 하도를 만들어 덧붙여 만든 것이다. 곧 정씨의 그림이란 정복심의 〈심통성정도〉를 말한다.

공자'라고 일컬었다.

나는 일찍이 뜻이 있어 위로 전성前聖의 뜻을 이어 행하려고 먼저 어린아이의 교육을 바로 잡으려 하였으니, 외람되이 교편을 잡은 지가 20여 년이었다. 혹은 아비와 아들이 같이 배우는 경우가 있었고, 혹은 책 상자를 지고 천리 길을 찾아온 경우도 있었는데, 늘 이 『성학십도』를 도道에 들어가는 문으로 삼았다. 어리석은 자는 능히 밝아질 수 있었고, 밝은 자는 지나침이 없게 되었으니, 곧 일은 절반만 했는데 성과는 갑절이 되는 효과를 거둘 수 있었다. 이 때문에 집에 있거나 여행을 떠날 때도 이 책을 몸에서 떼어놓은 적이 없었다.

임신년壬申年[19] 봄 나는 한부漢埠[20]에 있었다. 장사장張師長 진한振漢이 이 원고를 보고 탄복하기를, "이 괴이한 말이 요란한 때에 이 책을 출간하여 세상에 내놓으면, 어찌 후학의 진량津梁[21]이 되지 않겠는가?" 하고, 인쇄 비용 얼마간은 자신이 분담할 수 있다고 하였다. 이에 인쇄공에게 맡겨 그 뜻을 이루었던 것이다.

이렇게 출간하는 이 책은 단지 배우는 사람이 도道로 들어가는 문이 될 뿐만이 아니라, 족히 후세에 국가가 발란반정撥亂反正[22]하고 인민이 전화위복轉禍爲福하는 지도리가 될 것이니, 그 관계가 어찌 얕다고 하겠는가? 끝에 다시 복도服圖와 악보樂譜를 붙여 성인을 사모하는 뜻을 보였으니, 애오라지 나의 온전하지 못하고 모자란 마음을 지키고 간직하려는 것일 뿐이라 하겠다.

조선 건국 4265년, 중화민국 21년[23] 2월 10일 이영재李寧齋[24]는 쓴다.

---

19 임신년(壬申年): 1932년.
20 한부(漢埠): 한구(漢口) 곧 현 중국 호북성 무한을 뜻함.
21 진량(津梁): 물을 건너는 시설.
22 발란반정(撥亂反正): 난을 평정하여 올바른 곳으로 돌아감.
23 조선 건국 …… 21년: '조선 건국 4265년'은 단기 4265년을 뜻하며, 서기로 1932년이다. '중화민국 21년' 역시 서기 1932년이다.
24 이영재(李寧齋, 1870~1944): 이름은 강호(康浩)로 자는 순명(舜命)이며, 영재(寧齋)는 호이다. 퇴계의 방계(傍系) 후손으로 1922년 3월 경북 청송에서 일본 순사 2명을 살해하고 중국 호북성(湖北省) 한구(漢口, 현 무한)로 망명하였다. 그는 중국에서 상해(上海)와 무한(武漢) 등에서 독립운동을 펼치면서『화려정의』와『성학십도 부예악비고』등을 편찬하였다. 최재목·안선희,「退溪 後孫 李寧齋의『聖學十圖附禮樂比攷』에 대하여」,『퇴계학보』6호, 퇴계학연구원, 2010, 102~103쪽 참조.

大凡道無形象, 天無言語. 自河圖洛書之出, 聖人因作卦爻而道始見於天下. 然而道體浩茫, 何處下手? 古訓千萬, 何所從入? 聖學有造端, 心法有要領. 揭之以爲圖, 指之以爲說, 以示人入道之門·立德之基, 斯亦後賢之所不得已而作也.

然散在各代各地, 不能徹一貫之學, 故十一世叔祖退溪文純公製此聖學十圖, 上進經筵以匡人君, 下詔後世, 以續道統. 而上七圖就前賢所著中揀取焉. 其心統性情, 則因程圖而附己作二小圖. 其餘三圖, 圖雖己作而其文其旨一述於前賢, 合爲十圖. 每圖下, 輒附己說, 使學子無所扞格矛盾之患. 雖愚夫島蠻皆稱東方孔子焉.

余嘗有志, 上紹前聖, 先端蒙養, 忝執教鞭, 至二十餘年之久. 或有父子在門者, 或有千里負笈者, 每以此聖學十圖作爲入道之門. 愚者能明, 明者無過, 乃奏事半功倍之効. 故居家行旅, 冊不移身.

壬申春, 余在漢埠, 張師長振漢閱此原稿而歎曰: "當此異言喧豗之時, 刊出此書而行于世, 則豈不爲後學之津梁乎? 印費多少自可分擔."云. 因付手民以成斯志. 此書之出, 非徒學子入道之門, 足爲後世國家撥亂反正人民轉禍爲福之樞鈕, 關係豈淺顯哉! 再附服圖樂譜, 以示慕聖之意, 聊以旣吾守殘抱缺之心云爾.

朝鮮建國 四千二百六十五年, 中華民國廿一年 二月十日, 李寧齊記

음악은[25] 금金·석石·사絲·죽竹·포匏·토土·혁革·목木의 팔음八音이 함께 어울려 귀신과 사람이 조화를 이루는 것이다. 그래서 그 몸을 닦고자 하는 사람과 그 집안을 바로잡으려는 사람과 그 나라를 다스리려고 하는 사람은, 음악으로 먼저 그 심성을 조화롭게 하지 않을 수 없다. 아, 후세 사람들은 왕왕 그늘진 가락과 어지러운 소리로 그 귀를 즐겁게 할 뿐이다. 대학교와 중학교의 음악 수업 또한 이에서 벗어나지 않는다! 외국의 음악이 본국의 정악正樂을 전해질 수 없게 만들고 있으니, 어찌하여 오류가 이렇게 심한 것인가? 부득이 화려한 7음 악보와 향음주례도鄕飮酒禮圖[26]를 음악을 배우는 사람들이 한 번 볼 수 있게 제공하고자 하는 것이다.

25 "음악은 …… 것이다": 이 내용은 『성학십도 부예악비고』, 『한국음악학자료총서』 40, 국립국악원, 2005, 277쪽에 있다.
26 향음주례도(鄕飮酒禮圖): 예전에, 온 고을의 유생(儒生)이 모여 향약(鄕約)을 읽고 술을 마시며 잔치하던 일을 그림으로 나타낸 것.

樂者, 金・石・絲・竹・匏・土・革・木, 八音克偕. 神人以化, 所以欲修其身者, 欲齊其家者, 欲治其國者, 無不以樂先和其心性. 噫! 後世之人, 往往以陰調亂聲自悅其耳. 大中學校之樂科, 亦不外乎. 外國音調使本國正樂不得傳焉. 何若是誤之甚耶? 不得已將華麗之七音樂譜及鄕飮酒禮圖, 以供學樂者之一覽焉.

고려인의 옛 음악

33종의 악기는 모두 궁宮・상商・각角・치徵・우羽・변치變徵・변궁變宮의 7음을 따라 고취탄박鼓吹彈拍[27]이 서로 차례를 빼앗지 않는다. 〈여민락〉의 조화로움과 〈질군악疾軍樂〉의 씩씩한 소리는 낱낱이 들 수 없고, 오직 보통 악보만 기입하는데, '丶'는 연음부延音符이고, '〇'는 특별히 연장하는 음부音符, '丨'는 합음부合音符이다.

麗人古樂

三十三種樂器, 皆從宮・商・角・徵・羽・變徵・變宮七音, 鼓吹彈拍, 無相奪倫, 而與民樂之和調・疾軍樂之威嚮・不可枚擧. 惟以普通樂譜記入, 而丶是延音符, 〇是特延長音符丨是合音符.

〈계면 다슬음啓面多瑟音〉

 40.277

〈운영산雲靈山〉

 40.277~278

이상은 〈운영산〉 1편編이다.

右雲靈山 一偏

---

27 고취탄박(鼓吹彈拍): 타악기를 치고 관악기를 불고 현악기를 타고 장단에 맞추는 것.

〈중영산中靈山〉

 40.278~279

이상은 〈중영산〉 1편이다.

右中靈山一編

〈세영산細靈山〉

 40.279~280

이상은 〈세영산〉 1편이다.

右細靈山一編

〈가락 도도입加樂道道入〉

 40.280

이상은 〈가락 도도입〉 1편이다.

右加樂道道入一編

〈삼현 도도입三絃道道入〉

 40.281

이상은 〈삼현 도도입〉 1편이다.

右三絃道道入一編

〈하현 도도입下絃道道入〉

 40.281~282

이상은 〈하현 도도입〉 1편이다.

右下絃道道入一編

〈염불 도도입念佛道道入〉

 40.282~283

이상은 〈염불 도도입〉 1편이다.

右念佛道道入一編

〈타령打鈴〉

 40.283~284

이상은 〈타령〉 1편이다.

右打鈴一編

〈군악軍樂〉

 40.284~285

이상은 원구元九[28]가 엮은 것이다.

右元九編

〈잔도도이殘道道耳〉

 40.285~286

중국사람의 고금 음악

		저음부				중음부				고음부		
중국	고보7음	궁	상	각	변치	치	우	변궁	궁상각	변치	치우	변궁
	금보7음	上	尺	工	凡	合	四	乙	上尺工	凡六五	乙	仕伬仜 伋佽伍 亿

          5·6이 1이 된다.   4·합이 1일 된다.

    7조   상조   척조   공조   범조   육조   오조   을조

華人古今樂

		低音部				中音部				高音部		
中國	古譜七音	宮	商	角	變徵	徵	羽	變宮	宮商角	變徵	徵羽	變宮
	琴譜七音	上	尺	工	凡	合	四	乙	上尺工	凡六五	乙	仕伬仜 伋佽伍 亿

          五六爲一   四合爲一

    七調   上調   尺調   工調   凡調   六調   五調   乙調

  음절의 부호는 번거로워 적지 않는다. 배우고자 하면 이름난 스승을 찾기 어려울 것이고, 가르치고자 하면 인재가 더욱 적다. 고악古樂은 종鍾·고鼓·금琴·슬瑟을 주로 삼았다. 더욱이 금琴은 신농씨神農氏가 만든 것으로서 순舜이 5현絃을 썼고, 주周의 문왕文王이 현絃을 더하여 6현을 만들고, 무왕武王이 현을 더하여 7현을 만들었다.

---

28 원구(元九): 조선 후기에 해주목사·서천군수·남원목사 등을 역임한 문신 홍석기(洪錫箕, 1606~1680)의 자. 『한국민족문화대백과사전』 25권, 한국정신문화연구원, 1991, 100쪽.

구보舊譜 1장은 법이 지극히 간단하고 쉬웠으나, 명조明朝에 이르러 고쳐서 치밀해졌으니 더욱 버릴 수가 없다. 지금 음악은 소簫·적笛·호금胡琴·월금月琴을 주로 삼는데, 어느 것이 옳은지 알지 못하겠다. 그러므로 삼가 문묘文廟의 첫 번째 정일丁日 중춘仲春의 악보 1편을 음악하는 사람의 참고 거리로 삼는다.

音節符號, 煩不可記. 而欲學則名師難得, 欲敎則人才愈少. 古樂以鍾鼓琴瑟爲主, 況琴者神農氏所作, 舜用五絃, 周文王加文絃爲六絃, 武王加武絃爲七絃. 舊譜一章法極簡易, 至明朝改而密, 尤不可廢. 今樂以簫笛·胡琴·月琴等爲主, 未知孰是, 故謹以文廟上丁春仲樂譜一篇爲學樂者之參考焉.

문묘文廟 악보樂譜

 40.288~299

금학적요琴學摘要

금체琴體의 통칭

○금 앞면의 여러 명칭 ○금 바닥의 여러 명칭 ○금의 앞, 뒤의 이름 ○금의 배 부분의 여러 이름 ○현을 감는 법 ○융絨으로 진軫을 뚫어 꿰는 법 ○줄을 머리에 묶는 법 ○안현법按絃法 ○안현하는 차례 ○금을 가로로 두는 법 ○좌위坐位[29]·신수身首·경견頸肩·수비手臂·액완肘腕·족슬足膝에 대한 각 규정 ○손가락 짚는 법 ○조현법調絃法 ○곡보曲譜의 자해字解 ○악보를 살펴 곡의 깊은 뜻을 연주해 보는 것 ○공척工尺을 읽는 법 ○정만산程萬山[30]의 좌우 수지법手指法의 은밀한 내용을 드러냄 ○오른손가락 탄법彈法의 총괄. ○오른손가락 탄법의 자모字母 ○왼손가락 안법按法의 총괄 ○왼

---

29 좌위(坐位) …… 족슬(足膝): 금(琴)의 부분 명칭을 나타낸 것으로 짐작됨.
30 정만산(程萬山): 금(琴)의 명인으로 짐작되지만, 어떤 사람인지는 미상.

손가락 안법의 자모 ○왼쪽 오른쪽 손가락의 타고 짚는 데 대한 설명

○ⅠⅠ 금곡琴曲에 〈협선유挾仙游〉가 있다. ○〈석상류천石上流泉〉○〈고금음古琴吟〉○〈평사낙안平沙落雁〉○〈양관삼첩陽關三疊〉○〈추강야박秋江夜泊〉○〈정관음靜觀吟〉○〈초가樵歌〉○〈고산高山〉○〈이교진리圯橋進履〉○〈오엽무추풍梧葉舞秋風〉○〈귀거래사歸去來辭〉○〈악양삼취岳陽三醉〉○〈춘산청두견春山聽杜鵑〉○〈구로망기鷗鷺忘機〉○〈장주몽접莊周夢蝶〉○〈풍운제회風雲際會〉○〈어초문답漁樵問答〉○〈도의搗衣〉○〈석담장釋談章〉

○금의 현絃·휘徽, 오음五音의 정해진 자리 ○금설琴說 ○금을 타는 데 있어 4가지 규칙 ○등등의 학습법. 이른바 여기서 4가지라고 하는 것은 먼저 파派를 구분한 뒤에야 자신이 따르는 바에 있어 그릇되지 않는다는 것이다. 이른바 '파派'라고 하는 것은 오파吳派·절파浙派[31] 같은 것을 말하는 것이 아니다. 고인高人·일사逸士는 본디 성정性情을 갖고 있으니, 그 금은 고담古淡하고 구속을 벗어나 시속에서 좋아하는 것을 따르지 않는다. 이것은 산림파山林派이다. 강호江湖의 유객遊客은 음音으로 사람을 감동시킨다. 그 금은 섬세하고 고와 시속에 들어맞아 기이함을 자랑하고 옛 음악을 그르치는 데 이르고 다시 스스로 기뻐하게 된다. 이것은 강호파江湖派이다. 문인文人 학사學士로 말하자면, 뜻이 맞으면 금을 연주하고 노래를 하는데, 율률을 쓰는 것이 엄하고 음을 취하는 것이 올바르니, 그 금은 화평和平하다. 풍아風雅의 남은 뜻을 아주 잘 얻어 비록 한 집에서 연주하고 노래하더라도, 낭묘廊廟[32]의 쓰임에 갖출 수 있다. 이것은 유림파儒林派이다. 이미 밝게 변별했으니, 그 뜻을 따르지 않을 수 없다.

금을 연주할 때는 기氣를 조절해야 하는 법이다. 기氣는 성聲과 합쳐져서 나오는 것이다. 매번 금 연주를 볼 때마다 느리게 타면 기가 막혀 펴져 나오지 않고, 빨리 타면 기가 촉급해 적절하지 않다. 코에서 소리가 나고 얼굴이 붉어지는 것은, 모두 기가 조절되지 않기 때문이다. 그렇다면 어떻게 조절할 것인가. "기를 바꾸면 조절할 수 있다!" 기는 음이 전환될 때 바뀌고 한 단락의 끝에서 활짝 펼쳐져서 음조音調

---

31 오파(吳派)·절파(浙派): 명대(明代) 금(琴)의 두 유파.
32 낭묘(廊廟): 조정(朝廷).

가 먼저 마음에 익숙해지고, 호흡이 곧장 손가락에 통한다. 기가 조절되면 정신이 한가로와 일체의 위축되는 태도가 절로 없어진다.

금을 연주하자면 뼈를 단련해야 하는 법이다. 단지 손가락에서만 하는 것이 아니라, 전신에 온 힘을 다 기울여야 한다. 그러면 형태는 반드시 단정해지고 기氣는 반드시 엄숙해져 근골이 꿋꿋해져 풀리지 않게 만든다. 이로부터 팔뚝을 펴고 움직이면, 손가락 마디가 단단하게 응축되어 글씨를 쓰는 법과 다름이 없게 되고, 오랜 뒤에는 자연스레 무거운 것을 들게 된다. 가볍게 손가락을 닿기만 해도 모두 금석金石의 소리를 이룰 것이다.

금을 연주하자면 박자를 잘 맞추어야 한다. 박자의 유래는 이미 「금설琴說」에서 상세히 밝힌 바 있으나, 박자를 쓰는 방법은 따지지 않을 수 없다. 곡曲에는 느리고 급함이 있으니, 박자에는 빠르고 느림이 있다. 만약 호탕하게 쳐서 음을 취한다면 박자가 구句의 끝에 있을 것이니, 소홀히 여길 수가 없을 것이다. 만약 이미 박자가 시작되어 연주에 들어간다면, 한 점이 한 박자가 되기도 하고, 혹은 몇 점이 한 박자가 되고, 혹 박자가 같으면 음이 나오고, 혹은 박자가 음 뒤에 있고, 혹 음이 드물고 박자가 빽빽하고, 혹은 음이 빽빽하고 박자가 드물고, 혹은 소리 없이 박자만 있기도 하다. 애초 박拍을 치는 판판이 없지만, 혹 구리단지에 적루滴漏[33]가 있는 것처럼 뒤섞이지도 않고 앞서지도 않고 그 운韻에 꼭 어울리니, 이것이 박을 합쳐 박자를 맞추는 것을 안다는 것이다. 금을 연주하면 몇 사람이 함께 연주해도 한 사람의 손에서 나오는 것 같은 것은, 박자가 같기 때문이다.

琴學摘要

琴體統稱 ○琴面諸名 ○琴底諸名 ○琴前後名 ○琴腹諸名 ○搓刵 ○絨刵穿軫法 ○結繩頭法 ○安絃法 ○安絃次第 ○橫琴設薦 ○坐位身首頸肩手臂肘腕足膝各規 ○下指 ○調和絃法 ○曲譜字子解 ○按譜皷曲奧意 ○念工尺法 ○程萬山左右手指法闡微 ○右指彈法總括 ○右指彈法字母 ○左指按法總括 ○左指按法字母 ○左右手指彈按設 ○丨丨琴曲有挾仙游 ○石上流泉 ○古琴吟 ○平沙落雁 ○陽關三疊 ○秋江夜泊 ○靜觀吟

---

33 적루(滴漏): 물시계를 뜻한다.

○樵歌 ○高山 ○圯橋進履 ○梧葉舞秋風 ○歸去來辭 ○岳陽三醉 ○春山聽杜鵑 ○鷗鷺忘機 ○莊周夢蝶 ○風雲際會 ○漁樵問答 ○搗衣 ○釋談章 ○琴絃徽五音定位 ○琴說 ○皷琴四則 ○等等的學法, 所謂四則先要辨派而後不誤於所從. 夫所謂派者, 非吳派·浙派之謂也.

高人逸士, 自有性情, 則其琴古淡而近於拙, 疎脫不拘, 不隨時好. 此山林派也.

江湖遊客, 以音動人, 則其琴織靡而合於俗, 以至粥奇謬古, 轉以自喜. 此江湖派也.

若夫文人學士, 適志絃歌, 用律嚴而取音正, 則其琴和平, 肆好得風雅之遺, 雖一室鼓歌, 可以備廟廊之用. 此儒派也. 辨別既明, 不可不從其義者.

彈琴要調氣. 氣者, 與聲合幷而出者也. 每見彈琴者, 當其慢彈則氣鬱而不舒, 快彈則氣促而不適. 鼻鳴面赤, 皆氣不調之故也. 然則何以調之? 曰: "能換氣, 卽能調矣." 氣換于音轉之時而展宕於句段之末, 音調先熟于心, 呼吸直通於指, 氣調則神暇, 一切局脊之態自無矣.

彈琴要練骨. 練骨之法, 不僅於指上求之, 有週身之全力焉. 形必端, 氣必肅, 使筋骨有所澟而不懈, 自是舒臂運腕, 指節堅凝, 與作書之法無異, 久而自然擧重, 若輕觸指, 皆成金石聲矣.

彈琴要按節. 節之由來, 已詳于琴說矣. 而所以用節之法, 不可不辨也. 曲有緩急, 則節有疾徐. 如以踢宕取音者, 節在句尾, 不可少也. 若已起拍入奏, 成一點一節, 或數點一節, 或節同音出, 或節在音後, 或音稀而節密, 或音密而節稀, 或無聲而有節, 初無有拍之板者, 而若或拍之如銅壺之滴滴漏, 不後不先, 適諧其韻, 是爲合拍知按節. 鼓琴卽數人並鼓, 如出一手, 節同故也.

슬학론 瑟學論

대저 당상악堂上之樂은 금슬琴瑟을 가장 중요하게 여긴다. 그런데 금이 전해지고 슬이 전해지지 않는 것은, 슬 자체가 전해지지 않는 것이 아니라, 그 악기를 익히는 사람이 없기 때문이다. 슬의 제도를 상고해 보면, 송슬頌瑟[34]은 25현이고, 소슬小瑟[35]

---

34 송슬(頌瑟): 중국 슬의 한 종류.
35 소슬(小瑟): 작은 슬.

은 15현, 안족을 움직여 소리의 높낮이를 정했다. 대금大琴은 대슬大瑟과 짝을 맞추고, 중금中琴은 소슬小瑟과 짝을 맞추어, 태상太常이 음악을 연주할 때면 모두 관악기 등속으로 합자合字하여 금과 슬의 1현을 정했으니, 금과 슬은 본디 같은 가락인 것이다.

25현은 앞의 5현으로 사四·상上에 정해 맞추는 것으로 척尺·공工은 치徵·우羽·궁宮·상商·각角이니 곧 금의 중려仲呂다. 균등하게 차례차례 살피면, 5현이 이와 같다. 그러므로 4개의 현을 사이에 두고 동시에 타면, 곧 두 합자가 선옹仙翁의 음을 이룬다. 뒤의 15현도 또한 이와 같다.

대개 25현은 실제 5음에 그친다. 12율에 어울린다는 것은, 율률이 일균一均[36]을 사용하는 것이 아니라, 그 나머지에서는 취하는 것이 없다는 것이다. 그 중간 현을 쓰지 않는 것은, 군현君絃이 아니면 쓰지 않는 것이니, 가락을 이룰 수 없기 때문이다.[37]

장자莊子가 말하기를, "금을 연주하니, 5현이 모두 움직였다." 하였으니, 1현을 빼놓고 쓰지 않는다는 것은 들어본 적이 없다. 혹은 쌍으로 타기도 하고 혹은 하나만 타기도 한다. 하나로 탈 때는 오른손을 쓰고 쌍으로 탈 때는 왼손과 오른손을 같이 쓴다.

금은 현을 움직여 가락을 바꾸고, 슬은 안족을 옮겨 가락을 바꾸는데, 모두 금의 율률에 의한다. 진晉의 양천楊泉[38]이 말하기를, "금은 높고 팽팽하게 죄고자 하고, 슬은 소리를 낮추고자 한다." 하였으니, 슬의 소리가 높으면 금의 소리를 빼앗는다고 생각했던 것이다. 그러므로 그 유심幽深함을 취한다면, 그 연주하는 곡이 금도 유심하고, 슬도 역시 유심하여, 같은 소리가 서로 어울려야만 모든 것이 이루어지는 것이다. 나머지는 더 이상 헤아릴 것이 없다. 종鐘·경磬·소簫·적笛 등은 모두 오음五音을 따라 고취鼓吹하는 것이다.

36 일균(一均): 12율의 각 음을 궁음(宮音)으로 하면 12조(調)의 음계가 된다. 이때 조를 일균(一均)이라 한다. 황종을 궁으로 한 음계는 황종균(黃鍾均)이 된다.
37 '12율에 어울린다는 것은 …… 없기 때문이다': 정확한 뜻은 미상이다.
38 양천(楊泉): 서진(西晉, 265~316) 양국(梁國) 사람. 자연철학자. 자는 덕연(德淵). 그는 왕충(王充, 25~97) 이후의 유물주의 학설을 계승한 인물이며, 합리적인 자연관과 인간관을 전개한 인물이다. 임종욱 편저, 『중국역대인명사전』, 이회문화사, 2010, 936~937쪽.

瑟學論

夫堂上之樂, 首重琴瑟. 有琴傳而瑟不傳者, 非瑟不傳也. 無習其器者也. 考瑟制, 頌瑟二十五絃, 小瑟十五絃, 用柱高下之聲. 大琴配大瑟, 中琴配小瑟. 太常作樂, 皆以管色合字, 定琴瑟之一絃, 則琴·瑟本同調也.

廿五絃者, 以前五絃定合四上, 尺工爲徵羽宮商角, 卽琴之中呂, 均次五絃如之, 故隔四雙彈, 卽兩合字成仙翁音, 後十五絃, 亦如之.

蓋廿五絃, 實止五音也. 有謂和十二律者, 非律用一均, 無取乎其餘也. 有中絃不用者, 非君絃不用, 無以成調也.

莊子云:"鼓之, 廿五絃, 皆應(動)[39]." 未聞闕一而不用也. 或用雙彈, 或用單彈. 單彈用右手, 雙彈左右手幷用. 琴須轉絃換調, 瑟則移柱換調, 悉依琴律. 晉楊泉云:"琴欲高張, 瑟欲下調." 良以瑟聲高, 則奪琴聲也. 故取其幽, 至於所彈之曲, 琴如是, 瑟亦如是, 同聲相應而能事畢矣. 更無可攷其餘. 鐘磬簫笛等, 皆從五音鼓吹焉.

39　皆應(動): 원문에는 (動)이 없으나 의미 소통을 위해 역자가 삽입.

악서정해
樂書正解

이기태(李起兌) 편, 1932년
한국음악학자료총서 40

악서정해 해제

이기태李起兌(1879~?)[1]가 1932년에 편찬한 책으로 음악에 관한 내용과 악보가 수록된 악서. 이 자료의 제목인 '樂書正解(악서정해)'는 "악서를 바르게 해석하다"란 뜻을 지녔다. 따라서 이 자료는 악서로 분류되지만, 이 책 끝부분에 가야금 악보가 부록으로 수록되어 있기에 『역주 고악보』3에 포함시켰다.

이 악서는 금속활자로 인쇄된 단행본이다. 책 분량은 속표지를 포함하여 100장이며, 책 크기는 세로 19cm, 가로 13cm이고, 책 판형은 4×6판이다. 당시 책 인쇄는 '전주도서인쇄주식회사'에서 맡았다. 악보에는 〈영산회상〉 10곡이 수록되어 있으며, 정간을 사용하였다. 악보의 기보 방식은 가야금 한자 구음을 주로 기록하였고, 간혹 한글 구음도 기록했는데, 이런 경우 한자 구음과 병기되어 있다.

1970년대 중반에 한명희韓明熙(1939년 출생) 선생이 서울 청계천 주변의 고서점에서 이 책을 구매하였고, 국립국악원에서 2005년에 이것을 영인하여 널리 알려지게 되었다. 원본의 소장자는 한명희이다.

1. 편찬 동기과 시기

이기태는 책을 편찬하게 된 동기에 대해 '범례' 곧 일러두기에서 1930년대 당시 조선 정악正樂이 쇠퇴해 가는 것을 안타깝게 여겨서 이것을 회복하고자 하는 일념에서 편찬하게 되었다고 밝히고 있다. 당시 거문고 악보나 양금 악보는 편찬되어 다소

---

[1] 이기태(1879~?): 호는 일재(逸齋), 본관은 전주. 1879년 1월 16일에 출생하였고 이정의(李廷儀)의 2남 중 장남이다. 출처: 장서각 기록유산 DB.

유통되고 있었지만, 가야금 악보의 편찬은 매우 드문 상태였으므로 이기태는 이 책에 가야금 악보를 부록으로 담았다. 하지만, 이기태는 거문고가 모든 음악의 으뜸이 되는 것으로 여겼고, 다른 악기 연주자들이 거칠고 발발거리는 농현弄絃을 하여 거문고 성음을 무시하거나 압도해서는 안 되는 점을 가장 주의할 점으로 꼽았다. 아울러 자신이 거문고 연주법을 알지 못하기 때문에 가야금 악보를 수록한다고 덧붙였다.

그러므로 이기태는 가야금을 능숙하게 연주할 수 있는 음악 애호가로 보인다. 뿐만 아니라 이 책의 가야금 악보 비고란에 가야금 연주법에 관해 설명할 때 양금과 비교한 사례가 종종 나타나는데, 이것은 그가 양금도 연주할 수 있었음을 시사한다.

머리말에서 이기태는 이 책의 집필을 '임신년壬申年(1931) 5월 상한上澣'에 마쳤다고 썼으나 책을 간행한 시기는 1932년이다. 이 자료는 편찬자와 편찬 동기 그리고 편찬 시기가 분명한 점에 있어서 가치가 있고, 몇 안 되는 가야금 악보인 점에서도 의미 있는 사료다.

2. 해설

이 책의 구성은 크게 세 부분으로 나눠진다. 먼저 책 구성을 알기 쉽게 표로 나타내면 다음과 같다.

『악서정해』의 내용 구성

구분	판심제		제목	장수	비고
	정	부			
책머리	악서정해		저자 머리말	1~3	
		서문	서문(이광렬·정석모)	4~5	
			색인목록·범례		
본문			악서(樂書)	1~25	사마천『사기』의 내용을 전사
			율서(律書)	26~35	
부록		예서	예서(禮書)	1~6	
		부록	1. 조선 음악의 연원과 유래 2. 조선 음악의 현상	7~35	이기태의 글

			3. 영산회상의 골자와 자체 4. 납음법(納音法) 5. 오음의 통칭(統稱) 6. 정률선궁해설(定律旋宮解說) 7. 5음 12율의 해설 8. 금체통칭(琴體統稱)과 해설 9. 음악의 절차		
		율보	영산회상(본영산~군악)	1~21	가야금 악보

  『악서정해』를 책머리, 본문, 부록 이상 3부분으로 나눠서 보면, 각 부분의 판심 장수張數가 모두 '1'로 시작되고 있다. 아울러 이 책은 목판본처럼 판심版心이 있고 판심제版心題도 있다. 판심제를 정正과 부副로 구분했을 때, 정은 '악서정해'이며, 부는 4종으로 구분된다. 곧 책머리 중 서문 2건에 '서문'이라 적혀 있고, 본문에는 판심제가 없으며, 부록에는 '예서' '부록' '율보'가 각각 판심 하단에 적혀 있다. 이처럼 판심과 판심제를 수록한 것은 목판본의 구조를 따른 결과이다.

  책머리 부분은 서문과 목록 및 범례로 이루어졌다. 서문은 총 3개가 있는데, 저자 이기태의 서문과 그의 지인으로 보이는 서예가 이광렬李光烈(1885~1966)과 정석모鄭碩謨(1871~1942)의 서문이 있다. 그다음 '색인 목록'이라 적힌 부분이 바로 이 책의 목차에 해당하며, 범례는 오늘날 '일러두기'에 해당하는 내용이다.

  본문은 『악서樂書』와 『율서律書』로 이루어졌는데, 이것은 다음에 나오는 부록의 『예서禮書』와 함께 사마천司馬遷의 『사기史記』에 있는 내용을 그대로 옮겨 적은 것이다. 원래 『사기』에는 『예서』 『악서』 『율서』 순으로 수록되어 있으나, 저자 이기태는 『예서』를 부록으로 돌리고, 『악서』와 『율서』를 본문으로 넣었으니 이것은 저자가 이 책에서 예禮보다 악樂을 중요하게 여겼음을 시사한다. 이 3종의 자료에는 한자 다음에 한글로 현토懸吐를 달아서 독자에게 편의를 제공하고 있다.

  『예서』 『악서』 『율서』의 저자인 사마천은 한漢나라 때 인물이다. 이 당시에는 나라를 예와 악으로 다스리는 것을 강조한 시대였다. 즉 예와 악을 국가와 사회의 질서를 유지하는데 가장 중요한 요소로 여겼기에 『예서』와 『악서』 『율서』 등을 편찬한 것이다. 후대로 오면서 많은 사람들이 사마천의 『사기』에 주석을 달았는데, 이기태가 참고한 자료는 이러한 주석서가 포함된 것이다. 그래서 『악서』 첫머리에

"본서에서 '정의正義'는 장수절張守節의 '정의편正義編'을 말하는 것이요, 색은索隱은 사마정司馬貞의 색은편索隱編을 말함"이라고 밝혀 두었다.[2] 장수절과 사마정은 모두 당나라 때 인물로서 사마천『사기』의 주석서를 펴낸 사람들이다.

『악서』는 음악에 관한 책이다. 하지만 예와 악을 함께 말하고 있다. 『악서』에 수록된 내용은 정치가 안정되면 예와 악이 일어난다는 것, 예와 악의 같고 다른 점, 악과 예는 서로 따른다는 것, 악의 본질 등에 관한 내용을 담고 있다. 저자 이기태는『악서』를 모두 전사한 다음에 "저자는 다음과 같이 말한다"로 시작하여『악서』에 대한 자신의 생각을 세주형식으로 나타냈다.

『율서』는 12율律에 관한 내용도 있지만, 병법兵法에 관한 병서兵書다. 중국 황제 때부터 하, 은, 주 및 춘추 전국 시대를 거쳐 진나라와 한나라에 이르기까지 군사에 대한 내용을 담고 있다. 고대 군주는 일을 계획하거나 법을 제정할 때 6율律에 바탕을 두었다. 특히 싸움에 출전하기 전에 율성律聲을 듣고 승부를 미리 점쳤기에 병서에 12율을 포함시킨 것이다. 『율서』에는 12율에 대한 전반적인 내용과 율수의 규정 등을 담고 있다. 이기태는『율서』의 전반부부터 중간 부분의 '行之有逆順耳'[3]까지는 내용을 그대로 수록하였으며, 그다음부터 1장 끝까지는 건너뛰었고, 제2장으로 넘어갔다. 또한 이기태는『율서』를 전사한 다음 끝부분에 '㊜'이라 하여 12율에 대한 내용을 추가하였다.[4] 이상『악서정해』의 본문 분량은 35장이며, 전체 분량의 35%에 해당한다.

마지막의 부록은 다시 3부분으로 구분되는데, 『예서』·부록·율보로 이루어졌다. 『예서』는 예禮에 관해 기술한 책이다. 『예서』에는 주나라에서 한나라에 이르기까지 예의 변화에 관해 언급하였고, 예의 발생과 쓰임 그리고 근본 등에 관한 내용을 담고 있다. 『예서』는『악서』와『율서』처럼 사마천의『사기』에 있는 내용을 대부분

---

2 『악서정해』, 『한국음악학자료총서』 40, 33쪽.
3 『악서정해』, 27a 2행 끝부분.
4 王桂喬의 '12律還相爲宮論'을 추가하였다는 데 이 글은 중국인의 글로 짐작되는데, 자세한 것은 미상이다.

그대로 옮겨적은 것이다. 『악서정해』에 수록된 『악서』와 『율서』 그리고 『예서』의 내용은 번역 및 주석본이 이미 간행되었기에[5] 이 책에서는 내용을 모두 생략하였다.[6]

『예서』다음의 '부록'은 부록 속에 또 부록이 있는 셈이다. 여기에는 총 9개 소제목의 글이 있는데, 모두 이기태가 쓴 것이다. 9개 글 중에 주목되는 부분만 보면, '조선 음악의 현상'에서 당시 사람들이 음악을 술집이나 기생집의 장난거리 혹은 지식인의 소일거리로 폄하하는 현상을 비판했다. 음악은 지극히 존귀한 것임을 강조하고 특히 우리나라 정악이 세계적으로 자랑할 만한 탁월한 악곡임을 주장했다. 또한 서양 음악가 역시 자신들의 음악 핵심을 모르면서 음악 행위를 하는 것에 대해 맹렬히 비판하였다. 겸해서 우리 음악가 중에 자국의 음악도 모르면서 서양 음악을 하는 것에 대해 문제를 제기하고 그들 역시 결국에는 음악의 골자를 모르고 겉만 알뿐이라고 예견하였다. 결과적으로 우리 음악을 천시하는 사회 현상을 비판하였고, 이것이 곧 우리 음악을 부패시키는 원인이 되기에 이에 대한 각성을 촉구하고 있다. 이기태의 이러한 비판과 주장은 근대 최초 음악 비평가의 목소리를 낸 데 의미가 크다.

또 이기태는 정악의 대표 악곡으로 〈영산회상〉을 손꼽았다. 그래서 '영산회상의 골자와 자체'란 글에서 자신의 방식으로 〈영산회상〉의 골자를 해석하였다. 곧 '영산'은 '마음'을 뜻하고, 이 음악을 듣고 열복하여 결국 정도正道에 들어가는 뜻을 담은 곡이라 풀이하면서 〈영산회상〉이 정심正心 수양을 위한 악곡임을 말한다. 특히 이 곡의 별칭으로 〈검남곡劒男曲〉을 언급하며, 이것은 춤에서 나온 곡이라는 새로운 견해를 제시하여 주목된다. 이기태의 이러한 이론은 향후 〈영산회상〉에 대한 새로운 해석의 근거가 되는데 의미가 있다.

한편, 이기태는 당시 음악가들이 중국 7현금의 상·하를 거꾸로 뒤집어 일컫는 것을 비판하고, 이를 바로잡기 위해 중국인 장학張鶴이 1864년에 펴낸 『금학입문』을

---

5 한가람역사문화연구소 사기연구실, 『신주 사마천 사기 14: 예서·악서』 및 『신주 사마천 사기 15: 율서·역서·천관서』, 한가람역사문화연구소, 2021.
6 생략한 내용은 1. 악서 2. 율서 3. 예서이다. 『악서정해』, 『한국음악학자료총서』 40, 33~80쪽, 83~102쪽, 105~115쪽.

인용하여 '금체의 통칭 및 해석'을 썼다.[7] 그리고 이 항목의 마지막 소항목인 '상안도식常案圖式'이란 제목에서는 장학의 책을 인용하지 않고, 자신의 견해를 피력했다. 곧 일반적으로 거문고를 높이고 가야금을 천시하는 당시 경향을 비판하였고, 거문고 연주자들이 농현을 임의로 하는 것 역시 비판하면서 모든 악기는 동등하며, 농현은 연주자가 임의로 하는 것이 아니라 음악의 경우에 맞게 해야 함을 강조하고 있다. 이러한 그의 사상과 주장은 그가 음악에 대한 식견이 깊고 넓었음을 시사한다.

부록 마지막에 있는 '율보律譜'가 바로 오늘날 '악보'다. 정간에 장고보와 가야금 구음이 한자로 수록되어 있다. 악보를 제시하기 전에 먼저 저자가 왜 가야금 악보를 수록했는지 그 이유를 밝혔고, 연주자들이 주의해야 할 점도 간략하게 언급하였다. 율보의 범례 곧 일러두기에는 가야금 구음을 한자와 한글로 나타내고, 가야금 12현이 12달 및 12율명과 짝이 되도록 예시해 두었다. 또 장구 장단 4종의 명칭과 부호를 제시하였고, 장구는 음악의 박자와 한배를 균등하게 치는 것이라고 명시하였다. 정간에 대한 설명과 악곡의 장별 구분에 대한 사항도 간략하게 설명했으며, 악보 하단에 '비고' 부분을 별도로 마련하여 연주에 필요한 내용을 구체적으로 언급하고 있다.

이 책에서 부록이 차지하는 분량은 모두 56장이다. 이것은 책 전체 분량의 절반이 넘고, 본문 분량에 비하면 월등히 많다. 이것은 저자 이기태가 이 책을 편찬하기 위한 목적의 주요 내용이 본문이 아닌 부록에 수록되어 있음을 시사한다. 이기태는 전통 음악인뿐 아니라 서양 음악가 역시 음악의 골자를 모르고서 활동하는 현상을 가감 없이 드러내고 있으며, 특히 전통 음악의 문제점을 깊이 있고 조리 있게 비판하고 있다. 이러한 문제점을 해결하기 위한 한 수단으로써 이 책을 편찬한 것으로 이해된다.

3. 악곡

율보 곧 악보에 수록된 곡은 〈영산회상〉 9곡과 중간에 〈세환입〉 1곡을 넣은 10곡의 〈영산회상〉이다. 이것을 달리 〈검남곡劒男曲〉 또는 〈청풍명월곡淸風明月

7　張鶴, 『琴學入門』, 上海, 1864.

曲)이라 이름했는데, 이것은 〈영산회상〉의 별칭으로서 1930년대 사용된 것을 드러낸 데 의미가 있다.

이 책에 수록된 〈영산회상〉의 구성은 〈본영산〉, 〈중영산〉, 〈세영산〉, 〈제지(속칭 돌가락)〉, 〈상현〉, 〈세환입〉, 〈하현〉, 〈염불〉, 〈타령〉, 〈군악〉이다. 〈본영산〉 첫 박부터 뒤구레 곧 장고의 '쿵'이 등장하는 앞까지를 '초두머리'라 하였는데, 이것은 오늘날 일반적으로 '거문고 7점'이라 말하는 부분과 같다. 저자는 거문고와 가야금이 초두머리를 타면, 관악기 연주자들이 뒤구레에서 합주해야 함을 강조하였다. 또 각 악곡의 1각이 몇 박인지를 밝히고, 그 박은 시간상 몇 초에 해당하는지까지 구체적으로 제시하는 치밀함이 보인다. 하지만 이 책의 저자인 이규태는 책을 간행하는 과정에서 교정을 꼼꼼하게 보지 않아 원문에 오·탈자가 많고, 부호 사용에 일관성이 없어서 읽는 데 다소 어려움을 준다.

이 악서는 근대 우리나라 최초 음악 비평서인데 의미가 있다. 1930년대 당시 우리 스스로 우리 음악인을 천시하는 사회 현상을 비판하는 그의 목소리와 이것이 곧 우리 음악을 부패시키는 원인이 되는 점을 지적하면서 이것에 대한 각성을 촉구하는 그의 주장은 지금도 유효하다고 생각한다.

4. 관련 자료와 논저

1) 『악서정해』의 영인본 자료

『한국음악학자료총서』 40, 국립국악원, 2005, 15~218쪽.

2) 『악서정해』 해제

한명희, 「악서정해」, 『한국음악학자료총서』 40, 국립국악원, 2005, 9~11쪽.

3) 『악서정해』 관련 논저

권도희, 「1930년대 전주 풍류의 지향과 실제」, 『한국음악연구』 42집, 한국국악학회, 2007, 19~40쪽.

해제: 김성혜

악서정해
樂書正解

삼가 책머리에 씀

　저자 본서 발간에 즈음하여 먼저 저자의 취지와 감상을 약술略述하여 삼가 책머리에 쓰고 널리 여러 점잖은 분들께 알려 양해를 구하려 합니다.

　1. 재주가 변변치 못한 저자는 본래 문학이나 음악에 대하여 그 소질이 얕고, 따라서 재주가 짧고 식견이 얕음에도 불구하고, 감히 숭엄한 음악을 들어 말하며, 이에 대한 책자를 간행한다고 하는 것은, 과연 여러 점잖은 분들의 이목에 당돌한 말이 될 것이니, 두려워 위축되는 것이 그치지 않습니다. 그러나 다만 우리 동양문예의 대표가 될 것인, 그 화려하고 또한 청아淸雅·숭엄崇嚴한 조선의 정악正樂이 무너지고 낡아가는 점을 짐작하시와 많이 용서하실 줄로 믿습니다.

　1. 과연 오늘날 우리 조선의 문예로써 넉넉히 동양문예를 대표하고 세계에 자랑할 것이 얼마나 되고 있습니까? 설혹 있다 하더라도 그것이 충분히 동양문예의 대표가 되고, 정악의 선두에 서지는 못할 것입니다. 우리 조선문예 중의 하나인 조선정음정악正音正樂은 우리 민족으로서는 잊지 못할 조선의 성군聖君이시오, 가장 신성하시고 현인賢人이라 아니하지 못할 세종대왕의 시대에 창작된 신성한 문예로서 오늘날 충분히 동양문예의 대표가 될 것이며, 사특하고 더러운 것을 씻어버리고, 풍속을 옮기고 바꾸며, 사람과 귀신이 감화하고, 천하의 백성을 가르치고 다스리는, 청아하고 또한 숭엄한 음악입니다.

　이것은 동양문예를 대표한다기보다는 세계에 자랑할 수 있는 것이 되는 것이니, 사계의 권위자인 외국의 수백 명 학자들이 넉넉히 증명하는 바입니다. 아! 이러한 청아하고, 우리 민족으로서는 잊지 못할 지존至尊한 문예가 시대를 이유로 시시각각 쇠퇴의 비운에 빠지고, 잡음雜音·잡곡雜曲이 성행하여 우리 전全 조선사회를 어지럽히고, 우리 민족의 곤고困苦[8]를 눈앞에 불러들이고, 곧 그 곤고를 목전에 비유하여 형용하며 스스로 노래를 부르는 것은, 그 민족으로서는 들을 수도, 볼 수도 없는 것일 것이며, 누구나 다 같이 통탄해 마지않기는 일반일 것입니다.

1. 요사이 우리 민족 중에 너무나 시대사조時代思潮에 첨예화尖銳化하여, 말만 하면 '망국'이라 하고 걸핏하면 '시대'를 들먹입니다. 듣기 좋은 것은 산조散調 병창竝唱 전라도 잡가全羅道雜歌 등 여러 가지 잡음·잡곡이라 주창主唱하고, 이에 귀를 기울이고 심취하여 이 잡음·잡곡을 한다는 천한 무리가 있으면, 멀고 가까움을 따지지 않고 가서 듣고, 멀고 가까움을 따지지 않고 불러와서 들으며, 비용을 허비하는 것을 돌아보지 않고 자리를 마련해 듣고, 박수갈채와 함께 어깨를 들썩이고 엉덩이춤을 춥니다. 이것을 우리의 환락歡樂으로 볼까요? 도처에 이 잡음·잡곡뿐이요, 이것을 열심히 연구하는 사람이 있습니다.

또한 근래 현금 산조玄琴散調가 경향京鄕을 통하여 성행하여, 만일 극장에서 현금 산조 소리가 나면 수천 군중의 성식聲息[9]이 미세해지고, 한쪽에서는 반쯤 미치고, 한편에서는 심취하여 허리가 끊어질 듯이 하고, 한편에서는 '나도 언제 저런 소리를 내어 음악가란 환영을 받을꼬?' 하며, 열광하여 "아무 선생님, 아무 선생님" 하고 박수갈채를 하고, 한편에서는 "재청이오!" 하는 고성을 지르고 장내 공기가 긴장하여진다는 말을 직접 들었습니다. 시대라 하니, 참으로 성인의 시대는 멀어지고, 풍속이 쇠퇴하며, 나라는 망하고 임금이 없어져서, 예禮가 폐기되고 음악이 음란해지는 시대인가 합니다. 이것은 곧 우리 민족의 곤고困苦를 눈앞에 불러들이고, 그 곤고를 눈앞에 비유하여 형용하는 것입니다.

망국의 시대라 하지만, 조선의 국운은 이미 논할 것이 없을지 몰라도 우리 조선에는 아직 하늘과 땅에 제사를 지내어 종묘宗廟를 섬기고, 조상을 숭배하는 예禮가 있으니, 음악도 있어야 할 것입니다. 우리 민족도 세계 문명과 태평太平을 희망하고, 세계 민족에게 비견比肩하자는 사상은 누구나 다 일반일 것입니다. 시대라 하니, 문명과 태평을 희망할진대, 문명과 태평을 희망하는 그 사람부터 먼저 자국의 정신

---

8 곤고(困苦): 곤란하고 괴로움.
9 성식(聲息): 소식, 편지.

이오, 자기의 정신인 문예를 존숭尊崇히 여기고, 그 골자를 알맹이까지 얻어낸 뒤에야 비로소 외국 문명의 정신을 학습할 것입니다. 그것이 민족의 본의일 것입니다.

대저 예악禮樂은 국가의 정신이며 인민의 정수精髓라 하는 것은 무슨 말입니까? 상고시대의 명철明哲한 왕은 예禮를 제정하고 음악을 만들어, 천하의 백성을 가르치고 다스렸기 때문에 『악서樂書』에 이르기를, "예는 그 뜻을 높이고 음악은 그 소리를 조화롭게 하고, 정치는 그 행동을 하나로 통일하고, 형벌은 그 간악함을 막는다."고 하였습니다. 곧 예·음악·형벌·정치는 그 최종적인 목적이 하나입니다. 그래서 백성의 마음을 동일하게 만들어 치도治道를 펼치기 때문에 잘 다스려지는 시대의 음악은 안정되고 즐거워 그 정치가 조화롭고, 어지러운 시대의 음악은 원망하고 노여워하여, 그 정치가 어그러지고, 망국亡國의 음악은 슬퍼서 그 백성이 곤궁하나니라.【조선의 잡음·잡곡과 조선 인민의 현상과 이상 세 중점重點을 깊이깊이 따지고 생각해볼지니라.】 그러므로 음악을 살펴 정치를 아는 것이고, 성음聲音의 도道는 정치와 서로 통하는 것이라 하겠습니다.

음악은 윤리에 통하는 것입니다. 태사공太史公[10]은 "교화를 바로잡으려는 자는 모두 음악에서 시작하였다."고 하였습니다. 음악이 바르면 행동이 바르게 됩니다. 음악은 혈맥을 흔들고 움직이고, 정신을 유통하게 하고 마음을 조화롭게 하고 바로잡는 것이기 때문에 군자는 잠시라도 음악과 떨어질 수 없습니다. 군자가 잠시라도 음악과 떨어져 있으면 간사奸詐한 행동이 사람의 내면을 궁하게 만들기 때문에 성인은 사람으로 하여금 귀로는 아송雅誦의 소리를 듣게 하고, 눈으로는 위의威儀의 예를 보이게 발로는 공경恭敬한 모습을 실행하게 하고, 입으로는 인의仁義의 도道를 말하게 하였으므로, 군자는 하루 종일 말을 해도 사특하고 편벽된 말이 들어올 길이 없었던 것입니다. 군자도 이와 같았거늘 하물며 중서衆庶[11]야 말해 무엇 하겠습니까?

이것이 예악이 지극히 존귀한 점입니다. 그 참다운 이치에 이르러서는 화도華道[12]

---

10 태사공(太史公): 한(漢)나라 사마천(司馬遷)의 아버지 사마담(司馬談, ?~기원전 110)이 태사령(太史令)의 관직에 있었기에 사마담을 가리켜 지칭하는 말. 임종욱, 『중국역대인명사전』, 이회문화사, 2010, 636~637쪽.
11 중서(衆庶): 일반 대중.
12 화도(華道): 중화의 도 곧 중국의 방법을 뜻함.

의 핵심을 연구하여, 있지 아니하는 성인聖人 외에는 알지 못하기 때문에, 성인·군자·중서의 구별이 있거니와, 우리 중서로서도 그 계급과 차등에 따라서는 더욱더욱 존숭히 여기고 될 수 있는 대로 알고서 실행할 것입니다.

지금 이 시대에 이런 언론과 주장을 하면 그 삶을 정신 상실자로 간파하고, 지금 시대는 황금시대黃金時代니, "황금뿐이다." 할 인사도 없지 않을 것입니다. 황금은 국가의 기맥氣脈이요, 민족의 생명입니다만, 조선 민족의 생활 안전이 못 되고 세계적 공포를 느끼는 이 시대니, 성인군자도 돈이 없으면 어찌할 수가 없을 것이며, 부국강병富國强兵이 모두 황금에서 나오니, 황금의 귀중함은 다시 두 말 하지 않겠습니다. 하지만 황금 그 놈도 본연本然을 잃고 억지로 구하면 오지 않고 달아나고, 도리어 화禍를 불러오니, 이 역시 지극한 한 이치인가 합니다. 그러므로 저자도 이 곤고困苦한 시대에 음악으로 환락歡樂을 삼자는 주장은 물론 아닙니다. 다만 할 것 같으면 거친 것을 버리고 올바른 것을 취하고, 고상高尙한 문예일 만큼은 그 옛것을 회복하자는 한 생각에 불과합니다.

  1. 아! 서글프다! 인생이여. 우리 인생이 세상 만장萬丈의 먼지 티끌 중에서 삼라만상森羅萬象의 물체와 뒤섞여 틀어져 생활하는 일생도 잠깐인가 합니다. 세간에 가장 장원長遠한 것도 세월이며, 우리 인생에게 가장 빠른 것도 세월이기 때문에 "광음光陰이 하늘과 같다"고 한 것이 바로 이것이요, 옛날 김성탄金聖嘆은 "비록 만만년 세월이라도 모두 물이 흘러가고 구름이 거두어지고 바람이 몰아치고 번개가 치는 것처럼 순식간에 지나가고 잠시 내게 있을 뿐이다"라고 하였으니, 과연 그의 말과 같은가 합니다.

그러면 우리 인생이 이 얼마 되지 않은 일생인 만큼 있는 그 동안에는 알고자 실행하고자 하여 미상불 노심초사 하지마는, 알고 실행하여 안락하게 일생을 잘 지키고 잘 끝내는 사람이 누구입니까? 하늘이 맑으매 만물이 위로 떠오르고 땅이 탁하매 만물이 아래로 내려가는 법인데, 고요하면서도 신령스럽고 귀하여, 만물에 반응하여 느낌이 일어나 심술心術이 형체를 갖추는 것은 사람입니다.[13] 그러므로

---

13 '만물에 반응하여 …… 사람이다': 이 부분은 『예기(禮記)』「악기(樂記)」의 "만물에 반응하여 느낌이 일어난 연후에 심술이 형체를 갖춘다(應感起物而動, 然後心術形焉者)"에서 따온 것이다.

알고자 실행하고자 하지만, 그 진리를 알 수 있는 길이 없습니다. 다만 재주가 변변찮은 저자 그 국가의 정신이며, 자기의 정수精髓이었던 조선문예의 유일하고 숭엄한 조선 정악正樂의 쇠퇴를 통감한 지 이미 오래라, 감히 본서本書로써 여러 점잖은 분들의 참고에 제공하려 합니다.

다행하게도 애독하시고 따라서 조선 정악이 회복된다 하면 저자의 취지와 감상은 이에 충분할까 합니다.

임신년[14] 5월 상한上澣
저자는 삼가 씁니다

謹히 卷頭에 題함

著者 本書 發刊에 際하야 先次 著者의 趣旨와 感想을 略述하야 謹히 卷頭에 題하고 널니써 僉君子에게 告하야 그 諒解를 求하랴 함니다.

一. 菲才의 著者 本是 文學이나 音樂 上에 對하야 그 素養이 薄하고 싸라서 才短識淺함도 不拘하고 敢然히 崇嚴한 禮樂을 擧言하며 此에 對한 冊子를 刊行한다 함은 果然 僉君子의 耳目에 唐突될 말인만큼 恐縮不己하는 바임니다. 然이나 다못 우리 東洋文藝의 代表가 될 거시며 그 華麗하고 쏘한 淸雅崇嚴혼 朝鮮 正樂의 頹弊되야 가는 点을 斟酌하시와 만니 容恕하실줄로 밋습니이다.

一. 果然 오늘날 우리 朝鮮의 文藝로써 넉넉히 東洋文藝를 代表하고 世界에 誇張할 것이 얼마나 되고 잇슴니가 設或 잇다함으로도 그거시 足히 써 東洋文藝의 代表가 되고 正樂의 先頭에 立하지 못할 거심니다. 우리 朝鮮文藝 中 一인 朝鮮正音 正樂은 우리 民族으로서는 잇지못할 朝鮮의 聖君이시오 가장 神聖하시고 賢이라 안니치 못할 世宗大王의 時代에 創作된 神聖한 文藝로 오늘날 足히써 東洋文藝의 代表가 될 거시며 可히 蕩滌邪穢하고 移風易俗하며 人神이 感化하고 敎理天下之民하는 淸雅하고 쏘한 崇嚴한 音樂임니다. 이거슨 東洋文藝를 代表한다함보다 世界에 誇張된 다함은 斯界權威者인 外國 數百學者의 넉넉히 証明하는 바임니다. 噫라. 이러한 淸雅하고 우리 民族으로서는 잇지못할 至尊한 文藝가 時代라 하야 時時刻刻으로 衰退의

---

14 임신년: 1931년.

悲運에 陷하고 雜音雜曲이 盛行하야 우리 全朝鮮社會를 擾亂히 하고 우리 民族의 困苦를 目前에 招來하고 곳 그 困苦를 目前에 比類而形之하며 自唱自歌함은 그 民族 으로서는 不可聽不可視할지며 누구나 다 갓치 痛嘆不巳하기는 一般일 것심니다.

一. 요사이 우리 民族 中에 너무나 時代 思潮에 尖銳化하야 言必稱 亡國動輒則時 代라 하야 듯기 죠흔 것은 散調 竝唱 全羅道 雜歌 等 外 여러 가지 雜音 雜曲이라 主唱하고 此에 傾耳心醉하야 이 雜音雜曲을 한다는 賤輩가 잇다면 不顧遠近而往聽 하고 不顧遠近而招來聽之하며 不顧消費而設席聽之하고 拍手渴彩와 肩飛臀舞하니 이것을 우리의 歡樂으로 볼가요 到處에 이 雜音雜曲 쑌이요 이것을 熱心 硏究者가 잇고 쏘한 近來 玄琴散調가 京鄕을 通貫而盛行하야 萬一 劇場에서 玄琴散調 聲音이 나면 數千群衆의 聲息이 微細해지고 一便에서는 半狂 一便에서는 心醉腰絶홀 듯이 一便에서는 나도 언제나 저런 聲音을 내여 音樂家란 歡迎을 바들고 하야 熱狂하야 某先生님 某先生하고 拍手渴彩하고 一便에서는 再請이요 하는 高聲을 지르고 場內 空氣가 緊張하야 진단 말을 直聞하얏슴니다. 時代라 하니 참으로 聖遠俗降하고 國 破君亡하야 禮廢而樂淫한 時代인가 함니다. 이것은 곳 우리 民族의 困苦를 目前에 招來하고 그 困苦를 目前에 比類而形之하는 거심니다. 亡國의 時代라 하지마는 朝 鮮之國運은 巳無可論이련과 우리 朝鮮에 아직 祀天祭地하고 以事宗廟하고 崇拜祖 先之禮가 잇으니 音樂도 잇어야 홀 것이며 우리 民族도 世界 文明과 太平을 希望하 고 世界 民族의게 比肩하자는 사상은 누구나 다 일반일 것임니다. 時代라 하니 文明 과 太平을 希望할진대 文明과 太平을 希望하는 그 사람부터 先次 自國의 精神이요 自己의 精神인 文藝를 尊崇히 여기고 그 骨子를 核得 然後에 비로소 外國 文明의 精神을 學習할 것이며 그 民族의 本義일 거심니다. 夫 禮樂者는 其國家之精神이며 其人民之精髓라 何也오. 上古明王은 制禮作樂하야 敎理天下之民故로 樂書에 云 禮 는 以尊其志하고 樂은 以和其聲하고 政은 以一其行하고 刑은 以防其姦하느니 禮樂 刑政은 其極이 一也요. 所以 同民心하야 出治道故로 治世之音은 安而樂하야 其政이 和하고 亂世之音은 怨而怒하야 其政이 乖하고 亡國之音은 哀而思하야 其民이 困하 나니【朝鮮雜音雜曲과 朝鮮民族之現狀과 以上三重点을 深深考思할지니다】故로 審樂而知政 하고 聲音之道는 與政으로 通하나니 樂者는 通於倫理而太史公曰 正敎者는 皆始於 音하야 音正而行正故로 音樂者는 動盪血脉하고 流通精神而和正心者故로 君子는 不 可이니 須臾離樂則 奸詐之行이 窮內故로 樂音者는 君子所以養行而防淫泆하나니 淫 泆이 生於無禮故로 聖人은 使人으로 耳聞雅頌之聲하고 目示威儀之禮하며 足行恭敬

之容하고 口言仁義之道故로 君子는 終日言而邪辟이 無由入矣라 하야스니 君子도 如是온 況衆庶乎이가 此는 禮樂의 其至尊点이요 其眞理에 限하야는 硏核華道하야 以至于未有하는 聖人外에는 不知故로 聖人君子衆庶之別이 잇거니와 우리 衆庶로도 그 階級과 差等에 짜라서는 더욱더욱 尊崇히 여기고 될수 잇난대로는 知而行之 할 것심니다. 只今 此時代에 이런 言論과 主張을 하면 그 사람을 精神喪失者로 看破하고 只今時代는 黃金時代니 黃金뿐이다 할 人士도 不無할지나 黃金은 其國家之氣脉이요 民族의 生命이 온 況 朝鮮民族의 生活 安全이 못되고 世界的 恐怖를 늣기는 이 時代요 聖人君子도 無錢이면 無奈일 것이며 富國强兵이 皆出於黃金이니 黃金의 貴重은 更不二言하련과 黃金 그놈도 失其本然[15]而强求하면 不來而遯去하고 反以招禍함도 此亦至極한 一理인가 함니다. 故로 著者도 이 困苦時代에 音樂으로 歡樂을 삼자는 主張은 勿論 안임니다 다못 하량이면 捨荒取正하고 高尙한 文藝일モ금 그 復舊을 하자는 一念에 不過함니다.

一. 嗟呼옵다. 人生이여. 우리 人生이 世上萬丈塵埃中에서 森羅萬衆[16]의 物體와 混合齟齬하야 生活하는 一生도 暫間인가 함니다. 世間에 가장 長遠한 것도 歲月이며 우리 人生의게 참으로 疾速한 것도 歲月인 故로 光陰이 如天者是也요 古之聖嘆은 曰 雖萬萬年月日이라도 皆如水逝雲捲風馳電掣而疾去하고 暫在我라 하얏스니 果若其言인가 함니다. 그러면 우리 人生이 이 얼마되지 안은 一生일만금 잇는 그 동안에는 知코저 行코저 하야 未嘗不勞心焦思하지마는 知而行之하야 安樂흐게 一生을 善守善終者 誰임니가 天淸이 上浮하고 地濁而下卑하야 靜而靈하고 貴하야 應感起物而心術이 形焉者는 人也라. 故로 知코저 行코저 하지마는 그 眞理를 知得할 途가 無함니다. 다못 菲才의 著者 其國家의 精神이며 自己의 精髓이엿든 朝鮮文藝의 惟一이요 崇嚴한 朝鮮正樂의 衰頹를 痛感한지 已久에 敢然히 本書로써 僉君子의 參考에 供하랴 함니다. 幸히 愛讀하시고 짜라서 朝鮮正樂이 回復된다 하면 著者의 趣旨 感想은 玆에 盡矣일가 함니다.

歲壬申 葵賓 上澣
著者 謹識

---

15 本然: 원문에 '本年'으로 오기된 것을 바로잡았다.
16 森羅萬象: 원문에 '森羅萬衆'으로 오기된 것을 바로잡았다.

악서정해 서문

음악은 천지의 조화다. 조화이기 때문에 만물이 형통하고 성인이 그것을 법으로 삼아, 그 마음을 보존하고, 그 풍속을 교화했다. 우소虞韶의 해온解慍[17]과 주아周雅의 성덕成德[18]은 아마도 이것을 이른 것일 터이다!

한漢나라 이후 사마씨司馬氏는 그 전적典籍에 의거해 『악서樂書』를 지어 세상에 보급한 이후 수천 년 동안 흥폐興廢는 전적으로 세상의 치란治亂에 근거해 서로 달라졌다. 지금은 폐기되어 꼼꼼히 헤아리지 않기 때문에 아는 사람이 드물다.

완산完山의 선비 일재逸齋 이기태李起兌 군이 옷소매 속에 책 한 권을 넣어가지고 나를 찾아와 보여주었는데, 맨 앞 장에 '악서정해'라고 써 놓았다. 이 책은 『악서樂書』에 근본을 두고 그 핵심을 뽑은 뒤 중설衆說을 참고해 그 요점을 이끌어내고 자신의 의견을 사이사이에 붙여 소략함을 채운 것이었다. 조리가 시원하게 통하고 글의 뜻이 간단하고 명료해, 읽으면 사람의 마음과 눈을 시원하게 만들었다.

아! 사람은 나서 뜨겁고 시끄러운 곳으로 나아가고, 번뇌의 강에 떠다니는 법이라, 안정하여 쉬지 못하는 이가 대부분이다. 그런데 오직 이 한 권의 책은 충분히 답답한 마음을 중화中和의 경지로 인도하여 사람으로 하여금 타고난 천성을 즐기며 함께 순화醇化한 영역으로 오르게 할 수 있으니, 세상에 끼치는 공이 어떠하겠는가? 그러나 음악이 너무 승勝하면 쉽게 방종해지기 마련이니 반드시 예禮로 절제하여 중정中正의 경지에 이르러야 비로소 진선진미盡善盡美하다고 말할 수 있을 것이다. 예를 알지 못하는 자와 나는 더불어 음악을 말하고 싶지 않다.

　　　　　　　　임신년 초여름 효산曉山 이광렬李光烈[19]은 이렇게 서문을 쓴다.

17　우소(虞韶)의 해온(解慍): 우소(虞韶)는 우순(虞舜)의 소(韶). 우순은 우나라의 순임금. 곧 순임금의 음악인 소(韶)를 말한다. 『공자가어(孔子家語)』에 "옛날 순임금이 오현금(五絃琴)을 뜯으면서 남풍(南風)의 노래를 지었는데, 그 노래에 '남풍이 솔솔 불어 우리 백성들의 화난 마음을 풀어주네(解慍)'"라고 하였다. 곧 순임금이 만든 노래가 백성들의 노여움을 풀어주었다는 뜻이다.

18　주아(周雅)의 성덕(成德): 주아(周雅)는 좁게는 주나라 아악(雅樂)이라는 뜻으로, 『시경』의 소아(小雅)와 대아(大雅)를 가리킨다. 또 넓게 보아 『시경』의 올바른 음악과도 통한다. 주자(朱子)는 「시경집전서(詩經集傳序)」에서 "오직 (『시경』의) 주남(周南)과 소남(召南)은 친히 문왕(文王)의 교화를 입어 덕(德)을 이루어서(成德) 사람들이 모두 성정(性情)의 올바름을 얻었다"고 하였다. 『시경』과 관련한 성덕(成德)이란 말은 여기에서 처음 나온다. 곧 『시경』이 사람들의 덕을 이루어주었다는 말이다.

樂書正解 序

樂者, 天地之和也 和故品物亨, 聖人則之, 存其心, 化其俗. 虞韶之解慍[20]·周雅之成德, 其斯之謂歟! 暨漢司馬氏據其籍而著樂書, 以行于世. 從後數千百載 樂之興替專由世之治亂而相殊, 今也廢而不講, 知者鮮矣. 完山士人逸齋李起兌君, 袖一弓書示余, 顔曰樂書正解. 此則本乎樂書而挈其綱, 叅之衆說而提其要, 間付己意而補略. 條理通暢, 文義簡明, 讀之, 令人心目爽然. 吁! 人生趣之熱鬧場, 漂於煩惱河, 歇未定者擧多, 惟此一書, 足以導湮鬱致中和, 使人自樂其天而共躋醇化之域. 其功於世, 倘何如哉! 然樂勝則易於流, 必禮以節之, 至於中正, 斯可謂盡善而盡美矣. 不知禮者, 吾不欲與言樂也.

　　　　　　　　　　　　　　　歲壬申 初夏 曉山 李光烈 序

악서정해 서문

　옛날의 정치를 하는 사람은 음악으로 사람을 가르쳤다. 곧 사특하고 더러운 것을 씻어내고 정신을 유통시키고, 그 중화中和의 덕을 기르게 했기 때문에 "그 음악을 듣고 그 정치를 안다."고 말하는 것이니, 정치와 음악이 왕정王政에 관계된 것이 크다고 하겠다. 그러나 음악은 화락和樂을 위주로 하는 것이니, 화락하면 쉽게 방종해지는 법이라, 반드시 예禮로 절제한 뒤에야 음악이 화락해지는 것이다. 곧 예와 음악은 잠시라도 서로 떨어질 수 없는 것이다.

　성인의 시대는 아득히 멀어졌고 세상은 말세가 되어, 사람들이 예를 알지 못하기

19　효산(曉山) 이광렬(李光烈, 1885~1968): 전주이씨 동식(東植)의 외아들로 교동에서 출생. 1910년 전주함육학교와 전주제2공립보통학교 교사로 재직 중에는 자립을 위하고 산림녹화를 위해 주유림을 서학동에 창설하는 등 국가 교육사업을 제창하기도 했다. 1919년에는 전라북도 학무위원으로 위촉되었으며, 1933년에는 전주의 발전상과 지리 역사를 담은 『전주부사』를 편찬하였다. 김제 출신 벽하 조주승(碧下 趙周昇)에게 사군자와 서도를 익히고, 송일중의 서법을 체득하면서 1927년, 1928년에 선전에 연속 입선, 1929년에는 일본전국서도전람회, 30년에는 일본 교토(京都)에서 열린 문전에도 입선하여 화단의 절찬을 받았다. 효산은 단순한 서예가뿐이 아닌 향토 사학자였고, 교육자였다는 점은 서예가들 가운데서도 학처럼 뛰어난 인물이라고 하겠다. 전주시에서는 그가 서거하기 전인 1966년 전주의 문화예술 발전과 교육에 끼친 업적을 추앙하고 후세에 길이 남기기 위해 시민의장을 추서하였다. 전주시, 『全州市史』, 전주문화원, 1997, 1351쪽.

20　解慍: 원문에 '解溫'으로 오기된 것을 바로잡았다.

때문에 음악도 따라서 그 올바름을 잃어버리고 어두움과 사특함, 슬픔과 원망으로 흘러 버렸는데도, 그것을 알아차리지 못하니, 애석함을 금할 수 있겠는가?

나의 벗인 이군李君은 음악에 뜻을 둔 지 몇 해다. 사특함을 버리고 올바른 길로 나아갈 방도를 생각하여, 악경樂經을 참고하고 사이에 자기의 뜻을 보충하여 책 한 권을 만들어 『악서정해』라 이름하고, 끝에 『예서禮書』를 덧붙였으니, 대개 예와 음악이 서로 분리될 수 없는 것임을 안 것이라, 이군은 음악의 근본을 안 사람이라 이를 만하다. 그러나 '예禮'란 말을 꺼내어 붙이지 않고 단지 '악樂'이라고 책 이름에 썼으니, 이 책은 대개 음악에 근본을 두고 예에 이른 것이다. 그러니 옛사람과 비교해 혹 선先·후後의 구별은 있을지언정 그 근본으로 돌아간다는 점에서는 동일한 것이다.

지금의 음악 하는 사람들은 이군의 뜻을 체득하여 그 사특함을 버리고 올바른 데로 나아가 그 중화의 덕을 잘 기른다면, 아마도 왕정王政에 보탬이 있게 될 것이다.

임신년 초여름 춘강春岡 정석모鄭碩謨[21]는 이렇게 서문을 쓴다.

樂書正解 序

古之爲政者, 敎人以樂者, 必使滌蕩邪穢流通精神養其中和之德, 故曰: "聞其樂而知其政." 樂有關於王政大矣. 然樂者主和, 和則易流, 故必先以禮節之, 然後樂而和之. 禮樂者, 不可須臾離也. 聖遠世降, 人不知禮, 故樂隨而失其正, 流於陰邪哀怨, 莫之省, 可勝惜哉. 吾友李君志于樂者有年. 思所以去邪就正之道, 參考樂經, 間補己意, 作爲一書, 名之曰樂書正解. 而尾之以禮書. 盖知禮樂之不可相離也. 李君可謂知樂之本也. 然不曰禮而只名之以樂, 此書盖本乎樂而及之禮也. 與古人或有先後之別而返本則一也. 今之爲樂者體李君之意, 去其邪而就於正, 善養其中和之德, 則庶可有補於王政也.

壬申 初夏 春岡 鄭碩謨 序

---

21 정석모(鄭碩謨, 1871~?): 호는 춘강(春岡) 효산, 이광렬과 함께 전주에서 활동한 서예가이다. 근대 서화 중에 종이에 수묵으로 매화, 난초, 대나무, 국화, 괴석 등을 그리고 그 옆에 작가의 호를 쓴 작품 2점이 전하는데, 여기에 화제를 쓴 작가가 춘강 정석모이다. 한편, 조선 말기의 친일파로 분류되며, 국권 상실 이후 친일관리가 되어 1915년 전주군참사를 지냈다. 1921년 전북내무부촉탁에 임명되고, 1933년 조선총독부중추원 참의가 되는 등 친일관리로 활동하며 교육계에도 관여했다. 임종욱, 『한국역대인명사전』, 이회문화사, 2009, 1652쪽.

색인 목록

  악서樂書
  율서律書
  부록
    예서禮書
    부록
      조선 음악의 연원과 유래
      조선 음악의 현상現狀
      영산회상靈山會上의 골자 및 자체
      납음법納音法
      (음의 통칭)[22]
      정률선궁定律旋宮 해설
      5음 12율五音十二律의 해설
      금체琴體 통칭 및 해설
      음악의 절차
  율보(律譜)

索引 目錄

  樂書
  律書
  附錄
    禮書
    附錄
      朝鮮音樂의 淵源과 由來
      朝鮮音樂의 現狀
      靈山會上의 骨子及自體
      納音法
      定律旋宮解說
      五音十二律의 解說
      琴體統稱及解說
      音樂의 節次
  律譜

---

22 음의 통칭: 원문 목록에 빠진 것을 본문을 참고하여 보충하였다.

범례

1. 이 책은 한漢 태사공太史公 용문龍文 사마천司馬遷이 지은 『예서禮書』·『악서樂書』·『율서律書』 및 여러 현인들의 석의釋義 비지備旨[23]의 각본刻本을 위주로 하고, 그 밖의 신구新舊 서적 중에서 음악에 참고될 만한 중요한 부분을 발췌하여 편집한 것이다.

1. 『악서』·『율서』에 한하여는 보고 읽는 편의를 도모하여 국문으로 토를 달았다.

1. 음악은 방종으로 쉽게 흐르므로, 먼저 예로써 절제한 뒤에야 조화를 이루는 법이다. 그런즉 예로 이름 하지 않고 음악으로 이름 한 뒤에 예를 부록으로 붙이는 것은, 대개 예와 음악이 서로 떨어질 수 없다는 뜻을 알기 때문이다.

1. 책머리와 부록의 기사記事 중에서 조선 음악의 현황에 대한 누설累說은 저자가 눈으로 본 바와 감상을 직언하고 조금도 양보하지 않은 것은, 저자 역시 생각한 바가 없지 않아서이다. 그러나 이것은 어찌할 수 없는 상황에서 나온 것이기도 하고, 저자의 감상이 모두 조선 정악의 쇠퇴와 그것을 회복하고자 하는 일념에 있기 때문에 이렇게 누설累說한 것이니, 모쪼록 양해하여주시기 바란다.

凡例

一. 本書는 漢太史公 龍文 司馬遷著 禮書 樂書 律書及 諸各賢의 釋義備旨의 刻本을 爲主하고 其外新舊書籍中에서 音樂에 參考될만한 要部를 選拔編輯홈

一. 樂書 律書 限하야는 覽讀便宜를 圖하야 國文으로써 懸吐홈

一. 樂者는 易於流故로 必先以禮節之然後에 和之하나니 然則不以禮名之하고 以樂名之而後附禮書者는 盖知禮樂之不可相離之意也라.

一. 卷頭與附錄記事中 朝鮮音樂現狀之累說은 著者之所睹와 感想을 直言而小不讓步者는 著者亦所思不無나 此則出於無奈而著者之感想이 全在於朝鮮正樂之衰頹와 回復之一念故로 如是累說者則 倘有所恕矣哉-ㄴ저.

---

23 석의(釋義) 비지(備旨): 석의는 원문 뜻을 해석한 것, 비지는 각종 주석.

악서정해

전 1책

전주 사람 일재逸齋 이기태李起兌 저著

樂書正鮮 全壹冊
全州人 逸齋 李起兌 著

【저자는 다음과 같이 말한다.[24]

이상은 음악의 범위, 자체自體, 원리, 형상으로서 위로는 제왕으로부터 아래로 인민에 이르기까지 마음을 다스리고 몸을 살리는 방법과 왕이 예禮와 악樂을 제정해 백성을 가르치는 방도를 구슬을 꿴 듯 말한 것이다.

중서衆庶에 있어서는 첫째 음악을 아는 것, 둘째 음악을 만드는 것, 셋째 음악의 원리를 알지 못하기 때문에 다만 음악을 지극히 높이 여길 줄 알면 중서의 본의本意를 지켰다고 할 수 있을 것이다. 하지만 이른바 음악이니 민악民樂이니 하여 자기 손으로 하는 것 역시 명철한 왕이 만들어 백성들을 가르친 것이므로 일현일고一絃一鼓를 난잡하게 연주하지 못할 것이다.

음악을 만드는 것은 하늘에 매인 것이고, 연주법은 사람에게 달린 것이므로 예술에 붙여 언급하는 것이지만, 예술로 논하자면 예술 중에는 철학일 것이다. 그러므로 『율서律書』에 이르기를, "어찌 사람이 개인의 지혜와 술수로 능히 할 수 있는 것이겠는가?"라고 한 것은 바로 이런 점을 두고 한 말이다. 이와 같이 높이 받드는 골자와 원리를 알지 못하기 때문에 군자와 소인의 구별이 있음도 천지자연天地自然의 이치인 것이다.

윗사람이 아랫사람이 될 수 없고, 아랫사람이 윗사람이 될 수 없기 때문에 나라에는 성인聖人이 있고 향리鄕里에는 장유長幼가 있고, 집안에는 엄부嚴父가 있어, 예를 따라 질서가 있고, 음악을 듣고 귀를 기르면 또한 즐겁지 않으랴!

아, 하늘이 돕지 않는다 할는지 조선의 국운은 이미 논할 것이 없다. 비록 시대 탓이라고 한들, 민족의 생명과 문예가 존재할 같은 시기에는 음악은 있지 않지 못할 것이며, 음악을 함을

---

24 "저자는 …… 말한다": 이하의 내용은 『악서』 끝부분에 있는 내용이며, 여기서 '저자'는 이기태를 뜻한다. 『악서정해』, 『한국음악학자료총서』 40, 국립국악원, 2005, 80~82쪽.

당하여서는 예禮를 행하고 알지 않지 못할 것이다. 걸핏하면 망국亡國이니, 시대니 주창主唱하고 곤고困苦한 시대를 당해 가지고 구태여 잡음雜音 난성亂聲에 귀를 기울이고 심취할 것이 없거늘, 정음正音은 날이 갈수록 퇴폐退廢하고, 잡음雜音 잡곡雜曲만 성행함은 음악의 지극히 존귀함과 생민生民의 도리를 알지 못하기 때문인가 하노라. 그래서 본서本書가 혹 조선 음악계의 참고가 될까 하며, 그 목적과 바라는 바는 다만 잡음을 쳐 없애버리는 것에 있을 뿐이다.

○열 사람이 하고 한 사람이 막는 것은 이룰 수 없는 일이다. 조선 음악계에서도 잡음으로 일을 하는 사람이 누구인가? 하면 말하지 않아도 알 것이다. 그 중 상당한 계급에 있는 인사 중에서도 잡음 난성에 귀를 기울이고 심취하고 연구성을 가진 음악가가 있으니, 이것은 자기가 스스로 자기의 계급을 쳐서 없애버리고 곤고困苦를 초래하는 것이다.

그 산조散調가 듣기는 좋을지 모르겠지마는, 산조를 탄다 하는 그 사람으로도 자기 생전에 안락安樂을 보지 못할 것은 이 또한 지극한 이치일 것이다.

본서 악장樂章 제1단 중 "망국의 음악은 슬프면서 수심이 있고 그 백성은 곤궁하다" 하는 문구를 깊이 생각해보고 잊지 말아야 할 것이다.

국운과 시대는 사람의 힘으로 제어하지 못할 것이니, 어찌 그 잘못됨을 알고 행하는 것은 무엇인가? 그것도 또한 한 가지 이치라고 한다면 다시는 말할 것도 없지만, 시기가 위험한 지경에 있어 주의를 환기하는 것은 사람의 한 가지 지혜가 되는 것이오, 살피지 않고 화액禍厄을 당하는 것은 사람의 한 가지 어리석음이 되는 것이다. 그러니 그 잘못을 알고 그치는 것은 사람의 본의本意인가 한다. 이것을 알지 못하기 때문에 우리는 중서衆庶를 면하지 못하고 죽을 따름인 것이다.

그리고 인간에는 삼세三世가 있으니, 곧 전세前世·차세此世·후세後世가 있다. 전세의 일은 누구나를 물론하고 그 형상을 알지 못하고, 차세의 일은 안다 하여도 다 알지 못하는 것이요, 성인聖人도 다 자세히 연구해 안다고 못할지며, 후세〔속담에 저승, 문자로는 염라閻邏, 불가佛家에서는 피안彼岸이라 한다〕의 일은 더구나 알 수 없는 것이니, 그러면 우리 인생이 이 세상에 존재하여 영귀靈貴하다는 것과 이치 하에 생활하는 동안에는 알고서 그것을 행할 일이 백 가지에 그치지 않을 것이다. 그러므로 백 가지 일, 천 가지 일이라 하였다. 그러나 그 중에 인류의 계급과 생활에 따라서는 알고 행할 것이 어찌 예악에 그칠 뿐이겠는가마는 우리 조선에서 예禮에 한정하여도 완전히 다 안다고 말하지 못할 것이고, 음악에 한정해서는 더구나 유식, 무식을 통틀어 말하여도 그 관념이 박약하고 전혀 범연히 보고 도외시하는 것은 일대 유감으로 생각하며 통탄해 마지않는 바이다.

그러므로 우리 인생이 이 세상에 있다가 저 세상 즉 후세에 가기까지 무엇을 하며 어떻게 하여야 사람이 본의를 다 하였다 할는지, 또한 어떠한 이치 하에 생활하는 것인지 그 요점은 대략이라도 알아야만 할 것이요, 본『예서』,『악서』는 그 원리를 구슬을 꿴 듯 말하는 것이니라.】

악서 끝

【○著者曰 以上은 音樂의 範圍自體原理形狀 而上 自帝王으로 下至人民이 治心活躬과 王者制禮作樂教民之道를 如貫珠而言也者니 在於衆庶하야는 一曰知音, 二曰作樂, 三曰原理를 不知故로 다못 音樂의 至尊히 여길 줄 알면 衆庶의 本意를 守하얏다 할지면 所謂 音樂이니 民樂이니 하야 自手로 하는 것은 是亦 明王이 作之以教民者故로 一絃一鼓를 不可亂雜而鼓할지며 作樂은 由天하고 鼓法은 在人故로 附於藝術而言之나 然而以藝術로 論之면 藝術 中에는 哲學일지니 故로 律書애 云豈以人之私智術數로 所能爲哉아 此之謂也니라 不知如是之尊崇骨子原理故로 君子小人之別이 有함도 天地自然之理也 而上不得爲下하고 下不得爲上故로 國有聖人하고 鄕有長幼하고 家有嚴父하야 從禮而有序하고 聽音而養耳면 不亦樂乎아! 아 天이 不祐라 할는지 朝鮮之國運은 已無可論이요 雖曰 時代라 한들 民族의 生命과 文藝가 存在할 同時에는 樂은 잇지 아니치 못할지며 樂을 함에 當하야는 禮를 行하고 知치 아니치 못할지라. 動輒則亡國이니 時代니 主唱하고 困苦時代를 當해 가지고 구태여 雜音亂聲에 傾耳心醉할 것이 無하거늘 正音은 追日退弊하고 雜音雜曲만 盛行됨은 音樂의 至尊과 生民之道를 未知故인가 하니 本書가 倘或朝鮮音界의 參考가 될가 하며 目的要望은 但在雜音打滅而已로라.

○十人이 爲之하고 一人이 防之는 不可得也事니 朝鮮音樂界에서도 雜音으로 爲業하는 사람은 誰요 하면 不言可知일 것이다. 就中相當한 階級에 잇는 人士 中에서도 雜音亂聲에 傾耳心醉하고 硏究性을 가진 音樂家이 잇스니 이것은 自己가 스사로 自己의 階級을 打滅시키고 困苦를 招來하는 거이다. 그 散調가 듯기는 조흘느ㄴ지 모룻겟지마는 散調를 탄다 하는 그 사람으로도 自己生前에 安樂을 보지 못할 것은 此亦至極한 理致일 것이다. 本書 樂章 第一段 中 亡國之音은 哀而思하야 其民이 困이라 하는 文句를 深究不忘할지니라. 國運과 時代는 人力으로 制御치 못할지니 엇지 그 非를 알고 行함은 무엇이며 그것도 亦一理에 附하면 다시 말할 것도 업지마는 時期가 危境에 잇셔셔 注意를 換起하는 것은 爲人의 一智요 不察而當厄은 爲人의 愚니 그 非를 知而止之는 爲人之本意인가 한다. 이것을 不知故로 우리는 未免衆庶而死而已인가 한다.

그리고 人間에는 三世가 잇스니 卽前世此世後世가 잇다. 前世事는 누구나 勿論하고 其形狀

을 아지 못할 것이요, 此世事는 안다 하여도 다 아지 못하는 것이요, 聖人도 다 硏核知得하엿다 못할 지며, 後世〔俗談에 져승 文字로는 閻羅佛家에서는 彼岸이라 한다〕事는 더구나 알 수 업난 것이니 그러면 우리 人生이 이 世上에 存在하야 靈貴하다는 것과 理致下에 生活하는 동안에는 그 知而行之할 事가 非止百端이라 故로 百事千事라 흐야스며 然이나 其中에 人類階級과 生活에 짜라셔는 知而行之할 것이 豈止禮樂而已리오마는 우리 朝鮮에셔 禮에 限하여도 盡이라 하지 못할지며 樂에 限하여는 더구나 有無識을 通而言之하여도 其觀念이 薄弱하고 全然 凡然視都外視하는 것은 一大 遺憾으로 생각하며 痛嘆不已하는 바로다. 故로 우리 人生이 이 世上에 잇다가 저 世上 卽 後世에 가기까지 무엇을 하며 엇더케나 하여야 爲人의 本意를 다 하엿다 할는지 쏘한 엇더한 理致下에 生活하는 것인지 그 要點은 大略이라도 아러야만 할 것이요 本禮書樂書는 그 原理를 如貫珠而言之也者니라.〕

樂書終

부록
1. 조선 음악의 연원과 유래

(가) 무릇 단체가 조직되고 예악을 다스리고 제정制定하려고 한다면 음악은 반드시 있어야만 할 것이다. 그러므로 상고上古의 현명한 왕이 정치가 안정되면 예禮를 제정하고 공업功業이 이루어지면 음악을 만들어 백성을 가르쳤다고 하는 것은 바로 이것을 두고 한 말일 것이로다.

저자는 이에 조선 음악의 연원과 유래를 약술하여 여러 점잖은 분들께서 참고에 대비하려 하는 바, 본시 문학이나 음악 방면에 그 소양이 엷어 그 상세한 점은 알 길이 없으나, 저자가 본 바로는 태호太皥 복희씨伏羲氏께서 처음으로 35현금을 만드시고, 염제炎帝 신농씨神農氏께서 궁宮·상商·각角·치徵·우羽를 개혁하시고, 제순帝 舜께서 5현금을 지어 남풍시南風詩[25]를 노래로 부르셨으니, 이는 동양 음악 창작의

---

25 남풍시(南風詩): "남풍의 훈훈함이여 우리 백성들의 근심을 풀어주기를. 남풍이 제때에 불어 우리 백성들의 재물을 늘려주기를."(南風之薰兮 可以解吾民之慍兮 南風之時兮 可以阜吾民之財兮)

원조다.

    조선의 경우는 단군檀君이 태백산太白山 단목檀木 아래 내려오니, 인민들이 추대하여 임금으로 삼고, 처음으로 나라를 세웠다. 그 뒤 기자箕子께서 시서예악詩書禮樂과 의약복서醫藥卜筮를 가지고 와서 비로소 백성을 가르쳤다. 그런즉 조선음악의 원조는 기자일 것이다. 그 뒤 누대의 여러 왕과 수백 개의 나라가 번갈아 일어났다가 사라졌고, 음악의 이름이 각각 달라 따라서 이어받을 수가 없었으나, 현재의 조선음악도 이것이 조선시대에 창작된 것만 있는 것이 아니라, 신라 시대로부터 전래한 것 기타 외국으로부터 수입된 것이 허다하니, 그 대략을 기록하면 다음과 같다.

    (나) 고려조 예종 9년(1114)【송 정화政和 3년】에 안직숭安稷崇이 송宋에 사신으로 갔다가 돌아올 때 대성악大晟樂을 가지고 오니, 이해 10월에 왕이 친히 태묘太廟에 제사를 지냈다. 같은 왕 11년(1116)에 왕자지王字之가 송에서 돌아오면서 또 대성아악大晟雅樂을 가지고 오니, 이것을 종묘宗廟에 올렸다. 그 뒤 고려 공민왕 19년(1370)【대명大明 홍무洪武 26년】에 성진득成准得이 연경燕京에서 돌아올 때 명明 태조太祖의 악기樂器를 가지고 오니, 종鍾·경磬·생笙·소簫·금琴·슬瑟 등이었다. 같은 해 7월에 강사찬姜師贊을 연경으로 보내어 여러 음악에 두루 정통한 악공樂工을 청하자, 악공을 보내어 음악을 전하게 하였다.

    (다) 이조李朝 태조 4년(1395)에 문묘文廟가 완성되자, 민안인閔安仁[26]에게 고전古典을 환히 익히게 하고, 악기를 수리하라 명하였다. 정종 2년(1400)에 예조에서 송宋의 송악도頌樂圖를 상고할 것을 요청하였고,[27] 태종 5년(1405)에 명明의 영락황제永樂皇帝【명 성조成祖 영락 3년】가 악기를 보내니, 종鍾·경磬이 각각 16, 금琴이 4,

---

26 민안인(閔安仁, 1343~1398): 고려말 조선 초기의 문신. 1395년 한성에 종묘가 세워지면서 예악 정비의 필요에 따라 전고(典故)에 밝다 하여 특별히 소환되어 국왕의 친제(親祭)를 위한 대례(大禮)의 완비에 공헌하였다. 『한국민족문화대백과사전』 8권, 한국정신문화연구원, 1991, 754쪽.
27 이것은 태종 12년(1412)에 예조에서 전악서가 악보를 정리할 수 있도록 송(宋)의 반악도(頒樂圖)를 상고하는 것을 허락해 주도록 요청한 『태종실록』의 기사를 잘못 옮긴 것으로 보인다. 『태종실록』 12년(1412) 4월 3일(3)조를 보시오.

슬瑟이 2, 생笙이 2, 소簫가 4개였다. 임금께서 친히 종묘에 강신제降神祭를 지내시고 처음으로 이 음악을 쓰셨다.

세종 7년(1425) 종묘 제사에는 먼저 당악唐樂을 연주하시고, 삼헌三獻 때 향악鄕樂을 연주하셨다. 13년(1431)에 임금이 친히 아악【○『시전詩傳』에 이르기를, "아雅는 음악 중 올바른 것이다." 하였다】을 살피시매, 봉상판관奉常判官 박연朴堧이 상소하기를, "종묘 음악의 당상堂上·당하堂下에 모두 무역궁無射宮을 쓰는 것은 양陽이 있고 음陰이 없는 격이니, 이제 옛 제도에 의거하여, 당하에서는 무역궁을 연주하고, 당상에서는 협종궁夾鍾宮을 노래하게 하소서. 협종궁과 무역궁은 곧 묘卯와 술戌로서 음·양이 합쳐진 것입니다. 이제 상세히 율려의 합함을 살펴보건대, 옛 제도에 부합하지 않으니, 다시 상세히 살피고 상고하여 음악을 교정하소서." 하였다【○실로 음音을 아는 정통한 말이다. 만약 이것을 알지 못한다면, 어찌 음악의 원리를 말할 수 있겠는가?】

세종 7년 가을에 거서秬黍【○거서는 검은 기장이니, 크고 작은 것이 없다】가 해주海州에서 자라고, 8년(1426)에 경석磬石이 남양南陽【○옛 글에 기린은 성인聖人이 세상에 나타난다고 하였으니, 임금의 덕의德意가 박하면 그 백성이 곤고하고 수고롭고, 임금이 덕의로써 밝게 다스리면 그 백성이 안락함은 고금古今이 매한가지일 것이다. 이조의 여러 임금 중 세종대왕은 성왕으로서 다스리셨고 현군이라 아니하지 못할 것이니, 그렇지 않다면 어찌 이와 같았겠는가? 결코 지금의 이른바 태평 자유 시대 아래가 아닐 것이다】에서 나니, 임금이 경연經筵에 납시어 채씨蔡氏의 『율려신서律呂新書』를 강독하시고, 그 법도의 정묘함과 존비尊卑에 차서次序가 있음에 탄복하시어, 장차 율률을 제정하려 하셨다. 이에 황종黃鍾을 쉽게 얻어 그것에 의거할 수 없다고 하여, 박연·정인지鄭麟趾·유사눌柳思訥·정양鄭穰 등 여러 대신들에게 명하시어 옛 음악을 수정修正하게 하고, 황희黃喜·맹사성孟思誠·허조許稠·정초鄭招·신상申商·권진權軫 등 여러 대신에게 명하시어, 율학律學을 강의하게 하셨다. 9년(1427)에는 박연에게 명하시어 율려律呂를 제정하게 하시매, 거서로 분수를 나누어 율관律官을 제정하게 하여, 중국의 황종관에 맞추니, 그 음이 어울리고 어울리지 않음을 사람들이 모두 알 수 있었다.

(라) 고려 예종睿宗 때 송宋 휘종徽宗이 악기를 하사하니, 종鍾·경磬·슬瑟·생笙·우竽·소簫·관管 등이었다. 홍건적의 난에 분실했는데, 한 늙은 영인伶人이 종·경

2세트를 연못 속에 던졌던 까닭에 온전할 수 있었다고 한다.

이조에 이르러 명明 태조·태종이 모두 악기를 하사했으나, 소리가 율에 맞지 않고 팔음八音이 갖추어지지 않았더니, 세종께옵서 옛것을 고쳐 새롭게 하려는 뜻을 가지시어, 이에 박연에게 명하여 편경編磬을 만들게 하시고, 옛 설說에 의거해 황종관黃鍾管 하나를 제작하여 두게 하시니, 그 소리가 중국의 황종음黃鍾音보다 조금 높았다. 이에 해주의 거서를 써서 분수를 정하고 경磬 2세트를 만드니, 한 달을 넘어 완성되었다. 그러나 중국의 율과 비교해 보면, 유빈蕤賓이 임종林鍾보다 높고, 이칙夷則이 남려南呂와 같고, 응종應鍾이 무역無射보다 아래였다. 위와 아래가 서로 반대되는 것은 한 시대가 제작한 악기가 아니었다. 만약 이에 의거하여 제작한다면, 결코 어울릴 이치가 없었기 때문에 중국 황종의 설에 의거하여 손익損益을 한 뒤에 12율十二律을 이룰 수 있었다.

(마) 영조 13년(1737)에 임금이 장악원 제조提調 윤순尹淳[28]에게 하교하시기를, "고금의 나라가 융성하고 쇠락한 이유가 음악에 있는데, 근래에 장악원의 법악法樂이 전에 비해 번촉繁促[29]하니 마땅히 신칙申飭[30]해야 할 것이다." 하신데, 윤순이 말하기를, "법악도 이렇지만, 근래 여항閭巷에서 잡희雜戱를 벌이고 사대부의 잔치에도 또한 잡희를 벌여 풍교風敎에 관계됩니다. 비단 속악俗樂만 번촉한 것이 아닙니다." 하니, 정부로 하여금 일체 금지하게 하였다【그렇다면 이때의 잡희는 무엇인가? 그 명칭을 알 수 없으나, 조선음악의 퇴폐와 잡음·잡곡이 이로부터 시초를 보인 것이 명료하다는 것을 알 수 있다. 이 외의 자질구레한 일은 4천년『문헌통고文獻通考』중에 있는 악고樂考를 상세히 보고 참조하라】.

---

28 윤순(尹淳, 1680~1741): 조선 후기 예조판서, 평안도 관찰사 등을 역임한 문신이자 서화가. 조선시대 양명학의 태두인 정제두(鄭齊斗)의 문인이며, 정제두의 아우 정제태(鄭齊泰)의 사위이다. 그는 조선 조정과 산림에 있는 선비들의 허위와 타락을 논하면서 양심적 시정(施政)과 개혁을 주장했다.『한국민족문화대백과사전』17권, 한국정신문화연구원, 1991, 292쪽.
29 번촉(繁促): 번거롭고 촉박한 것.
30 신칙(申飭): 단단히 타일러서 경계함.

附錄
一. 朝鮮音樂의 淵源과 由來

(가) 大凡團體가 組織될고 治定制禮하以上에는 樂은 반다시 잇지 안치 못할 것이다. 故로 上古 明王은 治定制禮하고 功成作樂以敎民이라 함이 此之謂也哉也ㄴ저 著者 玆에 朝鮮音樂의 淵源과 由來를 略述하야 僉君子의 參考에 備하랴 한 바 著者 本是 文學이나 音樂上에 그 素養이 薄하야 그 細詳한 点은 知得할 途가 無하나 著者 所睹로는 太皥伏羲氏게서 始以作三十五絃琴하시고 炎帝神農氏게서 改革 宮商角徵羽하시고 帝舜게서 仍作五絃而歌南風詩하엿으니 此는 東洋音樂 創作의 元祖요 至于朝鮮하야는 檀君이 降于太白山 檀木下하니 人民이 推戴爲君하고 始以建國而其后 箕子게서 賷來詩書禮樂醫藥卜筮하야 始以敎民하얏스니 然則朝鮮音樂의 元祖는 箕子일 것이다. 其后累代 諸王과 數百諸國이 遞興遞廢하고 樂各殊名하야 未得相沿이ㄴ 現朝鮮音樂도 이것이 朝鮮時代에 創作된 것만 잇난 것이 안이라 自新羅時代로 傳來한 것이며 其外他國으로부터 輸入된 것이 許多하니 그 大略을 記하면 左와 如하니라

(나) 高麗朝 睿宗 九年【宋 政和 三年】에 安稷崇이 使宋而還할새 賷來大晟樂하니 是年十月에 王이 親祫于太廟하고 仝十一年에 王字之自宋還에 又賷來大晟雅樂하니 以此로 先薦宗廟하다. 其后高麗恭愍王[31] 十九年【大明洪武二十六年】에 成准得이 還自燕京할새 賷來明太祖樂器하니 鍾磬笙簫琴瑟 등이ㄹ 仝年七月에 遣姜師贊如燕京하야 請樂工精通衆音 兼備者하야 發送傳業하다.

(다)[32] 李朝 太祖四年에 文廟告成하실새 以閔安仁明習古典으로 命修樂器하고 定宗 二年에 禮曹請考宋頌樂圖하고 太宗 五年에 明永樂皇帝【明成祖 永樂三年[33]】送樂器하니 鍾磬이 各十六 琴四 瑟二, 笙二, 簫四라. 上이 親祼宗廟하실새 始用此樂하시고 世宗 七年에 宗廟祭에는 先奏唐樂하시고 三獻時에 乃奏鄕樂하시니라. 十三年에 上

---

31 恭愍王: 원문에 '恭怨王'으로 오기된 것을 바로잡았다.
32 (다): 원문에는 '(一)'로 되어 있으나 '(나)'와 '(라)' 사이에 '(다)'가 빠졌으므로 '(다)'로 바로잡았다.
33 明成祖 永樂三年: 太宗 五年은 明成祖 永樂 '三年'이기에 원문의 '二年'을 '三年'으로 바로잡았다.

이 親閱雅樂【○詩傳에 云 雅는 樂之正者也라.】하실새 奉常判官 朴墘이 上疏曰 宗廟之樂에 堂上堂下를 皆用無射宮은 有陽而無陰하니 今據古制하야 下奏無射하고 上歌夾鍾하소서. 夾鍾無射은 卽卯與戌陰陽之合也라. 今詳察律呂之合컨대 未合於古者하니 更詳察考焉하야 校正樂하소서 하다.【○實히 知音精通之言이로다. 如是不知면 豈言音樂之原理乎아.】世宗 七年秋에 秬黍【○秬黍者는 黑黍니 無大小者라】가 生於海州하고 八年에 磬石이 産於南陽【○古書에 麟出聖人世라 하니 君이 德意가 薄하면 其民이 困勞하고 君이 德意로써 明治하면 其民이 安樂함은 古今이 一般일 것이다. 李朝諸王中 世宗大王은 聖治하시고 賢이라 아니치 못할지라 不然이면 豈如是乎아. 決不下只今의 所謂太平自由時代일 것이다.】하니 上이 御經筵하사 講蔡氏 律呂新書하시고 嘆其法度精妙와 尊卑有序하사 將欲制律하실새 乃以黃鍾未[34]易據得으로 命朴堧 鄭麟趾 柳思訥 鄭穰 等 諸大臣하사 修正舊樂하시고 以黃喜 孟思誠 許稠 鄭招 申商 權軫 等 諸大臣으로 講議律學하시고 九年에 乃命朴堧 而制律呂하실새 以거黍로 定分造律管하야 以合中國之黃鍾管하니 其音之 諧與不諧를 人皆可知也러라.

(라) 高麗 睿宗時 宋徽宗이 賜樂器하니 鍾 경[35] 琴 瑟 笙 竽 소[36] 管 等이라. 紅賊之亂에 失散이러니 有一老伶人이 將鍾경 二架하야 投于池中全得云이라. 至于李朝하야 明太祖大宗이 皆賜樂器나 聲不合律而八音이 未備러니 世宗게옵서 有革古更新之意하사 乃命朴堧 而造漏경하시고 依古說하야 制黃鍾一管하야 次之하니 其聲이 差高於中國黃鐘之音으로 乃用海州秬黍하야 定分造경 二架하니 逾月而畢이라. 然이나 中國之에 比律하면 蕤賓이 高於林鍾하고 夷則이 同於南呂하고 應鍾이 下於無射하야 上下相反은 非一代制作之器ㄹ 若依此而製之면 決無諧 恊之理故로 中國黃鍾之說을 可據而損益하야 以成十二律云이라.

(마)[37] 英祖 十三年에 上이 敎掌樂提調尹淳曰 古今國之隆替가 在於樂하나니 近者樂院法樂이 比前繁促하나 宜申飭也 하신대 淳曰 法樂도 爲是런과 近頃閭巷之

---

34 未: 원문에 '末'로 오기된 것을 바로잡았다.
35 경: 磬을 뜻함.
36 소: 簫를 뜻함.
37 (마): 원문에는 '(一)'로 되어 있으나, 문맥상 '(마)'가 바르므로 이를 바로잡았다.

間에 以設雜戱하고 士大夫宴集에 亦設雜戱하야 關於風敎요 非但俗樂之繁促이니다 하니 令政府로 一體禁之하다.【○然則此時雜戱는 何也오. 其名稱을 未知나 朝鮮音樂退弊와 雜音雜曲이 自此時發初가 明瞭하고 可據而得也로다. 此外細事는 四千年 文獻通考 中 樂考를 詳覽參照焉하라.】

2. 조선 음악의 현상現狀

(1) 저자가 이 책의 머리에 먼저 조선 음악의 정도程度에 대하여 한 마디를 약술한 바 있거니와 저자 이에 우리 동양 문예의 대표적이요, 세계에 자랑할 것은 우리 조선 정악正樂의 하나인가 한다. 그러니 현재 우리 조선에서 음악을 무엇으로 간파하며, 음악의 정도가 어떤 경우에 있는 것인지, 또한 소위 문명국이란 외국에서나 일본에서 음악에 대한 관념과 열성, 또는 그 대우가 어떠한지, 그 중 조선의 인사로 외국 음악과 무용에 명망이 자자한 인사에게 대한 대우가 어떠한지, 이것은 문맹이나 하류 계급을 제하고는 이른바 중류 이상에 있는 인사로는 주지하는 바라고 생각한다.

우리 조선 인사의 음악에 대한 관념을 볼 량이면, 음악이란 것은 하류 계급의 품팔이 자료나 주사酒肆[38]·기가妓家[39]의 장난거리 혹은 의식意識이 넉넉한 사람의 소일거리로 간주하는 인사가 많다. 그리고 현재 서울이나 지방을 통틀어 유행하는 산조散調(酸調), 병창並唱, 평양 수심가愁心歌, 전라남도 잡가雜歌와 그 밖의 여러 가지 잡음·잡곡이 성행하여 우리 동양의 대표요, 청아淸雅·숭엄崇嚴한 정음正音 정악正樂이 영원히 쇠퇴의 상태에 빠졌음은 저자가 말하지 아니하여도 여러 점잖은 분들께서 주지하는 바이며, 그 중에서도 문맹의 중서衆庶는 말할 것도 없지마는, 이른바 유식 계급有識階級 또는 음악가라 칭하는 인사 중에도 이런 잡음·잡곡을 듣기를 원하고, 듣고는 열광하여 어깨를 들썩이고 엉덩이를 흔들며 박수갈채를 보내는 이가 부지기수요, 걸핏하면 산조·병창·잡가라고 하는 것이다. 제일 가증스러운 말은 골자와 이유를 모르고서, 듣기 좋은 것은 산조·병창이라야 그 성음聲音이 질금질금

---

38 주사(酒肆): 비교적 큰 규모의 술집.
39 기가(妓家): 기생집.

하고 어디를 가더라도 칭찬을 받지 풍류風流란 것은 잠이 와서 들을 수 없고, "그것 무슨 소리냐, 치워 버리고 성음이 질금질금하고 산산酸酸한 놈으로 들이라"는 소리다. 시대가 시대인 만큼 듣기 좋은 것은 산조이다. 산조 병창 못하면 음악가라 할 수 없어 하는 취부臭夫[40]도 부지기수다. 참으로 이것을 시대로 보고 한 번 웃어버리고 말 것인가? 아, 참으로 한심하고, 통탄해 마지 않을 일이로다. 어찌하면 우리 동양문예의 대표요, 세계에 자랑할 조선의 정악을 회복하게 할까? 이것을 우리 조선의 더할 수 없이 큰 악한 소리이자 천만 유감으로 생각하는 바이다. 우리 민족도 세계에 자랑할 문예를 가지고 시대니, 국망國亡이니 하여 부패케 하나 어찌 통탄할 일이 아니겠는가?

(2) 시대, 시대라 하니 참으로 시대가 시대인 만큼 이 시대가 문명이니 문화니 주창主唱하면서 어찌 나라를 망하게 하고 세상을 어지럽히는 곤고困苦한 성음聲音에는 귀를 기울이며 심취하고, 유아幽雅 청엄淸嚴하고 천하의 백성을 가르치는 정음 정악에 대해서는 "그것 무슨 소리냐, 그만 치워 버리라" 하니, 이러한 취부臭夫들이 우리 음악계를 요란케 하고, 소란스럽게 하니, 음악이니 가무歌舞니 할 것 없이 우리 민족의 곤고困苦를 누구에게 그 원통함을 하소연하리오. 그 민족으로서 목전에 곤고를 초래하고, 들을 수도 볼 수도 없는 이 잡음·잡곡이 우리 조선에 나타난 지가 얼마나 되었는지 저자가 말하지 않아도 일반적으로 깊이 알고 있는 바일 터이고, 조선이 망하는 근본이 된 못된 소리로 이미 조선이 망한 찌꺼기 소리가 분명하다. 그렇지 않다면 이것을 무슨 성음聲音이라 하리오.

율률이란 것은 위로는 12사十二舍에 응하고 12진十二辰에 응하지 않아, 모두 천지자연天地自然의 이치라 하였다. 그러면 『율서律書』 가운데 촉속번지促速煩志, 호람음지好濫淫志, 연노간성燕嫋奸聲, 비애추려지성悲哀醜厲之聲[41]은 그 민족에게 어떠한

---

40 취부(臭夫): 미상. 혹 '악취 나는 사람' 혹은 악취를 쫓아가는 사람이란 뜻으로 보인다.
41 '촉속번지(促速煩志), 호람음지(好濫淫志), 연노간성(燕嫋奸聲), 비애추려지성(悲哀醜厲之聲)': 이 부분은 기본적으로 『예기(禮記)』「악기(樂記)」에서 인용된 것이다. 위(魏)나라 문후(文侯)가 자하(子夏)에게 "익음(溺音)은 어디에서 나오는 것인가?" 하고 묻자, 자하가 "정(鄭)나라 음악은 넘치는 것을 좋아하여 마음을 음란하게 만들고[好濫淫志], 송(宋)나라 음악은 여자를 좋아해 마음

관계가 있고, "인생이 세간에 존재할 동안에는 무엇을 하는가?"를 상세히 볼 때에는 저자가 위에서 말한 지나친 말을 양해할 줄로 생각한다. 하는 체하고 아는 체하면서 잡음雜音·잡성雜聲에 귀를 기울이고 심취하는 그네로도 그 본심이 오활娛滑[42]한 것은 아니다. 다만 음악의 자체와 지존至尊을 모르고 위에서 한 말과 같이 장난거리, 소일거리로 오인한 까닭일 것이다. 또한 어떤 국민이라 할지라도 자체의 골자를 알지 못한 중서衆庶는 모두 일반일 것이니, 이 역시 한 가지 이치인가 한다. 그러나 옛날부터 지금까지 문명국에서 잡음·잡곡을 법으로 금지하고 처벌하는 이유는 무엇인가? 이것은 말할 것도 없이 예악형정禮樂刑政은 그 최종점이 하나라, 성음의 도리는 정치와 상통하고, 생민生民의 도리는 음악이 가장 크다고 하는 점으로부터 음악을 지극히 존귀하게 여기고, 잡되고 어지러운 것을 금지한 것으로 생각한다.

(3) 그러면 우리 음악계에서는 제일 잡음雜音 난성亂聲을 상호간에 경계하며 듣기 좋다는 산조 병창【병창 중에도 전부를 말한 것은 아니다】을 박멸시키기 전에는 조선 음악을 복구하지 못할 것으로 생각한다. 그러므로 저자 이에 조선 음악의 개선改選을 주창한다. 개선이라 함은 신조新調 창작을 말함이 아니라, 형편에 따라서는 신곡新曲 창작과 무관하거니와, 현재 우리 조선에 있는 고악古樂과 정음만 하여도 동양 문예의 대표가 될 것이요, 세상에 자랑하고 사람과 귀신이 감화感化하고, 이풍역속移風易俗[43]할 만한 음악이 있다. 그러므로 저자는 다시 이에 우리 조선에는 세계에 자랑할 것이 세 가지가 있다고 주장한다.

그러면 첫째는 우리 민족의 민예敏銳한 뇌, 둘째는 예禮, 셋째는 음악이다. 현재

을 빠지게 만들고[燕女溺志], 위(衛)나라 음악은 급하고 빨라 마음을 번잡하게 하고[趣數煩志], 제(齊)나라 음악은 오만하고 편벽되어 마음을 교만하게 만듭니다[敖辟喬志]"라고 답하였다. 여기서 '호람음지(好濫淫志)'와 '촉속번지(促速煩志)'[「악기」에는 '촉삭번지(趣數煩志)']가 「악기」에 실려 있음을 알 수 있을 것이다. 간드러진 것을 좋아하는 간사한 소리라는 뜻의 '연뇨간성(燕嫋奸聲)'은 '연뇨익지(燕女溺志)'의 무의식적 변형으로 보인다. 나머지 슬프고 거친 소리라는 뜻의 '비애추려지성(悲哀麤厲之聲)'은 「악기」와 상관없이 저자가 추가한 것으로 보인다.

42 오활(娛滑): 오활(迂闊)을 잘못 쓴 것이다. 오활(迂闊)은 '사리에 어둡고 세상 물정을 잘 모르다'는 뜻.
43 이풍역속(移風易俗): 풍속을 바꿈.

우리 민족은 세계에 미약하고 낮고 열등하며, 예는 허례虛禮와 번례煩禮며, 음악은 자랑할 것이라고도 하고 복잡하여 취하기 어렵다는 말도 있다. 그러나 저자는 여기에 대하여 우리 조선 민족의 뇌는 참으로 민예한 뇌를 가졌으며, 예는 어느 국민이라도 비방치 못할 것이며, 음악은 세계에 자랑하고 동양문예의 대표가 넉넉히 될 수 있다고 주창한다. 어느 국민일지라도 시대를 따라서는 미약하고 낮고 열등한 민족도 있고, 예는 허례와 실례實禮도 있을 것이며, 음악도 낮고 열등한 것이 있는 것은 사실일 것이다. 그러므로 조선의 현상으로 볼 때 우리 민족은 미약하고 낮고 열등하다는 점도 사실이며, 예도 허례와 번잡함이 있다는 것도 사실이며, 음악이 과장된다는 말과 복잡하다는 양설兩說이 있다. 그러나 음악에 한하여 복잡하다는 것은 위에서 말한 산조, 병창 혹 잡곡雜曲일 것이며, 세계에 자랑거리가 되는 것은 정음일 것이다. 사실상 정음에 한해서는 고전적 법도에 의하고 천리天理를 따라서 상고上古의 명철한 왕 또는 성인聖人의 제작이 아니고는 음악이라 하지 못한다. 그러므로 현재 유행하고 있는 잡곡의 창작자가 누구인지 그 성음이 법도를 따른 것인지 상세히 살필지어다. 아무 법도도 없고 군君·신臣·민民·사事·물物[44]이 그 지위를 편안하게 여기지 못하고, 어지러워져 서로 침범하여[45] 촉속번지促速煩志, 사벽연뇨邪僻燕嫋[46]하고, 추려비애麤厲悲哀[47]만 주장한 것이다. 그러므로 조선을 망치는 못된 소리와 찌꺼기 소리로 음악을 아는 사람은 취하지 못할 것이라는 비평을 받는 것이다. 그러나 지금의 잡곡은 곧 우리 민족의 곤고困苦를 자창자가自唱自歌하는 것이니, 우리 민족도 세계 민족의 일류一類가 되자는 사상을 가졌다 하면 동양문예의 대표적이요, 청아淸雅 고상高尙한 조선 정악을 회복시키고 음악의 지존을 알며 정음의 연구에 열성을 가지고 아무리 좋을지라도 난잡한 산조 외 여러 가지 잡곡을 상호 경계警誡하고 박멸撲滅하여야만 우리 민족도 망국지민亡國之民이란 더러운 이름을

44 군(君)·신(臣)·민(民)·사(事)·물(物): 여기서 이 다섯 가지를 말하는 것은, 『예기』「악기」에서 궁·상·각·치·우의 오음(五音)이 이 다섯 가지를 상징한다고 말하고 있기 때문이다.
45 어지러워져 서로 침범하여: 오음이 어지러워져 서로 침범하면 나라가 망한다고 한다. 『예기』「악기」에서 인용한 것이다.
46 사벽연뇨(邪僻燕嫋): 마음이 간사하고 한쪽으로 치우쳐 있고, 간드러진 것을 좋아함.
47 추려비애(麤厲悲哀): 거칠고 슬픔.

면할 것이며, 조선 음악이 세계에 자랑거리가 되는 것은 재언할 필요가 없다고 생각하는 바이다. 그러니 소위 음악을 한다는 인사 중에서 듣고 열광하니 어찌 탄식할 일이 아니겠는가. 곧 생각할지어다.

(4) 원래 우리 조선 음악이 퇴폐退弊된 원인을 말하자면 음악이란 것은 천운天運과 시대를 따라서 변화하는 원리는 이에 다시 논할 것이 없지만, 백여 년 조선의 암매暗昧한 정치 아래서 백성이 퍽이나 곤고하였다. 그러므로 우리 조선 민족의 낮고 열등한 점을 말하지만, 상술한 암흑暗黑한 정치하에 장구한 세월을 거친 항뇌頑腦[48]가 문명이니 문화니 하는 시대를 끝내 마땅히 어찌하리오. 조선의 현상이 이만큼 된 것도 기이한 점으로 보지 아니치 못할 것이다.

더구나 나라는 망하고 임금은 없어지고 삼강오륜三綱五倫이 민멸되어 윤리 도덕은 꿈속에서나 생각할까 하는 시대요, 목전에 박두하는 생활난을 무엇으로 방지하며, 걸핏하면 '돈, 돈' 하며 단지 아는 것은 돈, 돈이나, 재원이 박약한 조선 현상에 또한 주인 없는 음악이 되고 참으로 성인은 멀어지고, 풍속이 쇠퇴하며 예가 폐기되고 음악이 음란한 시대인가 한다. 다만 이 시대에 음악을 주창主唱하는 저자에 대하여 반대할 인사도 허다할 줄로 생각하며, 또한 이 시대를 문명이니 문화니, 태평, 자유, 평등, 황금의 20세기, 청년시대니 하여 각자 주창이 하나가 아닌 시대인 만큼 저자가 논할 시대가 아니요, 또한 우리 민족은 망국민亡國民이라 함은 사실이려니와, 망국민과 시대라고만 주장하고 고래古來의 문예를 돌아보지 않고 말 것인가? 또한 망국에는 기이한 문물文物이 없을 것도 아니요, 망국민이라고 하지 않거나 실행하지 못할 것인가? 망국 또는 시대라 하면, 태호 복희씨 이래 몇 개 나라, 몇천만 제왕帝王이며, 조선으로 논하면 단군 이래 몇 개 나라, 몇백 제왕이 번갈아 일어나고 번갈아 사라졌을까? 국가의 흥망은 모두 천운天運이려니와 나라는 망하고 임금이 없어졌다고 민족의 생명과 문예까지 망하는 것은 아니다. 나라는 망하여도 민족과 문예는 존재하는 것이다. 그러므로 우리 조선에는 아직도 하늘과 땅에 제사를 지내

---

48   항뇌(頑腦): '두뇌(頭腦)'의 오기(誤記)로 보인다.

고 종묘를 섬기는 것이며, 조상을 숭배하는 예가 있으니, 음악도 있어야 할 것이요, 문예로도 망한 나라로부터 수입된 것이 허다하다. 그러면 그 고상하고 그 고유한 문예는 어디까지라도 유지하는 것은 그 민족의 본의일까 한다.

우리가 현재 가지고 있는 음악은 조선의 여러 임금 중 가장 신성하시고 현인이라고 아니하지 못할 세종대왕 시대에 수정修正되고 창조된 것이요, 동양문예의 대표요, 청아 고상한 것이 허다하다. 저자 여기에 특히 한 마디 말하고자 하는 바는 지금 시대를 태평이니, 자유니, 문명문화니 하지마는, 세종대왕의 시대를 지금에 비하면 아마도 지금 시대에 못지않을 것이다. 다만 민지民智는 지금 시대와 같이 발전이 못 되었다 할지라도 우리 인생이 이 세상에 있을 동안에는 희망하는 것이 너무나 많은 중 제일이 국태안민國泰安民이다. 이것은 고금이 일반일 것이다. 그러면 세종대왕의 시대는 민지가 발전만 못 되었다 하되, 국태민안하였다. 무엇을 말함인가 하면, 첫째 예의가 서고, 둘째 삼강오륜이 그 근본을 잃지 않았고, 셋째 임금은 백성을 사랑하고 백성은 나라를 걱정하여 강구연월康衢煙月에 〈격양가擊壤歌〉[49]를 불렀다고 할 만하다. 그러면 이러한 시대에 창작된 우리 음악의 퇴폐와 세종대왕의 시대를 회고할 때는 우리 민족으로서는 한심한 일이 비일비재할 것이다. 그러므로 조선 정악은 신성한 시대에 창작되어 청아 숭엄하고 신성한 음악으로 세계에 자랑거리가 됨은 다시 말할 필요가 없으리라.

(5) 그러므로 국가는 망하였지만 민족은 남아 있을 것이요, 그 민족이 되어 그 고유하고 숭엄한 문예를 썩게 만들어서는 안 될 것이다. 다소 변혁이 될지라도 그 특이한 문예를 무난히 하지 못하고 변혁치 못할 것이다. 그러므로 우리가 가지고 있는 음악은 진실로 성군聖君 시대의 창작일 뿐만 아니라, 고전적 법도에 의한 정음이요, 우리 음악계로서는 상호 연구하고 연핵研核【'연핵'은 성인의 미묘한 도를 연마하

---

49 격양가(擊壤歌): 이 곡은 중국 요임금 시절에 80~90세가 된 노인이 타악기를 두드리며 불렀다는 노래이다. 노래 가사는 "해가 뜨면 일어나 일하고 해가 지면 들어가 잠자네. 우물 파 물 마시고 농사지어 먹고 사니, 임금의 권력이 나와 무슨 상관이랴"이다. 당시의 태평세월을 나타내고 있다. 김학주 역주, 『서경』, 명문당, 2002, 15~16쪽.

자는 것이 아니다.]하여 후세에 전하자는 것이 저자의 제1의 목적이다.

(6) 또한 우리 조선 문학계에서 책자에 들어서 읽기만 열성으로 하고 음악에 대하여는 완전히 대충 보아 도외시하였다. 예악에 관한 서책書冊을 읽고 익힐 때는 반드시 그 예악의 지존支存을 알아내야 쓸 것이거늘, 이른바 문학가 중에는 음악에 대하여 철두철미하게 실행하는 인사를 보지 못하였다. 아마 이것은 그 근본을 알아야 육예六藝 가운데 음악은 제일 지극히 어려운 것이기에 중서衆庶로서는 실행하지 못할 것으로 생각함인가?

저자가 실지로 본 일례를 들어 한 마디 하고자 한다. 왕년에 아무 벗의 집에서 한 문사文士를 만났다가 그 사람이 저자가 금【양금洋琴이다】을 연주하는 것을 보더니, 스스로 말하기를, "나는 음악이란 것을 참으로 방탕유일放蕩遊逸하고 음란한 물건으로 생각한다. 그러므로 나는 모두 관계가 없을 것으로 안다."고 하고, 또 말하기를, "나는 요새 칠률七律 한 수를 연구聯句하여 시詩 모집소募集小로 보내 1등상一等賞을 희망한다."고 하였다. 저자 여기에 잠자코 그 문사의 말을 들었을 뿐이었으나, 칠률을 지어 1등상을 희망하는 문사가 음악은 완전히 방탕하고 음란한 물건에 붙여 말하였으니, 그 문사가 글자를 배운 골자骨子가 어디에 있으며, 율률이라는 한 글자 자체를 알지 못하는 말이다. 차리리 중서衆庶는 못하는 것이라 하면 제일 이치에 맞는 말이요, 옳게 배운 문사라 할 것이다.

이러한 문사가 우리 조선에 어찌 한 사람에 그치겠는가. 허다할 것이다. 문학계에서 완전히 음악을 범연凡然하게 보고 도외시한 것이 위에서 말한 '암흑 정치政治 아래' 운운한 일보다 더욱 우리 조선 음악 퇴폐의 원인 중 제일가는 것이라 아니하지 못할 것이다. 또한 이른바 조선 음악계에서 음악을 가지고 한다 하는 인사의 계급과 정도를 볼지어다. 이 현상으로 조선 음악을 회복시키고 세계에 자랑한다는 음악을 할 것인가? 걸핏하면 산조 악기를 손에 잡기만 하면 거칠고 사나우며 요동치는 농현법弄絃法에 산음酸音 연구가 주장이니, 어찌 한심하지 않으리오! 상호간 각성할지어다.

(7) 근래 시대와 사조에 따라 조선의 인사로서 외국 음악 즉 음악으로는 세계에

과학적이요 자랑한다는 미국음악 기타 무용에 명망이 자자하고, 도처에 가면 환영하는 가운데 희색이 만안滿顔하고 찬양이 비등하여, 신문의 기사만 보아도 안목이 찬란한 음악가가 있다. 그 음악가 중에 조선 음악을 겸비한 음악도 있고, 조선 음악을 한 박자도 알지 못하는 음악가도 있다. 음악은 그 국가의 정신이며, 인민의 정수精髓로 볼 때에 먼저 자기 정신의 정수가 어떻게 된 것인지를 알아낸 연후에 외국의 정신이 어떻게 된 것인지를 알아내고서 가지고 와서 전파하는 것은 고금이 매한가지일 것이다.

조선의 문예도 본래부터 조선 고유의 것이 아님은 위에서 말한 바 있다. 그러므로 『악서樂書』에 "태사공太史公이 말하기를, '정습情習[50]이 같지 않기 때문에 풍속을 널리 채집하고 성률聲律에 어울리게 맞추어, 부족한 부분을 보충해 풍기風氣를 바꾸고, 정치와 교화에 자연스레 도움이 되게 한다.' 하였다." 그렇다면 자기 정신이나 문예를 존숭하고, 먼저 알아내어서는 그 거친 것을 버리고 바른 것을 취할 지며, 신성한 외국의 문예나 정신을 가지고 와서 전파하고 가르치는 것은 그 민족의 본의本意가 될 것은 두 말할 필요가 없다는 것은 책머리의 쓴 바와 같다. 그리고 제1 존숭과 제2 자체自體가 어떻게 되었는가 하는 것을 명확히 알아내어야만 할 것으로 생각한다.

저자 위에서 말한 외국 음악이나 무용에 대하여 창작한 그 자체와 골자를 알고자 하여 왕년에 명망이 자자한 아무 외국 음악가를 찾아가 그 골자와 자체를 질의하였더니, "미국 음악은 과학적이며 세계에 자랑하는 음악으로 누구나 한 번 듣고 볼 필요가 있어 중요 도시에 한하여 순회 공연 하는 가운데 경성京城에 와서는 재청까지 받았다"는 말 뿐이요, 음악 자체에 대해서는 명백한 설명을 듣지 못하였다. 또한 조선 음악은 황당하여 취하기 어렵다는 말까지 직접 들었다. 그러면 명망이 동서양에 자자한 이 음악가도 음악을 한다는 말 뿐이요, 그 자체는 모르는 것이다.

현재 우리 조선 민족의 정도에 자국의 성음聲音도 그것이 무엇인지 알지 못하고 캄캄한 귓불에 더구나 외국의 성음에 그 자체와 음곡音曲의 설명이 없으니, 알 사람이

---

50 정습(情習): 민정(民情)과 풍속을 뜻함.

누구이며, 골자를 알지 못하면서 아는 체하고 박수 갈채를 하는 의미는 무엇인가? 참으로 저자는 의아해 마지않는 바이다. 그러면 이것이 수박껍질을 핥는 것이 아니고 무엇이리오? 또한 외국 음악을 반대하는 것은 아니다. 위에서 말한 바와 같이 문예라 하는 것은 그 골자를 알아내고 호오好惡가 판명될 때에는 반드시 어느 나라 문예라도 학습하여야 할 것이다. 그러므로 지금 시대를 문명이니, 문화니 하는 것이다.

그러면 조선 인사로 외국 음악을 습득하는 열성으로 동양 문예의 대표적인 조선 음악을 연구하여 철저히 하면 참으로 세계 지음자知音者의 귓불을 놀라게 할 것이며, 외국의 음악을 학습하여 암매暗昧한 우리 민족의 뇌를 천명闡明[51]시키는 것이 그 본의가 될까 한다. 저자 특히 이에 한 마디 하고자 하는 바는 조선 인사로 외국 음악에 열성을 가지고 명망이 자자한 인사는 상호 연구하여 조선에 고상高尙 청아淸雅한 정음을 회복시키기를 희망해 마지않는 바이다.

(8) 저자 왕년에 경성의 아무 전문학교專門學校 음악대회의 광고란을 읽었다. 그 과제課題를 본즉 조선 음악은 〈방아타령〉 하나뿐이었다. 그리고 모두 꼬그랑 서양 악곡洋曲 여러 가지였다. 저자 여기에 참으로 유감천만으로 생각한 것은 이른바 조선 음악을 과정課程에 편입하여 교수敎授한다는 전문학교로서 음악대회의 과정에 조선음악 중 〈방아타령〉이 제일 좋다는 의미인지 그 외에는 편입할 것이 없어서 그러한 것인지, 또 〈방아타령〉이 우리 인민 교화의 지존한 성음이 된 것으로 아는 것인지, 어찌 인민 교화의 주요 학교에서 이처럼 하는 것은 음악에 대한 관념이 어떻다고 할까? 조선 음악을 과정에 편입했다는 것은 무엇인지 참으로 유감 천만으로 생각하였다. 결코 근래 성행하는 창가唱歌나 〈방아타령〉 등속이 동양 문예의 대표적인 것이 되지 못할 것이다.

저자 위에서 말한 여러 점의 본의는 조선 음악의 퇴폐를 유감으로 생각하며 그 복구復舊와 발전을 기도企圖한 것이요, 타의가 아니다. 또한 원래 우리 조선에서는 상당한 인사 중에서 혹 음악하는 것을 보면 퍽이나 비웃고 조롱하며 음악이란 말도

---

51 천명(闡明): 진리나 사실, 입장 따위를 드러내어 밝힘.

못하고 양금은 '똥땅' 가야금은 '개꼬'라 하여 보통의 호명이 되었다. 근래의 현상으로도 혹 의식意識이 풍부한 인사 중에서 음악을 연구할 사상을 가지고도 외인外人의 비웃음을 꺼리고, 혹 사랑에 음악의 성음이 나면 지나가던 사람의 조롱거리가 되어, 이른바 양반 신사紳士의 자질子姪은 우선 그 조부와 아비를 꺼리어 하지 못하며, 혹 이러한 자질 등이 하는 때에는 그 문중의 의논 거리와 방탕유일放蕩遊逸의 근본이 되고, 패가지자敗家之子가 생겼다 하여, 질책과 제지制止 방침에 분주하고, '똥땅' '개꼬'는 재인才人이 하는 것이오, 우리네의 물건이 아니라고 하였으며, 음악을 하는 사람이면 퍽이나 지천至賤한 사람으로 간주하고, 현재 하향下鄕 문사文士 양반이란 가정에는 퍽이나 많다.

또한 근래 청년계급 중에 신사라는 인사 중에서 음악한다는 사람을 만나면 "아, 여보, 듣기 좋은 놈으로 한 자리 하시오. 노형老兄은 산조 탈 줄 모르시오? 한 자리 들읍시다." 하고, 품팔이 하는 재인 대접과 동일히 하여, 그 요구에 응하여 하는 인사도 있다. 우리 조선에서 음악이 이처럼 지천至賤하게 되었으니, 그 외의 특이하고 자랑할 것은 무엇인가? 외국에서는 음악에 대하여 배우俳優에게까지라도 그러한 대우를 아니한다. 통탄해 마지않을 바이다. 이렇게 하고 조선 민족의 비열론卑劣論을 어느 때에 면할 것인가.

이른바 일본 음악은 본래 고려조와 이조시대에 들어간 것이 아주 많다. 그리고 현재 일본인 가정을 보면, 이른바 신사라는 가정부인 중에는 반드시 음악을 하여야만 한층 더 귀하게 여기고, 이러한 가정에는 반드시 금琴을 갖추고 조상과 같이 귀중히 여기며, 여자의 결혼에 음악이 제2第二가 된다. 그리고 우리 조선에서 과거에 일본을 어떻게 보고, 어떻게 생각했던가. 생각하여 볼지어다. 20세 이상의 인사로는 그 기억이 상존할 것이다. 일본 음악 정도는 참으로 근본을 아는 음악이라 할 수 있으며, 곧 『악서』 가운데 "조정에 있으면 군신君臣 상하가 엄숙하고 공경하며, 향리鄕里에 있어서는 장유유서長幼有序하고, 규문閨門 안에서는 부자 형제가 모두 화친和親한다."는 본래의 뜻을 관철한 것으로 간주된다.

근래 조선 신여성新女性 즉 여자학교 생도의 음악 하는 것을 보면, "아, 저것이 어찌 남의 자부子婦가 되며, 어느 집의 자부리오?" 하니, 어찌 탄식하지 않을 수 있겠는가? 그렇다면 음악계에서는 물론이거니와 문학계에도 한 번 각성을 촉구하며 바라 마지않는 바이다. 우리 동양 문예의 대표적인 음악을 부패하게 하지 말 것이며, 지존히 여기고 남이 하는 것을 비방하지 말지어다.

　二. 朝鮮音樂의 現狀

　(一) 著者本書卷頭에 先次朝鮮音樂의 程度에 對하야 一言을 略述한 브런과 著者 玆에 우리 東洋文藝의 代表的이요 世界에 誇張할 것은 우리 朝鮮 正樂의 一인가 한다. 그런 바 現下 우리 朝鮮에서 音樂을 무엇스로 看破하며 音樂의 程度가 何境에 在한 지 쪼한 所謂文明國이란 外國에서나 日本에서 樂에 對한 觀念과 熱性 又는 그 待遇가 如何한 지 就中 朝鮮人士로 外國音樂과 舞踊에 名望이 藉藉훈 人士의게 對한 待遇가 如何한 지 此는 文盲이나 下流階級을 除하고는 所謂 中流以上에 잇는 人士로서는 周知하는 바로 생각한다. 우리 朝鮮 人士의 音樂에 對한 觀念을 보량이면 音樂이란 것은 下流階級의 푼파리 資料나 酒肆妓家의 弄物若은 有依裕食之人의 消日物로 看破하는 人士가 殆多하다. 그리고 現下 京鄕[52]을 通而流行하는 散調(酸調) 竝唱 平壤愁心歌 全羅南道 雜歌 其外 여러 가지 雜音雜曲이 盛行하야 우리 東洋에 代表요 淸雅崇嚴한 正音正樂은 永히 衰退의 狀態에 陷함은 著者말치 안이 하야도 僉君子의 周知하는 바이며, 就中文盲의 衆庶는 말할 것도 업지마는 所謂 有識階級 又는 音樂家라 稱하는 人士 中에도 此雜音雜曲을 願聞하며 聞而熱狂하야 肩飛臀舞와 拍手渴彩하는 人士가 不知其數요 動輒則散調竝唱雜歌라 하며 第一可憎한 말은 不知骨子理由하고 듯기 조흔 것은 散調 竝唱이라야 그 聲音이 질금질금하고 어듸를 가드래도 稱讚을 밧지 風流란 것은 잠이 와서 드를 수 업고 그것 무순 소리냐 치아서 바리고 聲音이 질금질금하고 酸酸한 놈으로 一章(한마듸)하고 들이라 時代가 時代일만큼 듯기 죠흔 것은 散調이다. 散調 並창 못하면 音樂家ㄹ 할수 업서 하는 臭夫도 不知其數다. 참으로 이것을 時代로 보고 笑而一掃하고 말 것인가 아- 참 寒心하고 痛嘆不已할 事로다. 엇지하면 우리 東洋文藝의 代表요 世界誇張의 朝鮮 正樂을 回復케 할고. 이것이 우리 朝鮮에 莫大한 惡響이며 遺憾千萬으로 史料하는 바이며 우리 民族도 世界誇張的 文藝를 가지고 時代니 國亡이니 하야 腐敗케 하나

52　京鄕: 원문에 '京卿'으로 오기된 것을 바로잡았다.

豈不痛嘆哉아.

  (二) 時代時代ㄹ 하니 참으로 時代가 時代일만콤 이 時代가 文明이니 文化이니 主唱하면서 엇지 亡國亂世와 困苦[53]之聲音에는 傾耳心醉하고 幽雅淸嚴하고 敎理天下之民하는 正音正樂에 對하야는 그것 무슨 소리 고만 치아서 바리라 하니 이러한 臭夫들이 우리 音樂界를 擾亂히 하고 騷然케 하니 音樂이니 歌舞니 할 것 업시 우리 民族의 困苦를 對誰訴怨하리요. 그 民族으로서 目前에 困苦를 招來하고 不可聽不可視홀 이 雜音雜曲이 우리 朝鮮에 發現된 지가 얼마나 된 지 著者 말치 아니 하여도 一般의 深히 諒知하는 바런과 朝鮮亡初之蘖音으로 이미[54] 朝鮮亡한 餘音이 分明하다. 不然이면 이것을 무삼 聲音이ㄹ 하리요. 律者는 上以應十二숨하고 不以應十二辰하야 悉皆天地自然之理라 하얏다. 그러면 律書中促速煩志, 好濫淫志, 燕嬾奸聲, 悲哀麤厲之聲은 그 民族의게 엇더한 關係가 잇고 人生이 世間에 存在할 동안에는 무엇을 하는 것인가를 詳覽할 때에는 著者의 上述過言을 諒解할 줄로 생각한다 하는 체하고 아는체 하면서 雜音雜聲에 傾耳心醉하는 그네로도 그 本心이 娛滑한 것은 아니다 다못 音樂의 自體와 至尊을 모르고 上言과 如히 弄物消日 거리로 誤認혼 싸달릴 것이다. 쏘한 어느 國民이라 할지라도 不知自體骨子하는 衆庶는 總히 一般일 것이니 此亦一理인가 한다. 然니나 自古及今에 文明國에서 雜音雜曲은 法으로 禁罰하는 理由은 何요. 이것은 말할 것도 업시 禮樂刑政은 其極이 一也와 聲音之道는 與政으로 通하고 生民之道는 樂이 最大ㄹ 하는 점으로 좃차 音樂을 至尊히 여기고 그 亂雜을 禁한 것으로 생각한다.

  (三) 그러면 우리 音樂界에서는 第一雜音亂聲을 互相警誡하며 듯기 좃타는 散調並唱【並唱 中에도 全部를 말한 것은 아니다】을 撲滅시키 前에는 朝鮮音樂을 復舊하지 못할 것으로 생각한다. 故로 著者 玆에 朝鮮音樂의 改選을 主唱한다. 改選이라 함은 新調創作을 云함이 아니라 形便에 싸라서는 新曲創作도 無關이련과 現下 우리 朝鮮에 잇난 古樂과 正音만 하야도 東洋文藝의 代表가 될 것이요, 世界에 誇張하고 人神

---

53 困苦: 원문에 '苦因'으로 오기된 것을 바로잡았다.
54 이미: 원문에 '이무'로 오기된 것을 '이미'로 바로잡았다.

이 感化호고 移風易俗할 만한 音樂이 잇다. 故로 著者는 更히 玆에 우리 朝鮮에서 世界에 誇張할 것은 세 가지가 잇다고 主唱한다. 그러면 第一日 우리 民族의 敏銳한 腦, 第二日 禮, 第三日 樂이다. 現下 우리 朝鮮民族은 世界에 微弱하고 卑劣하며 禮는 虛禮와 煩禮며, 樂은 世界에 誇張하다고도 하며, 複雜하야[55] 取키 難하다는 말도 잇다. 그러나 著者는 여기에 對하야 우리 朝鮮民族의 腦는 참으로 敏銳한 腦를 가젓스며 禮는 어느 國民일지라도 誹謗치 못할 것이며 音樂은 世界에 誇張하고 東洋文藝의 代表가 넉넉 될수 잇다고 主唱한다. 어느 國民일지라도 時代를 싸러셔는 微弱하고 卑劣한 民族도 잇고 禮는 虛禮와 實禮도 잇을 것이며 音樂도 卑劣한 것이 잇을 것은 事實일 것이다. 故로 朝鮮 現狀으로 볼 째에는 우리 民族은 微弱하고 卑劣하다는 点도 事實이며 禮도 虛禮와 煩雜이 잇다는 것도 事實이며 音樂은 誇張된다는 말과 複雜허다는 兩說이 잇다. 그러나 音樂에 限하야 複雜한다는 것은 上述의 散調 並唱 或雜曲일 것이며 世界에 誇張된다는 것은 正音일 것시다. 事實上 正音에 限하야는 古典的 法度에 依하고 天理를 從하야 上古 明王 又는 聖人의 制作이 안이고는 音樂이라 하지 못한다. 故로 現下 流行된 雜曲의 創作者가 誰인지 그 聲音이 法度를 應한 거신지 詳察할지어다. 아모 法度도 업고 君臣民事物이 不安其位하고 亂迭相凌하야 促速煩志와 邪僻燕嫟하고 麤厲悲哀만 主張한 것이다. 故로 朝鮮亡之蘗音과 餘音으로 知音者는 取치 못할 것이릭는 批評을 밧난 것이나 卽是 雜曲은 곳 우리 民族의 困苦를 自唱自歌하는 것이니 우리 民族도 世界 民族의 一類가 되자는 思想을 가젓다 하면 東洋 文藝의 代表的이요 清雅高尙혼 朝鮮 正音을 回復시키고 音樂의 至尊을 알며 正音의 硏究에 熱性을 가지고 아모리 듯기는 조흘지라도 亂雜한 散調 外 여러 가지 雜曲을 互相警誡하고 撲滅하여야만 우리 民族도 亡國之民이란 陋名을 免할 거시며 朝鮮音樂이 世界에 誇張될 것은 再言홀 必要가 無하다고 生覺하는 바이다. 그런됴 所謂 音樂을 한다는 人士 中에서 聞而熱狂하니 豈不可嘆哉아 곳 覺醒할지어다.

(四) 元來 우리 朝鮮音樂의 退弊된 原因을 말하자면 音樂이란 것은 天運과 時代를 싸라서 變化하는 原理는 玆에 更論할 것도 업지마는 百餘年 朝鮮 暗昧한 政治下에

---

55 複雜하야: 원문에 '後雜하야'로 오기된 것을 바로잡았다.

人民이 펵으나 困苦하얏다. 故로 우리 朝鮮 民族의 卑劣点을 말하지 마는 上述의 暗黑한 政治下에 長久한 歲月을 閱歷한 頑腦가 文明이니 文化이니 하는 時代를 卒當奈何리요. 朝鮮 現狀이 이만금 된 것도 奇異点으로 보지 아니치 못홀 것이다. 더구나 國破君亡하고 三綱五倫이 泯滅되야 倫理道德은 夢中에나 生覺할가 하는 時代요. 目前에 迫到하는 生活難을 무엇으로 防止하며 動輒則錢錢(돈돈) 但知者 錢錢(돈돈) 하나 財源이 薄弱한 朝鮮 現狀에 쏘한 無主의 音樂이 되고 참으로 遠聖俗降하고 禮廢而樂淫한 時代인가 한다. 다못 이 時代에 音樂을 主唱하는 著者에 對하야 反對할 人士도 許多할 줄로 生覺하며 쏘한 이 時代를 文明이니 文化니 太平 自由 平等 黃金 二十世紀 靑年時代니 하야 各自 主唱이 不一한 時代일만금 著者의 論할 時代가 아니요 쏘한 우리 民族은 亡國民이란 함은 事實이런과 亡國民과 時代라고만 主張하고 古來之文藝를 不顧하고 말것인가. 쏘한 亡國에는 奇異흔 文物이 업슬 것도 아니요, 亡國民이라고 안커나 行하지 못홀 것이며, 亡國 又는 時代라 하면 自太皥伏羲氏以下 幾介邦國幾千帝王이며 朝鮮으로 論하면 檀君以下 幾介邦國幾百帝王이 遞與遞廢하야슬가. 國家興亡은 都是 天運이런과 國破君亡하얏다고 民族의 生命과 文藝까지 亡하는 것은 아니다. 國은 亡하야도 民族과 文藝는 存在하는 것이다. 故로 우리 朝鮮에난 아직도 祀天祭地하고 以事宗廟하며 崇拜祖之禮가 잇스니 樂도 잇서야 할 거시오, 文藝로도 亡國으로부터 輸入된 것이 許多하다. 그러면 그 高尙하고 固有한 文藝는 어데까지라도 維持하는 것은 그 民族의 本義일가 한다. 우리 現下 가지고 잇난 音樂은 朝鮮 諸王 中 가장 神聖하시고 可謂 賢이라 아니치 못할 世宗大王時代에 修正되고 創造된 것이요, 可히써 東洋 文藝의 代表요, 淸雅高尙한 것이 殆多하다. 著者 여기에 特히 一言코저 하는 바는 至今 時代을 太平이니 自由니 文明 文化니 하지마는 世宗大王의 時代를 至今에 比하면 아마 至今時代에 不下할 것이다 다못 民智는 至今時代와 갓치 發展이 못 되엿다 할지르도 우리 人生이 이 世上에 잇슬 동안에는 希望하는 것이 太多한 中 第一 國泰民安이다. 이것은 古今에 一般일 것이다. 그러면 世宗大王의 時代는 民智發展만 못 되얏다 하되 國泰民安하얏다 何요 하면 一日 禮義立하고 二日 三綱五倫이 不失其本하고 三日 君은 愛民하고 民은 憂國하야 可謂 康衢烟月에 擊壤歌를 謳歌하얏다. 그러면 이러한 時代에 創作된 우리 音樂의 退弊와 世宗大王의 時代를 回顧할 때에는 우리 民族으로서는 寒心할 事이 非止一二일 것이다. 故로 朝鮮 正樂은 神聖한 時代에 創作되야 淸雅崇嚴하고 神聖한 音樂으로 世界에 誇張됨은 更言할 必要가 無하니라.

(五) 故로 國家는 亡하얏지마는 民族은 나마잇슬 것이요. 그 民族이 되야 그 固有하고 崇嚴한 文藝를 腐敗케하야서는 안 될 거시다. 多小 變革이 될지라도 그 特異한 文藝를 無難이 하지 못하고 變革치 못할 거시다. 故로 우리의 가지고 잇난 音樂은 眞實이 聖君時代의 創作일 뿐만 안이라 古典的 法度에 依혼 正音이요, 우리 音樂界로서는 互相硏究하고 硏核하야【硏核는 聖人微妙之道를 硏磨하자는[56] 것이 안이다.】써 後世에 傳之하자는 것이 著者의 第一의 目的이다.

(六) 쏘한 우리 朝鮮 文學界에서 冊子에 들어서 讀하기만 熱性으로 하고 音樂에 對하야는 全然히 凡然視都外視하얏다. 禮樂에 관한 書冊을 讀하고 習할 쌔에는 반다시 그 禮樂의 至尊을 知得하야 쓸거시여늘 所謂 文學家 中에서 音樂에 대하야 徹頭徹尾하게 行하는 人士를 보지 못 하얏다. 아마 이것은 知其本하야 六藝 中 樂은 第一 極難한 것이기 衆庶로는 行치 못할 것으로 生覺함인가. 著者가 實地로 본 一例를 들어 一言코저한다. 往年 某友家에서 一文士逢着하얏다. 其人이 著者의 鼓琴(洋琴)하는 것을 보던니 自言曰 나는 音樂이란 것을 참으로 放蕩遊逸하고 淫亂한 物件으로 生覺한다. 故로 나는 都是不關할 것으로 안다고 하며 又曰 나는 요새에 七律一首를 聯句하야 詩募集所로 보내 一等賞을 希望한다고 하얏다. 著者 여기에 默然히 그 文士의 말을 들을 뿐이엿스나 七律을 지여 一等賞을 希望하는 所謂 文士가 音樂은 全然放蕩淫亂之物에 附言하얏스니 그 文士書字를 學習한 骨子가 何在며 律이라는 一字의 自體를 不知한 말리다. 차라리 衆庶는 못하는 것이 하면 第一適理한 말이요, 올케 學한 文士라 할 것이다. 이러한 文士가 우리 朝鮮에 豈止一人이리요. 許多하리로다. 文學界에서 全然히 音樂을 凡然視 都外視한 거시 上述暗黑한 政治下 云云事보담 더욱 우리 朝鮮音樂 退弊의 原因의 第一이라 하지 안이치 못할 거시다. 쏘한 所謂 朝鮮 音樂界에서 音樂을 가지고 한다 하는 人士의 階級과 程度를 볼지어다. 이 現狀으로 朝鮮音樂을 回復시키고 世界에 誇張한다는 音樂을 할 거신가. 動輒則 散調 樂器를 手에 援하기만 하면 龘廣撥撥之弄絃法에 酸音硏究가 主張이니 豈不寒心哉아. 互相覺醒할지어다.

(七) 近來時代와 思潮에 짜라 朝鮮 人士로서 外國音樂卽 音樂으로는 世界에 科學

---

56 연마하자는: 원문에 '연〇하자는'으로 탈자된 것을 보충하였다.

的이요 誇張한다는 美國音樂 其外 他舞踊에 名望이 藉藉하고 到處에 가면 歡迎裏에 喜色이 滿顔하고 讚揚이 沸騰하야 新聞上 記事ㅁ 보와도 眼目이 燦爛한 音樂家가 잇다. 그 音樂家 中에는 朝鮮音樂을 兼備한 音樂家도 잇고 朝鮮音樂은 一拍도 不知한 音樂家도 잇다. 音樂은 그 國家의 精神이여 人民의 精髓로 볼 때에는 先次 自己의 精神精髓가 如何히 된 것을 知得한 然後에 外國의 精神이 如何히 된 것을 知得홀 지며, 賚來傳播하는 것은 古今이 一般일 것이다. 朝鮮의 文藝도 本是부터 朝鮮에 固有한 것이 아님은 上述한 바이다. 故로 樂書에 云 太史公曰 情習이 不同故로 博採風俗하고 恢比聲律하야 以補短移化하고 助流政敎云 事是也라. 然則 自己精神이나 文藝를 尊崇히 여기고 先次知得하야 荒한 것을 舍하고 正한 것을 取할 지며, 神聖한 外國의 文藝나 精神을 賚來傳敎하는 것은 그 民族의 本義가 될 것은 再言할 必要가 無함은 卷頭記事와 如하며 第一尊崇 第二 自體가 如何히 된 것을 明確히 知得하여야만 할 것으로 生覺한다. 著者 上述 外國音樂이나 舞踊에 對하야 創作흔 그 自體와 骨子를 알고저 하야 往年에 名望이 藉藉한 某外國音樂家에 就하야 그 骨子와 自體를 質疑한직 美國音樂은 科學的이며 世界에 誇張하는 音樂으로 누구나 한 번 聽視할 必要가 잇서 重要 都市에 限하야 巡演中 京城에 와서는 再請까지 바덧다는 말쑨이요, 音樂의 自體에 對하야는 明白한 說明을 듯지 못 하얏다. 쏘한 朝鮮音樂은 荒唐하야 取키 어렵다는 말까지 直聞하얏다. 그러면 名望이 東西洋에 藉藉한 이 音樂家도 音樂을 한다는 말쑨이요, 그 自體는 不知한 것이며 現下 우리 朝鮮 民族의 程度에 自國의 聲音도 그것이 무엇인지 아지 못하고 暗黑한 耳朶에 더구나 外國의 聲音에 그 自體와 音曲의 說明이 업스니 知者誰며 不知 骨子하면서 아난 체 하고 撲手渴彩하는 意味는 何也요. 참으로 著者의 疑訝不已하는 바이다. 그러면 이것이 西茋表舐가 아니고 무엇이리요. 쏘한 外國 音樂을 反對하는 것은 아니다. 上述과 如히 文藝라 하는 것은 그 骨子를 知得하고 好惡이 判明될 때에는 必히 어느 나라 文藝라도 學習하여야 할 것이다. 故로 只今時代를 文明이니 文化니 하는 것이다. 그러면 朝鮮 人士로 外國 音樂을 習得하는 熱性으로 東洋 文藝의 代表的인 朝鮮 音樂을 硏究하야 撤底이 하면 참으로 世界知音者의 耳朶를 驚케 할지며 外國의 音樂을 學習하야 暗昧한 우리 民族의 腦를 闡明시키는 것이 그 本義가 될가 한다. 著者 特히 玆에 一言코저 하는 바는 朝鮮 人士로 外國 音樂에 熱性을 가지고 名望이 藉藉한 人士는 互相 硏究하야 朝鮮에 高尙淸雅한 正音의 回復시키기를 希望不已하는 바이다.

(八) 著者 往年 中 京城 某專門學校 主催의 音樂大會의 廣告欄을 讀하얏다. 그 課題를 본직 朝鮮音樂은 〈방아타령〉 일뿐이엿다. 그러고 모다 쯔그랑 洋曲 여러 가지엿다. 著者 여기에 참으로 遺感千萬으로 싱각한 것은 所謂 朝鮮音樂을 課程에 編入하야 教授한다는 專門學校로서 音樂大會의 課程에 朝鮮音樂 中에난 〈방아타령〉 第一 좃타난 意味인지 其外에는 編入할 것이 업서서 그러한 거인지 또는 〈방아타령〉이 우리 人民 教化의 至尊한 聲音이 된 것으로 認함인지 엇지 人民 教化의 主要 學校에서 이처름 하는 거슨 音樂에 對한 觀念이 엇더타고 할가. 朝鮮音樂을 課程에 編入햇다는 것은 무엇인지 참으로 遺感千万으로 생각하얏다. 決코 近來 盛行하는 唱歌나 〈방아타령〉 等屬이 東洋文藝의 代表的이 되지 못할 것이다. 著者 上述 諸点의 其 本意는 朝鮮音樂의 退弊를 遺感으로 싱각하며 그 複舊와 發展을 企圖흔 것이요, 他意가 아니다. 또한 元來 우리 朝鮮에서는 相當한 人士 中에서 或 音樂하는 것을 보면 퍽으나 誹笑하고 嘲弄하며 音樂이란 말도 못하고 洋琴은 '쏭쌍' 伽倻琴[57]은 '개쯔'라 하야 普通의 呼名이 되엿다. 近來의 現狀으로도 或 意識[58]이 豐富한 人士 中에서 音樂을 研究할 思想을 가지고도 外人의 誹笑를 忌憚하고 或 舍廊에 音樂의 聲音이 나면 過去人의 嘲談거리가 되야 所謂 兩班紳士의 子侄은 爲先 其祖與父를 忌하야 하지 못하며 或 이러한 子侄 等이 하난 때에난 其 門中의 議論거리와 放蕩遊逸의 根本이 되고 敗家之子가 생기엿다 하야 叱責과 制止方針에 奔走하고 '쏭쌍' '개쯔'난 才人의 하난 것이요, 우리네의 物件이 아니라고 하얏스며 音樂을 하난 사람이면 퍽으나 至賤한 사람으로 看破하고 現狀으로도 下鄉文士兩班이란 家庭에난 퍽으나 만타. 또한 近來 靑年階級 中에나 紳士라는 人士 中에서 音樂한다난 사람을 逢着하면 아 여보 듯기 조흔 놈으로 한 자리 하시오. 老兄은 散調 탈 줄 모르시요. 한 자리 드릅시다 하고 품파리 하난 才人 待接과 同一히 하며 其 要求에 應하야 하난 人士도 잇스니 우리 朝鮮에서 난 音樂이 이처름 至賤하게 되엿스니 其外 特異하고 誇張할 것은 무어인가. 外國에서난 音樂에 對하야난 俳優게 까지라도 그러한 待遇를 아니 한다. 痛嘆不已하난 바이며 이럿코 朝鮮民族의 卑劣論을 何時에 免할지며, 所謂 日本音樂은 本是 高麗朝와 李朝時代에 들어간 것이 殆多하다. 그리고 現下 日本人 家庭을 보면

---

57 伽倻琴: 원문에 '珈琊琴'으로 오기된 것을 바로잡았다.
58 意識: 원문에 '衣食'으로 오기된 것을 바로잡았다.

所謂 紳士라는 家庭婦人 中에는 必히 音樂을 하여야만 一層 더 貴히 역이고 이러한 家庭에는 必히 藏琴하고 祖上과 갓치 貴重히 여기며 女子의 婚路에 音樂이 第二가 된다. 그리고 우리 朝鮮에서 旣往 日本을 如何視 如何思하얏난가 生覺하여 볼지다. 二十歲 以上의 人士로는 그 記憶이 尙存할 것이다. 日本 音樂 程度는 참으로 知本하는 音樂이라 할 수 잇으며 卽樂書 中在朝庭하야난 君臣上下가 肅敬ㅎ고 在鄕里之中하야는 長幼有序하고 在閨門之內하야난 父子兄弟 皆和親이라는 本旨를 貫澈한 것으로 看破된다. 近來 朝鮮 新女性卽 女子學校 生徒의 音樂하는 것을 보면 아 저것이 豈以爲 人之子婦며 爲誰家之子婦리요 하니 豈不可嘆哉아. 然則 音樂界에서는 勿論이런과 文學界의 一覺醉를 促하며 要望不己하는 바은 우리 東洋의 文藝 代表的인 音樂를 腐敗케 말지며 至尊히 여기고 남 하는 것을 誹謗치 말지어다.

3. 〈영산회상靈山會上〉의 골자와 자체自體. 일명 〈검남곡劒男曲〉

(1) 참으로 이론異論이 다양하고 각자 주장에 그 골자와 자체가 불명不明한 것은 우리 향악鄕樂인 이 〈영산회상〉이다. 더구나 하향下鄕 등지에서는 풍류風流니 회상會上이니 할 뿐이요, 그 골자나 자체에는 완전히 암매暗昧하여 정말 이른바 '수박껍질 핥기'요, 그 연주법만 익힐 뿐이요, 그 골자와 자체를 물을 곳이 없다. 이른바 저자도 지금으로부터 10년 전에 어떠한 취미 하에 그 연주법만 대략을 익힌 후 그 골자와 자체를 물으니, 아는 사람이 누구리오? 그러므로 익히고 팽개친 것이 두 차례에 이르렀다. 그 뒤 지금으로부터 5년 전 경성의 음악가 이재규李宰珪[59] 선생을 찾아가 비로소 〈영산회상〉의 골자와 자체를 상세히 듣고 익히게 되었다.

그러면 음악이란 것은 반드시 그 골자가 있는 것이지마는, 음악의 자체를 알지 못하면, 그 골자를 알지 못하는 것이다. 그러할 뿐만 아니라 원래 우리 조선의 음악 정도가 위에서 말한 바와 같이 잡음란성雜音亂聲으로만 변화되고 정음正音이나 정

---

59 이재규(李宰珪): 대금의 명인. 1920년대 경성방송국에 김상순(양금)·조이순(거문고)·조동석(단소)과 함께 출현하여 대금으로 〈영산회상〉을 연주했다. 1927년 이화학교에서 조선음악을 가르쳤고, 1927년 경성여자미술학교 교우회 주최 조선정악대회 때 김형준·이성환·김활란 등과 함께 출현하였다. 송방송, 『한겨레음악대사전』 하, 보고사, 2012, 1469쪽.

악正樂에 대하여는 연구성研究性이 박약하여 표면에만 하는 체하는 인사가 매우 많으므로, 정악이 날이 갈수록 퇴폐하고, 그 골자가 민멸泯滅됨은 이제 다시 말할 것이 없다. 우선 〈영산회상〉에 대한 각자의 이론異論과 주장을 들은 대로 대략 소개하면 아래와 같다.

(가) 〈영산회상〉은 불경에서 나오는 말이라고도 하며
(나) 〈영산회상〉은 불경에 있는 말이오, 불경에 의하여 지은 음音이라고도 하며
(다) 영산은 인도에 있는 산의 이름이오, 석가여래께서 영산에 들어 여러 보살에게 불도佛道를 선전할 때 공중에서 선녀가 주악奏樂하여 그것을 응한 음으로 불악佛樂이라고도 하고【불악은 무엇인가? 누가 불악이라 하던고? 우리는 지금 불악을 한다는 말인가?】
(라) 〈영산회상〉은 세종대왕께서 불경에 어열御熱[60]하사 이 음곡音曲을 작어作御[61]하시고, 창사唱詞를 '영산회상불보살靈山會上佛菩薩'이라 하였다고도 하며
(마) 〈영산회상〉은 세종대왕의 어작御作이오, 이에 대한 창사가 있었는지 약 5백 년 전에 분실하였다는 말도 있다.

저자는 이상 여러 이론異論 중에서 〈영산회상〉은 세종대왕의 어작이라는 점 하나 외에는 한 마디도 준신하지 못할 말이오, 의리에 맞지 않는 말이라고 배척하고 반대하는 바이다. 이상의 여러 이론異論은 완전히 음악 자체와 그 조직을 알지 못하는 말이며, 연구성研究性이 박약한 점으로 보는 바이다. 그리고 음악가 중에서 "영산회상이 무엇이며, 또는 그 성음聲音 즉 '싸랭' '징' '동' '당' 하는 음성이 무엇이야?"라고 질문하는 인사가 부지기수요, 모두가 다 그러하다. 그러면 저자가 이해하는 〈영산회상〉의 뜻은 무엇인가를 아래에 적는다.

(2)
(가) 『악서樂書』 첫머리에 "무릇 음音의 발생은, 사람의 마음에서 생겨나는 것이

---

60 어열(御熱): '어숙(御熟)'이 아닌가 한다.
61 작어(作御): '어작(御作)'이 아닌가 한다.

다. 사람의 마음을 움직이는 것은, 물物이 그렇게 만든 것이다. 물에 느낌이 있어 움직이기 때문에 성聲에서 형태를 드러내고, 성이 서로 응하기 때문에 생겨나 변화한다. 변화가 무늬를 이루면 음音이라 한다. 음을 섞어 연주하고 간척干戚과 우모羽旄를 쥐고 춤추는 것을 악樂이라 한다." 하였다. 이것은 음악의 조직과 그 자체다. 그러면 〈영산회상〉의 자체도 이 의의意義 내에서 조직된 것이다. 이것은 저자의 해의解義를 기다릴 것이 아니라, 누구나 이 『악서』를 본다면 물론 해의할 것이다.

그러면 〈영산회상〉이라는 것은 악명樂名이요, 일명 〈검남곡劍男曲〉이다. 〈검남곡〉이란 남자의 검무劍舞니 '무舞'는 무악武樂이며 당하지악堂下之樂이다. 이 검남곡은 곧 검무의 한배限配에 음악의 박자를 조직하여 격팔상생隔八相生, 음양상생陰陽相生, 고하청탁高下淸濁의 5성 12율五聲十二律로서 비협성률比協成律하여 검무와 합주合奏하는 화음덕음和音德音이다.

화음이란 무엇인가? 음악은 조화를 위주로 하기 때문에 화음이요, 덕음이란 무엇인가? 『악서』에 "그 춤을 보고 그 덕을 안다."고 하였으며, 또 "음을 섞어 연주하고, 간척과 우모를 쥐고 춤추는 것을 악이라 한다." 하였다. 그러면 화음으로 덕용德容인 무용舞容을 형용하고 협비協比[62]한 것이다. 알기 쉽게 원래 우리 민악民樂 중 남무男舞나 여무女舞에 장단과 관악管籥의 성음으로 합주함과 굿거리춤國巨里舞에 관악의 성음으로 합주함이 모두 동일한 이치니라. 그리고 '싸랭' '징' '동' '당'이 무슨 성음이냐고 물으니, 이것을 특히 무슨 성음으로 구분할 것이 아니라, 고하청탁으로써 춤의 한배限配에 협비하는 즉, 우리의 귀를 기쁘게 하고, 열복悅服시키는 화음和音과 화음化音일 것이다.

화음和音이란 무엇인가? 임금은 정치가 안정되면 예禮를 제정하고, 공업功業이 이루어지면 음악을 만들어 백성을 가르친다 하였다. 그러면 음악은 인민을 교화하는 요소다. 우리 인민을 교화시키기 위하여 창작하기 때문에 '화음化音'이라 할 것이며, 이 〈영상회상〉은 세종대왕께옵서 친히 작어作御하시고, 이것을 우리 민악民樂 즉 향악鄕樂으로 제정하셨다 한다. 과연 그 창작이 세종대왕이신지 그 밖의 누구인

62　협비(協比): 어울리게 견주다는 뜻.

지 그 적확한 서적書籍 상의 증거는 보지 못하였으나, 우리 조선에 한해서는 특별한 음악가에게 확실히 들은 바로서 믿어 의심치 않는 바이다. 그 작자가 누구임을 채근採根할 것이 아니다. 다만 음악의 지존과 골자만 알고 하면 그만일 것이다.

(나) 그리고 이에 특히 뜻을 이해하고 오해하지 말아야 할 점을 쓰려고 한다. 곧 악명樂名이 〈영산회상〉이요, 일명은 〈검남곡〉이라 하였다. 혹 악명에 대하여 "어찌 두 가지 악명이 있으리오?" 하리로다. 그러므로 저자 이에 한 마디 설명을 더 함이니, 즉 〈영산회상〉의 골자라 하는 것은, 〈검남곡〉 무용형舞容形의 부류이므로 〈영산회상〉의 골자는 즉 〈검남곡〉이요, 〈검남곡〉에서 나온 것이라 하여도 가하다. 그러면 "춤으로는 〈검남곡〉인데, 음악으로는 〈영산회상〉이라 하는 의의는 무엇이요?" 하리로다(〈춘앵무春鶯舞〉를 〈평조영산平調靈山〉이라 함도 한 가지 이치다). 그러므로 저자도 이에 의심하는 점이 없지 않다. 이 검남무의 '춤[舞]'이 무엇을 의미하여 창작한 것인지를 의의가 분명하지 않고 알아낼 길이 막연하다.

춤이라 하는 것이 무엇을 의미하여 창작되는 것인가는 『악서』 중에 명료하다. 〈검남곡〉의 의의를 알지 못하는 것은 물론이려니와 실지로 춤추는 것을 보지 못하였다. 춤에는 반드시 그 골자와 혹은 창사唱辭가 있다. 그러므로 우리 민간에 성행하는 남무男舞나 여무女舞가 모두 동일한 이치요, 그 골자가 있을 것이다. 그러나 그 골자를 아는 자 누구인가. 또한 위에서 말한 〈영산회상〉의 창사가 있었는데, 약 50년 전 산실散失되었다 함은 〈검남곡〉에 대한 창사인가 하는 의문점이 없지 않다. 과연 〈검남곡〉의 창사가 무엇인지 있다 하면 곧 이것이 〈영산회상〉의 창사가 될 것이오, 특별히 〈영산회상〉의 창사가 있다 함은 의리에 부당한 말로 생각하는 바이다. 결코 〈영산회상〉의 성음이 무슨 가성歌聲 혹 언어를 형상形狀하고 협비協比하는 것은 아니다.

(다) 그러면 춤으로는 〈검남곡〉이요, 무용舞容을 형용하는 음악의 악명樂名은 〈영산회상〉이다. 그러면 〈검남곡〉을 음악으로는 〈영산회상〉이라 이름하는 의의는 무엇인가? 이 점에 연구하지 않을 수 없는 것이 있다. 저자의 이에 대한 해의解義는, 곧 민간에 민악民樂이 있어야만 할 것이며, 위에서 말한 것과 같이 세종대왕께서는 민악을 작어作御하실 적에 〈검남곡〉이라는 춤을 그대로 써서 음률로 협비하시고, 이로써 인민 교화를 주로 하시어 악명을 〈영산회상〉이라 하심은, 석가여래의 도덕을 앙모仰慕하심과 영산靈山은 사람의 마음을 말함이요, 도덕과 정도正道를 주로 한

것이다. 그러므로 우리 인민은 이 음악을 듣고 열복悅服하고 정도正道에 들어가라는 즉 정교正敎와 정심수양正心修養을 의미하신 것으로 생각한다. 이것은 저자의 해의를 기다릴 것이 아니라, 음악계의 여러 점잖은 분들 중에서 상호 해의할 것으로 생각하며, 저자는 이상의 해의가 정당하다고 확언하는 바는 아니다. 그러나 이 외에는 다른 뜻이 없을 것이다.

(3) 그러면 〈영산회상〉에 대한 가사와 시詩를 적으면 곧 아래와 같다.

다라문계진여출陀羅門啓眞如出, 원각해중광혜일영산회상圓覺海中光慧日靈山會上, 설진언만설연화고문불說眞言滿舌蓮花古文佛이라 하였다.

이상 가사는 불경의 가사요, 문학가는 잘 아는 바이다. 그러나 저자는 본시 문학상 소양이 얕고 짧으므로 위 가사의 진의는 이해하지 못하나, 위 영산이 인도에 있는 산 이름인지 아닌지를 따져 생각하려 한다면, 산의 이름이라 할 수 없으며, 불가佛家를 찾아 가서 물어보았더니, "불경에 영산회상불보살靈山會上佛菩薩이란 문자가 있고, 이것은 심주心柱[63]를 말함이요, 석가여래께서 영산에 들러 불도佛道를 선전宣傳하고 도통道通한 것이 아니라, 설산雪山이란 산에 들어가 여러 보살과 회합하고 불佛에 심령心靈을 통하였다." 하는 일설一說을 들었다.

이 외에 이러한 시가 있다. "부처는 영산에 있으니, 멀리서 구하지 말라, 영산은 단지 마음에 있으니, 사람마다 모두 영산의 탑이 있느니라, 모쪼록 영산을 찾아 탑 아래를 지키기를!"[64]이라고 하였으니, 영산은 심주, 사람이 마음을 바로 하여 도를 닦음을 말하는 것인가 한다. 그러면 악명을 〈영산회상〉이라 함은 곧 마음을 바로 하는 것으로 해의된다.

다만 의문점은 악명이 〈영산회상〉인데, 그 중에 상영산·중영산·세영산이며, 상

63　심주(心柱): 마음의 줏대.
64　何道全(明), 『隨機應化錄』. "佛在靈山莫遠求, 靈山只在爾心頭. 人人皆有靈山塔, 好向靈山塔下守."

현상弦上絃·하현下絃·염불·타령 등의 명사가 무엇인지를 알 수 없다. 이것은 음악 절차 중 명칭과 간칭명사間稱名詞로 생각되나 무엇을 의미하여 일컫는 것인지 실로 자세히 알지 못하는 바이다. 이 외의 상세한 해의는 여러 점잖은 분들의 해의를 기다릴 뿐이다.

三. 靈山會上의 骨子와 自體 一名 釼男曲

(一) 참으로 異論이 多端하고 各自 主張에 그 骨子와 自體가 不明한 것은 우리 鄕樂인 此 靈山會上이다. 더구나 下鄕等地에서는 風流이니 會上이니 할 뿐이요, 그 骨子나 自體에는 全然 暗昧하야 眞所謂 西苽表舐요, 그 鼓法만 習할 뿐이요, 그 骨子와 自體를 無問處다. 所謂 著者도 去今 十年 前에 엇더한 趣味下에 그 鼓法만 大略을 習한 後 그 骨子와 自體를 問之則知者誰이리요. 故로 習之廢之가 二次에 及하엿엇다. 其後 去今 五年 前 京城音樂家 李宰珪 先生의게 就하야 비로소 靈山會上의 骨子와 自體를 詳聞習得하얏다. 그리면 音樂이란 것은 必히 그 骨子가 잇난 것이지마는 音樂의 自體를 不知하면 그 骨子를 不知하는 거시다. 그러할 뿐만 아니라 元來 우리 朝鮮의 音樂 程度가 上述한 바와 如히 雜音亂聲으로만 變化되고 正音이나 正樂에 對하야는 硏究性이 薄弱하야 表面에만 하는 체 하는 人士가 殆多함으로 正樂이 追日退弊하고 그 骨子가 泯滅됨은 茲에 再言할 것이 업다. 爲先 靈山會上에 對한 各自 異論과 主張의 所聞을 槪略 紹介하면 下와 如하다.

(가) 靈山會上은 佛經에서 나오는 말이라고도 하며
(나) 靈山會上은 佛經에 잇난 말이요, 佛經에 依하야 作한 音이라고도 하며
(다) 靈山은 印度에 잇난 山名이요, 釋迦如來게서 靈山에 드러 諸菩薩의게 佛道를 宣傳할 際 空中에서 仙女가 奏樂하야 그것을 應한 音으로 佛樂이라도 하고【佛樂者는 何也오. 誰云 佛樂이라 하든고 우리는 只今 佛樂을 한다는 말인가.】
(라) 靈山會上은 世宗大王게서 佛經에 御熱하사 此音曲을 作御하시고 唱詞를 靈山會上佛菩薩이라 하얏다고도 하며
(마) 靈山會上은 世宗大王의 御作이요, 此에 對한 唱詞가 잇섯는지 約 百五十年 前에 紛失하얏다는 말도 잇다.

著者는 以上 諸異論点 中에 靈山會上은 世宗大王의 作御라 하는 点 一端 外에는

一言도 準信치 못홀 말이요, 義理에 不當혼 말이라고 排斥하고 反對하는 바이다. 以上 諸異論은 全然 音樂의 自體와 그 組織을 不知하는 말이며 硏究性이 薄弱한 点으로 보는 바이며 音樂家 中에서 一日 靈山會上이 무어시며 쏘는 그 聲音 卽 '사 랭' '징' '동' '당'하는 聲音이 무어시야고 質問하는 人士가 不知其數요, 擧皆 그러하 다. 그러면 著者의 靈山會上 解義는 무어신가 下에 記한다.

(二)[65]

(가) 樂書 初頭에 云 凡音之起는 由人心生也요, 人心之動은 物이 使之然也라. 感於 物而動故로 形於聲하고 聲이 相應故로 生變하고 變이 成方을 謂之音이요 比音而樂 之와 及舞之干戚羽旄[66]를 謂之樂也라 하얏다. 此는 音樂의 組織과 그 自體다. 그리 면 靈山會上의 自體도 此意義內에서 組織된 거시다. 此은 著者의 解義를 竢할 것이 아니라 누구나 此 樂書를 본다 하면 勿論 解義할 것이다. 그러면 靈山會上者는 樂名 이요, 一名이 劒男曲이다. 劒男曲者는 男子의 劒舞니 舞는 武樂이며 堂下之樂이다. 此劒男曲卽 劒舞의 限配에 音樂의 拍子를 組織하야 隔八相生陰陽相生高下淸濁의 五聲十二律로써 比協成律하야 劒舞와 合奏하는 和音德音이다. 和音者는 何也요. 樂 은 以和爲主故로 和音이요. 德音者는 何也오. 樂書에 云 觀其舞而知其德이라 하얏 스며, 又日 比音而樂之와 及舞之干戚羽毛를 謂之樂이라 하얏다. 그러면 和音으로써 德容인 舞容을 形類하고 協比한 것이다. 알기 쉽게 元來 우리 民樂 中 男舞나 女舞에 長短과 管龠의 聲音으로 合奏함과 國巨里舞에 管龠의 聲音으로 合奏함이 都是 一理 니라. 그리고 싸렁 징 동 당이 무삼 聲音인야고 무르니, 이것을 特히 무삼 聲音으로 區分할 것이 아니라 高下淸濁으로써 舞의 限配에 協比하는 卽 우리의 悅耳와 悅服 시키는 和音과 化音일 것이다. 化音者는 何也오. 王者 治定制禮하고, 功動作樂以敎 民이라 하얏다. 그러면 樂音者는 人民 敎化의 要素다. 우리 人民 敎化시키기 爲하야 創作 故로 化音이라 할 것이며, 此 靈山會上은 世宗大王게옵서 親히 作御하시고 이 것을 우리 民樂 卽 鄕樂으로 制定하섯다 한다. 果然 그 創作이 世宗大王이신지 其外 誰인지 그 的確한 書籍上 證跡은 보지 못하얏스나 우리 朝鮮에 限하야는 特別한

---

65 원문에서 '(二)'가 누락 되었기에 구분을 위해 역주자가 임의로 넣었다.
66 羽旄: 원문에 '羽毛'로 오기된 것을 바로잡았다.

音樂家에게 確聞한 바로서 信之無疑하는 바이다. 그 作者가 誰임은 採根할 것이 아니다. 다못 音樂의 至尊과 骨子만 알고 하면 已일 것이다.

(나) 그리고 茲에 特히 解義하고 誤解차 말 点을 記하랴 하니 卽 樂名이 靈山會上이요 一名은 劒男曲이라 하여 잇다. 或 樂名에 對하야 엇지 二의 樂名이 잇스리오 하리로다. 故로 著者 茲에 一言의 說明을 加함이니 卽 靈山會上의 骨子라 하는 것은 劒男曲[67] 舞容形類인 故로 靈山會上의 骨子는 卽劒男曲이요 劒男曲에서 나온 것이라 하여도 可하다. 그러면 舞로는 劒男曲인대 音樂으로는 靈山會上이라 하는 意義는 何요 하리로다.(春鶯舞를 平調靈山이라 함도 一理)故로 著者도 此에 疑点이 不無하다. 이 劒男舞의 舞를 무어슬 意味하야 創作한 것인지를 意義가 不明하고 知得할 途가 漠然하다. 舞라 하는 것이 무엇을 意味하야 創作되난 것인가는 樂書 中에 明瞭하다. 劒男舞의 意義 不知는 勿論이런과 實地로 舞하는 것도 보지 못하얏다. 舞에는 必히 그 骨子와 或은 唱辭가 잇다. 故로 우리 民間에 盛行되는 男舞나 女舞가 都是 一理요 그 骨子가 잇슬 것이다. 그러나 그 骨子를 知者 誰오. 쏘한 上述 靈山會上의 唱辭가 잇섯난듸 約 五十年 前 散失하얏다 함은 劒男曲에 對한 唱辭인가 하는 疑点이 不無하다. 果然 劒男曲의 唱辭가 무엇신지 잇다 하면 卽 이것시 靈山會上의 唱辭가 될 것이요, 特別히 靈山會上의 唱辭가 잇다함은 義理에 不當한 말로 生覺하는 바이다. 決코 靈山會上의 聲音이 무삼 歌聲 或 言語를 形狀하고 協比하는 것은 아니다.

(다) 그리면 舞로는 劒男曲이요, 이 舞容을 形狀하는 音樂의 樂名은 靈山會上이다. 그러면 劒男曲을 音樂으로는 靈山會上이라 名하는 意義는 무어신가. 此点에 不可不硏究者 是也니라. 著者의 此에 對한 解義는 즉 民間에는 民樂이 잇어야만 할거시며 上述과 如히 世宗大王게서 民樂을 作御하실새 劒男曲이란 舞를 仍用하야 音律로써 協比하시고 此로써 人民 敎化를 主로 하사 樂名을 靈山會上이라 하심은 釋迦如來의 道德을 仰慕하심과 靈山은 人의 心을 云함이요, 道德과 正道를 主로 한 것인 故로 우리 人民은 이 樂音을 듯고 悅服호고 正道에 들어가라는 卽 正敎와 正心 修養을 意味하신 것으로 生覺한다. 이것은 著者의 解義를 竢할 것이 안이라 音樂界 僉君子 中에서 互相 解義할 것으로 生覺하오며 著者는 以上 解義가 正當타고 確言하는 바는 안이다. 然이나 此外에 別義가 無할 것이다.

---

67 劒男曲: 원문의 글자 '釼男曲'은 '劒男曲'의 오기로 판단되어 이하 원문을 수정하였다.

(三) 그러면 靈山會上에 對한 詞와 詩를 記하면 卽 下와 如하니라.

陀羅門啓眞如出, 圓覺海中光慧日靈山會上 說眞言滿舌蓮花古文佛이라 하엿다.

以上 詞는 佛經의 詞요, 文學家에는 잘 아난 바이다. 그러나 著者난 本是 文學上 素養이 淺短함으로 右詞의 眞義는 未解나 右 靈山이 印度에 잇난 山名인지 아닌지를 考思하량이면 山名이라 할 수 업스며 佛家에 就問則 佛經에 靈山會上佛菩薩이란 文字가 잇고 이것은 心柱를 云 함이묘, 釋迦如來게서 靈山에 들러 佛道를 宣傳하고 道通한 것이 아니라 雪山이란 山에 入하야 諸菩薩과 會合하고 佛에 心靈을 通하엿다는 一說을 드럿다. 以外에 이러한 詩가 有하다. 佛在靈山莫遠求하럇 靈山이 只在 爾心頭니라. 人人이 皆有靈山塔하니 好向靈山塔下守라 하엿스니 靈山은 心柱요, 人의 正心修道를 云함인가 한다. 그러면 樂名을 靈山會上이라 함은 卽 正心을 意味한 것으로 解義된다. 닷못 疑点은 樂名이 靈山會上인듸 其 中에 上 中 細靈山이며 上絃 下絃 念佛 打鈴 等 名詞가 무엇신지를 알수 업다. 이것은 音樂 節次 中 一名稱과 間稱 名詞로는 生覺되나 무엇을 意味하야 稱함인 지 實히 未詳하는 바이다. 此外 細詳 解義는 僉 君子의 解義를 竢할 섇이다.

4. 납음법納音法【이것은 오행五行의 납음법이다.】

납음은 본성의 진음眞音을 받아들이는 것이다. '화火'는 본래 소리를 내는 자질이 없고, '수水'로 흘린 뒤에야 비로소 그 치음徵音을 내기 때문에 '일一'을 얻어 '화'가 된다. '토土'는 그 또한 소리를 울리는 곳이 없기 때문에 '화'로서 빛을 구운 뒤에 두드려 그 궁음宮音을 내기 때문에 '이二'를 얻어 '토'가 된다. '목木'의 소리는 나무로 나무를 친 뒤에야 비로소 그 진짜 각음角音을 얻기 때문에 '삼三'을 얻어 '목'이 된다. '금金'의 소리는 쇠로 쇠를 친 뒤에야 비로소 그 진짜 상음商音을 얻기 때문에 '사四'를 얻어 '금'이 된다. '수水'의 성질은 '토土'가 없으면 소리가 없기 때문에 '오五'를 얻어 '우羽'가 된다. 이것은 모두 잡성雜聲 없이 각각 그 진음眞音을 얻은 경우다.

四. 納音法【此는 五行納音法也.】

納音者는 納本性之眞音也라. 火者는 本無出聲之質而以水로 注之然後에 乃出其徵音故로 得一爲火하고 土者는 其亦無鳴聲之處而以火로 陶光然後에 叩之出其宮音故

로 得二爲土하고 木之聲은 以木擊木然後에 乃得其眞角音 故로 得三爲木하고 金之聲은 以金擊金然後에 乃得其眞商音 故로 得四爲金하고 水之性은 非土無聲 故로 得五爲羽也니 此皆無雜聲而各得其眞音者也니라.

5. 5음五音의 통칭

궁宮【후성喉聲】 상商【치성齒聲】 각角【아성牙聲】 치徵【설성舌聲】 우羽【순성脣聲】
불경에는 "궁宮 음, 상商 아, 각角 어, 치徵 이, 우羽 오"라고 하니, 참고하기 바란다.

五. 五音의 統稱

宮【喉聲】 商【齒聲】 角【牙聲】 徵【舌聲】 羽【脣聲】 佛經에는 "宮음 商아 角어 徵이 羽오"라 하니 以備叅考焉.

6. 정률선궁定律旋宮 해설

【이것은 『율서律書』에 명료한 해설이 있으므로[68] 다시 논할 필요가 없으나, 조선에서는 12율十二律 중에 무엇을 주로 궁宮으로 삼았는가를 보이려 함. 그 일례를 적어 보이면 다음과 같음.
○선궁旋宮이라 함은 궁宮·상商·각角·치徵·우羽·변궁變宮·변치變徵를 천도天道 구구九九의 수數에 합하여 격팔상생隔八相生으로 12율十二律에 자리를 정한 것이니, 『율서』 중 선궁은 격팔隔八과 상생상극上生相克을 따라 선궁한 것이니 오해하지 말지니라.】

고 악		조 선	
제1	제2	아래 적은 구음은 가야금임	
11월 황종 궁	11월 궁	11월 우	청
12월 대려	12월	12월	청
1월 태주 각	1월 상	1월 변궁	흥

---

68 이 말은 『율서』 제3장을 보면, '율수의 규정'에 대한 내용이 있는데, 이것을 가리킨다.

2월	협종		2월		2월	궁	둥
3월	고선	우	3월	각	3월		당
4월	중려	치	4월		4월	상	동
5월	유빈		5월		5월		징
6월	임종	각	6월	치	6월	각	당
7월	이칙	상	7월		7월		디
8월	남려	치	8월	우	8월	변치	딩
9월	무역		9월		9월	치	팅
10월	응종	우	10월		10월		종

　(1) 이상 고악古樂의 선궁이 둘쭉날쭉 가지런하지 못한 것은 상생상극을 따라 선궁한 것이기 때문에 격팔상생으로만 보지 못할 것이다.

　(2) 조선의 12율에는 2월 협종夾鍾으로 궁宮을 삼은 것이니, 이것에 의문점과 이론異論이 없지 않으나 알기 쉽게 12율 조법調法도 2월 협종 '둥'에서부터 높고 낮음을 조절하니라. 단 11월 황종률이 궁이 된다는 설과 12율이 번갈아 궁이 된다는 설은 깊이깊이 연구할지니라.

六. 定律旋宮解說

【○此는 律書에 明瞭한 解說이 有함으로 更論할 必要가 無하나 朝鮮에서는 十二律 中에 主何爲宮한 것인가를 示하랴 함. 그 一例를 記하야 示하면 左와 如흠.
○旋宮이라 함은 宮商角徵羽 變宮 變徵를 以合天道九九之數하야 隔八生相으로 十二律에 位를 定한 것이니 律書 中 旋宮은 隔八과 相生 相克을 따라 旋宮한 것이니 誤解치 말지니라.】

古 樂				朝 鮮		
第一		第二		下記國文은 伽倻琴을 따라 云홈		
十一月	黃鍾 宮	十一月	宮	十日月	羽	청
十二月	大呂	十二月		十二月		청
正月	太簇 角	正月	商	正月	變宮	흥
二月	夾鍾	二月		二月	宮	둥

三月	姑洗	羽	三月		角	三月		당
四月	仲呂	徵	四月			四月	商	동
五月	蕤賓		五月			五月		징
六月	林鍾	角	六月		徵	六月	角	당
七月	夷則	商	七月			七月		디
八月	南呂	徵	八月		羽	八月	變徵	딩
九月	無射		九月			九月	徵	팅
十月	應鍾	(羽)[69]	十月			十月		동

(一).[70] 以上 古樂의 旋宮이 參差不齋함은 相生 相克을 따라 旋宮한 것인 故로 隔八生相으로만 보지 못할 거시니다.

(二). 朝鮮 十二律에는 二月 夾鍾으로 爲宮한 거니 此에 疑点과 異論이 不無홀지나 알기 쉽게 十二律 調法도 二月 夾鍾 '둥'에서부터 高下를 調하니라. 但 十一月 黃鍾律爲宮之說과 十二律이 更迭爲宮之說를 深深研究할지니라.

7. 5음 12율의 해설

(1) 이 역시 『율서』에 명료하므로 음악을 아는 군자들에게 도리어 당돌한 일설一說이 될 것이나, 가령 "거문고玄琴 대현大絃으로 '둥' 하는 성음과 가야금이나 또는 양금으로 '둥' 하는 성음이 무엇이며, 거문고와 가야금이 합주할 때에는 그것을 무슨 성음이라 하느냐?" 물을 때에는 쉽게 대답하지 못할 경우가 없지 않을 것이다. 그러므로 이에 그 구별을 나누어 말하고자 함이다.

(2) 금琴의 현絃이 5개인 것은 동·서·남·북·중앙을 뜻함이요, 현이 7개인 것은 주周나라 때 문현文絃·무현武絃 둘을 더한 것이다. 이 정음正音은 오행五行으로 논

---

69 (羽): 『律書』 중 '律數'의 응종을 보면, '羽'로 명시되어 있기에 누락된 것을 보충하였다.
70 (一): 원문에 '一'로 적혀 있으나, '(一)'로 표기해야 일관성이 있기에 이를 바로잡았다. 아래 '(二)' 역시 마찬가지다.

할 때에는 앞서 적은 납음법納音法[71]과 같고, 악음樂音을 만들 때는 그 정음을 얻을 량이면 천도天道의 수數에 합하여 장단과 현의 실 가닥 수를 써야만 정음을 만들어 낼 것이다. 그러면 우리 조선 악기는 이 법도를 따른 것인가 하면, 그 법도를 빠뜨린 것이 아주 많을 것이고, 대략적일 터이다.

(3) 가야금의 현이 12인 것은 12율을 따른 것이니, 이 또한 그 장단의 촌수寸數가 명백하지 못한 것으로 생각한다. 그러나 음악에 있어서는 그 고하高下·청탁淸濁이 일정한 것이 없다. 그러므로 각국의 음악이 그 고하·청탁이 동일하지 않다.

(4) 그러면 거문고 '둥'과 가야금 '둥'은 무슨 차이가 있느냐 하면, 거문고의 '둥'은 궁성宮聲인데 2월 협종률을 협비協比하고, 가야금 '둥'은 2월 협종성夾鍾聲인데 거문고의 '궁'과 화협和協하는 것이다. 그러므로 "악기 소리는 긴 목소리에 맞추어 연주하고, 율律은 악기 소리를 어울리게 한다"고 한 것이 바로 이 경우가 된다. 그러면 금琴이 곧 5현【조선에는 6현】·7현금七絃琴이란 것은, 동·서·남·북·중앙, 문文·무武【음양陰陽이다. '문'은 양, '무'는 음】에 응한 것으로 60율을 협비하며, 84성聲을 낳고, 가야금은 12율에 응한 것이니, 60율의 성성聲을 낳는 율기律器니라.

(5) 84성은 무엇인가. 궁宮·상商·각角·치徵·우羽·변궁變宮·변치變徵 7음이 각기 12성으로 변한다는 뜻이니, 곧 1현으로 12성을 낸다는 뜻이요, 60율이란 『율서律書』에 있는 것이니 거듭 말할 것이 없거니와 곧 12율이 다섯 번 변화하여 60율이 된다는 뜻이다. 곧 복희씨伏羲氏 팔괘八卦를 문왕文王께서 64괘로 바꾸어 만든 것과 동일한 뜻이다. 이 원리에 한해서는 성인의 미묘함이 있으므로, 우리 중서衆庶의 논할 바가 아니요, 조선 시대에 있어서는 박연朴堧 씨 외에는 누구라 하지 못할 것이요, 저자가 위에서 언급한 여러 점에 관해 그 원리를 안다는 것이 아니다. 그 대략을 말함이니 음악을 아는 군자가 이해해 줄 것을 바라는 바이다.

---

71 납음법(納音法): 이 책의 454쪽에 있는 '4. 납음법'을 가리킨다.

(6) 그러면 악음樂音에 84음이 있으나, 그 외에는 없느냐 하면 만 개의 물체에 각기 성음聲音이 있을 것이다. 그러나 법도를 따른 금金·석石·사絲·죽竹·포匏·토土·혁革·목木 이외의 성음은 모두 잡성雜聲으로 볼 것이다. 그런 고로 팔음八音 성기聲器가 팔괘八卦·팔풍八風과 응하고, 12율이 위로 12사숨에 응하고 아래로 12진辰에 응하며, 24절기를 응한 것이니, 저자들이 논하고 따질 것이 아니며, 알 수 있는 길이 없다.

(7) 격팔상생隔八相生의 뜻이 『율서』에 명료하므로 거듭 말하지는 않을 것이나, 12율 중 가령 황종黃鍾으로 궁宮을 삼을 때에는 그 황종성黃鍾聲이 궁성宮聲이 되는가 하면 그런 것이다. 가령 가야금의 '청'이 황종성이면 이 황종이 궁과 같다는 말이다. 그리고 황종으로부터 임종林鍾【'청'에서 '외外땅'】까지가 격팔隔八이니, 이것이 치徵와 같다는 것이요, 그 성음이 동일하다는 것이 아니다. 『율서』에 명료한 말이거니와 궁은 군주의 뜻이니, 12율에 어느 성음으로 주를 삼아야 성음이 바르다는 것이니, 곧 집 한 채를 지음에 있어서 어느 재목으로 마룻대를 삼고, 어느 재목으로 네 기둥을 삼느냐 하는 것과 약을 지음에 어느 약재로 주로 하는 뜻과 같은 의미이다. 【그러므로 집을 얽어 지을 때는 마룻대와 4개의 기둥이 있고 약을 지을 때는 임금이 되는 약재[72]가 있는 것과 동일한 뜻이니라.】

(8) 저자가 위에서 말한 설명은 다른 뜻이 아니다. 어떤 『율보律譜』를 보았더니, 양금의 '청'이 가야금의 '청'과 동일함【양금은 가야금의 위, 아래를 연음連音한 악기다.】이 궁음宮音인데 황종이요, '제2청'은 상음商音인데 태주太簇요, '제3청'은 간음間音인데 협종夾鍾, '흥'은 각음角音인데 중려仲呂, '둥'은 치음徵音인데 임종林鍾, 그 외 청중청淸重淸으로 한 율보를 보고 생각해 마지않았다.

그러면 이 율보의 성음 해의解義는 무엇을 주장한 것이냐 하면, 황종·대려·태주·협종 4성으로 궁·상·각·치 4성의 협조協調를 주장한 것이다. 즉 우리가 하는 악

72　임금이 되는 약재: 한의학에서 약 처방을 구성할 때 가장 주된 역할을 하는 약재를 군약(君藥) 곧 임금의 약재라고 하고, 그 외 군약의 효력을 보조하거나 강화하는 약재를 신약(臣藥)이라 한다.

기에 가야금【'제1청' '제2청' '흥'】은 황종·대려·태주·협종으로서 궁·상·각·치의 4성과 그 높고 낮음을 조절하는 것이요, 7월 이칙夷則 '디' 속칭 간성間聲을 1촌가량 낮추고, 2월 협종 '둥'을 1촌가량 높게 하거나 눌러서 '우羽'로 조음調音하나니, 곧 양금에 '등' 외 '동'이 그것이다.

그리고 12율성으로써 5음의 높고 낮음을 조절함으로써 율률 가운데서 황종이 궁이 되기 때문에 양금 '청'을 궁음이라 한 듯하나, 이것을 궁음이라 하지 못할 것이다. 다만 궁인데, 황종성이라 말할 것이다. 즉 12율인데 율 가운데에는 궁 노릇을 한다는 것이라야만 의의意義에 해당한다. 그렇지 아니하고 가야금 12현은 12율성을 응한 것인데, 5음조로만 논하면 12율성은 어디 있으며, '청'을 궁음이라고 하고 황종성이라고도 할 것인가? 그렇다면 황종궁黃鍾宮·태주상太簇商·고선각姑洗角·유빈 변치蕤賓變徵·임종치林鍾徵·남려우南呂羽·응종 변궁應鍾變宮이 된다. 그러면 그 밖의 대려·협종·중려·이칙·응종의 여러 율성律聲은 또 어디에 있느냐? 의아함이 그치지 않는 점이다.

위에서 말한 율보를 창작한 사람이 누구인가 하면, 우리 조선에서 손으로 꼽는 문학가로서 저자 무리가 이에 대하여 도저히 이론異論을 제기하지 못할 것이다. 저자의 해의解義로는 5음과 12율성이란 것은 그 구분과 성음이 각각 다르고, 다만 그 높고 낮음만 협조協調하는 것으로 해의된다. 그러면 5현금이란 특정한 동·서·남·북·중앙의 성성聲이요, 그 외는 모두 율기律器로 12율에 응한 것으로 해의한다. 그러면 5현금을 율기라 하지 못할 것이냐 하면, 율기라 할 수 있다. 5음五音이란 것은 12율과 협비하기 때문에 역시 율기다. "악기 소리는 긴 목소리에 맞추어 연주하고, 율률은 악기 소리를 어울리게 한다"라고 한 것이 바로 이 경우다. 그러므로 가야금이 12현인 것은 12율성을 낳고, 금琴이 5현인 것은 동·서·남·북·중앙의 성聲을 낳아, 12율성으로 조화를 이룬다 하면 그만이니라.

(9) 악기와 성음聲音에 3준準이 있으니, 곧 상준上準·중준中準·하준下準이 있고, 현금에 괘卦라 함은 7현금 휘暉 또는 '휘徽'라 말하는 것과 같으니라. 가야금의 '청'에서 '둥'까지를 하준, '당'에서 '징'까지를 중준, '땅'에서 '동'까지를 상준이라 하니, 곧 상·중·하성聲이 이에 의거해 나오고, 성음에 평조·우조·계면이 있으니, 계면이란 금성金聲이며 곧 애원성哀怨聲을 말함이다. 성음을 내는 법은 음악계에서 숙지하

는 바와 같으므로 이에 생략한다. 단 평조는 웅심화평雄深和平하며, 우조는 청장철려淸壯澈勵하며 계면은 애원처창哀怨悽愴한 것이나, 우리 중서衆庶는 그 구분과 음을 알지 못하니라. 이러한 구분과 음을 알지 못하면 음악가라 못하리로다. 이른바 저자는 아는가 하면 결코 알지 못한다. 다만 서적에서만 볼 뿐이다.

七. 五音十二律의 解說

(一) 此亦 律書에 明瞭함으로 知音 君子에게 도로 허 唐突된 一說이나 假令 玄琴 大絃으로 '둥'하는 聲音과 伽倻琴이나 또는 洋琴으로 '둥'하는 聲音이 무어시며 玄琴과 伽倻琴[73]이 합주홀 때에난 그것을 무삼 聲音이라 하는야 問할 때에는 容易히 答치 못할 境遇가 不無할 것이다. 故로 玆에 其區別을 分說하랴 함이다.

(二) 琴이 五絃者는 東西南北 中央을 應함이요, 七絃者는 周時에 加文武二絃한 거시요, 此의 正音은 五行으로 論할 때에는 上記 納音法과 如하고 樂音을 生함에 其 正音을 得하량이면 以合天道之數하야 長短과 絃의 絲數를 用하여야만 正音이 生할 거이다. 그러면 우리 朝鮮 樂器는 이 法度를 應혼 것인야 하면 其法度를 欠한 것이 殆多할 것이요, 大略的이다.

(三) 伽倻琴[74]이 十二絃者는 十二律을 應한 거이니 此亦 그 長短 寸數가 明白치 못한 것으로 생각한다. 그러나 音樂에 드러서는 그 高下 淸濁이 一定한 것이 無하니라. 故로 各國의 音樂이 그 高下 淸濁이 不一하니라.

(四)[75] 그러면 玄琴 '둥'과 伽倻琴[76] '둥'은 무슨 差異가 잇야 하면 玄琴의 '둥'은 宮聲인듸 二月 夾鐘律을 協比하고 伽倻琴 '둥'은 二月 夾鍾聲인듸 玄琴의 '宮'과 和協하는 거이다. 故로 聲은 依永하고 律乃和聲者 是也니라. 그러면 琴[77]卽五絃(朝鮮

---

73 伽倻琴: 원문에 '伽琊琴'으로 오기된 것을 바로잡았다. 이하 같다.
74 伽倻琴: 원문에 '伽아琴'으로 오기된 것을 바로잡았다.
75 (四): 원문에 '西'로 오기된 것을 바로잡았다.
76 伽倻琴: 원문에 '珈倻琴'으로 오기된 것을 바로잡았다.
77 琴: 문맥상 '琴'이라 해야 하나 원문에 '현금'으로 된 것을 바로잡았다.

에는 六絃) 七絃琴者는 東西南北中央 文武(陰陽 文는 陽, 武는 陰)를 應한 것으로 六十律을 協比하며 八十四聲을 生하고 伽倻琴者는 十二律을 應한 거이니 六十律聲을 生하는 律器也니라.

(五) 八十四聲者는 何也오. 宮商角徵羽 變宮變徵 七音이 各變十二聲한다는 義니 卽 一絃으로 十二聲을 낸다는 義요, 六十律者는 律書에 잇난 것이 매 再論할 것이 無건과 卽 十二律이 五變하야 六十律이 된다난 義니, 卽 伏羲氏 八卦를 文王게서 六十四卦로 變作함과 同一의 義니 此原理에 限하야난 聖人의 微妙가 有함으로 우리 衆庶의 論할 바이 아니요, 朝鮮時代에 잇서서난 朴堧氏 外에는 誰라 하지 못할 것이요, 著者는 上述諸点이 그 原理를 안다는 것이 아니다. 그 大略을 言함이니 知音 君子의 諒解를 望하는 바이다.

(六) 그러면 樂音에 八十四音이 잇스나 其外에난 업나야 하면 万介物體가 잇슬 째에는 其万介物體에 各其 聲音이 잇슬 것이다. 然이나 法度를 依한 金石絲竹匏土革木 以外의 聲音은 此皆雜聲으로 볼거이다. 그런 故로 八音聲器가 八卦八風과 八節을 應하고 十二율이 上應 十二舍하고 下應十二辰하며 二十四節期를 應한 거이니 著者輩의 論理할 거이 아니며 知得할 途가 無하다.

(七) 隔八相之義가 율書에 明瞭함으로 再言치 아니홀 거나 十二율 中 假令 黃鍾으로 爲宮 時에난 其 黃鍾성이 宮성이 된야 하면 그런 것이다. 假令 伽倻琴에 '청'이 黃鍾聲이면 이 黃鍾이 宮과 갓다는 말리다. 그리고 自黃鍾으로 至林鍾(自청至外쌍)이 隔八이니 이것이 徵와 갓다는 거요. 其 聲音이 소一하다는 것이 아니다. 律書에 明瞭한 말리련과 宮者는 君主之義니 十二律에는 어느 聲音으로 爲主하여야 聲音이 正하다는 거니 卽 一家를 構造함에 어느 材木으로 爲上樑하고 어느 材木으로 爲四介柱하는 것과 製藥에 어느 藥材로 爲主하는 義와 소一혼 義니라.【故로 構家에는 有上樑四介柱하고 製藥에는 有爲君之藥材라 함과 소一의 義니라.】

(八) 著者가 上述의 說明을 함은 他意가 아니다. 某 律譜를 본직 洋琴의 '청' 珈倻琴의 청과 소一함(洋琴者는 伽倻琴의 上下를 連音한 樂器也라) 이 宮音인듸 黃鍾이요, 第二 '청'을 商音인듸 太蔟이요, 第三 '청'을 間音인듸 夾鍾 '홍'을 角音인듸 仲呂

'둥'을 徵音인듸 林鍾 그 外를 淸重淸으로 한 律譜를 보고 考思不已하얏다. 그리면 이 律譜의 聲音辭義는 무엇을 主張한 것이냐 하면 黃鍾, 大呂, 太蔟, 夾鍾, 四聲으로 宮, 商, 角, 徵, 四聲協調를 主張한 것이다. 卽 우리가 하는 樂器에 珈야琴(一청 第二청 홍 둥)은 黃鍾 大呂 太蔟 夾鍾으로서 宮商角徵의 四聲과 그 高下를 調하는 것이요, 七月 夷則 '디' 俗稱 間聲을 一寸假量低히 하고 二月 夾鍾 '둥'을 一寸 假量 高케하거나 壓之하야 羽로 調音하나니 卽 洋琴에 '둥'外 동이 是也니라. 그리고 十二律聲으로써 五音의 高下를 調함으로 律中 黃鍾이 爲宮 故로 洋琴 '청'을 宮音이라 한 듯 하나 이것을 宮音이라 하지 못할 것이다. 다못 宮인듸 黃鍾聲이라 할 것이다. 卽 十二律인듸 律中에 난 宮노릇을 한다는 것이라야만 意義에 該當하다. 그러치 아니하고 伽倻琴 十二絃者는 十二律聲을 應한 것인대 五音調로만 論하면 十二律聲은 어데 잇스며 '청'을 宮音이라도 하고 黃鍾聲이라도 할 것인가. 그러타 하면 黃鍾宮 太蔟商 姑洗角 蕤賓[78]變徵 林鍾徵 南呂羽 應鍾變宮이 된다 하면 其外 大呂 夾鍾 仲呂 夷則 應鍾의 諸律聲은 또 어데 잇느냐는 疑訝不已하는 點이다. 上述 律譜를 創作한 사람은 誰요 하면 우리 朝鮮에 屈指하는 文學者로서 著者輩가 此에 對하야 到底히 異論치 못할 것이다. 著者의 辭義로는 五音과 十二律聲이란 것은 그 區分과 聲音이 各異하고 다못 그 高下만 協調하는 것으로 解義된다. 그러면 五絃琴者는 特定한 東西南北中央聲이요, 그 外는 總히 율器로 十二律를 應한 것으로 解義한다. 그리면 五絃琴을 律器라 하지 못홀 것인냐 하면 律器라 할수 잇다. 五音者는 十二律과 協比하는 故로 亦是 律器다. 聲은 依永하고 律乃和聲者-是也니라. 故로 珈倻琴이 十二絃者는 十二律聲을 生하고 琴이 五현者는 東西南北中央聲을 生하야써 十二律聲으로 諧和라 하면 已矣니라.

(九) 樂器와 성音에 有三準하니 卽 上準 中準 下準이 잇고 玄琴에 卦라 함은 七현琴 暉又曰 徽와 如하니라. 珈琊琴 '自청 至둥'을 下準 '自당 至징'을 中準 '自쌍 至동'을 上準이라 하니 卽 上中下聲이 依此而生하고 聲音에 平調 羽調 界面이 有하니 界面者는 金聲이며, 卽哀怨聲을 云함이요, 聲音을 生하는 法은 音樂界에서 熟知하는 바와 如함으로 玆에 省略한다. 但 平調者는 雄深和平하며 羽調者는 淸壯澈勵하며 界面者는 哀怨悽愴혼 것이나 우리 衆庶는 그 區分과 知音치 못하니라. 이러한

---

78 蕤賓: 원문에 '蕤賁'로 오기된 것을 바로잡았다.

區分과 知音을 하지 못하면 音樂家라 못하리로다. 所謂 著者는 知하는야 하면 決코 不知다. 다못 書籍 上에서 볼 뿐이다.

8. 금체琴體의 통칭[79] 및 해설

【이 금체는 중국의 7현금을 이에 게시하여 음악가의 참고에 제공하려고 하는 것이다. 그 본뜻은 우리 조선에서는 금체에 대하여 상·하를 모두 거꾸로 뒤집어 일컫는다.[80] 이것으로 미루어 보아도, 조선 음악계의 정도를 알 수 있을 것이고, 음악의 지존至尊을 모를 때에는 악기의 존중도 모를 것은 물론이다.

우리 음악계에 악기를 취급하는 것을 볼 량이며 참으로 한탄해 마지않을 점이 한두 가지가 아니다. 그러므로 악기 존중과 그 상하·전후·좌우를 표시하기 위하여 『금학입문琴學入門』[81]에서 그 대강을 추려 와서 게시한다. 이 금체도식琴體圖式을 보면, 조선에서 위와 아래를 거꾸로 일컫는 점과 금을 세우는 이유를 이해할 것이다. 상세한 내용은 아래에 보인 도식을 나누어 보고 이해하라. 우리 조선에서 금체에 관한 여러 부분을 상세히 아는 사람이 누구이며, 알면 무슨 이익이 있느냐고 하니, 이것이 음악가의 말이리오.】

(1) 금의 표면이 둥글고 뒤집어진 모양이 위가 되고, 금의 바닥이 웅덩이 같고 볼록한 쪽이 아래가 된다. 금의 머리가 구부린 모습이고 넓은 쪽이 앞이 되고, 금의 꼬리가 점점 좁아지는 쪽이 뒤가 된다. 금의 양쪽으로 말하자면, 가장자리에 있는 '사斜'와 '직直'을 '좌左'와 '우右'로 삼는다.

【○이 도식圖式 외에도 금체에 관한 명칭이 있으나, 이것은 생략하고 다만 상하·전후·좌우·금을 세우는 방식만 보인다.】

---

79 통칭: 명칭을 뜻한다.
80 서유구의 『유예지 권제6 방중악보』와 윤용구의 『칠현금보』 및 『휘금가곡보』에 '금 도면'이 나타나는데 모두 금의 머리 부분이 위에 있고 꼬리 부분이 아래에 있는 형상을 비판한 것이다. 『유예지 방중악보』, 『한국음악학자료총서』 15(1984), 143~144쪽; 『칠현금보』, 『한국음악학자료총서』 16(1984), 80쪽; 『휘금가곡보』 『한국음악학자료총서』 7(1981), 51쪽.
81 『금학입문(琴學入門)』: 중국인 저자 張鶴이 1864년 상해에서 펴낸 상·하 2권의 악서다. 이기태는 張鶴의 『琴學入門』에 있는 내용을 인용하여 여기에 수록하였다.

금체 도식琴體圖式

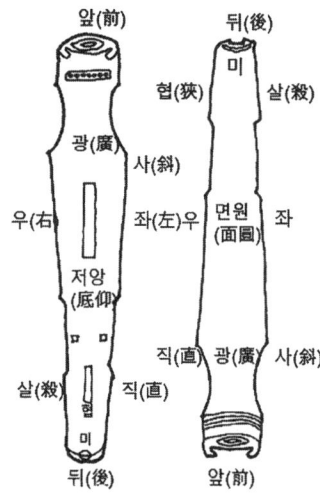

금 앞면의 여러 명칭[琴面諸名]

금의 머리를 액額, 액 다음의 약간 높은 곳을 승로承露, 일곱 구멍이 있는 곳을 현안絃眼이라 한다. 융絨[82]을 내어 쪼갠 것으로 승로에 잇닿아 높이 솟은 부분을 악산岳山이라 하고, 또 악산에서 안쪽으로 8~9푼에 있는 것을 기정起頂이라 한다. 기정의 중앙을 경頸이라 하고, 경을 통하여 넓어지는 곳을 견肩이라 하는데, 점점 좁아져 요腰에 이르러 요의 중간이면 거두어 묶고, 요 끝이 또 조금 넓어져 기미起尾가 된다. 기미의 양쪽에 모서리가 있는데, 이를 관각冠角이라고 한다. 채중랑蔡中郎[83]이 타고 남은 오동나무를 얻어 금을 만드니, 또 그 이름을 초미焦尾라고 하고, 금의 앞면 가운데에서 미尾에 완전히 이르러 조금 높은 곳을 용은龍齦이라

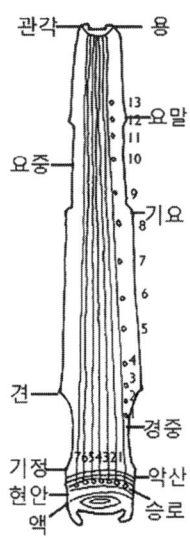

---

82 융(絨): 금의 부분 명칭 중 하나인데, 거문고의 '학슬'처럼 현을 잡아주는 역할을 하는 부위다.
83 채중랑(蔡中郎): 채옹(蔡邕, 133~192)이다. 자는 백개(伯喈). 중국 후한의 명신으로 학문과 글씨에 뛰어난 재주를 지녔다. 명대(明代) 학자인 장부(張溥)가 『채중랑집(蔡中郎集)』을 편찬하였다. 『세계인명대사전: 고대인 편』, 진현서관, 1979, 1539쪽.

하고, 금의 앞면 왼쪽에 13개의 둥근 것이 있는데, 이것을 '휘徽' 또는 '휘暉'라고 한다. 그 차례는 악岳 가까이부터 제1이고 (꼬리 부분 가까이로 갈수록 13개가 있다. 악은岳齦 위에 7현이 있고 그 차례는 휘 가까운 데 것이 제1현이고,)[84] 몸 가까운 데 것이 제7현이다.

금 뒷면의 여러 명칭[琴底諸名]

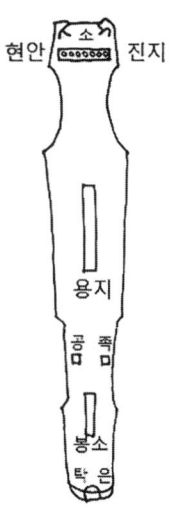

통체는 면식面式인데, 형태는 암키와 같다. 액액額 아래 부분을 소염이라 하고, 승로에서 악산의 경계 아래 부분을 진지軫池라 한다. 진지에는 구멍이 7개 있는데 현안絃眼 같아 직접 승로承露를 뚫는다. 견肩 아래쪽 바닥 중앙에 긴 구멍이 있으니, 용지龍池라고 하며 4~7휘暉 사이에 있다. 요腰腰에서 가장자리 부근에 작고 네모난 구멍 2개가 있어 안족雁足을 앉히는데, 9~10휘 사이에 있다. 끄트머리의 앞부분 중앙에 길고 네모난 구멍이 있으니, 봉소鳳沼라고 하며 13휘 부근에 있다. 끝부분에 잇자국처럼 반쯤 들어간 곳을 은탁齦托이라 한다.[85]

금 앞뒤의 명칭[琴前後名][86]

액액額의 앞쪽 형태는 뒤집어진 배와 같고, 또 반달과 비슷하다. 중간은 마치 혀를 물고 입을 벌린 것 같은데 약간 노출된 것을 순설脣舌이라 한다. 양쪽에 두 발을 드리웠으니 부장鳧掌이라 하고 또 호진護軫이라 한다. 위쪽을 향하고 솟구쳐 있되, 아래로 깎여 중간이 우묵하고 위는 넓고 아래는 좁은 곳을 함현含絃하는 곳으로

---

84 張鶴의 『琴學入門』을 보면, 이 문장 앞에 이기태가 일부 내용을 누락하였기에 누락된 내용을 ( )에 넣었다. 원문도 마찬가지다.
85 『악학궤범』에는 용지(龍池)를 '용천(龍泉)', 봉소(鳳沼)를 '봉지(鳳池)', 은탁(齦托)을 '용은(龍齦)'이라 하여 차이가 있다. 『악학궤범』 권6.21b.
86 금 앞뒤의 명칭: 금의 머리 부분과 꼬리 부분의 명칭을 뜻한다.

삼는다.

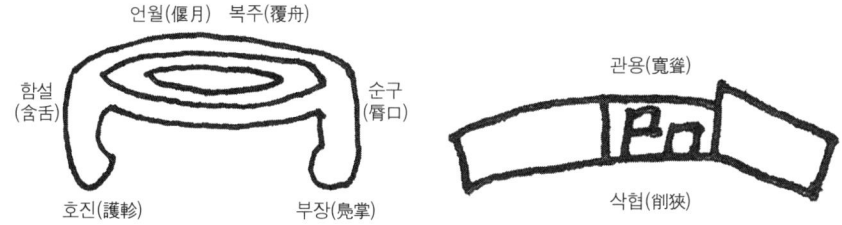

금 배 부분의 여러 명칭[琴腹諸名]

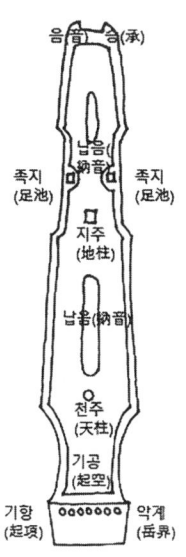

악산岳山 바깥쪽에 현안絃眼이 서로 통하여 악계岳界에서 8~9푼分이 떨어져 곧 허공으로 솟고, 왼쪽과 오른쪽에 각각 가장자리 경계의 나무를 남긴다. 지소池沼 양쪽의 허공에 견주어 조금 높은 곳을 납음納音이라 하고, 안족을 괴는 곳에 또한 나무를 남기되, 바깥은 반달 모양으로, 안은 공방孔方의 형태로 하는 것을 족지足池라고 한다. 끄트머리 부분의 가운데와 양쪽 가에 남긴 나무 가운데를 승承·음音이라 하는데 그 옆이 끝부분이다. 금의 복판 중앙에 천天·지地 두 기둥을 설치하니, 하늘은 둥글고 땅은 네모나서 천주天柱는 3~4휘 사이에 있고, 지주地柱는 8~9휘 사이에 있다.

현絃을 세운 정면도[絃安正面圖]

옆의 그림을 보면 위와 아래가 거꾸로 뒤집힌 듯하다. 그것은 위와 아래[수미(首尾)]를 좇아 금을 세우면 현을 손상시킬 수가 있어 현을 안전하게 두기 위하여 금수琴首를 궤机【궤机는 금침琴枕이라도 좋다.】 위에 두고 꼬리 부분을 위로 향한 것이니, 조선에서도 금을 세우는 것이 현을 안전하게 두기 위함이지, 수미首尾를 따른 것은 아니다. 이유를 알지 못하고 금을 세우는 현상만 보고 수미상하首尾上下를 일컫는 것이다.

상안도식常安圖式【횡금설천橫琴設薦이라고도 함.】[87]

【1. 아래의 그림은 금을 받침대案 위에 놓은 것이니, 악기를 존숭히 여기는 점을 보이기 위하여 게시하는 것이요, 다른 뜻이 아니다. 우리 조선 음악가나 혹은 문학가 중에 이러한 말이 있다. "산조散調라 하는 것은 거문고로 타지 못할 것이다. 가야금으로 탄다 하더라도 지존한 거문고로는 불가라." 하는 인사가 있다. 이것이 즉 음악의 지존을 아는 말이 아니다. 왜냐하면, 산조란 것이 난잡하고 비열卑劣한 것이요, 거문고는 높이 여기고 가야금은 천한 것이 아니다. 음악을 낳는 악기는 모두 그 지존이 일반이다. 거문고를 높이 여기고 가야금을 비천하게 여기는 말은 음악의 지존을 아는 것으로 볼 수 없다. 음악이 지존하기 때문에 악기도 지존하며, 거문고만 지존하고 가야금만 천한 악기라 못할 것이며, 가야금이라고 산조를 타지 못할 것은 다시 논할 여지가 없다. 거문고는 악기 중 으뜸가는 악기라 함은 당연한 말이니라.

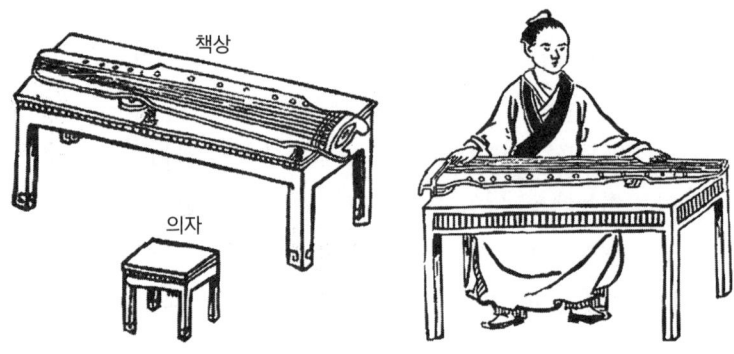

2. 『악서樂書』를 읽으면 누구나 알겠지마는, 악기 제작이 더구나 극난極難한 점이 아주 많으며, 그 법을 따라 만들 수 없을 것이다. 그러므로 우리 조선 악기가 법도를 따른 것이냐 하면 모두 법도를 빠뜨린 것으로 볼 수 있다. 혹 "거문고의 제작을 보나 실지로 제작자에게 대하여 물어도 법도를 알지 못하고, 가량假量하여 만든 것"이라 한다. 그러면 그 법도를 빠뜨린 악기에

---

87 상안도식(常安圖式): 이 제목은 '횡금설천(橫琴設薦)'과 함께 張鶴의 『琴學入門』 10ab에 있는 것이다. 아래 그림 역시 장학의 책에 있는 것을 그대로 인용하였다. 하지만 이기태는 장학의 책에서 제목과 그림만 인용하였고, 내용은 전혀 인용하지 않았다. 이 제목 아래의 내용은 자신의 견해를 세주 형식을 취하여 밝히고 있다.

서 낳는 성음聲音을 진음眞音이라 할 수 없다. 다만 높낮이만 협비協比하는 것으로 생각된다. 또한 지금 상고上古의 법도를 알고 만들고자 한들, 『악서』나 『율서律書』에 기록한 척촌尺寸 분수分數를 어느 시대, 어느 나라의 척촌을 쓸 것인가, 이 역시 하나의 의문점이니라.

하기下記한 도식은 7현금 탄법彈法과 그 현상인 바, 하나의 참고물로 제시한 것이다. 어느 나라에서든지 탄금의 자세, 신수身首·경견頸肩·수비首臂·주완肘腕·족슬足膝에 대한 각종 법규가 있다. 우리 조선에 7현금을 타는 음악가가 있는지 미상이지만, 〔금을 타는 데는 반드시 그 법규가 있는 것을 보이는 것이다.〕 우리 조선에도 거문고와 가야금에 반드시 그 법도가 있는 것은 물론이다. 그러나 거문고의 연주법을 볼 량이면, 각각 다른 점과 외견상 결점이 아주 많아 서로 비웃는다. 더구나 가야금에는 말할 수 없는 결점이 많아, 혹 그 결점을 말하면 털끝만큼도 옳게 여기지 않고, 아무렇게나 좋은 성음聲音만 내면 그만이라고 한다. 좋은 성음은 곧 무슨 성음인지 알고 말하려 하면, 다만 아는 자의 발발撥撥하는 농현법弄絃法에 산음酸音을 주장하는 것이 그네들이다. 더구나 가증스러운 말은 이른바 상당한 계급에 있고 문자라도 이해하는 인사가 악기를 손에 잡기만 하면 일부러 뒷손질〔농현(弄絃)〕로 발발撥撥하는 변성變聲을 내며 연구를 한다. 그것이 곧 산조에 귀를 기울이고 심취한 것이다.

농현이란 것은 경우境遇가 있을 것이며, 농현하는 이유는 그 성음을 강하게 하고 부드럽게 하여, 높낮이와 청탁清濁을 응하는 것이나, 경우를 알아서 하면 좋은 성음이 아울러 생겨나지만, 모든 현絃마다 그렇게 하지는 못할 것이다. 현금과 가야금의 농현법을 볼 량이면, 이유와 경우를 알지 못하고 산조 타는 법과 같이 현현고고하게 농현을 하니 정음正音이 어찌 날 수 있으며, 그 타는 법을 보아도 각기 임의로 하는 음악가가 허다하니, 어찌 한탄하지 않을 수 있겠는가?

『악서』 중에 명료하거니와 진국晉國 악사樂師 사광師曠[88]이 금 한 곡을 타자 진국이 크게 가물어 3년 동안 적지赤地가 되었다 하였으니, "이 사광은 농현을 한 것인가, 아닌가?" 하면 물론 하였을 것이다. 농현법은 조선에만 있는 것이 아니라, 예부터 지금까지 일반일 것이다. 그러면 서로 경계警誡하여 거친 것을 버리고 올바른 것을 취하는 것이 그 본의本意가 될 것이어

---

88 사광(師曠): 중국 춘추전국 시대 진(晉)나라 사람. 진평공(晉平公) 때 악사를 지냈다. 전하는 말로 태어날 때부터 장님이었는데, 음률을 잘 판별했고 소리로 길흉까지 점쳤다고 한다. 임종욱, 『중국역대인명사전』, 이회문화사, 2010, 631쪽.

늘, 혹 그 결점을 말하면 달갑게 여기지 않고, 서로서로 결점을 꺼내놓지 못하게 권고를 하니, 이것이 쓸데없는 '자승지벽自勝之僻'[89]이라 할지며, 이렇게 하고 우리 조선 음악의 복구가 어느 때나 될 것인가? 개탄해 마지않는 바이다. 서로 경계하고 권고하여 각성할지니라.】

八. 琴體統稱及解說

【○此 琴體는 支那의 七絃琴을 玆에 揭之하야 音樂家의 參考에 供하랴홈. 其 本意는 우리 朝鮮에서는 琴體에 對하야 上下를 顚倒而稱한다. 推此觀之하야도 朝鮮 音樂界 程度를 可據而知得할지며 音樂의 至尊을 모를 째에는 樂器의 尊重도 모를 것은 勿論이다. 우리 音樂界에 樂器取扱을 보량이면 참으로 可嘆不已할 点이 非止一二다. 故로 樂器 尊重과 그 上下前後左右를 示하기 爲하야 琴學入門에서 그 大槪를 選拔揭之한다. 此琴體圖式을 見之하면 朝鮮에서 上下倒稱ᄒᆞ는 点과 立琴하는 理由를 解得할 것이다. 細詳事는 下見圖式分解하라. 우리 朝鮮에서 琴體에 關한 諸各을 詳知者 誰며 知而何益고 하니 是樂家之言이리요.】

(一).[90] 琴面圓而覆者를 爲上이요, 琴底窪而仰者를 爲下요. 琴首俯而廣者를 爲前이요, 琴尾殺而狹者를 爲後요, 其兩邊則 斜而直者를 爲左右라 하니라.

【○此圖式外에도 琴體에 關한 物體와 名稱이 有하나 此는 省略하고 다못 上下前後左右立琴하는 方式만을 示홈.】

---

89 자승지벽(自勝之僻): 자기 스스로 남보다 낫다고 여기는 버릇.
90 (一): 원문에 '一'로 적혀 있으나 '(一)'로 표기해야 일관성이 있기에 이를 바로잡았다.

琴體圖式

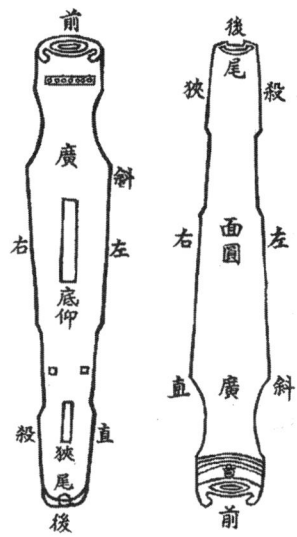

琴面諸名[91]

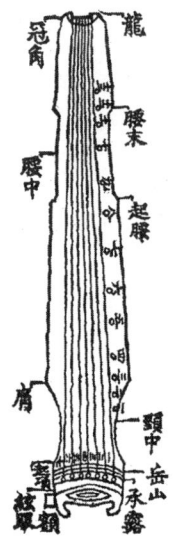

---

91 琴面諸名: 원문에 '琴面諸君'으로 적혀 있으나, '琴面諸名'이 뜻이 분명하기에 이를 수정하였다.

琴首를 爲額 額次微高者를 爲承露 有七孔焉曰 絃眼이요, 以出絨副者 連接於承露 而高起者를 爲岳山이라 하고 又臨岳山內 八九分을 爲起項이라 하며 項中을 爲頸이라 하고 由頸[92] 舒潤者를 爲肩而漸狹至腰하야 腰中則 收束之하고 腰末이 又稍寬하야 爲起尾하고 尾盡兩邊에 有稜角故로 曰 冠角이라 하나라. 因蔡中郞得爨餘之桐하야 製琴하니 又名을 焦尾라 하고 琴面中至盡尾而微高者를 龍齦이라 하며 琴面之左[93]에 有十三枝圓者를 爲徽 又曰 暉라 하며 其序自近岳[94]를 爲第一이라 하고 (以次近尾爲第十三也. 岳齦上架絃七 其序自近暉爲第一) 以次近身을 爲七이라 하나라."

琴底諸名[95]

通體는 爲面式이니 形似仰瓦하야 在額下者曰 嗓요, 在承露臨岳山界下者曰 軫池요, 池孔七이 如絃眼하야 直透承露하고 肩下底中에 有長方孔하니 謂之龍池라. 居四七暉界하야 腰中近邊에 有小方孔二하야 以安雁足하고 居九, 十暉界하야 尾前底中에 有次長方孔하니 謂之 鳳沼요. 居十三界하야 尾盡如齦而半納者를 謂之齦托이라 하나라.

琴前後名

額前邊向形은 如覆舟요, 又似偃月이라. 中含若舌 口開[96] 하야 微露者曰 脣舌 兩邊垂二足하야 爲鳧掌 又曰 護軫이요. 向上하고 聳而下削하야 中凹而上寬下狹者를 爲含絃[97]之所ㅣ 하나라.

---

92 由頸: 이기태의 글에 '由경'이라 한 것을 張鶴의 『琴學入門』을 보고 由頸으로 바로잡았다.
93 琴面之左: 이기태의 글에 '琴面之左右'라 한 것을 張鶴의 『琴學入門』을 보고 바로잡았다.
94 自近岳: 이기태의 글에 '自近暉'라 한 것을 張鶴의 『琴學入門』을 보고 바로잡았다.
95 琴底諸名: 원문에 '琴底諸君'으로 적혀 있으나, '琴底諸名'이 뜻이 분명하기에 이를 수정하였다.
96 中含若舌 口開: 이기태의 글에 '中舍舌口門'이라 한 것을 張鶴의 『琴學入門』을 보고 바로잡았다.
97 含絃: 이기태의 글에 '舍絃'이라 한 것을 張鶴의 『琴學入門』을 보고 바로잡았다.

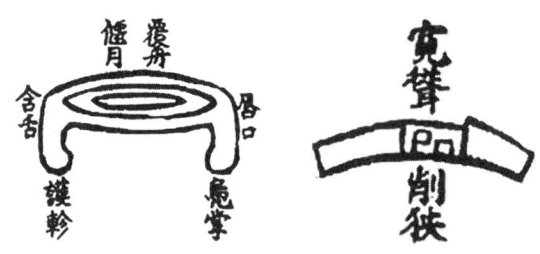

琴腹諸名

岳山外際에 絃眼이 相通하야 離岳界八九分이 卽爲起空하고 左右에 各留邊界木하고 池沼兩處 比空稍高者를 謂之納音이요, 安雁足處에 亦須留木外半月而內孔方이 是爲足池요. 尾盡之中 及兩傍所留之木中이 爲承音하고 傍爲尾라. 實腹中設天地二柱하니 天圓地方하야 天柱는 在三四暉之中하고 地柱는 在八九暉之中이니라.

絃安正面圖

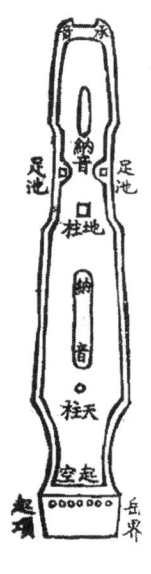

以上 圖式을 보면 上下가 顚倒된 듯하다. 그것은 上下(首尾)를 좃차 立琴하면 損絃之理로 安絃하기 爲하야 琴首를 机上(机는 琴枕이라도 可也라)에 置하고 尾를 上向한 것이니 朝鮮에서도 立琴하는 것이 安絃을 爲함이요, 首尾를 從하는 것은 안이다. 不知理由하고 立琴하는 現狀만 보고 首尾上下를 道稱[98]하는 것이다.

常安圖式【橫琴設薦이라고도 함.】

【一. 左記 上圖는 琴을 案上에 安置하는 것이니 樂器의 尊崇히 역이는 点을 示키 爲하야 揭之함이요, 他意가 안이다. 우리 朝鮮音樂家나 或은 文學家 中에 이러한 言論이 잇다. 散調라 하는 것을 玄琴으로 타지 못할 것이다. 珈琊琴으로는 탄다 하드래도 至尊한 玄琴으로는 不可라 하는 人士가 잇다. 이것이 卽 音樂의 至尊을 知하는 言論이 안이다. 何요 하면 散調란 것이 亂雜하고 卑劣한 것이요, 玄琴은 尊하

98 道稱: '統稱'이 안인가 한다.

고 珈琊琴은 賤한 것이 안이다. 音樂을 生하는 樂器는 總히 그 至尊이 一般이다. 玄琴은 尊히 역이고 珈琊琴은 卑賤이 역이는 言論은 音樂의 至尊을 知하는 것으로 볼 수 업다. 音樂이 至尊 故로 樂器도 至尊하며 玄琴만 至尊하고 珈琊琴은 賤한 樂器라 못할 지며 珈琊琴이라고 散調를 타지 못할 것은 更論할 餘地가 업다. 玄琴者는 樂器 中 首器라 함은 當然한 말이니라.

二. 樂書를 讀하면 누구나 知之하련과 樂器 製作이 더구나 極難할 点이 殆多하며 그 法을 依하야 作之할 수 업슬 것이다. 故로 우리 朝鮮 樂器가 法度를 依한 것이야 하면 總히 法度 欠한 것으로 볼 수 잇다.

一日 玄琴의 製作을 보나 實地 製作者의게 對하야 問하여도 法度를 不知요, 假量作이라 한다. 그러면 그 法度를 欠한 樂器에서 生하는 聲音을 眞音이라 할수 업다. 다못 高下만 協比하는 것으로 思料된다. 쪼한 至今에 上古法度를 知而作之ᄒ쟈 한들 樂書에나 律書에 記한 尺寸分數는 何時代 何國의 尺寸을 用할 것인가. 此亦 一疑問이니라.

下記 圖式은 七絃琴 彈法과 그 現狀인 바 一參考物로 揭示한 것이요, 어느 國에서던지 彈琴坐位 身首頸肩首臂肘腕 足膝各規가 잇다. 우리 朝鮮에는 七絃琴鼓하는 音樂家가 잇난지 未詳하나 〔鼓琴에는 必히 그 法規가 잇난 것을 示함이요,〕 우리 朝鮮에도 玄琴 珈琊琴에 必히 그 法度가 잇을 것은 勿論이다. 그러나 玄琴의 鼓法을 보량이면 各異点과 外面上에 缺이 殆多하야 互相 嘲笑한다. 더구나 珈琊琴에는 말 할 수 업난 缺点이 多하야 혹 그 欠点을 말하면 毫末도 可히 역이지 안코 아무케나 조흔 聲音만 내면 고만이라고 한다. 조흔 聲音은 卽 무삼 聲音인지 알고 몰하야 하면 但知者 撥撥之 弄絃法에 酸音主張인 그네들이다. 더구나 可憎한 말은 所謂 相當한 階級에 잇고 文字라도 解하는 人士가 樂器를 手에 援하기만 하면 역부로 뒷손질(弄絃)로 撥撥之

變聲을 내며 硏究를 한다. 그것이 卽 散調에 傾耳心醉한 것이다.

弄絃이란 것은 境遇[99]가 잇을 것이며, 弄絃하는 理由는 그 聲音을 强히 하고 柔케 하야 高下淸濁을 應하는 것이나 境過를 알어서 하면 죠흔 聲音이 並生하지마는 絃絃 鼓鼓히 하지 못할 것이다. 玄琴과 珈琊琴의 弄絃法을 보량이면 不知理由境過하고 散調타는 法과 갓치 絃絃鼓鼓히 弄絃을 하니 正音이 엇지 날수 잇스며, 그 鼓法을 보아도 各其 任意로 하는 樂家가 許多한이 豈不可嘆哉아. 樂書 中에 明瞭하런과 晉國 樂師 師曠의 彈琴一曲에 晉國이 大旱하야 赤地三年이라 하엿스니 이 師曠은 롱絃을 爲耶아. 否아 하면 勿論하엿을 것이다. 롱絃法은 朝鮮에만 잇난 것이 안이라 自古及今이 一般일 것이다. 그리면 互相 警誡하야 舍荒取正하는 것이 그 本意가 될 것이어늘 或 그 缺点을 말하면 不肯히 여기고 서로서로 缺点을 발치 못하게 勸告를 한이 이것이 不用의 自勝之僻이라 할지며 이려고 우리 朝鮮 音樂의 複舊가 何時에 될 것인가 慨嘆不已하는 바이다. 互相 警誡하고 勸告하야 覺醒할 지니라.】

9. 음악의 절차

(1) 음악에는 반드시 그 골자와 절차가 있는 것은 말할 것도 없다. 더욱더 우리 향악鄕樂인 〈영산회상〉의 연주법을 볼 량이면 그 절차가 불분명하고 혹 빠르고 혹 느리다. 그것은 원래 하향下鄕에 있어서는 제일 음악의 주장인 박자[축柷]를 알지 못하였으며, 현재에도 박자라 하되, 박자가 어떻게 된 것인지 모르는 음악가가 허다하다.

박자를 설명하려 하나 이것은 근래 선전이 잘 되고 거의 아는 형편이기 때문에 그 설명은 생략한다. 그러나 골자와 절차라 함은 그 음악의 조직이 어떻게 된 골자를 알 것이며, 어느 가락 즉 어느 박자에서 느리게 하고 급히 하는 요점, 어떠한 이유로 느리게 하고 급히 하는 요점을 알아야만 될 것이다. 이것은 어떠한 음악이나 그 절차와 골자가 일반일 것이다.

그러면 제일 우리 향악인 〈영산회상〉 중에 〈중영산〉에서 〈세영산〉으로 변하여 넘어가는 요점 〈제지除指〉(가락덜이) 제3장에서 10박 1각刻이 끝나고 6박자로 변하

---

99 境遇: 원문에 '경과(境過)'로 적혀 있으나 문맥상 경우(境遇)의 오기로 판단되어 이를 바로잡았다.

여 넘어가는 요처要處,〈세환입細還入〉제7장이 끝나고 계면으로 연속적으로 변해 넘어가는 요처를 보면, 그 주장이 동일하지 않고 혹은 빠르고 혹은 느려서 도저히 보고 들을 수 없다. 골자와 절차를 모르고 뒤덮어 놓고 내 방식이 옳다고만 주장하는 음악가가 부지기수다. 그것이 곧 골자를 알지 못하고 하는 체 하는 자승지벽自勝之僻이라 할 것이다.

그 요점을 설명하면 도리어 싫어하는 성질을 내보이면서 그것을 그처럼 연구할 필요도 없고 남 하는 대로 따라가면 그만이라고 한다. 또한 내 방식이 옳다고 주장하는 그 사람에게 장단을 치라 하고 보면 결코 맞지도 않고, 그 요점도 알지 못한다. 과연 연구할 필요도 없고 남 하는 대로만 따라간다 하니, 그것을 음악이라 할까? 아무 음악가는 저자에게 대하여 "도무지 말하지 말고 어디를 가든지 그 사람 그 지방 하는 대로만 하라" 하는 권고를 하기로 입을 닫고 잠자코 있기는 했다마는 이것이 또한 우리 음악계의 일대 유감으로 생각하는 바이다.

(2) 음악이란 어떤 음악이든지 몇백 장단, 몇천 박자가 결정적으로 조직된 것이요, 1박자의 완급을 함부로 하지 못할 것이요, 털끝만한 차이도 나중에 거리가 천리만큼 벌어진다는 것이 이 음악에 있을 것이다. 그러므로 『논어論語』에 "공자가 '음악을 시작할 때는 오음五音을 합하고, 연주할 때는 분명해야 하며 이어져야 한다'"[100] 고 한 것은 이것을 두고 한 말이다. 그러므로 음악이란 것은 구슬을 꿴 것과 같고, 비늘처럼 조직된 것을 연구성研究性도 없이 덮어놓고 내 방식이 옳다고 주장하지

---

100 "공자가 …… 이어져야 한다": 이 부분의 『악서정해』 원문은 다음과 같다. "論語에 云 孔子曰 樂을 始作애 翕如也 하며 放之애(放은 彈也라) 皦如也하며 如續也(如續也는 如貫珠也)라." 중간에 있는 (放은 彈也라)와 (如續也는 如貫珠也)는 저자 이기태의 경우 문맥상 어색하여 번역하지 않았다. 이를 번역하면, '방(放)은 연주하는 것이다' '여속(如續)은 구슬을 꿴 것 같다는 말이다'라는 뜻이다. 이기태가 인용한 『논어』는 곧 「팔일(八佾)」의 한 부분인데, 정확한 인용은 아니다. 정확한 원문은 다음과 같다. "子語魯大師樂曰: '樂, 其可知也. 始作, 翕如也; 從之, 純如也, 皦如也, 繹如也以成.'" 번역은 다음과 같다. "공자께서 노(魯)나라 태사(大師)에게 음악에 대하여 말씀하셨다. '음악은 아마도 알 수 있을 것 같다. 시작할 때에는 오음(五音)을 합하고, 풀어 놓을 때에는 조화를 이루고 분명하며, 이어져서 한 곡을 마쳐야 한다.'" 저자는 '從' 자를 '放'으로 바꾸고 있는데, 원래 『논어집주(論語集註)』의 주석이 그렇게 말하고 있기 때문이다. '皎如'는 원래는 '皦如'인데, 같은 글자로 통용한다. 다음의 '如續'은 원래 '繹如'이다. 서로 뜻은 같지만, 글자가 다르다.

못할 것이다.

(3) 음악의 조종祖宗은 경성京城이다. 그러나 경성 음악가의 〈세환입〉 7장 끝 변하여 넘어가는 곳을 보면, 이론점異論點이 있을 뿐만 아니라 바른 방식이라고 볼 수 없다. 곧 말하자면 알기 쉽게 〈세환입〉 7장이 끝났으면 〈계면界面〉 초두初頭 합장단合長短『율보律譜』에도 설명이 있거니와 '도랑' 혹은 '당'이 〈계면〉 초두의 합장단이다]까지 〈세환입〉의 한배限配로 타고 〈계면〉의 한배로 늘어져야만[완緩] 할 것이다. 그런데 〈세환입〉 마지막 장단終長短 끝 열 채에서부터 의미 없이 늘어져서 〈계면〉 초두 합장단을 치고는 〈계면〉인지 〈세환입〉인지 알 수 없는 한배로 1각을 치고, 〈계면〉 제2 다음 합장단에 이르러서야 비로소 〈계면〉 한배가 나오게 된다. 그러면 어느 가락까지가 〈세환입〉이며, 어느 가락에서부터 〈계면〉이란 구분이 철저하지 못하다. 그러므로 음악의 조종은 경성이니, 경성 음악가로부터 더욱더 연구하고 개혁하지 아니하지 못할 것이니라. 여기에 이르러서는 각자 주창主唱이 다단하나 그 골자를 연구하지 아니하고는 도저히 합치되지 못할 것이며, 서로서로 쳐다보며 소리 길을 따라 혹은 빠르게 혹은 느리게 하면 그 절차가 민멸되고 말 것이니라.

九. 音樂의 節次

(一) 音樂에는 必히 그 骨子와 節次가 잇을 것은 말할 것도 업다. 愈益히 우리 鄕樂[101]인 靈山會上의 鼓法을 보량이면 그 節次가 不分明하고 或疾 或徐한다. 그것은 元來 下鄕[102]에 잇서셔는 第一 音樂의 主張인 拍子(枊)를 不知하얏스며 現下에도 拍子라 하되 拍子가 如何히 된 것인지를 不知하는 樂家가 許多하다. 拍子를 說明하랴 하나 이것은 近來 잘 宣傳이 되고 거이 아는 形便인 故로 그 說明은 省略한다. 그러나 骨子 節次라 함은 그 音樂의 組織이 엇더케 된 骨子를 알 것이며, 어느 加樂 卽 어느 拍子에서 緩히 하고 急히 하는 要点 엇더한 理由로 緩히 하며 急히 하는

---

101 鄕樂: 원문에 '卿樂'으로 오기된 것을 바로잡았다.
102 下鄕: 원문에 '下卿'으로 오기된 것을 바로잡았다.

要点을 知得하여야만 될 것이다. 이것은 엇더한 音樂이나 그 節次와 骨子가 一般일 것이다. 그러면 第一 우리 鄕樂인 靈山會上 中에 中靈山에서 細靈山으로 變越하는 要点 除指 第三章에서 十拍 一刻이 終하고 六拍子로 變越하는 要處 細還入 第七章이 終하고 界面으로 連續變越하는 要處를 보면 其 主張이 不一하고 或疾或徐하야 到底히 보고 드를 수 업다. 骨子와 節次는 不知하고 뒤더퍼 놋코 내 方式이 올타고만 主張하는 樂家가 不知其數다. 그것이 卽 不知 骨子하고 하는 체 하고 自勝之僻이라 할 것이며, 그 要点을 說明하면 도리혀 嫌忌性을 表示하며 그것을 그 처름 硏究할 必要도 無하며 남 하는대로 따라 가면 고만이라 한다. 쏘한 내 方式이 올타고 主張하는 그 사람의게 長短을 치라 하고 보면 決코 맛지도 아니 하고 그 要点도 아지 못혼다. 果然 硏究홀 必要도 업고 남 하는 대로만 따라 간다 하니 그것을 音樂이라 할가. 某 音樂家는 著者의게 對하야 도모지 말하지 말고 어듸를 가든지 그 사람 그 地方 하는 대로만 하라 하는 勸告를 하기로 黙然已而엿다 마는 이것이 쏘한 우리 音樂界의 一大遺感으로 싱각하는 바이다.

　(二) 音樂이란 것은 엇더한 音樂이던지 幾百長短 幾千拍子가 決定的으로 組織된 것이요. 一拍의 緩急을 妄然히 못할 것이요, 毫釐之差 千里之外가 이 音樂에 잇슬 것이다. 故로 論語에 云 孔子曰 樂을 始作애 翕如也 하며 放之애(放은 彈也라) 皎如也하며 如續也(如續也는 如貫珠也)라 함이 此之謂也니라. 故로 音樂이란 것은 如貫珠如鱗而組織된 것을 硏究性도 업시 뒤더퍼 놋코 내 方式이 올타고 主張치 못할 것이니라.

　(三) 音樂의 祖宗은 京城이다. 그러나 京城 音樂家의 細還入 七章末 變越處를 보면 異論点이 잇슬 쑨만 아니라 正式이라고 볼 수 업다. 卽 말하자면 알기 쉽게 細還入 七章이 終하얏스면 界面 初頭 合長短【律譜에도 說明이 잇거니와 '도량' 若은 당이 界面 初頭의 合長短이다】까지 細還入 限配로 鼓하고는 界面 限配로 느러져(緩)야만 할 것이다. 그런듸 細還入 終長短 밋 열채에서부터 意味 업시 느러저 가지고 界面 初頭 合長短을 鼓흐고는 界面인지 細還入인지 알 수 업난 限配로 一刻을 鼓하고 界面 第二次合長短에 至하야 비로소 界面 限配가 나오게 된다. 그러면 어느 加樂까지가 細還入이며 어느 加樂에서부터 界面이란 區分이 徹底하지 못한다. 故로 音樂의 祖宗은 京城이니 京城 音樂家로부터 遺益히 硏究하고 改革치 아니치 못할 것이니라. 여기

에 至하야는 各自 主唱이 多端하나 그 骨子를 硏究치 아니 하고는 到底히 合지 못할 것이며 서로서로 치아다 보며 隨聲길로 或疾或徐하면 그 節次가 泯滅되고 말 것이니라.

율보律譜

〈영산회상〉에서 〈군악〉까지 통계.【2756박자, 336장단이다.】

○저자의 본의는 율보는 거문고나 양금의 율보가 허다하게 유행되고 있으므로 편입하지 아니 하기로 하였던 바,『현금보』『양금보』는 허다하나『가야금 율보』라는 것은 드물게 볼 뿐만 아니라, 저자는 거문고의 연주법은 알지 못하고,〈영산회상〉이란 것은 그 조직이 어떻게 된 것인가를 알기 위하여〈영산회상〉1편編 즉〈본풍류本風流〉1편 끝을 가야금조伽倻琴調로 편입하여 음악가의 참고에 대비하고자 한다.

○『율보』란 것은 음악에 숙달한 음악가의 참고나 뒤에 갖출 것일 뿐이요, 처음 익히는 사람은『율보』로 음악의 연구가 불편하고 극히 어려울 것이다.

○이『율보』의 가락은 정당하다고 하는 것이다. 다만 위에서 말한 바와 같이 그 절차나 참고로 볼 뿐이니라.

○가락에도 각기 다른 점이 많아 비웃기도 하고 내 방식, 내 가락이 좋다고 주창도 하지만, 가락의 각기 다른 점을 지나치게 논쟁할 것이 아니다. 왜냐하면,〈영산회상〉이란 것은 가곡의 연음連音이 아니요, 무곡舞曲의 합주合奏이기 때문에 어떤 모양이면 듣기 좋은 가락으로 연주하는 것이 무방할 것이다. 그러므로 가락의 각기 다른 점은 각기 의사대로 고쳐 넣은 것으로 그 중에는 특이한 성음聲音과 괴이한 성음이 있어서 각자 논쟁할 점이 있는 것이다. 그러므로 '동당' '둥당' 하는 것이 단성單聲 합음合音의 관계가 있을 뿐이요, 한배限配 박자에만 어긋남이 없으면 무관한 것이다.

○우리 음악가에서 제일 주의할 점은 위에서 말한 여러 말과 같이 농현법에 추려 발발䟆厲撥撥[103]한 소리에 조심하여 거문고와 합주할 경우에 거문고의 성음을 압도

하고 침범해서는 결코 정음이라 할 수 없다. 이유와 골자를 알지 못하고 농현한다고 하여 현현고고絃絃鼓鼓 쿡쿡 찌르고 눌러 추려麤厲한 성음으로 거문고의 성음을 무시하고 압도하여 거문고의 정음을 들을 수 없게 하면 이것이 음악의 본의에 반하는 것이다. 금琴은 당상악堂上樂에서 으뜸이 되므로 본음本音을 무시하지 못할 것이다.

一. 律譜

自上靈山至軍樂 統計 二千七百五十六 拍子 三百三十六長短也.

○著者의 本意는 律譜는 玄琴이나 洋琴의 律譜가 許多히 流行된 故로 編入치 아니 하기로 하엿든 바 玄琴 洋琴譜는 許多하나 珈琊琴 律譜라는 것은 罕見일 뿐만 아니라 著者는 玄琴의 鼓法은 不知요, 靈山會上이란 것은 그 組織이 엇터케나 된 것인가를 알기 爲하야 영산회상 一編 卽 本風流 一編 말을 珈琊琴調로 編入하야 以備音樂家之參考焉.
○律譜란 것은 音樂에 達練한 音樂家의 參考나 後備件而已요, 初見 初習之人은 律譜로 音樂의 研究가 不便極難할 것이니라.
○此 律譜의 加樂은 正當하다고 하는 것이니다. 다못 上言과 如히 그 節次나 參考로 볼 뿐 이니라.
○加樂에도 그 各異点이 多하야 誹笑도 하고 내 方式 내 加樂이 좃타고 主唱도 하지마는 加樂의 各異点은 過히 爭論할 것이 아니니라. 何요 하면 靈山會上者는 歌曲의 連音이 아니요, 舞曲의 合奏인 故로 某樣이면 듯기 조흔 加樂으로 鼓하는 것은 無妨할 거이다. 故로 加樂의 各異点은 各其意思대로 改入한 것으로 그 中에는 特異한 聲音과 怪異한 聲音이 잇셔서 各自 爭論点이 잇난 것이다. 故로 '동당' '둥당' 당하는 것이 單聲合音의 關係가 잇슬 뿐이요, 限配 拍子에만 差違가 업스면 無關이니라.
○우리 樂家에서 第一 注意点은 上述 累言과 갓치 弄絃法에 麤厲撥撥之聲을 愼之

---

103 추려발발(麤厲撥撥): '추려(麤厲)'는 거칠고 맹렬함, 발발(撥撥)은 물고기가 물속에서 자유롭게 움직이고 혹은 뛰어오르는 모양. 여기서는 농현을 하는 모양을 말한다. 곧 거칠고 맹렬하고 물고기가 물속에서 놀고 물 밖으로 뛰어오르는 것처럼 요란한 농현을 두고 한 말로 보인다.

하야 玄琴과 合奏할 境遇에 玄琴의 聲音을 壓頭하고 侵凌하여서는 決코 正音이라 할 수 업나니라. 不知理由骨子하고 弄絲한다고 하야 絃絃鼓鼓히 쿡쿡 질르고 눌너 麤厲之聲音으로 玄琴의 聲音을 凌壓하야 玄琴의 正音을 드를 수 업게 하면 이것이 音樂의 本意에 反함이니라. 琴者는 堂上之樂에 爲首故로 律聲으로 本音을 凌越치 못할 것이니라.

범례

1. 보고 익히는 편의를 도모하여 음音이 서로 같은 한자를 뽑아서 율보를 만들고, 구음口音만은 국문을 사용함.
1. 가야금을 단순히 12율성律聲으로 풀어서 그 순서를 보이면 아래와 같음.

【淸청 11월 황종,　　靑청 12월 대려,　　興흥 정월 태주,　　둥 2월 협종
　이상은 궁宮·상商·각角·치徵 4성의 높낮이를 조화를 이루게 하니 이를 모음母音 혹은 본음本音이라 함.

唐당 3월 고선,　　同동 4월 중려,　　澄징 5월 유빈,　　當당 6월 임종
　이상은 청淸이니 자성子聲, 반성半聲이라고도 함.

至디 7월 이칙,　　澂딩 8월 남려,　　稱팅 9월 무역,　　宗종 10월 응종
　이상은 중청重淸, 단 7월 이칙夷則 '디'는 간성間聲. 1촌寸 가량을 낮게 하고, 2월 협종夾鍾 '둥'을 1촌 가량 높게 하거나 누르면 '등藤'이 되나니, 이것을 우성羽聲이라 한다. 양금에 외동外同과 등이 이것이다. 또 안쪽에 '지芝'와 '층層'이 있으니, '징澄'을 1촌가량 낮게 하면 '지'가 되니, 이 역시 간성이요, '층層'은 '외外땅'과 높낮이가 같으니, 가야금에는 없다.
　○'둥'을 '등藤'으로 하면 이것이 '우羽'니 '디'를 '동'으로 괘卦를 다스리고 음을 합하는 경우다.
　○현재 우리 조선에서 16성聲을 쓰고 있으니, 이 외의 자세한 설명은 일반 음악가의 주지하는 바라, 이에 생략하고 남은 일은 아래에 적은 참고를 열독熱讀해서 이해하기 바란다.】

참고

【○중려仲呂 아래에 또 황종黃鍾·임종林鍾·남려南呂·고선姑洗·응종應鍾의 여섯 변율變律을 두니, 혹은 그 전성全聲을 취하고 혹은 그 반성半聲을 취하여, 유빈蕤賓 이하 상商·각角·치徵·우羽·변궁變宮·변치變徵의 쓰임으로 삼으니, 대개 율려律呂의 수는 가면 돌아오지 않고, 신민臣民·사물事物이 감히 임금을 능멸하지 못한다. 지금 본국의 아악雅樂은 단지 황종·대려·태주·협종〔이것은 곧 청·청·홍·둥이다〕4청성淸聲만 쓰고 중려 이하로부터 응종에 이르기까지는 도리어 전성을 써서 우羽·변궁變宮·변치變徵로 삼으니, 대개 한 번 신민이 되면 임금을 능멸할 수 없으나, 사물은 반드시 피할 것이 없다. 그러나 『율서』에 혹 변성變聲 혹 반분半分의 곳을 쓰기도 하였으니, 대려궁大呂宮의 변치는 곧 변임종變林鍾이요, 변궁變宮은 곧 변반황종變半黃鍾이다. 협종·중려·이칙·무역의 궁에 아울러 변성變聲·반분半分을 쓴 곳이 있으니, 변성이 정률正律보다 조금 높고, 변반성變半聲이 본반本半보다 조금 높은 뒤에야 거의 고제古制에 들어맞으니, 지금 아악 4청성이 모두 정반성正半聲이되 변반變半의 제도가 없으니, 위악僞樂[104]에 이르러서는 제도가 기교하고 현絃과 괘卦가 또한 많기 때문에 12율의 청·탁이 모두 있으나, 또 청淸 가운데 청이 있다고 하는 것이다. 이상은 「조선악고朝鮮樂考」 중 한 기사다.

○어떤 『율보』에 "조선 세종 이후로 황종·태주·중려·임종·남려의 정성正聲을 궁·상·각·치·우로 썼다"는 기사를 보았다. 그러면 이것은 고선의 각을 중려의 각으로 사용함이니, 어떤 이유로 고선의 각이 중려의 각이 된 기사와 해설을 보지 못하였으므로 이유를 알 길이 없다. 사실이 그렇다 하면 격구상생隔九相生도 있고 상생상극相生相克의 뜻도 있으므로 이 뜻을 적용한 것인가 한다. 그러나 우리 중서衆庶로는 음악을 만들고 음음音을 알지는 못할지라도 음악 자체와 성음에서 소리를 쓰는 길은 대략 연구해야만 할 것이다.】

1. ◑ 합장단 2. ｜ 열채 3. ○ 뒤구레 4. ｜ 끝열채

○장구는 8음 성기聲器 중 혁음革音이다. 음악의 박자와 한배限配를 균등하게 치는 것이요, 그 성음을 5행에 견주어 논하면 합장단合長短과 뒤구레는 수성水聲, 오른쪽의 제일 채는 목성木

---

104 위악(僞樂): 가짜 음악.

聲, 끝열채는 화성火聲이라 하니 이 또한 이치가 있는 말이다.

○장단의 고법鼓法도 지방에 따라서 각기 다른 점이 없지 않으니, 이 역시 그 범위만 벗어나지 않으면 괜찮다고 생각하는 바이다. 한편 〈본영산〉과 〈중영산〉의 장단에 끝열채를 제15박에 치고, 17박에 이르러 궁글이는 법도 있으니, 이 역시 20박자 이내 곧 그 범위 안에서 하는 것이기 때문에 괜찮을 것이며, 고법古法인가 한다.

○본『율보』에 보인 장단은 '4궁 6채四宮六采'라는 고법鼓法을 보인 것임.】

1. 율보 가운데 1칸 안의 2글자는 2현을 합하여 1음이 되니, 즉 합음이란 것이 바로 이것이다.

1. 칸 사이에 끼워 넣은 작은 글자는 가락 곧 박자 사이의 연쇄['들박자'다]를 보인 것임.

1. 성음에 단성單聲 합음의 연쇄가 있고, 박자에는 평박자平拍子·들박자가 있으니, 〈상영산〉에서 〈염불〉까지는 평박자, 그 외에는 들박자를 겸하여 쓰니, 들박자에도 음악의 가락을 합쳐서 친다는 말이다.

1. 음악 몇 장에도 각자 주장이 있고 동일하지 못하니라. 난외欄外에 (1) (2) (3) (4) (5) (6) (7)은 장수章數를 대략 보인 것임.

1. 음악의 한배限配도 높낮이와 청·탁 같이 일정한 것이 없다. 저자 본 율보에 보인 한배가 일정한 것이기는 하나, 특정한 것이 아니요, 보통의 표준이니 오해하지 말 것임.

1. 〈본영산〉·〈중영산〉은 20박자로 1각刻을 삼기 때문에 1각을 1행行에 기입하는 것이 옳을 줄로 생각하나, 부득이 사정에 따라 1각을 2행에 기입함.

1. 구음口音 가운데 '뜰'이라 한 것은 거문고의 구음을 원용한 것임.

凡例

一. 覽習의 便宜를 圖하야 音相同의 漢字를 選拔하야 律譜를 作하고 口音만은 國文을 用홈.

一. 珈琊琴을 單純히 十二律聲으로 解하야 그 順序를 示하면 左와 如홈.

淸청 十一月 黃鍾 靑청 十二月 大呂 興홍 正月 太簇 끙둥 二月 夾鍾
以上은 宮商角徵 四聲의 高下를 調하니 此를 母音 若은 本音이라 함.

唐당 三月 姑洗 同동 四月 仲呂 澄징 五月 蕤賓 當당 六月 林鍾
以上은 淸이니 子聲 半聲이라도 함.

至디 七月 夷則 澂딩 八月 南呂 稱팅 九月 無射 宗둥 十月 應鍾
以上은 重淸 但七月 夷則 디는 間聲 一村 仮量을 低히 하고 二月 夾鍾 등을 一寸 仮量 高히 하거나 壓之하면 藤이 되나니 此를 羽聲이라 한다. 洋琴에 外同과 등이 是也니라. 又有內지 '芝'層하니 澄를 一村 仮量 低히 하면 지가 되니 此亦 間聲이요 層은 外 쌍과 高下가 同하니 珈琊琴에는 無하니라.
○둥을 藤으로 하면 이것이 羽니 디를 동으로 治卦合音者也니라.
○現下 우리 朝鮮에서 十六聲을 用하니 此外細說은 一般 音樂家의 周知하는 바이매 玆에 省略하고 餘事는 左記 參考를 熱讀 分解하라.

參考
【○仲呂之下에 에에 又置黃鍾 林鍾 南呂 姑洗 應鍾 六變律하니 或取其全聲하며 或取其半聲하야 以爲蕤賓以下 商角徵羽 變宮變徵之用焉하니 盖爲律呂之數는 往而不反하고 臣民事物이 不敢凌君也라. 今本國 雅樂은 只用黃鍾 大呂 太簇 夾鍾〔此는 卽 청쳥흥등야라〕四淸聲하고 自仲呂以下 至應鍾則 還用全聲하야 以爲羽變宮變徵焉이니 盖一爲臣民이 不可凌君而事物 則不必避也라. 然而나 律書에 或用變聲 或用變半之處하니 大呂宮之變徵는 乃變林鍾也요, 變宮은 乃變半黃鍾也라. 夾鍾 仲呂 夷則 無射之宮에 並有變聲變半之處 則變聲이 小高於正律而變半聲이 小高於本半然後에 庶合古制하니 今雅樂 四淸聲이 皆正半聲而 無變半之制하니 至於僞樂 則制度가 奇巧하고 絃祼亦多 故로 十二律之淸濁이 俱在而又有淸中之淸云耳라. 以上은 朝鮮 樂考 中 一記事也라.
○某 律譜에 云 朝鮮 世宗 後로 黃鍾 太簇 仲呂 林鍾 南呂 正聲을 宮商角徵羽로 用하얏다는 記事를 보앗다. 그러면 此는 姑洗角을 仲呂角으로 用함이니 何故로 姑洗角이 仲呂角된 記事와 解說을 보지 못 하얏슴으로 理由를 知得할 途가 無하다. 事實이 그러타 하면 隔九相도 잇고 相生相克之義도 有함으로 此義를 摘用함인가 한다. 然而 우리 衆庶로는 作樂知音은 못 할지라도 音樂 自體와 成音用聲하는 途는 大略 硏究하여야만 할 것이니라.

一, ❶ 합장단　　二, | 열채　　三, ○ 뒤구레　　四, | 쫏열채

○長鼓者는 八音 聲器 中 革音이다. 音樂의 拍子와 限配를 均而鼓하는 것이요, 그 聲音을 五行에 比而論之하면 合長短과 뒤구레는 水聲, 右便 第一 채는 木聲, 쫏열채는 火聲이라 하니 此亦有理之言이니라.

○長短의 鼓法도 地方에 따라서 各異点이 不無하니 此亦 그 範圍만 脫退치 아니 하면 可하다고 생각하는 바이다. 一日 本 中靈山의 長短에 쫏열채를 第十五拍에 鼓하고 十七拍에 至하야 궁글이난 法도 잇스니 此亦 二十拍子 以內 卽其範圍 內에서 行하는 것인 故로 可할 것이며, 古法인가 한다.

○本 律譜에 示한 長短은 四宮六채라는 鼓法을 示함.】

一. 律譜 中 一間內 二字는 二絃을 合하야 一音이 되니 卽 合音者 是也니라.
一. 間挿小字는 加樂 卽 拍子間 連鎖(들拍子)를 示홈.
一. 聲音에 單聲合音連鎖가 有하고 拍子에는 平拍子 들拍子가 有하니 自上靈山 至念佛은 平拍子 그 以外는 들拍을 兼用하니 들拍子에도 音樂의 加樂을 合而鼓한다는 말이다.
一. 音樂 章數에도 各自主張이요, 同一하지 못하니라. 欄外에 (一) (二) (三) (四) (五) (六) (七)은 章數를 略示홈.
一. 音樂의 限配도 高下 淸濁과 갓치 一定한 것이 無하니라. 著者 本律譜에 示한 限配가 一定的이나 特定的이 아니요, 普通의 標準이니 誤解치 말지니라.
一. 本 中靈山은 以二十拍子로 爲一刻故로 一刻을 一行에 記入함이 可할 줄로 思料이나 不得已之事情下에 一刻을 二行에 記入홈.
一. 口音 中 쓸이라 함은 玄琴의 口音을 援用홈.

〈영산회상〉

일명 〈검남곡(劍男曲)〉【청풍명월곡(淸風明月曲) 계면조(界面調)】이상은 20박자를 1각으로 삼는다. 1박은 3초다.

靈山會上

一名 釰男曲【淸風明月曲 界面調】以二十拍子 爲一刻 一拍 三抄

〈본영산〉 340박자, 17각

[비고: 40.180] 이상을 〈본영산〉 초두初頭머리라 함. 이 머리를 타지 아니 하고 뒤구레에서 시작하는 것은 잘못이다. 그러므로 거문고나 가야금이 머리를 타면 관악管籥[105] 기타는 뒤구레에서 비로소 합하는 것이 옳다.

本靈山 三百 四十 拍子 十七刻

備考: 以上을 本靈山 初頭머리라 홈. 이 머리를 타지 아니 하고 뒤구레에서 始함은 非也니라. 故로 玄琴이나 伽倻琴[106]이 머리를 타면 管籥其他는 뒤구레에서 始而合之가 可也니라.

 40.180~185

〈중영산〉

20박자를 1각으로 삼는다. 350박자다. 다만 끝 10박은 1각으로 〈세영산〉 1박 2초에 속한다.

中靈山
以二十拍子 爲一刻 三百五十拍子 但 終十拍 一刻 屬細靈山 一拍 二抄

 40.185~191

---

105 관악(管籥): 관악기를 뜻한다.
106 伽倻琴: 원문에 '珈琊琴'으로 오기된 것을 바로잡았다.

[비고(40.190)] 〈중영산〉은 여기에 이르러 끝난다. 이하는 〈세영산〉에 속한다. 이곳이 일반 음악가가 주의할 곳이니, 박자가 미상未詳한 소치로 이에 이르러 1~2박이 촉급하게 변하여 넘어간다.[107]

備考: 中靈山 至此終 以下屬細靈山也라. 此處가 一般 樂家의 注意處니 拍子가 未詳之致로 至此而 一二拍이 促急變越也니라.

〈세영산〉

10박자를 1각으로 삼는다. 1박은 1초다.

[비고: 40.191] 끝채를 제8박자에 치는 것이 보통이나 〈본영산〉 20박을 표준으로 할 때는 본보本譜에 보이는 것도 괜찮으니, 이 역시 일정한 규례가 있다고 못 할지니, 10박 1각이면, 1각 4점을 10박의 범위 안에서 4번 치면 타당할까 함.

細靈山

以十拍子 爲一刻 一拍 一抄

備考: 終채를 第八拍子에 鼓함이 普通이나 本靈山 二十拍에 標準할 時에는 本譜에 示함도 可也니, 此亦一定的 規例가 잇다 못할지니 十拍 一刻이면 一刻 四点을 十拍의 範圍 內에 四鼓하면 妥當할가 홈.

 40.191~192

〈제지〉 속칭 〈돌가락〉이다

10박자를 1각으로 삼는다. 1박은 1초다. 이것을 〈세영산〉에 붙여 말하는 경우도 있다.

107 이 내용은 〈중영산〉 끄트머리에 있다.

除指(俗稱 돌가락)
以十拍子 一刻 一拍 一抄 此를 細靈山에 附言함도 有홈.

 40.192~194

[비고: 40.193~194] 이 행行[108] 초두부터 〈제지除指〉 3장이라 하는 음악가도 있고, 〈삼현三絃〉이라 하는 음악가도 있으니, 누가 그 시비를 알 것인가? 그렇다면 이 6박자로 〈삼현三絃〉이라 함이 옳을지 역시 〈제지除指〉라 함이 옳을지 각자 주장이요, 저자 역시 그 골자를 알지 못하겠다. 혹 어떤 음악가의 고법鼓法을 보면, 이 6박자로 변하여 넘어감에 이르러 이상의 10박자에서 1박자를 급촉急促히 하는 음악가도 있고, 또는 6박자로 변한 뒤 그 한배限配를 촉급하게 하는 음악가도 있어서 하향下鄕에 이론異論이 아주 많고 현재에도 그 불완전한 점이 없지 않다.

備考: 此行 初頭부터 除指 三章이라 하는 樂家도 잇고 三絃이라 하는 樂家도 잇스니 誰知其是非耶아. 然則 自此六拍子로 三絃이라 함이 可할지 亦是 除指라 함이 可할지 各自 主張이요, 著者 亦不知其骨子也로다. 或 엇던 樂家의 鼓法을 보면 此六拍子로 變越함에 至하야 以上 十拍子에서 一拍子를 促急히 하는 樂家도 잇고 쏘는 六拍子로 變한 後 그 限配를 促急히 하는 樂家도 잇서서 下鄕에 異論이 殆多하고 現下에도 그 不完点이 不無하니라.

〈상현〉
6박자를 1각으로 삼는다. 1박이 1초다.

上絃
以六拍子 爲一刻(一拍 一抄)

---

108 이 행(行): 〈제지〉의 3장 첫 행을 가리킨다.

악보 40.194~196

[비고: 40.196] 이상은 〈하현下絃〉으로 변하여 고법鼓法의 경우 〈세환입細還入〉으로 곧장 들어간다. 설명은 아래에 자세히 해 놓은 것을 볼 것.

備考: 以上은 下絃으로 變入鼓法細還入으로 直入說明은 下見分解焉.

〈세환입〉
6박자를 1각으로 삼는다. 〈우조 별곡羽調別曲〉은 2박이 1초다.

[비고: 40.196~197] 1. '동東'은 간성間聲에 이르러 약지·중지를 1촌 가량을 낮추면 '동'이 되니, 양금의 '외外동'과 같다.

2. 〈상현〉 끝에서 〈세환입〉으로 곧장 들어가는 경우가 많으니, 이 경우에는 〈상현〉 마지막 각刻에 이르러 '살갱'을 3차로 하면, 〈세환입〉으로 곧장 들어가는 탄금彈琴의 군호軍號[109]라 한다. 그러나 이 율보에 기재한 것 같이 끝나면서 〈세환입〉으로 곧장 들어가는 것도 가능한 것이요, 이 점에는 특이한 이유는 없다.

3. 본 곡곡曲은 나라의 법악法樂인 〈여민락與民樂〉 제7장이라 한다. 이것을 〈상현〉·〈하현〉 사이에 삽입하고 '둥'을 '등'【양금 본음本音 '둥'】으로 하면 그 성음이 청청하고, 오음으로 논하면 우성羽聲이 극히 청하므로 본 곡은 '둥' 곧 우성으로 궁宮을 삼아 〈우조 별곡羽調別曲〉이라 이름한다. 거문고와 합주할 때는 물론이려니와 거문고가 없을 경우에도 반드시 '지至'를 '동東'으로 괘를 다스릴 것이며, 소관簫管으로는 '외동外東'으로 부는 소리가 없다 하여, 계면성界面聲으로 연주하는 음악가가 아주 많으니, 이것은 잘못이다.

109 군호(軍號): 군대에서 나발·기·화살 등으로 신호를 보내는 것을 말한다.

細還入

以六拍子 爲一刻 羽調別曲 二拍 一抄

　備考: 一. 東은 至間聲을 約中指 一寸 仮量을 低히 하면 東이 되니 洋琴 外 동과 如하니라.

　二. 上絃末에서 細還入으로 直入하는 境遇가 많으니 此 境遇에는 上絃 終刻에 至하야 살갱을 三次로 하면 細還入으로 直入한다는 彈琴의 軍號라 한다. 然하나 此 律譜 記載와 갓치 終하면서 細還入으로 直入함도 可也요. 此点에는 特異한 理由는 無하니라.

　三. 本曲은 國家法樂與民樂 第七章이람한다. 此를 上絃 下絃之間에 揷入하고 둥을 등(洋琴 本音 둥)으로 하면 그 聲音이 淸하고 五音으로 論之則 羽聲이 極淸故로 本曲은 둥 卽 羽聲으로 爲宮而名曰 羽調別曲이라 하니라. 玄琴과 合奏할 時는 勿論이런과 玄琴이 無할 境遇에도 必히 至을 東으로 治卦할지며 簫管으로는 外東 吹聲이 無라 하야 界面聲으로 鼓之하는 樂家가 殆多하니 此는 非也니라.

악보 40.196~203

[비고: 40.200] 〈세환입〉을 7장이라 하나, 저자 역시 장수章數를 자세히 알지 못하고, 이 7장 역시 이론異論이 많아 누가 옳은지 알지 못한다.

　備考: 細還入을 七章이라 하나 著者 亦 章數未詳 而此七章[110]亦異論이 多端하야 未知孰是니라.

[비고: 40.202~203] 〈세환입〉이 이 끝에 이르면, 아래 행行의 '동당同唐'이 계면 초두 합장단合長短이다. 위에서 말한 음악 절차에도 약술한 바거니와 이곳이 음악가가 주의할 곳이다. 이 변하여 넘어가는 연주법이 지방마다 다르니, 이것은 제1 박자, 제2 한배限配가 분명하지 않은 것이다. 〈세환입〉과 〈계면〉 한배가 어떻게 된 것을

110　七章: 원문에 '六章'으로 오기된 것을 바로잡았다.

알면 결코 합하지 않을 것이 없으니, 본보本譜에서 박자가 기입된 것과 설명을 자세히 보고 참조하기 바란다.

〈계면〉 초두 '동당同唐'까지 〈세환입〉 한배로 연주하고는 여기서 〈계면〉 한배 즉 1박 1초로 '징澄'을 연주하면, 〈세환입〉 한배인지 〈계면〉 한배인지 명확할 것이다. 그런데 〈세환입〉 끝열채에서 늘려 가지고 〈계면〉 합장단을 치고는 그 이하의 한배를 보면, 〈세환입〉 한배인지 〈계면〉 한배인지 명확한 점이 없고, 그 골자를 모르기 때문에 서로 쳐다 보고 수성隨聲질만 하다가 만다. 음악 조직은 꿴 구슬과 같이 이루어지는 것이기 때문에 골자를 알지 못하고 완급緩急을 낳으면 합치되지 못할 것은 다시 논할 필요가 없다.

備考: 細還入 至此終下行 '同唐'이 界面 初頭 合長短也. 上述 音樂 節次에도 畧述한 바런과 此處가 音樂家의 注意處다. 이 變越하는 鼓法이 地方地方이 다르니 이것은 第一 拍子 第二 限配의 不明이다. 細還入과 界面 限配가 엇더케 된 것을 알면 決코 不合할 것이 업스니 本譜 拍子 記入된 것과 說明을 詳覽參照焉.

界面 初頭 '同唐'까지 細還入 限配로 鼓하고는 여기셔 界面 限配 卽 一拍 一抄로 澄을 鼓하면 細還入 限配인지 界面 限配인지 明確하니라. 그런듸 細還入 終 열채에셔 늘러 가지고 界面 合長短을 치고는 그 以下의 限配를 보면 細還入 限配인지 界面 限配인지 明確한 点이 업고 그 骨子를 모르난 故로 서로 치아더 보고 隨聲질만 하다가 만이라. 音樂 組織은 如貫珠而成也者故로 不知 骨子ᄒ고 緩急을 生하면 不合할 거슨 更論할 必要가 無하니라.

〈하현下絃〉

6박자를 1각으로 삼는다. 1박은 1초다.

以六拍子 爲一刻 一拍 一抄

 40.203~205

[비고: 40.205] 이하는 해탄解彈과 3장을 합주한다.

備考: 以下는 解彈과 合奏 '三章'

〈염불念佛〉

6박자를 1각으로 삼는다. 1박은 1초다.

以六拍子 爲一刻 一拍 一抄

 40.206~210

[비고: 40.209] 이 행행의 고법鼓法은 정식正式이 아니다.
備考: 此行鼓法은 非正式이니라.

〈타령〉

8박자를 1각으로 삼는다('들박'[111]을 겸한다). 1박은 1초다.

打鈴
以八拍子[112] 爲一刻(兼 들拍) 一拍 一抄

 40.210~212

111 들박: 마디 또는 박자의 여린 자리 곧 약박을 뜻한다. 장사훈, 『국악대사전』, 세광음악출판사, 1984, 255쪽.
112 八拍子: 원문에 '八子'로 오기된 것을 바로잡았다.

〈군악軍樂〉

8박자를 1각으로 삼는다. 2박이 1초다('들박'을 겸한다).

以八拍子 爲一刻 二拍 一抄(들拍兼)

 40.213~216

[비고: 40.213] 이상에서 〈별곡〉[113]을 제하고 〈세영산〉에서 〈타령〉까지 1박 1초를 표준으로 하는 것이 옳다. 그러나 〈군악〉에 이르러서는 완만하게 하지 못할 것은, 음악의 초두는 느리나 부지중에 끝에 이르러서는 한배가 짧아지기 때문에 본 〈군악〉을 1박 1초를 표준으로 할 때는 딴 한배가 되므로 2박 1초면 적당할 듯하다.

1. '지之'는 내內, '동東'은 '외外'니, 양금 '외동外東' '외지外之'와 같다. 그러므로 가야금에는 '디' 간성間聲과 '내內징'을 약지·중지 1촌가량을 낮게 괘를 다스리면 된다.

1. '등藤'은 '둥'을 조금 누르면 되니, 본 〈군악〉은 우조성羽調聲이라 하니라. 근래 괘를 다스리지 않고 계면성으로 연주하는 음악가가 아주 많으니, 이것은 잘못된 것일 것이다.

備考: 以上에 別曲을 除하고 自細靈山 至打鈴까지 一拍一抄 標準이 可也나, 至於 軍樂하야는 緩晚[114]히 못할 것은 音樂의 初頭는 緩하나 不知 中終末에 至하야는 限 配가 短縮故로 本 軍樂을 一拍 一抄 標準을 할 째에는 딴 限配가 되난 故로 二拍 一抄이면 適宜할 듯.

一. 之는 內 東은 外니 洋琴 外동 外지와 如하니라. 故로 珈琊琴에는 디 間聲과 內징을 約 中指 一寸 仮量을 低히 治卦하면 되난니라.

一. 藤은 둥을 少押하면 되나니 本 軍樂은 羽調聲이라 하니라. 近來 治卦치 아니

---

113 별곡: 〈세환입〉인 〈우조 별곡〉을 뜻한다.
114 緩慢: 원문에 '緩晚'으로 오기된 것을 바로잡았다.

하고 界面聲으로 鼓하는 音樂家가 殆하니[115] 此는 非也哉 ㅣㄴ저.

[비고: 40.214~215] 평박平拍에는 1박 이상을 쉬는 것이 없다. 단 본 〈군악〉에 이르러 3박을 쉬는 것은 '들박'을 겸한 것이니, 평박에 비하면 1박자와 같다.

備考: 平拍에는 一拍以上을 休함이 無니라. 但 本 軍樂에 至하야 三拍을 休함은 들拍을 兼함이니 平拍에 比하면 一拍子와 如하니라.

[비고: 40.216] 초장初章 2장 끝과 하나로 만드는 것도 무방하다.

備考: 初章 二章末과 슈一히 함도 無妨하니라.

---

115 多殆하니: 원문에 '殆하니'로 오기된 것을 바로잡았다.

초학금서
初學琴書

편자 미상, 연대 미상(1938년 장사훈 전사)
한국음악학자료총서 40

초학금서 해제

1938년에 필사한 거문고 악보와 단소 악보. 표지에 '初學琴書'라고 표기되어 있으므로 악보명을 『초학금서』라 하였다. 장사훈張師勛(1916~1991)이 1938년에 전사한 악보로 저본底本에 대한 정보는 정확히 알 수 없다. 1966년에 장사훈이 쓴 논문 「매화점 장단고」[1]를 통해 처음 소개되었으며, 2005년에 국립국악원에서 영인하여 『한국음악학자료총서』 40집에 수록하였다.

전사본 1책으로 15장이며, 세로 24.3cm, 가로 17cm이다. 현재 청주대학교 중앙도서관 민족음악자료실에 소장되어 있다. 악보의 기보법은 거문고는 한글 육보를 사용하였으며, 단소 역시 한글 육보를 사용했는데, 거문고 육보를 차용하였다. 수록된 악곡 수는 모두 9곡이다.

1. 해설

이 악보에는 편찬자와 편찬 연대를 알 수 있을 만한 내용이 기록되어 있지 않다. 장사훈의 논문 「매화점 장단고」에 의하면 "1938년 필자가 전사하여 둔 연대 미상의 『초학금서』란 소책자가 전진戰塵에 없어지지 않고 남아 있다"고 하였으나 현재 『초학금서』 원본의 흔적을 찾아볼 수 없다. 악보의 내지에는 금규장서琴圭藏書·장사훈인張師勛印·운초云草·금규琴圭 등 장사훈의 낙관이 찍혀 있고, '무인戊寅 만추晚秋 사지寫之'라는 기록을 통해 장사훈이 1938년 늦가을에 전사한 것임을 알 수 있다.

---

[1] 장사훈, 「매화점 장단고」, 『국악논고』, 서울대학교 출판부, 1971, 297~313쪽.

하지만 양식적 그림 상단에 1943년 함화진의 『증보가곡원류』 17면을 인용한 점으로 볼 때, 1938년 이후 적어도 1944년까지 내용을 추가한 것으로 볼 수 있다. 저본의 정확한 소장처를 알 수 없으나 1936년까지 장사훈이 소속되어 있던 이왕직 아악부의 악보가 아닌가 추정하고 있다.[2]

악보의 체제는 크게 두 부분으로 구성되어 있다. 첫째 부분에는 '현금도해玄琴圖解'와 '현금玄琴' 부분이다. 현금도해에는 거문고의 전면과 후면, 괘의 그림, 지법指法, 안족按足 등을 사실적으로 그려놓았으며, 둘째 부분에는 『초학금서』에서 인용한 『현학금보』[3] 략略의 내용을 담고 있는데, 주로 『현학금보』(정경태 구장)의 상편 현금이론에 해당하는 부분을 인용하였다. 『현학금보』(정경태 구장)의 내용을 담고 있는 또 다른 악보인 『현금보』(학포 구장), 일명 『학포금보』와 유사성이 높은데, 편찬시기로 보았을 때 『현학금보』(정경태 구장)를 바탕으로 하여 『현금보』(학포 구장)나 『초학금서』가 전사되었을 가능성이 있다.

2. 악곡

이 자료에 수록된 악곡은 〈우조 장처해음〉, 〈계면 처사음〉, 〈우 초중대엽〉, 〈우 삼중대엽〉, 〈계 이중대엽〉, 〈세환입(도두리)〉 초장, 〈북전〉, 〈이 후정화〉, 〈우 삼중대엽〉이다. 〈우조 장처해음〉은 〈우조 다스름〉을 뜻하며, 〈계면 처사음〉은 〈계면 다스름〉에 해당한다. 이 중에서 〈세환입〉 초장에 해당하는 부분이 단소의 악보이며, 여기에 기록된 단소 구음은 현행 단소 구음과 달리 거문고 구음과 유사하게 기록된 점이 주목된다.

정리하면 총 9곡의 악곡 중 단소보인 〈세환입〉 초장을 제외한 8곡은 가곡의 거문고 반주 악보인 셈이다.

---

2 김세종, 「『초학금서』 해제」, 『한국음악학자료총서』 40, 국립국악원, 2004, 314쪽.
3 『현학금보』: 이 악보는 『현학금보』(정경태 구장)로서 노주(老洲) 오희상(吳熙常, 1763~1833)이 편찬한 것을 가리킨다. 이 책의 148쪽 참고.

3. 관련 자료와 논저

1) 『초학금서』 영인본 자료
『한국음악학자료총서』 40, 국립국악원, 2005, 323~358쪽.

2) 『초학금서』 해제
김세종, 「『초학금서』」, 『한국음악학자료총서』 40, 국립국악원, 2005, 313~319쪽.

3) 『초학금서』 관련 논저
장사훈, 「매화점 장단고」, 『국악논고』, 서울대학교 출판부, 1971, 297~313쪽.
김기철, 「『초학금보』 양식척에 관한 연구」, 용인대대학원 석사학위논문, 1999.
이현민, 「고악보 상에 있어서 『현학금보』의 특징」, 한양대대학원 학사학위논문, 2002.
김화복, 「가곡 편(編) 계통 악곡의 '각(刻)' 선율 연구」, 『국악원논문집』 41집, 국립국악원, 2020, 71~101쪽.

해제: 정서은

초학금서
初學琴書

현금도해 玄琴圖解

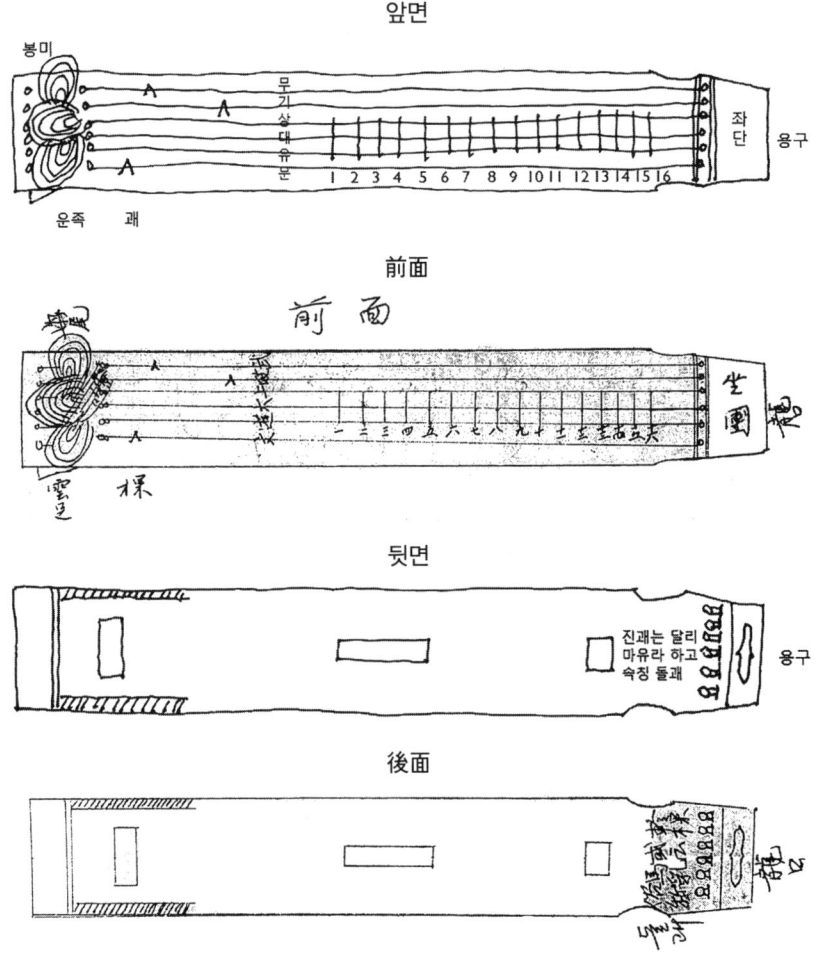

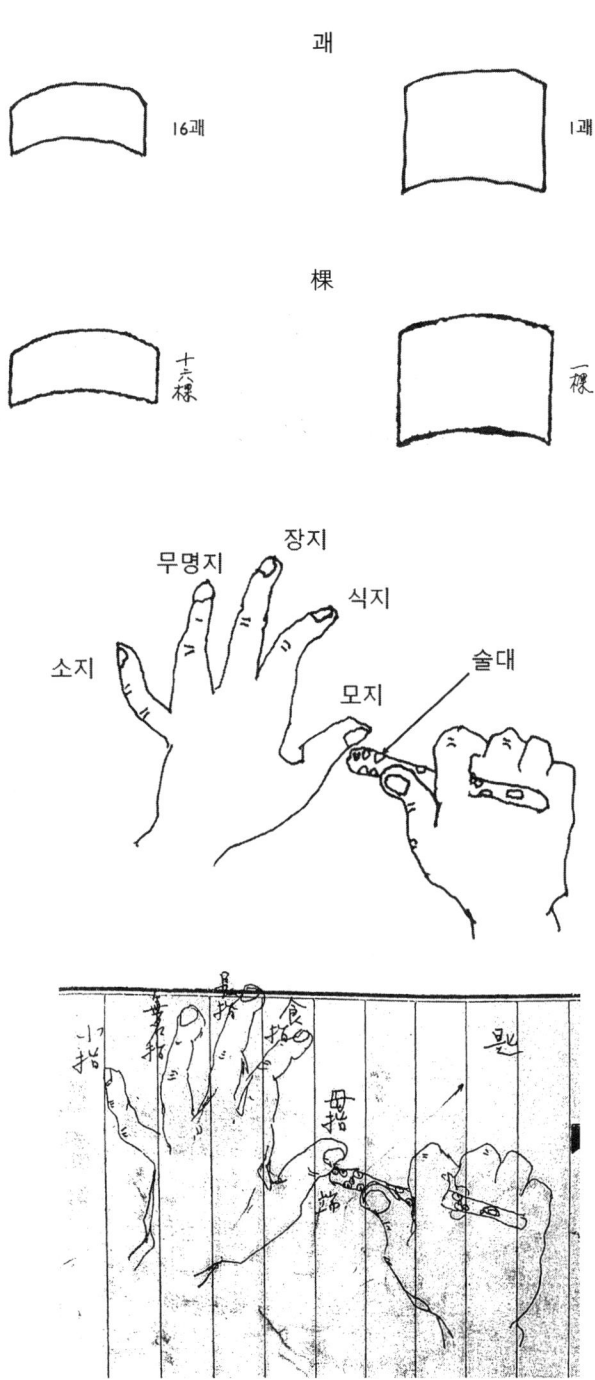

초학금서

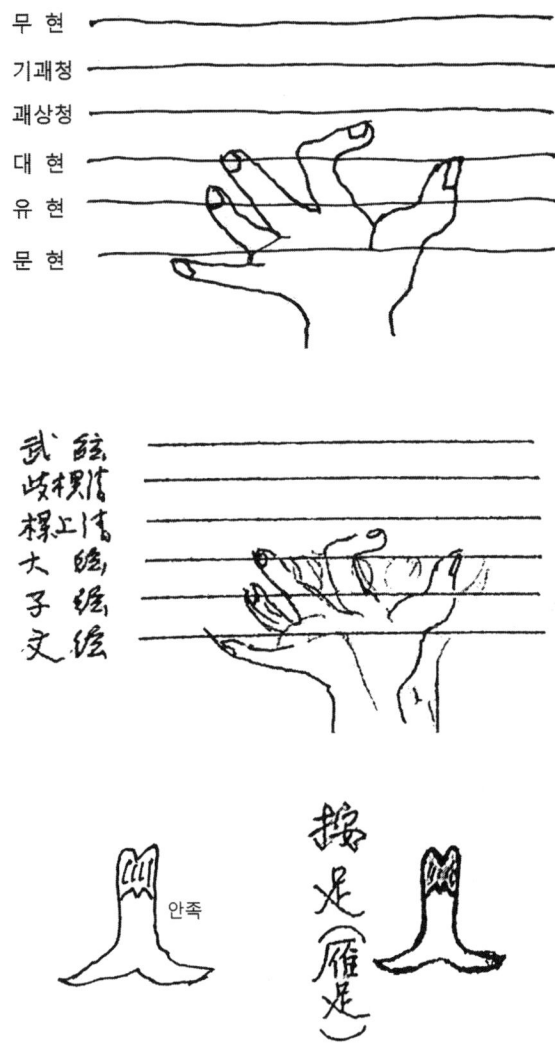

거문고

『삼국사기』에 이르기를, "거문고는 중국 악부樂部의 금琴을 본떠서 만들었다. 신라 고기古記에 이르기를, 전에 진晉나라 사람이 7현금七絃琴을 고구려에 보냈는데, 당시 제2상第二相 왕산악王山岳이 그 제도를 고쳐 만들고 겸하여 곡을 지어서 연주했다. 이에 현학玄鶴이 날아와 춤을 추었다. 그래서 현학금玄鶴琴이라 한다. 뒤에는 현금이라고만 하였다."라고 하였다.

거문고를 만드는 제도는 다음과 같다. 앞면은 오동나무를 쓴다.【무릇 오동나무는 시속에 이르기를, "바위 위의 오동나무가 가장 좋다."고 한다. 비록 바위 위에서 난 것이라 하더라도 땅으로부터 7~8자쯤 된 것이라야 한다. 옹이가 진 곳에 무늬가 있는 것은 반드시 범탁汎濁을 다스리지는 않는다. 금을 만들면 소리가 또한 맑지 않다. 모름지기 높은 가지의 □□가 없는 것이라야 만들 수 있다. 만약 높은 가지를 얻으면 비록 바위 위의 것이 아니라 하더라도 역시 좋다. 무릇 오동나무로 문기文器⁴를 만들면 모두 좋다.】

뒷면은 밤나무를 쓴다. 괘卦도 밤나무를 쓰는데, 종목棕木⁵은 그다음이다. 장식【용구龍口・봉미鳳尾・좌단坐團・담괘檐棵・진괘軫棵・운족雲足・계주桂柱 곧 속명은 괘다.】은 화리華梨・철장鐵楊・오매烏梅・산유자山柚子 등의 나무를 쓴다.

학슬鶴膝은 청형青荊【속칭 청미래】을 쓰고, 양미梁尾【속칭 부들】는 각색의 곧은 실을 쓰거나 혹은 푸른 염색을 한 무명실을 쓴다. 귀루鬼淚는 붉고 곧은 실을 쓰고, 담괘檐棵 안은 대모玳瑁를 붙인다.【색깔은 누렇고 두터운 것이 가장 좋다.】 무릇 대현大絃이 가장 크고, 문현文絃・무현武絃이 그다음으로 크다. 괘상청卦上清은 조금 가늘고, 기괘청歧棵清은 그다음으로 가늘다. 유현遊絃은 또 그다음으로 가늘다. 술대는 단단한 해죽海竹을 쓴다.

안법按法은 항상 왼손 소지小指를 문현文絃 안에 붙여야 그 소리를 얻게 된다. 소리를 취하려면 떤다. 무명지를 유현遊絃에 걸치고, 장지長指를 대현에 걸친다. 만약 무명지를 짚으며, 문현과 대현 두 현에 소리가 없고, 만약 장지를 짚으면 문현과 무현 두 현에 소리가 없다. 실제로 소리가 나는 경우는 현을 짚을 때 뿐이다. 대현은 무명지를 쓰지 않고 유현은 장지를 쓰지 않는다. 오직 모지母指와 식지食指는 현絃에 두루 쓴다. 그러나 각각 일정하게 짚는 괘가 있다. 처음 배울 때는 법에 맞게 하도록 힘써야 하고, 익숙해지면 정해진 괘에 구애될 필요 없이 힘껏 짚어 다음 괘의 소리를 써도 무방하다【만약 시조時調를 예로 보인다면, 대현 상이上二를 쓰면 힘껏 대현 7괘를 치고, 우조가 유현 상이를 쓰면 힘껏 유현 제6괘를 짚는 종류다. 중인中人⁶이 이

---

4   문기(文器): 서재(書齋)에서 쓰는 문방(文房) 물품을 말한다.
5   종목(棕木): 종려나무.

법을 사용하는 것을 좋아한다. 기악器樂도 이와 같이 한다】.

탄법彈法은 오른손으로 술대의 끝을 잡고 안을 향하고, 문현에서 차례대로 5현을 그어 무현에 이르러 그치는 것을 '도挑'라 하고 'ㄴ'으로 쓴다. 속칭 '사랭'인데 실제로 소리가 나는 것은 양청兩淸일 뿐이다. 술대의 끝이 바깥을 향하고 무현에서 거꾸로 5현을 그어 문현에 이르는 것을 '구句'라 하고, 'ㄴ'으로 쓴다. 속칭 '다랭'인데 실제로 소리가 나는 것은 양청과 짚는 현일 뿐이다. 만약 문현에서 대현까지 3현三絃을 그어서 술대가 괘상청에 이른다면 'ㅣ'이라 쓰는데 속칭 '겹술'이라 한다. 또 괘상棵上·기괘歧棵 양청兩淸을 긋고 무현에 이르러 그친다면, '一'이라 쓴다. 다만 1현을 바깥으로 향하여 타거나挑, 거꾸로 안을 향하여 타는 것句을 속칭 '외술'이라 한다. 또 먼저 한 괘를 짚고 '지랑之郞'을 도挑하고, 번갈아 다른 괘를 짚은 뒤 이어 먼저 도挑한 소리를 쓰면 도구挑句한 점이 없다.

지법指法. 모지는 'ㄅ'로, 식지는 '人'으로, 장지는 'ㄴ'으로, 무명지는 '夕'으로, 소지는 '小'로 쓴다.

현법絃法. 유현은 '方'으로 대현은 '大'로, 괘상청은 '上'으로, 기괘청은 '又'로, 문현은 '文'으로 무현은 '止'로 쓴다. 괘의 이름은 따로 쓰지 않고, 일一·이二·삼三·사四로 쓴다.

합자법合字法. 모지로 대현 제5괘를 짚고 차례대로 5현을 그으면 '茎'로, 명지[7]로 유현 제4괘를 짚고 거꾸로 5현을 그으면 '刘'로, 모지로 유현 제8괘를 짚고 같이 문현부터 대현까지 3현을 그으면 '炏'로, 식지로 유현 제6괘를 짚고 단지 그 현만 타면, '笒'[8]로, 장지로 대현 제2괘를 짚고 단지 그 현만 구句하면 '샆'로, 모지로 유현 제8괘를 짚고 타고, 즉시 거꾸로 제9괘를 짚은 뒤에 이어 먼저 탄 소리를 쓴다면 '笒'로, 식지로 대현 제3괘를 누르고 타고, 장지로 즉시 번갈아 제2괘를 누른 뒤 이어

---

6 중인(中人): 중인은 원래 역관(譯官)·의관(醫官)·음양관(陰陽官)·화원(畵員) 등 기술 잡직을 맡는 신분 부류를 지칭한다. 다만 저자가 반드시 이런 의미로서 중인이란 용어를 사용했는지는 문맥상 정확하지 않다.
7 명지: 무명지를 뜻함. 이하 같음.
8 筌: 설명에는 '식지'인데, 합자보에는 무명지(夕)로 기보되어 있어서 오류로 보인다.

선궤先机[9]의 소리를 쓴다면 '巴'로, 단지 괘상청만 타면 'ㆍ上'으로, 단지 기괘청만 타면 '又'로, 단지 문현만 타면 '文'으로, 단지 무현만 타면 '止'로 쓴다.

보법譜法. 강綱 위에 겹쳐서 쓴 곳에 아울러 술대를 쓰면 느려서 강綱을 잃으니, 반드시 먼저 쓴 술대를 쓴 뒤에 술대를 거꾸로 당겨 써야 한다. 만약 강綱 아래 쓴 곳에 겸하여 도구挑句하면 곧 술대를 앞으로 타고 거꾸로 당기면 급촉하게 만든다.

玄琴

三國史云: "玄琴象中國樂部[10]琴而爲之. 羅古記[11]云: '初晋人以七絃琴送高句麗, 時第二相王山岳, 改易其法制而造之. 兼製曲以奏. 於之是, 玄鶴來舞. 遂名玄鶴琴, 後但云玄琴.'"

按造玄琴之制, 前面用桐木【凡桐木, 俗云: "石上桐最好. 雖生石生[12]者, 去地上七八尺許, 臃腫處施文者, 必不理汎濁, 造琴, 聲亦不淸. 須高枝無施虛直者, 乃可造. 若得高枝, 雖非石上桐, 亦好. 凡以桐木造作文器, 並同】.

後面用栗木. 棵用曾木, 棕木次之. 粧飾【龍口·鳳尾·坐團·檐棵·軫棵·雲足·桂柱, 卽俗名棵也】用華梨·鐵楊·烏梅·山柚子等木.

鶴膝用靑荊【俗稱, 靑멸애】·梁尾【俗稱, 부들】. 用各色直絲, 或靑梁木綿絲. 鬼淚用紅絲直絲. 檐棵之內, 付以玳瑁,【色黃而厚者最好】. 凡六絃最大, 文絃·武絃次大, 棵上淸稍細, 歧棵淸次細, 遊絃次細. 匙用堅剛海竹.

按法. 常以左手小指付文絃之內, 俾得其聲. 欲取聲, 則去之. 無名指據遊絃, 長指據大絃. 若按無名指, 則文·大絃兩絃無聲. 若按長指, 則文·遊兩絃無聲. 實有聲者, 按絃而已. 大絃不用無名指, 遊絃不用長指. 唯母指·食指通用於絃. 然各有定按之棵. 初學時, 務要中式. 及至慣熟, 則不必拘於定棵而力按之, 用次棵之聲無妨【如示時調, 用大絃上二, 則力抄大絃七棵. 羽調用遊絃上二, 則力按遊絃第六棵之類. 中人好用此法也. 器樂倣此】.

彈法. 以右手執匙端向內, 自文絃順畫五絃至武絃而止曰挑[13], 作乚, 俗稱ᄉ랭, 實有

---

9 선궤(先机): 앞의 궤는 3괘를 뜻한다.
10 樂部: 원문의 雅部는 樂部의 오기이므로 바로잡았다.
11 羅古記: 신라고기를 뜻함.
12 生: 불필요한 글자.
13 挑: 원문의 桃는 挑의 오기이므로 바로잡았다.

聲者兩淸而已. 匙端向外, 自武絃逆畫五絃至文絃而止曰句, 作⌐, 俗稱ᄃ랭. 實有聲者, 兩淸與按絃而已. 如挑文絃大三絃, 匙至棵上淸而止, 作丨, 俗稱겹슬. 又桃棵上·歧棵兩淸至武絃而止, 作一. 只挑一, 作只. 句一絃作, 俗稱외슬. 又按先一棵而挑之郎, 遆按他棵, 仍用先挑之聲, 則無挑句之點.

指法. 母指作⌐, 食指作人, 長指作ㄴ, 無名指作夕, 小指曰小. 絃法. 遊絃作方, 大絃書大, 棵上淸作上, 歧棵淸作又, 文絃書文, 武絃書[14]止. 棵名不須別作, 以一·二·三·四書之.

合字[15]之法. 如以母指按大絃第五棵而順畫五絃, 則作㺚. 以名指按遊絃第四棵而逆畫五絃, 則作㲂. 以母指按遊絃第八棵而同挑文絃大三絃, 則作㧌. 以食指按遊絃第六棵而只挑其絃, 則作㩀. 以長指按大絃第二棵而只句其絃, 則作㪳. 以母指按遊絃第八棵而挑之, 卽逆按第九棵, 仍用先挑之聲, 則作㧻. 以食指按大絃第三棵而挑之, 以長指卽遆按第二棵, 仍用先棵[16]之聲, 則作㫉 (他棵他絃並類此). 如挑兩淸, 則作㫅. 只挑棵上淸, 則作ヽ上. 只挑歧棵淸, 則作·又. 只挑文絃, 則作文. 只句武絃, 則作止.

譜法綱上疊書處, 並用匙, 則遲緩失綱, 必先用用匙, 後用句匙, 若於綱下書處, 則兼用桃句, 俾爲急促.

현학금보 략玄鶴琴譜略 【현학보 도해략玄學譜圖解略에 덧붙임.】

진晉나라 사람이 동방에 금琴을 보냈는데, 그것을 연주하는 법을 몰랐다. 왕산악王山岳은 고구려 사람이다. 그 제도를 조금 고쳐 연주하니, 현학 한 쌍이 날아와 춤을 추었으므로 이름으로 불렀다. 평조·우조가 세상에 전해졌느니라.

금은 무릇 6현이니, 왼쪽의 1현은 문현이요, 제2는 유현이오, 제3은 대현이오, 제4는 괘상청이오, 제5는 괘하청이오, 제6은 무현이라 하느니라.【옛날에는 궁宮·상商·각角·치徵·우羽를 차례로 삼았는데, 이제는 목木·화火·이토二土·금金·수水를 예로 삼으니, 대개 사시四時의 뜻이니라.】

---

14 書: 옆에 '作'을 작은 글씨로 썼는데 의미는 같다.
15 字: 원문의 者는 字의 오기이므로 바로잡았다.
16 棵: 원문의 机는 棵의 오기로 판단하여 바로잡았다.

현絃이 크고 가는 것은 금 재목의 두텁고 얇음을 따른 것이다.

대현이 가장 탁하고, 그다음이 무현이오, 또 그다음이 문현이다. 괘하청은 가장 맑고 그다음은 유현이고, 또 그다음은 괘상청이다. 또 괘상청은 문현에 비해 또 그 반이니, 문文 아래가 무武이기 때문이다. 현 3개[17]는 모두 안족 위에 올린다. 유현·대현·괘상청 현 3개는 모두 괘 위에 올리니, 괘는 16개이다.

玄鶴琴譜略【附玄琴譜圖略解】

晉人이 遺東邦以琴하되 不知鼓鼓[18]之法이러니 王山岳은 高麗人[19]也라 稍改其制하야 鼓之하니 有雙玄鶴이 來舞故로 名하고 平調·羽調傳于世云하나니라.

琴凡六絃이니 左一絃은 文絃이오, 第二는 游絃이오, 第三은 大絃이오, 第四는 卦上淸이오, 第五는 卦下淸이오, 第六은 武絃ᄒᆞ나니라.【古以宮商角徵羽로 爲叙러니 今以木火二土金水로 爲例ᄒᆞ니 蓋四時之義也ㅣ니라.】

絃之巨細는 隨琴材厚薄하나니라.

大絃은 最濁하고 其次는 武絃이오, 又其次는 文絃이오, 卦下淸은 最淸이오, 其次는 游絃이오, 又其次卦上淸이오, 又卦上淸은 比文絃에 又半文下武니 三絃은 皆歧柱오, 游·大·上 三絃은 皆徹[20]卦니 卦十六이니라.

고금범례

금琴에는 상·하, 내·외, 좌·우의 구별이 있다. 오른손으로는 술대를 쥐고 무지拇指는 (술대의) 뾰족한 끝에서 2촌의 지점을 누르고, 식지食指는 술대의 허리를 감고, 나머지 손가락은 말아 쥐고 펴지 않는다. 술대의 아래 반절은 장지와 식지의 사이에 두고, 술대의 끝은 모지와 식지 사이에 둔다.

---

17 현 3개: 괘하청·문현·무현을 뜻한다.
18 鼓: 중복은 오류.
19 高麗人: 여기서 '고려인'은 '고구려인'을 뜻한다.
20 徹: 현재 이 글자로는 해석이 어렵다.

鼓琴凡例

琴有上下內外左右之別하니라. 右手는 執匙하고 拇指는 鎭銳上二寸ᄒᆞ고 食指는 匜[21](匜匙)腰하고 餘指는 拳而不伸하고 而匙之下[22]半節은 居長指與食指之間하고 匙之尾는 挾於拇指·食指之端ᄒᆞ나니라.

안법按法

무명지·장지·식지 모두 손톱을 앞으로 하여 손가락 끝이 가장 뾰족한 곳으로 짚되, 한쪽으로 기울어지지 않게 조심한다. 장지와 무명지가 짚는 곳이 체괘體卦[23]가 되고, 모지와 식지를 짚은 곳은 모두 괘를 표시한다. 무릇 무지가 현을 짚는 것과, 끌어 당기고, 들고, 스치고, 치고하는 것은 모두 소상小商으로 하니, 소상혈小商穴은 손톱 끝의 부추 잎 크기만 한 혈穴의 이름이다.

왼손 무명지로 유현을 짚으면 음音이 '당'이 되고, 절切은 '랑'이 되며, 진進은 '앙'이 되고, 은磯은 '덩'이 된다. 왼손 장지로 대현을 짚으면 음이 '덩'이 되고, 반反은 '더'가 되며, 절은 '랑'이 되고, 은磯은 '엉'이 된다.

왼손 식지로 대소大小현[24]을 짚으면【대현은 음이 '둥'이 되고, 반은 '더'가 되며, 절은 '룽'이 되고, 은磯은 '징'이 된다. 유현은 음이 '동'이 되고, 반은 '도'가 되며, 절은 '로'가 되고, 은磯은 '옹'이 된다.】[25]

왼손 모지로 대소현을 짚으면【대현은 음이 '징'이 되고, 반은 '지'가 되며, 절은 '루'가 되고, 은磯은 '지잉'이 된다. 유현은 음이 '징'이 되고, 반反은 '지'가 되며, 은磯은 '지잉'이 된다.】

왼손 금지[26]는 펴서 짚지 않고【문현을 치면 음이 '흥'이 되고, 절切은 '링'이 되며, 문현에

---

21 匜: 원문의 匪은 匜의 오기이므로 바로잡았다.
22 下: 원문의 上은 下의 오기이므로 바로잡았다.
23 체괘(體卦): 괘의 바탕. 곧 '4괘법' '7괘법' 등 괘법.
24 대소현: 문맥상 대현과 유현을 뜻한다.
25 "왼손 …… '옹'이 된다": 원문에 '짚으면(則)'까지만 본문이고, 그 다음 내용은 세주처럼 글자크기가 작다. 역주자는 원문의 형태에 준하여 편집하였으나, 작은 크기의 내용은 실제 세주가 아니다. 이하 같다.
26 금지: 소지를 뜻함.

올리면 '쌀'이 된다.】

按法
無名指·長指·食指는 皆前爪甲ᄒᆞ고, 按之以指端最尖處ᄒᆞ되 愼勿搨倚ᄒᆞ며 長名指所按ᄒᆞ고 爲體卦ᄒᆞ고 拇食指所按은 皆爲用卦票ᄒᆞᄂᆞ니 凡拇指之按絃과 及鉤擧之掠之打之ᄂᆞᆫ 皆以所(小)商이니 小[27]商穴은 在爪甲角韭葉大之穴名也ㅣ니라.
左手無名指ᄂᆞᆫ 按遊絃ᄒᆞ면 音 당ᄒᆞ고 切爲랑ᄒᆞ고 進爲앙ᄒᆞ고 礙爲덩ᄒᆞᄂᆞ니라. 左手長指로 按大絃하고 音爲덩하고 反爲더하고 切爲랑하고 礙爲엉ᄒᆞ니라.
左手食指로 按大小絃 則【大絃은 音爲등하고 反爲더하고 切爲룽하고 礙爲징ᄒᆞ고 遊絃은 音爲동하고 反爲도하고 切爲로하고 礙爲웅하나리라.】
左手拇指로 按大小絃則【大絃은 音爲징하고 反爲지하고 切爲루하며 礙爲지잉ᄒᆞ고 方絃은 音爲징하고 反爲지하고 礙爲지잉ᄒᆞᄂᆞ니라.】
左手禁指伸而不按ᄒᆞ고【動文絃ᄒᆞ면 音爲흥하고 切爲링하고 上文絃則爲쌀하나니라.】

양식척量息尺
양식척은 단지 사식척四息尺을 사용하면 자연히 매화점梅花點에 맞으니, 보는 사람들은 자세히 살펴보기 바란다. '매화'는 정음의 장단이다.
【지금 양척量尺으로 쉬면 우계면羽界面〈제2삭대엽〉이 기준이 된다.】
의서醫書에서는 기구맥氣口脈 여섯을 1식으로 삼았다. 대개 기氣가 완전한 장부丈夫로 논한 것이고, 부인이나 어린이로 논한 것이 아니다.
아악雅樂〈여민락〉은 우羽에 속하고,〈보허자〉도 우에 속하고,〈영산회상〉은 상商에, 영언永言과 정음正音은 모두 궁宮·상·우가 있다.
속악俗樂〈치구置九〉는 우羽에,〈팔난八難〉은 각角에,〈파진破陣〉은 각角에,〈귀보허歸步虛〉는 우羽에,〈상사곡相思曲〉은 궁宮에,〈처사가處士歌〉는 각角에,〈춘면春眠〉은 상商에,〈매화지영梅花之咏〉은 상商에,〈권주가勸酒歌〉는 치徵에,〈시절가時節歌〉

---

27 小: 원문의 少는 小의 오기이므로 바로잡았다.

는 계면상계면상商에 속한다.

量息尺
量息尺只用四息尺, 則自然合於梅花点하나니 覽者詳之하고 梅花者는 正音長短也ㅣ라
【今以量尺으로 息則羽界面第二數大葉爲準.】
醫書, 以氣口脈六至爲一息. 盖以氣完丈夫論, 非婦人小兒論.
雅樂 與民樂은 屬羽하고 步虛子는 屬羽하고 靈山會上은 屬商하고 永言正音은 皆有宮商羽ᄒᆞ니라.
俗樂置九은 屬羽하고 八難은 屬徵角하고 破陣은 屬角하고 歸步虛는 屬羽하고, 相思曲은 屬宮하고, 處士歌는 屬角하고, 春眠은 屬宮商하고 梅花之咏은 屬商하고 勸酒歌ᄂᆞᆫ 屬徵하고 時節歌ᄂᆞᆫ 屬界面商也ㅣ니라.

【[상단: 40.334]
한 손으로 박을 쳐서 5점으로 한 바퀴 돌면 다시 시작하고, 반각半刻에 구애되지 않는다(함화진 편, 『증보가곡원류』, 17면.)

單手拍之, 五點周而復始, 不拘半刻(咸和鎭 編, 『增補歌曲源流』 十七面).】

평조平調 모두 10체다.
단봉하소체丹鳳下宵體. 대현 2괘의 '더지덩더롱'의 종류다.
창룡분해세蒼龍奮海勢. '덩징지루'의 종류다. 3괘 대현에 속한다.
맹수어물세猛獸於物勢. 대현 3괘의 '덩더로지더로'다.
백로규어세白鷺窺魚勢. 유현·대현의 '다롱더롱'의 종류다.
학무경풍세鶴舞輕風勢. 계조계조의 '다루'의 종류다.
앵천세류세鸚遷細柳勢. 우계우계의 '둥당도당'의 종류다.
협접투화세蛺蝶偸花勢. 무지 곧 모지와 식지로 고리를 만든 협청夾淸의 종류다.
원앙욕랑세鴛鴦俗浪勢. '동징동징로'의 종류다.
유어상탄세遊魚上灘勢. 우계의 '동지딩지딩쌍'의 종류다.

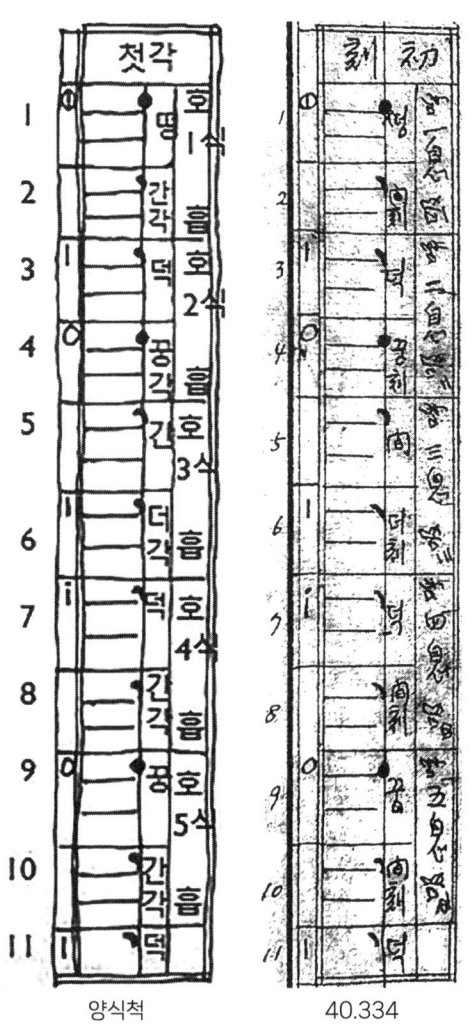

平調凡十體

丹鳳下宵體. 大絃之二卦 더지덩더롱之類.

蒼龍奮海勢. 덩징지루之類, 屬三卦大絃.

猛獸於物勢. 大絃三卦 덩더로지더로

白鷺窺魚勢. 方大絃다롱더롱之類.

鶴舞輕風勢. 爲界調다루之類.

鸚遷細柳勢. 羽界등당도당之類.
飛鷺掠水勢. 三調中당지랑쓸之類.
蛺蝶偸花勢. 拇食作環夾淸之類.
鴛鴦俗浪勢. 동징동징로之類.
遊魚上灘勢. 羽界동지딩지딩쌍之類.

〈우조 장처해음〉

옛날에는 〈감군은感君恩〉이라 일컬었고 조음調音이 있었다.[28] 속칭 〈다스름〉이다. 표부標附는 모두 자획을 생략한다.

'六'은 가벼움이다. 털끝만큼도 '五'의 뜻에 가깝지 않다.

'力'은 반은 나아가고 반은 물러나 탄법彈法에 그치는 것이다.

'隹'는 나아가는 것이다. '力'은 지나친 것이다.

'科'는 간艮이다. 힘이 미치지 못하는 것이다. 움직일 때에 이르면 조금 흔들고 자주 움직이는 것이다.

'丁'은 우레다. 격발激發하는 것이다.

'電'은 번개다.

'山'는 자출이다. 술대를 치지 않고 '刀'와 '人'이 저절로 나오는 것이다.

ㅇ는 먼저 멈추고 뒤에 우레처럼 치는 것이다.

'ㅓ'는 먼저는 기울었다가 중간에 우레처럼 치고, 뒤에 멈추는 것이다.

표標가 없이는 멈추지 않고, 멈추지 않았다가 누차 나아가고, 누차 물러나고, 누차 우레처럼 치고, 누차 흔드는 데 이르러 함께 모두 민다.

'ㄣ'는 오른쪽 점으로 장차 바깥에서 안으로 긋는 것이다.

'△'는 장지·무명지로 짚는 곳을 몸체로 삼는데, 모두 글자 머리에 표를 한다. 그 밖의 괘 표시는 대현은 오른쪽 옆에 쓴다.

---

28 원문에는 사앙(詞鴦)으로 표기되어 있으나 조음(調音)의 오류로 보임.

羽調長處解音

古稱感君恩, 有調鴦, 俗號다스름, 標附, 皆省字畫. 六, 輕也. 毫不近五意. 力, 半進半退, 止於彈法. 隹, 進也. 力之過. 科, 艮也. 力之不及. 及動也, 搖之少也, 動之頻也. 丁, 磉也. 激發也, 電, 電也. 山. 出也. 不打匙而刀·人·自出. ㅎ, 先停後磉. ǂ, 先倚中磉而後停也. 無標而不停而不停也. 至於累進累退累磉累搖, 幷皆推焉. ㄅ右點爲將自外畫內. △, 長名所按爲體, 皆票於字頭, 以外卦標則大絃書右傍.

 40.337~339

〈계면 처사음界面處辭音〉

 40.339~341

우음羽音은 위아래로 오르내리며 언뜻 드날렸다가 언뜻 숨어 흐르는 물과 같은 태도가 있다. 계음界音은 순수하게 강하고 또 맑아, 금석金石의 모습과 같으니, 배우는 사람들은 뜻을 이해하고 보아야 할 것이다.

羽音, 上下升降, 乍揚乍伏, 有流水之態. 界音純剛且淸,[29] 類擊金石之狀, 學者會意焉.

(우 초중대엽羽初中大葉)[30]

 40.341~343

(우 삼중대엽羽三中大葉)

 40.343~345

29 '有流水之態. 界音純剛且淸': 이 부분은 원래 '有流水態. 略普純則淸'으로 되어 있어 의미가 통하지 않는다. 『현학금보』(고려대 소장)에 정확한 내용이 있으므로 옮겨서 고쳐 번역했다.
30 원문에는 곡명이 없으나 『한국음악학자료총서』 40권의 『초학금서』 해제를 참고해서 곡명을 명시하였다. 아래 (우 삼중대엽)과 (계 이중대엽)도 마찬가지이다.

(계 이중엽界二中葉)

 40.345~347

장구 치는 법

●떵   )) 덕궁   )) 더레   ●꿍
태극   소양 소양   중양   중음

장구를 아홉 번 치는 법은 채가 양陽이 되고 손이 음이 되며, 왼손을 오른쪽으로 가져가 채로 두 번 치면 맑고, 손으로 붙이면 탁하다. 같이 소리를 내면 '덩'이고, 채가 '덕'이면 손은 '궁'이니라.

①떵　○―○　더덕　●꿍　①더　○―●　덕꿍　●꿍　○―●　꿍

擊兩頭³¹鼓法

●쎵   )) 덕궁   )) 더레   ●쭝
大極   少陽 少陽   重陽   重陰

九擊兩頭鼓之法은 策爲陽이오, 手爲陰이며, 左手而右以桴二擊은 淸ᄒᆞ고 手附ᄂᆞᆫ 濁ᄒᆞ며 幷發이면 爲쎵이오 策爲덕이면 手爲쭝이니라①

①쎵　○―○　더덕　●쭝　①더　○―●　덕쭝　●쭝　○―●　쭝

단소보短籭譜

앞은 6구멍, 뒤는 1구멍이다.

앞의 제1공孔은 '당唐' 하고, 제2공은 '당倘' 하고, 제3공은 '둥' 하고, 뒷구멍은 '동童' 하며, 앞뒤의 모든 구멍을 막고, 급히 불면 '징證' 하고, 천천히 불면 '흥興'

31　擊兩頭: 장구를 뜻한다.

하고, 급하고 느린 사이에 '청淸' '흥興'을 분다.

短簫譜.
前六孔, 後一孔.
前第一孔은 唐ᄒᆞ고 第二孔은 倘ᄒᆞ고 第三孔은 동하고 後孔은 童ᄒᆞ며 盡閉塞前後孔ᄒᆞ고 急吹則證ᄒᆞ고 緩吹則興ᄒᆞ고 急緩間으로 吹淸興ᄒᆞᄂᆞ니라

〈세환입(도두리) 초장細還入初章〉

 40.348

(북전北殿)[32]

 40.348~350

(이 후정화二後庭花)

 40.350

(우 삼중대엽羽三中大葉)

 40.350-353

끝

完

---

32 원문에는 곡명이 없으나 「한국음악학자료총서」 40집의 『초학금서』 해제를 참고해서 곡명을 명시하였다. 아래 (이 후정화)와 (우 삼중대엽)도 마찬가지이다.

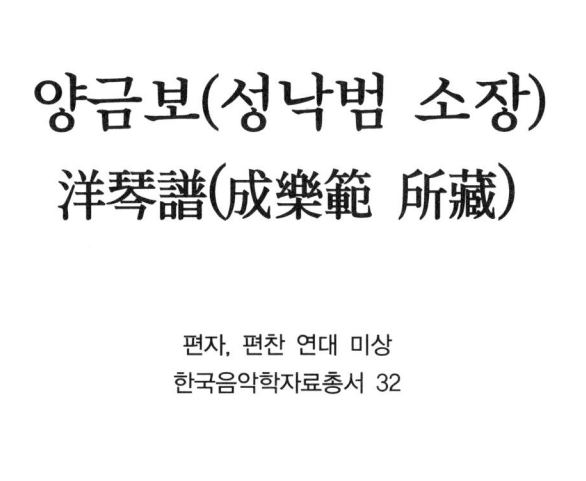

양금보(성낙범 소장)
洋琴譜(成樂範 所藏)

편자, 편찬 연대 미상
한국음악학자료총서 32

양금보(성낙범 소장) 해제

〈영산회상〉과 〈별곡〉 등 풍류방 음악을 담은 양금보. 이 자료의 편자는 미상이며, 원본 소장자는 성낙범成樂範(1938년생)이다. 성낙범은 이 악보를 1960~1970년대 경에 청주의 어느 고물상점에서 구매하였다고 한다.[1] 자료의 표지에는 '琴譜'라 적혀 있으나, 수록된 실제 내용은 '양금' 악보이며, 권수제는 '양금보'이다. 권오성은 표지에 적힌 것에 의거하여 이 악보를 『琴譜』라 이름하였고,[2] 국립국악원 측에서는 이 악보를 영인하여 『한국음악학자료총서』 32집을 발간할 때 『琴譜(洋琴譜)』라 이름하였다.[3] 권오성처럼 『금보』라 하면 거문고 악보로 잘못 생각할 수 있고, 국립국악원처럼 『琴譜(洋琴譜)』라고 하면, 거문고 악보인지 양금 악보인지 혼동된다. 그래서 이 책에서는 원본의 네 번째 장 앞면에 기록된 권수제 '양금보'[4]를 따고, 소장자 이름인 '성낙범'을 부여하여 '『양금보』(성낙범 소장)'이라 이름하였다.

필사본 1책으로 35장이며, 규격은 세로 26.8cm, 가로 19cm이다. 양금을 연주하기 위한 악보이며, 악보에 정간이 없고, 기보 방법은 양금의 구음을 한자로 기록하였다. 수록된 악곡 수는 양금 기악곡이 36곡이며, 가사 〈고고천변〉 1편, 시조가 13수이다.

---

1 2024년 5월 31일 12:30~14:00 성낙범과 면담한 내용. 장소: 성낙범의 자택
2 권오성, 「『금보』 해제」『한국음악학자료총서』 32, 국립국악원, 1997, 102쪽.
3 국립국악원, 『금보(양금보)』『한국음악학자료총서』 32, 국립국악원, 1997, 101쪽.
4 이 자료의 4a를 보면, '洋琴譜'라 명시되어 있으며, 3a는 여백이고 3b에는 '양금괘위(洋琴卦位)' 곧 양금의 괘 자리에 양금 구음을 한자로 표기한 것이 있다.

1. 해설

이 자료의 편찬 연대에 관하여 권오성은 악보 표지에 '己卯八月十七日'로 적힌 점에 착안하여 1879년과 1939년으로 추정하였다.[5] 그러면서 수록된 내용으로 보아 1910년 전후에 작성된 것으로 추정하였다.[6] 그렇다면 수록된 내용과 표지에 적힌 '기묘'를 종합하면 편찬 시기는 1939년이 유력해 보인다.

이 자료는 편자가 한 번 만에 집필하여 완성한 것이 아니고, 몇 차례의 집필 과정을 거친 후 나중에 하나로 묶은 것으로 보인다. 왜냐하면 내용이 중간에 끊긴 부분도 있고, 목차에 없는 내용이 앞뒤에 포함된 사례도 있기 때문이다. 예컨대 악보 앞부분에 〈상영산〉에 해당하는 〈영산회상〉 제목의 악보가 2회 수록되어 있는데, 앞의 것은 전 5장 중 1~4장만 있고, 5장은 낙장되었는지 없는 상태이다. 그다음에 책 권수제처럼 '양금보'란 이름이 등장하기에 앞에 수록된 1장 분량의 〈영산회상〉 1~4장은 후대에 끼워 넣었을 가능성이 있다. 〈영산회상〉의 선율은 뒤에 수록된 〈영산회상〉과 비교했을 때 서로 다르다. 그리고 이 자료의 앞뒤 표지의 안면에 시조 1수가 낙서처럼 각각 기록되어 있는데, 이것은 후대에 누군가 추기한 것으로 여겨 생략하였다. 또 마지막 장에는 '허미수 퇴조 비문許眉壽退潮碑文'[7]이 수록되어 있는데, 이 내용은 음악과 무관하여 생략하였다.

이 자료에 두 군데 손상된 흔적이 있다. 한 군데는 〈상사별곡〉의 악보가 수록된 면이 절반만 있고, 나머지 전반의 용지는 절단된 후 유실된 상태이다. 또 한 군데는 〈영산〉이라 적힌 고고천변 다음에 자료의 여러 장이 잘려나간 흔적이 있다. 이러한 부분은 이 자료의 가치를 손상시키는 요인이 된다.

---

5   원본의 표지에 '己卯'로 적혀 있는데, 권오성은 '乙卯'로 판독하였고, 서기 연도는 기묘인 1939년 이라 명시하여 혼란을 일으킨다. 이 부분은 향후 수정이 필요하다.
6   권오성, 「『금보』 해제」『한국음악학자료총서』 32, 국립국악원, 1997, 102쪽.
7   『금보(양금보)』『한국음악학자료총서』 32, 국립국악원, 1997, 178쪽.

2. 악곡

자료에 수록된 악곡은 기악곡이 모두 36곡인데 구체적으로 보면, 〈영산회상〉 11곡과 그 외 〈곡저타령〉·〈별곡〉·〈취타〉·〈마두 군악〉 등 기악곡으로 4곡이 있으며, 시조창 반주를 위한 1곡도 있다. 아울러 〈권주가〉·〈속염불〉·〈매화타령〉 등 가사 10곡의 반주 악보가 수록되어 있으며 현행 〈평조회상〉으로 추정되는 〈하성 영산회상〉이 10곡으로 구성되어 있다. 또 '영산靈山'이란 제목 아래 〈고고천변〉의 가사도 수록되어 있으며, 시조 13수의 노랫말이 수록되어 있다.

〈영산회상〉이 두 차례 나타나는데, 앞서 말했듯이 처음에 등장한 〈영산회상〉 1~4장은 후대에 끼워 넣은 듯하다. 두 번째 나타나는 〈영산회상〉은 모두 10곡인데, 현행 9곡과 차이가 있다. 곧 현행은 〈상현 도드리〉 4장으로 이루어졌는데, 이 악보에는 '〈상현 환입〉 단장과 〈삼현 환입〉 4장'으로 구분되어 있다. 이런 구조는 뒤에 수록된 〈하성 영산회상〉 역시 마찬가지다. 이 부분은 오늘날 〈영산회상〉 9곡과의 상관관계를 규명하는 데 매우 중요한 자료가 될 것이다.

〈권주가〉부터 〈상사별곡〉까지 10곡은 가사의 반주 악보인데, 현행 12가사와 차이가 있다. 현행과 같은 곡은 7곡인데 〈권주가〉·〈매화타령〉·〈춘면곡〉·〈황계타령〉·〈처사가〉·〈장악〉[8]·〈상사별곡〉이며, 다른 곡은 3곡으로 〈속염불〉·〈흥덩타령〉·〈관동 별군악〉이다. 이 부분은 12가사의 역사적 변천 과정을 연구하는 데 의미 있는 자료로 볼 수 있다.

뒷부분에 수록된 시조 13수는 모두 3장 중 종장의 마지막 서술어인 '~하리라' 혹은 '~하노라' 등이 생략되어 있는데 이것은 모두 현재 시조창과 밀접한 관계가 있다.

따라서 이 자료의 음악적 특징은 〈영산회상〉이 10곡으로 구성된 점과 〈하성 영산회상〉이 출현한 점, 가사와 시조의 양금 반주 악보가 수록된 점 그리고 〈곡저타령〉과 〈마두 군악〉 등 새로운 곡이 출현한 점 등을 꼽을 수 있다.

---

8 〈장악〉: 속칭 장군악 곧 길군악의 다른 이름.

3. 관련 자료와 논저

1) 『양금보』(성낙범 소장)의 영인본 자료
『한국음악학자료총서』 32, 국립국악원, 1997, 105~180쪽.

2) 『양금보』(성낙범 소장) 해제
권오성, 「『금보』 해제」, 『한국음악학자료총서』 32, 국립국악원, 1997, 102~103쪽.

3) 『양금보』(성낙범 소장) 관련 논저
이주은, 「영산회상 양금선율의 변천」, 한양대대학원 박사학위논문, 2013.
김지윤, 「현악영산회상 중 군악 소고」, 『한국음악문화연구』 제7집, 한국음악문화학회, 2015, 57~77쪽.

해제: 김성혜

양금보(성낙범 소장)
洋琴譜(成樂範 所藏)

구괘금보九卦琴譜

1괘는 1촌 3푼을, 2괘는 1촌 1푼을, 3괘는 1촌을, 4괘는 9푼을, 5괘는 8푼을, 6괘는 7푼을, 7괘는 6푼을, 8괘는 5푼을, 9괘는 4푼을 높인다.

제1괘 사이는 1촌 4푼이고, 제2괘 사이는 1촌 2푼이고, 제3괘 사이는 1촌 1푼이고, 제4괘 사이는 1촌이고, 제5괘 사이는 9푼이고, 제6괘 사이는 7푼 5리고, 제7괘 사이는 7푼이고, 제8괘 사이는 6푼이고, 제9괘 사이는 5푼이다. 괘의 너비를 따라서 만든다.

이상은 오현금五絃琴과 삼현금三絃琴의 괘의 모양이다.

九卦琴譜

一卦高一村三分, ○[9]二卦高一村一分, ○三卦高一村, ○四卦高九分, ○五卦高八分, ○六卦高七分, ○七卦高六分, ○八卦高五分, ○九卦高四分. 第一卦間一村四分, ○第二卦間一村二分, ○第三卦間一村一分, ○第四卦間一村, ○第五卦間九分, 第六卦間七分五里, 第七卦間七分, 第八卦間六分, 第九卦間五分, 卦廣隨造. 右五絃琴與三絃琴卦樣.

〈삼현〉 1좌座

상영산上靈山 5장, 중영산中靈山 5장, 세영산細靈山 5장, 제음除音(가락덜이) 4장,

---

9 원문에 동그라미(○)가 불규칙하게 들어 있어서 번역문에서 모두 생략하였다.

상현 환입上絃還入 단장單章, 삼현 환입三絃還入 4장, 하현 환입下絃還入 5장, 염불念佛 5장, 타령打令 5장, 군악軍樂 5장, 도합 44장.

곡저타령曲杵打令, 여악餘樂, 별곡別曲 7장, 취타吹打 7장, 마두 군악馬頭軍樂 6장, 시조時調 3장, 권주가勸酒歌 3장, 속염불俗念佛 3장, 매화타령梅花打令, 흥덩타령, 춘면곡春眠曲, 황계타령黃鷄打令, 처사가處士歌, 장락長樂, 관동 별군악關東別軍樂, 상사별곡相思別曲. 이상 37장.[10]

三絃一座

上靈山五章, 中靈山五章, 細靈山五章, 除音四章, 上絃還入 單章, 三絃還入四章, 下絃還入五章, 念佛五章, 打令五章, 軍樂五章, 曲杵打令, 合四十四章.

餘樂, 右三十七章, 別曲七章, 吹打七章, 馬頭軍樂六章, 時調三章, 勸酒歌三章, 俗念佛三章, 梅花打令, 薨덩打令, 春眠曲, 黃鷄打令, 處士歌, 長樂, 關東別軍樂, 相思別曲.

〈영산회상靈山會像〉 5장五章[11]

 32.109~110

양금洋琴 괘위卦位

명明 · 성聲 · 흥薨 · 흥興 · 홍洪 · 송頌 · 청淸
총總 · 종宗 · 층層 · 징澄 · 봉逢 · 동東 · 당唐
총摠 · 종縱 · 칭稱 · 징徵 · 봉鳳 · 동動 · 당倘

10 〈별곡〉 7장부터 〈상사별곡〉까지 곡을 합하면 모두 37장이다. 이 내용은 원래 '상사별곡' 뒤에 써야 마땅하나 여백이 없는 관계로 '여악' 아래에 기록한 것으로 보인다. 이 책에서 번역문의 경우 내용의 위치를 바꾸었다.
11 五章 이하 내용은 결락된 상태다.

洋琴 卦位
明·聲·鬢·興·洪·頌·淸
總·宗·層·澄·逢·東·唐
摠·縱·稱·徵·鳳·動·倘

양금보梁琴譜

〈영산회상靈山會像〉[12] 5장五章

 32.113~116

〈중영산中靈山〉 5장五章

 32.116~119

〈세영산細靈山〉 5장五章

 32.119~120

〈제음除音〉 4장四章 가락다리

 32.121

〈상현 환입上絃還入〉 단장單章

 32.122

---

12 영산회상: 이때 〈영산회상〉은 〈상영산〉을 나타낸다.

〈삼현 환입三絃還入〉 4장四章

 32.122~123

〈하현 도두리下絃到頭里〉 5장五章

 32.124~125

〈염불念佛〉 5장五章

 32.125~128

〈타령打令〉 5장五章

 32.128~130

〈군악軍樂〉 5장五章

 32.131~133

〈곡저 타령曲杵打令〉

 32.134

〈별곡別曲〉[13] 7장七章

 32.135~138

위〈별곡〉이라 이름을 붙인 것은,〈별곡〉초장初章부터 마지막 7장 뒤로부터 연달아〈상현 도두리〉로 들어간다.〈상현上絃〉에서〈삼현三絃〉으로,〈삼현〉으로부터〈하

---

13 별곡: 이 자료의 목차에는 별곡 앞에 '여악(餘樂)'이 명시되어 있으나 본문에는 생략되어 있다.

현下絃)으로, 〈하현〉에서 〈염불〉로, 〈염불〉에서 〈타령〉으로, 〈타령〉에서 〈군악軍樂〉으로 들어간다.

上別曲爲名, 自別曲初章卒編七章後, 連入上絃到頭里. 自上絃入三絃 自三絃入下絃 自下絃入念佛 自念佛入打令 自打令入軍樂.

〈취타吹打〉 7장七章

 32.139~141

〈마두 군악馬頭軍樂〉 6장六章

 32.142~143

시조時調 3장三章

 32.144

말장末章의 징徵이 높다.[14]

末章 徵高.

 32.145

2·3장은 위와 같다.

二·三章同上.

14 징(徵): 양금의 괘 자리 중 하나. 앞에 제시되어 있는 '양금 괘위'(이 책의 524쪽)를 참고할 것.

〈권주가勸酒歌〉 3장三章

🔲 악보 32.145~146

〈속염불俗念佛〉 3장三章

🔲 악보 32.146~147

〈매화타령梅花打令〉 단장單章

🔲 악보 32.147

〈훙덩타령薰덩打令〉

🔲 악보 32.148

〈춘면곡春眠曲〉

🔲 악보 32.148

〈황계타령黃鷄打令〉

🔲 악보 32.149

〈처사가處士歌〉

🔲 악보 32.149

〈장악〉 세상에서는 〈장군악〉[15]이라 한다.

---

15 〈장군악〉: 〈길군악〉을 뜻한다.

長樂. 俗云長軍樂.

 32.150

〈관동 별군악關東別軍樂〉

 32.150~151

〈상사별곡相思別曲〉

 32.151

〈하성 영산회상下聲靈山會像〉[16]

 32.152~154

〈중영산中靈山〉

 32.154~156

〈잔영산殘靈山〉

 32.156~158

〈제음除音〉

 32.158~159

〈상현 도두리上絃到頭里〉

 32.159

---

16 〈하성 영산회상〉: 〈평조회상〉의 〈상영산〉을 뜻한다.

〈삼현 도두리三絃到頭里〉

 32.159~161

〈하현 도두리下絃到頭里〉

 32.161~163

〈염불念佛〉

 32.163~165

〈타령打令〉

 32.166~168

〈군악軍樂〉

악보 32.168~170

〈영산〉

고고천변杲杲天邊 인륜홍日輪紅 부상扶桑에 둥실 높이 떴다.
예장촌 개는 컹컹 회안봉回雁峰 구름 떴다.
양곡陽谷의 잦은 안개 월봉月峰으로 돌아들고
노화蘆花는 눈이 되고 부평浮萍은 물에 떴다.
창오산蒼梧山 저문 구름 오현금五絃琴 끊어지고
남훈전南薰殿 남풍가南風歌 해오민지온혜解吾民之慍兮하니 이 아니 순금舜琴인가?
타기황앵打起黃鶯 아이놈 막교지상莫教枝上 울지 마라.
황금갑옷 떠들이고 세류영細柳營 넘어들 제
천리원객千里遠客 깊이 든 잠을 노하여 깨었구나.
아我는 강남江南 배를 타고 강동江東으로 가는 양은 장한張翰이 아닐런가?

앞발은 창랑滄浪을 담기고 뒷발로 벽파碧波를 밟고는

요리조리 앙금 조촘 높이 떠서

두루 사면四面 바라보니 태산太山이 즐비하고 조아는 광대廣大로다.

오吳·초楚는 어이하여 동東·남南으로 보고 있고

건곤乾坤은 무슨 일로 일야日夜에 높이 떴는고.

전에 들은 동정호洞庭湖 오늘이야 알리로다.

두자미杜子美 지은 글 동정호로 쟁웅爭雄하고

천외무산십이봉天外巫山十二峰 구름 밖에 묻어 있고

계산파무울차아稽山罷霧鬱嵯峨 산은 층층層層 높이 있고

경수무풍야자파鏡水無風也自波 물은 출렁 깊어 있다.

표표신우飄飄新雨 강호江湖 중에 백구白鷗 백로白鷺 깊이 든 잠 무슨 설움 품었으며

갈매기 감장새 목파리 원앙이 뜨르렁 뜨러렁 웃는 강과

강정귤농江淨橘濃하니 황금黃金이 천편千片이요, 노화풍기蘆花風起하니 백설白雪이 만점萬点이라

경상칠택 영과우永過雨요 10월十月 형강荊江 상낙霜落 위라 북방소식北方消息 저 기러기 천제분운天際紛雲 만리과萬里過에 □□성聲이 셧들었다.

낙포洛浦로 가는 새 삼년무리三年武里 조각달의 초혼조楚魂鳥 되어 있고

강상江上 높이 뜬 배 태백太白 선생 기경騎鯨 후에 풍월風月 실러 가는 배요

운□雲□에 나는 새는 한무제漢武帝 편지 물고 요지연瑤池淵을 찾아가니 서왕모西王母의 청조靑鳥 새라

그 절벽 버리고 청림여계靑林麗溪 모래 축에 가만히 장신藏身하여 운층암상雲層岩上 바라보니

만경대萬經臺 구름 속에 학선鶴仙이 앉아 울음 운다.

靈山

呆呆天邊 日輪紅 扶桑의 둥실 놉피 뎻다 어장촌 기은 컹컹 회안봉 구름 써다 陽谷의 자진 안기 月峰으로 도라들고 蘆花는 눈이 되고 浮萍은 물의 써다 蒼梧山 져문 구롬 五絃琴 쓰너지고 南薰殿 南風歌 解吾民之慍兮 호니 니안이 舜琴인가 打起黃鶯

兒히놈 莫敎枝上 우지 마라 황금갑옷 쩌들이고 細柳營 펄펄 늘어들졔 千里遠客 지피 든 잠늘 노흐야 찌엇구나 我는 江南 비을 타고 江東으로 가는 양은 張翰이 아일는 가 압발은 滄浪을 담기고 뒤발로 벽파을 발고는 요리조리 앙금 조츰 노피 쩌셔 두루 四面 바라보니 太山이 즐비ᄒᆞ고 조아는 廣大로다 吳楚는 어니ᄒᆞ야 東南으로 보고 잇고 乾坤은 무삼 일노 日夜의 노피 썬고 젼의 드른 洞庭湖 오놀이야 알이로다 杜子美 지은 글 洞庭湖로 爭雄ᄒᆞ고 天外巫山十二峰 구룸 밧게 무더 잇고 稽山罷霧鬱嵯峨 山은 層層 노피 잇고 鏡水無風也自波 물은 츌능 지퍼 잇다 飄飄新雨 江湖中의 白鷗 白鷺 지피든 잠 무삼 서름 품어시매 갈매기 감장새 목파리 원앙이 쓰르렁 쓰르렁 웃는 강과 江淨橘濃ᄒᆞ니 黃金이 千片이요 蘆花風起ᄒᆞ니 白雪이 万点이라 경상칠 퇵 永過雨요 十月 荊江 霜落위라 北方消息 져 기러기 天際紛雲 萬里過의 □□聲 셧 드릇다 洛浦로 가는 시 三年武里 쪼각 달의 楚魂鳥 되야 잇고 江上 노피 쓴 빈 太白 先生 騎鯨 後의 風月 실너 가는 비요 雲□의 나는 시는 漢武帝 편지 물고 요지연을 차자가니 西王母의 靑鳥 시라 그곳 졀녁 바리고 靑林麗溪 모리축의 가마니 장신ᄒᆞ 야 雲層岩上 바라보니 万經臺 구룸 속의 鶴仙이 안져 우룸 운다

시조時調

천지天地는 만물지역려萬物之逆旅요 광음光陰은 백대지과객百代之過客이라
하늘 위의 하늘이요 땅 아래 물이로다
아마도 건곤지의乾坤之意는 궁무궁窮無窮[17]

남산南山은 천년산千年山이요 한강수漢江水는 만년수萬年水라
북악北岳은 억만봉億萬峰이요 우리 금주今主는 만만세萬萬歲라
우리도 현주賢主를 모시고 동락태평同樂太平

금주金主임 심으신 남게 삼정승三政丞이 물을 축여

---

17 窮無窮: 원래 '窮無窮하리라'인데 '하리라'를 생략한 점으로 볼 때 이 내용은 오늘날의 시조창을 위해 수록한 것임을 알 수 있다. 이하 같다.

육조판서六曹判書 뻗은 가지 팔도감사八道監司 꽃이 피어
읍수령邑守令 열매 열려

도화桃花 점점 안족 놓고 녹수綠水 잔잔 술 부어라
송풍松風 소슬蕭瑟 거문고요 자성鷓聲 면만綿蠻 노래로다
아마도 놀기 좋기는 중강산中江山인가

태공太公의 낚대 빌고 엄자릉嚴子陵의 긴 줄 메워
범려范蠡 선船 빌려 타고 장한張翰 찾아 강동江東 가니
그곳에 노어鱸魚 많기로 혹잠혹부或潛或浮

청석령靑石嶺 지나가니 옥하관玉河關이 어디메뇨
호풍胡風도 참도 찰사 궂은비는 무삼 일고
뉘라서 이내 화상畵像 그려다가 임 계신 데

황강원상黃江遠上 백운비白雲飛하니 일편고성一片孤城이 만인산萬仞山을
춘광春光이 예로부터 못 넘어리 옥문관玉門關을
어디서 일성강적一聲羌笛 원양류怨楊柳를

서산西山에 일모日暮하니 천지天地라도 가이 없다
이화월백梨花月白한대 일성 각이 새로워라
자규子規야 너는 누굴 그리워 야심夜深토록

동방기명東方旣明커늘 임을 깨워 출송出送하니
비동방진명非東方眞明 월출지광月出之光이로다
탈원금脫鴛衾 추원침推鴛枕하고 전전반측輾轉反側

낙양성洛陽城 십리허十里許에 높고 낮은 저 무덤아

영웅호걸英雄豪傑 몇몇이며 절대가인絶代佳人 누구누구
우리도 저리 할 인생人生이니 아니 놀고

백 나무를 다 심어도 대는 아니 심으리라
살 대 가고 젓대는 울고 그리나니 붓대로다
구태어 울고 가고 그리는 대나무를 심어 무삼

뉘라서 나 자는 창窓 밖에 심었다더니
벽오동碧梧桐을 월만정반月滿庭畔의 영파사影婆娑도
밤중만 궂은 비 붓는 소리 더욱 좋아

아희야 연수硯水 쳐라 임의 편에 편지 하자
검은 먹 백간지白簡紙는 님의 얼굴 보련마는
그리고 못 보기는 붓이(나) 임이나

時調

天地은 萬物之逆旅요 光陰은 百代之過客이라
하날 우의 하날이요 따 아래 물이로다
아마도 乾坤之意는 窮無窮

南山은 千年山이요 漢江水은 萬年水라
北岳은 億萬峰이요 우리 今主은 萬萬歲라
우리도 賢主을 모시고 同樂太平

金主임 심으신 남게 三政丞이 물을 죽여
六曹判書 버든가지 八道監司 꼿치 푸여옴
邑守令 열미 열여

桃花 졈졈 안족 녹코 綠水 잔잔 슐부어라
松風 蕭瑟 거문고요 鶯聲면만 노리로다
아마도 놀기죳키는 中江山인가

太公의 낙디 빌고 嚴子陵의 긴 쥴 메워
范蠡 船 빌여 타고 張翰 츠져 江東 가이
그곳졔 노어 만키로 或潛或浮

靑石嶺 지나가니 玉河關이 어디믜오
胡風도 참도찰스 구진 비은 무슴일고
뉘라셔 이닉 화숭 글여다가 임 기신데

黃江遠上 白雲飛ᄒᆞ니 一片孤帞이 萬仞山을
春光이 예로부터 못넘어리 玉門關을
어디셔 一聲羌笛 怨楊柳를

西山의 日暮ᄒᆞ니 天地라도 가어 업다
梨花月白ᄒᆞᆫ데 일셩 각이 시로와라
子規야 너은 누올 그리워 夜深토록

東方今明커늘 임을 ᄭᅵ다 出送ᄒᆞ이
非東方眞明 月出之光이로다
脫鴛衾 推鴦枕ᄒᆞ고 輾轉反側

洛陽城 十里許의 녹구 나진 져 무덤아
英雄豪傑 몃몃치며 絶代佳人 누구누구
우리도 져려홀 人生이 아니 놀고

百냐물 다 심어도 디은 아이 심우려라
살同을 가고 졌디은 울고 그리난 이 웃디로다

굿터여 울고가고 그리난티 울심여 무솜

뉘라셔 나 자는 窓 박이 심우다더니
碧梧桐을 月滿庭畔의 影婆娑도
밤즁만 구즌비 븟는 소리 더욱 조와

아희야 硯水쳐라 임의 편외 편지ᄒ자
거문 먹 빅간지는 님의 얼굴 보련마는
그리고 못 보기는[18] 붓시(나) 임이나[19]

18 보기는: 원문의 '보시는'이 오류로 판단되어 '보기는'으로 바로잡았다.
19 붓시(나) 임이나: 원문에 '붓시임이나'로 되어 있어 중간에 '나'가 빠진 것을 보충하였다.

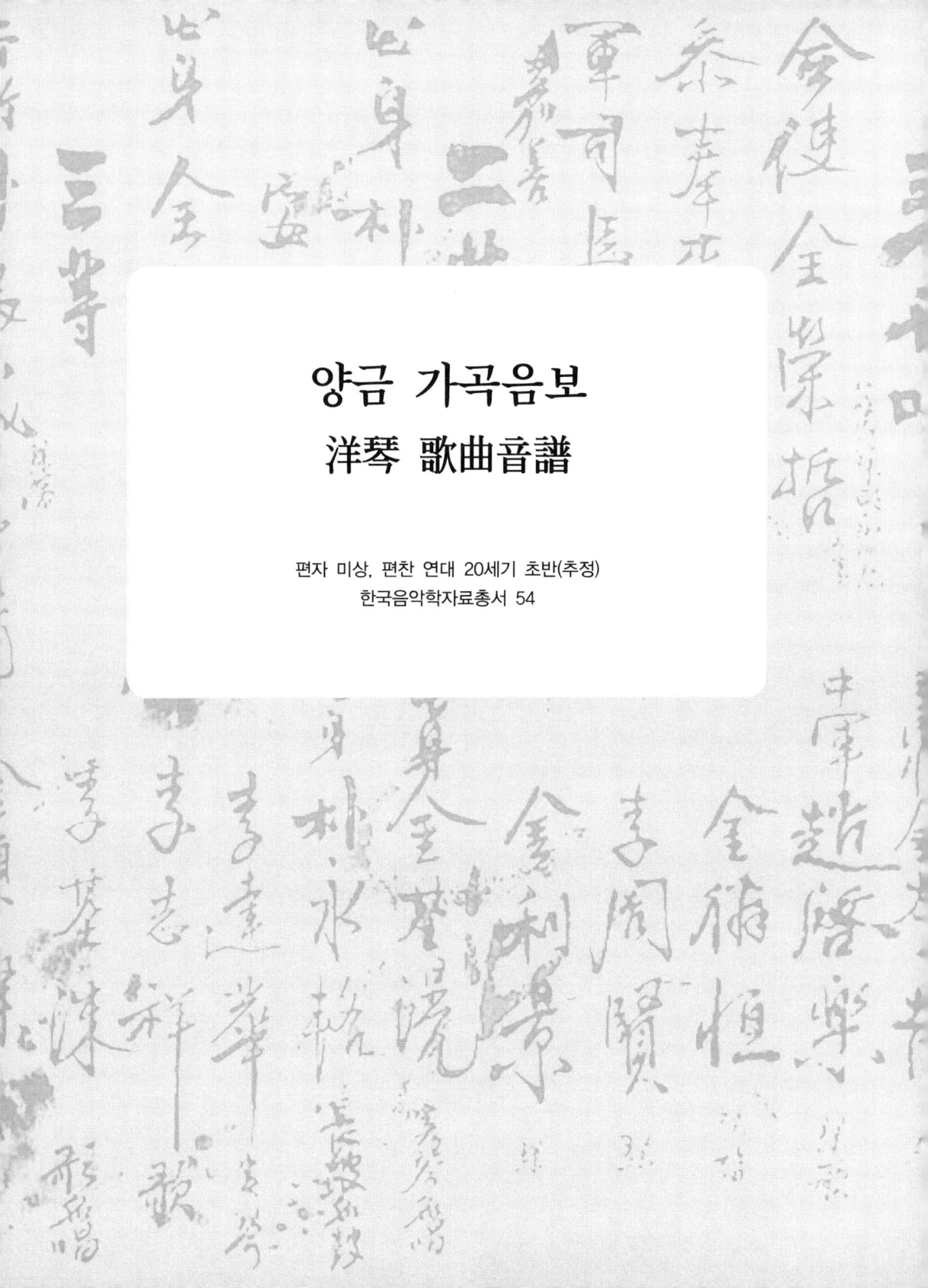

양금 가곡음보
洋琴 歌曲音譜

편자 미상, 편찬 연대 20세기 초반(추정)
한국음악학자료총서 54

양금 가곡음보 해제

가곡 반주를 위한 양금 악보. 20세기 초반으로 추정되며, 양금 선율이 가로로 된 정간보에 한글 육보로 기보되어 있다. 이 악보는 표지에 '洋琴 歌曲音譜'라고 표기되어 있으므로 악보명을 『양금 가곡음보』라 한다. 표제 아래에는 '男女唱 合附 남녀창 합부'라고 부기되어 있고, '春汀 所藏춘정 소장'이라 하였으나 춘정이 누구인지 미상이다.[1] 현재 연세대학교 중앙도서관에 소장되어 있으며, 2017년에 국립국악원에서 이를 영인하여 『한국음악학자료총서』 54집에 수록하였다.

첩장帖裝 형식으로 모두 27절이며, 세로 33.2cm, 가로 13.6cm이다. 기보법은 가로로 배치된 정간보를 왼쪽에서 오른쪽으로 읽어나가는 현대식 방식을 채택하고 있으며, 정간보 안에 양금 한글 육보를 넣어 음고를 나타내고 있다. 수록된 악곡 수는 21곡이며, 가곡의 가사가 4곡 담겨 있다.

1. 해설

이 악보에는 편찬자와 편찬 연대를 알 수 있을 만한 내용이 기록되어 있지 않다. 그러나 가곡 형성 과정에서 가장 늦은 시기에 만들어진 〈환계락〉이 실려 있고, 악곡의 대표 사설이 대부분 현행 가곡의 첫째 바탕과 일치하고 있으며, 리듬 표기 방식이

---

1   춘정(春汀)이라는 호를 가진 조선 말기 학자 유성(柳晟, 1878~1963)이라는 사람이 있고, 현재 유성의 시문집인 『춘정유고(春汀遺稿)』가 연세대학교 도서관에 소장되어 있다. 악보의 소장자와 춘정유고의 주인공 유성이 동일한 사람인지는 아직 확인된 바 없으나, 유성의 생몰연대와 아호 등을 근거로 연관성을 짐작해 볼 수 있다.

20세기 초의 양금보에 보이는 정간 표기 방식과 유사한 점 등을 보아 20세기 전반기의 악보로 짐작한다.[2] 또한 악보에 기록된 악곡명이 가로 쓰기 방식인 점과 정간 역시 기존 세로 방식에서 가로 방식으로 변형된 점 등을 이유로 20세기 전반기의 악보로 추정할 수 있다. 표지와 악보의 마지막 장에는 소장자의 호로 추정되는 '春汀'이 기록되어 있다.

첩장帖裝 형식으로 만들어진 이 악보는 두루마리식으로 길게 이은 종이를 옆으로 적당한 폭으로 병풍처럼 접고, 그 앞과 뒤에 따로 표지를 붙인 형태이다. 첫 부분에는 악보의 목차가 기록되어 있는데, 제시된 악보의 목차와 실제 악보의 순서 및 내용은 차이가 있다. 실제 악곡의 수록 순서는 〈우조 초삭대엽〉, 〈우조 이삭대엽〉, 〈우조 존자진안〉, 〈우조 삼삭대엽〉, 〈소용〉, 〈우롱〉, 〈우락〉, 〈언락〉, 〈언락(벽사창)〉, 〈반엽〉, 〈계면 초삭대엽〉, 〈계면 이삭대엽〉, 〈계면 존자진안〉, 〈계면 삼삭대엽〉, 〈농〉, 〈환계락〉, 〈계락〉, 〈편락(삼한)〉, 〈편락(봉황대)〉, 〈편〉, 〈언편〉 순이다. 이는 목록에서 제시한 〈중어리(중허리)〉와 〈언롱〉이 빠지고 〈언락〉과 〈편락〉이 각각 1곡씩 추가된 것이다.

목차에 이어서 '남창법 순서'와 '여창법 순서', '남녀 창법 순서' 등이 기록되어 있고, 마지막 악곡인 〈언편〉의 악보 다음에는 여러 악곡에서 같은 선율이 나오는 부분을 정리하여 제시하기도 하였다. 예를 들어 "〈우조 초삭대엽〉 4장이 〈우조 이삭대엽〉 4장과 〈우조 존자진안〉 4장과 같다." 등의 내용을 정리하여 악곡 간의 선율적인 연관성을 보여주기도 하였다. 특징적인 점은 〈편락〉 대여음의 관악기 구음 가락을 적고, 이를 양금 구음으로 바꾸어 2가지 버전을 제시한 점이다. 이를 통해 20세기 전반기 관악기 구음과 양금 구음간의 일면을 확인할 수 있다. 끝으로『양금 가곡음보』의 마지막 부분에는 〈언락〉, 〈언편〉, 〈남창 수편〉, 〈편락 본문〉 4곡의 노랫말을 소개하였다.

---

2   김영운, 「『양금 가곡음보』」, 『한국음악학자료총서』 54, 국립국악원, 2017, 190쪽.

2. 악곡

악보의 목차에는 모두 22곡이 수록된 것으로 기록되어 있으나, 실제 악보에는 〈언롱〉, 〈우조 중어리〉, 〈계면 중어리〉 3곡이 빠져 있고, 〈언락〉과 〈편락〉이 각각 1곡씩 추가되어 총 21곡이 수록되어 있다. 〈중어리〉와 〈언롱〉이 빠진 이유도 함께 기록되어 있는데, 〈중어리〉는 우조와 계면조를 막론하고 〈이삭대엽〉과 구음가락이 전부 동일하기 때문에 기재를 생략한다고 하였으며, 〈언롱〉은 목록에는 있으나 아는 사람이 희귀하기 때문에 기재를 생략한다고 하였다. 〈우조 초삭대엽〉, 〈우조 이삭대엽〉, 〈우조 존자진안〉, 〈우조 삼삭대엽〉, 〈소용〉, 〈우롱〉, 〈우락〉, 〈언락〉 1·2, 〈반엽〉, 〈계면 초삭대엽〉, 〈계면 이삭대엽〉, 〈계면 존자진안〉, 〈계면 삼삭대엽〉, 〈농〉, 〈환계락〉, 〈계락〉, 〈편락〉 1·2, 〈편〉, 〈언편〉 등 21곡이 수록되어 있으며, 이 중에서 〈존자진안〉은 〈두거〉에 해당하는 악곡이다. 악보의 제목 옆에는 악곡의 이칭도 함께 기재되어 있는데, 예를 들어 〈우조 삼삭대엽〉과 〈계면 삼삭대엽〉은 혹칭 '들자진안', 속칭 '막내는 놈'이며, 〈반엽〉은 '밤야자진안' 등으로 소개되어 있다. 또한 악보의 첫 부분 '대념大念'은 대여음의 다른 이름이다.

3. 관련 자료와 논저

1) 『양금 가곡음보』의 영인본 자료
『한국음악학자료총서』 54, 국립국악원, 2017, 203~233쪽.

2) 『양금 가곡음보』 해제
김영운, 「『양금 가곡음보』」, 『한국음악학자료총서』 54, 국립국악원, 2017, 190~201쪽.

3) 『양금 가곡음보』 관련 논저
김영운, 「洋琴古樂譜의 三條標 解析에 關한 硏究~上靈山·細靈山·念佛도드리·打令에 基하여」, 『한국음악연구』 26집, 한국국악학회, 1998, 115~148쪽.
이완규, 『양금가곡보』, 민속원, 2007.
이동희, 「고악보에 수록된 '낙(樂)' 계열 가곡의 변천 양상 연구」, 한국학중앙연구원 박사학위논문, 2022.

이동희, 「20세기 초반 가곡의 고착화 과정 검토」, 『한국음악연구』 73집, 한국국악학회, 2023, 245~278쪽.

해제 : 정서은

양금 가곡음보
洋琴 歌曲音譜

우조 목록

우조 초삭대엽 1편(5장). 남창男唱에 한함.

우조 이삭대엽 1편(5장). 남녀창 통용.

우조 중어리中於里 1편(5장). 여창에 한함.

우조 존자진안 1편(5장). 남녀창 통용.

우조 삼삭대엽 1편(5장). 【속칭, 막내는 놈. 혹 '들자진안'이라 일컫는다. 남녀창 통용】

소용騷聳 1편(5장). 남창에 한함.

우롱羽弄 1편(5장). 남창에 한함.

우락羽樂 1편(5장). 남녀창 통용

언락諺樂 1편(5장). 남창에 한함.

편락編樂 1편(5장). 남창에 한함.

반엽半葉 1편(5장). 【반은 우청羽淸, 반은 계청界淸】 남녀창 통용

참고

〈우롱羽弄〉과 〈우편羽編〉은 명목이 있으나, 아는 사람이 드물기 때문에 본 『가곡음보歌曲音譜』에 〈우롱〉까지는 기재함이 있으나, 〈우편〉은 기재를 생략함.

〈진언롱대념進諺弄大念〉은 현재 〈편락대념編樂大念〉으로 응용함.

계면 목록

계면 초삭대엽 1편(5장). 남창에 한함.

계면 이삭대엽 1편(5장). 남녀창 통용.

계면 중어리中於里 1편(5장). 여창에 한함.
계면 존자진안 1편(5장). 남녀창 통용.
계면 삼삭대엽 1편(5장).【속칭 막내는 놈. 혹은 '들자진안'이라 일컫는다. 남녀창 통용.】
농 1편(5장). 남녀창 통용.
언롱諺弄 1편(5장). 남창에 한함.
환계락還界樂 1편(5장)【반은 우청羽淸, 반은 계청界淸】. 남녀창 통용.
계락界樂 1편(5장). 남녀창 통용.
언락諺樂 1편(5장). 남창에 한함.【혹은 우편羽編이라 일컫는다.】
편編 1편(5장). 남녀창 통용.
평조平調

〈중어리中於里〉는 우조 계면을 물론하고 〈이삭대엽〉과 구음口音가락이 전부 동일하기 때문에 『가곡음보歌曲音譜』에 기재를 생략함.

참고
〈언롱〉은 목록에는 있으나, 역시 아는 사람이 드물기 때문에 본 『가곡음보』에 기재를 생략함.

羽調目錄
羽調初數大葉 一篇(五章) 男唱에 限홈
羽調二數大葉 一篇(五章) 男女唱 通用
羽調中於里 一篇(五章) 女唱에 限홈
羽調존자진안 一篇(五章) 男女唱 通用
羽調三數大葉 一篇(五章)【俗稱 막너난 놈 或稱 들자진안 男女唱 通用】
騷聳 一篇(五章) 男唱에 限홈
羽弄 一篇(五章) 男唱에 限홈
羽樂 一篇(五章) 男女唱 通用
諺樂 一篇(五章) 男唱에 限홈

編樂 一篇(五章) 男唱에 限홈
半葉 一篇(五章)【半은 羽淸 半은 界淸】男女唱 通用

參考
羽弄과 羽編은 名目이 有ᄒᆞ나 知人이 稀貴 故本歌曲音譜에 羽弄ᄭᅥ지는 記載[3] 有ᄒᆞ나 羽編은 記載도 省略홈.
進謗弄大念을 現에 編樂大念으로 應用홈.

界面目錄
界面初數大葉 一篇(五章). 男唱에 限홈.
界面二數大葉 一篇(五章) 男女唱 通用.
界面中於里 一篇(五章). 女唱에 限홈.
界面존자진안 一篇(五章). 男女唱 通用.
界面三數大葉 一篇(五章)【俗稱막니난놈. 或稱들자진안. 男女唱 通用】
弄 一篇(五章). 男女唱 通用.
謗弄 一篇(五章). 男唱에 限홈.
還界樂 一篇(五章)【半은 羽淸, 半은 界淸. 男女唱 通用】
界樂 一篇(五章). 男女唱 通用.
謗樂 一篇(五章). 男唱에 限홈【或稱, 羽編】
編 一篇(五章). 男女唱 通用.
平調

中於里는 羽調 界面을 勿論ᄒᆞ고 二數大葉과 口音[4]가락이 全部 소一ᄒᆞᆫ 故 本 歌曲 音譜에 記載 省略홈.

參考
謗弄은 目錄에는 有ᄒᆞ나 亦是 知人이 稀貴 故本歌曲音譜에 記載도 省略홈.

3 記載: 원문의 記才는 記載의 오기이므로 바로잡았다. 이하 같다.
4 口音: 원문의 具音은 口音의 오기이므로 바로잡았다. 이하 같다.

남창법 순서

우조 초삭대엽【통칭 첫치】진놈

우조 이삭대엽【남창에 한해서는 이삭대엽이 중어리(中於里)에 한정됨】

우조 존자진안

우조 삼삭대엽【속칭 막내는 놈, 혹은 '들자진안'이라 일컫는다】

소용騷聳

반엽半葉【혹은 '밤야자진안'이라 일컫는다】

계면 초삭대엽【통칭 첫치】진놈

계면 이삭대엽【남창에 한해서는 이삭대엽이 중어리에 한정됨】

계면 삼삭대엽【속칭 막내는 놈, 혹은 '들자진안'이라 일컫는다】

계면 존자진안

농弄

언롱諺弄

우락羽樂

우롱羽弄

언락諺樂

편락編樂

편編

평조平調

설명

〈우조 계면 초삭대엽〉은 남창男唱의 전권全權으로 여창女唱은 원래 부르지 못하는 법이라. 물론 어느 때를 막론하고 〈우조 계면 초삭대엽〉을 첫치로 대신 쓰기 때문에 그 대신에 중어리中於里가 있음.

男唱法順序

羽調初數大葉【通稱 첫치】진놈

羽調二數大葉【男唱에 限ㅎ야ᄂᆞᆫ 二數大葉이 限 中於里됨】
羽調존자진안.
羽調三數大葉【俗稱 막내는놈 或稱 들자진안】
騷聳
半葉【或稱 밤야자진안】
界面初數大葉【通稱첫치】진놈
界面二數大葉【男唱에 限ㅎ야ᄂᆞᆫ 二數大葉이 限 中於里됨】
界面三數大葉【俗稱막내는놈 或稱들자진안】
界面존자진안
弄
諺弄
羽樂
羽弄
諺樂
編樂
編
平調

說明
羽調, 界面初數大葉은 男唱의 全權으로 女唱은 元來 唱ㅎ지 못ㅎ난 法이라. 勿論 何時 羽調, 界面二數大葉을 첫치로 代用ㅎᄂᆞᆫ 故 其代에 中於里가 有홈.

여창법 순서
우조 진놈【속칭 첫치】
우조 중어리中於里【속칭 두첫치】
우조 들자진안【속칭 세첫치】
우조 존자진안
반엽半葉【혹 '밤야자진안'이라 일컫는다】

계면 진놈【속칭 첫치】

계면 중어리【속칭 두첫치】

계면 들자진안【속칭 세첫치】

계면 존자진안

농弄

우락羽樂

환계락還界樂

계락界樂

편編

평조平調

참고

본본 여창에 한해서는 〈우조 계면〉을 물론 하고 〈들자진안〉을 창唱할 때는 〈존자진안〉 구음口音가락으로 이어 타고, 또 〈존자진안〉을 창할 때는 〈들자진안〉 구음가락으로 이어 타는 것이 역시 무방함.【이것은 〈들자진안〉·〈존자진안〉에 한함.】

女唱法順序
羽調 진놈【俗稱첫치】
羽調中於里【俗稱두치치】
羽調들자진안【俗稱세치치】
羽調존자진안
半葉【或稱밤야자진안】
界面 진놈【俗稱첫치】
界面中於里【俗稱두치치】
界面들자진안【俗稱세치치】
界面존자진안
弄
羽樂

還界樂
界樂
編
平調

參考

本 女唱에 限ᄒᆞ야는 羽調界面을 勿論ᄒᆞ고 들자진안을 唱홀 時는 존자진안 口音가락으로 接彈ᄒᆞ고 쏘 존자진안을 唱홀時는 들자진안 口音가락으로 接彈홈이 亦是無妨홈【此는들자진안, 존자진안에 限홈】

남녀 창법 순서【남창과 여창을 구비하여 합석해서 창하는 법의 순서】

우조 초삭대엽 남창(진놈)

우조 이삭대엽(진놈) 여창

우조 중어리中於里 여창

우조 삼삭대엽【속칭 막내는 놈, 혹 '들자진안'이라 일컫는다.】 남창

우조 존자진안 여창

소용騷聳 남창

반엽半葉【혹은 '밤야자진안'으로 일컫는다.】 상하청上下淸으로 남녀 합창

계면 초삭대엽 남창(진놈)

계면 이삭대엽(진놈) 여창

계면 중어리中於里 여창

계면 삼삭대엽【속칭 막내는놈, 혹 '들자진안'이라 일컫는다.】 남창

계면 존자진안 여창

농弄 여창

우롱羽弄 남창

우락羽樂 여창

언락諺樂 남창

환계락還界樂 여창

계락界樂 여창
편編 남창
편 여창
평조平調

설명

본 남녀 창법에 대하여 위의 순서 중 〈우조 계면〉을 물론이고 여창이 〈존자진안〉을 부를 때는 〈삼삭대엽〉 즉 〈들자진안〉 구음가락으로 이어 타는 것이 무방함. 그런 뒤에 〈삼삭대엽〉 곧 〈들자진안〉 구음 가락을 거듭 타면 적합함.

참고

이상 창법 순서 중 〈언락諺樂〉을 부른 뒤에 남창이 〈편락編樂〉을 할 필요가 있으면, 〈환계락還界樂〉 계면界面을 빼고 그 대신에 〈편락〉을 부른 뒤 남창 〈편編〉으로 짝을 맞추어 여창 〈편〉으로 〈평조〉로 잇는 것이 적당함.

男女唱法 順序【男唱과 女唱과 具備ᄒᆞ야 合席唱法順序】
羽調初數大葉 男唱(진놈)
羽調二數大葉(진놈) 女唱
羽調中於里 女唱
羽調三數大葉【俗稱막내ᄂᆞ놈 或稱들자진안】 男唱
羽調존자진안 女唱
騷聳 男唱
半葉【혹칭밤야자진안】上下淸으로 男女合唱
界面初數大葉 男唱(진놈)
界面二數大葉(진놈) 女唱
界面中於里 女唱
界面三數大葉【俗稱막내ᄂᆞ놈 或稱들자진안】 男唱

界面존자진안 女唱

弄 女唱

羽弄 男唱

羽樂 女唱

諺樂 男唱

還界樂 女唱

界樂 女唱

編 男唱

編 女唱

平調

說明

本男女唱法에 對ᄒᆞ야 上部 順序中 羽調, 界面을 勿論ᄒᆞ고 女唱이 존자진안을 홀 時는 三數大葉 卽 들자진안 口음가락으로 接彈홈이 無妨홈 然後 三數大葉 卽 들자진안 口음가락을 再彈ᄒᆞ면 適合홈.

參考

以上 唱法順序中 諺樂을 唱ᄒᆞᆫ 後에 男唱이 編樂을 홀 必要가 有ᄒᆞ면 還界樂, 界面을 쎄고 其代에 編樂을 唱ᄒᆞᆫ 後 男唱 編으로 配ᄒᆞ야 女唱 編으로 平調로 續홈이 適當홈.

〈우조 초삭대엽羽調初數大葉〉

 54.208

〈우조 이삭대엽羽調二數大葉〉

 54.209

〈우조 존자진안羽調存子眞安〉[5]

악보 54.210

〈우조 삼삭대엽羽調三數大葉〉

악보 54.211

〈소용騷聳〉

악보 54.212

〈우롱羽弄〉

악보 54.213

〈우락羽樂〉

악보 54.214

〈언락諺樂〉

악보 54.215

〈언락諺樂〉

악보 54.216~217

〈반엽半葉〉

악보 54.218

5 〈우조 두거〉에 해당함.

〈계면 초삭대엽界面初數大葉〉

 54.219

〈계면 이삭대엽界面二數大葉〉

 54.220

〈계면 존자진안界面존자진안〉

 54.221

〈계면 삼삭대엽界面三數大葉〉

 54.222

〈농弄〉

 54.223

〈환계락還界樂〉

 54.224

〈계락界樂〉

 54.225

〈편락編樂〉

 54.226

〈편락編樂〉

 54.227

〈편編〉

 54.228

〈언편諺編〉

 54.229

참고【동일한 구음을 표시】
〈우조 초삭대엽〉 4장이 〈우조 이삭대엽〉 4장과 〈우조 존자진안〉 4장과 같음.
〈우조 존자진안〉 2장이 〈우조 삼삭대엽〉 2장과 같음.
〈우롱 대념〉 1장·2장이 〈반엽 대념〉 1장·2장과 같음.
〈우락 대념〉 1장·2장, 〈환계락 대념〉 1장·2장과 같음.【〈우락〉 2장이 〈우락〉 4장과 같음】.
〈언락言樂〉 2장·3장, 〈중념中念〉 4장·5장이 〈우락〉 2장·3장, 〈중념中念〉 4장·5장과 같음.
〈반엽〉 4장·5장이 〈계면 이삭대엽〉 4장·5장과 같음.
〈계면 초삭대엽〉 2장이 〈계면 초삭대엽〉 4장과 같음.
〈계면 존자진안〉 2장이 〈계면 삼삭대엽〉 2장과 같음.
〈계면 존자진안〉 4장이 〈계면 이삭대엽〉 4장과 같음.
〈환계락〉 4장·5장이 〈계락〉 4장·5장과 같음.
〈우조 계면〉을 물론하고 〈중어리中於里〉는 〈이삭대엽〉【1장부터 5장까지】 전부와 같음.

이상의 〈편락編樂 대념〉 10점 1박 불자비 곧 대적大笛 피리 구음 가락이 있는데, 중간에 묻힌 것을 발견하여 참고로 기재함.

參考【소―ᄒ 口音을 表示】

羽調初數大葉 四장이 羽調二數大葉 四장과 羽調 존자진안 四장과 仝.

羽調존자진안 二장이 羽調三數大葉 二장과 仝.

羽弄大念 一장·二장이 半葉大念 一장·二장과 仝.

羽樂大念 一장·二장, 還界樂大念 一장·二장과 仝【羽樂二장이 羽樂四장과 仝】.

諺樂 二장·三장, 中念 四장·五장이 羽樂 二장·三장, 中念·四장·五장과 仝.

半葉 四장·五장이 界面二數大葉 四장·五장과 仝.

界面初數大葉 二장이 界面初數大葉 四장과 仝.

界面존자진안 二장이 界面三數大葉 二장과 仝.

界面존자진안 四장이 界面二數大葉 四장과 仝.

還界樂 四장·五장이 界樂 四장·五장과 仝.

羽調·界面을 勿論ᄒ고 中於里는 二數大葉【自一장 至五장ᄭᆞ지】全部仝.

以上 編樂大念 十點一拍 불자비[6], 即 大笛,[7] 피레[8] 口音가락이 有한데, 中間 沈伏된 거슬 發見되야 參考로 記載홈.[9]

 54.230

양금으로 번역하자면

洋琴으로 翻譯하자면[10]

 54.230

6 불자비: 관악(管樂).
7 大笛: 大笒.
8 피레: 피리.
9 문장 다음에 오는 악보는 관악기의 구음을 적어 놓은 것이다.
10 문장 다음에 오는 악보에는 양금가락을 적어 놓았고, 그 위에 부전지(附箋紙)를 붙여 또 다른 해석에 의한 양금가락을 적어 놓았다.『한국음악학자료총서』54집, 199쪽 참조.

〈언락諺樂〉 본문

벽사창碧紗窓 어른어른커늘 임만 여겨 펄쩍 뛰어 쑥 나서보니

임은 아니 오고 명월明月이 만정滿庭한데 벽오동碧梧桐 젖은 잎에 봉황鳳凰이 와서 긴 목을 휘젓다가 깃 다듬는 그림자로다

맞추어 밤일세망정 행여 낮이런들 남 우일 뻔하여라.

〈언편諺編〉 본문欄[11]

한송정寒松亭 채진 솔 베어, 조그맣게 배 무어 타고 술이라 안주【5점(點) 반각(半刻)】

거문고 가얏고 해금嵇琴 비파琵琶 저 피리 장고長鼓 무고舞鼓 공인工人과 안암산安岩山 차돌 일번一番 부쇠[燧], 녹고산老姑山 수로垂露치며, 나전螺鈿대 궤지삼이, 강릉江陵 예기藝妓, 삼척三陟 주탕녀酒帑女 다 모아 싣고【5점 반각】달 밝은 밤의 경포대鏡浦坮로 가서,

대취大醉코 고사승류扣枻乘流하여 총석정叢石亭 금란굴金欄窟과 영랑호永郎湖 선유담仙遊潭으로 임거래任去來를 하오리라.

남창 수편首編

진국명산鎭國名山 만장봉萬丈峯이 청천삭출青天削出 금부용金芙蓉이라.

거벽巨壁은 흘립屹立하여 북주삼각北柱三角이요, 기암奇巖은 두기頭起하여 남안잠두南案蠶頭로다. 좌룡左龍은 낙산洛山 우호右虎 인왕仁旺, 서색瑞色은 반공半空 응상궐凝象闕이요, 숙기쟁영출인걸淑氣爭榮出人傑이라. 미재美哉라, 아동방산하지고我東方山河之固여, 성대의관聖代衣冠 태평문물太平文物이 만만세지금탕萬萬歲之金湯이로다.

연풍年豊코 국태민안國泰民安하니 구추황국단풍절九秋黃菊丹楓節에 인유이봉무麟遊而鳳舞커늘, 부앙등림俛仰登臨하여 취포반환醉飽盤桓타가 감격군은感激君恩하오리라.

11 (欄): 괄호를 하고 '欄'이라 썼는데 무엇을 의미하는지 알 수가 없다.

〈편락編樂〉 본문

공명功名과 부귀富貴과라 세상世上 사람 맡겨두고

가다가 아무데나 의산대해처倚山帶海處에 명당明堂을 얻어서 오간팔작五間八作으로 황학루黃鶴樓만치 집을 짓고 도리계의라군桃李溪倚羅裙을 다 모아 거느리고 임의任意 소요逍遙하다가 앞 내에 물 지거든 백주황계白酒黃溪 내 놀이 하옵다가

내 나이 팔십이거든 승피백운乘彼白雲하고 옥경玉京에 올라가서 제방투호다옥녀帝傍投壺多玉女를 내 혼자 벗이 되어 늙을 줄을 모르리라.

춘정春汀 소장所藏

諺樂本文

碧紗窓 어른어른커늘 임만 여겨 펄적 쒸여 쑥 나셔보니 임은 안이 오고 明月이 滿庭헌데 碧梧桐 져진 입헤 鳳凰이 와셔 긴 목을 휘여다가 깃 다듬는 그림자로다 마초아 밤일세망졍 幸여 나지런들 남 우일 뻔허여라.

諺編本文(欄)

寒松亭 채진 솔 부여, 조구막케, 배무어 타고, 슐이라 안쥬,【五拍半角】 거문고 가야고 嵇琴 琵琶 져 필레 長鼓 舞鼓工人과, 安岩山 차돌 一番 부쇠(燧), 老姑山 垂露치며, 螺銓¹²대 꼬이지삼이, 江陵 藝妓 三陟 酒帑女 다 모와 실고,【五点半角】 달 발근 밤의 鏡浦坮로 가아셔, 大醉코 扣枻乘流하여 叢石亭 金幱窟과 永郎湖 仙遊潭으로 任去來를 허오리라.

男唱首編

鎭國名山 萬丈峯이 靑天削出 金芙蓉이라 巨壁언 屹立허여 北柱三角이요 奇巖은 頭起허여 南案蠶頭로다 左龍언 洛山 右虎仁旺 瑞色언 半空 凝象闕이요 淑氣爭榮出 人傑이라 美哉라 我東方山河之固여 聖代衣冠 太平文物이 萬萬歲之金湯¹³이로다. 年

---

12 銓: 원문의 田은 銓의 오기이므로 바로잡았다.
13 湯: 원문의 盪은 湯의 오기이므로 바로잡았다.

豊코 國泰民安허니 九秋黃菊丹楓節의 麟遊而鳳舞커널 俛仰登臨허여 醉飽盤桓타가 感激君恩허오리라.

編樂本文

功名과 富貴과라 世上 사람 맛겨두고 가다가 아모데나 倚山帶海處에 明堂을 어더셔 五間八作으로 黃鶴樓만치 집을 짓고 桃李溪倚羅裙을 다 모와 거나리고 任意逍遙허다가 압내에 물 지거던 白酒黃溪로 내 노리 허옵다가 내 나이 八十이거던 乘彼白雲허고 玉京에 올나가셔 帝傍投壺多玉女를 내 혼자 벗시 되야 늘글 줄을 모르리라.

春汀所藏[14]

---

14 소장자는 춘정(春汀)이라는 아호를 가진 이. 동일 인물인지 확인되지 않지만 조선 말기 학자 유성(柳晟, 미상)의 호가 춘정(春汀)이며 그의 문집이 『춘정유고(春汀遺稿)』이다.

창하유필
蒼下遺筆

이복구(李復求) 편, 1964년
한국음악학자료총서 39

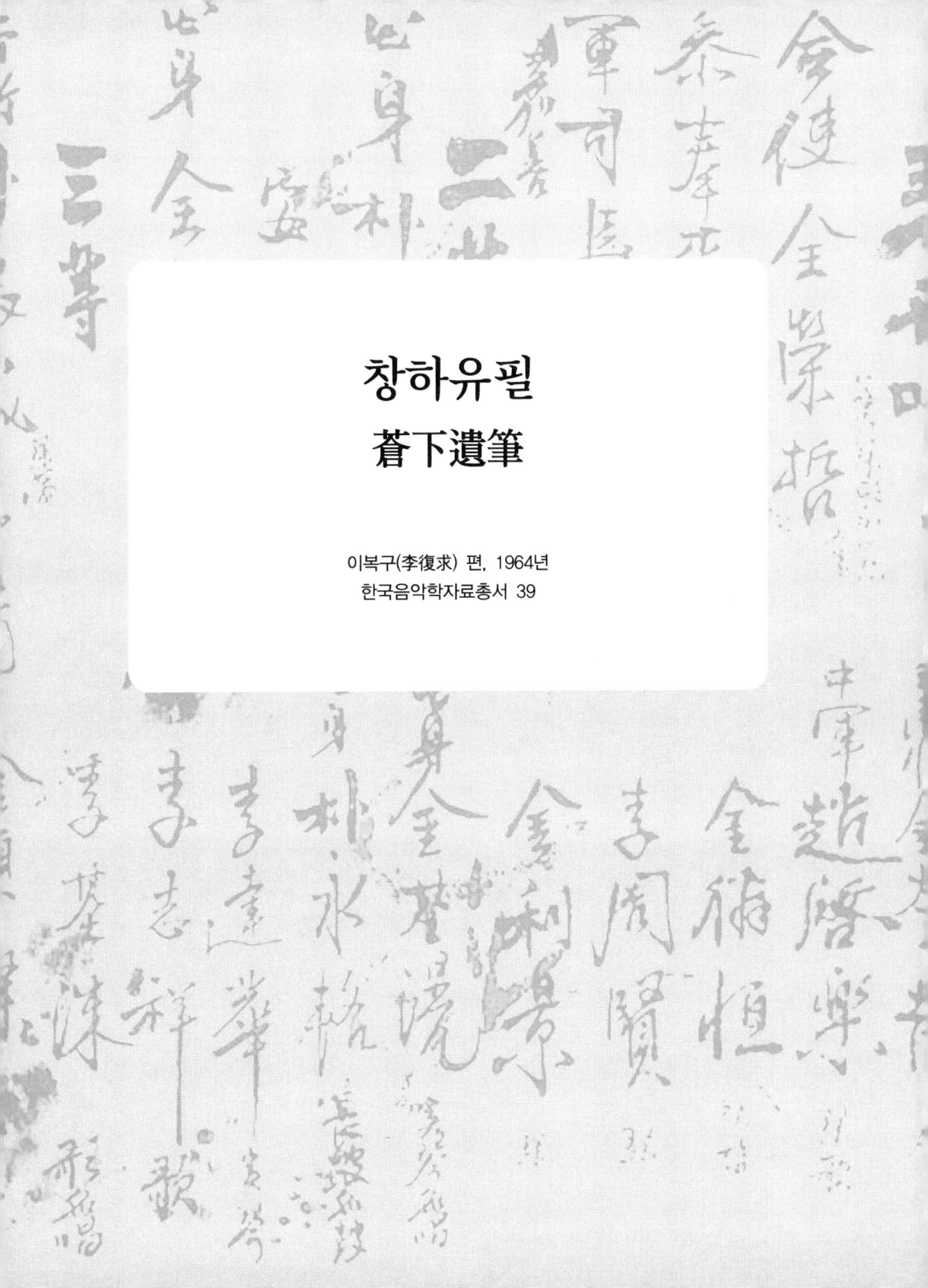

창하유필 해제

이복구李復求(1900~1964)[1]가 1964년 혹은 그 전에 필사한 자료로서 〈영산회상〉 등 기악곡을 수록한 양금과 거문고 및 가곡 악보. 창하蒼下 이복구가 말년에 병원에서 투병하는 도중에 작성하여 남긴 자료다. 수첩 여백지에 내용을 기록했고, 1964년 9월 3일 서울대병원에서 이복구가 사망하자, 그의 아들 이원복李元復이 수첩 1면에 '창하유필蒼下遺筆'이라 적었다.[2] 이것에 근거하여 이 자료를 『창하유필』이라 부르며, 집필 하한 시기는 1964년이다. 필사본 1책이며, 분량은 총 61면이고, 세로 23.3cm, 가로 17.8cm이다.[3]

2004년 이원복은 선친 이복구의 거문고, 옥단소, 양금 등의 유품을 국립국악원에 기증하였다. 이때 국립국악원 측에서 『창하유필』을 복사하고 촬영하였는데, 이것을 『한국음악학자료총서』 39집에 수록하였다. 『창하유필』의 원본은 당시 이원복이 소장하고 있었으며, 이원복의 사망 이후 현 소장자 혹은 소장처는 미상이다.[4]

악곡 수는 양금을 위한 것이 18곡, 거문고를 위한 것이 16곡, 가곡은 28곡이 수록되었는데 24곡은 가사만 수록했고 4곡은 거문고보로 수록되어서 모두 62곡이다. 악보에 정간은 사용하지 않았고, 기록 형태는 현대식으로 '가로쓰기'를 하였으며,

---

1 이복구는 만당 이혜구(李惠求, 1909~2010)의 사촌 형님이다.
2 박정경, 「창하유필」, 『한국음악학자료총서』 39, 국립국악원, 2004, 290쪽.
3 박정경은 해제에 가로 233mm, 세로 178mm라고 했는데, 이 자료의 영인본을 봤을 때 가로보다 세로가 더 긴 직사각 형태이므로 가로와 세로의 숫자가 바뀐 것으로 보인다.
4 해제자는 2024년 1월 3일 국립국악원 박정경 학예연구관에게 『창하유필』의 현 소장처에 대해 문의하였다. 그 후 박정경 연구관이 소장처를 확인한 결과 이원복은 이미 작고하였고, 현재 소장처는 미상이라고 알려 주었다.

기보법은 양금과 거문고의 한글 구음을 적은 육보다.

1. 해설

내용은 크게 '음악 이론 및 기타'와 '악보'로 양분된다. '음악 이론 및 기타'는 전체 분량 중 6면으로 약 10% 정도이며, 나머지 90%의 분량이 악보이다.

'음악 이론 및 기타'는 자료의 전반부에 나타나는데, 간지干支와 자신이 소장하고 있는 거문고의 내력, 거문고의 부분 명칭, 손가락 부호, 5성, 12율 등 주로 음악 이론적인 내용을 수록하였다. 이어서 4종의 악기 곧 거문고·가야금·양금·단소의 조율법을 그림으로 나타냈다. 이것은 편찬자 이복구가 이 4종의 악기를 모두 다룰 수 있었음을 시사한다. 다음은 〈영산회상〉 13곡의 곡명을 열거한 후 〈민회상〉은 9곡이며, 〈본회상本會相〉은 13곡임을 명시하였다. 또 〈별곡회상〉의 구성을 2가지로 언급했는데, 하나는 〈가락 환입〉 3장부터 〈우조 환입〉까지 10곡을 타는 것이고, 또 하나는 〈세환입〉부터 〈우조 환입〉까지 8곡을 연주하는 것이다. 여기까지가 거문고 내력, 악기 4종의 조율도, 악곡 구성에 대한 내용이다.

다음은 악보와 부록에 대한 목차가 있는데, '양금보·현금보·가곡보(詩調·詠詩)·부록 작명부作名簿'라 적혀 있다. 그런데 실제로 본문을 살펴보면, 악보 3종은 있으나 '부록 작명부'는 존재하지 않는다. 짐작컨대 편자 이복구가 처음에 부록까지 수록하려고 계획을 세웠으나, 미처 완성하지 못하고 사망한 것으로 짐작된다.

2. 악곡

전체 내용의 90% 분량을 차지하는 악보에는 양금보, 현금보, 가곡보가 수록되어 있다.

양금보는 전반부에 〈영산회상〉 13곡이 있고, 후반부에 〈평조 다스름〉과 〈우조 다스름〉, 〈길염불 취타〉, 〈하현 해탄〉, 〈농현〉 이상 5곡이 있다. 〈영산회상〉 13곡은 〈상영산〉, 〈중영산〉, 〈세영산〉, 〈가락 환입〉, 〈상현 환입〉, 〈세환입〉, 〈하현 환입〉,

〈염불〉, 〈타령〉, 〈군악〉, 〈계면 환입〉, 〈양청 환입〉, 〈우조 환입〉으로 구성되었다. 〈상현 환입〉과 〈하현 환입〉 사이에 〈세환입〉이 들어 있고, 〈군악〉 다음에 〈뒷풍류〉 곧 〈천년만세〉 3곡이 있는 구조이다. 이런 구성을 〈가즌회상〉이라 한다. 그리고 후반부 5곡 중에서 〈길염불 취타〉와 〈농현〉 곡의 성격에 대해 향후 조사가 필요하다.

현금보의 경우 〈계면 다스름〉과 〈우조 다스름〉을 앞 부분에 수록하였고, 이어서 〈영산회상〉 14곡이 있다. 이 14곡은 앞서 본 양금보 13곡 중에 1곡이 추가된 것인데, 그것은 〈세환입〉을 〈上세환입〉과 〈下세환입〉으로 나누었기 때문이다. 결국 거문고보 역시 〈가즌회상〉을 수록했는데, 양금보와 달리 〈세환입〉을 상·하로 분화한 점이 다르다.

가곡보의 경우 전반부에는 남창 가곡 우조 8곡과 계면 16곡의 가사를 수록하였고, 후반부에는 〈언롱〉, 〈우락〉, 〈편락〉, 〈편삭대엽〉 이상 4곡을 반주하기 위한 거문고보를 수록하였다. 이 자료에 수록된 남창 가곡과 현행 남창 가곡을 비교해 보면, 다소 차이가 있다. 가곡 우조의 경우 이 책에서는 8곡인데, 현행은 12곡으로 다르며, 〈이삭대엽〉, 〈중거〉, 〈두거〉, 〈우롱〉의 가사는 같은데, 다른 4곡은 가사가 다르다. 계면조의 경우 이 책에서는 16곡인데, 현행은 14곡으로 차이가 있으며, 해당 가사도 〈중거〉, 〈평거〉, 〈계락〉, 〈편락〉, 〈편삭대엽〉, 〈언편〉, 〈태평가〉 이상 7곡은 같으나 나머지 9곡은 다르다. 이러한 차이점에 대한 것은 향후 연구가 필요하다.

3. 관련 자료와 논저

1) 『창하유필』의 영인본 자료

『한국음악학자료총서』 39, 국립국악원, 2004, 313~373쪽.

2) 『창하유필』 해제

박정경, 「창하유필」, 『한국음악학자료총서』 39, 국립국악원, 2004, 289~307쪽.

3) 『창하유필』 관련 논저

이주은, 「영산회상 양금선율의 변천」, 한양대대학원 박사학위논문, 2013.

김소연, 「19~20세기 영산회상 거문고선율 변천 연구」, 이화여대대학원, 박사학위논문, 2020.
박재린, 「19~20세기 가락덜이의 경계와 분장 변화 연구」, 단국대대학원 석사학위논문, 2021.

해제 : 김성혜

창하유필
蒼下遺筆

창하유필. 1964년 9월 3일 서울대병원에서 졸卒하다.[5]

蒼下遺筆. 1964. 9. 3. 卒於서울大病院

간지干支 별칭 고갑자古甲子[6]

갑甲은 알봉閼逢, 을乙은 전몽旃蒙, 병丙은 유조柔兆, 정丁은 강어彊圉, 무戊는 저옹著雍, 기己는 도유屠維, 경庚은 상장上章, 신辛은 중광重光, 임壬은 현묵玄黙, 계癸는 소양昭陽이다.

자子는 곤돈困敦, 축丑은 적분약赤奮若, 인寅은 섭제격攝提格, 묘卯는 단알單閼, 진辰은 집제執除, 사巳는 대약락大若落, 오午는 돈장敦牂, 미未는 협흡協洽, 신申은 군탄涒灘, 유酉는 작악作噩, 술戌은 엄무閹茂, 해亥는 대연헌大淵獻이다.

집에 소장하고 있는 거문고는 청淸나라 가경제嘉慶帝 정묘년 정월 하순에 만든 것이다(서기 1807년, 순조 7년이다). 이후에 광무光武 7년 계묘년(1903)에 개조改造한 것이다. 이 거문고는 대가大家인 조이순趙彜淳[7] 선생의 전래품傳來品이다. 뒷면의 율

---

5 이 내용은 창하(蒼下) 이복구(李復求)의 장남인 이원복(李元馥)이 부친이 별세한 이후에 기록한 것이라 한다. 박정경, 「창하유필」, 『한국음악학자료총서』 39, 국립국악원, 2004, 290쪽.
6 고갑자(古甲子): 고대 중국에서 생긴 육갑(六甲)의 초기 이름.
7 조이순(趙彜淳, ?~?): 거문고 명인. 1909년 조양구락부 설립 당시 거문고 교사로 활동하였고, 1911년 조선정악전습소에서도 거문고 교사였다. 1927~1930년대까지 당대 명인들과 함께 경성방송국에 출연하여 〈영산회상〉〈여민락〉〈평조회상〉 가곡 등을 연주하였고, 김계선·조동석·지용구 등과

판栗板에 조각한 문자는 '稀世之古琴'(희세지고금)이다.

干支別稱 古甲[8]
　甲. 閼逢, 乙. 旃蒙, 丙. 柔兆, 丁. 疆圉, 戊. 著雍, 己. 屠維, 庚. 上章, 辛. 重光, 壬. 玄默, 癸. 昭陽.
　子. 困敦, 丑. 赤舊若, 寅. 攝提格, 卯. 單閼, 辰. 執除, 巳. 大若落, 午. 敦牂, 未. 協洽, 申. 涒灘, 酉. 作噩, 戌. 閹茂, 亥. 大淵獻
　家藏玄琴, 淸朝嘉慶帝丁卯正月下旬之製(西紀 千八百七年 純朝 七年). 以后光武七年癸卯二月上旬, 改造者. 而此玄琴大家趙彛淳先生傳來品也. 後面栗板彫刻文字, 稀世之古琴云.

거문고의 원래 이름은 현학금玄鶴琴【6현이다.】으로 고구려 왕산악王山岳의 발명품이다. 1괘마다 4음음이 나는데, 임종林鍾·이칙夷則·남려南呂·무역無射이다.

부속품 명칭.
　안족雁足, 현침絃枕, 괘掛, 항피項皮, 용목龍目, 돌괘, 용구龍口, 문현文絃, 유현遊絃[자현子絃[9]], 대현大絃, 괘상청掛上淸, 괘하청掛下淸, 무현武絃, 부들[염미染尾], 학슬鶴膝, 사두蛇頭, 용미鳳尾, 운족雲足, 상공上空, 중공中空[용지龍池], 하공下空

부호

모지母指,	ㄱ	징·등, 등.
식지食指,	∧	동.
장지長指,	ㄴ	덩.

함께 〈본영산〉〈줄풍류〉〈타령〉 등을 일본 콜럼비아 음반에 취입하였다. 송방송, 『한겨레음악대사전』 하권, 보고사, 2012, 1699~1700쪽.
8 　고갑(古甲): 원문에 '古甲'이라 되어 있으나 번역문에서 '子'를 보충하였다.
9 　자현(子絃): 거문고 유현의 다른 이름. '慈絃'으로 기록한 사례도 있다.

무명지無名指,　　　　夕　　　당.

소지小指(禁指),　　　　小.

문현文絃,　　　　　示【음을 그친다】.

추현推絃,　　　　　才.

퇴현退絃　　　乙.　　　찌름,　✓.

오성五聲

궁宮	상商	각角	치徵	우羽
황종黃鍾	태주太簇	중려仲呂	임종林鍾	남려南呂
일청一淸	이청二淸	흥	둥	덩
후喉	치齒	아牙	설舌	순脣

육률六律　황종黃鍾　태주太簇　고선姑洗　유빈蕤賓　이칙夷則　무역無射

육려六呂　대려大呂　협종夾鍾　중려仲呂　임종林鍾　남려南呂　응종應鍾

칠음七音

1청一淸	2청二淸	3청三淸	흥	둥	덩	무역無射
솔	라	시	도	레	미	파
황종	태주	협종	중려	임종	남려	무역

玄琴元名, 玄鶴琴(六絃). 高句麗王山岳發明品. 每一掛, 四音發, 林鍾·夷則·南呂·無射.

附屬品 名稱. 雁足, 絃枕, 掛, 項皮, 龍目, 돌괘, 龍口, 文絃, 遊絃(子絃), 大絃, 掛上淸, 掛下淸, 武絃, 부들(染尾), 鶴膝, 蛇頭, 鳳尾, 雲足, 上空, 中空(龍池), 下空.

符號. 母指 ㄱ징·둥, 食指 ∧동. 長指 ㄴ 덩. 無名指, 夕당, 小指(禁指), 小. 文絃, 示(止音). 推絃, 才. 退絃 乙. 찌름, ✓.

五聲	宮	商	角	徵	羽
	黃鍾	太簇	仲呂	林鍾	南呂
	一淸	二淸	흥	둥	덩
	喉	齒	牙	舌	脣
六律	黃鍾	太簇	姑洗	蕤賓	夷則	無射
六呂	大呂	夾鍾	仲呂	林鍾	南呂	應鍾

七音 一淸 二淸 三淸 흥 둥 덩 無射
솔 라 시 도 레 미 파
黃鍾, 太簇, 夾鍾, 仲呂, 林鍾, 南呂, 無射

현금 조율도

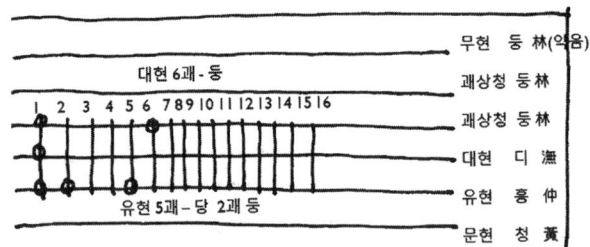

玄琴 調律圖

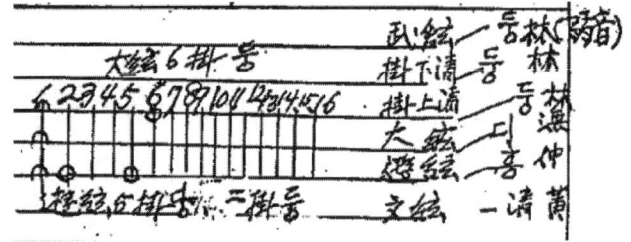

가야금 조율도 　　　　　　　伽倻琴 調律圖
신라 우륵(于勒) 발명[10]　　新羅 于勒 發明
풍류(율) 가야금 12현　　　風流(律) 伽倻琴 十二絃
산조 가야금 11현　　　　　散調 伽倻琴 十一絃

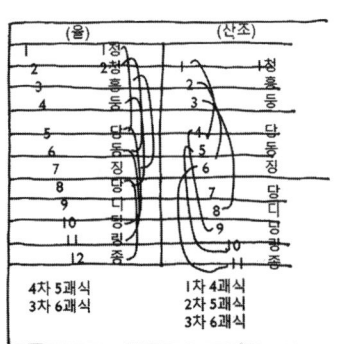
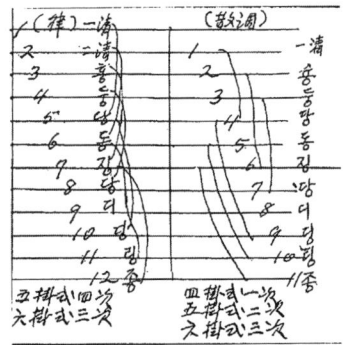

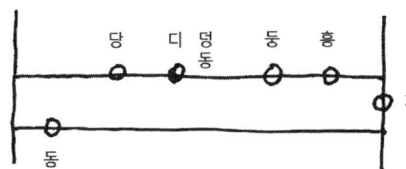
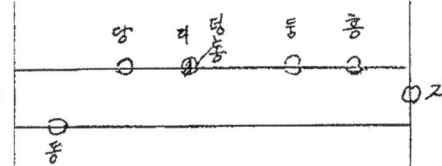

'덩·동' 음은 디 음의 고저로 반을 열고 불면 당, 뒷공만 닫고 저취하면
징(흥, 고), 당(둥, 고) 딩. 뒷공만 닫고 고취[11]

딩 뒷공(동) 혹은 디 구멍을 닫고 고취. 동 앞의 세 구멍을 닫고 저취
지 앞뒤 다섯 구멍을 전부 닫고 부는 것. 둥 뒤공에 미치는 것.[12]

덩·동 音은 디 音의 高低로 半開吹 당 后穴만 閉 低吹 징(흥, 高) 당(둥 高) 딩 後穴만 閉高吹 딩 後穴(동) 及 디 穴閉高吹, 동 前三穴閉底吹 지 前后五穴 全閉吹 둥 后穴 及

---

10   신라 우륵(于勒) 발명: 우륵은 대가야인이고, 551년에 신라로 투항한 인물이다.
11   고취: 오늘날 '역취'를 뜻한다.
12   '덩·동' 음은 …… 미치는 것 : 이 부분은 내용을 정확하게 파악하기 어렵다.

영산회상곡 목차

1. 상영산 5장章
2. 중영산 5장
3. 세영산 5장
4. 가락 환입 4장
5. 상현 4장
6. 세환입 7장
7. 하현 4장
8. 염불 4장
9. 타령 3장
10. 군악 4장
11. 계면 환입 4장
12. 양청 환입 5장
13. 우조 환입 5장

민회상

연주. 상영산【제세 환입除細還入이다】에서 군악 본회상本會相까지 13곡을 전부 연주한다.

별곡회상은 가락 환입 3장【삼현 환입이다】에서 우조 환입羽調還入까지다.

별곡회상은 세환입부터 우조 환입까지다.

양금보

현금보

가곡보 시조詩調, 영시詠詩

부록 작명부作名簿

靈山會上曲 目次

1. 上靈山 五章
2. 中靈山 五章
3. 細靈山 五章

4. 加樂還入 四章

5. 上絃 四章

6. 細還入 七章

7. 下絃 四章

8. 念佛 四章

9. 打鈴 三章

10. 軍樂 4章

11. 界面還入 四章

12. 兩淸還入 五章

13. 羽調還入 五章

민會相 演奏. 自上靈山【除細還入】至軍樂, 本會相全奏十三曲.

別曲會相. 自加樂還入三章【三絃還入】至羽調還入.

別曲會相. 自細還入至羽調還入.

洋琴譜

玄琴譜

歌曲譜 詩調, 詠詩

附錄 作名簿

양금보洋琴譜

영산회상곡靈山會相曲

1. 〈상영산〉
1점이 1박이다【현絃을 친 진동이 서서히 종식될 때까지】

一. 上靈山
一点一拍【徐徐히 打絃振動이 終息 時까지】

 39.320~321

2. 〈중영산〉【박자는 〈상영산〉보다 좀 빠르게】

二. 中靈山【拍子는 上靈山보다 좀 빠르게】

|악보| 39.321~322

3. 〈세영산〉【앞의 곡보다 좀 빠르게】

三. 細靈山【前曲보다 좀 빠르게】

|악보| 39.322~323

4. 〈가락 환입加樂還入〉

|악보| 39.323

5. 〈상현 환입上絃還入〉

|악보| 39.323~324

【주. 〈세환입〉을 연속할 때는 둥·흥 대신에 둥당둥당】

【註 細還入 連續時는 둥·흥 代로 둥당둥당】

6. 〈세환입〉【박자 좀 빠르게】

六. 細還入【拍子 좀 빠르게】

|악보| 39.324~326

7. 〈하현 환입下絃還入〉

|악보| 39.326~327

8. 〈염불念佛〉

 39.327~329

9. 〈타령打鈴〉

 39.329~330

10. 〈군악軍樂〉

 39.330~331

11. 〈계면 환입界面還入〉 빠르게

 39.331~332

12. 〈양청 환입〉【앞의 곡보다 빠르게】

兩淸還入(前曲보다 빠르게)

 39.333

13. 〈우조 환입〉 서서히

十三. 羽調還入 徐徐히

 39.334~335

끝

終

조율곡調律曲[다시름]

〈계면성界面聲〉

 39.335

〈우조성羽調聲〉

 39.335

〈길염불〉취타

길念佛 吹打

 39.336

〈하현 해탄〉하현 3, 4장

下絃解彈 下絃三,四章

 39.336

〈농현弄絃〉

 39.337

현금보玄琴譜

〈다시름〉조율곡

다시름 調律曲

〈계면界面〉

 39.338

〈우조羽調〉

 39.338

〈상영산上靈山〉

 39.338~340

〈중영산中靈山〉

 39.340~341

〈세영산細靈山〉

 39.341~342

〈가락 환입加樂還入〉

 39.342

〈상현 환입上絃還入〉

 39.342~343

〈상 세환입上細還入〉

 39.343~345

〈하 세환입下細還入〉

악보 39.345~347

〈하현 환입下絃還入〉

악보 39.347~348

상 3·4장 해탄

上三四章 解彈

악보 39.348

〈염불念佛〉

악보 39.348~350

〈타령打鈴〉

악보 39.350~351

〈군악軍樂〉

악보 39.351~352

〈계면 환입界面還入〉

악보 39.352~353

〈양청 환입兩淸還入〉

악보 39.353~354

〈우조 환입羽調還入〉

 39.354~356

끝

終

가곡 가사

남창

1. 우조

1. 〈초삭대엽初數大葉〉[13]
남¹훈전 달 밝은 밤에
팔²원팔개八元八凱 다리시고
오³현금五絃琴 탄일성彈一聲에 해오민지온혜解吾民之慍兮로다
우⁴리도
성⁵주聖主 뫼옵고 동락태평同樂太平하리라

2. 〈이삭대엽二數大葉〉
강호江湖에 기약期約을 두고
십년十年을 분주奔走하니

13　원문에 〈초삭대엽〉 가사의 1~5장으로 구분되는 첫 부분의 글자 어깨에 작은 숫자로 一, 二, 三, 四, 五가 붙어 있다. 번역문에서 이 숫자를 고려하여 가사를 열을 바꾸어 나타냈다.

그 모른 백구白鷗는 더디온다 하려니와
성은聖恩이
지중至重하시니 갚고 가려 하노라

3. 〈중거中擧〉
인심仁心은 터이 되고
효제충신孝悌忠信 기둥 되어
예의염치禮義廉恥 가득히 에웠으니
천만년千萬年
풍우風雨를 만난들 기울 줄이 있으랴

4. 〈평거平擧〉
샛별 지자 종달새 떴다
호미 메고 사립 나니
긴 수품 찬 이슬에 베잠방이 다 젖는다
아희兒禧야
시절이 좋을손 옷이 젖다 관계하랴

5. 〈두거頭擧〉
구름이 무심無心탄 말이
아마도 허랑虛浪하다
중천中天에 떠 있어 임의任意로 다니면서
구태여
광명光明한 날 빛을 덮어 무삼 하리요

6. 〈삼삭대엽三數大葉〉
추강秋江에 월백月白커늘
일엽주一葉舟를 홀리 저어

낚대를 떨쳤더니 자던 백구白鷗 다 놀라 난다
저희도
사람의 흥흥興을 알아 오락가락하더니

7. 〈소용이搔聳伊〉
아마도 태평太平할손
우리 군친君親의 시절時節이여
성주유덕聖主有德하사 국유풍운경國有風雲慶이요 쌍친雙親이 유복有福하사 가무계옥수家無桂玉愁라. 억조창생億兆蒼生들이
연풍年豊에
흥흥興을 겨워 백주白酒 황계黃鷄로 희호동락熙皞同樂하더라

8. 〈반엽半葉〉
삼월삼일三月三日 이백홍도李白桃紅
구월구일九月九日 황국단풍黃菊丹楓
청렴青帘에 술이 익고 동정洞庭에 추월秋月인데
백옥배白玉杯
죽엽주竹葉酒 가지고 완월장취玩月長醉하리라

歌曲 歌詞

男唱

一. 羽調

1. 初數大葉
남훈전 달 밝은 밤에
八元八凱 다리시고
五絃琴 彈一聲에 觧吾民之慍兮로다

우^四리도
聖^五主뫼옵고 同樂太平하리라

2. 二數大葉
江湖에 期約을 두고
十年을 奔走하니
그 모른 白鷗는 더듸온다 하려니와
聖恩이
至重하시니 갚고 가려 하노라

3. 中擧
仁心은 터이 되고
孝悌忠信 기둥되여
禮義廉恥 가득이 녜였으니
千萬年
風雨를 맛난들 기울 줄이 있으랴

4. 平擧
샛별지자 종달새 떳다
호미 메고 사립나니
긴 숩풀 찬 이슬에 뵈잠뱅이 다 젓는다
兒禧야
時節이 조흘손 웃지젓다 關係하랴

5. 頭擧
구름이 無心탄 말이
아마도 虛浪하다
中天에 떠 있어 任意로 다니면서
굿타여
光明한 날빗을 덥허 무삼하리요

580

6. 三數大葉
秋江에 月白커늘
一葉舟를 홀니 저어
낙대를 떨처드니 자든 白鷗 다 놀나 난다
저희도
사람의 興을 알아 오락가락하더니

7. 搔聳伊
아마도 太平할손
우리 君親의 時節이여
聖主有德하사 國有風雲慶이요 雙親이 有福하사 家無桂玉愁라. 億兆蒼生들이 年豊에
興을 계워 白酒 黃鷄로 熙皞同樂하더라

8. 半葉
三月三日 李白桃紅
九月九日 黃菊丹楓
靑帘에 술이 익고 洞庭에 秋月인데
白玉杯
竹葉酒 가지고 玩月長醉하리라

2. 계면

1. 〈초삭대엽初數大葉〉
창窓 밖에 국화菊花를 심어
국화 밑에 술을 빚어 두니
술 익자 국화 피자 벗님 오시자 달이 돌아온다
아이야
거문고 내어라 벗님 대접하리라

2. 〈이삭대엽二數大葉〉
전원田園에 남은 흥興을
전나귀에 모두 싣고
계산溪山 익은 길로 흥 치며 돌아와서(오다)
아이야
금서琴書 다스려라 남은 해를 보내리라

3. 〈중거中擧〉
청풍淸風 북창北窓 하에
갈건葛巾을 기울 쓰고
희황羲皇 베게 위에 일없이 누웠으니
석양夕陽에
단발초동短髮樵童이 농적弄篴 환還을 하더라

4. 〈평거平擧〉
반半 넘어 늙었으니
다시 젊든 못하여도
이후나 늙지 말고 매양 이만하였고저
백발白髮이
네 짐작하여 더디 늙게 하여라

5. 〈두거頭擧〉
옥玉을 돌이라 하니
그려도 애닯고야
박물군자博物君子는 아는 법이 있건마는
알고도
모르는 체하니 그를 설워 하노라

6. 〈삼삭대엽三數大葉〉
사양斜陽에 취흥醉興 겨워
나귀 등에 실렸으니
십리계산十里溪山이 몽리夢裏에 지나거다
어디서
수성數聲 어적漁篴이 잠든 나를 깨우거다

7. 〈소용이搔聳伊〉
어오마[14]

8. 〈언롱言弄〉
천재千載를 경영옥수연經營屋數椽하니
금강지상錦江之上이오 월전봉月峰前이로다
도화읍로강한수桃花浥露江浮水요 유서표풍자만선柳絮飄風自滿船을 석경귀승石逕歸僧은 산영외山影外어늘 연사면로우성변烟沙眠鷺雨聲邊이로다
약령마힐若令摩頡로
유어차遊於此런들 불필당년화망천不必當年畫輞川을 하렸다

9. 〈평롱平弄〉
남훈전南薰殿 순제금舜帝琴을
하은주夏殷周에 전전傳하오셔
진한당자패간과秦漢唐自覇干戈와 송제양풍우건곤宋齋梁風雨乾坤에 왕풍王風이 계지季地하야 정성正聲이 그쳤더니
동방東方에
성인聖人이 나오셔 탄오현가남풍彈五絃歌南風을 이어볼까 하노라

---

14 어오마: 어오마 이하 내용은 원문에서 생략된 상태이다.

10. 〈계락界樂〉

철총마鐵驄馬 타고 보라甫羅매 받고

백우장전白羽長箭 천근각궁千勛角弓 허리에 띠고

산 넘어 구름 지나 꿩 사냥 하는 저 한가閑暇한 사람

우리도

성은聖恩 갚은 후後에 너를 좇아 놀리라

11. 〈우락羽樂〉

군불견황하수천상래君不見黃河之水天上來한다

분류도해불부회奔流到海不復迴라 우불견고당명경비백발又不見高堂明鏡悲白髮한다

조여청사모성설朝如靑絲暮成雪이로다

인생득의수진환人生得意須盡歡이니 막사금준莫使金樽으로 대공월空對月하노라

12. 〈언락言樂〉

백구白鷗는 편편翩翩 대동강大同江 상비上飛하고

장송長松은 낙락청류벽상취落落淸流壁上翠라

대야동두점점산大野東頭點點山에 석양夕陽은 비꼈는데 장성일면용용수長城一面溶溶水에 일엽어선一葉漁船 흘리 저어

대취大醉코

재기수파載妓隨波하야 능라도綾羅島 백운탄白雲灘으로 임거래任去來를 하리라

13. 〈편락編樂〉

나무도 바위도 돌도 없는 뫼에

매게 휘쫓긴 까톨의 안과 대천大川바다 한가운데 일천석一千石 실은 배에

노櫓도 잃고 닻도 끊고 용총龍總 꺾고 지鷲도 빠지고 바람 불어 물결 치고 안개 뒤섞여 잦아진 날에 갈 길은 천리만리千里萬里 남고 사면四面이 검어 어둑 저뭇 천지적막天地寂寞 같이 놀 떴는데

수적水賊 만난 도사공都沙工의 안과 엊그제 님 여읜 나의 안 이사 엇다가 가를

하리오

14. 〈편삭대엽編數大葉〉

진국명산鎭國名山 만장봉萬丈峰이

청천삭출금부용靑天削出金芙蓉이라

거벽巨擘은 흘립屹立하여 북주삼각北柱三角이요 기암奇巖은 두기陡起하여 남안잠두南案蚕頭로다

좌룡낙산左龍洛山 우호인왕右虎仁旺 서색瑞色은 반공응상궐蟠空凝象闕이요 숙기淑氣는 종영출인걸從英出人傑이라, 미재美哉라

아동산하지고我東山河之固여, 성대의관聖代衣冠 태평문물太平文物이 만만세지금탕萬萬歲之金湯이로다

연풍年豊코

국태민안國泰民安하여 인유이봉무鱗遊而鳳舞커늘 구추황국九秋黃菊 단풍절丹楓節에 면악등림緬嶽登臨하여 취포반환醉飽盤桓하오면서 감격군은感激君恩하여라

15. 〈얼편乻編〉

한송정寒松亭 작은 솔 베어

조고만치 배 무어 타고

술이라 안주按酒 거문고 가얏고 혜금嵇琴 비파琵琶 저笛 피리 장고長鼓 무고巫鼓 공인工人과 안암산安巖山 차돌 일본日本 부쇠 노구산老狗山 중로重露취며 나전螺鈿대궤지櫃指 삼이三伊 강릉江陵 여기女妓 삼척三陟 주탕酒湯년 다 모아 싣고 달 밝은 밤에 경포대鏡浦臺로 가서

대취大醉코

고설승류叩枻乘流하야 총석정叢石亭 금란굴金蘭窟과 영랑호永郎湖 선유담仙遊潭으로 임거래任去來를 하리라

16. 〈태평가太平歌〉

이래도 태평성대太平聖代

저리 해도 성대로다
요지일월堯之日月이오 순지건곤舜之乾坤이로다
우리도
태평성대太平聖代니 놀고 놀려 하노라

二. 界面

1. 初數大葉
窓박게 菊花를 심어
菊花 밋헤 술을 비저두니
술익자 菊花 피자 벗님 오시자 달이 돗아온다
兒禧야
거문고 내여라 벗님 對接하리라

2. 二數大葉
田園에 남을 興을
전나귀에 모다 싯고
溪山 익은 길노 興 티며 돌아와서(오다)
兒禧야
琴書 다스려라 남은 해를 보내리라

3. 中擧
淸風 北窓下에
葛巾을 기울 쓰고
羲皇 버개우에 일없이 누엇으니
夕陽에
短髮樵童이 弄篴還을 하더라

4. 平擧
半넘어 늙엇으니

다시 젊든 못하여도
이후나 늙지 말고 매양 이만하엿과저
白髮이
네 짐작하여 더듸 늙게 하여라

5. 頭擧
玉을 돌이라 하니
그려도 애닯고야
博物君子는 아는 법이 잇것마는
알고도
모르는 체하니 그를 슬허 하노라

6. 三數大葉
斜陽에 醉興 계워
나귀 등에 실엿스니
十里溪山이 夢裏에 지나거다
어듸서
數聲 漁篴이 잠든 나를 깨우거다

7. 搔聳伊
어오마

8. 言弄
千載를 經營屋數椽하니
錦江之上이오 月峰前이로다
桃花㲼露江浮水요 柳絮飄風自滿船을 石逕歸僧은 山影外여늘 烟沙眠鷺雨聲邊이로다
若令摩詰로
遊於此런들 不必當年畫輞川을 혓낫다

9. 平弄
南薰殿 舜帝琴을
夏殷周에 傳하오서
秦漢唐自覇干戈와 宋齋梁風雨乾坤에 王風이 季地하야 正聲이 그첫더니
東方에
聖人이 나오서 彈五絃歌南風을 니어본가 하노라

10. 界樂[15]
鐵驄馬타고 甫羅매 밧고
白羽長箭 千勐角弓 허리에 띠고
山 넘어 구름 지나 꿩 사냥 하는 저 閑暇한 사람
우리도
聖恩 갚온 後에 너를 좃녀 놀니라

11. 羽樂
君不見黃河之水天上來한다
奔流到海不復迴라 又不見高堂明鏡悲白髮한다
朝如靑絲暮成雪이로다
人生得意須盡歡이니 莫使金樽으로 空對月하노라

12. 言樂
白鷗는 翩翩 大同江 上飛하고
長松은 落落淸流壁上翠라
大野東頭點點山에 夕陽은 빗겻는데 長城一面溶溶水에 一葉漁船 홀니저어
大醉코
載妓隨波하야 綾羅島 白雲灘으로 任去來를 하리라

15 계락: 원문에 '界面'으로 오기된 것을 바로잡았다.

13. 編樂
나무도 바히도 돌도 없는 뫼헤
매게 휘쫏긴 깟톨의 안과 大川바다 한가온대 一千石 실온 배에
櫓도 일코 닷도 끈코 龍總도 것고 鷲도 빠지고 바람 불어 물결 치고 안개 뒤석겨 자자진 날에 갈 길은 千里萬里 남고 四面이 검어 어둑 점믓 天地寂寞 갓치 놀떳난데 水賊 맛난 都沙工의 안과 엇굿제 님 여흰 나의 안 이사 엇다가 가흘 하리오

14. 編數大葉
鎭國名山 萬丈峰이
靑天削出金芙蓉이라
巨擘온 屹立하여 北柱三角이요 奇巖은 陡起하여 南案蠶頭로다
左龍洛山 右虎仁旺 瑞色은 蟠空 凝象闕이요 淑氣는 從英 出人傑이라 美哉라 我東山河之固여 聖代衣冠 太平文物이 萬萬歲之金湯이로다
年豊코
國泰民安하여 鱗遊而鳳舞커늘 九秋黃菊 丹楓節에
緬嶽登臨 하여 醉飽盤桓하오면서 感激君恩하여라

15. 弄編
寒松亭 자긴 솔 베혀
조고만치 배 무어 타고
술이라 按酒 거문고 伽倻꼬 稽琴 琵琶 뎌[16] 피리 長鼓 巫鼓 工人과 安巖山 차돌 日本 부쇠 老狗山 重露취며 螺䗩 대 櫃指 三伊 江陵 女妓 三陟 酒湯년 다 모아 싯고 달 밝온 밤에 鏡浦臺로 가서
大醉코
叩枻乘流하야 叢石亭 金蘭窟과 永郞湖 仙遊潭으로 任去來를 하리라

---

16 뎌: '笛'을 뜻하므로 번역문에서 '저(笛)'로 표기하였다.

16. 太平歌
이래도 太平聖代
저리해도 聖代로다
堯之日月이오 舜之乾坤이로다
우리도
太平聖代니 놀고 놀녀하노라

현금보玄琴譜

〈언롱言弄〉

악보 39.364~365

〈우락羽樂〉

악보 39.366~367

〈편락編樂〉

악보 39.368~370

〈편삭대엽編數大葉〉

악보 39.371~373

고악보 책명 규칙의 모색

김성혜

I. 머리말

　고악보를 포함한 고서(古書)의 경우에 책명(冊名)은 여러 군데 기재되어 있다. 그 명칭도 위치에 따라 각기 달리 부른다. 책의 본문 머리에 표시된 제명(題名)을 권수제(卷首題) 또는 권두제(卷頭題)라 하며, 책의 본문 끝에 표시된 제명은 권말제(卷末題) 또는 권미제(卷尾題)라 한다. 또한 목록 앞에 표시된 제명은 목록제(目錄題), 판심에 표시된 제명은 판심제(版心題)라 한다. 책의 겉장, 즉 표지(表紙)에 기재된 제명은 표제(表題)라 하고, 종이쪽지나 비단 조각에 제명을 써서 붙인 것은 제첨제(題簽題), 제전제(題箋題) 등으로 부른다.[1] 이러한 제명이 한 군데만 있는 경우도 있고, 두 군데, 세 군데 이상 기재된 사례도 있다. 또 두 군데 이상 기재된 제명이 같은 사례도 있으나, 서로 다른 사례도 있다. 또 표지가 2중으로 있는 사례도 있다. 아울러 고악보의 경우 '금보(琴譜)', '현금보(玄琴譜)', '양금보(洋琴譜)', '가야금보(伽倻琴譜)', '율보(律譜)'의 제명이 다른 자료의 제명과 중복되는 사례가 많은데, 이런 경우에 책명 규칙이 절실하게 필요하다. 또 원전의 표지가 낙장 되었거나, 표제가 손상되어 없는 경우에 새로운 책명이 필요하다. 이처럼 제명이 다양한 곳에 다양한 제목으로 기록된 경우에 무엇을 우선하여 책명으로 삼아야 하는지 규칙이 필요하다. 따라서 고악보

1　서지학개론 편찬위원회, 『서지학 개론』, 한울아카데미, 2004, 65쪽.

책명 규칙이란 고악보를 대상으로 책 이름을 정할 때 어떤 요소를 우선으로 삼아야 하는지에 대한 규칙을 뜻한다.

이러한 규칙에 관하여 필자는 「고악보 명칭의 문제점과 개선 방안」[2]이라는 논제로 두 차례에 걸쳐서 글을 발표한 바 있다. 그런데 고서나 고문서 및 악보를 정리할 때 책명을 비롯한 다른 사항 예컨대 자료의 편저자를 뜻하는 '책임표시사항'이나 판사항, 발행사항, 형태사항 등의 규칙이 이미 제정되었고, 이 규칙에 따라 자료가 정리되고 있었는데, 이런 사실을 필자는 최근에 알게 되었다. 즉 각 도서관이나 박물관 등 공공기관에서는 고서나 고문헌 및 악보의 책명 및 다른 사항을 정리할 때 『한국목록규칙』[3]에 의거하고 있는 것이다.

한국도서관협회에서 도서관 자료를 정리하고 운용하기 위해 도서목록 규칙을 제정하였고, 그 규칙을 담은 책이 바로 『한국목록규칙』이다. '한국목록규칙'을 제정하기 위해 한국도서관협회에서는 미국 도서관협회의 '목록규칙'이나 바티칸 도서관의 '목록규칙' 혹은 일본의 '목록규칙' 등 세계의 도서관 목록규칙을 참고하여 마침내 '한국목록규칙'을 제정하였고, 1964년에 『한국목록규칙』 초판을 간행하였다. 초판의 미비한 점을 보완하고 내용을 추가하여 1966년에 제2판을 발간하였고, 1983년에는 제3판을 발간하였다. 1990년에 제3판에서 발견된 오자와 탈자 및 내용의 오류 등을 원판의 지형(紙型)을 변형하지 않는 범위에서 교정하고 수정하여 3.1판을 간행하였다. 그리고 2003년에 제4판을 간행하였는데, 현재 국립중앙도서관을 비롯하여 국내 도서관에서는 제4판을 기준으로 목록을 작성하고 있다.[4]

그렇다면 음악학계에서 고악보 책명 규칙을 제정할 때 먼저 『한국목록규칙』을 참고한 뒤 '고악보 책명 규칙'을 정립하는 것이 바람직하다고 생각한다. 그런데 2021년에 필자가 「고악보 명칭의 문제점과 개선 방안」을 마련할 때는 『한국목록규칙』의

---

2 김성혜, 「고악보 명칭의 문제점과 개선 방안(1)」, 『음악과 현실』 61호, 민족음악학회, 2021, 241~280쪽 및 『역주 고악보 1』, 민속원, 2021, 614~641쪽에 복간; 「고악보 명칭의 문제점과 개선 방안(2)」, 『역주 고악보 2』, 민속원, 2021, 724~763쪽.
3 한국도서관협회 목록위원회 편, 『韓國目錄規則 第4版』, 한국도서관협회, 2003.
4 한국도서관협회 목록위원회 편, 『韓國目錄規則 第4版』 v-xxiv.

존재를 알지 못하였고, 결과적으로 이를 참고하지 않은 데 문제가 있다. 뿐만 아니라 각처 도서관이나 박물관 등 공공기관에서는 도서의 책명을 『한국목록규칙』에 의거하여 정하기 때문에 도서를 찾는 데 어려움이 없다. 하지만 음악학계에서 『한국목록규칙』에 의거하지 않고 고악보의 책명을 정했기 때문에 어떤 자료는 하나의 자료를 두고 서로 다른 책명을 사용하여 자료를 찾는 데 어려움이 있다. 예를 들어 『한국음악학자료총서』 39집에 '오희상금보'가 수록되어 있는데, 이 자료의 소장처인 고려대 도서관에서는 『한국목록규칙』에 준하여 '현학금보'란 책명을 사용하고 있기에 '오희상금보'로 찾으면 검색창에서 없는 자료로 나온다. 그러므로 음악학계에서도 고악보 책명을 정할 때 『한국목록규칙』을 참고할 필요가 있다. 따라서 이 글의 연구 목적은 『한국목록규칙』을 참고하여 바람직한 고악보 책명 규칙을 모색하는 것이다.

한국의 전통 음악은 가·무·악(歌舞樂)을 포괄한다. 따라서 '악보'라 하면, 노래를 기보한 가보(歌譜)와 춤을 기보한 무보(舞譜), 악기 연주를 위해 기보한 악보로 구분된다. 따라서 '악보'라 하면, 가·무·악을 포괄하는 '넓은 의미의 악보'와 악기 연주를 위해 기보한 '좁은 의미의 악보'로 구분된다. 이 글은 '좁은 의미의 악보'에 중점을 두었다. 그 이유는 국립국악원에서 간행한 『한국음악학자료총서』에 수록된 고악보에 집중하기 위해서이다. 국립국악원에서 정기간행물로 발행하는 『한국음악학자료총서』에는 가보로 『가곡원류』가 있고, 무보로서 『시용무보』가 있다. 그리고 고악보로서 109건이 있다. 이 글에서 고악보는 『한국음악학자료총서』에 수록된 고악보 109건을 연구 대상 및 범위로 삼고자 한다.[5]

한편, 『한국음악학자료총서』에 수록되지는 않았으나, 고악보 책명을 설명할 때 필요한 고악보는 연구 범위에 포함하였다.

『한국목록규칙』을 보면,[6] 자료를 11가지 유형으로 구분하였다. 그 11가지 유형은

---

5   『한국음악학자료총서』에 수록된 고악보 종류는 111건인데, 여기서 2건은 중복된다. 즉 『삼죽금보』의 경우 2집에 수록되었는데, 33집에 재수록되었고, 34집에 수록된 『금조(琴調)』는 54집에 『성호금보』란 책명으로 재수록되어 역시 중복된다. 그래서 『한국음악학자료총서』에 수록된 고악보는 모두 109종이다.

6   이 글에서 참고한 『한국목록규칙』은 『韓國目錄規則 第4版』이다.

단행본, 지도자료, 고서와 고문서, 악보, 녹음자료, 화상자료, 영상자료, 전자자료, 입체자료(실물), 마이크로자료, 연속간행물, 점자자료 등이다. 여기서 고악보는 '고서와 고문서' 및 '악보' 유형에 해당한다고 볼 수 있다. 그래서 필자는 바람직한 고악보 책명 규칙을 모색하기 전에 먼저 『한국목록규칙』 중 '고서와 고문서' 및 '악보' 유형의 책명 규칙을 검토하고자 한다.

'고서와 고문서' 유형과 '악보' 유형의 경우에 책명을 어떤 순서로 선정하는지 그 규칙을 살펴보고, 그러한 규칙을 고악보에 적용했을 때 타당성 여부도 검토하도록 하겠다. 그런 다음 『한국음악학자료총서』에 수록된 109건의 고악보에서 주로 어떤 표제가 나타나며, 각 자료의 해제자들은 책명을 정할 때 어떤 표제를 우선으로 잡았는지 파악할 예정이다. 이 검토 과정을 통해 고악보 책명을 정할 때 필요한 규칙이 무엇이며, 특히 표제나 책명이 중복된 경우의 해결 방안을 모색하고자 한다. 아울러 고악보에 나타난 표제 종류를 바탕으로 『한국목록규칙』 중 고서와 고문서 및 악보 유형의 표제 규칙을 고악보에 적용했을 때의 타당성 여부 역시 검토하여 바람직한 고악보 책명 규칙을 모색하여 결론에 제시하고자 한다.

이 글에서 사용하는 몇 가지 용어와 그 의미에 대해 미리 밝혀두고자 한다. 책이름에 해당하는 용어는 여럿 있다. 예컨대 '책명(冊名)', '서명(書名)', '표제(標題)', '표제(表題)' 등이다. 고악보 원전에 적힌 책 이름이 있고, 그 고악보를 영인하여 소개할 때 책 이름이 다른 자료와 중복될 경우에 새로운 책 이름이 생기는데, 이것 역시 책명이다. 예를 들어 고악보에 적힌 책 이름은 '금보(琴譜)'인데, 이 이름이 중복되기 때문에 다른 금보와 구분하기 위해 『한국음악학자료총서』에 영인본을 수록할 때 '삼죽금보(三竹琴譜)'로 고쳐서 기재하는 사례가 있다. 이런 경우 고악보 1건이 원전 책명 '금보'와 영인본 책명 '삼죽금보'로 서로 다르다. 그래서 필자는 원전에 기재된 책명은 '표제'라 하며, 『한국음악학자료총서』에 기재된 책 이름이나 각 고악보의 해제자들이 기재한 책 이름은 '책명'이라 하여 구분하고자 한다.

또 원전에 기록된 책 이름도 '표제(標題)'와 '표제(表題)'가 있는데, 표제(標題)는 표제면(標題面)에 표시된 제명을 뜻한다. 표제면은 서명, 저자명, 판차(版次), 출판사항 등이 빠지지 않고 기록되어 있는 면(面)을 뜻한다. 반면에 표제(表題)는 책 겉표지에 적힌 제명을 뜻한다. 이처럼 '표제(標題)'와 '표제(表題)'는 한글이 같기에 혼란이 야기된다. 그래서 필자는 표제(標題)는 '표제'로 표기하고, '표제(表題)'는 '표지제(表紙題)'라 칭하여 서로 구분하고자 한다.

아울러 『한국음악학자료총서』의 책명이나 고악보 원전의 권수제 혹은 표지제 등이 대부분 한자로 기재되어 있는데, 본고에서는 가독성을 높이기 위해 한글로 기재하였으며, 내용 설명을 위해 꼭 필요한 경우는 한자로 기재하였음을 미리 밝힌다.

II. 『한국목록규칙』의 책명 규칙 검토

앞서 언급했듯이 『한국목록규칙』 중 11가지 유형이 있는데, 고악보와 관련된 유형은 '고서와 고문서' 유형과 '악보' 유형이다. 이 2가지 유형에서 책명 규칙[7]을 살펴보도록 하겠다.

고서와 고문서의 책명 규칙이란 도서관의 사서(司書)들이 고서와 고문서를 대상으로 책명을 정할 때 규칙을 뜻한다. 『한국목록규칙』에는 책명뿐만 아니라 다른 서지사항 예를 들어 저자나 편자에 관한 책임표시사항이나 판사항, 발행사항, 형태사항, 총서사항, 주기사항 등의 규칙도 있다. 하지만 이 글에서는 책명에 해당하는 규칙에 집중하고자 한다. 따라서 고서나 고문서 유형일 때 책명 규칙만 인용하면 다음과 같다.

〈인용 1〉 책명: 권수제면(卷首題面), 표제면, 제첨(題簽), 이제면(裏題面), 판심제(版心題)[8]

〈인용 1〉은 고서와 고문서의 경우 책명을 정할 때 순서를 나타낸 것이다. 〈인용

---

7 책명 규칙: 『한국목록규칙』에서는 '표제 규칙'이라 이름하였으나, 필자가 원전의 표제와 구분하기 위해 임의로 '책명 규칙'으로 수정하였음을 밝힌다.
8 한국도서관협회 목록위원회 편, 『韓國目錄規則 第4版』, 160쪽.

1〉을 보면, '권수제면'이 가장 우선되며, 그다음이 '표제면 → 제첨 → 이제면 → 판심제' 순임을 알 수 있다. 내친김에 '악보' 유형인 경우의 책명 규칙도 함께 다루도록 하겠다.

〈인용 2〉 책명과 책임표시사항: 표제면, 다만 선장본(線裝本)으로 제책된 국악보에서는 권두(卷頭), 권수제(卷首題), 자서(自序), 권말(卷末), 제첨(題簽), 판심(版心)의 순으로 한다.[9]

〈인용 2〉는 악보 유형의 경우에 책명과 책임표시사항을 정할 때 규칙을 언급한 내용이다. 여기서 〈인용 1〉과 〈인용 2〉의 다른 점을 보면, 〈인용 1〉은 '책명' 규칙만 언급한 것이고, 〈인용 2〉는 '책명과 책임표시사항'을 함께 언급한 내용이다. '책임표시사항'은 자료의 저자나 편자의 정보를 뜻한다. 이런 차이점으로 인하여 〈인용 1〉에서는 '판심제'라 하였고, 〈인용 2〉에서는 '판심'이라 하였다. 즉 〈인용 1〉의 판심제에서 책명을 정하는 것이고, 〈인용 2〉는 '판심'에 있는 정보로서 책명과 책임표시사항을 정한다는 의미다.

다시 〈인용 2〉를 보면, 일반적인 악보의 경우에 책명을 정할 때 '표제면'을 우선으로 잡는다는 내용이다. 그런데 밑줄 부분은 내용이 다르다. '선장본으로 제책된 국악보' 즉 고악보로 읽히는데, 이런 경우에는 표제면이 아니라 "권두(卷頭), 권수제(卷首題), 자서(自序), 권말(卷末), 제첨(題簽), 판심(版心)의 순으로 한다."는 점이다.

내용을 종합하면, 앞서 살펴본 〈인용 1〉의 고서와 고문서에서 책명을 정할 때는 권수제면 → 표제면 → 제첨 → 이제면 → 판심제 순이었고, 〈인용 2〉인 악보 특히 고악보에서 책명을 정할 때는 권두 → 권수제 → 자서 → 권말 → 제첨 → 판심 순이라는 것이다. 〈인용 1과 2〉에 있는 용어는 모두 서지학 용어이다. 그러므로 먼저 이 용어에 대한 의미부터 살펴볼 필요가 있다.[10]

9 한국도서관협회 목록위원회 편, 『韓國目錄規則 第4版』, 215쪽.
10 서지학 용어에 대한 해석은 서지학 개론 편찬위원회에서 간행한 『서지학 개론』의 부록 '서지학

먼저 〈인용 1〉부터 보면, 권수제면(卷首題面)은 권수제(卷首題)가 적혀 있는 면(面)을 뜻한다. 권수제는 책의 본문 머리에 표시된 제명(題名) 곧 책 이름이다. 달리 권두제(卷頭題)라고도 하며, 내제(內題)라고도 한다. 권수제면은 이 글 뒤에 'Ⅲ. 권수제 우선의 타당성 검토'(이하 'Ⅲ항'으로 약칭함)에 제시한 〈그림 1~4〉를 통해 파악할 수 있을 것이다. 표제면(標題面)은 표제(標題)가 적힌 면을 뜻하며, 표제는 곧 책 이름이다. 표제면에는 표제 이외 저자명, 출판지, 출판사, 편차 등의 사실이 기술되는 지면이다. 그래서 표제면을 달리 표제지(標題紙)라고도 한다. 표제면은 도서관 목록 기입의 기초가 되는 가장 중요한 요소로 꼽힌다. 그런데 고서에는 표제면이 없는 경우가 대부분이고 임진왜란 이후의 책에서 간혹 발견할 수 있으며, 신간서(新刊書)에서 볼 수 있는 점이 특징[11]이라고 한다. 표제면은 이 글의 뒤편 〈그림 13〉에서 볼 수 있다. 제첨(題簽)은 고서에서 외제(外題)를 종이쪽지나 비단 조각에 써서 붙인 것을 말한다. 달리 제전(題箋) 혹은 제첨(題籤)이라고도 한다. 제첨에 적혀 있는 제명을 제첨제(題簽題), 첨제(簽題), 제전제(題箋題), 전제(箋題) 등으로 부른다. 여기서 외제(外題)란 책 겉장 곧 표지(表紙)에 쓰는 책명을 뜻하며, 앞서 권수제를 내제(內題)라 칭한 것과 대칭된다. 이처럼 제첨은 제명을 쪽지에 써서 표지에 붙이기 때문에 '표지제'에 해당한다. 제첨은 이 글의 〈그림 5·9·17〉에서 볼 수 있다. 이제(裏題)는 책 겉장 안쪽에 적힌 책명을 뜻한다. 이제가 적힌 면을 이제면이라고 하는데, 이 글의 〈그림 16〉에서 볼 수 있다. 판심제(版心題)는 판심(版心)에 표시된 서명을 뜻한다. 판심은 고서에서 책장의 가운데를 접어서 양면으로 나눌 때 그 접힌 가운데 부분을 말하는데, 여기에 서명(書名), 권차(卷次), 장차(張次) 등이 기록된다. 여기까지가 〈인용 1〉에 있는 서지학 용어와 그 의미이다.

다음으로 〈인용 2〉에 있는 서지학 용어를 보자. 권수제, 제첨, 판심은 〈인용 1〉과 같으므로 건너뛰고 권두, 자서, 권말에 대한 의미를 살펴보도록 하겠다.

권두(卷頭)는 책 앞부분의 내용으로서 표제(表題)와 도판, 저작권 및 간기(刊記),

용어'를 참고하였다. 서지학 개론 편찬위원회, 『서지학 개론』, 한울 아카데미, 2004, 265~272쪽.
11 서지학개론 편찬위원회, 『서지학 개론』, 57쪽.

서문(序文) 및 헌사(獻辭), 목차, 일러두기 및 기타 요소를 포함한다. 즉 권두는 본문 앞의 내용 전반을 뜻한다. 자서(自序)는 서문의 일종으로 저자 본인이 직접 쓴 서문을 말한다. 서문은 작성자가 누구인가에 따라 자서와 타서(他序)로 나누는데, 타서는 다른 사람이 쓴 서문을 뜻한다. 권말(卷末)은 책 구성 중에 책 끝부분을 뜻한다. 책 구성은 크게 3부분으로 나누는데, 앞부분인 권두와 중간 부분인 본문, 그리고 끝부분인 권말로 구분된다. 양장본(洋裝本)에서 권말의 주요한 요소로는 부록, 주석, 참고문헌, 색인, 용어해설 등이 있다. 고서의 경우에는 발문(跋文)이 있다.

〈인용 2〉에서 밑줄 부분의 내용을 다시 보면, 두 가지 의문이 생긴다. 첫째, 권두를 권수제보다 우선으로 삼은 점이다. 고서와 고문서 유형인 〈인용 1〉을 보면, 권수제가 표제 규칙에서 최우선 순위임을 알 수 있다. 그렇다면 고서에 포함되는 고악보 역시 권두보다 권수제가 최우선 순위가 되어야 일관성이 있다. 둘째, '자서'와 '제첨'의 경우 권두에 포함되는 사항인데 굳이 별도로 언급한 점이 의문이다.

이 두 가지 의문을 해결하기 위해 서지학 전문가에게 자문을 구한 적이 있다.[12] 그 결과 첫 번째 의문 사항에 대해 "권수제가 권두보다 우선되는 것이 바르다."라는 답변을 들었다. 그렇다면 이 부분은 『한국목록규칙』의 오류로 볼 수 있다. 따라서 〈인용 2〉에서 '권두, 권수제'는 '권수제, 권두' 순으로 보는 것이 타당하므로 〈인용 2〉를 권수제, 권두로 고쳐서 보도록 하겠다. 두 번째 의문 사항에 대해서는 "제첨을 표지제로 볼 수 있다."는 답을 들었다. 그러므로 〈인용 2〉에서 고악보 책명 규칙을 바로 잡으면, '권수제, 권두, 자서, 권말, 제첨 곧 표지제, 판심의 순'이 된다. 앞서 언급했듯이 '권두'는 책 구성의 앞부분을 뜻하므로 '자서'와 '제첨'이 권두에 포함된다. 결국 권두와 자서 및 제첨은 중복된다는 뜻이다. 그래서 필자는 '권두, 자서'를 구분하지 않고 '권두: 자서'로 묶어서 하나로 보고자 한다. 또한 '제첨'은 결국 표지제의 형태를 뜻하므로 이해를 돕기 위해 '제첨'을 '제첨(표지제)'로 고쳐서

---

12 자문은 서지학자 경북대학교 남권희 명예교수님께 구하였고, 자문 일정은 2024년 11월 24일 오전 9:30~12:00, 자문 장소는 대구 진석타워에 있는 남권희 연구실이다. 자문에 응해주신 남권희 선생님께 지면을 통해 감사를 드린다.

인용하고자 한다.

　결과적으로 〈인용 2〉를 재정리하면, '권수제, 권두: 자서, 권말, 제첨(표지제), 판심'이 된다. 이처럼 〈인용 2〉의 내용 중에서 권두와 권수제 순서가 바뀐 점과 권두와 자서가 중복되는 점, 그리고 표지제를 별도로 기재하지 않고 생략한 점 등은 독자에게 혼란을 주기 때문에 한국도서관협회 목록위원회에서 향후 재정리할 필요가 있다.

　이상으로 『한국목록규칙』에서 정립한 〈인용 1〉의 '고서와 고문서' 유형과 〈인용 2〉의 '악보' 유형에서 책명 규칙을 종합하여, 표로 정리하면 다음과 같다.

〈표 1〉 '고서와 고문서' 및 '악보' 유형의 책명 규칙

유형 구분	인용	①	②	③	④	⑤	⑥	⑦
고서와 고문서	1	권수제	표제면			제첨(표지제)	이제면	판심제
악보	2	권수제면		권두: 자서	권말	제첨(표지제)		판심

　〈표 1〉은 『한국목록규칙』에 있는 '고서와 고문서' 유형의 책명 규칙과 '악보' 유형의 책명 규칙을 종합한 내용이다. 고악보는 전자와 후자에 모두 포함되므로 〈표 1〉을 근거로 고악보의 책명을 기재할 때 우선 순서를 대략 잡으면, 권수제 → 표제 → 권두: 자서 → 권말 → 제첨(표지제) → 이제면 → 판심 순으로 정리할 수 있다.

　이처럼 〈표 1〉에서 주목되는 점은 책명을 기재할 때 ①순위가 '권수제'이며, ②순위가 '표제면', ③순위가 '권두 및 자서' ④순위가 '권말' ⑤순위가 '제첨 및 표지제'라는 사실이다. 최근까지 필자를 포함하여 음악학계에서 고악보 책명을 정할 때 ①순위인 권수제보다 ⑤순위에 해당하는 표지제를 우선으로 한 사례가 많았다. 이 사례는 'Ⅳ. 『한국음악학자료총서』 고악보의 책명 검토'에서 드러날 것이므로 여기서는 설명을 생략한다. 그래서 책명을 기재할 때 '표지제 및 제첨'보다 '권수제'를 우선하는 것이 과연 바람직한가에 대한 의문이 든다. 그러므로 권수제 우선의 타당성 여부를 검토해 보고자 한다.

Ⅲ. 권수제 우선의 타당성 검토

권수제란 앞서 언급했듯이 책의 본문 머리에 표시된 책 이름이다. 『한국목록규칙』에는 책명을 정할 때 '권수제'를 가장 우선 순서로 잡는데, 과연 이것이 타당할까? 이 의문을 풀기 위해 목판본 『양금신보』를 중심으로 검토하고자 한다. 왜냐하면 『양금신보』는 목판본이므로 같은 내용의 책이 여러 권 존재하기 때문이다.

현재까지 전승된 목판본 『양금신보』는 모두 11건이며, 열람이 가능한 것은 10건으로 확인한 바 있다.[13] 목판본 『양금신보』 10건 중 4건에 한정하여 먼저 권수제면을 살펴본 후 다음은 표지제를 보도록 하겠다. '4건'으로 한정하는 것은 표지제가 4가지 유형으로 나타나기 때문이다.

1. 권수제면

아래 〈그림 1~4〉는 모두 목판본 『양금신보』의 권수제면을 제시한 것이다.

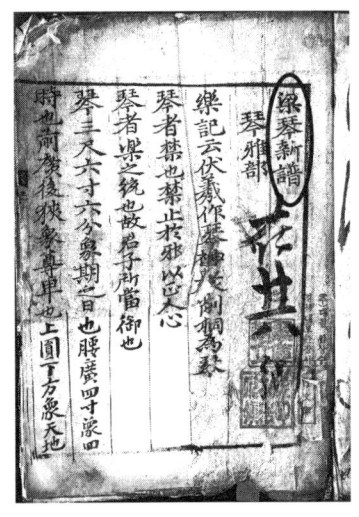 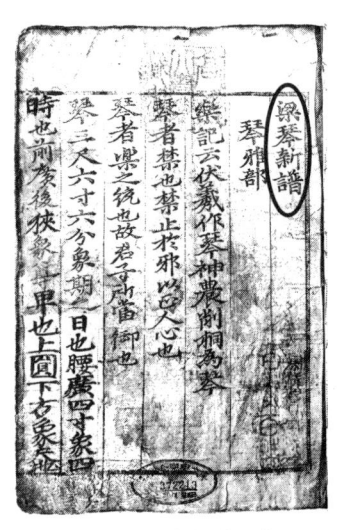

〈그림 1〉 경북대: 양금신보   〈그림 2〉 고려대: 양금신보

---

13 김성혜, 「『양금신보』 목판본 10건 연구」, 『한국음악사학보』 제71집, 한국음악사학회, 2023, 188~191쪽.

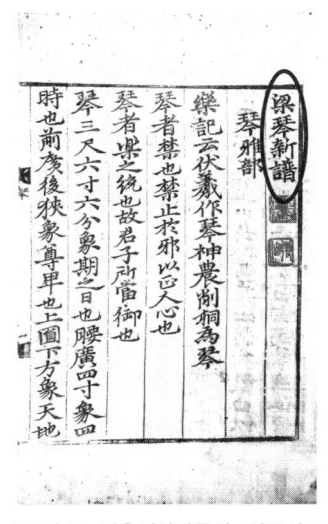 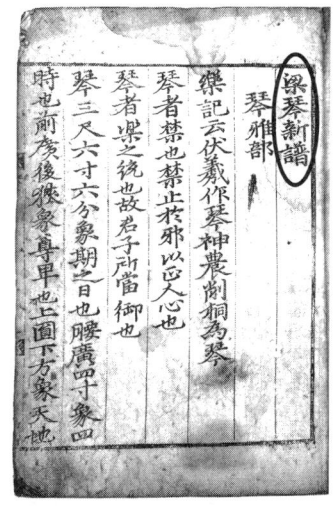

<그림 3> 서울역사박물관: 양금신보　　<그림 4> 국립중앙박물관: 양금신보

　〈그림 1〉은 경북대학교 도서관 소장본이며, 〈그림 2〉는 고려대학교 도서관 소장본이고, 〈그림 3〉은 서울역사박물관 소장본이다. 그리고 〈그림 4〉는 국립중앙박물관 소장의 『양금신보』이다. 이 4건의 『양금신보』 권수제를 보면, 모두 '梁琴新譜'로서 동일한 점을 확인할 수 있다. 그러므로 책명을 권수제로 잡으면 모두 『양금신보』가 되어 책명이 같게 된다.

　다음은 이 4건의 표지제면 즉 책 겉장에 있는 제목을 보도록 하겠다.

2. 표지제면

　앞서 제시한 『양금신보』 권수제면의 순서와 같은 순으로 표지제면을 제시하면 〈그림 5~8〉이다.

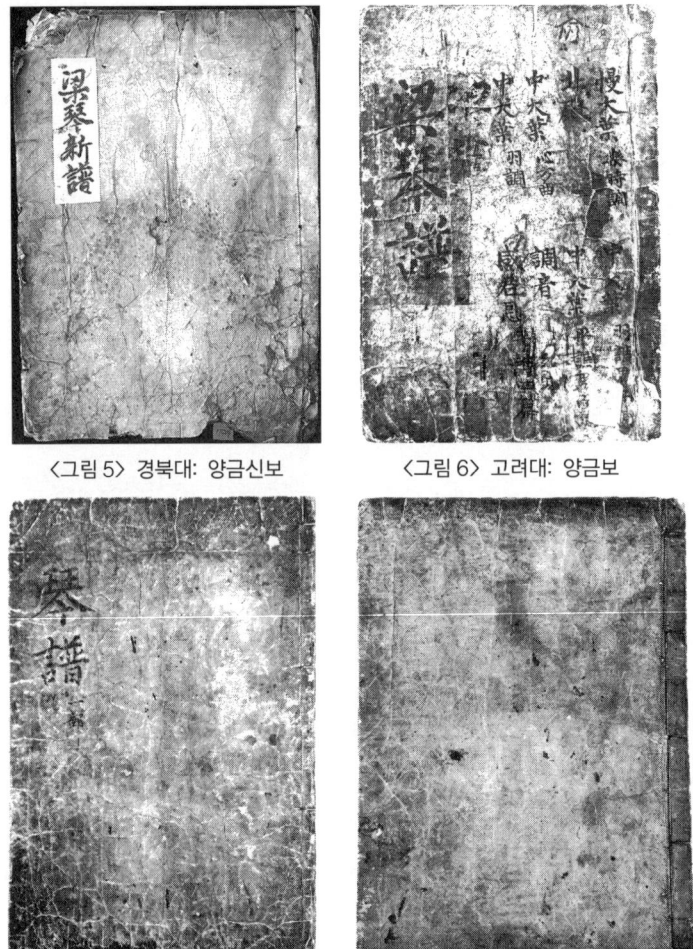

<그림 5> 경북대: 양금신보   <그림 6> 고려대: 양금보

<그림 7> 서울역사박물관: 금보   <그림 8> 국립중앙박물관: 없음

    〈그림 5〉는 경북대도서관 소장『양금신보』표지제면인데 표지제가 '양금신보(梁琴新譜)'이다. 표지제를 쪽지에 적어서 붙였으므로 '제첨'이다. 이처럼 표지제를 제첨으로 '양금신보'라 한 것은 이외 국립민속박물관 소장본과 한국학중앙연구원 소장본도 있다. 〈그림 6〉은 고려대도서관 소장『양금신보』표지제면인데 이 자료의 표지제는 '양금보(梁琴譜)'다. 표지제가 '양금보'인 것은 이것이 유일하다. 〈그림 7〉은 서울역사박물관 소장『양금신보』표지제면인데 표지제가 '금보(琴譜)'다. 이외 표지제가

금보인 사례는 전 이겸로본(현 소장자 미상)과 일본 동경대 도서관 오구라신페이본, 그리고 서울대도서관 소장 이병기본이 더 있다. 그리고 〈그림 8〉은 국립중앙박물관 소장 『양금신보』 표지제면인데 여기에는 표지제가 없다. 이와 같이 표지제가 없는 사례는 국립전주박물관 소장 황의태본 역시 같다.

이처럼 동일한 목판본 『양금신보』인데, 표지제가 '양금신보', '양금보', '금보' 등으로 각기 다르거나, 표지제가 없는 사례도 있다. 결국 표지제는 소장자에 따라 제명이 다르다는 사실을 확인할 수 있다. 더욱이 『양금신보』 권말(卷末)에 표제에 관한 정보가 담겨 있다. 함께 읽어보자.

> 〈사료 1〉 이에 종이에 금을 그어 거문고를 그리고, 먼저 하지(下指)하여 안현(按絃)하는 방법을 세운 연후에 무릇 오음(五音)의 청탁(淸濁), 조습(燥濕), 완급(緩急)을 곡조를 따라 하나하나 바로 잡지 않음이 없어, 번거롭게 손수 가르쳐 주지 않아도 정맥(正脉)이 관통하게 되었다. 양(梁) 악사(樂師)는 거문고에 있어서 노련하다 하겠다. 마침내 인쇄에 부치고 <u>이름하여 '양금신보(梁琴新譜)'라 한다.</u>[14]

〈사료 1〉은 『양금신보』 권말에 있는 것으로서 글쓴이가 표제를 "이름하여 양금신보라 한다"고 명시하였다. 그리고 글쓴이가 명시한 '양금신보'는 앞서 살펴본 권수제 '양금신보'와 정확히 일치한다. 그러므로 고서나 고악보의 책명을 정할 때 표지제보다 권수제면을 우선으로 잡는 것이 타당하다고 판단한다.

따라서 필자는 기존의 고악보 책명 규칙에서 "고악보 명칭은 '원전의 표지명'을 그대로 사용한다"라고 하여 고악보의 표지제면을 우선으로 삼았으나 앞서 살펴봤듯이 '권수제'를 우선으로 삼는 것이 바람직하다. 그래서 이 부분의 오류를 인정하고, 수정하고자 한다. 즉 고악보 책명은 『한국목록규칙』의 고서와 고문서 및 악보의 책명 규칙처럼 권수제를 우선으로 잡는 것이 타당하다.

---

14 강명관·이동찬·석현주·김혜경·김성혜, 『역주 고악보 1』, 민속원, 2021, 91쪽. 원문은 『한국음악학자료총서』 14집, 국립국악원, 1984, 89쪽.

이상으로 'Ⅱ항'에서 『한국목록규칙』 중 고서와 고문서 유형과 악보 유형의 책명 규칙을 검토한 결과 책명을 잡을 때 권수제가 표지제보다 더 우선되는 점을 파악하였고, 'Ⅲ항'에서 그 타당성 여부를 검토하였다. 검토 결과 권수제를 우선하는 것이 타당하다는 결론을 얻게 되었다. 그러면 『한국음악학자료총서』에 수록된 고악보 109건에서 표제가 주로 어디에 나타나며, 고악보 해제자들은 주로 어디에 있는 표제를 우선으로 삼아 책명으로 정했는지 검토할 필요가 있다.

Ⅳ. 『한국음악학자료총서』 고악보의 책명 검토

머리말에서 언급했듯이 『한국목록규칙』에서 표제는 위치에 따라 명칭이 다양하다. 곧 권수제(卷首題), 표제(標題), 표지제(表紙題), 이제(裏題), 판심제(版心題), 서문제(序文題), 발문제(跋文題), 목차제(目次題) 등이 있다. 또 형태에 따라서는 제첨(題簽)이 있다. 앞의 〈표 1〉을 바탕으로 '고서와 고문서' 및 '악보' 유형에서 책명 규칙을 검토한 결과 권수제 → 표제면 → 권두: 자서 → 권말 → 제첨(표지제) → 이제 → 판심 순으로 책명을 잡는다는 것을 알게 되었다. 그러면 이러한 규칙을 고악보에 그대로 적용할 수 있는지 그 여부가 의문이다. 이 의문을 해결하기 위해서는 우선 고악보에서 주로 어떤 표제가 나타나는지부터 검토할 필요가 있다. 아울러 각 자료의 해제자들은 책명을 정할 때 어떤 표제를 우선으로 잡았는지 파악할 필요가 있다. 이러한 사항을 해결하기 위해 고악보 109건을 대상으로 표제를 검토한 결과, 3가지 유형으로 구분되었다. 1. 권수제가 있는 것, 2. 권수제는 없고 표지제가 있는 것, 3. 권수제도 없고 표지제도 없는 것이다. 그러면 3가지 유형을 구분하여 하나씩 살펴보자.

1. 권수제

고악보 109건 중에서 권수제가 있는 것을 모두 모은 결과 46건으로 나타났다. 여기서 다시 성격별로 5가지 유형으로 나눠진다. 1) 권수제와 표지제가 나란히 있으며, 그 이름이 같은 것, 2) 권수제와 표지제가 나란히 있으며 그 이름이 같고, 또 다른 표제 즉 목록제나 판심제, 권말제, 표제, 서문제 등이 있는 것, 3) 권수제와 판심제만 있는 것, 4) 권수제와 표지제가 있는데 그 이름이 서로 다른 것, 5) 권수제는 있으나 표지제가 없거나 미상인 것이다. 이상 5가지 유형을 구분하여 2가지 사항을 중점적으로 살펴보고자 한다. 하나는 권수제 이외 어떤 표제가 나타나는가 하는 점이고, 다른 하나는 각 자료의 해제자들이 책명을 기재할 때 무엇을 우선했는가? 하는 문제이다.

1) 권수제와 표지제의 이름이 같은 것

이것은 고악보에서 권수제가 있는 46건 중에서 권수제와 표지제의 이름이 같은 것을 뜻한다. 이에 해당하는 자료를 모은 결과 모두 21건으로 드러났다. 21건으로 〈표 2〉를 만들었는데,『한국음악학자료총서』집호(輯號) 순으로 정리하였고, 순서대로 ①②③ 등 번호를 넣었다. 그다음에『한국음악학자료총서』의 책명을 기재하였는데, 책명이 2가지 이상 기재된 것은 책명을 상·하로 구분하여 기재했음을 밝힌다. 책명이 2가지 이상으로 된 것은『한국음악학자료총서』표지에 기재된 책명과 각 자료의 해제자가 해제에서 기재한 책명이 다르기 때문이다. 또 어떤 경우에는 해제자가 책명을 2가지로 기재한 사례도 있다. 책명에서 글자 크기나 띄어쓰기 등은『한국음악학자료총서』에 기재된 그대로 적었다. 그다음에는 고악보의 권수제와 표지제를 기재하였고, 비고란에는 권수제의 위치와 기타 참고사항을 기재하였다. 여기서 권수제 위치를 기재한 것은 권수제가 고악보에서 주로 어디에 있는지 그 위치를 파악하기 위해서이다. 표 맨 마지막 칸에는『한국음악학자료총서』의 집호를 기재하였다. 이하 다른 표도 이와 유사한 순으로 기재하였다.

〈표 2〉 권수제와 표지제의 이름이 같은 것

순	『한국음악학자료총서』책명	권수제·표지제	권수제 위치 및 비고	집호
①	대악후보	대악후보	4a	1
②	금보	금보	1a 국립국악원 소장	2
③	서금가곡	서금가곡	1a	2
④	휘금가곡보	휘금가곡보	2a	7
⑤	속악원보	속악원보	1a	11
⑥	구라철사금자보	구라철사금자보	1a 제첨	14

⑦	현금오음통론	현금오음통론	1a		14
⑧	영산회상	영산회상	1a		14
⑨	현금동문유기	현금동문유기	3b	제첨	15
⑩	장금신보	장금신보	1a		15
⑪	서금보	서금보	1a		15
⑫	금보단	금보	1a	(다름) 박기환 소장	17
⑬	한금신보	한금신보	1a		18
⑭	경대금보	금보	1a	(다름)	18
⑮	금학입문	금학입문	1a	제첨	19
⑯	조선음률보	조선음률보	1a		25
⑰	금학절요	금학절요	1a		31
⑱	현학금보	현학금보	4a		34
⑲	허주금보	금보	1a	(다름)	39
⑳	연대 현금보	현금보	1a	(다름) 연세대 소장	40
㉑	금보전(황병기 소장본)	금보	1a	(다름)	55

〈표 2〉의 21건은 고악보에 권수제와 표지제가 나타는데, 그 제명이 같은 사례이다. 여기서 우선 고악보에 권수제와 표지제가 나타나는 사실을 확인할 수 있다. 이런 경우『한국음악학자료총서』의 책명을 보면, 제명이 대부분 같다. 하지만 책명과 다른 경우가 5건 있다. 〈표 2〉의 비고란에 '(다름)'이라 기재한 부분이 이에 해당한다. 바로 ⑫⑭⑲⑳㉑이다. 이 5건은 왜 책명을 원전의 권수제나 표지제와 다르게 잡았을까?

⑫⑭⑲㉑의 경우에 원본의 권수제나 표지제가 모두 '금보'다. 이처럼 책명을 '금보'라 할 때 다른 자료의 '금보'와 중복되기 때문에 이를 구분하기 위해서 각 자료의 해제자들이 책명을 다르게 잡은 것으로 이해된다. ⑳은 뒤에서 살펴보겠지만, 〈표 9〉의 (27), (31)과 〈표 10〉의 (51)과 표지제가 중복된다. 그래서 ⑳의 해제자가 소장처 정보를 넣은 결과 권수제 및 표지제와 다르게 된 것으로 읽힌다.

그런데 ②의 책명 역시 '금보'로 중복된다. 다른 자료와 구분하기 위해 책명이 필요해 보인다. 이 부분은 '고악보 책명의 중복'과 관련되는 문제이므로 이 글 뒤에 있는 'Ⅴ. 표제나 책명이 중복된 것의 방안 모색'(이하 'Ⅴ항'으로 약칭함)에서 다루도록 하겠다. 여기서 잠시 '⑫ 금보단'과 '㉑ 금보전(황병기 소장본)'에 주목해 보자. '단(單)'은 '단권(單卷)'의 약자로 한 권으로 이루어진 책을 뜻한다. '전(全)'은 '전권(全卷)'의 약자로 한 권의 책 전부를 뜻한다. 따라서 이러한 용어는 자료의 분량을 나타내는 것이다. 그런데 ⑫와 ㉑의 해제자가 이러한 용어를 책명에 포함하여 '금보단'과 '금보전'이 되었다. 하지만 이 자료의 실제 표제는 모두 '금보'이다. 이 문제는 필자가 이미 지적한 적이 있다.[15]

2) 권수제와 표지제가 같고, 다른 표제가 있는 것

고악보에 권수제와 표지제가 있고 또 다른 표제가 있는 것이 있다. 예를 들면 '목록제'나 '판심제' 혹은 '권말제' 등이 있는 경우인데, 이를 표로 정리하면 〈표 3〉이다.

〈표 3〉 권수제와 표지제가 같고, 다른 표제가 있는 것

순	『한국음악학자료총서』 책명	권수제·표지제	다른 표제	권수제 위치 및 비고	집호
㉒	금보신증가령단 금보신증가령	금보신증가령	권수제1: 금보신증가령 권수제2: 신증금보	1a 5a 제첨	2
㉓	일사양금보 양금보(일사금보)	양금보	목록제: 양금보	6a 제첨	7
㉔	협률대성	협률대성	판심제: 협률대성	2a	14
㉕	시용향악보	시용향악보	판심제: 시용향악	1a 제첨	22
㉖	낭옹신보	낭옹신보	권말제: 낭옹신보	1a 제첨	14
㉗	아악부 대금보	대금보	목록제: 대금보	1a	25
㉘	악서정해	악서정해	표제·서문제·판심제: 악서정해	8a 제첨	40

〈표 3〉의 수량은 모두 7건이다. 〈표 3〉에서 주목되는 점은 3가지다. 첫째는 고악보에 권수제와 표지제 이외 다른 표제가 더 나타나는 점이다. 그 다른 표제란 권수제가 2중으로 나타나기도 하며, 목록제 혹은 판심제, 권말제, 표제, 서문제 등이다. 둘째는 이런 경우에 권수제와 표지제 그리고 다른 표제의 제명이 대체로 동일한 점이다. 예컨대 ㉓㉔㉖㉗㉘을 보면, 권수제와 표지제 및 다른 표제의 제명이 모두 일치한다.

---

15 김성혜, 「고악보 명칭의 문제점과 개선 방안(1)」, 『역주 고악보』 1권, 621쪽.

그런 반면 ㉒와 ㉕는 제명이 다르다. 셋째, 권수제와 표지제 그리고 다른 표제가 있을 때 각 자료의 해제자들이 책명을 정할 때 권수제와 표지제를 우선으로 잡은 경우가 있고, 그렇지 않은 경우가 있다는 점이다. 우선 두 번째 사항에 해당하는 권수제와 표지제는 같은데 다른 표제의 제명이 다른 경우인 ㉒와 ㉕를 살펴보자.

㉒의 경우 권수제가 두 군데 나타나는데, 1a에는 '금보신증가령'이라 기재되어 있고, 5a에는 '신증금보'라 기재되어 있다. 그리고 4b에는 1a에 기재된 '금보신증가령'이 한 번 더 나타난다. 이런 경우는 고악보 109건 중에서 ㉒가 유일하니 자료를 직접 보자.

〈그림 9〉는 ㉒의 표지제면인데, 표지에 '금보신증가령'이라 적혀 있다. 제명을 종이 쪽지에 적어서 표지에 붙였으므로 이것은 제첨이다. 〈그림 10〉은 ㉒의 1a인데, 보다시피 권수제가 '금보신증가령'이다. 〈그림 11〉은 ㉒의 4b인데, 좌측 끄트머리에 역시 '금보신증가령'이라 적혀 있다. 그리고 〈그림 12〉는 ㉒의 5a인데, 권두에 '신증금보'라 기재되어 있다. 이처럼 ㉒는 1a와 5a에 각기 다른 권수제가 기재된 상태이다. 어느 것이 진짜 권수제일까? 〈표 3〉을 보면, ㉒의 해제자는 표지제와 1a에 주목한 결과 '금보신증가령'을 책명으로 잡은 것이다. 과연 바람직할까? 이와 관련하여 이 자료의 지은이 신성(申晟)은 발문에 표제 관련 정보를 밝혀 두었는데, 직접 읽어보자.

〈사료 2〉 경신년(1680) 8월에 내가 홍천(洪川)을 감무(監務)할 때 우연히 몸이 부어오르는 병에 걸려 조리하던 중 전에 모아 만들어 놓았던 금보를 뒤적여 보고 날마다 고치고 꼼꼼히 고증해 '신증금보(新證琴譜)'라 이름을 붙였다.[16]

〈사료 2〉를 보면, ㉒의 지은이 신성은 표제를 '신증금보'라 이름한 것으로 확인된다. 따라서 이런 경우에 책명은 『신증금보』라 하는 것이 바람직하다.

그러면 1a부터 4b까지 '금보신증가령'이란 제목으로 시작하고 끝난 부분의 정체

---

[16] 강명관·이동찬·석현주·김혜경·김성혜, 『역주 고악보 1』, 민속원, 2021, 533쪽. 원문, 『한국음악학자료총서』 2집, 국립국악원, 1980, 44쪽.

<그림 9> ㉒의 표지제면

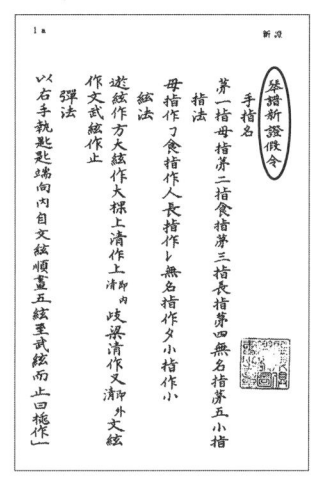

<그림 10> ㉒의 1a

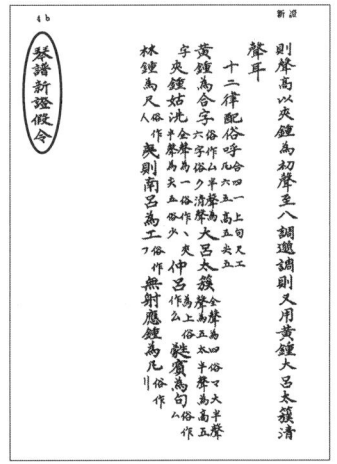

<그림 11> ㉒의 4b

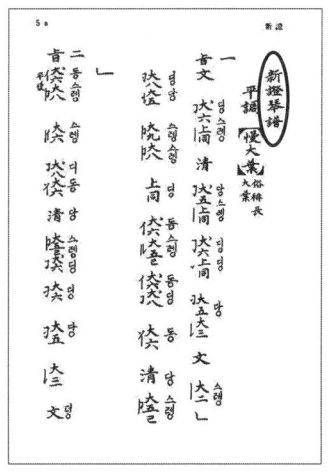

<그림 12> ㉒의 5a

는 과연 무엇일까? 이 4장 분량에 수록된 내용은 손가락 이름, 지법(指法), 현법(絃法), 탄법(彈法), 합자법(合字法), 안법(按法), 현의 굵기, 거문고 그림, 5음, 12율 7성도, 율려격팔상생응기도, 거문고 산형, 5음배속호, 악조총의, 12율배속호 등이다. 이러한 내용은 모두 자료 ㉒에 수록된 거문고 악보를 연주할 때 필요한 범례 즉 일러두기에 해당하는 내용과 음악 이론에 관한 것이다. 이러한 내용을 묶어서 '금보신증가령'이라 지칭한 것으로 이해된다. 아울러 이 내용이 끝나는 지점인 4b에 '금보신증가령'을

한 번 더 기재한 것은 일러두기와 음악 이론에 관한 내용의 한계 범위를 더욱 분명하게 명시하기 위해 기재된 것으로 읽힌다.

그러므로 지은이 신성이 발문에 밝혔듯이 ㉒의 권수제는 '5a'로 보는 것이 합리적이다. 그래서 ㉒에서 책명을 권수제 우선으로 잡으면 '신증금보'가 된다. 그런데 다른 자료의 표제로 '신증금보(新增琴譜)'가 있으므로 한글 책명이 중복된다. 이 부분은 'V항'에서 다시 다루겠다.

㉕는 권수제와 표지제가 모두 '시용향악보'인데, 판심제는 '시용향악'으로 기재되어 있어 다르다. 이처럼 표제가 서로 다른 경우에 우선 순위가 필요한데, 앞서 〈표 1〉을 보면, 권수제가 우선이므로 '시용향악보'를 책명으로 삼는 것이 바람직하다.

다음은 세 번째 사항에 해당하는 것 즉 권수제와 표지제 그리고 다른 표제가 있을 때 각 자료의 해제자들이 책명을 정할 때 다르게 잡은 사례에 대해 살펴보겠다. 이에 해당하는 것은 ㉓과 ㉗이다.

㉓은 권수제와 표지제 및 목록제까지 모두 '양금보'이다. 그런데 책명은 '일사양금보' 혹은 '양금보(일사금보)'라 되어 있다. 이렇게 '양금보'에 '일사'가 추가된 것은 '양금보'라는 책명이 중복되기 때문일 것이다. 이 문제 역시 'V항'에서 다시 언급하도록 하겠다.

㉗은 권수제와 표지제가 '대금보'로 같고, 목록제 역시 '대금보'이다. 그런데 책명을 '아악부 대금보'로 잡았다. 이처럼 '아악부 ○○보'의 사례가 대금보를 포함하여 모두 10건이 되는데, 이 부분에 대한 설명은 뒤에 '표지제와 다른 표제가 있는 것'에서 함께 언급하도록 하겠다.

한편, 〈표 3〉에서 ㉘은 매우 특이한 사례인데, 한 자료 안에서 무려 5종의 표제가 나타나고 있다. 즉 권수제와 표지제, 표제, 서문제, 판심제이다. 제명은 모두 '악서정해'이다. 여기서 표제가 있는 표제면을 보면 〈그림 13〉인데,[17] 서명을 포함하여 저자

---

17 김영재,『악서정해』,『한국음악학자료총서』 40집, 국립국악원, 2005, 17쪽. 〈그림 13〉을 보면, 중앙에 '樂書正解(악서정해)'라 크게 적힌 것이 바로 '표제'다. 표제 아래 '附禮書律譜(부 예서 율보)'는 부록에 있는 제목을 기재한 것으로서 이는 '표제 관련 정보'로 볼 수 있다. 그 아래 '全壹冊(전1

명, 판차(版次),[18] 출판사항 등이 모두 기재되어 있다. 이처럼 표제면에는 책 관련 주요 정보가 담겨 있음을 확인할 수 있다.

〈표 3〉을 통해서 얻은 결과는 3가지다. 첫째는 고악보에 권수제와 표지제 이외 다른 표제 즉 목록제, 판심제, 권말제, 그리고 표제 등이 나타난다는 점이다. 둘째는 권수제가 2중으로 나타나는 것도 있는데, 책명을 정할 때 이런 경우는 자료의 지은이가 쓴 발문이나 서문에 주목하여 잡아야 한다는 점이다. 셋째는 자료의 권수제와 표지제 그리고 다른 표제의 제명이 모두 같은데, 각 자료의 해제자가 책명을 다르게 잡은 것은 역시 제명의 중복 때문이라는 점이다.

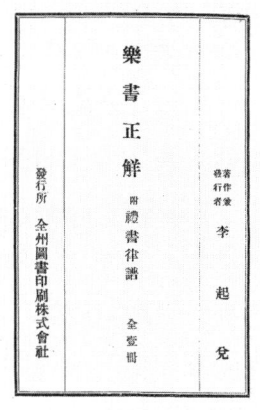

〈그림 13〉 『악서정해』 표제면

3) 권수제와 판심제만 있는 것

고악보에 권수제와 판심제만 있고, 표지제가 없는 것도 있다.[19] 이에 해당하는 것으로 3건이 있는데, 표로 정리하면 〈표 4〉다.

〈표 4〉 권수제와 판심제만 있는 것

순	『한국음악학자료총서』 책명	권수제와 판심제 및 권수제 위치		임의로 제작한 표지제	집호
㉙	유예지	유예지 권제6 방중악보	1a	임원경제지 유예지	15
㉚	세종실록 악보	세종장헌대왕실록 권제136~147	1a	세종장헌대왕실록악보	20
㉛	세조실록 악보	세조혜장대왕실록 권제48~49	1a	세조혜장대왕실록악보	20

책'은 책 분량을 나타낸 것이다. 우측에 기재된 '著作兼發行者 李起兌(저작 겸 발행자 이기태)'는 저자 이름 곧 서지학 용어로는 책임표시사항을 나타낸 것이다. 그리고 좌측에 기재된 '發行所 全州圖書印刷株式會社(발행소 전주도서인쇄주식회사)'는 출판사항을 기재한 것이다.

18 판차(版次)란 출판의 차례를 말하는데, 예를 들어 『韓國目錄規則 第4版』 중에서 '第4版'을 뜻한다.
19 그런데 『한국음악학자료총서』에 영인본을 수록하면서 표지를 임의로 제작하여 넣었고, 표지제 역시 임의로 넣었다.

〈표 4〉의 ㉙ 유예지는 권수제면과 판심에 '유예지 권제6 방중악보'라 기재되어 있다. 이것은 서유구(徐有榘)의 『임원경제지』 113권 중에 13번째 주제에 해당하는 것이 '유예지'이며, 유예지는 1~6권으로 구성되었는데 이 가운데 '권제6'에 해당하는 것이 바로 '방중악보(房中樂譜)'라는 뜻이다. 그런데 ㉙의 해제자는 책명을 권수제나 판심제와 달리 '유예지'라 하였다. ㉙의 표지가 임의로 제작된 내용은 이미 언급한 사례[20]가 있으므로 생략한다.

㉚은 자료의 분량이 단권(單卷)이 아니고 여러 권이다. 따라서 권수제와 판심제가 '세종장헌대왕실록 권제136'부터 '권제147'까지 모두 12권에 각각 기재되어 있다. 이 12권을 모두 합한 책명으로 '세종실록 악보'라 잡은 것이다. ㉛ 역시 같은 맥락이다. ㉚과 ㉛은 『한국음악학자료총서』 20집에 원전의 표지가 없는 상태이다. 다만 권수제면 앞에 표지처럼 '세종장헌대왕실록악보'(그림 14) 혹은 '세조혜장대왕실록악보'(그림 15)라 적어서 임의로 제작된 표지가 제시된 상태이다.

 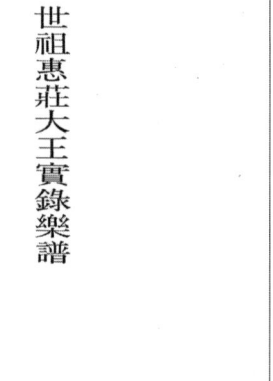

〈그림 14〉 임의로 제작된 ㉚의 표지   〈그림 15〉 임의로 제작된 ㉛의 표지

이처럼 〈표 4〉의 3종 악보는 거질의 책 속에 있는 '악보'인 점이 공통된 특징이다. 이런 경우는 자연히 악보를 위한 표지가 별도로 존재하기 어렵다. 따라서 표지제가

20　김성혜,「고악보 명칭의 문제점과 개선 방안(2)」,『역주 고악보 2』, 749~750쪽.

없는 것이 당연하다. 하지만 권수제와 판심제가 있는 점 역시 공통된 특징이다. 여기서 『한국음악학자료총서』의 책명이 권수제나 판심제와 다른 데 문제가 있다. 이 문제는 필자가 이미 언급한 사례[21]가 있으므로 생략한다. 다만 〈표 4〉에서 강조하고 싶은 것은 ㉙의 경우 책명을 권수제에 따라 '유예지 권제6 방중악보' 혹은 이를 줄여서 '유예지 방중악보'로 잡는 것이 바람직하다는 점이다.

〈표 4〉에 있는 3종의 고악보를 통하여 한 가지 포착되는 점이 있다. 그것은 거질의 책 속에 있는 악보의 경우 표지가 별도로 없기에 당연히 표지제도 없으므로 책명을 잡을 때 권수제나 판심제에 주목해야 한다는 점이다.

4) 권수제와 표지제가 다른 것

고악보에 권수제와 표지제가 있는데, 그 이름이 서로 다른 사례가 있다. 바로 이런 경우에 책명을 잡을 때 우선 순위가 절실한 것이다. 먼저 이런 사례와 관련된 고악보를 정리하면, 〈표 5〉가 된다.

〈표 5〉 권수제와 표지제가 다른 것

순	『한국음악학자료총서』 책명	권수제	표지제	권수제 위치 및 비고	집호
㉜	양금신보	양금신보	양금신보, 금보, 양금보 등	1a	14
㉝	금보정선	금보정선	금보	3a	15
㉞	우의산수 영산회상 우의산수	영산회상	우의산수	1a	16
㉟	금보 금보(윤용진)	양금신보	금보	1a 윤용진 소장	18
㊱	양금여민락보	여민락양금보	양금여민락보	3a	19
㊲	해산유음	금보	해산일롱	1a 이제: 해산유음	19
㊳	금보(양금보)	양금보	금보	4a	32
㊴	악장요람	속악가사	악장요람	1a	39
㊵	오희상금보	현학금보	금보	5a	39
㊶	아양고운	금보	아양고운	1a	39

---

21 『유예지』에 대한 견해는 김성혜, 「고악보 명칭의 문제점과 개선 방안(2)」, 『역주 고악보 2』, 748~750쪽에 언급하였고, 『세종실록 악보』와 『세조실록 악보』에 대한 문제는 김성혜, 「고악보 명칭의 문제점과 개선 방안(1)」, 『역주 고악보 1』, 624~626쪽에 언급한 바 있다.

〈표 5〉에 해당하는 고악보는 모두 10건이다. 〈표 5〉에서 권수제와 표지제를 서로 비교해 보면, 각기 다르다. 이런 경우에 각 자료의 해제자들은 과연 무엇을 우선하여 책명으로 잡았을까?

〈표 5〉의 고악보 10건은 크게 3가지 유형으로 나누어진다. 첫째는 권수제를 우선한 경우이며, 둘째는 표지제를 우선한 경우이고, 셋째는 이제를 우선한 경우이다.

첫째, 권수제를 우선한 경우는 3건으로서 ㉜㉝㉞이다. 여기서 ㉞의 경우는 책명이 2중으로 잡혀 있다. 『한국음악학자료총서』의 표지에는 '우의산수'로 기재되었고, 해제자는 해제에서 '영산회상 우의산수'라 하였다. ㉞의 해제자가 '영산회상 우의산수'를 책명으로 잡은 것은 이 자료의 권수제를 '영산회상'으로 보았고, 이 제명이 『한국음악학자료총서』 14집에 수록된 '영산회상'과 중복되기 때문에 표지제인 '우의산수'를 표제 관련 정보로 활용한 것으로 읽힌다.

둘째, 표지제를 우선한 경우는 6건으로서 ㉟㊱㊳㊴㊵㊶이다. ㉟의 경우 책명을 '금보'와 '금보(윤용진)'로 잡았는데, 이것은 제명의 중복 때문으로 읽힌다. ㊳의 경우, ㊳의 해제자가 표지에 '금보'를 우선으로 잡고, '금보' 뒤에 권수제를 '(양금보)'로 기재한 것 역시 제명의 중복 때문으로 짐작된다. ㊴는 일본 교토(京都)대학 도서관 가아이문고(河合文庫)에 소장된 목판본 『속악가사』[22]와 관련이 있는 자료이다. 하지만 ㊴의 해제자가 책명을 표지제로 우선하였기 때문에 서로 다른 자료로 인식하게 한다. ㊵의 해제자는 표지제인 '금보'를 책명으로 잡으니, 다른 자료의 표제와 중보되므로 ㊵의 지은이 정보를 추가하여 '오희상금보'라 하였다. 그런데 자료 ㊵은 앞서 〈표 2〉의 ⑱과 내용이 거의 같아서 서로 이본 관계에 있다. 하지만 ㊵의 해제자가 책명을 잡을 때 권수제가 아닌 표지제로 잡았기 때문에 결과적으로 ⑱과 다른 자료로 인식하게 하였다.

이처럼 고악보에서 권수제와 표지제가 서로 다를 때 각 자료의 해제자들이 표지제를 우선한 경우가 권수제를 우선한 경우보다 월등히 많다는 점을 포착할 수 있다.

---

22 김지용 해제, 『속악가사(상)』, 명문당, 2012, 14~84쪽.

여기서 문제는 국립국악원 측이나 음악학계 연구자가 책명을 잡는 기준이 전국 각 도서관이나 박물관 등 다른 기관의 기준과 다르기 때문에 동일하거나 유사한 자료를 두고 책명이 서로 다른 결과를 낳는다는 점이다. 하지만 앞서 'Ⅲ항'에서 검토했듯이 이 부분은 향후 권수제를 우선하여 책명을 변경하는 것이 바람직하다고 생각한다.

5) 권수제는 있으나 표지제가 없거나 미상인 것

고악보에 권수제는 있으나 표지제가 없거나 미상인 사례가 있다. 이에 해당하는 자료를 정리하면, 〈표 6〉이 된다.

〈표 6〉 권수제는 있으나 표지제가 없거나 미상인 것

순	『한국음악학자료총서』 책명	권수제	표지제	권수제 위치 및 비고	집호
㊷	신작금보	신작금보	無	1a	16
㊸	女唱歌謠錄 녀창가요록	녀창가요록	無	2a	16
㊹	금합자보	금보	미상	1a 자서제: 금보	22
㊺	평조중대엽보	평조중대엽	無	1a	34
㊻	금조 성호금보	우조 초삭대엽	無	1a 이제: 우조 초삭대엽	34 54

〈표 6〉에서 ㊹를 제외한 ㊷㊸㊺㊻은 권수제만 있고, 표지는 있으나 표지제가 없는 것이다. ㊹는 권수제 위치에 자서제가 '琴譜序'로 기재되어 있다. 이런 경우 자서제가 '금보'이며, 권수제 역시 '금보'로 볼 수 있다. ㊹의 표지면은 지금까지 공개된 적이 없다. 그래서 표지제를 미상으로 기재한 것이다.[23] 한편, ㊹의 해제자는 책명을 '금합자보'로 잡았다. 과연 바람직할까? 이 문제는 필자가 「고악보 명칭의 문제점과 개선 방안(2)」[24]에서 이미 다룬 적이 있기에 반복하지 않는다. 결과적으로

---

23 ㊹는 간송미술관에 소장되어 있다. 이 자료는 2024년 '대구간송미술관 개관 기념 특별전' 때 9월 3일~12월 1일까지 전시된 적이 있다. 필자는 2024년 10월 11일 전시된 ㊹를 보았고, 표지제를 확인하기 위해 자료 열람을 요청하였으나, 전시회가 끝난 후 연락을 주겠다고 했는데 아직 아무런 연락을 받지 못하였다. 그래서 ㊹의 표지제는 현재까지 미상이다. 다만 전시회 때 '금보'란 이름으로 소개되었으므로 표지제가 '금보'일 가능성이 크다고 짐작할 뿐이다.

㊹는 권수제이자 자서제인 '금보'를 책명으로 잡는 것이 바람직할 것이다. 그런데 '금보'는 다른 자료의 책명과 중복되므로 'V항'에서 다시 논한다. ㊻은 좀 특이한 사례인데, 표지제가 뚜렷하지 않으며 이제(裏題)가 있고 이제가 첫 장에 기록된 곡명과 일치하는 경우이다. 〈표 6〉에서 책명과 권수제를 비교하면, ㊷만 동일하고 나머지 4건은 모두 다르다. 이 부분에 대해 살펴보자.

㊸과 ㊺는 권수제를 있는 그대로 기재하지 않았다. ㊸의 경우 권수제가 한글로 '녀창가요록'인데, 책명은 2중으로 잡혀 있다. 즉『한국음악학자료총서』의 표지에는 한자로 '女唱歌謠錄'이라 되어 있고, 해제자는 해제에 한글로 '녀창가요록'이라 기재하였다. 과연 어느 것이 바람직할까? 이런 경우『한국목록규칙』에 다음과 같은 내용이 있다.

〈인용 3〉 모든 문자는 자료에 쓰여진 철자 그대로 적으며, 한자는 정자(正字)와 약자(略字) 간의 상호 사용을 허용한다.[25]

그렇다면 고악보 책명에도 이러한 규칙을 적용할 경우 ㊸의 책명은 '녀창가요록'이라 하는 것이 바람직하다.『한국목록규칙』의 이러한 내용은 '고악보 책명 규칙'에도 필요하므로 '고악보 책명 규칙'의 하나로 제안하는 바이다.

㊺는 권수제가 '평조중대엽'인데, 이 자료의 해제자는 권수제 '평조중대엽'에 '보(譜)' 자를 추가하여 책명을 '평조중대엽보'라 하였다. 이런 경우에『한국목록규칙』에 아래와 같은 내용이 있다.

〈인용 4〉 기술은 원칙적으로 자료 자체에 나타난 정보 그대로 기재한다.[26]

---

24 김성혜,「고악보 명칭의 문제점과 개선 방안(2)」,『역주 고악보 2』, 745~748쪽.
25 한국도서관협회 목록위원회 편,『韓國目錄規則 第4版』, 12쪽.
26 한국도서관협회 목록위원회 편,『韓國目錄規則 第4版』, 10쪽.

그렇다면, 권수제인 '평조중대엽'을 책명으로 삼는 것이 바람직하다. 필자는 이와 관련하여 "고악보 표지에 제목이 없는 경우에 수록된 곡명을 앞에 기재하고 악보라는 의미인 '보(譜)'를 뒤에 기재한다"[27]는 내용을 제안한 적이 있다. 하지만 『한국목록규칙』을 참고하면, 이러한 제안은 타당하지 않다고 판단하여 이 글에서 앞의 제안을 취소하고자 한다.

㊻은 권수제와 이제가 모두 '우조 초삭대엽'이다. 책명을 34집 ㊻의 해제자는 '금조'라 하였고, 54집 ㊻의 해제자는 '성호금보'라 하였다.

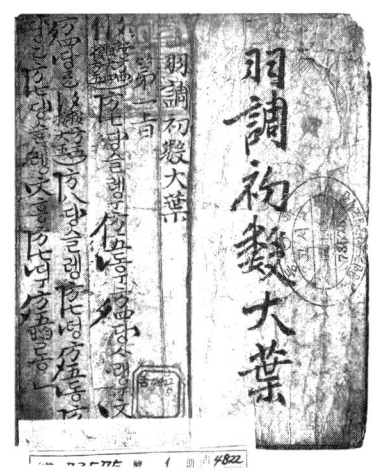

〈그림 16〉 ㊻의 이제면과 첫 면

책명을 '금조'로 잡은 것은 ㊻의 뒷면 표지에 적힌 정보원 '금조'를 따른 결과이다. 또 책명을 '성호금보'로 잡은 것은 자료가 소장된 집안의 정보를 따른 결과이다. 하지만 자료 ㊻은 절첩으로 이루어졌는데, 이제면에 '우조 초삭대엽'이라 적혀 있고, 첫장 머리 부분에도 '우조 초삭대엽'이라 적혀 있다. 필자는 권두의 '우조초삭대엽'이 이제 정보와 동일하여 권수제로 판단한다. 그렇다면 앞서 'Ⅲ항'에서 얻은 결과를 따르면 권수제가 우선되어야 하므로 기존의 책명은 '우조 초삭대엽'으로 수정되는 것이 바람직하다.

이상으로 권수제가 나타나는 고악보 46건을 중심으로 각 자료의 해제자들이 책명을 정할 때 어떤 표제를 우선으로 잡았는지 등을 파악해 보았다. 그 결과 지금까지 음악학계에서 고악보 책명을 정할 때 권수제와 표지제가 함께 나타나며, 그 표제가 서로 다른 경우에 '표지제'를 우선한 경향이 컸던 것으로 나타났다. 이것은 다른 기관에서 '권수제'를 우선한 것과 다르다. 이렇게 기준을 다르게 잡은 결과, 서로 이본(異本) 관계인 자료나 목판본과 필사본의 관계인 자료 등을 쉽게 파악할 수 없게

27　김성혜, 「고악보 명칭의 문제점과 개선 방안(2)」, 『역주 고악보 2』, 761쪽.

되었다. 또한 고악보에 권수제나 이제(裏題)가 있는 데도 원전의 정보를 무시하고 해제자가 책명을 임의로 지은 사례도 있었고, 거질의 책 속에 있는 악보의 경우 역시 권수제나 판심제를 따르지 않은 사례도 발견되었다. 이런 경우는 책명을 원전에 있는 정보를 우선하여 향후 수정할 필요가 있다.

6) 권수제의 위치와 출현 현황

앞서 고악보 109건 중에서 권수제가 있는 46건을 5가지 유형으로 구분하여 권수제의 위치와 권수제 이외 출현한 표제의 종류 그리고 『한국음악학자료총서』에 기재된 책명 등을 〈표 2~6〉에 나타낸 바 있다. 여기서 '권수제의 위치'는 기재만 하고 내용을 다루지 않았는데, 이제 권수제의 위치와 출현 현황에 대해 언급하고자 한다. 이를 위해 먼저 〈표 2~6〉을 토대로 권수제의 위치와 각 위치에 해당하는 수량 등을 표로 정리하면 〈표 7〉이 된다.

〈표 7〉 고악보 권수제의 위치와 출현 현황

권수제의 위치	수량	비율	합계
1a	33건	71.7%	71.7%
2a	3건	13.3%	28.3%
4a	3건		
3a	2건	8.9%	
5a	2건		
3b	1건	6.7%	
6a	1건		
8a	1건		

〈표 7〉을 보면, 고악보에서 권수제는 1a 즉 첫 면에 위치한 사례가 71.7%로 가장 많다. 그다음으로 2a와 4a에 각 3건씩 나타났으며, 3a와 5a에 2건씩 나타났다. 그리고 3b, 6a, 8a에 권수제가 기재된 것이 각 1건씩으로 드러났다. 필자가 이처럼 고악보 권수제의 위치를 검토하는 이유는 고악보에서 권수제가 1a에 가장 많이 나타나지만, 2a, 3a, 3b, 4a, 5a, 6a, 8a, 등 다양한 위치에도 나타나는 현상을 파악하기 위해서이다. 즉 서지학적으로 권수제는 자료의 제명을 나타내는 으뜸 정보원이기에 고악보 연구

자들은 이런 현상을 제대로 파악한 후 책명을 기재해야 함을 강조하고 싶은 것이다. 권수제와 함께 기재된 다른 표제의 종류에 대한 것은 다음에 이어지는 '2. 표지제'를 검토한 후 'Ⅵ항'에서 함께 다루도록 하겠다.

2. 표지제

표지제(表紙題)란 책 표지에 기재된 제목을 말한다. 고악보 109건 중에서 권수제는 없고, 표지제가 있는 사례가 있다. 이런 사례는 모두 59건으로 나타났다. 또 이런 경우에 2가지 유형으로 구분되는데, 오롯이 표지제만 있는 것과 표지제와 다른 표제 예컨대 서문제(序文題)나 이제(裏題) 혹은 목록제(目錄題) 등이 함께 있는 것이 있다. 이 2가지 유형을 서로 구분하여 책명이 어떻게 잡혔는지 살펴보도록 하겠다.

1) 표지제만 있는 것

고악보에 다른 표제는 없고 오직 '표지제'만 있는 것이 있는데, 이를 모두 모은 결과 42건으로 나타났다. 그런데 여기서 표지제가 다른 자료의 표지제와 중복되는 것이 무려 21건에 달하였다. 그래서 표지제가 중복되지 않는 것과 중복되는 것을 다시 구분하였으니, 먼저 표지제가 중복되지 않는 사례부터 살펴보자.

(1) 표지제가 다른 자료와 중복되지 않는 것

이것은 표지제가 다른 자료의 표제와 중복되지 않는 것을 뜻한다. 이런 경우 책명 역시 대부분 표지제와 같은데 그렇지 않은 사례도 있다. 왜 그럴까? 우선 〈표 8〉을 보는데, 앞서 '권수제'에서는 순번을 ①②③ 등으로 표기했으나, '표지제'에서는 (1)(2)(3) 등으로 표기하여 권수제와 구별했음을 밝힌다.

<표 8> 표지제만 있고, 그 표지제가 중복되지 않는 것

순	『한국음악학자료총서』 책명	표지제	비고	집호
(1)	아금고보	아금고보		2
(2)	초입문금보 금보(초입문)	초입문 금보	제첨 (다름)	2
(3)	원객유운	원객유운	제첨	7
(4)	흑홍금보	흑홍금보		7
(5)	금보고	금보고	제첨	15
(6)	양금주책	양금주책		15
(7)	아양금보	금조	표제관련정보: 아양금보 (다름)	16
(8)	졸옹가야금보	졸장만록	(다름)	16
(9)	역양아운	역양아운		17
(10)	희유	희유		17
(11)	어은보	창랑자 어은 창랑보	(다름)	17
(12)	남훈유보	남훈유보		18
(13)	동대가야금보	영산회산병록 가야금보	(다름)	22
(14)	금가	금가		31
(15)	歌曲琴譜 歌曲琴譜	歌曲琴譜	(다름)	31
(16)	우헌금보	우헌금보		32
(17)	금헌악보	금헌악보		32
(18)	철현금보	철현금보	제첨	34
(19)	창하유필	창하유필		39
(20)	양금 가곡음보	양금 가곡음보		54
(21)	악보 가야금 보	악보 가야금 보		56

고악보 109건 중에서 표지제만 있고, 그 표지제가 다른 자료의 표제와 중복되지 않는 것은 모두 21건이다. 이 21건 중에서 15건은 표지제와 책명이 같다. 하지만 (2)(7)(8)(11)(13)(15) 이상 6건은 표지제와 책명이 다르다. 책명이 왜 표지제와 다르게 잡혔는지 검토할 필요가 있다. 성격이 비슷한 것은 묶어서 보도록 하겠다.

(2)와 (13)은 표지제의 성격이 비슷하여 함께 다루고자 한다. <표 8>에서 (2)의 표지제는 '초입문 금보'인데, 책명이 '초입문금보'와 '금보(초입문)'로 잡혀 있어 표기가 다르다. 『한국음악학자료총서』 2집의 표지에는 '초입문금보'로 기재되었고, (2)의 해제자는 해제에 '금보(초입문)'으로 표기하였다. (2)의 해제자는 '금보'를 본표제로

간주하고 '초입문'을 부가 사항으로 간주하여 글씨를 작게 하거나 괄호 안에 넣어서 책명을 '금보(초입문)'이라 한 것으로 읽힌다. 또 (13)의 표지제는 '영산회산병록 가야금보'인데, 책명은 '동대가야금보'로 잡혀 있다. 즉 (13)의 해제자는 표지제 중 '가야금보'만 책명으로 기재하고 (13)의 소장처를 부가 사항으로 넣되 소장처 정보원의 글씨를 작게 하여 책명을 '동대가야금보'로 잡은 것이다. 이러한 방식이 과연 바람직할까?

이 부분은 필자가 "고악보 명칭의 문제점과 개선 방안(2)"[28]에서 언급한 사례가 있는데, 당시 『한국목록규칙』을 참고하지 않았으므로, 이 글에서 『한국목록규칙』을 참고하여 한 번 더 언급하도록 한다. 먼저 (2)와 (13)의 표지제면을 보자.

 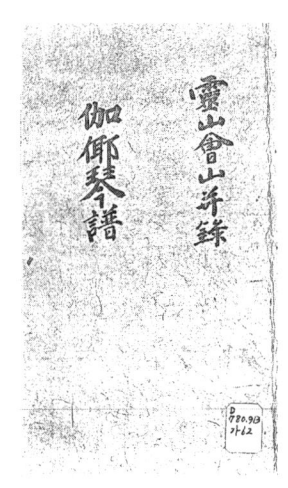

〈그림 17〉　　　　　　　〈그림 18〉
『초입문 금보』의 표지　　『영산회산병록 가야금보』의 표지

〈그림 17〉은 (2)의 표지제면이고, 〈그림 18〉은 (13)의 표지제면이다. 이런 경우 표지제를 정확하게 파악하는 것이 우선이다. 〈그림 17〉의 표지에 적힌 '초입문 금보'를 요즘 말로 바꾸면, '초보자를 위한 거문고 악보'가 된다. 〈그림 18〉의 경우, '영산회

28　김성혜, 「고악보 명칭의 문제점과 개선 방안(2)」, 『역주 고악보 2』, 730~731쪽.

산병록 가야금보'라 적혀 있는데, 이것 역시 한글로 풀면, '영산회산이 함께 수록된 가야금 악보'가 된다. 따라서 (2)와 (13)은 표지제가 두 줄로 기재된 것으로 봐야 한다. 이렇게 표제가 두 줄로 기재된 경우에 『한국목록규칙』 중 〈인용 5〉와 〈인용 6〉에 주목할 필요가 있다.

〈인용 5〉 표제 앞이나 위에 기재되어 있는 어구는 본표제의 일부로 간주하며, 그의 두 줄 쓰기, 세 줄 쓰기, 별행(別行), 활자의 크기 등에 관계 없이 동일한 크기의 한 줄 쓰기로 고쳐 기술한다.[29]

〈인용 6〉 자료의 으뜸 정보원에서 옮겨 적은 서지적 문구는 해당 자료에 쓰여진 그대로의 띄어쓰기를 한다.[30]

〈인용 5〉에 의하면, (2)에서 작은 크기의 글씨 '초입문'은 큰 글씨 '금보'와 동일한 크기로 고쳐서 '초입문 금보'로 한 줄 쓰기를 하는 것이 바람직하다는 말이다. 이와 같은 맥락으로 (13)의 경우 본표제인 '가야금보' 앞에 기재되어 있는 '영산회산병록'을 본표제의 일부로 간주하여 동일한 크기의 한 줄 쓰기로 고쳐서 '영산회산병록 가야금보'를 책명으로 잡을 수 있다. 또한 〈인용 6〉에 의하면 "해당 자료에 쓰여진 그대로의 띄어쓰기를 한다"고 규칙을 정했으므로 이 내용을 고악보에 적용하면, (2)는 '초입문 금보'로, (13)은 '영산회산병록 가야금보'로 기재할 수 있다. 그러므로 향후 기존 책명의 수정을 제안한다.

(7)을 보면, 표지제는 '금조(琴調)'인데, 책명이 '아양금보'로 잡혀 있다. 이런 경우 원전의 표지를 직접 볼 필요가 있으니, 함께 보도록 하겠다. 〈그림 19〉의 좌측에 크게 적힌 '琴調(금조)'가 표지제로 읽히며, 우측에 작게 적힌 '아양금보'는 표제 관련 정보로 읽힌다. 이 자료의 해제자는 '아양금보'를 본표제로 읽은 것 같다. 이 자료는

---

29 한국도서관협회 목록위원회 편, 『韓國目錄規則 第4版』, 165쪽.
30 한국도서관협회 목록위원회 편, 『韓國目錄規則 第4版』, 14쪽.

연세대학교 도서관에 소장된 것인데, 이 학교 측에서 표지제로 읽은 것도 '금조'이다. 이것은 〈그림 19〉의 우측 하단에 있는 라벨을 보면, 확인할 수 있다.

여기서 주목할 점은 고악보 해제자들이 고악보를 보고 책명을 정할 때 표제를 정확히 파악해야 한다는 점이다. 표지제의 경우 주로 표지 좌측 상단에 큰 글씨로 세로쓰기가 된 사례가 많으며, 표제 관련 정보는 대부분 우측 혹은 중앙에 작은 글씨로 기재된 경향이 있다. 그러므로 (7)의 경우에 표지제 '琴調(금조)'를 우선하여 책명으로 잡는 것이 바람직하다고 판단한다.

(8)를 보면, 표지제는 '졸장만록'인데, 책명은 '졸옹가야금보'라 하였다. 이 문제

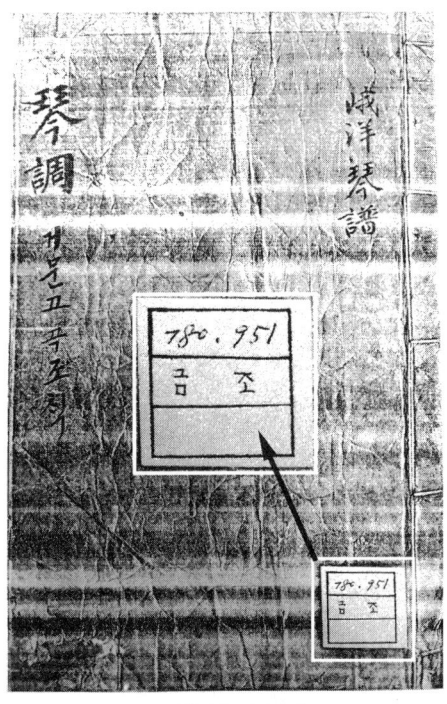

〈그림 19〉 표지제

는 필자가 이미 언급한 사례가 있는데,[31] 앞서 〈인용 3〉에 의거하여 자료 자체에 나타난 정보 그대로를 기재하는 것이 바람직하다. 결국 (8)의 해제자는 원자료의 표지제를 무시하고 임의로 제명을 지어서 책명으로 삼았다. 이러한 사례는 앞서 〈표 6〉의 ㉔ 금합자보와 같은 맥락이다. 이러한 현상은 일찍이 고악보 책명 규칙을 수립하지 않았기 때문이라 할 수 있다. 그러므로 (8)의 책명을 '졸장만록'으로 수정할 것을 다시 제안한다.[32]

(11)의 경우는 특이한 사례인데, 표지가 이중이다. 이 자료의 표지를 보면, 〈그림 20〉에서 '표지 1'을 보면, '滄浪者漁隱'(창랑자 어은)이란 제목이 크게 적혀 있고, 〈그림 21〉에서 '표지 2'를 보면 '滄浪'(창랑)'은 크게 '보(譜)'는 작게 적혀 있다.

---

31 김성혜, 「고악보 명칭의 문제점과 개선 방안(2)」, 『역주 고악보 2』, 726~728쪽.
32 김성혜, 「고악보 명칭의 문제점과 개선 방안(2)」, 『역주 고악보 2』, 726~728쪽.

〈그림 20〉 표지 1 滄浪者 漁隱   〈그림 21〉 표지 2 滄浪譜

이처럼 '창랑'이 큰 글씨로 적힌 반면에 '어은보'라는 글씨는 〈그림 21〉 좌측에 3회 연이어 적혀 있는데, 글씨가 작다. 〈그림 20과 21〉을 종합해 볼 때, 작은 글씨의 '어은보'보다 큰 글씨의 '창랑보'가 책명으로 타당하다고 판단된다. 역시 해제자가 표지제를 정확히 파악하는 문제와 관련 있다.

(15)의 경우 표지제는 '歌曲琹譜'이다. 『한국음악학자료총서』 책명을 보면, '歌曲琹譜'와 '歌曲琴譜'를 혼용하여 결과적으로 하나의 책명을 이중으로 나타낸 것이 되었다. 이런 경우 앞서 〈인용 3〉에서 『한국목록규칙』에 "모든 문자는 자료에 쓰여진 철자 그대로 적는다"는 내용에 의거하면, 책명을 '歌曲琹譜'로 기재하는 것이 바람직하다.

이상으로 권수제는 없고, 표지제가 있는데 그 표지제가 다른 자료의 표제와 중복되지 않는 21건의 책명을 검토해 보았다. 그 결과 15건은 표지제와 책명이 같은데, 6건은 서로 다르다. 책명이 표지제와 다르게 잡힌 이유를 검토한 결과 각 자료의 해제자들이 원전의 표지제보다 표제 관련 정보를 우선한 것도 있고, 원전의 표지제를 무시하고 책명을 임의로 짓기도 했으며, 본표제를 정확히 파악하지 않고 다른 정보원을 책명으로 삼았기 때문이며, 또 원표제의 문자를 그대로 기재하기도 하고 혹은 고쳐 기재하는 현상도 포착되었다. 이러한 현상은 지금까지 고악보 책명 규칙을 수립하지 않았기 때문으로 볼 수 있다.

(2) 표지제만 있으며, 그 표지제가 다른 자료와 중복되는 것

고악보에 표지제만 있는데, 그 표지제가 다른 자료의 표지제와 중복되는 사례가 있다. 이에 해당하는 자료를 모두 모은 결과 21건으로 드러났다. 이 21건을 정리한 것이 〈표 9〉이다.

〈표 9〉 표지제만 있으며, 그 표지제가 중복되는 것

순	『한국음악학자료총서』 책명	표지제	비고	집호
(22)	삼죽금보전 삼죽금보	금보		2
(23)	율보 율보(향률양금보)	율보	이향률 지음	2
(24)	금보(증보) 증보고금보	금보		7
(25)	방산한씨금보	금보	제첨	14
(26)	양금보	양금보	洋琴普	15
(27)	서금	현금보	실제 양금보 제첨	15
(28)	금보	금보	김동욱 소장	15
(29)	금보 연대소장 금보	금보	연세대 소장	16
(30)	백운암금보	금보		16
(31)	학포금보	1. 현금보 2. 현금보(12a)	낙관: 학포	16
(32)	고대금보Ⓐ 고대금보A	금보		17
(33)	고대금보Ⓑ 고대금보B	금보	琴普	17
(34)	하바드대금보 하버드대금보	금보		17
(35)	신증금보	신증금보		18
(36)	양금보	양금보		18
(37)	인수금보	금보	제첨	19
(38)	동대금보	금보		22
(39)	동대율보	율보	표제관련정보: 대정십년	22
(40)	금보(만당소장본)	금보	제첨	34
(41)	양금보(소암소장본)	양금보		34
(42)	석란금보	금보	표제관련정보: 석란 기	54

〈표 9〉는 표지제 전반이 다른 자료의 표제 혹은 책명과 중복되는 것인데, 우선 표에서 현상을 파악하고, 상세한 검토는 'V항'에서 다시 다룰 예정이다. 다만 여기서 주목할 점은 3가지다. 첫째는 표지제가 금보, 율보, 양금보, 현금보 등으로 중복되기 때문에 각 자료의 해제자들이 서로 구분하기 위해서 (22)는 '지은이 호'를 추가하였고, (23)은 지은이 이름을 추가했으며, (25)는 지은이 성(姓)을 추가하여 일관성이 없다는 점이다. 둘째는 책명이 표지제와 다르게 잡힌 사례도 있는 점이다. 예를 들어 (27)의 경우 표지제는 '현금보'이며, 실제 내용은 '양금보'인데, 책명은 '서금'으로 잡혀서 각기 제명이 다르다. 또 (31)의 경우 표지제는 '현금보'인데, 책명은 '학포금보'로 잡혀서 역시 원전의 표지제와 다르다. 셋째는 (26)과 (33)의 경우 표지제 자체에 오류가 있는 것인데, 이런 경우에 과연 책명을 어떻게 잡아야 하는지 의문이다. 이상 3가지 사항은 여기서 문제만 제기하고 이에 대한 해결 방안은 'V항'에서 다루도록 하겠다.

2) 표지제가 있고 다른 표제도 있는 것

고악보 표지에 표지제가 있고, 또 다른 표제도 기재된 것을 뜻한다. 이 경우를 정리한 것이 〈표 10〉이다. 여기서 주목하고자 하는 것은 2가지다. 하나는 고악보에서 표지제 이외 어떤 표제가 나타나는가 하는 점이다. 즉 다른 표제의 종류를 파악하려는 것이다. 둘째는 '표지제'와 '다른 표제'가 동시에 기재된 경우에 각 자료의 해제자들이 책명을 정할 때 무엇을 우선했는지 살펴보려는 것이다.

〈표 10〉 표지제가 있고 다른 표제도 있는 것

순	『한국음악학자료총서』 책명	표지제	다른 표제		집호
(43)	(죽취)금보 죽취금보	금보 제첨	서문제	금보	7
(44)	양금곡보	양금곡보	이제	양금곡보	15
(45)	칠현금보	칠현금보	서문제	칠현금보	16
(46)	청음고보	청음고보	이제	청음고보	19
(47)	가곡현금보	가곡현금보	이제	남창가곡금보	19
(48)	아악부 필률보	필률보	목록제	필률보	25

(49)	아악부 당적보	당적보		목록제	당적보	25
(50)	아악부 단소보	단소보		목록제	단소보	25
(51)	아악부 현금보	현금보		목록제	현금보	25
(52)	아악부 가야금보	가야금보	제첨	목록제	가야금보	28
(53)	아악부 해금보	해금보		목록제	해금보	28
(54)	아악부 양금보	양금보		목록제	양금보	28
(55)	아악부 아쟁보	아쟁보		목록제	아쟁보	28
(56)	아악부 경종보	경종보		목록제	경종보	28
(57)	초학금서	초학금서	제첨	표제	초학금보	40
(58)	성학십도부예악비고	성학십도		서문제·권말제	성학십도	40
(59)	가야금보	가야금보		이제	가야금보	54

표지제 이외 다른 표제가 병기된 것을 모은 결과 모두 17건으로 나타났다. 〈표 10〉에서 먼저 표지제 이외 다른 표제의 종류를 파악해 보면, (43)(45)(58)에는 '서문제'가 있고, (44)(46)(47)(59)에는 '이제'가 있다. 그리고 (48)~(56) 9건에는 목록제가 있으며, (57)에는 표제가 있다. 또 (58)에는 서문제와 더불어 권말제도 있다. 그러므로 고악보에 표지제를 포함하여 서문제, 이제, 목록제, 표제, 권말제가 나타나는 현상을 파악한 셈이다.

다음은 〈표 10〉에 있는 고악보 17건의 경우 각 자료의 해제자들은 책명을 어떻게 잡았는지 검토할 순서이다. 〈표 10〉을 보면 원전의 표지제 및 다른 표제가 책명과 같은 것은 5건이며, 나머지는 모두 다르다. 같은 것 5건은 (44)(45)(46)(57)(59)이다. 그러면 책명이 다르게 잡힌 것은 왜 그럴까?

(43)은 표지제와 서문제가 '금보'인데, 책명은 2가지로 표기되어 있다.『한국음악학자료총서』의 표지에는 '(죽취)금보'라 하였고, (43)의 해제자는 해제에 '죽취금보'라 하였다. 이것은 앞서 다른 자료에서 살펴본 것처럼 표지제 '금보'가 다른 자료와 중복되기 때문에 '죽취'를 넣어서 다르게 잡은 것으로 읽힌다. (43)과 성격이 비슷한 (58)을 이어서 보겠다. (58)은 표지제와 서문제가 모두 '성학십도'인데, 책명으로 '성학십도부예악비고'로 잡혀 있다. 이것 역시 표제의 중복 때문에 다르게 잡은 것으로 보인다. 이것은 'V항'에서 언급할 예정이다.

(47)은 표지제는 '가곡현금보'이며, 이제는 '남창가곡금보'이다. 이런 경우 무엇을

우선하여 책명으로 삼아야 하는지 의문이다. 이런 경우에 바로 고악보 책명 규칙이 필요하다. 여기서 잠시 'Ⅱ항'에서 〈표 1〉로 정리한 '표지제'와 '이제'의 순위에 주목하고자 한다. 표지제와 함께 제첨이 이제보다 우선 순위에 놓여 있다. 그러므로 (47)의 경우 책명을 '가곡현금보'라 하는 것이 합당하다.

　(48)~(56)은 표지제와 더불어 목록제가 있는 고악보 9건이다. 이 9건의 표지제와 목록제의 제명을 보면 모두 같다. 그런데 (48)~(56)의 책명을 보면 표지제와 목록제 앞에 일괄 '아악부'가 추가되었다. 앞서 〈표 3〉 중 ㉗ '아악부 대금보' 1건 역시 마찬가지이므로 여기서 함께 다루도록 하겠다. 그래서 결국 10건이 되었다. 이 자료의 해제자가 설명한 내용에 따르면[33] 이 자료 10건은 1940년 전후 이왕직아악부의 함화진 선생이 소장한 악보를 필사한 것이라 한다. 이 악보의 표제명 '현금보' '경종보' '대금보' 등의 명칭에서 이 악보의 특성을 쉽게 표시해 주지 못하기 때문에 이 자료의 해제자는 "명칭에 이왕직아악부가 부각되는 것이 좋을 듯하다"고 하였고, 또 "악보의 명칭에 아악부가 강조되는 것이 어색하지는 않을 듯하다"고 하였다. 결국 이 자료의 해제자는 고악보 10건의 책명에 관해 다음과 같은 내용을 제안하였다. 즉 "'국립국악원 소장 아악부 악보'로 부르고자 하며, 각각의 악보는 '국립국악원 소장 아악부 현금보' 등으로 부르기를 제안하는 바이다. 필자(해제자)의 제안이 가능하다면 이들 악보는 『아악부 현금보』, 『아악부 대금보』 등으로의 약칭이 가능할 것이다"고 하였다. 이런 이유로 인해 책명에 일괄 '아악부'가 붙게 된 것임을 알 수 있다.

　하지만 앞서 〈인용 4〉에서 언급했듯이 "책명의 기술은 원칙적으로 자료 자체에 나타난 정보 그대로 기재하는 것"이 『한국목록규칙』에서 정한 규칙이다. 그렇다면 표지제 이외 정보는 삭제하는 것이 바람직하다. 이렇게 되면 (51) 현금보, (52) 가야금보, (54) 양금보는 다른 자료의 표제와 중복이 되므로 'Ⅴ항'에서 다루도록 하겠다. 그 외 『아악부 대금보』는 『대금보』로, 『아악부 필률보』는 『필률보』로, 『아악부 당적보』는 『당적보』로, 『아악부 해금보』는 『해금보』로, 『아악부 아쟁보』는 『아쟁보』로,

---

33　김영운, 「국립국악원 소장 아악부 악보」, 『한국음악학자료총서』 25집, 국립국악원, 1988, 5~8쪽.

『아악부 경종보』는 『경종보』로 각각 수정하는 것이 바람직할 것이다.

한편, (57) 초학금서의 경우 표지면 이외 표제면(標題面)이 있는 점이 주목된다. 앞서 <표 3>에서 표제면이 수록된 고악보로서 1932년에 간행된 ㉘『악서정해』가 있었다. 그러므로 표제면이 있는 고악보는 현재까지 『악서정해』와 『초학금서』 2건이 전부이다. 『초학금서』는 1938년 장사훈이 모본(模本)을 보고 전사한 것인데, 그 모본의 실체는 현재까지 알려진 바가 없다. 여기서 필자가 '표제면'에 주목하는 이유는 앞서 <인용 1>에서 고서나 고문서의 책명을 기재할 때 권수제 다음 순위가 '표제면'이었는데, 실제 고악보에서 '표제면'이 어느 정도 출현하는지 파악할 필요가 있고, 고악보에 <인용 1>을 모두 적용할 수 있는지 그 여부를 타진하기 위해서이다. 결과적으로 고악보에서 표제면이 나타나는 것은 ㉘ '악서정해'와 (57) '초학금서' 2건이 전부이다. 또한 이 2건은 모두 1930년대에 간행되거나 필사한 자료인 점 역시 공통점이다. 이처럼 악서정해의 경우 권수제가 있기 때문에 굳이 표제면에 주목할 필요가 없고, 초학금서의 경우 표제면과 표지면의 제명이 같기 때문에 역시 표제면에 주목할 필요가 없다. 그러므로 <인용 1>의 내용 즉 책명을 정할 때 권수제면, 표제면, 제첨, 이제면, 판심제 순으로 된 것 중에서 고악보의 경우 '표제면'은 순서에 없어도 된다는 것이다. 이유는 고악보의 경우 표제면이 있는 사례는 109건 중 2건에 불과하며, 이 2건도 권수제나 표지제와 제명이 일치하기 때문이다.

이상으로 고악보 중에서 표지제 59건을 중심으로 각 자료의 해제자들이 책명을 기재한 경향 등을 검토하였다. 그 결과 표지제가 다른 자료의 책명과 중복되지 않을 때는 원전의 표지제를 대부분 그대로 기재하였다. 하지만 그렇지 않은 경우도 있었다. 예컨대 원전의 표지제보다 표제 관련 정보를 우선한 것도 있고, 원전의 표지제를 무시하고 책명을 다르게 잡은 것도 있었다. 또 본표제를 정확히 파악하지 않고 책명을 잡은 사례도 발견되었다. 이런 사례는 다른 자료의 책명과 일관되게 향후 수정되어야 할 것이다.

3. 표제가 없는 것

표제가 없는 것이란 고악보 자체에 표제 정보가 없는 경우를 말한다. 고악보의 표지가 결락 혹은 낙장이 되어 없는 경우나, 표지는 있으나 표제 부분이 손상되어 표제를 파악하기 어려운 자료가 있다. 이러한 자료는 109건 중 4건으로 파악되는데, 각 자료의 해제자들은 책명을 과연 어떻게 잡았을까?

〈표 11〉 표제가 없는 것

순	『한국음악학자료총서』 책명	표지 상태	비고	집호
❶	금은금보 금은금보(정악조음)	표지제: 無	실제 가야금보	18
❷	강외금보	표지: 無	거문고 악보	19
❸	운몽금보	표지: 無	거문고 악보	32
❹	영산회상(황병기 소장본)	표지제: 無	양금보	55

〈표 11〉에서 ❶을 보면, 『한국음악학자료총서』 18집 표지에는 책명이 '금은금보'라 적혀 있고, 이 자료의 해제자는 해제에 책명을 '금은금보(정악조음)'라 기재하였다. ❶의 해제자는 거문고 악보로 판단하여 책명을 '금보'로 잡았고, 뒷표지에 맥락 없이 기록된 '금은(琴隱)'에 주목하여 책명을 '금은금보'로 정했다. 또한 자료의 첫 면에 '정악조음'이 기재된 점을 고려하여 '금은금보(정악조음)'를 제시하였는데 결과적으로 책명이 2개가 된 셈이다. 여기서 주목되는 점은 표지제가 없을 때 책명을 잡는 기준이 1차로 '악보 성격'에 주목하였고, 2차로 '다른 정보원'을 활용한 점이다. 즉 악보 성격인 거문고 악보에 주목하여 책명을 '금보'로 잡았고, 뒤표지에 기재된 '금은'을 다른 정보원으로 파악하여 최종적으로 책명을 '금은금보'로 잡은 것이다. 하지만, 이 악보는 수록된 내용이 '가야금보'이므로 향후 가야금보로 수정하는 것이 바람직할 것이다. 이 역시 책명이 중복되므로 'V항'에서 다시 논한다.

❷와 ❸은 표지가 없는 상태이므로 당연히 표지제도 없다. 악보 내용이 모두 거문고 악보이므로 각 자료의 해제자는 책명을 '금보'로 잡았고, 책명의 중복성 때문에 ❷는 '강외'를 추가하였고, ❸은 '운몽'을 추가한 것이다. ❷와 ❸ 역시 '금보'로 중복되므로, 뒤에서 다시 논하겠다. 여기서도 주목되는 점은 표지가 없을 때 해제자들이

악보 성격에 주목하여 책명을 '금보'로 잡은 점이다. 금보가 중복되므로 '강외' '운몽' 등 다른 정보원을 활용하여 책명을 잡은 것으로 읽힌다.

❹는 표지의 표제 부분이 손상을 입어 표지제가 없는 자료다. 황병기 명인이 소장했다가 사후(死後)에 국립중앙도서관에 기증하여 현 소장처는 국립중앙도서관이다. ❹의 해제자는 책명을 잡을 때 악보에 수록된 악곡에 주목하여 '영산회상'으로 잡았고, 이 책명이 『한국음악학자료총서』 14집에 수록된 '영산회상'과 중복되므로 ❹의 기증자 혹은 이전 소장자의 정보원을 추가하여 '영산회상(황병기 소장본)'이라 한 것으로 읽힌다.

이처럼 〈표 11〉에서 표제가 없는 자료를 검토한 결과, ❶❷❸은 '악보의 성격'에 주목하여 책명이 잡혀 있고, ❹는 '수록된 악곡'에 주목하여 책명이 잡혀 있어서 결국 일관성이 없다고 판단된다. 〈표 11〉처럼 고악보에 표제가 없는 것에 대해 필자는 「고악보 명칭의 문제점과 개선 방안(2)」에서 '표지가 없거나 표제 부분이 훼손된 사례'란 소제목으로 다룬 적이 있다.[34] 이때 『한국목록규칙』을 참고하지 않았기에 "고악보 표지가 없거나 표제가 손상된 것 그리고 편자가 미상일 때, 수록된 곡명에 의거하되 '곡명+보'로 한다"는 내용을 제안한 바 있다.[35] 이 내용은 필자가 〈표 11〉 중 ❹에 주목했기 때문이다. 하지만 ❶❷❸의 사례를 보면, '금보'로서 악보 성격에 주목했기에 이것이 바람직하다고 판단한다. 다시 말하면, 표제가 없는 경우에 고악보에 수록된 '악곡'에 주목할 것이 아니라 고악보의 '성격'을 우선으로 파악하여 책명으로 삼아야 한다는 것이다. 즉 거문고 악보이면 '금보', 양금 악보이면 '양금보', 가야금 악보이면 '가야금보'로 책명을 잡아야 바람직하다는 것이다. 그러므로 ❹의 책명은 '영산회상'이 아니라, '양금보'로 잡는 것이 바람직하다. 그런데 이 책명은 다른 책명과 중복되므로 이 역시 뒤에서 다시 논할 필요가 있다.

다만, 『한국목록규칙』에서는 표제가 없는 자료일 경우 아래와 같은 규칙을 정하였으니, 살펴보도록 하겠다.

---

34 김성혜, 「고악보 명칭의 문제점과 개선 방안(2)」, 『역주 고악보 2』, 739~745쪽.
35 김성혜, 「고악보 명칭의 문제점과 개선 방안(2)」, 『역주 고악보 2』, 739~743쪽.

〈인용 7〉 본표제가 소정의 으뜸정보원에 기재되지 않은 자료에서는 해당 자료의 다른 부분이나 참고자료 등의 다른 정보원에서 이를 찾아내서 각괄호([ ])로 묶어 보기(補記)한다. 표제가 없는 자료에서는 해당 자료의 주제 내용에 합당한 표제를 새로 만들어 각괄호([ ])로 묶어 보기 한다.[36]

즉 표제가 없는 자료에서는 해당 자료의 주제 내용에 합당한 표제를 새로 만들되 '각괄호'를 사용해야 한다는 것이다. 예를 들어 ❹가 '양금보'인 경우에 이것을 각괄호에 넣어서 '[양금보]'로 표기해야 한다는 것이다. 일반적으로 연구자들이 각괄호를 사용하지 않기 때문에 각괄호의 사용 문제는 향후 한국음악학계에서 논의 과정을 거치는 것이 바람직하다고 보인다. 이 문제는 향후 과제로 남기고, 본고에서는 '각괄호'의 사용을 보류하도록 하겠다.

이로써 표제가 없는 고악보 4건을 검토한 결과, 각 자료의 해제자들은 책명을 잡을 때, 우선 '악보의 성격'에 주목한 경우도 있고, 수록된 악곡에 주목한 경우도 있다. 이렇게 해제자마다 책명을 잡는 정보원이 다른 것은 지금까지 고악보 책명 규칙이 수립되지 않았기 때문이다. 이에 대해 필자는 일반적으로 고악보에 권수제가 있거나 표지제가 있는 경우에 표제가 '악보의 성격'에 따라 금보, 양금보, 가야금보 등으로 기재된 점을 고려할 때 악보의 성격에 주목하여 책명을 잡는 것이 바람직하다고 판단한다. 그런 다음에 그 책명이 중복되면, 다른 정보원을 활용할 것을 제안한다.

V. 표제나 책명이 중복된 것의 해결 방안 모색

앞서 'IV항'에서 권수제나 표지제 혹은 책명에서 이름이 중복되는 사례가 많았고, 이에 대한 설명을 뒤로 미루었다. 이제 미뤄두었던 표제나 책명의 중복 문제를 검토하여 해결 방안을 모색해보고자 한다. 지금까지 중복 문제로 미뤄둔 것을 자료의 성격별로 구분하면, 거문고보, 양금보, 가야금보, 율보, 기타로 구분된다. 이를 항목

---

36 한국도서관협회 목록위원회 편, 『韓國目錄規則 第4版』, 21쪽.

별로 살펴보기로 하겠다.

1. 거문고보

거문고보는 표제가 '금보' '현금보' '현학금보'로 각기 다르게 나타났으므로, 다시 3가지 유형으로 구분하겠다.

1) **금보**

고악보 109건 중에서 표제 즉 권수제나 표지제가 '금보'인 사례로 21건이 있으며, 표지가 없으나 악보 성격이 거문고보인 사례로 2건이 있다. 따라서 '금보'로 중복되는 사례는 모두 23건이 되는 셈이다. 이 23건을 다시 특징별로 구분할 수 있는데, 자료 표지에 '표제 관련 정보'가 있는 것, 지은이를 아는 것, 자료의 소장자 정보 혹은 소장처 정보를 아는 것 등 이상 4가지로 나눌 수 있다.

(1) 표제 관련 정보

표제 관련 정보란 본표제를 설명하거나 보완하는 성격의 부차적 표제 정보를 뜻한다.[37] 이 용어는 주로 서지학에서 사용하는 것인데, 『한국목록규칙』에서 책명을 기재할 때 '표제 관련 정보'를 사용하고 있다. 필자 역시 고악보 표제가 중복될 때 '표제 관련 정보'를 활용할 것을 제안한다. 권수제나 표지제가 '금보'로 중복되며, 표제 관련 정보가 있는 자료는 아래 2건이다.

 ㊶ 아양고운   권수제: 금보   표지제: 아양고운   39
 (42) 석란금보   표지제: 금보   54   표제관련정보: 석란 기

㊶은 권수제가 '금보'이며, 표지제가 '아양고운'이다. 앞서 'Ⅲ항'에서 살펴봤듯이 이런 경우에 책명으로 권수제인 '금보'가 우선되어야 하나, 현재 책명은 표지제를

---

37 한국도서관협회 목록위원회 편, 『韓國目錄規則 第4版』, 29쪽.

우선한 상태이다. 고악보 책명 규칙으로 권수제를 우선할 경우에 ㉛의 책명은 '금보'라 하는 것이 타당하다. 하지만 금보는 다른 자료와 중복되기에 구분이 필요한데, 이를 위해 표지제인 아양고운을 표제 관련 정보로 활용할 수 있다. 이와 관련하여 『한국목록규칙』을 보면, 아래와 같은 규칙이 있다.

〈인용 8〉 표제 관련 정보는 대등표제 다음에 기술한다. 다만 본표제와 대등표제의 표제 관련 정보가 다른 경우에는 각각을 짝지워 기재한다. 대등표제가 없는 경우에는 본표제 다음에 기재하며 본표제가 별표제를 수반하고 있는 경우에는 별표제 다음에 기재한다. 예) 비극의 탄생: 짜라투스트라는 이렇게 말했다.[38]

〈인용 8〉에서 주목되는 점은 표제 관련 정보는 대등표제나 '본표제 다음'에 기재하는 점과 예문을 볼 때 본표제와 표제 관련 정보 사이에 콜론(:) 기호를 사용하는 점이다. 이러한 규칙을 고악보에 적용하면 ㉛의 경우 '금보: 아양고운'이 된다. 따라서 ㉛의 책명으로 권수제를 우선하고, 표지제를 표제 관련 정보로 활용하여 '금보: 아양고운'으로 기재할 것을 제안한다.

(42)는 표지제가 '금보'인데, '금보'는 다른 자료의 책명과 중복된 이름이다. 이 자료의 표제면에 표제 관련 정보로 '昭和五年陽十二月 日'이 있고, '石蘭 記'가 있다. 전자는 기록한 시기를 나타내고, 후자는 기록한 사람을 나타낸다. 이런 경우 서지학에서 중요시 하는 순서는 편저자, 발행처, 발행 연도 순이다. 그렇다면 후자인 '석란기'를 선택하는 것이 바람직다. 이 자료의 해제자 역시 '석란'을 선택하여 책명을 '석란금보'라 하였다. 그런데 '석란금보'가 되면, 원 표지제인 '금보'가 '석란'이란 표제 관련 정보로 인해 가려지는 데 문제가 있다. 그래서 〈인용 8〉에 의거하여 (42)의 책명으로 '琴譜: 石蘭 記'라 할 것을 제안한다.

필자는 과거에 『한국목록규칙』의 〈인용 8〉과 같은 내용을 몰랐기 때문에 "고악보 표지명이 다른 정보와 중복된 경우에 겉표지에 기록된 다른 용어를 표지명 앞에

---

38 한국도서관협회 목록위원회 편, 『韓國目錄規則 第4版』, 29~30쪽.

기재한다"³⁹고 말한 바 있다. 하지만, 『한국목록규칙』에 따라 표제 '뒤에' 기재하는 것이 바람직하므로 여기서 수정한다.

(2) 지은이 정보

지은이 정보란 고악보의 표제가 중복되면서 자료의 지은이 정보가 있는 경우를 뜻한다. 앞서 말했듯이 자료의 지은이는 매우 중요한 정보원이다. 서지학에서 자료의 '표제' 다음 순으로 꼽는 요인이 바로 편저자 즉 책임정보사항이다. '금보'란 표제로 중복되는 고악보 중에 지은이 정보가 있는 경우를 모으면 모두 7건이고, 해당 자료의 지은이 정보까지 정리하면, 아래와 같다.

			지은이 정보
⑲ 허주금보	권수제: 금보	39	허주 이종악
㊽ 금합자보	권수제: 금보	22	안상
(22) 삼죽금보전	표지제: 금보	2	삼죽 이승무
(25) 방산한씨금보	표지제: 금보	14	한우석
(30) 백운암금보	표지제: 금보	16	백운암 추정
(44) (죽취)금보 죽취금보	표지제: 금보	7	죽취
❸ 운몽금보	표지: 無(금보)	32	운몽 이택

이상의 7건 중에서 6건은 권수제 혹은 표지제가 모두 '금보'로 중복된다. 나머지 1건 ❸은 표지는 없으나 악보 성격이 거문고 악보인 '금보'이다. ⑲와 (22), ❸은 지은이의 호와 이름을 모두 아는 경우이고, ㊽와 (25)는 이름만 알 수 있다. (30)과 (44)는 이름은 모르고 호만 아는데, (30)은 지은이로 추정되는 경우이다.

---

39 한국도서관협회 목록위원회 편, 『韓國目錄規則 第4版』, 29쪽. 필자는 '표제 관련 정보'란 용어를 알기 전에 이를 '겉표지에 기록된 다른 용어'로 표현한 바 있는데, 이 글에서 수정한다. 김성혜, 「고악보 명칭의 문제점과 개선 방안(2)」, 『역주 고악보 2』, 761쪽.

⑲(22)(30)(44)❸의 기존 책명을 보면, 각 자료의 해제자들이 일반적으로 '호'를 우선으로 삼았고, 지은이의 호를 '금보' 앞에 기재한 사실을 확인할 수 있다. 하지만 앞서 말했듯이 표제와 관련된 정보의 경우 〈인용 8〉처럼 『한국목록규칙』에서는 본 표제 다음에 기재하는 것을 규칙으로 삼고 있다. 그러므로 지은이 정보는 본표제 다음에 기재하는 것을 제안한다. 또 호와 이름 중에 '이름'을 우선으로 할 것을 제안한다. 사실 이 문제는 이미 언급한 적이 있다.[40] 그리고 책명에 이름을 부기하되, 다음에 살펴볼 '고악보 소장자'와 구분할 필요가 있기에 여기에서는 지은이 이름 뒤에 '지음'을 추가하여 기재할 것을 제안한다. 그래서 앞서 제시한 7건의 책명을 수정하면 다음과 같다.

⑲ 허주금보　　　　→ 금보(이종악 지음)
㊹ 금합자보　　　　→ 금보(안상 지음)
(22) 삼죽금보전　　→ 금보(이승무 지음)
(25) 방산한씨금보　→ 금보(한우석 지음)
(30) 백운암금보　　→ 금보(백운암 지음 추정)
(44) (죽취)금보　　→ 금보(죽취 지음)
　　　죽취금보
❸ 운몽금보　　　　→ 금보(이택 지음)

(3) 소장자 정보

소장자 정보란 고악보 표제가 '금보'로 중복되며, 다른 정보원은 알 수 없고 소장자 정보를 알 수 있는 경우를 뜻한다. 이에 해당하는 고악보는 2건인데 다음과 같다.

⑫ 금보단　　　　　권수제: 금보　17　구, 박기환 소장[41]
(40) 금보(만당소장본)　표지제: 금보　34　현, 소장처 미상

40　김성혜, 「고악보 명칭의 문제점과 개선 방안(2)」, 『역주 고악보 2』, 761쪽.
41　이 자료는 현재 소장처 미상이다.

⑫는 권수제가 '금보'이며, (40)은 표지제가 '금보'다. 모두 '금보'로 중복된다. 『한국음악학자료총서』에서 (40)은 중복을 피하기 위해 '소장자의 호+소장본'을 부기하여 '만당소장본'이라 한 것으로 읽힌다. 여기서 '만당(晚堂)'은 이혜구의 호이다. 앞서 표제가 중복된 경우에 '지은이' 정보를 책명으로 기재할 때 호와 이름 중에 이름을 우선으로 했듯이 소장자 역시 호보다 이름을 우선으로 할 것을 제안한다. 또 기재 방식도 본표제 다음에 기재하되 지은이와 구분하기 위해 'ㅇㅇㅇ 소장'으로 기재하는 것이 바람직하다. 그런데 만약 현재 소장 상태가 아니라면, '구장(舊藏)'이라 하는 것이 더 정확하다. 사실 서지학에서는 '소장'과 '구장'을 분명히 구분하여 사용하고 있다. 따라서 위의 고악보 2건의 책명을 수정하면 다음과 같다.

⑫ 금보단   → 금보(박기환 구장)
(40) 금보(만당소장본) → 금보(이혜구 구장)

(4) 소장처 정보

소장처 정보란 고악보 중에 권수제가 '금보'인 경우와 표지제가 '금보'인 경우 그리고 소장처 정보가 있는 경우를 뜻한다. 이에 해당하는 고악보는 11건이다. 아울러 표지가 없으나 악보의 성격이 금보이며, 소장처 정보가 있는 1건도 함께 다루도록 하겠다. 우선 이에 해당하는 자료와 소장처 정보를 나타내면 아래와 같다.

		소장처 정보
② 금보	2	국립국악원
⑭ 경대금보	18	경북대
㉑ 금보전(황병기 소장본)	55	국립중앙도서관
(25) 금보(증보) 증보고금보	7	서울대
(28) 금보	15	단국대
(29) 금보 연대소장 금보	16	연세대

(32)	고대금보Ⓐ	17	고려대
	고대금보A		
(33)	고대금보Ⓑ	17	고려대
	고대금보B		
(34)	하바드대금보	17	하버드대
	하버드대금보		
(37)	인수금보	19	남평문씨 인수문고
(38)	동대금보	22	동국대
❷	강외금보	19	강외초등학교

②⑭㉑은 모두 권수제가 '금보'인 사례이다. 서로 표제가 중복되므로 ⑭의 해제자는 소장처 경북대를 약자로 넣어서 '경대금보'라 하였고, ㉑의 해제자는 자료의 기증자 이름인 '황병기'를 기재하여 '금보전(황병기 소장본)'이라 하였다. 여기서 '全'은 책 분량을 나타낸 것이므로 책명에 포함시키는 것은 바람직하지 않다. 그리고 황병기 사후(死後)에 국립중앙도서관으로 기증되었으므로 '황병기 소장'으로 보기 어렵고, '황병기 구장'이라 하는 것이 바람직하다. 하지만 현 소장처가 국립중앙도서관이므로 이를 중심으로 '금보(국립중앙도서관 소장)'라 하는 것이 현실적으로 합당하다.

(25) 이하 (38)까지 8건은 모두 표지제가 '금보'로서 중복되는 경우이다. (25)의 경우『한국음악학자료총서』표지에는 '금보(증보)'라 하였고, 이 자료의 해제자는 기존의 다른 금보보다 내용이 증보되었다는 이유로 책명을 '증보고금보'로 잡았다. 하지만 (25)의 해제자가 임의로 기준을 잡기보다 고악보 책명 규칙에 따라 일관되게 잡을 필요가 있다. (25)는 표제 관련 정보나 지은이 정보 등이 없으므로 소장처인 '서울대 소장'을 활용하여 '금보(서울대 소장)'라 할 것을 제안한다.

(28)은 김동욱이 생전에 이 자료를 소장했다가 나중에 자신의 도서를 단국대학교 도서관에 기증할 때 이 자료 역시 기증되어 현재 단국대 도서관에 소장되어 있다. 그러므로 '금보(단국대 소장)'라 할 것을 제안한다.

(32)(33)은 고대 즉 고려대 소장본임을 말한다. (34) 하바드대는 미국 하버드대 소장본을 뜻하고 (37) '인수'는 대구 남평문씨 종가의 '인수문고' 소장본임을 뜻한다.

책명에서 소장처 대학명을 부여할 때 기존에는 대학명의 첫 글자만 부여했다. 하지만 필자는 다른 학교와 구분할 수 있게 적어도 '경대'는 '경북대'로 '고대'는 '고려대' 등으로 명시할 것을 제안한 바 있다.[42] 여기서도 마찬가지다.

❷는 표지가 없는 경우인데, 자료를 발견했을 당시에는 '강외초등학교'[43]에서 이 자료를 소장하고 있었다. 하지만 현재 이 학교는 교명이 '오송초등학교'로 바뀌었다. 필자가 최근에 이 자료의 소장 여부를 확인한 결과 아는 사람이 없었다. 따라서 이 자료의 현 소장처는 미상이다. 이 자료를 발견하고 영인본을 소개할 당시인 1985년에는 '강외'라는 명칭을 사용하는 것이 바람직하나, 약 40년의 세월이 흐른 2024년에 고악보 책명을 전면 검토하는 이 시점을 기준으로 할 때 사라진 교명 '강외초등학교'보다 현재의 교명인 '오송초등학교'를 사용하고 '소장(所藏)'보다는 '구장(舊藏)'이라 하는 것이 바람직하여 '금보(오송초등학교 구장)'라 할 것을 제안한다.

이상으로 권수제나 표지제가 '금보'로 중복되며, 소장처 정보를 알 수 있는 12건의 자료 책명을 수정하여 제안하면 다음과 같다.

②	금보	→ 금보(국립국악원 소장)
⑭	경대금보	→ 금보(경북대 소장)
㉑	금보전 황병기 소장	→ 금보(국립중앙도서관 소장)
(24)	금보(증보)	→ 금보(서울대 소장)
	증보고금보	
(28)	금보	→ 금보(단국대 소장)
(29)	금보	→ 금보(연세대 소장)
	연대소장 금보	
(32)	고대금보A	→ 금보(고려대 소장A)

---

42 김성혜, 「고악보 명칭의 문제점과 개선 방안(1)」, 『역주 고악보 1』, 634~637쪽.
43 강외초등학교는 1925년 5월에 '강외공립보통학교'로 개교하였고, 1938년 4월에 '강외공립심상소학교'로 개칭하였다. 1941년 4월에 '강외공립초등학교'로 개칭하였으며, 1996년 3월에 '강외초등학교'로 개칭하였다. 그리고 2015년 3월에 '오송초등학교'로 교명을 변경하여 현재에 이르고 있다. 위치는 충청북도 청주시 흥덕구 오송읍 오송리이다.

(33)	고대금보A 고대금보B 고대금보B	→ 금보(고려대 소장B)
(34)	하바드대금보 하버드대금보	→ 금보(하버드대 소장)
(37)	인수금보	→ 금보(인수문고 소장)
(38)	동대금보	→ 금보(동국대 소장)
❷	강외금보	→ 금보(오송초등학교 구장)

2) 현금보

'현금보'는 고악보 권수제나 표지제가 '현금보'이며, 이것이 서로 중복되는 사례를 뜻한다. 이에 해당하는 자료는 모두 4건이다.

⑳ 연대 현금보	권수제: 현금보	40	연세대 소장
(27) 서금	표지제: 현금보	15	
(31) 학포금보	표지제 1·2: 현금보	16	학포 낙관
(51) 아악부 현금보	표지제·목록제: 현금보	25	

⑳은 권수제가 현금보이고, (27)(31)은 표지제가 '현금보'인 경우이다. 그리고 (51)은 표지제와 목록제가 '현금보'로서 서로 중복된다. ⑳은 이 자료의 해제자가 중복을 피하기 위해서 소장처 정보원을 권수제 앞에 넣어서 책명을 '연대 현금보'로 잡은 것이다. 하지만 앞서 '금보'의 '(4) 소장처' 항에서 살펴봤듯이 소장처 정보원은 본표제 뒤에 기재하여 '현금보(연세대 소장)'라 하는 것이 바람직하다.

다음으로 (27)은 좀 특이한 사례이다. 표지제는 '현금보'인데, 실제 내용은 양금 악보이다. 그래서 (27)의 해제자는 양금 악보임을 나타내기 위해 임의로 책명을 '서금(西琴)'으로 잡은 것이라 이해된다. 하지만 '서금'은 (27)의 해제자가 임의로 만든 책명이므로 타당하지 않다. 이런 경우에 『한국목록규칙』을 참고하면, 원전에 잘못 기재된 경우에 대한 규칙이 있다. 직접 보자.

〈인용 9〉 잘못 기재된 경우는 그대로 기재하고 그다음에 [!] 또는 [sic]를 부기하거나, '실은' 또는 'i.e.'를 앞에 적어 그 바른 꼴을 각괄호([ ])로 묶어 부기한다. 빠진 글자는 각괄호로 묶어 보기(補記)한다. 다만 빠진 글자를 확인할 수 없는 경우에는 그 위치에 물음표(?)를 빠진 글자의 수만큼 각괄호로 묶어 보기한다.

예) 1997[실은 1979]　　慵[齋]叢話[44]

내용의 핵심은 원전에 표제가 잘못 기재된 경우에 임의로 고치지 않고 그대로 기재하며, 각괄호를 사용하여 실제 내용을 부기한다는 점이다. 이 내용을 (28)에 적용하면, '현금보[실은 양금보]'가 된다. 앞서 '각괄호([ ])'의 사용 여부에 관해서는 향후 과제로 남긴 바 있는데, 여기서도 마찬가지다. 그러므로 『한국목록규칙』에서 사용하는 각괄호 대신 우선 임의로 원괄호를 사용하여 '현금보(실은 양금보)'로 기재할 것을 제안한다.

(31) 역시 특이한 경우이다. 표지제면이 2중으로 있으며, 표지제는 모두 '현금보'이다. 지은이 정보는 알 수 없고, 표지나 내용 중에 '학포'라 적힌 낙관이 여러 군데 있다. 그래서 (31)의 해제자는 '학포금보'를 책명으로 삼았다. 하지만 표지제가 '현금보'이므로 원본 그대로를 책명으로 잡아야 하며, '학포'는 이 자료를 과거에 소장했던 사람의 호로 볼 수 있다. 그러면 책명으로 '현금보(학포 구장)'로 잡을 수 있다.

(51)은 앞서 언급했듯이 이 자료의 출처가 이왕직아악부인 점에 주목하여 (51)의 해제자가 '아악부'를 부기하여 책명을 '아악부 현금보'라 하였다. 하지만 다른 규칙 예컨대 이 자료의 현 소장처인 '국립국악원 소장'을 부기하는 것이 일관성이 있다. 그래서 책명으로 '현금보(국립국악원 소장)'를 제안한다.

3) 현학금보

고악보 중에 권수제가 '현학금보'로 중복되는 경우가 2건 있다.

44　한국도서관협회 목록위원회 편, 『韓國目錄規則 第4版』, 13~14쪽.

⑱ 현학금보	권수제: 현학금보		34	지은이 정보 오희상
㊵ 오희상금보	권수제: 현학금보	표지제: 금보	39	오희상

⑱과 ㊵의 지은이는 오희상(吳熹常)으로 밝혀졌다. 그래서 ㊵의 해제자는 책명으로 표지제인 '금보'를 우선으로 잡고 지은이 '오희상'을 부기하여 '오희상금보'라 하였다. 하지만 권수제가 '현학금보'이므로 '현학금보'를 책명으로 잡는 것이 우선이다. 이 자료는 특이하게도 표제와 지은이 정보 또한 중복된다. 그러므로 이 자료의 소장자 혹은 소장처 정보를 부여하여 구분하는 것이 바람직할 것이다.

그런데 ⑱은 자료를 소개할 당시에는 정경태(鄭坰兌, 1916~2003) 소장 도서였는데, 그가 작고한 이후 현재 소장처는 미상이다. 그러므로 ⑱의 책명으로 '현학금보(정경태 구장)'를 제안한다. 또 ㊵은 현재 고려대학교에 소장되어 있다. 따라서 '현학금보(고려대 소장)'를 책명으로 제안한다.

2. 양금보

양금보는 고악보의 권수제나 표지제가 '양금보'로 중복되는 사례를 말한다. 양금보로 중복되는 사례를 모은 결과 총 7건인데, 이 7건을 소장자 정보와 소장처 정보로 구분할 수 있다.

1) 소장자 정보

표제가 양금보로 중복되는 자료 중에 개인이 소장하거나 혹은 구장인 것으로 3건이 있다.

				소장 혹은 구장 정보
㉞ 금보(양금보)	권수제: 양금보	표지제: 금보	32	성낙범 소장
(36) 양금보	표지제: 양금보		18	이보형 구장
(41) 양금보(소암소장본)	표지제: 양금보		34	권오성 구장

㊳은 권수제가 '양금보'이고, 표지제가 '금보'이다. 이 자료의 해제자는 표지제를 우선하고, 권수제를 차선으로 잡아서 책명을 '금보(양금보)'라 하였다. 하지만, 앞서 여러 차례 말했지만, 책명으로는 권수제가 우선되므로 '양금보'를 책명으로 잡아야 바람직하다. 사실 이 자료는 거문고 악보가 아니라 양금 악보이다. '양금보'를 책명으로 잡으면 다른 자료와 중복되기에 소장자 정보를 부여하는 것이 바람직하다. 그래서 ㊳의 책명으로 '양금보(성낙범 소장)'를 제안한다.

(36)은 표지제가 양금보다. 이 역시 표제가 중복되므로 소장자 이름을 부여하여 구분할 수 있다. 소장자 이보형(李輔亨, 1935~2024) 선생님께서 최근에 작고하셨기에 '양금보(이보형 구장)'라 할 수 있다.

(41) 역시 표지제가 양금보이며, 소장자가 소암(韶巖) 권오성(權五聖, 1941~2020)이었다. 그래서 (41)의 해제자는 책명을 '양금보(소암소장본)'라 잡았다. 하지만 소장자의 호를 쓰기보다 이름을 기재하는 것이 바람직하며, 소장자가 작고한 상태이므로 '양금보(권오성 구장)'를 제안한다.

2) 소장처 정보

표제가 '양금보'로 중복되며, 소장처 정보가 있는 사례를 뜻한다. 이에 해당하는 자료로 4건이 있다.

			소장처 정보
㉓ 일사양금보 양금보(일사금보)	권수제·목록제: 양금보	7	서울대도서관 일사문고
(26) 양금보	표지제: 洋琴普	15	국립중앙도서관
(54) 아악부 양금보	표지제·목록제: 양금보	28	국립국악원
❹ 영산회상(황병기 소장본)	표지제: 無	55	국립중앙도서관

㉓은 권수제와 목록제가 '양금보'이며, 소장처는 서울대학교 도서관 '일사문고'이다. '일사(一蓑)'는 방종현(方鍾鉉, 1905~1952)의 호이며, 방종현이 자신이 소장했던 도서를 서울대학교에 기증하면서 그의 도서를 별도로 분류한 것이 '일사문고'다.

따라서 현재 소장처는 서울대학교 도서관이다. ㉓의 해제자는 이 부분을 고려하여 책명을 '일사양금보' 혹은 '양금보(일사금보)'라 하였다. 이처럼 도서관 내 분류된 문고 이름을 사용하기보다 소장처 기관 이름인 '서울대'를 사용하는 것이 일관성 있다. 그래서 필자는 ㉓의 책명으로 '양금보(서울대 소장)'를 제안한다.

(26)은 표지제가 '洋琴普'이다. 여기서 '普'는 '譜'의 오기다. 이런 경우에 『한국목록규칙』에서는 '모든 문자는 자료에 쓰인 철자 그대로 적는 것'을 원칙으로 하고 있다. 그러므로 洋琴普로 기재하는 것이 바람직하다. 이 자료의 소장처가 국립중앙도서관이므로 책명은 '洋琴普(국립중앙도서관 소장)'가 된다. 하지만 다음에 다룰 ❹와 중복되므로 구분이 필요하다. 내친김에 ❹를 먼저 살펴보자.

❹는 표지제가 손상으로 인해 없는 상태이다. 악보 성격은 양금보이며, 다른 자료의 표제와 중복되므로 소장처 정보인 '국립중앙도서관'을 부여하여 '양금보(국립중앙도서관 소장)'라 할 수 있다. 하지만 (26)과 표제 및 소장처가 중복되므로 또 구분이 필요하다. 이런 경우 앞서 (32) '고대금보A'와 (33) '고대금보B'의 경우 표제 '금보'로 중복되며, 소장처 '고려대 소장'으로 또 중복될 경우에 'A와 B'로 구분한 사례가 있다. 이와 같은 맥락으로 (26)은 '양금보(국립중앙도서관 소장A)' ❹는 '양금보(국립중앙도서관 소장B)'로 구분할 것을 제안한다. 이때 'A와 B'의 순서는 자료의 발견 시기를 기준으로 잡는 것이 자연스럽다고 생각한다.

(54)는 앞서 살펴본 (51) '아악부 현금보'처럼 현재 소장처 이름을 넣어서 '양금보(국립국악원 소장)'를 책명으로 할 것을 제안한다.

3. 가야금보

표지제가 '가야금보'로 중복되는 것으로 2건이 있고, 표지제는 없으나 악보 성격이 '가야금보'인 것 1건이 있다. 이상 3건의 자료를 표제 관련 정보가 있는 것 2건과 소장처 정보가 있는 것 1건을 구분하여 살펴보겠다.

1) 표제 관련 정보

표제 관련 정보는 앞서 말했듯이 본표제를 설명하거나 보완하는 성격의 부차적 표제를 뜻한다. 표제가 '가야금보'로 중복될 때 이 표제 관련 정보를 활용하여 서로 구분하고자 한다. '가야금보'로서 표제 관련 정보가 있는 사례는 아래 2건이다.

　　　　　　　　　　　　　　　　　　　　　　　　　　　　　　표제 관련 정보
(59) 가야금보　　　표지제·이제: 가야금보　　　　54　　갑술(甲戌)
❶ 금은금보　　　　표지제: 無 (실제악보: 가야금보)　18　　무인(戊寅)

(59)는 표지제와 이제(裏題)가 '가야금보'인데, 다른 자료의 표제와 중복된다. 이 자료는 표지에 표제 관련 정보가 있으니, 〈그림 22〉와 같다. 또 ❶은 표지는 있는데 〈그림 23〉에 보이듯이 표제 부분이 손상되어 표제가 없는 상태이다. 실제 악보의 성격이 가야금보이며 표제 관련 정보가 '무인(戊寅)'이다. 앞서 〈인용 8〉을 활용하여 책명을 제안하면 (59)는 '가야금보: 갑술'이 되며, ❶은 '가야금보: 무인'이 된다.

〈그림 22〉 가야금보: 갑술　　　〈그림 23〉 가야금보: 무인

2) 소장처

표지제가 '가야금보'로서 다른 자료의 표제와 중복되며, 표지제가 없으나 악보 성격이 '가야금보'로 역시 중복되는 사례가 있다. 이 자료는 소장처 정보가 있다.

(52) 아악부 가야금보　　　표지제·목록제: 가야금보　　28　　　국립중앙도서관 소장

(52)는 표지제와 목록제가 '가야금보'다. 앞서 살펴본 (51) '아악부 현금보'와 (54) '아악부 양금보'처럼 이 자료의 모본(模本) 출처가 이왕직아악부인 점에 주목하여 (52)의 해제자가 '아악부'를 부기하여 책명을 '아악부 가야금보'라 하였다. 하지만 앞서 살펴본 (51)과 (54)처럼 이 자료의 현 소장처를 부기하는 것이 일관성 있다. 이 자료는 현재 국립중앙도서관에 소장되어 있으므로 책명을 '가야금보(국립중앙도서관 소장)'라 할 것을 제안한다.

4. 율보

고악보 109건 중에 표지제가 '율보'인 것으로 2건이 있다.

(23) 율보　　　　　　표지제: 율보　　2
　　　율보(향률양금보)
(39) 동대율보　　　　표지제: 율보　　22

〈그림 24〉 (39)의 표지면

(23)은 지은이가 '이향률(李響嵂)'이다. 그래서 『한국음악학자료총서』에서 표지에는 '율보'라 하였고, (23)의 해제자는 '율보(향률양금보)'라 이름하였다. 하지만 본표제가 '율보'이므로 책명을 '율보'라 하는 것이 바람직하다. 지은이 정보가 있기에 앞서 '금보'의 '(2) 지은이' 항목처럼 '율보(이향률 지음)'라 할 것을 제안한다.

(39) 역시 표지제가 '율보'로 (23)과 중복된다. (39)의 표지를 〈그림 24〉에서 보면, 표지제가 율보이며, 표지에 표제 관련 정보로 '大正拾年陰七月 日(대정십년 음 7월 일)'이 있다. 이런 경우에 '大正拾年(대정십년)'을 표제 관련 정보로 활용할 것을 제안하며, 기존 책명을 '율보: 대정십년'으로 수정할 것을

제안한다.

5. 기타

항목을 '기타'로 잡은 것은 딱히 다른 데로 분류하기 어려운 사례를 한곳에 모은 것이다. '양금신보'와 '신증금보' '성학십도'란 표제가 다른 자료와 중복되어 이를 구분하기 위해 논하고자 한다.

1) 양금신보

『양금신보』는 목판본과 필사본(筆寫本)으로 판본의 성격이 구분된다. 목판본의 경우 현재 11건으로 파악되는데, 이 11건의 권수제가 모두 같기에 구분이 필요하다. 또 목판본을 필사한 경우 역시 권수제가 '양금신보'인 사례가 있다.[45] 이런 경우 역시 목판본 '양금신보'와 구분이 필요하다. 우선 『한국음악학자료총서』에서 권수제가 '양금신보'로 중복되는 사례는 2건이 있다.

                             판본의 성격
 ㉜ 양금신보 권수제: 양금신보 표지제: 양금신보 등 14 목판본
 ㉟ 금보   권수제: 양금신보 표지제: 금보   18 필사본 윤용진 구장 금보(윤용진)

㉜는 목판본 양금신보이며, ㉟는 필사본 양금신보이다. 목판본 양금신보의 경우 ㉜를 포함하여 11건의 소장처가 각기 다른데, 서울역사박물관, 국립중앙박물관, 일본 동경대학 도서관(오구라 신페이본), 국립민속박물관, 서울대 도서관(이병기본), 고려대 도서관(김완섭본), 국립전주박물관(황의태본), 성암고서박물관, 이겸로 구장(현 소장처 미상), 경북대 도서관, 한국학중앙연구원 장서각(안춘근본) 등이다. 이런 경우 자료

---

45 필자는 현재 『양금신보』 필사본의 소장처를 조사하고 있는데, 현재까지 발견한 것은 모두 7건이다. 향후 『양금신보』 필사본 7건은 글을 통해 공개할 예정이다.

의 구분을 위해 별칭이 필요하다. 또한 필사한 양금신보 역시 ㉟를 포함하여 여러 건이 발견되고 있다. 따라서 자료의 목판본과 필사본을 구분하기 위해 자료의 권수제를 책명으로 기재한 다음에 목판본 혹은 필사본을 기재한 후 소장처 정보를 기재할 것을 제안한다. 즉 『한국음악학자료총서』에 있는 2건을 수정하여 기재하면, 아래와 같다.

㉜ 양금신보 → 양금신보(목판본, 서울대 소장)
㉟ 금보 → 양금신보(필사본, 윤용진 구장)
　　금보(윤용진)

2) 신증금보

『한국음악학자료총서』에 수록된 고악보 중에 표제가 한글 '신증금보'로 중복되는 사례가 있다.

㉒ 금보신증가령　권수제1: 금보신증가령　　　　　　　　2
　　　　　　　　　권수제2: 新證琴譜　　표지제: 금보신증가령
(35) 新增琴譜　　　　　　　　　　　　　표지제: 新增琴譜　　18

㉒는 권수제가 '新證琴譜'이며, (35)는 표지제가 '新增琴譜'로서 한자는 다르나 한글이 같아서 중복된다. 요즘은 한글 중심 시대이므로 두 자료의 책명을 서로 구분할 필요가 있다. ㉒는 지은이 정보가 '신성'이고, (35)는 소장자 정보가 강전습이다. 그러므로 지은이 정보와 소장자 정보를 부여하여 아래와 같이 구분할 것을 제안한다.

㉒ 금보신증가령 → 신증금보(신성 지음)
(35) 신증금보　 → 신증금보(강전섭 소장)[46]

46　신증금보의 소장자인 강전습은 생사를 확인하기 어렵다. 이 부분은 향후 과제로 남긴다.

3) 성학십도 부예악비고

(58) 성학십도부예악비고 　　 표지제·서문제·권말제: 성학십도 　　 40

　이 자료는 표지제와 서문제 및 권말제가 모두 '성학십도(聖學十圖)'이며, 『한국음악학자료총서』의 책명은 '성학십도부예악비고'로 잡혀 있다. '성학십도'는 퇴계(退溪) 이황(李滉, 1507~1571)이 68세 때 국가의 운명을 떠맡은 16세의 왕 선조(宣祖)에게 바치기 위해 저술된 작품이다. 성학십도의 '성학(聖學)'은 훌륭한 왕이 되기 위해서는 성현과 같은 도덕적 품성을 갖추어야 하는데, 이를 위한 학문을 뜻한다. 이황은 성학 관련 내용 10가지를 그림으로 그려서 이해하기 쉽게 만들었는데, 이것이 바로 '성학십도'이다. 그런데 (58)은 1932년 이영재(李寧齋)가 이황의 성학십도를 앞에 수록하고 뒤에 부록으로 중국과 한국의 예악 비교문을 수록한 책이다. 이 자료의 표지제와 서문제(序文題) 그리고 권말제까지 모두 '성학십도'이다. 그러므로 책명을 '성학십도'로 잡는 것이 바람직하다. 하지만 이 책명은 이황이 지은 '성학십도'[47]와 중복되므로 구분이 필요하다. 그래서 부록의 명칭 '부예악비고'를 본표제 뒤에 있는 관제(關題)로 취급하여 '성학십도 부예악비고'라 하는 것이 바람직하다.

　이상으로 고악보 109건 중에서 표제나 책명이 중복되는 고악보를 거문고보, 양금보, 가야금보, 율보, 기타로 구분하여 검토하였다. 그 결과 각 자료의 해제자들이 책명의 중복을 피하기 위해 자료의 지은이 정보나 소장처 정보를 활용했으나 일정한 규칙 없이 기재한 것으로 드러났다. 아울러 원 자료의 표지에 기재된 표제 관련 정보를 적극적으로 활용하지 않았다. 그러므로 필자는 원 자료의 표지에 기재된 표제 관련 정보의 활용을 제안하는 바이다. 또한 지은이 이름과 소장자 이름을 구분하기 위해 지은이 정보인 경우에는 '○○○ 지음'으로 기재하고, 소장자 정보인 경우에는 '○○○ 소장'이라 기재할 것을 새로이 제안하였다. 아울러 자료가 현재 ○○○

47　이황이 지은 『성학십도』를 현대에 한글로 번역한 책이 몇 권 있다. 이황 지음, 이광호 옮김, 『성학십도』(도서출판 홍익, 2001); 이황 지음, 홍원식 역해, 『성학십도』(계명대출판부, 2014) 등이다.

소장의 상태가 아닌 경우에는 'OOO 구장'이라 기재할 것도 새로이 제안하였다. 이것은 모두 고악보 책명 규칙을 모색하기 위한 노력이라 할 수 있다.

다음은 고악보에 나타난 표제 종류를 파악하고『한국목록규칙』에서 정립한 책명 규칙과 비교하여 적용 여부를 검토하도록 하겠다.

Ⅵ. 고악보에 나타난 표제 종류와 출현 현황

『한국목록규칙』 11가지 유형 중에 '고서와 고문서' 유형과 '악보' 유형 중에서 책명 관련 규칙 내용을 앞서 〈인용 1~2〉를 통해 살펴보았다. 이 규칙을 고악보에 적용하기 위해 〈인용 1~2〉를 종합한 결과 〈표 1〉을 얻었는데, 그 내용은 ①권수제 → ②표제 → ③권두 및 자서 → ④권말 → ⑤제첨(표지제) → ⑥이제면 → ⑦판심제이다. 그렇다면 〈표 1〉에 7가지 표제 종류가 있었으나 고악보에는 실제 어떤 종류의 표제가 나타나며,『한국목록규칙』중 〈인용 1~2〉를 모두 적용할 수 있는지 그 여부를 타진하고자 한다.

이를 위해 앞서 'Ⅳ.『한국음악학자료총서』 고악보 책명 검토'에서 '책명'뿐만 아니라 원자료의 '표제 종류와 그 출현 현황'도 함께 파악하였다. 크게 3가지 유형으로 구분하였는데, 1. 권수제가 있는 것, 2. 권수제는 없고 표지제가 있는 것, 3. 권수제도 없고 표지제도 없는 것이다. 이 3가지 유형에서 다시 세부적으로 나눠서 표제의 종류와 출현 현황을 정리한 것이 〈표 12〉이며, 제첨은 별도로 정리하여 〈표 13〉에 나타냈다.

<표 12> 고악보의 표제 종류와 출현 현황

표제 대분류	내용		표제 소분류	건
권수제 46건 (약 42%)	표지제/28건 (권수제와 동일)			21
		다른 표제가 기재된 것 7건	권수제 2중	1
			목록제	2
			판심제	3
			권말제	1
			표제·서문제·판심제	1
	판심제			3
	표지제(권수제와 다름)/10건			10
	표지제 없는 것			3
	표지제 미상		자서제, 판심제	1
표지제 59건 (약 54%)	표지제만 기재된 것 42건		미중복	21
			중복	21
	표지제 및 다른 표제가 기재된 것 17건		서문제	3
			이제	4
			목록제	9
			표제	1
			권말제	1
무 표제 4건(약 4%)	표지가 없거나 표제가 손상된 것			4

<표 13> 고악보 중 제첨인 것

표 번호	표 제목	제첨인 고악보	건수
2	권수제와 표지제의 이름이 같은 것	⑥⑨⑮	3
3	권수제와 표지제가 같고 다른 표제가 있는 것	㉒㉓㉕㉖㉘	5
8	표지제만 있고, 그 표지제가 중복되지 않는 것	(2)(3)(5)(18)	4
9	표지제만 있으며, 그 표지제가 중복되는 것	(25)(27)(37)(40)	4
10	표지제가 있고 다른 표제도 있는 것	(43)(52)(57)	3
종합			19

<표 12와 13>을 통해 고악보에 나타난 표제 종류와 출현 현황을 파악할 수 있다. 표제 종류는 보다시피 권수제, 표지제, 판심제, 목록제, 권말제, 표제, 서문제, 자서제, 이제, 제첨까지 10종으로 파악된다. 이 10종의 표제가 고악보에 출현하는 현황을 보면, 표지제의 출현 횟수가 권수제와 함께 나타난 것 38건과 권수제 없이 표지제가

나타나는 것 59건을 합하면, 97건으로 가장 많다. 권수제의 출현이 46건으로 그다음 순이다. 그 외 8종의 표제는 권수제나 표지제와 함께 나타나는 현상을 보였다. 예를 들어 권수제가 있으면서 표지제 혹은 판심제, 목록제, 권말제, 표제, 서문제, 자서제 등이 기재되어 있고, 또 표지제가 있으면서 서문제나 이제, 목록제, 표제, 권말제가 함께 기재되어 있는 현상을 보였다. 그리고 제첨은 〈표 13〉에서 출현 현황을 구체적으로 확인할 수 있다. 필자가 제첨을 별도로 정리한 이유는 〈인용 1〉와 〈인용 2〉에 표기된 제첨을 고악보에 적용할 수 있는지 그 여부를 확인하기 위해서이다. 필자가 109건의 고악보 표제를 검토한 결과 제첨은 모두 표지에 나타나므로 결국 표지제에 포함되는 사항임을 확인하였다.

다음은 『한국목록규칙』의 〈인용 1〉과 〈인용 2〉를 고악보 책명에 적용할 수 있는지 그 여부를 타진해보도록 하겠다. 이를 위해 〈인용 1〉과 〈인용 2〉를 다시 보는데, 〈인용 2〉의 경우 '선장본으로 제책된 국악보' 부분만 보도록 하겠다.

〈인용 1〉 (고서와 고문서) 책명: 권수제면, 표제면, 제첨, 이제면, 판심제
〈인용 2〉 (악보 중 국악보) 책명: 권수제, 권두, 자서, 권말, 제첨, 판심

여기서 〈인용 1〉의 표제 종류부터 검토하는데, 〈인용 2〉와 같은 표제는 묶어서 검토하도록 하겠다. 우선 '권수제면' 혹은 '권수제'를 보면, 이 부분은 앞서 'Ⅲ항'에서 타당성을 검토했고, 그 결과 타당하다는 결론을 얻었다. 다음으로 '표제면'의 경우, 〈표 12〉를 보면 고악보 109건 중 출현 횟수가 2회에 불과하다. 또한 2회 모두 권수제나 표지제와 함께 나타났으며, 제명 역시 일치하였다. 즉 고악보에 오롯이 표제면만 있는 사례는 없다는 점이다. 그러므로 표제면은 고악보 책명을 정할 때 불필요한 사항이라 할 수 있다. 다음 순서인 '제첨'은 〈표 13〉에서 확인했듯이 고악보에서 출현 횟수는 19건이며, 모두 표지에 나타나는 표지제이다. 그러므로 〈인용 1과 2〉에 기재된 제첨보다는 고악보에 출현 횟수가 가장 많은 '표지제'를 순위에 넣는 것이 바람직하다고 생각한다. 다음 순위인 '이제면'은 고악보에 4회 출현하였으며, 4회 중 1회가 표지제와 제명이 다른 경우가 있었다. 이처럼 표지제와 이제의 제명이

다를 때는 우선 순위가 필요하므로 적용하는 것이 타당하다고 본다. '판심제'는 출현 횟수가 7회였다. 판심제는 항상 권수제와 함께 출현하는 경향을 보였기에 이 역시 고악보 책명에 적용할 필요는 없다고 보인다.

다음 〈인용 2〉에 있는 요소를 검토해 보겠다. '권두'는 앞서 말했듯이 서문제나 목록제, 이제, 자서 등을 포괄하는 용어이며, 표제의 종류에 해당하는 용어로 보기 어렵다. 즉 권두는 용어의 성격 자체가 다르므로 표제의 우선 순위에 포함시키는 것은 바람직하지 않다고 생각한다. 다음으로 '자서'를 보면, 자서는 지은이가 쓴 서문을 뜻한다. 그러므로 〈표 12〉의 표제 종류 중에 '자서제'에 해당한다고 볼 수 있다. 좀 더 넓게 보면, 서문제에 포함되는 표제의 일종이다. 서문제는 총 4회 출현했으며, 이 역시 권수제나 표지제와 함께 나타나는 경향이 있었고, 제명도 일치하였다. 그러므로 자서제나 서문제 등은 우선 순위에서 불필요한 요소로 판단된다. 마지막으로 '권말'을 보도록 하겠다. '권말'은 〈표 12〉에 있는 '권말제'에 해당한다. 권말제의 출현 횟수는 2회였으며, 권말제 역시 권수제나 표지제와 함께 나타났고, 제명도 일치하는 경향을 보였다. 이 역시 고악보 책명 규칙에 꼭 필요한 요소로 보기는 어렵다고 판단한다.

결과적으로 고악보의 표제 종류와 출현 현황을 바탕으로 『한국목록규칙』에 있는 책명 규칙을 고악보에 적용할 수 있는지 그 여부를 타진한 결과 '권수제 → 표지제 → 이제 → 판심제'만 적용할 수 있다는 결론을 얻은 셈이다.

Ⅶ. 맺음말: 고악보 책명 규칙 안

고악보 책명 규칙이 필요한 이유는 책 이름이 한 군데 이상 기재되어 있으며, 한 자료에서 책 이름이 다르게 기재된 사례가 있기 때문이다. 또 원전의 표제가 다른 자료의 표제와 중복되는 사례가 있고, 표제가 없는 사례도 있다. 이런 경우에 역시 고악보 책명 규칙이 필요하다. 이 글은 『한국목록규칙』을 참고하여 바람직한 고악보 책명 규칙을 모색하기 위해 마련한 글이다.

『한국목록규칙』 중에서 '고서와 고문서' 유형과 '악보' 유형의 책명 규칙을 검토한 결과 책명으로 권수제(卷首題)가 표지제(表紙題)보다 우선되는 사실을 확인하였다. 그래서 고악보의 경우에도 권수제를 우선으로 삼는 것이 타당한 지를 목판본『양금신보』를 대상으로 검토하였다. 그 결과 같은 자료인데 표지제는 소장자나 소장처마다 달랐으나 권수제는 동일한 점을 확인하다. 그러므로 고악보 역시 책명을 정할 때 권수제를 우선하는 것이 바람직하다는 결론을 얻었다. 이를 바탕으로『한국음악학자료총서』고악보 109건의 책명을 검토했으며, 표제나 책명이 중복된 경우의 문제와 고악보에 나타난 표제 종류를 살폈고,『한국목록규칙』의 책명 규칙을 고악보에 적용할 수 있는지 그 가능성 여부까지 타진하였다. 이러한 과정을 통해 파악한 고악보 책명 규칙 몇 가지를 제안하는 것으로 맺음말을 대신하고자 한다.

고악보 책명 규칙 안
1. 책명은 ①권수제 → ②표지제 → ③이제 → ④판심제 순으로 정한다.
2. 고악보 표지가 없거나 표제 부분이 손상되어 표제가 없는 경우에는 악보의 성격을 파악하여 책명으로 잡는다. 예를 들어 거문고 악보이면 '금보'로, 양금 악보이며 '양금보'로, 가야금 악보이면 '가야금보' 등으로 잡는다. 이러한 책명은 이미 중복되는 표제이므로 그다음은 ①지은이 이름 → ②지은이 호(號) → ③소장자 이름 → ④소장처의 정보원을 악보의 성격 뒤에 원괄호 안에 넣어 기재한다.
   예) 금보(○○○ 소장), 가야금보(○○○ 소장)
3. 표지제 앞이나 옆에 기재되어 있는 어구는 본표제의 일부로 간주하며, 그것의 둘 줄 쓰기, 세 줄 쓰기, 별행(別行), 활자의 크기 등에 관계 없이 동일한 크기의 한 줄 쓰기로 고쳐 기술한다. 또 자료의 으뜸 정보원에서 옮겨 적은 서지적 문구는 해당 자료에 쓰여진 그대로의 띄어쓰기를 한다.
   예) 초입문 금보, 영산회산병록 가야금보
4. 원전의 표지제가 잘못 기재된 경우에 임의로 고치지 않고 그대로 기재하며, 괄호를 사용하여 실제 내용을 부기한다.
   예) 현금보(실은 양금보)

표제가 중복될 경우는 다음과 같은 순으로 책명을 정한다.

①표제 관련 정보 → ②지은이 이름 → ③지은이 호(號) → ④소장자 혹은 소장처 이름

1. 고악보 표지에 표제 관련 정보가 있는 경우는 그 정보를 활용하여 본표제 다음에 기술한다. 다만 본표제와 표제 관련 정보 사이에 콜론 부호(:)를 넣어서 서로 구분한다.
    예) 가야금보: 갑술
2. 지은이 정보는 본표제 뒤에 원괄호 안에 '(○○○ 지음)'이라 기재한다.
    예) 금보(안상 지음)
3. 소장자 정보 역시 본표제 뒤에 원괄호 안에 '(○○○ 소장)'이라 기재한다. 만약 현재 소장한 상태가 아니면, '(○○○ 구장)'이라 기재한다.
    예) 금보(국립국악원 소장), 금보(박기환 구장)
4. 표제와 소장처까지 중복되는 경우에는 자료의 발견 순서에 따라 A·B·C로 구분한다.
    예) 금보(고려대 소장A), 금보(고려대 소장B)
5. 본표제의 한자는 다르나 한글이 같은 경우에 중복으로 간주하며 본표제 다음에 지은이 정보나 소장자 혹은 소장처 정보를 기재하여 구분한다.
    예) 신증금보(신성 지음), 신증금보(강전섭 소장)
6. 동일 자료의 판본이 다른 경우에는 본표제 다음에 판본의 성격을 기재한 후 소장자 혹은 소장처 정보를 기재한다.
    예) 양금신보(목판본, 고려대 소장), 양금신보(필사본, 고려대 소장)

이상으로 『한국목록규칙』을 참고하여 고악보 책명 규칙을 필자 나름대로 정리하여 제안해 보았다. 아울러 『한국음악학자료총서』에 수록된 109건의 책명을 이 글에서 논의한 고악보 책명 규칙을 적용하여 '『한국음악학자료총서』 고악보 책명 수정

(안)'을 작성하였는데, 이것을 부록으로 실었다. 이러한 수정안을 완성본으로 볼 수는 없을 것이다. 왜냐하면『한국목록규칙』을 정립할 때 여러 전문가가 모여서 몇 차례의 회의와 지상공청회를 통하여 수많은 의견을 나눈 뒤 1963년에 제정하여 1964년에 초판을 간행하였고, 그 후 40년 동안 미흡한 점을 계속해서 보완하고 내용을 추가하여 제4판까지 간행한 바 있기 때문이다. 이러한 작업에 비하면, 필자가 마련한 고악보의 책명 규칙은 고군분투의 결과물이므로 완성본으로 보기 더욱 어려울 것이다.

'고악보 책명 규칙'은 한 사람의 힘으로 단기간에 제정되기 어려운 성격의 것이다. 어쩌면 지금부터가 논의의 시작점인지도 모르겠다. 그러니 이 문제에 관심 있는 연구자들이 좀 더 합리적이고 타당한 의견을 내어 향후 '고악보 책명 규칙'의 완성도를 높여 갈 수 있기를 기대한다.

참고문헌

강명관·이동찬·석현주·김혜경·김성혜,『역주 고악보』1~2권, 민속원, 2021.
김영재,『악서정해』,『한국음악학자료총서』40집, 국립국악원, 2005, 7~218쪽.
김지용 해제,『속악가사(상)』, 명문당, 2012.
서지학개론 편찬위원회,『서지학 개론』, 한울아카데미, 2004.
이황 지음, 이광호 옮김,『성학십도』, 도서출판 홍익, 2001.
이황 지음, 홍원식 역해,『성학십도』, 계명대출판부, 2014.
한국도서관협회 목록위원회 편,『韓國目錄規則 第4版』, 한국도서관협회, 2003.
『한국음악학자료총서』, 국립국악원, 1980, 2집.
『한국음악학자료총서』, 국립국악원, 1984, 14집.

김성혜,「고악보 명칭의 문제점과 개선 방안(1)」,『음악과 현실』61호, 민족음악학회, 2021, 241~280쪽 및『역주 고악보 1』, 민속원, 2021, 614~641쪽에 복간.
_____,「고악보 명칭의 문제점과 개선 방안(2)」,『역주 고악보 2』, 민속원, 2021, 724~763쪽.
_____,「『양금신보』목판본 10건 연구」,『한국음악사학보』제71집, 한국음악사학회, 2023, 185~237쪽.
김영운,「국립국악원 소장 아악부 악보」,『한국음악학자료총서』25집, 국립국악원, 1988, 5~8쪽.

[부록] 『한국음악학자료총서』 고악보 책명 수정(안)

집호	『한국음악학자료총서』 고악보 책명	수정(안)	비고
1	大樂後譜(全)	大樂後譜	권수제·표지제
2	琴譜新證假令單	新證琴譜(申晟 지음)	권수제(지은이)
	三竹琴譜全	琴譜(李升懋 지음)	권수제(지은이)
	峩琴古譜	峩琴古譜	표지제
	律譜 律譜(響崔洋琴譜)	律譜(李響崔 지음)	표지제(지은이)
	初入門琴譜 琴譜(初入門)	初入門 琴譜	표지제
	琴譜	琴譜(국립국악원 소장)	권수제(소장처)
	西琴歌曲	西琴 歌曲	권수제·표지제
7	琴譜(增補) 增補古琴譜	琴譜(서울대 소장)	표지제(소장처)
	徽琴歌曲譜	徽琴歌曲譜	권수제·표지제
	(竹醉)琴譜 竹醉琴譜	琴譜(竹醉 지음)	표지제(지은이 호)
	一簑洋琴譜 洋琴譜(一簑琴譜)	洋琴譜(서울대 소장)	권수제(소장처)
	園客遺韻	園客遺韻	표지제
	黑紅琴譜 單	黑紅琴譜	표지제
11	俗樂源譜(全)	俗樂源譜	권수제·표지제
14	協律大成	協律大成	권수제·표지제·판심제
	梁琴新譜	梁琴新譜(목판본, 서울대 소장)	권수제(판본, 소장처)
	歐邏鐵絲琴字譜	歐邏鐵絲琴字譜	권수제·표지제
	玄琴五音統論	玄琴五音統論	권수제·표지제
	靈山會象	靈山會象	권수제·표지제
	芳山韓氏琴譜	琴譜(韓圩錫 지음)	권수제(지은이)
	浪翁新譜	浪翁新譜	권수제·표지제·권말제
15	琴譜古	琴譜古	표지제
	琴譜精選	琴譜精選	권수제
	洋琴譜	洋琴普(국립중앙도서관 소장A)	표지제(소장처)
	玄琴東文類記	玄琴東文類記	권수제·표지제
	遊藝志	遊藝志 卷第六 房中樂譜	권수제·판심제
	張琴新譜 張琴新譜 全	張琴新譜	권수제·표지제
	西琴	玄琴譜(실은 양금보)	표지제(사실 정보)
	琴譜	琴譜(단국대 소장)	표지제(소장처)

	西琴譜	西琴譜	권수제·표지제
	楊琴曲譜	楊琴曲譜	표지제·이제
	洋琴註冊	洋琴註冊	표지제
16	寓意山水 靈山會像「寓意山水」	靈山會像: 寓意山水	권수제: 표지제
	峨洋琴譜	琴調	표지제
	七絃琴譜	七絃琴譜	표지제·서문제
	琴譜 延大所藏「琴譜」	琴譜(연세대 소장)	표지제(소장처)
	拙翁伽倻琴譜	拙庄漫錄	표지제
	新作琴譜	新作琴譜	권수제
	白雲庵琴譜	琴譜(白雲庵 지음 추정)	표지제(지은이)
	學圃琴譜	玄琴譜(學圃 구장)	표지제(소장 정보)
	女唱歌謠錄 녀창가요록	녀창가요록	권수제
17	嶧陽雅韻	嶧陽雅韻	표지제
	義遺	義遺	표지제
	琴譜 單	琴譜(朴淇煥 구장)	권수제(소장 정보)
	高大琴譜Ⓐ	琴譜(고려대 소장A)	표지제(소장처)
	高大琴譜Ⓑ	琴譜(고려대 소장B)	표지제(소장처)
	하바드大琴譜 하버드大琴譜	琴譜(하버드대 소장)	표지제(소장처)
	漁隱譜	滄浪譜	표지제
18	韓琴新譜	韓琴新譜	권수제·표지제
	南薰遺譜	南薰遺譜	표지제
	琴隱琴譜 琴隱琴譜(正樂調音)	伽倻琴譜: 戊寅	악보 성격: 표제관련정보
	新增琴譜	新增琴譜(姜銓爕 소장)	표지제(소장 정보)
	琴譜 琴譜(尹容鎭)	梁琴新譜(필사본, 尹容鎭 구장)	권수제(판본, 소장 정보)
	洋琴譜	洋琴譜(李輔亨 구장)	표지제(소장 정보)
	慶大琴譜	琴譜(경북대 소장)	표지제(소장처)
19	淸音古寶	淸音古寶	표지제·이제
	江外琴譜	琴譜(오송초등학교 구장)	악보 성격(소장 정보)
	仁壽琴譜	琴譜(인수문고 소장)	표지제(소장처)
	海山遺音	琴譜: 海山一弄	권수제: 표지제
	楊琴與民樂譜	與民樂洋琴譜	권수제
	歌曲玄琴譜	歌曲玄琴譜	표지제

	琴學入門	琴學入門	표지제
20	世宗莊憲大王實錄樂譜 世宗實錄樂譜	世宗實錄 樂譜	권수제 약칭
	世祖惠莊大王實錄樂譜 世祖實錄樂譜	世祖實錄 樂譜	권수제 약칭
22	琴合字譜	琴譜(安瑺 지음)	권수제(지은이)
	時用鄕樂譜	時用鄕樂譜	권수제·표지제
	東大琴譜	琴譜(동국대 소장)	표지제(소장처)
	東大伽倻琴譜	靈山會山並錄 伽倻琴譜	표지제
	東大律譜	律譜: 大正拾年	표지제: 표제관련정보
25	朝鮮音律譜	朝鮮音律譜	권수제·표지제
	雅樂部大笒譜	大笒譜	권수제
	雅樂部鷺篥譜	鷺篥譜	권수제
	雅樂部唐笛譜	唐笛譜	권수제
	雅樂部短簫譜	短簫譜	권수제
	雅樂部玄琴譜	玄琴譜(국립국악원 소장)	표지제·목록제(소장처)
28	雅樂部伽倻琴譜	伽倻琴譜(국립중앙도서관 소장)	표지제·목록제(소장처)
	雅樂部奚琴譜	奚琴譜	권수제
	雅樂部洋琴譜	洋琴譜(국립국악원 소장)	표지제·목록제(소장처)
	雅樂部牙箏譜	牙箏譜	권수제
	雅樂部磬鍾譜	磬鍾譜	권수제
31	琴學切要	琴學切要	권수제·표지제
	琴歌	琴歌	표지제
	歌曲琴譜	歌曲琴譜	표지제
32	雲夢琴譜	琴譜(李澤 지음)	악보 성격(지은이)
	琴譜(洋琴譜) 琴譜	洋琴譜(成樂範 소장)	권수제(소장처)
	愚軒琴譜	愚軒琴譜	표지제
	琴軒樂譜	琴軒樂譜	표지제
34	平調中大葉譜	平調中大葉	권수제
	琴調	羽調初數大葉	권수제
	玄鶴琴譜	玄鶴琴譜(鄭坰兒 구장)	권수제(소장 정보)
	琴譜(晚堂所藏本)	琴譜(李惠求 구장)	표지제(소장 정보)
	洋琴譜(韶巖所藏本)	洋琴譜(權五晟 구장)	표지제(소장 정보)
	鐵絃琴譜	鐵絃琴譜	표지제
39	樂章要覽	俗樂歌詞(국립국악원 소장)	권수제(소장처)
	虛舟琴譜	琴譜(李宗岳 지음)	권수제(지은이)
	吳熹常琴譜	玄鶴琴譜(고려대 소장)	권수제(소장처)

	峨洋古韻	琴譜: 峨洋古韻	권수제: 표지제
	蒼下遺筆	蒼下遺筆	표지제
40	樂書正解	樂書正解	권수제·표제·표지제·서문제·판심제
	聖學十圖附禮樂比攷	聖學十圖 附禮樂比攷	표지제
	初學琴書	初學琴書	표지제·표제
	延大 玄琴譜	玄琹譜(연세대 소장)	권수제(소장처)
54	伽倻琴譜	伽倻琴譜: 甲戌	표지제: 표제관련정보
	石蘭琴譜	琴譜: 石蘭 記	표지제: 표제관련정보
	星湖琴譜	羽調初數大葉	권수제·이제
	洋琴 歌曲音譜	洋琴 歌曲音譜	표지제
55	琴譜全(금보전 황병기 소장본) 금보전(황병기 소장본)	琴譜(국립중앙도서관 소장)	권수제(소장처)
	靈山會上(영산회상 황병기 소장본) 영산회상(황병기 소장본)	洋琴譜(국립중앙도서관 소장B)	악보 성격(소장처)
56	樂譜 伽倻琴 譜	樂譜 伽倻琴 譜	표지제

참고문헌

• 고악보

『한국음악학자료총서』 7, 국립국악원, 1981.
『한국음악학자료총서』 14, 국립국악원, 1984.
『한국음악학자료총서』 15, 국립국악원, 1984.
『한국음악학자료총서』 16, 국립국악원, 1984.
『한국음악학자료총서』 18, 국립국악원, 1985.
『한국음악학자료총서』 31, 국립국악원, 1995.
『한국음악학자료총서』 32, 국립국악원, 1997.
『한국음악학자료총서』 34, 국립국악원, 1999.
『한국음악학자료총서』 39, 국립국악원, 2004.
『한국음악학자료총서』 40, 국립국악원, 2005.
『한국음악학자료총서』 54, 국립국악원, 2017.
『한국음악학자료총서』 55, 국립국악원, 2020.

• 단행본

『악학궤범』 국립국악원, 2000.
강명관·이동찬·석현주·김혜경·김성혜, 『역주 고악보』 1·2, 민속원, 2021.
김승룡 편역주, 『樂記集釋』, 청계, 2002.
김우진, 『거문고 육보체계에 관한 통시적 고찰』, 민속원, 2015.
김학주 역주, 『서경』, 명문당, 2002.
서수용 역, 『국역 허주유고』, 임청각, 2008.
송방송, 『한겨레음악대사전』 상·하, 보고사, 2012.
심재완 편저, 『교본 역대시조전서』, 세종문화사, 1972.
오희상 저, 『유자고孺子稿』, 한국학중앙연구원 소장.
李基用 編, 鄭在皓·金興圭·田耕旭 註解, 『註解 樂府』, 고려대 민족문화연구소, 1992.
이현종 편저, 『동양연표』, 탐구당, 1971.
이혜구, 『신역 악학궤범』, 국립국악원, 2000.
임종욱, 『중국역대인명사전』, 이회문화사, 2010.
장사훈, 『국악논고』, 서울대학교출판부, 1966.
_____, 『국악대사전』, 세광음악출판사, 1984.
張 鶴, 『琴學入門』, 上海, 1864.

전주시, 『全州市史』, 전주문화원, 1997.
최선아, 『지음을 기다리며』, 민속원, 2021.
沈載完 編, 『歷代時調全書』, 시조간행회, 2015.
한가람역사문화연구소 사기연구실, 『신주 사마천 사기 14: 예서·악서』 및 『신주 사마천 사기 15: 율서·역서·천관서』, 한가람역사문화연구소, 2021.
허경진 편역, 『악인열전』, 한길사, 2005.
『세계인명대사전: 고대인 편』, 진현서관, 1979.
『한국민족문화대백과사전』, 한국정신문화연구원, 1991.
『한국역대서화가사전(상)』, 국립문화재연구소, 2019.
장서각 기록유산 DB

• 논문
| 해제 |
권오성, 「『금보』 해제」 『한국음악학자료총서』 32, 국립국악원, 1997, 102~103쪽.
_____, 「『현학금보』 해제」, 『한국음악학자료총서』 34, 국립국악원, 1999, 60~68쪽.
김경희, 「『성호금보』」, 『한국음악학자료총서』 54, 국립국악원, 2017, 144~153쪽.
김세종, 「『초학금서』」, 『한국음악학자료총서』 40, 국립국악원, 2054, 313~319쪽.
김영운, 「『성학십도 부예악비고』」, 『한국음악학자료총서』 40, 국립국악원, 2005, 221~230쪽.
_____, 「『양금 가곡음보』」, 『한국음악학자료총서』 54, 국립국악원, 2017, 190~201쪽.
김우진, 「『오희상금보』」, 『한국음악학자료총서』 39, 국립국악원, 2004, 115~123쪽.
_____, 「『허주금보』」, 『한국음악학자료총서』 39, 국립국악원, 2004, 73~79쪽.
박정경, 「『창하유필』」, 『한국음악학자료총서』 39, 국립국악원, 2004, 289~307쪽.
서인화, 「『금보(만당소장본)』 해제」, 『한국음악학자료총서』 34, 국립국악원, 1999, 168~175쪽.
_____, 「『금조』 해제」, 『한국음악학자료총서』 34, 국립국악원, 1999, 18~24쪽.
송혜진, 「『운몽금보』 해제」 『한국음악학자료총서』 32, 국립국악원, 1997, 6~13쪽.
이동복, 「『아양고운』」, 『한국음악학자료총서』 39, 국립국악원, 2004, 257~267쪽.
장사훈, 「『금학절요』」 『국악사론』, 대광문화사, 1983, 314쪽 및 『국악문헌』, 국악교육연구회, 1990, 180쪽.
_____, 「『우헌금보』」, 『국악사론』, 대광문화사, 1983, 308~309쪽 및 『국악문헌』, 국악교육연구회, 1990, 175쪽.
최선아, 「『금보전(황병기 소장본)』」, 『한국음악학자료총서』 55, 국립국악원, 2020, 8~25쪽.
최 헌, 「『금학절요』 해제」, 『한국음악학자료총서』 31, 국립국악원, 1995, 6~13쪽.
_____, 「『금헌악보』 해제」, 『한국음악학자료총서』 32, 국립국악원, 1997, 262~266쪽.
_____, 「『우헌금보』 해제」 『한국음악학자료총서』 32, 국립국악원, 1997, 182~184쪽.
한명희, 「『악서정해』」, 『한국음악학자료총서』 40, 국립국악원, 2005, 9~11쪽.

| 논문 |

김성혜, 「고악보 명칭의 문제점과 개선 방안(1)」, 『음악과 현실』 61권, 민족음악학회, 2021, 241~280쪽 및 『역주 고악보』 1, 민속원, 2021, 613~641쪽에 복간.
신경숙, 「권섭 『가보』의 악보사적 의의」, 『우리어문연구』 30집, 우리어문연구회, 2008, 146~175쪽.
손수린, 「『악학궤범』 속악 7조의 변천 과정에 관한 연구」, 『국악원논문집』 40집, 국립국악원, 2019, 11~47쪽.
이현일, 「신위 소악부의 재론」, 『한국한시연구』 제16집, 한국한시학회, 2008, 135~166쪽.
이혜구, 「현존 거문고보의 연대고」, 『국악원논문집』 창간호, 국립국악원, 1989, 7~35쪽.
임미선, 「『가조별람』 소재 수파형 곡선보에 나타난 18세기 가곡창 선율」, 『한국음악사학보』 35집, 한국음악사학회, 2005, 71~98쪽.
장사훈, 「고악보에 쓰인 부호해설」, 『음대학보』, 서울대학교 음악대학 학생회, 1973 및 『전통음악의 연구』, 보진재, 1975, 361~363쪽.
_____, 「매화점 장단고」, 『국악논고』, 서울대학교 출판부, 1971, 297~313쪽.
최선아, 「『허주금보』의 우조 계면조 조음 및 단장(短章) 연구」, 『한국음악연구』 69집, 한국국악학회, 2021 309~329쪽.
_____, 「『금보전(황병기 소장본)』 편찬 연도 재론」, 『한국음악연구』 72집, 한국국악학회, 2022, 169~195쪽.
최재목·안선희, 「退溪 後孫 李寧齋의 『聖學十圖附禮樂比攷』에 대하여」, 『퇴계학논집』 6집, 영남퇴계학연구원, 2010, 65~108쪽.

찾아보기

ㄱ

가곡(歌曲) 15, 17, 31, 69, 77, 79, 80, 91~93, 95, 97, 131, 143, 145, 169, 219~224, 249~251, 271, 273, 274, 298, 353~356, 479, 498, 499, 542, 565, 577
가곡금보(歌曲琴譜) 620, 624
가곡 반주 539
가곡보 562, 563, 570
가곡 악보 561
『가곡원류』 593
『가곡음보(歌曲音譜)』 543, 544
가곡 장단 225
가곡현금보 626, 628
가군악(家軍樂) 120, 185, 314
가락(加樂) 188, 316
가락다리 525
가락덜이 93, 116~120, 356, 476, 523, 564
가락 도도리(加樂道道里) 263, 266
가락 도도입(加樂道道入) 381, 389
가락제이 122
가락제지 346
가락 환입(加樂還入) 355, 357, 562, 570, 572, 575
가람(嘉藍) 91
가무(歌舞) 430
가보(歌譜) 145, 147, 274, 593
가사(歌詞) 91, 93, 134, 175, 220, 222, 224, 303, 450, 519, 521, 577
가야금 95, 243, 406, 407, 438, 455, 457, 459, 460, 468, 469, 481, 486, 493, 562
가야금 악보 401~403, 631, 654
『가야금 율보』 479
가야금보(伽倻琴譜) 591, 622, 627, 628, 630~632, 644, 645, 649, 654
가야금보(국립중앙도서관 소장) 646
가야금보: 갑술 645, 655
가야금보: 무인 645
가야금조(伽倻琴調) 479
가야금 조율도 568
가얏고 556
가요(歌謠) 145, 148, 277
가을 강 적막하니 229
가즌회상 356, 563
각(刻) 499
각(脚) 95, 121, 128, 130, 136, 225
각(角) 151, 155, 279, 283, 286, 363, 364, 455, 509
각음(角音) 154, 283, 454, 459
각조(角調) 39
각퇴(角槌) 162, 291
간밤에 부던 바람 138, 210, 337
간성(間聲) 481, 489, 493
간송미술관 615
간점(間點) 170, 299
간척(干戚) 448
감군은(感君恩) 32, 33, 36, 61, 175, 303, 512
갑(匣) 25
갑을창(甲乙唱) 214

강(腔)　43
강(綱)　505
강구음(康衢吟)　204, 213, 331
강릉(江陵) 예기(藝妓)　556
강명관　608
강사찬(姜師贊)　424
강신제(降神祭)　425
강어(强圉)　16
강외금보　630, 638, 640
강외초등학교　638, 639
강이(强圉)　27
강전습　648
강혜진　252
강호(康浩)　386
강호(江湖)에 기약(期約)을 두고　210, 336, 577
강호사(江湖詞)　210
강호파(江湖派)　393
강희진　95
거문고　16, 25, 26, 40, 66, 92, 96~98, 109, 110, 154, 158, 159, 250, 283, 286, 347, 353, 375, 402, 406, 446, 468, 479, 480, 483, 486, 489, 498, 502, 503, 556, 561, 562, 566, 603
거문고보　95, 563, 632, 633, 649
거문고 7점　407
거문고 구음　223, 498
거문고 그림　609
거문고 명인　565
거문고 반주　498
거문고 산조　252
거문고 산형(散形)　262, 609
거문고 선율　95, 225, 275, 564
거문고 악곡　93
거문고 악보　15, 26, 31, 65, 67, 77, 79, 91, 143, 145, 219, 220, 222, 249, 261, 271, 273, 345, 346, 356, 401, 497, 609, 621, 630, 631, 635, 643, 654
거문고 연주법　250
거문고 연주의 범례　272
거문고 육보　274
거문고 육보체계　225
거문고 조현법　252
거문고 한글 구음　15, 224
거서(秬黍)　425
거성(去聲)　211, 337
거혈(居穴)　370
거환입(去還入)　190
검남곡(劍男曲)　405, 406, 446, 448, 449, 485
검무(劍舞)　188, 317, 448
격구상생(隔九相生)　482
격양가(擊壤歌)　213, 434
격양사(擊壤詞)　204
격팔상생(隔八相生)　448, 455, 459
견(肩)　370, 465
결(関)　148, 277
겹술　504
경(輕)　164, 293
경(磬)　396, 424, 425
경(頸)　465
경기도박물관　15
경대금보　606, 637~639
경북대도서관　602
경북대학교　600, 601, 637~639, 647
경석(磬石)　425
경성방송국　446, 565
경성 음악가　477
경쇠[磬]　26
경순(敬淳)　148, 276
경안(輕按)　43
경종(景宗)　98

『경종보』 627~629
계녀창(界女唱) 삼삭(三數) 226
계락(界樂) 67, 224, 233, 239, 540, 541, 548, 550, 553, 554, 563, 584
계면(界面) 130, 291, 358, 460, 477, 550, 575, 581
계면 가락(界面加樂) 189
계면 가락덜이 119, 188, 220, 223, 317
계면 가락 도드리 355
계면 가락뜰이(界面乭樂) 240
계면 가락제이 93, 119, 189, 317
계면 낙시조(界面樂時調) 93, 129
계면 다사음(界面多辭音) 175, 304
계면 다스름 355, 356, 380, 381, 498, 563
계면 다슬음(啓面多瑟音) 388
계면 들자진안 548
계면 반농언농(界面半弄言弄) 233
계면 사음(界面辭音) 175
계면 삭삭대엽(界面數數大葉) 223, 232, 233
계면 삼삭대엽(界面三數大葉) 93, 127, 146, 233, 272, 273, 334, 540, 541, 553, 554, 546, 549
계면 삼중대엽(界面三中大葉) 93, 134, 146, 207, 208, 273, 333, 334
계면상(界面商) 510
계면성(界面聲) 489, 493, 574
계면 소용(界面騷聳) 93, 128
계면 소용이(界面騷聳伊) 233
계면 소이(界面騷耳) 93, 127
계면 쇠삭삭대엽(界面衰數數大葉) 223, 233
계면 완구(界面宛丘) 188, 189, 317
계면 이대엽(二大葉) 125
계면 이삭대엽(界面二數大葉) 93, 126, 131, 146, 213, 224, 232, 273, 340, 540, 541, 543, 546, 549, 553, 554

계면 이중대엽(界面二中大葉) 93, 133
계면 장리음(界面長理音) 355, 356, 375
계면조(界面調) 21, 41, 45, 47, 67, 69, 97, 107, 110, 115, 117, 128, 131~133, 148, 163, 192, 223, 251, 255, 277, 320, 485, 541, 563
계면조 낙시조(界面調樂時調) 251, 257
계면조(界面調) 다스음 112
계면조 단장(界面調短章) 67, 73
계면 조림(界面調臨) 93, 126, 132
계면조 이엽(二葉) 126
계면조 이중대엽 145
계면조(界面調)의 농(弄) 252
계면조 조음(界面調調音) 251, 257
계면조 조현 110
계면조 초삭대엽(界面調初數大葉) 93, 126
계면조 타령 118
계면 존자진안 540, 541, 546, 548, 549, 553, 554
계면 중거삭엽 146, 273
계면 중어리(中於里) 541, 544, 548, 549
계면 진놈 548
계면 처사음(界面處辭音) 498, 513
계면 초대엽 224, 231
계면 초삭대엽(界面初數大葉) 540, 541, 543, 546, 549, 553, 554
계면 초삭엽(界面初數葉) 146, 213, 273, 340
계면 초중대엽(界面初中大葉) 93, 133
계면 평롱 224, 233
계면 환입(界面還入) 563, 570, 573, 576
계면 후정화(界面後庭花) 93, 134
계법(界法) 20
계사년 32
계음(界音) 175, 305, 513
계 이삭엽(界二數葉) 332

계 이엽(界二葉)　125
계 이중대엽　498
계 이중엽(界二中葉)　146, 206, 272, 273, 332, 514
계조(界調)　21, 510
계주(桂柱)　503
계청(界淸)　543, 544
계 초중대엽(界初中大葉)　205, 333
계평조 삭대엽(界平調數大葉)　146, 201, 273, 329
고(鼓)　391
고갑자(古甲子)　565
고고천변　519~521, 530
고광민　146, 274
고구려　40
고국사(故國詞)　206
고금(古琴)　149, 151, 277, 280
고금론(古琴論)　354, 360
고금범례　507
고금음(古琴吟)　393
고대금보Ⓐ　625, 638~640, 644
고대금보Ⓑ　625, 638, 640, 644
고려대 도서관　593, 602
고려대학교　65, 600, 601, 638, 639, 642, 644, 647
고려인의 옛 음악　388
고법(鼓法)　483, 488, 492
고보7음　391
고보석　147, 274
고산(高山)　393
고선(姑洗)　364, 456, 481, 567
고선각(姑洗角)　460
고아가결(古雅歌闋)　198, 326
고악(古樂)　360, 376, 391, 431, 455
고악보　225, 499, 591~594, 599, 603~608, 611, 613, 614, 617, 618, 620, 623, 626~629, 631~636, 640, 641, 649~655
고운(孤雲) 선생　179, 180, 308
고음부　391
고조(古調)　157, 335
고종(高宗, 재위 1863~1907)　249
고취(鼓吹)　396, 569
고취탄박(鼓吹彈拍)　388
고하(高下)　458
고하청탁(高下淸濁)　448
곡보(曲譜)의 자해(字解)　392
곡저타령(曲杵打令)　521, 524, 526
곤(袞)　368
공명(功名)과 부귀(富貴)과라　557
공산(空山)이 적막(寂寞)한데　203, 330
공손조(公孫朝)　97
공양왕(恭讓王)　258
공인(工人)　556
공자(孔子)　26, 96, 97, 150, 152, 154, 195, 264, 278, 280, 323, 386, 476
『공자가어(孔子家語)』　415
공조　391
공척(工尺)을 읽는 법　392
공척보　382
공후　151, 280
관(管)　173, 302, 426
관각(冠角)　370, 465
관동 별군악(關東別軍樂)　521, 524, 529
관산융마(關山戎馬)　221, 224, 229
관악(管樂)　555
관악기　396, 407
관악기 구음 가락　540
관약(管籥)　448, 486
관혼상제　379, 380
괄거(括去)　189, 318

괄거 환입(括去還入) 318
광(廣) 465
광릉(廣陵) 154, 282
광풍(狂風)에 떨친 이화(梨花) 138
괘 25, 159, 161, 162, 168, 253, 287, 288, 460, 501, 503, 507, 523, 566
괘법 66, 508
괘상(棵上) 504
괘상청 32, 69~72, 87, 100, 157, 164, 173, 191, 199, 250, 253, 254, 286, 292, 293, 302, 320, 327, 502, 503, 505~507, 566
괘외청 70, 72, 87, 253
괘표 92, 107, 121, 175, 303
괘하청 32, 71, 100, 157, 164, 174, 191, 286, 293, 302, 303, 320, 506, 507, 566
교육자 416
교토(京都)대학 614
구(鉤) 174, 302
구(勾) 368
구(句) 504
구괘금보(九卦琴譜) 523
『구라철사금자보』 78, 605
구름은 산마다 있고 180, 309
구름이 무심(無心)탄 말이 578
구보(舊譜) 392
구쇄(摟鎖) 368
구양수(歐陽脩, 1007~1072) 66
구음(口音) 31, 32, 35, 92, 93, 143, 164, 169, 195, 298, 312, 323, 353, 406, 455, 481, 483, 519, 544
구음(口音)가락 541, 548, 550, 554
『구음보(口音譜)』 25, 143, 271
구현(鉤絃) 104
국립국악원 31, 65, 77, 78, 91, 143, 220, 249, 261, 262, 345, 355, 379, 401, 497, 519,
539, 561, 593, 605, 615, 628, 637, 641, 643
국립민속박물관 602, 647
국립전주박물관 603, 647
국립중앙도서관 31, 77, 78, 592, 631, 637, 638, 643, 644, 646
국립중앙박물관 601, 603, 647
『국악논고』 354, 497
『국악대사전』 26, 143
국악보 596, 652
『국역 허주유고』 66, 68
국풍(國風) 196, 280, 323
군불견황하수천상래(君不見黃河之水天上來)한다 584
군악(軍樂) 93, 117~119, 137, 188, 193, 194, 223, 241, 263, 267, 317, 322, 346, 349, 355, 358, 381, 390, 403, 407, 479, 493, 522, 524, 526, 527, 530, 563, 570, 573, 576
군중 취타(軍中吹打) 93, 95, 120
군호(軍號) 489
굴원(屈原) 충혼(忠魂) 배에 든 고기 205, 332
굴원(屈原) 충혼(忠魂) 어디 자고 227
굿거리 119
굿거리춤(國巨里舞) 448
굿도드리 137
굿보허사 121, 147, 274
궁(宮) 151, 155, 171, 279, 283, 286, 300, 363, 364, 365, 432, 455, 458, 482, 506, 509, 514
궁(宮)·상(商)·각(角)·치(徵)·우(羽) 157, 382, 423, 567
궁성(宮聲) 154, 283, 458, 459
궁음(宮音) 454, 459
궁 점 170, 299

궁중 음악   169, 298
권길호(權吉鎬)   243
권도희   407
권두(卷頭)   596, 597, 599, 604, 617, 650, 652, 653
권두제(卷頭題)   591, 597
권말(卷末)   596~598, 599, 603, 604, 650, 652, 653
권말제(卷末題)   591, 607, 611, 627, 649, 651, 653
권미제(卷尾題)   591
권섭   147, 274
권수제(卷首題)   31, 65, 78, 249, 271, 345, 519, 591, 595~601, 603~608, 610, 611, 613, 614, 616~618, 624, 629, 632~634, 637~640, 642, 643, 647, 648, 650, 651, 653, 654
권수제면   612, 652
권오성   94, 143, 144, 146, 274, 519, 520, 522, 643
권율화   95
권주가(勸酒歌)   94, 138, 509, 521, 524, 528
권진(權軫)   425
권혜은   68
궤(机)   467
귀거래사(歸去來辭)   393
귀금(貴金)   40
귀루(鬼淚)   503
귀보허(歸步虛)   170, 299, 509
귀보허사(歸步虛詞)   147, 192, 274, 321
규식   145, 272
극종(克宗)   40
근원이 깊은 물은   306
글게도드리   121
금   25, 26, 39, 40, 98, 148~150, 152~155, 157, 159, 192, 196, 197, 219, 244, 253, 261, 264, 265, 276, 278, 280, 282, 285~287, 320, 324, 325, 350, 360~362, 370, 371, 375, 380, 381, 391, 394, 396, 424, 425, 438, 457, 460, 465, 467, 469, 480, 502, 506, 507
금(金)   459
금[양금(洋琴)]   435
『금가(琴歌)』   223, 620
금곡(琴曲)   169, 298, 373, 393
금규(琴圭)   354, 497
금도(琴道)   40
금도론(琴道論)   356
금론   31~33
금률(琴律)   26
금리침(綿裡針)   211, 338
금(琴) 명창   220, 221, 224, 243
금법(琴法)   66
『금보』(琴譜)   16, 25, 35, 39, 69, 79, 91, 110, 147, 148, 245, 261, 275, 276, 345, 348, 519, 520, 522, 591, 594, 602, 603, 605~608, 613, 615, 616, 620, 625~627, 630~633, 635~639, 642~644, 646, 647, 654
『금보』(경북대 소장)   639
『금보』(고려대 소장A)   78, 639, 655
『금보』(고려대 소장B)   640, 655
『금보』(국립국악원 소장)   639, 655
『금보』(국립중앙도서관 소장)   31, 35, 638, 639
『금보』(국립중앙도서관 소장)   33
『금보』(단국대 소장)   638, 639
『금보』(동국대 소장)   640
『금보』(만당소장본)   261, 263, 625, 636, 637
『금보』(박기환 구장)   637, 655

『금보』(백운암 지음 추정) 636
『금보』(서울대 소장) 638, 639
『금보』(안상 지음) 636, 655
『금보』(양금보) 519, 520, 613, 642
『금보』(연세대 소장) 639
『금보』(오송초등학교 구장) 639, 640
『금보』(윤용진) 613, 614, 647, 648
『금보』(이승무 지음) 91~94, 96, 101, 144, 251, 636
『금보』(이종악 지음) 65, 67~69, 636
『금보』(이택 지음) 15, 17, 18, 636
『금보』(이혜구 구장) 261, 263, 264, 637
『금보』(인수문고 소장) 640
『금보』(죽취 지음) 636
『금보』(증보) 625, 637~639
『금보』(초입문) 621
『금보』(하버드대 소장) 640
『금보』(한우석 지음) 636
『금보: 石蘭 記』 634
『금보: 아양고운』 345, 347, 348, 634
『금보 전(황병기 소장본)』 31
『금보: 해산일롱』 345
금보고 620
금보단 606, 607, 636, 637
『금보상해(琴譜詳解)』 143
금보서(琴譜序) 195, 615
금보신증가령 16, 608, 609, 648
금보신증가령단 607
금보전 607
금보전(황병기 소장본) 32~34, 606, 637~639
금보정선 613
금보7음 391
금설(琴說) 393, 394
금속 활자 401
금속 활자본 379

금슬(琴瑟) 96, 97, 395
금아부(琴雅部) 31, 32, 262, 264, 265
금은금보(정악조음) 630
금의 283
금조(琴調) 77~79, 81, 84, 615, 617, 620, 622, 623
금주(金主)임 심으신 남게 532
금진(琴軫) 370
금체 도식(琴體圖式) 465
금체통칭(琴體統稱) 392, 403, 406, 418, 464
금침(琴枕) 467
『금학관견(琴學管見)』 373
『금학입문(琴學入門)』 405, 464, 466, 468, 606
금학적요(琴學摘要) 380, 381, 392
금학절요(琴學切要) 249, 251~253, 606
금합자보 615, 623, 635, 636
『금헌악보(琴軒樂譜)』 353, 356, 357, 620
기괘(歧棵) 504
기괘청(歧棵淸) 502, 503, 505
기미(起尾) 465
기범(起泛) 366
기보 방법 519
기보 방식 401
기보법 31, 65, 144, 225, 345, 346, 379, 382, 497, 539, 562
기보 체계 95
기보 형태 223
기생집 405, 429
기악(器樂) 504
기악곡 519, 521, 561
기악곡 악보 143
기자(箕子) 257, 424
기정(起頂) 465
기족(岐足) 174, 302

기후보 96
길군악 95, 135, 185, 313, 521, 528
길염불 574
길염불 취타 562, 563
김경희 78, 81
김계선 565
김규철(金奎喆) 244
김기철 499
김기황(金基滉) 244
김동욱 625, 638
김두남 33
김립(金笠) 26
김명순 146, 274
김병연(金炳淵) 26
김보라 95
김사명(金士明) 154, 155, 283, 284
김삿갓 26
김상순 446
김선정 95
김성기 32
김성탄(金聖嘆) 411
김성혜 17, 81, 225, 252, 263, 356, 407, 522, 564, 591, 592, 607, 608, 612, 613, 616, 617, 621, 635, 636, 639
김세종 498, 499
김소연 147, 225, 275, 564
김승룡 43
김영운 225, 382, 540, 541, 628
김영재 610
김영호 147, 274
김완섭본 647
김우권(金友權) 345
김우진(金宇振) 66, 68, 144, 147, 225, 252, 273, 274, 345, 346, 347, 356
김이경(金利景) 244

김정찬(金貞燦) 244
김정호(金貞鎬) 243
김종수 94, 98
김지용 614
김지윤 522
김초항(金稍恒) 244
김학수 68
김학주 434
김해진 17
김형준 446
김혜경 608
김화복 225, 499
김활란 446
김황조(金晃朝) 243
꽃이 진다 하고 138
꿈 171, 300, 514
끝열채 482

ㄴ

나무도 바위 돌도 없는 산 232, 240, 584
낙(樂) 95, 130, 170, 196, 197, 213, 224, 225, 299, 323, 325, 339, 541
낙매가(落梅歌) 236
낙시조 19
낙양성(洛陽城) 십리허(十里許)에 533
남구만(南九萬) 138
남녀창 543, 544
남녀 창법 순서 540, 549, 550
남녀 합창 549
남도 잡가(雜歌) 429
남려(南呂) 365, 426, 456, 481, 566, 567
남려우(南呂羽) 460
남무(男舞) 448, 449
남산(南山)은 천년산(千年山)이요 532
남창(男唱) 209, 210, 212~215, 232, 273,

336, 338, 340~342, 543, 549, 550, 556, 577
남창 가곡 563
남창가곡금보 626, 627
남창법 순서 540, 546
남평문씨 인수문고 638
남풍가(南風歌) 530
남풍시(南風詩) 423
남화정 95
남훈유보 620
남훈전(南薰殿) 530
남훈전 달 밝은 밤에 577
남훈전(南薰殿) 순제금(舜帝琴)을 583
납음(納音) 467
납음법(納音法) 403, 418, 454, 458
낭옹신보 607
내(內)징 493
내제(內題) 597
내주(來往) 366
녀창가요록(女唱歌謠錄) 615, 616
노군악(路軍樂) 93, 95, 120, 313
노래 169, 195~197, 243, 244, 273, 298, 323~325
『노론(魯論)』 97
노주 오희상(老洲 吳熙常, 1763~1833) 143, 144, 147, 272, 274, 276, 498
『노주집(老洲集)』 144, 147, 272, 274
녹기(綠綺) 148, 276
녹양(綠楊) 춘삼월(春三月)을 잡아매어 241
『논어(論語)』 195, 323, 476
농(弄) 95, 128, 130, 170, 196, 197, 213, 224, 225, 299, 323, 325, 339, 540, 541, 544, 546, 548, 549, 553
농각(弄刻) 224, 238
농-계면조 93

농소수(弄素袖) 188, 194, 316
농현(弄絃) 92, 101, 102, 253, 402, 406, 469, 562, 563, 574
농현법(弄絃法) 435, 469, 479
누운들 잠이 오며 208, 335
뉘라서 나 자는 창(窓) 밖에 534
늙은이 불사약(不死藥)과 85
능창대군 205, 333
늦은 한잎 19

ㄷ

다(多) 161, 290
다라문(陀羅門) 186
다라문(陀羅門)이 열리매 314
다랭 504
다로 103, 104
다로딩 164, 292
다롱 103
다루 104, 105, 107, 122, 133, 134, 163, 291, 292
다링 103, 104, 163, 291
다링다롱 168, 297
다사림 51
다스름 175, 251, 303, 512
다시름 574
다시음(多時音) 356, 376
단(短) 109, 195
단국대학교 637, 638
단군(檀君) 257, 424, 433
단소(短簫) 244, 562
단소 구음 498
단소보(短簫譜) 497, 498, 514, 627
단소 조율도 569
단쇄(短鎖) 368
단장(短章) 65, 67, 68

672

담괘(檐棵) 503
답군은(答君恩) 210, 336
당 103, 107, 161, 163, 290, 291, 447, 456, 460, 477, 481, 508, 514
당(撞) 366
당다루 164, 292
당동 109, 164, 293
당사(唐絲) 87
당상악(堂上樂) 395, 480
당송팔대가(唐宋八大家) 145, 272
당악(唐樂) 425
당악기(唐樂器) 162, 291
『당적보』 627, 628
당하지악(堂下之樂) 448
대(大) 346, 348
대가(臺歌) 208, 334, 339
대가 계면 중거 삭엽(臺歌界面中擧數葉) 209, 335
대구간송미술관 615
대금(大笒) 446, 555
대금(大琴) 396
대금보 607, 610, 628
『대기(戴記)』 96, 97
대기(對起) 366
대념(大念) 541
대(帶) 366
대동협회(大同協會) 379
대려 365, 455, 481, 567
대려궁(大呂宮) 482
대모(玳瑁) 503
대무(大武) 262, 265
대문구(大問勾) 372
대성악(大晟樂) 424
대소(大韶) 262, 265
대슬(大瑟) 151, 280, 396

대아(大雅) 195, 323, 415
『대악후보』 78, 605
대여(大余) 44, 45, 52
대여음 46, 49, 80, 82~84, 124, 226, 233, 359, 541
대연헌(大淵獻) 16, 27
대영산 346
대음(大音) 123, 124, 129
대적(大笛) 554
대점(大點) 109, 115, 130, 132
대진 265
대(大)징 103
대하(大夏) 262, 265
대현(大絃) 19, 21, 32, 38, 39, 41~43, 47, 54, 57, 59, 69~72, 87, 100, 101, 103, 104, 107, 111, 124, 133, 134, 157, 159, 162, 164, 170, 174~176, 191, 199, 250, 253, 254, 286, 288, 290~293, 299, 302, 303, 305, 319, 320, 327, 371, 457, 502~504, 506~508, 510, 512, 566
대호(大濩) 262
더 162, 290, 508
더래 300
더레 514
더레 171
더로징 164, 292
더롱 163, 292
더루 104
더링 104, 292
더 점 170, 299
덕 171, 300, 514
덕궁 514
덕 점 170, 299
덩 103, 105, 161, 290, 508, 514, 567
덩 점(點) 170, 299

덩지덩   105, 164, 292, 293
도(挑)   162, 290, 368, 504, 508
도강사(悼紅詞)   210
도기(搯起)   366
도드리   116, 147, 274
도랑   104, 163, 292, 477
도루   105
도륜(到輪)   369
도링   104, 163, 292
도산(陶山)   158, 286
도연명(陶淵明, 364~427)   151, 154, 279, 282
도원량(陶元亮)   25, 26
도잠(陶潛)   151, 279
도정절(陶靖節)   154, 282
도화인(桃花引)   207, 334
도화(桃花) 점점 안족 놓고   533
돌가락   487, 488
돌괘   159, 174, 287, 302, 500, 566
돌장   355
동   103, 107, 121, 162, 164, 290, 293, 447, 456, 460, 481, 489, 493, 508, 514
동경대학   603, 647
동국대   638
동국 역대 역년(東國歷代歷年)   249, 250, 257
동대가야금보   620, 621
『동대금보(東大琴譜)』   95, 625, 638, 640
동대율보   625, 646
동동   160, 288
동래(東來)   40
동명왕   258
동방기명(東方旣明)커늘   533
『동양연표』   16
동양 음악   423
동창(東窓)이 밝았느냐   138
두거(頭擧)   223, 541, 563, 578, 582

두렁   104
두링   104
두첫치   547, 548
둥   103, 162, 290, 456, 457, 459, 460, 481, 489, 493, 508, 514, 567
뒤구레   407, 482, 486
뒤전   20
뒷풍류   563
득도가(得道歌)   353, 355, 356, 373
득도(得道)한 선옹(仙翁)이여   373, 374
들박   492, 494
들박자   483
들자진안   541, 543, 544, 546, 549, 550
등(藤)   481, 489, 493
디   456, 460, 493
디잉   163, 292
딩   160, 163, 288, 291, 456
땅   460
떵   171, 300, 514
뜰(浮)   105, 107, 121, 160, 165, 289, 294, 483

ㄹ

랑   161, 162, 290, 508
로   162, 290, 508
루   162, 290, 508
루다칭둥   312
룽   162, 290, 508
류도원(柳道源, 1721~1791)   66
링   162, 290, 508

ㅁ

마두군악(馬頭軍樂)   521, 524, 527
마유   500
마조(馬祖) 스님   150, 278

마현진 95
막내는 놈 541, 543, 544, 546, 549
만당(晩堂) 261, 637
만대엽 16, 19
『만보전서(萬寶全書)』 356
만엽(慢葉) 209, 335
만월대(滿月臺) 333
만월대사(滿月臺詞) 206
만정방(滿庭芳) 210, 337
만청(滿淸) 105
만횡(謾橫) 198, 326
말(抹) 368
망부사(望夫詞) 201
매화곡(梅花曲) 93, 95, 136
매화영(梅花咏) 170, 299
매화점(梅花點) 169, 298, 509
매화점 장단 497, 499
매화지영(梅花之咏) 509
매화타령(梅花打令) 521, 524, 528
맹사성(孟思誠) 425
『맹자』 98
『면금보(面琴譜)』 94
면원(面圓) 465
명고(名鼓) 244
명목(名目) 102, 107, 112
명인 97, 98, 220, 244, 631
명창 220, 244
명(明) 태조(太祖) 424, 426
목록제(目錄題) 591, 607, 610, 611, 619, 626, 628, 640, 643, 651
목차제(目次題) 604
목판 91
목판본 143, 403, 600, 603, 617, 647, 648, 654
몽중사(夢中思) 211

무고(舞鼓) 556
무곡(舞曲) 479
무녀 시조(巫女時調) 94, 137
무보(舞譜) 593
무악(武樂) 448
무역 365, 426, 456, 481, 566, 567
무역궁(無射宮) 425
무왕(武王) 39, 98, 151, 154, 262, 264, 265, 279, 282, 391
무용(舞容) 429, 436, 448
무정간(無井間) 223
무현 32, 38, 42, 43, 70, 71, 87, 100, 105, 107, 111, 157, 159, 164, 174, 191, 253, 254, 286, 288, 302, 319, 320, 363, 457, 502~507, 566
무현금(無絃琴) 25, 151, 158, 280, 287
문 32
문덕곡 169, 298
문묘(文廟) 392, 424
문묘악 381
문묘(文廟) 악보(樂譜) 380~382, 392
문성렵 146, 274
문순공(文純公) 385
문왕(文王) 39, 150, 151, 154, 264, 265, 279, 282, 391, 458
문주석 95, 137
문해(文蟹) 355, 358
『문헌통고(文獻通考)』 426
문현(文絃) 19, 38, 41~43, 69, 71, 72, 87, 100, 102, 103, 105, 108, 111, 157, 159, 160, 162, 174, 191, 199, 253, 254, 286, 288, 290, 291, 302, 319, 320, 327, 363, 457, 502~508, 566, 567
묻노라 저 선사(禪師)야 215, 342
미 465

미국 음악　436
미미지악(靡靡之樂)　98
미청(微淸)　100
미탁(微濁)　100
민간 풍류 가락　346
민악(民樂)　420, 448, 449
민안인(閔安仁)　424
민요[謳謠]　97
민회상　562, 570
밑도드리　114

ㅂ

바닷가 모래톱 가없는 물결　205, 332
박근성(朴根成)　219, 220, 243, 246
박기환　636
박연(朴堧)　425, 458
박영로(朴永輅)　244
박영륜(朴永輪)　243
박자　195, 394, 406, 475, 476, 482, 483, 487
박재린　356, 564
박정경　561, 563, 565
박희정　147, 275
반(反)　161, 290, 508
반각(半脚)　128, 130
반각(半刻)　510
반(半) 넘어 늙었으니　582
반부(半扶)　368
반분(半分)　482
반성(半聲)　481
반엇(半旕)　213, 339
반엇삭엽(半旕數葉)　198, 326
반여(半余)　44, 45
반여음　46, 49, 80, 82~84, 255
반엽(半葉)　223, 540, 541, 543, 546, 547, 549, 552, 554, 579

반엽대념　554
반음(半音)　256
반조음(半調音)　16, 18
반종(半終)　56
발문(跋文)　346, 598, 608, 610, 611
발문제(跋文題)　604
발자(撥刺)　369
밤야자진안　541, 546, 547, 549
밤엿자즌한입　125
방산한씨금보　625, 635, 636
방아타령　437
방종현(方鍾鉉, 1905~1952)　643
방중악보(房中樂譜)　612
방초(芳草) 우거진 골에　206, 333
방합(放合)　366
방향(方響)　162, 291
배소　381
배쇄(背鎖)　368
백개(伯嗜)　465
백구는 편편 대동강 상비하고　584
백구사(白鷗詞)　215
백 나무를 다 심어도　534
백동저(白銅鍉)　235
백동저곡(白銅鍉曲)　235
백아(伯牙)　98, 155, 284, 350
백운암　635
백운암금보　625, 635, 636
백윤섭(白允燮)　244
백천(百川)이 동도해(東到海)하니　85
백행원(百行源)　200, 328
범(泛)　366
범례(凡例)　94, 98, 99, 145, 148, 159, 287, 401~403, 406, 419, 481, 609
범례규식(凡例規式)　277
범음조롱(泛音調弄)　354, 374

범조   391
범지(泛止)   366
법악(法樂)   426, 489
벽(劈)   368
벽사창(碧紗窓) 어른어른커늘   556
벽하   416
변궁(變宮)   159, 174, 287, 302, 482
변반(變半)   482
변성(變聲)   469, 482
변율(變律)   482
변임종(變林鍾)   482
변입 삼현가락   183, 312
변조(變調)   359
변주(變奏) 가락   95
변주 선율   95
변치(變徵)   482
별곡(別曲)   80, 355, 493, 519, 521, 524, 526
별곡 도도리(別曲道道里)   263, 267
별곡회상   562, 570
별상사(別相思)   202, 203, 212
별영산(別靈山)   206
병법(兵法)   404
병창   131, 409, 429, 431
보법(譜法)   505
보허사(步虛詞)   91, 93, 95, 97, 112, 180, 182, 183, 251, 257, 309, 310, 311
보허신사   179, 180
보허자(步虛子)   32, 33, 36, 61, 92, 143, 145, 147, 170, 173, 179, 182, 192, 271, 273, 274, 297, 299, 308, 311, 321, 509
보허자고   146, 274
복희씨(伏羲氏)   39, 150, 154, 264, 265, 278, 279, 282, 423, 433, 458
본반(本半)   482
본영산   220~222, 224, 227, 403, 407, 483,
486, 487, 566
본풍류(本風流)   479
본환입(本還入)   110, 114, 176, 182, 183, 305, 311, 312, 355, 356, 359
본회상(本會相)   562, 570
봉래초부   144, 196, 324
봉미(鳳尾)   38, 42, 159, 287, 500, 503
봉산 오초부   157, 286
봉산초부(蓬山樵夫)   148, 152, 276, 280
봉소(鳳沼)   149, 277, 370, 466
봉시(鳳翅)   370
부(缶)   109
부(浮)   160, 289
부(枹)   173
부들   503, 566
부안(扶安)   155, 284
부예악비고   380
부장(㕛掌)   466
부정(副正)   26
북   381
북전(北殿)   16, 20, 32, 45, 47, 52, 134, 145, 173, 197, 198, 208, 209, 297, 325, 326, 335, 498, 515
북한 소재 고악보   147
북한 역사박물관   143
불(拂)   368
불악(佛樂)   447
불자비   554
비(飛)   366
비파(琵琶)   26, 151, 280, 556
뿌리 깊은 나무는   177, 306

ㅅ

사(斜)   465
사광(師曠)   97, 98, 469

사교(四敎) 156, 284
사귀사(思歸詞) 213
사규(士逵) 96, 97
『사기(史記)』 264, 402~404
사두(蛇頭) 566
사랭 102, 107, 112, 121, 137, 504
사마담(司馬談, ?~기원전 110) 410
사마씨(司馬氏) 415
사마정(司馬貞) 404
사마천(司馬遷) 241, 402, 403, 410, 419
사양(師襄) 26, 96
사양(斜陽)에 취흥(醉興) 겨워 583
사양자(師襄子) 264
사언 환입(詞焉還入) 94, 119, 137
사연(師涓) 97, 98
삭대엽(數大葉) 16, 17, 23, 24, 32, 47, 69, 80, 81, 94, 130, 132, 147, 197, 211, 274, 325, 337
삭령(索鈴) 369
삭삭대엽(數數大葉) 223
삭엽(數葉) 195, 323
산(散) 368
산도(散挑) 372
산림파(山林派) 393
산음(酸音) 469
산조(散調, 酸調) 409, 421, 429, 431, 432, 438, 468, 469
산조 가야금 568
살(殺) 465
살갱 489
살랭 121
삼괴당(三槐堂) 271
『삼국사기』 157, 502
삼대엽 127
삼동(三冬) 베옷 입고 204, 331

삼뢰(三雷) 170, 198, 212, 299, 326, 338, 339
삼삭대엽(三數大葉) 125, 128, 223, 251, 255, 256, 550, 578, 583
삼삭엽 170, 212, 299, 338
삼수대엽 17
삼엽 51
삼월삼일(三月三日) 이백홍도(李白桃紅) 579
삼장 227
삼조표(三條標) 379, 382, 541
『삼죽금보(三竹琴譜)』 91, 94, 95, 98, 225, 594, 625
삼죽금보전 635, 636
삼죽 선생 92
삼중대엽(三中大葉) 198, 212, 326, 338, 339
삼척(三陟) 주탕녀(酒帑女) 556
삼현(三絃) 193, 194, 316, 321, 322, 488, 523
삼현금(三絃琴) 523
삼현 도도리(三絃道道里) 263, 266
삼현 도도입(三絃道道入) 389
삼현 도두리(三絃到頭里) 530
삼현 삭대엽(三絃數大葉) 131
삼현 환입(三絃還入) 94, 95, 144, 183, 187, 192, 312, 315, 321, 346, 348, 524, 526
삼환입(三還入) 190, 318
상(商) 155, 279, 283, 286, 363, 365, 455, 509
상공(上空) 566
상금법(上琴法) 354, 370
상사곡(相思曲) 170, 299, 509
상사별곡(相思別曲) 93, 94, 134, 221, 224, 234, 520, 521, 524, 529
상세환입(上細還入) 563, 575
상안도식(常案圖式) 406
상영산(上靈山) 93, 185, 251, 252, 262~ 264, 346, 354, 355, 357, 381, 382, 450, 483,

520, 523, 525, 529, 541, 562, 570~572, 575
상음(商音) 454, 459
상조 391
상준(上準) 460
상청(上淸) 107, 174, 302
상청현(上淸絃) 100, 105, 111
상타(上打) 369
상하청(上下淸) 191
상현(上絃) 355, 358, 407, 450, 488, 489, 526, 570
상현 도두리(上絃到頭里) 526, 529
상현 도드리 521
상현 환입(上絃還入) 355, 521, 524, 525, 562, 563, 575
상환입(上還入) 183, 311
샛별 지자 종다리 떴다 138, 578
생(笙) 381, 424, 425
『서경(書經)』 149, 195, 197, 323, 325, 434
서금 625, 626, 640
서금가곡 605
서금보 606
서문(序文) 91, 92, 94, 96, 98, 144, 145, 272, 379~381, 383, 402, 403, 415~417, 598, 611, 653
서문제(序文題) 604, 607, 610, 619, 626, 627, 649, 651, 653
서산(西山)에 일모(日暮)하니 533
서새산전백로비(西塞山前白鷺飛)하고 215, 342
서수용 66, 68
서양 악곡(洋曲) 437
서양 음악가 405, 406
서예가 416, 417
서울대도서관 603, 643

서울대학교 637, 638, 643, 647
서울역사박물관 601, 602, 647
서유구(徐有榘) 464, 612
서인화 77, 78, 81, 94, 252, 262, 263
『서지학 개론』 596
석란 634
석란금보 625, 633, 634
석봉 66
석상류천(石上流泉) 393
석암(石菴) 143
석양에 취흥을 겨워 208, 334
석주문고(石洲文庫) 65
석현주 608
선궁(旋宮) 455
선니(宣尼) 154, 282
선성군(宣城君) 27
선옹(仙翁) 286, 370, 396
선요(珗耀) 149, 277
선요(仙腰) 159, 288
선율 91, 93
선일(禪逸) 350
선자(仙字) 372
선조(宣祖) 649
선후창탄(先後唱彈) 196
설(舌) 567
설괘전(說卦傳) 152, 280
설빈어옹(雪鬢漁翁)이 주포간(住浦間)하니 238
설성(舌聲) 455
설월(雪月)이 만창(滿窓)한데 242
성경린 94, 98
성낙범(成樂範, 1938년생) 519, 642
성득현송(聖得賢訟) 202, 330
성률(聲律) 96, 97, 100, 110, 195, 323, 436
성암고서박물관 647
성왕(聖王) 152

성음(聲音) 110, 155, 283, 410, 429, 430, 436, 447, 448, 459, 460, 469, 479, 483
성음법(成音法) 66, 72
성탕(成湯) 262, 265
『성학십도(聖學十圖)』 379~381, 384~386, 647, 649
『성학십도 부예악비고(聖學十圖附禮樂比攷)』 379, 380, 382, 383, 386, 627, 649
성호(星湖) 77, 78
『성호금보』 78, 81, 615, 617
성호박물관 77
세 도두리(細道頭裡) 358
세도드리 355
세영산(細靈山) 186, 315, 346, 355, 357, 381, 382, 389, 407, 450, 475, 486, 487, 493, 523, 525, 541, 562, 570, 572, 575
『세조실록 악보』 611~613
세종(世宗, 재위 1418~1450) 65, 408, 425, 426, 434, 447~449, 482
『세종실록 악보』 611~613
세첫치 547, 548
세환입(細還入) 355, 406, 407, 476, 477, 489, 490, 493, 562, 563, 570, 572
세환입(도두리) 356, 498, 515
소(簫) 173, 219, 243, 244, 302, 381, 392, 396, 424~426
소(韶) 415
소(嘯) 466
소관(簫管) 489
소궁(少宮) 363
소문구(小問勾) 372
소보허사(小步虛詞) 93, 121, 147, 274
소상(少商) 363
소상혈(小商穴) 161, 290, 508
소소(簫韶) 149, 278

소쇄(小鎖) 368
소슬(小瑟) 151, 280, 395, 396
소식(少息) 368
소아(小雅) 195, 415
소악(韶樂) 97
소악부(小樂府) 145, 272
소암(韶巖) 643
소영산(小靈山) 93, 115, 116
『소영집성』 147
소용(騷聳) 212, 339, 540, 541, 543, 546, 549, 552
소용이(搔聳伊) 223, 579, 583
소이 125
소이 시조(騷耳時調) 93, 136
소점(小點) 109, 115, 130, 132
소현(小絃) 39, 159, 162, 174, 288, 290, 291, 303
소환입(小還入) 94, 114, 118, 121, 122, 183, 189, 311, 318
속계면(俗界面) 198, 326
속명득(續命得) 40
속악(俗樂) 170, 263, 299, 426, 509
『속악가사』 613, 614
『속악원보』 78, 605
속염불(俗念佛) 521, 524, 528
속평조(俗平調) 196, 323
손가락 이름 609
손권 151, 280
손등(孫登) 151, 280
손수린 81, 263
손수림 95
손익(損益) 426
손태룡 94
송림(松林)에 눈이 오니 202, 203, 330
송방송 446, 566

송석하 96
송슬(頌瑟) 395
송악도(頌樂圖) 424
송은도 95
송일중 416
송지원 147, 274
송혜진 15~17
수법(手法) 102, 104, 110, 164, 292
수법표(手法標) 92, 108
수세(手勢) 107, 375
수심가(愁心歌) 429
수양(垂楊) 천만사(千萬絲)인들 85
수인씨(燧人氏) 150
수지법(手指法) 392
수파형 악보 145, 147, 223, 272, 275
순(舜) 97, 262, 391, 415
순(脣) 567
순설(脣舌) 466
순성(脣聲) 455
순(舜)이 남순(南巡)하사 84
『순자(荀子)』 98
순조(純祖) 143
순회공연 436
술대 41, 42, 92, 99, 103, 108, 159, 160, 164, 165, 253, 287, 289, 291, 292, 294, 501, 503~505, 507, 512
스렝 103, 107, 121
슬(瑟) 98, 149, 278, 380, 381, 391, 396, 424, 425
슬랭 121
슬학론(瑟學論) 380, 381, 395
승(承) 467
승로(承露) 370, 465
시 195
『시경』 415

시경집전서(詩經集傳序) 415
『시보(時譜)』 31~33, 46
시서예악(詩書禮樂) 424
시속가결(時俗歌闋) 209, 336
시용(時用) 궁상각치우(宮商角徵羽) 262
『시용무보』 593
시용향악보 607, 610
『시전(詩傳)』 425
시절가(時節歌) 170, 299, 509
시조(時調) 77, 79, 91, 93, 136, 145, 220, 221, 503, 519, 520, 524, 527, 532, 570
시조창 521
신경숙 147, 274
신곡(新曲) 431
신광수 229
신농씨(神農氏) 39, 264, 265, 391, 423
신대철 94
『신도태을경(神道太乙經)』 221
신라 고기(古記) 502
『신보(新譜)』 31, 32, 44~52, 54, 55, 57, 58
신상(申商) 425
신성(申晟) 16, 608, 610, 648
신원철 95
신위(申緯, 1769~1847) 145
신이 오는 길 190, 319
『신작금보』 67, 615
신주 사마천 사기 14: 예서 405
신주 사마천 사기 15: 율서 405
신증금보(강전섭 소장) 648, 655
『신증금보(新增琴譜)』(신성 지음) 16, 32, 607, 608, 610, 625, 647, 648, 655
신지현 225
신축(辛丑) 98
신혜선 17, 95, 225
심방곡 21

십이율(十二律) 97
『십익(十翼)』 152, 280
십주가처(十洲佳處) 215, 342
싸랭 162, 291, 447
쌀 162, 290, 509
쌀갱 162, 291
쌍성(雙聲) 124
쌍탄(雙彈) 369
쌍현학(雙玄鶴) 157, 285
쓰렝 163, 291
쓸 162, 290
쓸갱 163, 291

ㅇ

아(牙) 567
『아금고보』 94, 620
아마도 태평(太平)할손 579
아성(牙聲) 455
아송(雅誦) 152, 213, 280, 340, 410
아악(雅樂) 170, 191, 299, 319, 415, 425, 482, 509
아악부 628, 641
아악부 가야금보 627
『아악부 경종보』 627, 629
아악부 단소보 627
『아악부 당적보』 627, 628
아악부 대금보 607, 610, 628
『아악부 아쟁보』 627, 628
아악부 양금보 627, 643, 646
『아악부 필률보』 626, 628
『아악부 해금보』 627, 628
아악부 현금보 627, 628, 640, 641, 644, 646
아양고운(峨洋古韻) 345, 346, 613, 633, 634
아양곡(峨洋曲) 346
아양금보 620, 622

『아양보(峨洋譜)』 350
아이는 약 캐러 가고 85
『아쟁보』 627, 628
아창(亞唱) 213, 339
아희야 연수(硯水) 쳐라 534
악(樂) 448
악고(樂考) 67, 91, 93, 98, 145, 221, 249, 263, 271, 273, 346, 355, 381, 405, 406, 426, 497, 498, 519, 521, 539, 541, 562, 631
악곡 형식(樂曲形式) 94
악공(樂工) 424
악관(樂官) 96, 97, 98
악기(樂器) 16, 381, 395, 424, 425, 435, 458, 460, 464, 468
『악기(樂記)』 39, 97, 431
악기 소리 195, 197, 323, 325
악기 제작 468
악기 해설 376
『악기집석(樂記集釋)』 43
악명(樂名) 448~450
악보(樂譜) 16, 26, 27, 31~33, 35, 44, 91~93, 98, 144, 145, 148, 149, 219, 221, 277, 278, 386, 401, 406, 562, 592~596, 599, 603, 604, 612, 613, 618, 628, 630, 632, 645, 650, 652~654
악보 가야금 보 620
악보 구조 222
악보 편찬 66
악부(樂部) 502
악부(樂府) 146, 169, 235, 274, 298
『악부 고대본(樂府 高大本)』 147
악사(樂師) 26, 98, 469, 603
악산(岳山) 370~372, 465, 467
『악서(樂書)』 401~405, 407, 410, 415, 418, 419, 422, 436, 438, 447, 449, 464, 468,

469
『악서정해』 149, 402~405, 407, 408, 415~417, 420, 607, 610, 611, 629
악양삼취(岳陽三醉) 393
악은(岳齦) 466
악음(樂音) 458, 459
악의 본질 404
악인 143
악장요람 613
악절(樂節) 43
악조총의 609
『악학궤범』 42, 179, 263, 466
안동 풍류 68
안법(按法) 149, 161, 290, 392, 503, 508, 609
안상 635
안선희 380, 382, 386
안장(安長) 40, 41
안족(雁足) 41, 42, 100, 158, 174, 302, 370, 396, 466, 467, 498, 502, 566
안직숭(安稷崇) 424
안표(眼標) 164, 293
안현(按絃) 42, 603
안현법(按絃法) 31, 32, 101, 392
안희태(安希泰) 243
암반설중(岩畔雪中) 고죽(孤竹) 85
앙 161, 290, 508
앞못 231
애원성(哀怨聲) 460
액(額) 370, 465, 466
야인(野人)과 함께 지내시되 178, 307
약자(略字) 표기 250
양관삼첩(陽關三疊) 393
양금(洋琴) 243, 345, 376, 402, 438, 446, 457, 459, 479, 481, 489, 493, 519, 521, 524, 540, 555, 561, 562

『양금 가곡음보』 539, 540, 541, 543, 620
『양금가곡보(洋琴古樂譜)』 541
양금곡보 626
양금 다스름 353, 355, 356
『양금보(梁琴譜)』 18, 19, 24, 380, 381, 479, 519, 520, 525, 540, 562, 563, 570, 571, 591, 602, 603, 610, 613, 625~628, 630~632, 642~644, 649, 654
양금보(성낙범 소장) 519, 522, 523, 643
양금보(소암소장본) 625, 642
양금보(이보형 구장) 643
양금보(일사금보) 607, 610, 643, 644
양금선율 382, 522, 563
『양금신보(梁琴新譜)』 20, 27, 31~33, 39, 41~43, 262, 264, 265, 600~603, 613, 647, 648, 654
양금신보(목판본, 고려대 소장) 655
양금신보(목판본, 서울대 소장) 648
양금신보(필사본, 고려대 소장) 655
양금신보(필사본, 윤용진 구장) 648
양금 악보 354, 401, 539, 631, 640, 643, 654
양금여민락보 613
양금 육보 379
양금 조율도 569
양금주책 620
양덕수(梁德壽) 16, 26, 261
양두고(兩頭鼓) 171, 300
양미(梁尾) 503
『양보(梁譜)』 51, 61
양보음(梁父吟) 204, 331
양식척(量息尺) 145, 169, 272, 298, 498, 499, 509, 511
양양가(襄陽歌) 221, 224, 235
양왕(襄王) 237
양천(楊泉) 396

양청(兩淸) 191, 319, 358, 504
양청 도돌이(兩淸道乭伊) 240, 241
양청도드리 223
양청환입(兩淸還入) 93, 94, 118, 119, 121, 189, 190, 318, 355, 358, 563, 570, 573, 576
양호(羊祜) 236
어부사 214, 215, 221, 224, 238, 342
어오마 583
어우와 날 속였나 242
어은보 620, 624
언락 93, 95, 540, 541, 543, 544, 546, 549, 550, 552, 554, 556, 584
언롱 93, 540, 541, 544, 546, 563, 583, 590
언편(諺編) 540, 541, 554, 556, 563
얼편(乻編) 585
엄(罨) 366
엇(旕) 198, 326
엇락(旕樂) 129
엇농(旕弄) 128, 129, 198, 326
엉 162, 290, 508
여무(女舞) 448, 449
여민락(與民樂) 32, 33, 36, 61, 91~93, 97, 112, 113, 143, 145, 170, 173, 176, 183, 220, 223, 225, 240, 271, 273, 297, 299, 305, 311, 355, 356, 375, 388, 489, 509, 565
여민락 양금보 613
여악(餘樂) 524
여음(余音) 46~50, 56
여음 가락덜이 346
여인고악(麗人古樂) 380
여일민(黎一民) 380, 384
여창(女唱) 210, 212, 214, 215, 226, 273, 337, 340~342, 359, 543, 544, 546, 548~550

여창가곡 225
여창법 순서 540, 547
여창 2자 머리(女唱二字頭) 211, 338
역(力) 164, 293
역보(譯譜) 95
역양아운 620
『역주 고악보 1』 608
역취 569
연대소장 금보 625, 637, 639
연대 현금보 606, 640
연세대학교 539, 623, 625, 637, 640
연음(連音) 459, 479
연음부(延音符) 388
연주 155, 283, 360, 361, 393, 394, 396, 402, 476, 506, 519, 570, 609
연주법 97, 402, 420, 446, 469, 475, 479
연주자 406
연창방식 147, 274
연풍대(軟風帶) 188, 317
열리매 186
열채 482
염미(染尾) 566
염불(念佛) 93, 94, 355, 358, 407, 451, 483, 492, 524, 526, 527, 530, 562, 570, 573, 576
염불 도도리(念佛道道里) 263, 266, 382, 541
염불 도도입(念佛道道入) 390
염불 타령 187, 316, 322
염불환입 346
염불 효령(念佛枵靈) 346, 349
영륜(伶倫) 97
영산(靈山) 193, 322, 520, 530
영산 환입(靈山還入) 114, 116, 121, 137
영산회상 31~34, 36, 61, 91~93, 95, 115, 143~145, 147, 170, 185, 223, 249, 250~

252, 257, 261, 271, 273, 275, 299, 314, 345, 346, 348, 349, 353, 355, 380, 382, 401, 403, 405~407, 418, 446~450, 475, 479, 485, 509, 519~522, 524, 525, 561~565, 606, 613, 631
영산회상(황병기 소장본) 630, 631
영산회상곡(靈山會相曲) 570, 571
영산회산병록 가야금보 620~622, 654
영산회상불보살(靈山會上佛菩薩) 185, 314, 447, 450
영산회상 우의산수 613, 614
영시(詠詩) 570
영언(永言) 170, 299, 509
영인(伶人) 426
영조 426
영파(影波) 214, 341
『예기(禮記)』 97, 109, 383
『예기(禮記)』 악기(樂記) 411, 432
『예서(禮書)』 402~405, 417~419, 422
예악(禮樂) 410, 423, 435
예악형정(禮樂刑政) 431
예종(睿宗) 425
옛날 주(周)의 태왕(太王)이 177, 306
오구라신페이본 603, 647
오금사(吳琴師) 153, 282
오늘도 다 새거다 138
오른손 지법(右手指法) 368
오성(五聲) 567
오송초등학교 639
오엽무추풍(梧葉舞秋風) 393
오음(五音) 98, 149, 277, 393, 396, 432, 476, 489, 603
오음 육률(五音六律) 384
오음의 통칭(統稱) 403
오조 391

오초부(吳樵夫) 276
오파(吳派) 393
오행(五行) 39, 454, 457
오현(五絃) 264
오현금(五絃琴) 415, 523
오희상(吳熙常, 1763~1833) 143, 145, 152, 155, 196, 272, 274, 276, 280, 324, 498, 642
『오희상금보』 146, 147, 271, 273, 274, 593, 613, 642
옥경(玉磬) 160, 288
옥구감리서(沃溝監理署) 271
옥단소 561
옥동(玉洞) 77
옥보고(玉寶高) 40
옥소(玉所) 권섭(權燮, 1671~1759) 145
옥수가(玉樹歌) 208
옥(玉)을 돌이라 하니 582
옥호빙(玉壺氷) 203, 330
옥휘(玉徽) 149, 277
온조왕(溫祚王) 258
옹 162, 290
옹자(翁字) 372
완구(宛邱) 188, 189, 317, 318
완촉(緩促) 96, 145, 272
왕산악(王山岳) 40, 157, 285, 502, 506, 566
왕상(王祥)의 이어(鯉魚) 낚고 201, 328
왕손곡(王孫曲) 205
왕자지(王字之) 424
왕지환(王之奐) 214, 341
왕충(王充, 25~97) 396
외동(外東) 489, 493
외(外)땅 481
외국 음악 381, 387, 429, 435, 436
외술 504

외제(外題) 597
외줄 도드리 121
외줄 환입 120
외지(外之) 493
왼손 지법(左手指法) 365
요(搖) 164, 293
요(堯) 262
요(腰) 370, 465
요괘(曜卦) 173, 302
요현(搖絃) 43, 102, 108
용구(龍口) 38, 159, 287, 500, 503, 566
용두(龍頭) 159, 288
용목(龍目) 566
용미(鳳尾) 566
용비어천가 169, 298
용은(龍齦) 465, 466
용지(龍池) 149, 277, 370, 466, 566
용천(龍泉) 466
우(羽) 151, 155, 279, 283, 286, 363, 365, 454, 455, 482, 509
우(禹) 262
우(竽) 426
우계(羽界) 510
우계면 164, 292
우계면 제2삭대엽(羽界面第二數大葉) 170, 299, 509
우계면조 조음(羽界面調調音) 67, 73
우계 북전(羽界北殿) 33, 36, 58
우계 삭대엽(羽界數大葉) 35, 36, 50, 51, 59, 60
우계조(羽界調) 170, 191, 299, 319, 320
우계 중대엽(羽界中大葉) 35, 36, 50, 57, 58
우단 조음(羽短調音) 33, 36, 61, 251, 254
우락(羽樂) 67, 95, 129, 226, 252, 356, 540, 541, 543, 546, 548, 549, 552, 563, 584, 590
우락각(羽樂刻) 224, 238
우락 다스름 356
우락 대념 554
우락(羽樂) 대여음(大音餘) 359
우락 언락(羽樂言樂) 239
우락 장리음(羽樂長理音) 356, 359
우롱(羽弄) 93, 125, 213, 339, 540, 541, 543, 546, 549, 552, 563
우롱대념 554
우륵(于勒) 568, 569
우모(羽旄) 448
우 북전(羽北殿) 35, 36
우상음(羽商音) 173, 302
우 삭대엽(羽數大葉) 35, 36
우 삼중대엽(羽三中大葉) 146, 204, 272, 273, 331, 498, 513, 515
우서(虞書) 195, 323
우성(羽聲) 154, 283, 481, 489
우 소용이(羽騷聳伊) 226
우순(虞舜) 151, 154, 279, 282, 415
우음(羽音) 61, 305, 513
우의산수 613, 614
우조(羽調) 17, 20, 41, 61, 69, 97, 107, 110, 113, 114, 117, 121, 132, 148, 157, 163, 175, 192, 223, 277, 285, 291, 320, 355, 359, 375, 460, 506, 541, 563, 575, 577
우조 가락 도드리 355
우조 가락제이 93, 118, 190, 191, 319
우조 계면 544, 548, 550, 554
우조 계면조 17, 20
우조 계면조 삭대엽 33
우조 계면조 조음 68
우조 계면조 중대엽(羽調界面調中大葉) 33, 49

686

우조 계면 초삭대엽 546
우조곡 93
우조 낙시조(羽調樂時調) 93, 129, 251, 256
우조 농소수(羽調弄素袖) 194, 322
우조 농수 194
우조 다스름 498, 562, 563
우조(羽調) 다슬음 112
우조 단장(羽調短章) 67, 73
우조 두거 552
우조 들자진안 547
우조 반조음 16, 19
우조 별곡(羽調別曲) 489, 493
우조 별삭대엽(羽調別數大葉) 79, 80, 81, 84
우조 북전(羽調北殿) 33, 49, 55
우조 삭대엽(羽調數大葉) 33, 48, 49, 55, 67, 73, 252
우조 삭삭대엽(羽調數數大葉) 223, 224, 227
우조 산형 39, 41
우조 삼뇌(소용) 146, 273
우조 삼뢰(羽調三雷) 212, 339
우조 삼삭대엽(羽調三數大葉) 80, 82, 93, 129, 212, 224, 227, 338, 540, 541, 543, 546, 549, 552, 554
우조 삼삭엽(羽調三數葉) 146, 205, 273, 332
우조 삼엽 51
우조 삼중대엽(羽調三中大葉) 93, 133, 145, 198, 326
우조성(羽調聲) 493, 574
우조 소용(羽調騷聳) 93, 125
우조 소용이(羽調騷聳伊) 228
우조 소이(羽調騷耳) 93, 125, 127, 130
우조 쇠삼대엽(羽調衰三大葉) 223, 228
우조 완구(羽調宛邱) 190, 191, 319
우조 이삭대엽(羽調二數大葉) 80, 82, 84, 93, 123, 210, 224, 227, 273, 336, 540, 541, 543, 546, 549, 551, 554
우조 이수대엽 95
우조 이중대엽(羽調二中大葉) 93, 133
우조 장다사음(羽調長多辭音) 175, 303, 304
우조 장음 175
우조 장처해음 498, 512
우조 제1 삭대엽 84
우조 제2 초중대엽 198, 326
우조 제3 이중대엽 198, 326
우조 조림(羽調調臨) 93, 123, 127
우조 조음(羽調調音) 16, 18, 33, 35, 36, 51, 60, 67, 72, 73, 251, 254
우조 조현(調絃) 110
우조 존자진안(羽調) 540, 541, 543, 546, 547, 549, 552, 554
우조 중대엽(羽調中大葉) 33, 36, 47, 48, 54, 62, 131
우조 중어리(中於里) 541, 543, 547, 549
우조 진놈 547
우조 초대엽(羽調初大葉) 227
우조 초삭대엽(羽調初數大葉) 77~82, 93, 110, 122, 146, 209, 273, 336, 540, 541, 543, 546, 549, 551, 554, 615, 617
우조 초삭엽(羽調初數葉) 146, 204, 273, 331
우조 초중대엽(羽調初中大葉) 93, 132, 145
우조 타령 93, 118, 194, 322
우조 환입(羽調還入) 562, 563, 570, 573, 577
우조 후정화(羽調後庭花) 93, 134
우 중대엽(羽中大葉) 35, 36
우청(羽淸) 543, 544
우 초중대엽(羽初中大葉) 146, 202, 203, 272, 273, 329, 498, 513
우편(羽編) 543
우평조 이삭대엽(羽平調二數大葉) 146, 200, 273, 328

『우헌금보(愚軒琴譜)』 219, 222~226, 242, 620
운담풍경근오천(運淡風輕近午天)에 213, 340
운몽거사(雲夢居士) 15, 27
『운몽금보』 15, 17, 630, 635, 636
운문(雲門) 262, 265
운영산(雲靈山) 381, 388
운족(雲足) 500, 503, 566
운초(云草) 497
웅 162, 290, 508
원가락 93
『원객유운』 353, 620
원구(元九) 390
월곡(月曲) 94, 137
월금(月琴) 392
위무팔난곡(魏武八難曲) 184, 312
유(猱) 365
유림파(儒林派) 393
유빈(蕤賓) 364, 426, 456, 481, 567
유빈 변치(蕤賓變徵) 460
유사눌(柳思訥) 425
유성(柳晟, 1878~1963) 539
『유예지 권제6 방중악보』 144, 464, 611~613
『유자고(孺子稿)』 143
유철(劉徹) 154
유현(游絃) 19, 21, 23, 32, 38, 41~43, 52, 54, 56, 57, 67, 69~72, 87, 100, 111, 157, 159, 161, 162, 164, 170, 174~176, 191, 199, 250, 253, 254, 262, 286, 288, 290~292, 299, 302, 303, 305, 319, 320, 327, 502, 503, 506~508, 510, 566
유현금 158, 287
유희정 382
육당(六堂) 271
육려(六呂) 567

육률(六律) 98
육보(肉譜) 353, 497, 562
육성(肉聲) 43
육조 391
윤(輪) 368
윤순(尹淳) 426
윤용구 464
윤용진 613, 647
윤화중 95
윤흥(允興) 40
율(律) 430
율관(律官) 97, 425
율기(律器) 458, 460
율당 223, 224, 228
율당대엽(栗糖大葉) 223, 228
율려(律呂) 155, 283, 425, 482
율려격팔상생응기도 609
『율려신서(律呂新書)』 425
율명 262
『율보(律譜)』 403, 404, 406, 418, 459, 460, 477, 479, 481~483, 591, 625, 626, 632, 646, 649
율보(이항률 지음) 646
율보(향률양금보) 625, 646
율보: 대정십년 646
『율서(律書)』 402~405, 418~420, 430, 455, 457, 458, 469, 482
율성(律聲) 404
율을 맞추는 법 92
율자보 382
율학(律學) 425
융(絨) 465
융중곡(隆中曲) 204
융화(絨和) 370
은(磯) 161, 165, 290, 293, 508

은근(齦跟) 370
은탁(齦托) 466
은하(銀河)에 물이 지니 201, 329
을조 391
음(吟) 365
음(音) 467
음고 262
음곡(音曲) 436, 447
음률 25, 97, 154, 159, 162, 195, 197, 282, 287, 290, 293, 323, 325, 449, 469
음부(音符) 388
음악 97, 150, 151, 169, 195~197, 220, 278, 279, 298, 322~325, 383, 384, 387, 405, 408~411, 415~417, 419~421, 423, 425, 429, 431, 433~435, 437, 438, 448, 458, 468, 476, 483
음악가 26, 27, 220, 405, 409, 421, 429, 436, 446, 447, 461, 464, 468, 469, 475, 479, 481, 487~489, 493
음악계 464
음악관 145, 147, 272, 274
음악구조 94
음악대회 437
음악 비평가 405
음악 비평서 407
음악 수업 387
음악 이론 562, 609, 610
음악의 절차 403, 418, 475
음악학계 592, 593, 599, 615, 617
음양상생(陰陽相生) 448
음절(音節) 98
음조(音調) 393
음향(音響) 169, 298
응(應) 372
응종(應鍾) 365, 426, 456, 481, 567

응종 변궁(應鍾變宮) 460
응천후인(凝川後人) 18, 26
의봉곡(儀鳳曲) 346, 350
의서(醫書) 170, 299
의종(毅宗, 1146~1170) 40
이겸로 603, 647
이계양청 190
이광렬(李光烈, 1885~1966) 402, 403, 415, 417
이광호 381, 649
이교진리(圯橋進履) 393
이규태 407
이기수(李基洙) 244
이기태(李起兌, 1879~?) 149, 401~406, 415, 420, 464
이달화(李達華) 244
이대엽 84, 123
이대중엽 202
이돈형(李暾衡) 77
이동복(李東福, 1949년생) 249, 251, 345~347
이동찬 608
이동희 225, 541, 542
이두 육보 345, 346
이래도 태평성대(太平聖代) 585
이론 353, 354, 380
이명李洺 66
이 몸 죽어져서 211, 338
이백(李白) 150, 235, 278
이병기(李秉岐, 1891~1968) 91, 603, 647
이보형(李輔亨, 1935~2024) 643
이복구(李復求, 1900~1964) 561, 565
이사(李斯) 236
이삭대엽(二數大葉) 17, 80, 83, 95, 223, 251, 254~ 256, 541, 544, 546, 554, 563, 577,

582
이상룡(李相龍, 1858~1932) 65
이상사(李上舍) 148, 276
이생(李生) 한방(漢昉) 25
이서(李漵) 77
이성환 446
이수진 147, 275
이승무(李升懋, 1777~1844) 91, 92, 98, 635
이연희 252
이엽(二葉) 123
이영재(李寧齋, 1870~1944) 379~382, 384, 386, 649
이완규 541
이왕직아악부 498, 628, 641, 646
이원(李原, 1368~1429) 65, 176, 305
이원복(李元馥) 561, 565
이익(李瀷) 77
이자두 146, 273
이잠(李潛, 1660~1706) 77
이재(李在) 138
이재규(李宰珪) 446
이정보(李鼎輔) 138
이정의(李廷儀) 401
이제(裏題) 597, 604, 614, 616, 618, 619, 626~628, 645, 651, 654
이제면(裏題面) 595, 596, 599, 617, 650, 652
이제 우리 시조께서 178, 306
이종악(李宗岳, 1726~1773) 65~68, 635
이주은 382, 522, 563
이주현(李周賢) 244
이중대엽 198, 326, 330
이중엽(二中葉) 205, 333
이증(李增, 1419~1480) 65
이지상(李志祥) 244
이진백(李震白) 27

이청(二淸) 567
이충(泥蟲) 235
이칙(夷則) 365, 426, 456, 460, 481, 566, 567
이택(李澤, 1651~1719) 15, 27, 635
이학로(李學魯) 243
이해(李瀣) 379
이향률(李響崔) 625, 646
이현민 499
이현일 145
이현종 16
이혜구(李惠求, 1909~2010) 94, 95, 252, 261, 353, 561, 637
이혜정 34
이화학교 446
이황(李滉, 1501~1570) 158, 379, 380, 649
이 후정화(二後庭花) 209, 498, 515
인(引) 366
인간 이별 만사(萬事) 중에 234
인노선(引老禪) 187, 194, 316, 322
인수금보 625, 638, 640
인심(仁心)은 터이 되고 578
일균(一均) 396
일본 음악 438
일사(一蓑) 643
일사문고 643
일사양금보 607, 610, 643, 644
일재(逸齋) 401, 415, 420
일청(一淸) 567
일현환입(一絃還入) 189, 190, 318
임금이 되기 어렵다 184, 313
임미선 95
임병옥 95
임석윤 225
임술지추(壬戌之秋) 칠월 기망(旣望)에 85
『임원경제지』 612

임원경제지 유예지 611
임종(林鍾) 364, 426, 456, 459, 481, 566, 567
임종욱 150, 154, 280, 282, 396, 410, 417, 469
임종치(林鍾徵) 460
임청각(臨淸閣) 65, 66
임충호(任忠鎬) 345

ㅈ

자로(子路) 97
자법(字法) 66, 71
자서(自序) 596~599, 604, 650, 652, 653
자서제 615, 616, 651
자성(子聲) 481
자웅성(雌雄聲) 100
자장(子張) 97
자즌한잎 23
자출 71, 72, 161, 165, 168, 253, 292, 294, 297, 512
자출성(自出聲) 103, 104
자출음 163, 291
자하(紫霞) 145, 190, 210, 214, 215, 337, 341, 342
자현 87, 100~104, 107, 124, 566
작(綽) 365
잔도도이(殘道道耳) 381, 391
잔도드리 114, 380
잔영산(殘靈山) 115, 346, 348, 529
잘 새는 날아들고 206, 333
『잠확유서(潛確類書)』 150, 278
잡가(雜歌) 191, 319, 429
잡곡(雜曲) 408~410, 421, 426, 429, 432
잡괘전(雜卦傳) 152, 280
잡성(雜聲) 431, 454, 459
잡으시오, 이 술 한 잔 잡으시면 349

잡음(雜音) 408~410, 421, 426, 429, 431
잡평조(雜平調) 197, 325
잡희(雜戲) 426
장(長) 109, 195, 197
장(長)・단(短) 323
장고(長鼓) 109, 115, 243, 244, 407, 556
장고보 406
장구 171, 300, 482
장구 치는 법 514
장군악 521, 528
장금신보 606
장남한(張楠翰) 244
장단(長短) 92, 109, 110, 115, 118, 130, 132, 154, 174, 194, 282, 303, 322, 448, 458, 476, 509
장・단 325
장단법 211, 337
장락(長樂) 524
장부(張溥) 465
장사장(張師長) 진한(振漢) 386
장사훈(張師勛, 1916~1991) 26, 94, 143, 219, 220, 225, 249~252, 353, 354, 379, 382, 497~499, 629
장상사(長相思) 201, 329
장서각(안춘근본) 647
장쇄(長鎖) 368
장수절(張守節) 404
장악 521, 528
장악원 26, 176, 305, 426
장인식 225
장자(莊子) 396
장정수 147, 274
장지화 215, 342
장진주(將進酒) 93, 132, 198, 326
장학(張鶴) 405, 406, 464, 466, 468

장휴 151, 280
재인(才人) 438
저 556
저앙(底仰) 465
저음부 391
저취 569
적(笛) 244, 381, 392, 396
적(摘) 368
적인(狄人)과 함께 사시매 178, 307
전(電) 165, 293
전라도 잡가(全羅道雜歌) 409
전문학교(專文學校) 437
전부(全扶) 368
전성(全聲) 482
전성법 252
전악(典樂) 26
전영철(全榮哲) 243
전원(田園)에 남은 흥(興)을 582
전제(箋題) 597
전주 풍류 407
전주도서인쇄주식회사 401
『전주부사』 416
『전주시사(全州市史)』 416
전지영 15, 17
전청(全淸) 100
전탁(全濁) 100
전통 음악 381, 593
전통 음악인 406
절(切) 161, 290, 508
절조(絶調) 109, 112, 118, 128, 129
절주(節奏) 26, 109, 123, 145, 148, 153, 162,
    169, 195, 272, 277, 282, 291, 298, 323
절첩 617
절파(浙派) 393
정(停) 165, 168, 293, 297

정간(井間) 77, 79, 109, 112, 119, 121, 130,
    144, 219, 249, 271, 401, 406
정간보 539
정간 표기 방식 540
정경태(鄭坰兌, 1916~2003) 143, 271, 642
정과정(鄭瓜亭) 40
정관음(靜觀吟) 393
정률(正律) 482
정률선궁(定律旋宮) 418, 455
정률선궁해설(定律旋宮解說) 403
정만산(程萬山) 392
정명도(程明道) 213
정민교(鄭敏橋) 138
정반성(正半聲) 482
정복심(程復心, 1257~1340) 385
정서(鄭叙) 40
정서은 34, 68, 95, 147, 275, 347, 382, 499,
    542
정석모(鄭碩謨) 402, 403, 417
정성(正聲) 323, 346, 360, 362, 482
정악(正樂) 219, 220, 221, 249, 350, 353, 355,
    387, 401, 405, 408, 412, 419, 429, 432,
    434, 446
정악 거문고보 354
『정악 양금보』 381
정악조음 630
정양(鄭穰) 425
정은(停磤) 148, 277
정음(正音) 170, 191, 195, 299, 319, 323, 421,
    429, 431, 434, 437, 446, 457, 469, 480,
    509
정음의 장단 169, 298
정음정악(正音正樂) 408
정인지(鄭麟趾) 425
정자명도 340

692

정제두(鄭齊斗) 426
정제태(鄭齊泰) 426
정철(鄭澈) 139
정초(鄭招) 425
정해년(丁亥年) 16, 27
정현법(定絃法) 354, 372
정현주 95
정화순 382
제갈각 151, 280
제세환입(除細還入) 570
제순 265
제요 265
제우 265
제음(除音, 가락더리) 348, 523, 525, 529
제전(題箋) 597
제전제(題箋題) 591, 597
제조(提調) 426
제지(除指) 186, 315, 476, 487
제지(속칭 돌가락) 407
제첨(題簽) 595~598, 602, 604, 608, 628, 650~652
제첨제(題簽題) 591, 597
제2청 459
제3청 459
제4계면 초중대엽 198, 326
조계락(趙啓樂) 244
조동석 446, 565
조림(調臨) 123~125, 127, 132
『조선시대 악론선집』 15, 17
조선악고(朝鮮樂考) 482
조선음률보 606
조선 음악 431, 433, 436, 437, 446
조선 음악계 421, 435
조선 음악의 연원 402, 418, 423
조선 음악의 현상(現狀) 402, 405, 418, 429

조선 음악의 현황 419
조선정악단 376
조선정악대회 446
조선정악전습소 565
『조야집요(朝野輯要)』 205, 333
조양구락부 565
조영배 94
조위민 252
조율 42
조율곡(調律曲) 574
조율법 100, 250, 562
조은숙 147, 275
조은자즌한입 123
조음(調音) 15, 19, 32, 65, 67, 512
조음 여음(調音餘音) 65, 67, 73
조음 평조 16, 18
조이순(趙彝淳, ?~?) 446, 565
조주승(碧下 趙周昇) 416
조천래 147, 274
조현(調絃) 42, 93, 110, 112, 136, 152, 164, 197, 280, 293, 324
조현(평조) 94
조현법(調絃法) 31, 32, 66, 70, 100, 173, 250, 254, 302, 372, 392
조현입롱(調絃入弄) 354, 373
족지(足池) 467
존자진안 541, 550
졸옹가야금보 620, 623
졸장만록 620, 623
종 391, 396, 424, 425, 456, 481
종두(從頭) 366
종묘(宗廟) 409, 424, 425, 434
종자기(鍾子期) 350
좌단(坐團) 500, 503
좌수법(左手法) 164, 293

『좌전(左傳)』 384
주(注) 366
주(走) 366
주(周)나라 150
주몽(朱蒙) 258
『주서(朱書)』 162, 290
주석(註釋) 95
주아(周雅) 415
『주역』 98, 151, 152, 279
주왕(紂王) 98
주자(朱子) 415
『주자어류』 162
주재근 147, 274
죽취 635
죽취금보 626, 627, 635, 636
줄 누르는 법 92
줄풍류 379~382, 566
줄풍류 양금보 379
중거(中擧) 223, 224, 563, 578, 582
중거대엽(中擧大葉) 146, 214, 273, 341
중거 삭대엽 146, 211, 273, 337
중공(中空) 566
중광지곡 346
중국 고악 382
중국사람의 고금 음악 391
『중국역대인명사전』 150, 154, 280, 282, 396, 410, 469
중금(中琴) 396
중념(中念) 554
중니(仲尼) 97
중대엽(中大葉) 17, 21, 32, 69, 79, 80, 94, 132, 147, 173, 197, 209, 274, 297, 325, 335, 336
중대엽 우조 16, 23
중대엽 우조계면조 16, 23

중대엽 평조 16, 17
중대엽 평조계면조 16
중려(仲呂) 364, 456, 459, 481, 567
중어리(中於里, 중허리) 540, 541, 544, 546, 554
중여음(中餘音) 59, 124, 127, 130, 226
중영산(中靈山) 93, 115, 117, 118, 186, 193, 263, 266, 314, 321, 346, 348, 354, 355, 357, 389, 381, 407, 450, 475, 483, 486, 523, 525, 529, 562, 570, 572, 575
『중용(中庸)』 197, 325
중음부 391
중준(中準) 460
중청(重淸) 481
중학교의 음악 381
중한잎 21
쥐눈이콩 도드리 121
『증보가곡원류』 498, 510
증보고금보 625, 637, 638, 639
지 162, 290, 381, 467, 481, 489, 493, 508
지더렁 164, 292
지더루 164, 292
지덩 105, 164, 293
지(至)디 481
지딩 163, 292
지딩뜰 164, 292
지라 163, 292
지랑(之郞) 104, 504
지렁 104, 163, 292
지로 104, 163
지루 104, 163, 164, 292
지리산(智異山) 40
지법(指法) 21, 26, 69, 498, 504, 609
지소(池沼) 467
지용구 565

지음(知音) 360
지음자(知音者) 437
지응 162, 290
지잉 104, 162, 290, 508
지잉다이 168, 297
지주(地柱) 467
직(直) 465
진(進) 161, 164, 168, 290, 293, 297, 508
진(軫) 372, 373, 374
진(晉)나라 40, 98
진괘(軫棵) 500, 503
진국명산(鎭國名山) 만장봉(萬丈峯)이 556, 585
진박(陳摶) 373
진산(晉山) 26
진악해(進樂解) 144, 145, 147, 148, 272, 274, 276
진왕파진악 185, 313
진지(軫池) 370, 466
진학해(進學解) 145, 146, 272, 274
진회(秦淮)에 배를 매고 209, 335
질군악(疾軍樂) 388
집시법(執匙法) 31, 32, 99
징 103, 104, 107, 121, 160, 162, 163, 288, 290, 291, 312, 315, 317, 447, 456, 460, 508, 514
징다(多) 312
징다루 164, 292
징도랑 163, 292
징(澂)딩 481
징(澄)징 481

ㅊ

창가(唱歌) 437
창랑(滄浪) 531
『창랑보(滄浪譜)』 68, 620, 624
창랑자 620
창랑조(滄浪調) 205, 332
창(窓) 밖에 국화(菊花)를 심어 581
창법 순서 550
창사(唱詞) 447, 449
창작자 432
창탄선후변 196, 324
창하(蒼下) 561, 565
『창하유필(蒼下遺筆)』 27, 87, 561, 563, 565, 620
채백개(蔡伯喈) 154, 282
채씨(蔡氏) 425
채옹(蔡邕, 133~192) 154, 282, 465
채중랑(蔡中郞) 465
처사가(處士歌) 170, 299, 509, 521, 524, 528
척(踢) 368
척조 391
천(天) 467
천년만세 355, 563
천재(千載)를 경영옥수연(經營屋數椽)하니 583
천주(天柱) 467
천지(天地)는 만물지역려(萬物之逆旅)요 532
천황씨(天皇氏) 지으신 집 204, 331
철종(哲宗) 249
철총마(鐵驄馬) 타고 보라(甫羅)매 받고 584
철편(鐵片) 162, 291
철현금보 620
첨제(簽題) 597
첩장(帖裝) 77, 79, 80, 82, 539, 540
첫치 546, 547, 548
청 42, 105, 164, 195, 197, 293, 455, 459, 460, 481~483, 515
청(淸)·탁(濁) 323, 325
청량산(淸涼山) 육륙봉(六六峯)을 207, 333,

334
청산(青山) 자고송(自孤松)아 85
청석령(青石嶺) 226, 231
청석령(青石嶺) 지나가니 533
청성(清聲) 100, 162, 291
청성 삭대엽(清聲數大葉) 93, 131
『청송보(聽松譜)』 31~33, 35, 51, 61
청음고보 626
청장(清長) 40, 41
청주대학교 353, 379, 497
청주대학교 중앙도서관 220
청중청(清重清) 459
청탁(清濁) 154, 283, 458, 469, 603
청편락(請編樂) 130, 226
청풍명월곡(清風明月曲) 406, 485
청풍(清風) 북창(北窓) 하에 582
청현(清絃) 38, 100
체괘(體卦) 508
청 455
초가(樵歌) 393
초당사(楚唐詞) 205
초대엽(初大葉) 83, 123
초두(初頭)머리 407, 486
초미(焦尾) 370, 465
초미(焦眉) 372
초미금(焦尾琴) 154, 282
초부(樵夫) 152, 201~206, 208, 280, 328~333, 335
초삭대엽(初數大葉) 17, 82, 110, 254~256, 577, 581
초삭엽(初數葉) 170, 255, 299
초엽 21, 23, 24
초은곡(招隱曲) 207
『초입문 금보』 620~622, 654
초중대엽 133

초중엽 202, 330
『초학금서』 497~500, 627, 629
총보 형식 381
촬(撮) 368
최헌 17, 94
최고운 309
최남선(崔南善, 1890~1957) 271
최선아 32, 33, 67, 68, 145, 147, 274, 356
최은주 68
최재목 380, 382, 386
최종민 94
최치원(崔致遠) 179, 308
최헌 81, 224, 225, 252, 353, 356
추강(秋江)에 월백(月白)커늘 578
추강야박(秋江夜泊) 393
추산(秋山)이 석양(夕陽)을 띠고 214, 341
추현(推絃) 108, 567
축(祝) 475
춘강(春岡) 417
춘면(春眠) 509
춘면곡(春眠曲) 93, 94, 135, 170, 299, 521, 524, 528
춘앵무(春鶯舞) 449
춘정(春汀) 539, 540, 558
춘정 소장(春汀 所藏) 539, 557
『춘정유고(春汀遺稿)』 539, 558
춘풍사(春風詞) 213
춤 25, 169, 243, 298, 405, 448, 449, 593
충남대학교 도서관 345
충현(衝絃) 108
취(就) 366
취공자(醉公子) 212, 339
취타(吹打) 95, 120, 521, 524, 527, 574
취타 가락 184, 312
취타 환입 185

취타 환입두(吹打還入頭)   185, 313
층(層)   481
치(徵)   151, 155, 279, 283, 286, 363, 364, 455, 509
치(齒)   567
치구(置九)   509
치성(徵聲)   154
치성(齒聲)   455
치음(徵音)   454, 459
치조(徵調)   39
칠률(七律)   435
칠요(七曜)   159, 287
칠음(七音)   567
칠현(七絃)   362
칠현금   149
『칠현금보』   464, 626
칭(稱)팅   481

ㅋ

콜럼비아 음반   566

ㅌ

타(打)   160, 289, 368
타량(打量)   43
타량법(打量法)   31, 32, 43
타령(打令)   93~95, 117, 119, 170, 188, 299, 316, 317, 322, 346, 355, 358, 382, 390, 407, 451, 492, 524, 526, 527, 530, 541, 563, 566, 570, 573, 576
타령계 악곡   147, 275
타령조(打令條)   263
타령조(打靈條)   266
타서(他序)   598
타악기   162, 291, 434
타원(打圓)   368

탁   195, 368, 483
탁미(托尾)   370
탁성   100
탁진(托軫)   370
탄금(彈琴)   66, 489
탄금범례(彈琴凡例)   250, 253
탄금의 자세   469
탄법(彈法)   165, 197, 293, 325, 392, 469, 504, 512, 609
태공(太公)의 낚대 빌고   533
태묘(太廟)   424
태사공(太史公)   410, 419, 436
태상(太常)   396
태조   258, 424
태종(太宗)   185, 313, 424
태주(大簇)   364, 455, 459, 481, 567
태주상(太簇商)   460
태평가(太平歌)   223, 563, 585
템포   145, 272
퇴(退)   164, 168, 293, 297
퇴계(退溪)   158, 379, 385, 386, 649
퇴음(退吟)   366
퇴현(退絃)   108, 567
투호편(投壺篇)   109
팅   456

ㅍ

파진(破陣)   299, 509
파진악(破陣樂)   170, 185, 313
판심(版心)   403, 599, 612
판심제(版心題)   591, 595~597, 604, 607, 610~613, 650~652, 654
팔괘(八卦)   458
팔난(八難)   170, 185, 299, 313, 509
팔음(八音)   109, 195, 323, 387, 426, 459

팔풍(八風) 149, 277, 459
편(編) 224, 225, 356, 359, 360, 499, 540, 541, 554, 546, 548, 550
편각(編刻) 240
편경(編磬) 381, 426
편락(編樂) 93, 95, 129, 130, 240, 221, 224, 232, 356, 359, 360, 540, 541, 543, 546, 550, 553, 554, 557, 563, 584, 590
편락(編樂)대념 554
편뢰(編雷) 213, 339
편삭(編數) 173, 213, 297, 339
편삭대엽(編數大葉) 93, 95, 130, 131, 563, 585, 590
편삭엽(編數葉) 197, 170, 196, 299, 323, 325
편종 381
평거(平擧) 223, 224, 563, 578, 582
평계 북전(平界北殿) 36, 57
평계 삭대엽(平界數大葉) 33, 36, 58, 59
평계 조음(平界調音) 192, 320
평계 중대엽(平界中大葉) 35, 36, 56, 57
평계면조 삭대엽(平界面調數大葉) 93, 132
평계면조 조음(平界面調調音) 67, 73
평계면조 조현(平界面調調絃) 94, 137
평단 조음(平短調音) 33, 36, 60
평롱(平弄) 583
평박(平拍) 494
평박자(平拍子) 483
평 북전(平北殿) 35, 36
평사낙안(平沙落雁) 393
평 삭대엽(平數大葉) 35, 36
평우조 조음(平羽調調音) 191, 320
평우조 조현(平羽調調絃) 94, 137
평조(平調) 20, 21, 41, 61, 69, 136, 148, 157, 164, 170, 188, 191, 277, 285, 292, 299, 319, 460, 506, 510, 544, 546, 548, 550

평조 계면조 17, 20, 21
평조 계면조 중대엽(平調界面調中大葉) 33, 46, 47
평조 군악 194, 322
평조 다스름 562
평조 반조음 16, 19
평조 보허자 147, 192, 275, 321
평조 북전(平調北殿) 32, 33, 46, 52
평조 삭대엽(平調數大葉) 33, 45, 46, 53
평조 산형(散形) 39
평조 영산(平調靈山) 193, 449
평조 영산회상 93, 117, 193, 321
평조의 체(體) 170, 299
평조 제1 만대엽 146, 198, 273, 326
평조 조음(平調調音) 33, 35, 36, 51, 60, 67, 72
평조 조현법 191, 319
평조 중대엽(平調中大葉) 33, 36, 44, 45, 51, 52, 62, 80, 83, 145, 615~617
평조중대엽보 615, 616
평조 타령 95
평조 하현(平調下絃) 193, 322
평조회상 521, 529, 565
평 중대엽(平中大葉) 35
포배장(包背裝) 219
표제 78, 591, 594, 595, 599, 604, 607, 610, 611, 627, 650, 651
표제 관련 정보 623~625, 633, 634, 644, 646, 649, 655
표제면(標題面) 596, 597, 611, 629, 652
표제지(標題紙) 597
표지 639
표지제(表紙題) 78, 79, 598, 595, 602~608, 610, 612, 614, 619, 620, 623, 624, 626~628, 632, 634, 637, 640~646, 649, 651,

653, 654
표지제면　601, 621
표풍(飄風)　40
푸른 연기 바다에 가득하매　180
푸른 연기 새벽에 가득 피자　308
풍류(風流)　430, 446
풍류(율) 가야금　568
풍류방　145, 273
풍류방 음악　31, 249, 250, 519
풍류 음악　251
피리　137, 554, 556
『필률보』　626, 628
필사본(筆寫本)　617, 647, 648

ㅎ

하공(下空)　566
『하도 낙서(河圖洛書)』　385
하버드대　638
하버드대금보　625, 638, 640
하성 영산회상(下聲靈山會像)　521, 529
하세환입(下細還入)　576, 563
하영산(下靈山)　263, 266
하준(下準)　460
하청(下淸)　107
하청성　100
하청현(下淸絃)　105, 100, 111
하현(下絃)　193, 194, 322, 355, 358, 407, 451, 489, 491, 527, 570
하현 도도리(下絃道道里)　263, 266
하현 도도입(下絃道道入)　390
하현 도두리(下絃到頭里)　526, 530
하현 해탄　562, 574
하현 환입(下絃還入)　94, 95, 144, 187, 316, 346, 349, 355, 524, 562, 563, 572, 576
학슬(鶴膝)　503, 566

학포　641
『학포금보』　498, 625, 626, 640, 641
한가람역사문화연구소　405
『한겨레음악대사전』　446, 566
한괘(限卦)　162, 174, 191, 291, 302
한국도서관협회　592
『한국목록규칙(韓國目錄規則)』　592~595, 599, 600, 603, 604, 616, 617, 621, 622, 624, 628, 631, 633, 634, 636, 640, 641, 644, 650, 652~655
『한국역대인명사전』　417
한국음악학계　632
『한국음악학자료총서』　593~595, 599, 604~606, 611, 613~616, 618, 624, 626, 627, 630, 637, 638, 646~650, 654, 655
『한국음악학자료총서』 2집　91, 94, 620
『한국음악학자료총서』 7집　464
『한국음악학자료총서』 14집　614, 631
『한국음악학자료총서』 15집　464
『한국음악학자료총서』 16집　464
『한국음악학자료총서』 20집　612
『한국음악학자료총서』 31집　249, 251
『한국음악학자료총서』 32집　15, 17, 224, 225, 356, 519, 522
『한국음악학자료총서』 33집　91, 94
『한국음악학자료총서』 34집　77, 143, 146, 263
『한국음악학자료총서』 39집　65, 271, 273, 345, 347, 561, 563, 593
『한국음악학자료총서』 40집　379, 382, 407, 497, 499
『한국음악학자료총서』 54집　77, 539, 541
『한국음악학자료총서』 55집　31, 33
한국학중앙연구원　602, 647
한글 구음　77, 79, 91, 143, 249, 271, 401,

562
한글 육보 31, 65, 497, 539
『한금신보(韓琴新譜)』 18, 26, 78, 81, 606
한립(韓立) 16, 18, 26
『한립보(韓立譜)』 18, 19, 20, 24
한명희(韓明熙, 1939년 출생) 401, 407
한배(限配) 406, 448, 477, 479, 482, 483, 488,
   493
한송정 편 356, 360
한송정(寒松亭) 작은 솔 베어 585
한송정(寒松亭) 채진 솔 베어 556
한숨은 바람이 되고 212, 339
한우석 635
한유(韓愈, 768~824) 145, 146, 272, 274
한유성(韓有成) 244
한자 구음 401
한진국(韓鎭國) 243
한호(韓濩, 1543~1605) 66
함지(咸池) 262, 265
함현(含絃) 466
함화진 498, 510, 628
합(合) 366
합음 483
합음부(合音符) 388
합자(合字) 396
합자법(合字法) 504, 609
합자보 15, 31, 65, 77, 79, 143, 249, 271,
   354, 356, 382
합장단(合長短) 477, 482
합주(合奏) 407, 448, 457, 479, 489, 492
항(行) 43
항피(項皮) 566
해가 현산(峴山) 서쪽으로 235
해금 137, 244, 556
『해금보』 627, 628

해동(海東)에 여섯 용이 나니 177, 306
『해산유음(海山遺音)』 345, 613
해산일롱 613
해탄(解彈) 492, 576
행로곡(行路曲) 93, 135
『향률양금보』 94
향부 40
향사(鄕絲) 87
향악(鄕樂) 425, 446, 448, 475
향음주례도(鄕飮酒禮圖) 387
향음주례의 도식(鄕飮酒禮之圖式) 380, 381
향토사학자 416
허경진 26
허엄(虛罨) 366
허조(許稠) 425
허주(虛舟) 65, 66
『허주금보』 66~68, 606, 635, 636
『허주유고』 66
헌종 98
혁거세(赫居世) 258
혁음(革音) 482
현(絃) 25, 26, 325, 507
현가(絃歌) 96
현금(玄琴) 40, 460, 469, 503
현금규식(玄琴規式) 157, 286
현금도(玄琴圖) 39
현금도해(玄琴圖解) 498, 500
현금동문유기 606
『현금보(玄琴譜)』 479, 562, 563, 570, 574,
   590, 591, 606, 625~628, 633, 640, 641
현금보(국립국악원 소장) 641
현금보(실은 양금보) 641, 654
현금보(연세대 소장) 640
『현금보』(학포 구장) 498, 641
현금 산조(玄琴散調) 409

현금 산형　32
현금오음통론　606
『현금정악보(玄琴正樂譜)』　95
현금 향부(玄琴鄕部)　31, 32, 40
현법(絃法)　504, 609
현송(絃誦)　150, 278
현신송(賢臣頌)　202
현악영산회상　95, 252, 522
현안(絃眼)　370, 465, 467
현을 감는 법　392
현의 굵기　609
현존조선악보　96
현침(絃枕)　159, 288, 566
현학금(玄鶴琴)　40, 285, 502, 566
『현학금보(玄鶴琴譜)』　143, 144, 147, 157, 195, 274, 285, 323, 498, 499, 506, 593, 606, 613, 633, 641, 642
『현학금보』(고려대 소장)　143, 144, 157, 160, 195, 271, 272, 273, 276, 513, 642
『현학금보』(정경태 구장)　143~146, 148, 223, 272, 280, 323, 498, 642
협(狹)　465
『협률대성』　78, 224, 607
협률법(協律法)　100
협선유(挾仙游)　393
협종(夾鍾)　364, 456, 459, 481, 567
협종궁(夾鍾宮)　425
협종률　458
혜강(嵇康)　154, 236, 282
혜적(嵇笛)　94, 95, 136
혜중산(嵇中散)　154, 282
호금(胡琴)　392
호진(護軫)　370, 466
호파(瓠巴)　98
호흡　145, 272, 394

홍기후(洪基厚)　92, 96
홍병준(洪炳俊)　243
홍봉원(洪鳳遠)　16, 26, 27
홍석기(洪錫箕, 1606~1680)　391
홍원식　649
화음(和音)　448
환계락(還界樂)　225, 539, 540, 541, 544, 548, 549, 550, 553
환계락대녑　554
환입(還入)　93, 95, 114, 116, 170, 179, 182, 299, 308, 311, 346, 349
환입곡(還入曲)　183, 192, 312, 321
활자본　379
황강원상(黃江遠上) 백운비(白雲飛)하니　533
황계곡(黃鷄曲)　93, 136
황계사　94
황계타령(黃鷄打令)　521, 524, 528
황병기(黃秉冀, 1936~2018)　31, 631, 638
황의태본　603, 647
황제　97, 262, 265, 404
황종(黃鍾)　69, 174, 302, 365, 425, 455, 459, 481, 482, 567
황종관　425
황종궁(黃鍾宮)　460
황종월　16
황하수(黃河水) 맑다더니　202, 330
황하원상백운간(黃河遠上白雲間)하니　214, 341
황희(黃喜)　425
회양(懷讓) 스님　150, 278
회입(回入)　313, 355
회입조　16, 25
획(劃)　160, 289
횡지(橫地)　159, 287
효령(桵靈)　346, 349

효산(曉山) 415, 417
효종대왕 213, 340
후(喉) 567
후성(喉聲) 455
후우계면(後羽界面) 198, 326
후정화(後庭花) 70, 208, 209, 335
훈 381
홍덩타령 521, 524, 528
휘(徽) 25, 39, 365, 366, 393, 466
휘(暉) 460, 466
휘금 277, 353~355
『휘금가곡보』 464, 605
휘금 합자보 353, 356
『휘어(徽語)』 143
휘종(徽宗) 425
흐리나 맑으나 중에 228
흑홍금보 620
홍(興) 103, 121, 162, 290, 291, 455, 459, 481, 508, 514, 567
희유 620
희황(羲皇) 150, 153, 279, 282
희황상인(羲皇上人) 154, 282

기타

1결(闋) 131
1행 16정간 91
10박 486~488
10체 300, 510
11현 568
12가사 521
12성 458
12율(十二律) 39, 162, 291, 396, 403, 404, 426, 455, 456, 458, 459, 482, 562
12율명 406
12율배속호 609
12율성(律聲) 460, 481
12율 7성도 609
12현 406, 460, 568
13휘(徽) 354, 364, 466
15현 396
16괘 162, 290
16성(聲) 481
2박 489, 493
20박 485~487
25현 395, 396
3불탄 354
3준(準) 460
35현금 423
4성 459, 481
4조 16
4궁 6채(四宮六采) 483
4청성(淸聲) 482
5성 562
5성 12율(五聲十二律) 448
5음 403, 460, 609
5음배속호 609
5음(五音)의 통칭 455
5음 12율 418, 457
5정간 116
5조(五調) 39, 197, 325
5현(五絃) 149, 151, 277, 279, 391, 396, 458, 460
5현금(五絃琴) 153, 282, 423, 460
6박자 488, 491
6율(六律) 197, 325, 404
6현(六絃) 102, 149, 157, 278, 286, 391, 458, 506, 566
60율 458
64괘 458
7언 절구 145

7음 388, 458
7음 악보 387
7조 391
7현 149, 277, 363, 372, 391, 466
7현금(七絃琴) 25, 39, 40, 405, 458, 460, 464, 469, 502
8박자 492

8음 482
8정간 117
84성(聲) 458
84음 459
9가지 덕 362
9덕(九德) 360
ㄱ덩 103

역자소개

강명관

저서 『조선후기 여항문학 연구』(창작과비평사, 1997), 『조선시대 문학예술의 생성공간』(소명출판사, 1999), 『조선사람들, 혜원의 그림 밖으로 걸어나오다』(푸른역사, 2001), 『안쪽과 바깥쪽』(소명출판, 2007), 『공안파와 조선후기 한문학』(소명출판, 2007), 『농암잡지평석』(소명출판, 2007), 『국문학과 민족, 그리고 근대』(소명출판, 2007), 『책벌레들 조선을 만들다』(푸른역사, 2007), 『열녀의 탄생』(돌베개, 2009), 『사라진 서울』(푸른역사, 2009), 『조선 풍속사』1·2·3(푸른역사, 2010), 『조선시대 책과 지식의 역사』(천년의상상, 2013), 『조선에 온 서양물건들』(휴머니스트, 2015), 『신태영의 이혼소송 1704~1713』(휴머니스트, 2016), 『허생의 섬, 연암의 아나키즘』(휴머니스트, 2018), 『역주 가보』(공역)1·2(민속원, 2021), 『역주 고악보』(공역)1·2(민속원, 2021), 『가짜 남편 만들기』(푸른역사, 2021), 『노비와 쇠고기』(푸른역사, 2023), 『이타와 시여』(푸른역사, 2024)

김성혜

동국대학교 학술연구교수

저서 『신라음악사연구』(민속원, 2006), 『신라토우 속의 음악과 춤』(민속원, 2009), 『삼국시대 음악사 연구』(민속원, 2009), 『도상을 통해본 통일신라음악 연구』(민속원, 2016), 『경주민요』(공편)(경주문화원, 2017), 『역주 가보』(공역)1·2(민속원, 2021), 『역주 고악보』(공역)1·2(민속원, 2021), 『대구 욱수농악』(공저)(지금풍류, 2022).

정서은

경북대학교 예술대학 강사

저서 『경주민요』(공편)(경주문화원, 2017), 『대구 욱수농악』(공저)(지금풍류, 2022)

논문 「일제강점기〈밀양아리랑〉의 유행 양상 연구」(『음악과 현실』 64, 2022), 「일제강점기 소리미디어에 등장하는 지역아리랑 연구」(『한국음악사학보』 68, 2022), 「포항 홍해읍 김선이 가창자의 생애와 민요 전승의 역할 연구」(『한국민요학』 69, 2023)

역주 고악보 3

2025년 5월 30일 초판 1쇄 펴냄

옮긴이 강명관·김성혜·정서은
펴낸이 김흥국
펴낸곳 보고사

책임편집 이경민
표지디자인 김규범

등록 1990년 12월 13일 제6-0429호
주소 경기도 파주시 회동길 337-15 보고사
전화 031-955-9797
팩스 02-922-6990
메일 bogosabooks@naver.com
http://www.bogosabooks.co.kr

ISBN 979-11-6587-855-9 93670
ⓒ 강명관·김성혜·정서은, 2025

정가 65,000원
사전 동의 없는 무단 전재 및 복제를 금합니다.
잘못 만들어진 책은 바꾸어 드립니다.